王志松 编著

Japanese Studies in
Contemporary China（2000 — 2016）

中国当代日本研究

（2000~2016）

社会科学文献出版社
SOCIAL SCIENCES ACADEMIC PRESS（CHINA）

目　录

前　言 ………………………………………………………………………… / 001

语言学与教育研究

日语语言学研究 ……………………………………………… 潘　钧 / 001

日语教育研究 ……………………………………………… 朱桂荣 / 059

汉日翻译研究 ……………………………………………… 王宇新 / 095

文学艺术研究

日本古代文学研究 ………………………………………… 蒋义乔 / 141

日本近现代文学研究 ……………………………………… 王志松 / 201

日本美术研究 ………………………………………………… 程　茜 / 244

日本大众文化研究 ………………………………………… 王志松 / 266

社会研究

日本社会研究 ………………………………………………… 胡　澎 / 281

日本经济研究 ……………………………………… 丁红卫　王文文 / 303

日本政治研究 ·· 吴怀中　孟明铭／327

日本外交研究 ··· 李　丰／360

文化研究

日本历史研究 ·· 邵建国　冯晓庆／388

日本思想史研究 ·· 唐永亮／417

日本民俗（学）研究 ·· 王　京／442

日本宗教研究 ·· 史　歌／484

前　言

　　"日本研究"一词在中国沿用已久，但内涵究竟为何，似乎并没有一定的说法。迄今冠名"日本研究"的数种学术史著作其侧重均不同。

　　1997 年出版的中华日本学会和北京日本学研究中心合编《中国的日本研究》（社会科学文献出版社）前置《中国的日本研究概况》一文。该文由"古代中国的日本研究""近现代中国的日本研究""新中国的日本研究""中国的日语研究与日语教育""中国日本研究的现状和存在问题"五部分构成，概述了先秦至 1996 年的日本研究史，其中设专章突出"日语研究与教育"，对其他领域大多一笔带过，对经济与外交领域则完全无视。2009 年出版的中华日本学会和南开大学日本研究院合编《中国的日本研究现状与展望（1997～2007）》（日本国际交流基金）紧接前著概述了 1997～2007 年的日本研究史。该书较为详细地评述了政治、外交、经济、历史、文化、社会和文学领域的研究状况，但漏掉了日语语言和日语教育方面的研究。中国社会科学院日本研究所李薇主编《当代中国的日本研究（1981—2011）》（中国社会科学出版社，2012）梳理了新时期以来的日本研究，内容包括政治、外交、经济、社会、文化、哲学、宗教、历史领域，却缺少文学和语言的内容。

　　概括起来，上述学术史著作对"日本研究"的理解有两种：一是以北京日本学研究中心主编的《中国的日本研究》为代表，突出"日语研究与日语教育"；二是以南开大学日本研究院和中国社会科学院日本研究所为代表，注重社会文化方面的研究，忽略语言与教育。这样的反差其实在一定程度上反映了中国的日语教育体制和日本研究体制的状况。北京日本学研究中心设在北京外国语大学，是中国教育部与日本文部省共同创办的一个集教育与研究为一体的机构，脱胎于早期培养日语教师的"大平班"，因此至 20 世纪 90 年代中期，在师资配备和工作重心上自然关注日语语言研究和日语教育。这也是当时中国大多数大学日语专业教师所关注的教学内容和研究方向。而南开大学日本研究院和中国社会科学院日本研究所的研究方向主要是社会文化，不包含语言教学。当然，大学日语专业和日本研究机构在研究方向上分工不同、各有所专并非坏事，但编撰冠名"日本研究"的学术史著作或突出或抹掉"语言教学"并不妥当。表面上看这是囿于学科体制乃至机构藩篱的结果，细究起来有其历史渊源。

中国有关日本的记载可以上溯至《魏志》，但较为系统的研究还是始于近代黄遵宪的《日本国志》（1895 年刊行）。该书凡五十余万字，第一次全面记录了日本的国情。黄遵宪目睹了日本明治维新后发生的巨变，认识到中国若要富国强兵，远法欧美不如近学日本。同时，国力增强后的日本在亚洲的扩张也引起他的高度警惕。这样的对日认识影响了《日本国志》的篇章结构，即"今所撰录，皆详今略古，详近略远，凡牵涉西法，尤加详备，期适用也"。① 该书虽然通纪日本历史，但将明治维新史作为记叙的重点，意在借镜而观。

《日本国志》的编撰策略简言之是通过对明治维新史和文物制度的详细叙述，一是吸收日本近代化的成功经验，二是探究抵御日本侵略的方略。即黄遵宪的"日本研究"是迫于拯救中国的现实，将日本作为观照中国的镜子和了解西洋的窗户。这样的研究方式对于改造中国自有其重要的历史意义，但是过分囿于解决中国的现实问题，在对日本的客观把握上存在欠缺也是不可回避的事实。这种功利主义色彩浓厚的"日本研究"几乎贯穿了整个 20 世纪。随着中日关系的起伏，在三四十年代侧重后者，在七八十年代侧重前者，并催生了一批专门的日本研究机构。

戴季陶很早就意识到这个问题，曾抱有一个希望："想要把'日本'这一个题目，从历史的研究上，把他的哲学、文学、宗教、政治、风俗以及构成这种种东西的动力材料，用我的思索评判的能力，在中国人的面前，清清楚楚的解剖开来，再一丝不乱的装置起来。"② 这是他的《日本论》（1928）开篇中的一段话，但从成书来看，其三分之二的内容关注的仍然是日本侵略中国的现实问题，对日本的整体文化仅是蜻蜓点水。他自谦"力不从心"，实则为紧迫的社会现实所不容许。

---

① 黄遵宪：《日本国志（上）》，天津人民出版社，2005，第 7 页。
② 戴季陶、蒋百里：《日本论 日本人》，上海古籍出版社，2013，第 11 页。

另一方面，新中国的外语教学政策从一开始就提倡"工具论"。大学日语专业本科的教学大纲和课程设置均注重"读写听说译"的语言技能学习，而文学和社会文化方面的课程也是为掌握语言技能服务的。① 因此，文学和社会文化课程的专业性往往被忽略。可以说这是另一种意义上的功利主义。由此形成的这种日语教育体制和日本研究机构的格局，长期制约着中国的"日本研究"。因此，前述学术史著作对"日本研究"呈现正好相反的两种偏差理解绝非偶然。

然而也要看到，从20世纪90年代后期开始，在教育和研究体制以及研究层面上已经悄然出现一些变化。究其原因有以下几点。

（1）研究对象"日本"发生了变化。首先，近代以来中国研究日本是将其当作现代化成功的榜样学习，但是20世纪90年代后日本泡沫经济破灭，进入持续的经济低迷期，榜样的光环消退了。其次，中日围绕历史认识和领土问题争执不断，2000年以后政府之间的关系不断恶化。但与此同时，中日之间的经济合作和交往依然密切，至2017年中国是日本第二大出口贸易伙伴和第一大进口贸易伙伴。最后，民间交流显著扩大。这主要体现在日本大众文化在中国的流行，以及赴日旅游的持续升温。不经意间曾经的"经济大国日本"变身为"文化输出大国日本"。

（2）国际环境发生了变化。20世纪90年代冷战结束后，世界由二元对立的结构朝着多极化的、变动不居的格局转化。在这一过程中，中日双方各自都不断调整在世界舞台上所扮演的新角色，也在探索适应对方的新角色，因此过去那种意识形态先行的思维模式或一对一的两国关系把握方式难以应付急剧变化的中日关系及其所牵带的地区平衡乃至世界格局。

（3）教育体制、研究体制发生了变化。20世纪90年代以前大学的专业日语教育主要是本科，侧重语言技能教学，从90年代开始随着硕士课程和博士课程的广泛开设，文学、社会文化方面的教学和研究得到显著加强。加之，相关的日本研究机构也招收社会文化方向的研究生。随着这些研究生的毕业和留

---

① 戴炜栋、胡文仲主编《中国外语教育发展研究（1949—2009）》，上海外语教育出版社，2009，第233～269页。

学人员的归国，大学日语专业研究方向的结构得到很大改善，不仅有语言教学的教师，也有文学、社会文化方向的教师。当然，受编制所限，每所大学所拥有的专业方向并不齐全，但本科阶段社会文化方向的教学逐步受到重视。

这些变化在研究方法、研究范围和问题意识上影响着中国的"日本研究"，并在21世纪逐步显露出新的倾向。这种新倾向的具体情况，请参看本书各位专家的评述。从编者的角度看，感受最深的是，中国的"日本研究"正逐步淡化以往的功利主义色彩，即不再仅仅把日本作为镜子和窗户，而是也作为"他者"看待。因为无论作为镜子还是作为窗户，日本都没有成为真正意义上的研究对象。而作为"他者"看待有以下两个特点。其一，承认日本的"异文化性"和"主体性"。这样的态度转变有利于更为客观地把握日本，不会因为与之不同而拒绝，也不会因为不再是"榜样"便弃之不理，采取超然于一时之现实性的态度，将眼光放得更宽，综合更多的学科探究问题；把眼光拉得更长，历史辩证地思考问题。语言研究与社会文化研究的阻隔自然消弭于其间，最典型的例子便是关于中日近代借用词方面的研究。[①] 但这种"客观化"，并不意味着将日本当作与中国无关的对象。这就是其二，将日本作为中国的"他者"，恰好是认为中日之间存在深刻的关联性。无论在东亚的现代化转型中，还是在当代的政治、经济、文化、语言等方面，中日双方都深刻地相互既促进又制约对方。这种深刻的关联性，既是日本研究的重要动机，也会影响研究者的立场及其对日本的形塑。研究者们意识到这种立场的现实意义，也自觉其局限性。编者个人以为，新的研究正努力在这两个维度——超然性和现实性——之间取得某种平衡。

本书将学术史范围重点放在21世纪之后，内容涵盖语言、教育、文艺、社会和文化，就是希望及时总结这些新的动向，为中国的"日本研究"发展略尽微薄之力。

本书的编撰有些偶然性。以编者本人的学识本来难以胜任这项工作。最初只是想编一本日语专业本科毕业论文的指导教材。本人长期从事本科生毕业论

[①] 比如李运博著《中日近代词汇的交流——梁启超的作用与影响》，南开大学出版社，2006；冯天瑜、刘建辉、聂长顺主编《语义的文化变迁》，武汉大学出版社，2007；等等。

文课教学工作，近年来发现选做社会文化研究的学生越来越多，但受教师研究方向的限制，许多选题无法得到指导。因此打算编写一本教材，上编介绍论文写作格式，下编介绍各研究领域的学术史，希望学生们通过参考这些学术史，把握相关领域的研究现状，学习研究方法。为了不误人子弟，在计划之初就决定邀请相关研究领域的专家来执笔下编。从 2016 年开始约请专家，得到大家的积极支持。参加者既有大学教师，也有中国社会科学院日本研究所和北京日本学研究中心的专职研究人员。不想当初的这一念头，竟无意之中促成了语言、文学、社会和文化学术史写作的一个合作。

因是教材，每个领域的学术史篇幅不宜过长，最初请大家写五千至八千字。然而在执笔过程中，不断有专家反映五千字的篇幅太少，八千字也打不住。于是决定与教材切割，不再限制篇幅，索性放开写，并于 2017 年 8 月 25 日在北京师范大学召开"中国当代日本学学术史（2000～2016）高端论坛"。会上专家们各抒己见，相互质疑，讨论场面十分热烈。本书便是在这次专题会议论文的基础之上修改、编辑而成的。在此意义上可以说本书是在各位专家的热情推动下完成的。或许这本身也是日本研究新倾向的现象之一。如果本书有什么可取之处，功劳全在各位专家。

还有一点需要特别指出的是，"高端论坛"虽然获得学校的经费支持，但绝不是那种可以填入年终业绩表格的项目。也就是说，专家们是在没有任何项目名头的情况下慨然参加撰写工作的，并倾注了巨大精力，令人动容。在这一点上也可以说超越了"功利主义"。在此，向各位专家致以崇高的敬礼和诚挚的谢意！

编者：王志松

2018 年 2 月 22 日

语言学与教育研究

日语语言学研究

北京大学　潘　钧

　　改革开放以来，特别是进入 21 世纪以来，国内日语研究取得了很大成就，成绩斐然。一方面是国内的日语教育得到空前发展，来自教学一线的各种问题和需求对日语研究提出了诸多现实课题和挑战。另一方面，包括中日两国在内，世界语言学研究的长足进步对国内日语界也产生了深远影响。加之，中日两国学术交流日益频繁，不论是负笈东瀛的学子还是主要在国内学习、研究的师生们，皆能凭借互联网等媒体手段得到最新的动态信息，达成交流互动。在某些前沿研究领域，两国研究者已基本站在了同一起跑线上，差距日益减小。此外，国内硕博研究生的培养及教师申请课题制度的完善，客观上也对大量新成果的产生起到了促进和催生作用。

　　下面拟分语法研究、词汇研究、汉日对比研究三个方面，对改革开放以来，特别是进入 21 世纪后近 20 年间的日语语言学研究成果予以概述与回顾。

语法研究篇

本文所论语法研究，不包括汉日语法对比研究。早期日语语法研究的基本动力之一，与词汇研究有相似之处，就是来自教学实践现场，因为汉日语法存在很大差异，教学一线会有很多亟待解决的问题。但也有很大的不同点，即来自日本及欧美的语言学理论多波次不间断地输入中国，并通过两国人员交流及书本、互联网等媒介手段的传播，给国内的日语语法研究带来很大的影响和冲击。并且，这些波次也是世界语言学潮流的反映。因此，语法研究较之词汇研究更具系统性和整体性，也带有明显的时代性特点。

（一） 研究历程概述

1. 20 世纪八九十年代

1972 年中日恢复邦交正常化，1978 年《中日和平友好条约》签订，两国间包括文化在内的各方面交流日益密切。20 世纪 70 年代末恰逢日本现代日语语法研究迎来黄金期，出版了很多语法学著作，源自美国的生成语法等传入日本，日本的对外日语教学进入高潮，标志性事件之一便是『日本語学』（明治书院）杂志的应运而生。与之前的国语研究不同，当时出现的重要变化是，日语被置于相对化的地位，即被当作世界语言大家庭中的一员，集共性与个性于一身，这由令人耳目一新的刊物名也能看出来。① 大概在 20 世纪 80 年代，随着日语教学规模的扩大以及日语研究在广度和深度上的渐次展开，国内对日语语法的研究也进入起步阶段。最初的研究还主要围绕具有日语特点的助词、助动词的功能用法、词类划分、语态、授受、敬语等基础问题展开，具有明显的解决教学一线问题的实用特点。早期研究以介绍类文章居多，叙述视角也较为宏观，这从论文题目中亦可窥知一二，如题目冠以"试论""略谈"的论文较多。此阶段研究多偏向实用性，因研究者们汉日对比意识较强，出现了不少包括偏误分析及汉日对比研究雏形在内的研究成果。故此，介绍和偏误研究成

---

① 之前的国语学则是将日语绝对化，否定其与世界语言的可比性。

为 20 世纪七八十年代语法研究的主流。

具体看，时体研究从 20 世纪 80 年代就已开始，一直延续到 90 年代乃至 21 世纪初，成果比较丰硕，基本沿袭了先笼统介绍后逐渐深入研究的一般路径，特别多见从汉日对比的角度研究时体的论文，并取得了较大成果。此外，语态研究，包括使役、被动、可能等方面的对比研究也是我国学者关注的热点之一，虽肇始于 20 世纪 80 年代，但兴盛于 90 年代，尤其是留日学者杨凯荣的汉日使役对比研究、张威的结果可能研究以及张麟声的被动研究等均取得了较大成就，激发了国内学者的研究兴趣和热情。他们在日本的研究一方面迎合了当时日本对外日语教学迫切希望解决偏误问题的需求，也昭示出对比研究在当时那个时代的特殊魅力。这批留日学生部分学有所成，于 90 年代初陆续回国，加上其后中日之间人员往来愈加频繁、学术交流空前热烈等因素，直接、及时地传达了日本学界的最新动向，给国内学界带来了前所未有的刺激和机遇。语气研究也是滥觞于 80 年代，但 90 年代以后取得了很大发展，出现了不少成果。与时体、语态研究不同，语气方面既有对比研究，也有比较可观的本体研究成果。

总的来看，国内语法研究与日本国内研究的脉络是基本一致的。日本自 20 世纪 70 年代起，先后经历了几个不同领域研究交替流行的时代，70 年代是格、语态研究，80 年代是时体研究，90 年代则是语气研究等，即从语言内部结构研究，逐渐转向人的主观层面的研究。国内基本上也是如此，只不过较日本稍晚一些。但也有与上述流行领域不完全同步的研究，如始自 90 年代的词组学研究、复合辞研究以及这十多年来的复合动词研究、偏误研究等。

国内日语语法研究成果的刊登园地，20 世纪 90 年代前主要是《日语学习》（1979 年创刊，1990 年停刊，商务印书馆）、《日语学习与研究》（1979 年创刊，对外经济贸易大学主办）、《中国日语教学研究文集》等。日本及国内知名学者的讲座、集中授课、学会报告等也是当时获得最新信息的重要来源。在日语研究尚处草创期的那个年代，杂志连载是一个重要的学习探讨的途径，带有启蒙与普及的性质，同时也是当时出国不易、图书资料较为缺乏的缘故。《日语学习与研究》和《日语学习》上均刊有不少连载的语法研究文章，其中既有著名日本学者如北原保雄、森田良行、佐治圭三等大家所撰的文章，也有国内学者的连载论文，如陈信德《现代日语的句法（一~四）》（1980）、王宏《日语的现在时和过去时（一、二）》（1980）、宋文军《现代日语基础语法讲话（一~十二）》①（1982~1983）、刘耀武《日语语法结构研究（一~六）》（1989~1990）等。

2. 进入 21 世纪至今

进入 21 世纪后，日语语法研究不论是在广度还是深度上都有所增强。前述时体、语态、语气等领域的研究在继续，但势头明显放缓。词组学研究、复合辞研究继续保持比较强劲的势头。特别是前 10 年，词组学研究主要依靠北京大学的彭广陆、上海外国语大学的吴大纲等人的推动，他们及不少学生从事此方面研究。复合辞研究主要是上海外国语大学的戴宝玉一人坚持多年，发表了不少原创性成果。此外，复合动词研究是这个时期出现的一大亮点，以中国人民大学的张威申请到国家社会科学基金项目为标志性事件，集合了国内外诸多一流学者集体攻关，取得了很多成果。另外，偏误研究也是一个热点领域，20 世纪 80 年代曾出现一个高峰，当时以病句或误用的名义进行研究，但理论性不强。进入 21 世纪后，随着语料库语言学和认知语言学等新方法新理论的出现与发展，偏误研究进入新阶段。王忻、张佩霞、毛文伟以及旅日学者张麟声、于康的研究颇引人注目。

进入 21 世纪后，国内自主培养博士成为一个迥异于 20 世纪的特征，前期多以语法研究为主，多数博士学位论文经修改以专著形式出版。此外，各种学术研讨会的召开、国内外名家讲座等面对面的交流，以及互联网普及所带来的信息交流等，对日语语法研究的深入展开也起到了助推作用。《日语学习与研究》自 2007 年起改成双月刊，目的是适应国内日语专业本硕博一体化培养模式的建立以及教师规模日益扩大的新形势。此外，商务印书馆的《日语研究》（2003 年出第 1 辑）问世，《解放军外国语学院学报》《外语学刊》等其他各类语言学期刊及各类学术研讨会的论文集中也有不少值得一读的好文章。

从研究本身的趋势看，第一，如徐一平（2009）所述，这个时期的语法研究向主观层面渗透，"特别是对认知、语用、功能语法的运用可以说研究者将视点紧紧锁定在了语言的运用主体——说话人及听话人的身上，体现出了对

---

① 1986 年商务印书馆出版了同名单行本。

人的主体性的重视"。① 如马燕菁的《言语交际中接续助词"し"的主观性研究》(《解放军外国语学院学报》2008 年第 1 期)、傅冰的《日语使动句式和他动词句式的语用特征》(《解放军外国语学院学报》2008 年第 4 期)、杨文江的《「PながらQ」的语义类型分析》(《日语学习与研究》2008 年第 1 期)、张兴的《信息标记理论及应用》(《日语学习与研究》2008 年第 2 期)等。第二，与狭义语法学之外的其他语言学理论方法上的结合、融入也是这个时期的一大特点，因为原有的描写语法难有突破，学界开始探索认知语言学等新理论、新方法，这在一定程度上拓宽了语法研究的范围，在方法论上也获得了新的工具。第三，不像上个时期受日本研究多波次影响，连续出现一个个高潮，这个时期的研究热点较为分散，但却向着深度和广度进一步拓展，有的研究已从追跑向并跑甚至领跑日本学者的方向发展。不过，即便热点分散，复合动词研究仍是国内语法研究比较集中的一个热点，期待该研究成果对日语教学也会有较大贡献。第四，大胆质疑名家学说，呈现出百家争鸣的局面。胡俊、黄炎芳的《日语主位及其推进模式》(《日语学习与研究》2009 年第 1 期)以系统功能语言学原理对日语主位及其推进模式进行了探讨，并且大胆地对胡壮麟学说提出质疑。白晓光的《"语篇展开型定语从句"的定义与功能——兼与增田(2001)商榷》(《日语学习与研究》2014 年第 6 期)一文对发表在日本权威杂志上的日本学者增田真理子的论文观点提出质疑。第五，历时研究开始受到重视。即便难以全面追踪语言的历时变化，但部分地或有限地关注语言史正成为一个新的研究趋势。赵宏的有关日语程度副词的系列历时研究值得关注，如《历时语言学视野中的日语程度副词研究——在中古时代的使用特点》(《日语学习与研究》2009 年第 3 期)等。第六，将汉语研究的成果或方法用于日语语法研究，如黄毅燕的《日语「NP + の」的转指问题》(《日语研究(5)》，2007)。费建华将语义指向用于研究日语形容词的句法功能和语义，反映在他的博士学位论文专著《现代日语形容词的语义指向研究》(2013)中。这也是中国日语语法研究的主体性的具体表现。第七，出现理论探索的成果，如解放军外国语学院许宗华的《意向性理论与语言过程说》(商务印书馆，2007)就

---

① 引自徐一平《2008 年日语语言学研究动态》，《日语学习与研究》2009 年第 1 期。

是一部不可多得的语言理论研究著作。第八，自觉广泛运用语料库成为这个时期语法研究的一大特色，如朱鹏霄《对「～かどうか」句式的考察——基于语料库的实证研究》（《日语学习与研究》2009 年第 6 期）等。

（二）若干主要领域的研究

1. 语法著作

1980 年，《日语学习与研究》分 4 期连载了北京大学陈信德的《现代日语的句法》。陈信德是国内最早有语法著作的学者，早在 1964 年就出版了著名的《现代日本语实用语法》，建立了自己的语法体系，对草创时期我国的日语教学和日语研究产生过重大深远的影响。其他较有影响的语法书还有王曰和《日语语法》（1979）、周炎辉《现代日语语法》（1982）、朱万清《新日本语语法》（1983）、皮细庚《新编日语语法教程》（1987）、徐昌华《简明日语句法》（1988）、刘耀武《刘耀武日语语法论文集》（1992）、曹大峰《现代日语高级语法教程》（1999）以及王诗荣《现代日语句法研究》（华东理工大学出版社，2011）等。

2. 语法专著

进入 21 世纪后，语法研究专著大量涌现，这主要是因为随着国内博士培养制度的建立及职称评审的著作导向，不少博士学位论文经修改完善后很快付诸出版，如吴大刚《现代日语动词意义的研究》（上海外语教育出版社，2000）、朱立霞《现代日语省略现象研究》（黑龙江人民出版社，2004）、徐卫《现代日语顺接条件表达的研究》（学苑出版社，2007）、许宗华《意向性理论与语言过程说——时枝语法解析》（商务印书馆，2007）、杨玲《日本語授受動詞の構文と意味：日语授受动词句结构意义研究》（中国传媒大学出版社，2008）、毛文伟《现代日语助词性机能辞研究》（华东理工大学出版社，2009）、苏鹰《日语的逆接接续表现》（华东理工大学出版社，2009）、孙佳音《现代日语时间副词研究》（中国社会科学出版社，2010）、赵蓉《日语的「に—が」句式》（学苑出版社，2011）、王华伟《现代日语否定表达研究》（中国海洋大学出版社，2011）、马小兵《日语复合格助词与语法研究》（深圳报业集团出版社，2011）、彭玉全《关于与现代日语时间表达相关副词的研究——以表示事态存在副词和事件发生副词为中心》（北京大学出版社，2012）、刘健《现代日语二字汉语动词体的研究》（北京大学出版社，2012）、周彤《现代日语形容词词组研究》（北京大学出版社，2012）、戴宝玉《基于语料库的日语研究》（学林出版社，2012）、刘艳文《现代日语时间复句研究》（北京大学出版社，2012）、费建华《现代日语形容词的语义指向研究》（世界图书出版公司，2013）、陈连冬《日语强调助词之研究》（世界图书出版公司，2013）、毕晓燕《关于现代日语形容词与名词组合的描写研究》（知识产权出版社，2013）、陆洁《日语连体修饰节中体表达的研究》（上海交通大学出版社，2013）、吕雷宁《现代日语无意志自动词可能表达的研究》（上海交通大学出版社，2014）、史曼《基于事件结构理论的日语复合动词自他交替现象的研究》（科学出版社，2015）、邱根成《日语サ变复合动词研究》（浙江工商大学出版社，2015）、王冲《日语副词范畴体系构建研究》（科学出版社，2016）、张玉玲《现代日语 V テ副词研究：从 V テ向副词转类的观点出发》（学苑出版社，2016）、陈燕青《日语复句句式变化研究：从格成分看连体到连用的连续性》（社会科学文献出版社，2017）、黄小丽《日语名词的跨从句语法化研究》（复旦大学出版社，2017）、谢冬《基于教学语法观的日语复合格助词研究》（武汉大学出版社，2017）、赵凌梅《日语中歧视语的概念及其变迁研究》（上海交通大学出版社，2017）、洪洁《语法化视阈下日语"名词+だ"结构分化机制研究》（浙江工商大学出版社，2017）、毛莉《日语助词"の"与汉语助词"的"的对照研究——从日语教育的视角出发》（华东理工大学出版社，2018）等。[①]

3. 各领域研究

除了介绍性文章外，从方法视角看，国内日语界的语法研究不外乎本体、对比、教学研究三类。时体、语态、语气研究主要是前两类，有的领域则对比研究更多一些，如语态研究。复合辞研究主要是本体研究，也有对比研究。而复合动词研究三类俱全，实践性较强。类型学研究则以前两者为主。

---

① 受时间、篇幅以及信息搜集手段等因素所限，此处罗列的专著只是一部分，属不完全统计。

（1）时体

截止到20世纪90年代，国内还主要以介绍评价日本学者的成果为主，也有部分研究性成果。成果有尚永清的《谈日语时态问题（续）》（《日语学习》1979年第2期）、王宏的《日语的现在时和过去时（一、二）》（《日语学习与研究》1980年第3~4期）、冷铁铮的《日语中动词的完成态》（《日语学习与研究》1980年第3期）、徐明的《"た"的若干含义》（《日语学习与研究》1980年第3期）、李保忠的《略论日语时相助动词"た"》（《教学研究》1980年第1期）、刘和民的《现在时和终止形》（《日语学习与研究》1981年第2期）、凌大波的《从アスペクト探讨日语一些动词的主要用法》（《日语学习与研究》1982年第1期）、王永胜的《助动词与日语的完成体》（《外语学报》1982年第2期）、赵福泉的《动词语态"アスペクト"的主要表现形式》（《日语学习与研究》1983年第4期）、胡振平的《再论动词基本态"ル"的语法意义》（《日语学习与研究》1984年第5期）、刘和民的《日语动词体的若干意义》（《外语与外语教学》1985年第1期）、冷铁铮的《谈日语动词的时态》（《日语学习与研究》1986年第3期）、刘耀武的《现代日语动词体的研究》（《外语学刊》1986年第4期）、吴之桐的《现代日语助动词"た"的表义范围》（《日语学习与研究》1988年第2期）、沈国华的《试论日语动词的分类和"～ている"的意义（上、下）》（《教学研究》1988年第1~2期）、张平的《关于日语动词的体的研究方法——兼评奥田靖雄理论之得失》（《外国语》1988年第5期）等。

进入20世纪90年代后，时体研究进入一个总结前人成果和对个别子领域进行深入探讨的时期，研究者包括不少学成归国的学人。成果主要有续三义的《关于日语动词的体——四十年来日本国内动词体的研究》（《外语教学与研究》1990年第3期），修刚的《关于日语动词的时和体的一个考察》（《中日第一届日本学研讨会论文集》，1990），刘和民的《简述日语动词的体》（《中国日语教学文集（2）》，1990），翟东娜的《日本語動詞否定形のアスペクトとテンスについて》（《日本学论丛（3）》，1992），何午的《对日语动词アスペクト的思考》（《四川外语学院学报》1993年第4期），吴大刚的《日语动词的时态和范畴意义》（《日语学习与研究》1999年第2期），林泽清、耿铁珍的《论日语从句的时态变化》(《日语学习与研究》2000 年第 2 期),修刚的《再论现代日语动词的"体"》(《日语学习与研究》2001 年第 4 期),何午的《日语中的过去时与完成体》(《日语学习与研究》2001 年第 4 期),于日平的《复句中绝对时态和相对时态的功能分工》(《日语学习与研究》2003 年第 3 期),王岗、赵嫦虹的《困扰日语学习者的"～ルとき"和"～タとき"——对中国的日语学习者和英语圈日语学习者的考察》(《日语学习与研究》2005 年第 1 期),王学群的《现代日语时体研究述评》(《日语研究(4)》,2006),孙敦夫的《日语动词的"体"特征分类》(《外语教学》2008 年第 2 期)等。

在时体研究方面,杭州师范大学的王忻在早期做了不少介绍和研究性工作,如《"テイル"的意义》(《日语学习与研究》1989 年第 1 期)、《关于"ハジメル""ダス""カケル"——动词的始动体("アスペクト"问题之二)》(《日语学习与研究》1989 年第 5 期)、《关于日语动词的"态"——以被动·使役·相互·再归态为中心》(《日语学习与研究》2000 年第 1 期)、《日语时态再考》(《日语学习与研究》2001 年第 3 期)等。2002 年,他出版了研究专著《新日语语法:时·体·态·语气》(外文出版社)。

(2)语态

20 世纪 80 年代末期,北京外国语大学的曹大峰发表了几篇介绍日语语态研究的论文,如《试论现代日语的"自发"语态》(《日语学习与研究》1988 年第 6 期)、《现代日语"使役"语态的若干特点》(《日语学习与研究》1985 年第 6 期)。但整体上看,国内的语态研究更多偏向从对比的角度入手,且取得了不少成果。①

(3)语气

不同于其他几类,关于语气的本体研究、对比研究及介绍评价、翻译类文章都有。一方面是出自教学实践的需要,因为非母语学习者及研究者对日语的内省力不足,教学中有不少亟待解决的问题。另一方面,进入 21 世纪后,随着大量语料库的制作完成,适时地弥补了内省力不足的短处,为国内学人自主进行语气本

---

① 参看"汉日对比研究篇"。

体研究提供了条件。主要有曹大峰、张兴、张慧芳、王晓华等人的研究。

早在1979年，北京大学的徐昌华就发表了《关于"ではないか"的用法》（《外语教学与研究》1979年第4期）一文。此外，还有冷铁铮的《疑问词的疑问用法和非疑问用法》（《日语学习与研究》1981年第2期）、张麟声的《"だろう"、"のだろう"、"ことだろう"浅析》（《日语学习与研究》1982年第5期）和张纪浔的《表达疑问语气的终助词》（《日语学习与研究》1982年第4期）等。

进入20世纪90年代后，语气研究一下子铺展开来，王忻发表了5篇论文，其中3篇是针对寺村秀夫的"ムード体系"做的介绍和初步探讨，分别是《关于日语句子的语气——寺村秀夫ムード体系研究初探》（《日语学习与研究》1993年第1期）、《确切事实推断事实说明的语气——寺村秀夫ムード体系探讨之二》（《日语学习与研究》1993年第1期）、《关于特题语气——寺村秀夫ムード体系探讨之三》（《日语学习与研究》1994年第1期）。此外，还有《日语语气再考（上、下）》（《日语学习与研究》2002年第1~2期）等论文。

曹大峰早在1993年出版的语法教材《现代日语高级语法教程》（山东大学出版社）中，就收入了很多语气方面的内容，在当时可谓引进了日本学界语气研究方面的最新成果。1997年，曹大峰还与张麟声、李庆祥翻译了日本学者仁田义雄的著作《日语的语气和人称》（北京大学出版社）。

张兴在大约10年时间里，发表了至少10篇论文，可谓关注时间最长，研究得也较为充分，如《"（ノ）デハナイカ"句的用法》（《日语学习与研究》1999年第3期）、《"（∅）デハナイカ"句的用法》（《解放军外国语学院学报》1999年第1期）、《试论日语语气的研究》（张兴、陶庭义，《解放军外国语学院学报》2000年第5期）、《日语从句中"ハ"与语气的关系》（《解放军外国语学院学报》2001年第5期）、《"だろう"用法和意义》（《日语研究（2）》，2004）、《试论"（よ）うでないか"的用法——兼与"（よ）う""（よ）うか"比较》（《解放军外国语学院学报》2005年第6期）、《所谓表示疑问情态的"だろう"》（《日语研究（4）》，2006）、《モダリティ形式の流動性について》（《国际化视野中的日本学研究》，南开大学出版社，2007）、《独立成句的"だろう"之考察》（《解放军外国语学院学报》2008年第4期）、《语言的交互主观化和交互主观性》（《解放军外国语学院学报》2009年第4期）。

此外，戴宝玉有《デハナイ与否定》（《日语研究（1）》，2003）、《关于表示推测的「ではないか」和「のではないか」》（《日语学习与研究》2015 年第 2 期）等论文。浙江大学的张慧芳有《关于日语"推量要求确认"表达形式「だろう」「のではないか」「ね」的考察》（《日语研究（6）》，2008）、《从语气角度考察"卜思う"的功能》（《日语学习与研究》2009 年第 6 期）等论文。

上海外国语大学的王晓华也取得了不少研究成果，但偏向于情态研究，如《評価のモダリティの比較検討について》（《日本学研究》，2007）、《评价性语气"べきだ"的语义结构》（《日语研究（4）》，2006）、《涉及三种语气范畴的ことだ》（《日语学习与研究》2008 年第 3 期）、《评价性语气的意义结构》（《日语学习与研究》2010 年第 1 期）、《ほうがいい的语义类型分析——兼谈日语评价性情态的单义性》（《日语学习与研究》2013 年第 3 期）等。

（4）词组学

主要是本体研究，核心人物是曾求学日本教科研学派的彭广陆、吴大刚等学者。之前，有姚继中的《关于以动词为中心的连语论研究》（《四川外语学院学报》1991 年第 3 期）、《关于整格名词与动词的组合》（《四川外语学院学报》1993 年第 1 期）。彭广陆的论文主要有《マデノ格の名詞と名詞とのくみあわせ》（《中国日语教学研究文集（6）》，1995）、《トノ格のの名詞と名詞とのくみあわせ》（《日本学论丛（7）》，1995）、《名詞の格支配に関する考察》（《中国日语教学研究文集（7）》，1996）、《デノ格の名詞と名詞とのくみあわせ》（《日本学研究（5）》，1996）、《ヘノ格の名詞と名詞とのくみあわせ》（《日本学研究论丛（2）》，1998）、《ト格の名詞を支配する動詞について》（《日本学研究论丛（3）》，2002）等。吴大刚于 2000 年出版了《现代日语动词意义的研究》（上海外语教育出版社）一书，是在其博士学位论文的基础上修改完成的。此外，彭广陆的学生周彤发表了《ト格の名詞と形容詞の組みあわせ》（《多样化日语教育研究》，西安交通大学出版社，2006）、《从词组学的角度看「遠い」「近い」的多义结构》（《日语研究（5）》，2007）、《试论日语中表示异同关系的词组》（《日语学习与研究》2008 年第 6 期）、《形容詞と共起するカラ格の名詞——連語論からのアプローチ》（《日本学研究（18）》，2008）等成果。2012 年，周彤出版了在博士学位论文基础

上修改完成的《现代日语形容词词组研究》（北京大学出版社）。毕晓燕的《关于现代日语形容词与名词组合的描写研究》（2013）也是比较全面系统地分析形容词与名词组合规律的词组学专著。

（5）复合辞

起初作为本体研究的复合辞（复合助词）研究也是肇始于20世纪80年代。上海外国语大学的戴宝玉的研究几乎与日本学者同步，其成果还被日本学者所引用。长期以来，戴宝玉保持旺盛的研究活力和关注力度，很早就着手建立自己的原始语料库，借助大量语料进行研究，为复合辞研究开辟了新路。戴宝玉于2012年出版了专著《基于语料库的日语研究》，其中就包含复合辞研究成果。主要论文有：《试论日语复合助词"として"》（《日语学习与研究》1987年第5期）、《浅谈ところを和ところへ》（《日语学习》1987年第6期）、《也谈复合助词ところへ、ところを》（《教学研究》1987年第4期）、《试论复合助词"ダケニ""ダケアッテ"》（《日语学习与研究》1988年第6期）、《浅谈にしても》（《日语学习》1988年第5期）、《浅谈にしたところで》（《日语学习》1988年第6期）、《浅谈として》（《日语学习》1989年第1期）、《浅谈にしては》（《日语学习》1989年第2期）、《浅谈ニシテミレバ》（《日语学习》1989年第3期）、《浅析复合助词トアッテ及トアッテハ》（《日语学习与研究》1997年第1期）、《试论嵌入式复合助词》（《日语学习与研究》1997年第4期）、《日语复合助词数据库的建立与应用》（《日语学习与研究》1998年第2期）、《语法化与日语的复合助辞研究》（《日语研究（6）》，2008）等。

解放军外国语学院的胡振平有《关于日语复合辞的研究》（《解放军外国语学院学报》1995年第3期）一文，并在其主编的日语语法教材《新编日语口语法》（香港讯通出版社，1993）里大量吸收了日方的研究成果。北京大学的马小兵也从事复合格助词研究，发表了《日语复合格助词「にむかって」的句法特点与语义特征》（《外语研究》2009年第6期）、《现代日语复合格助词研究》［《深圳大学学报》（人文社会科学版）2010年第6期］等论文，2011年还出版了专著《日语复合格助词与语法研究》。

（6）复合动词

同语气研究相仿，复合动词的对比、本体、实践教学研究三者俱有，均衡态势明显。早在 20 世纪 80 年代，就出现了这方面的研究，如陈苏新的《论日语复合动词的语义结构类型》（《外语学刊》1982 年第 4 期）。进入 21 世纪后，一下子成为国内日语语法研究热点之一。特别是近 10 年来热度不减。主要成果有金慧莲的《从认知角度看复合动词"～こむ"的句法及语义特点》（《日语学习与研究》2009 年第 3 期）、杨晓敏的《论日语复合动词前后项要素的基本特征》（《四川教育学院学报》2009 年第 2 期）、许琴芳的《日语复合动词研究述评》（《语言学研究（7）》，2010）、李颖清的《论日语复合移动自动词的语义结合条件》（《日语学习与研究》2010 年第 2 期）、张超的《对日语手段复合动词的副词修饰的考察》（《日语研究（5）》，2007）等。

张威于 2009 年成功申请并启动了国家社会科学基金项目"日语复合动词教学方略研究"。以此为标志，国内的复合动词研究成为日语研究的一个新热点。同年《北研学刊》还出版了《特集号·日本語の複合動詞》。《日语学习与研究》于 2011 年第 3 期、第 5 期和第 6 期接连出版了《复合动词专刊》11 篇。论文有彭广陆的《日语复合动词研究的新视角——对后项动词语义指向的探讨》，曹大峰的《日语教材中的复合动词及其教学方略研究——基于语料库的调查与对比》，张威、王怡的《关于日语复合动词习得意识的调查与分析》，于康的《日语复合动词的使用解析与日语教学中复合动词的选择》，林璋的《复合动词中「～だす」的语义变化路径》（以上刊载于第 3 期），徐一平、柳小花的《词汇性复合动词的格支配——以前项动词的格支配能力为中心》，俞晓明的《论日语复合动词后项中的同根同类近义词——基于语料调查结果的考察》，王彦花的《我国日本语教育中复合动词的研究——以我国中学日语教材及各种教学大纲为中心》（以上刊载于第 5 期）等。这些论文分别采用"语料库、问卷调查等方法，就复合动词的前后项语义关系、格配价、类义复合动词的语义辨析、教材中的教学策略、学生的学习状况等进行了探究，将复合动词研究向前大大推进了一步"。①

（7）偏误

偏误研究是汉日对比研究的姊妹，或者说是前奏曲。偏误涉及词汇、语法

---

① 引自陈曦《日语复合动词习得研究回顾与展望》，《留学生》2015 年第 3 期。

等方方面面，王忻在21世纪的偏误研究多从认知语言学角度切入，具有理论支撑，在一定意义上可视为语法研究的一个重要补充。他发表了一系列论文，还以专著的形式结集出版了《日汉对比认知语言学——基于中国日语学习者偏误的分析》（北京大学出版社，2016）。旅居日本的张麟声和于康长期从事这方面的研究，理论性较强，有别于20世纪80年代的病句研究，也应视为语法研究的一部分，且成果颇丰，值得关注。①

（8）类型学

何午《中日语言的若干类型学认知》（《日语学习与研究》2007年第2期）是国内较早从类型学角度对汉日语言进行对比的论文。上海外国语大学的盛文忠在近10年里，做了不少这方面的研究。盛文忠于2014年策划了《日语学习与研究》（5期）的"类型学特集"。论文包括松本克己的《日语亲缘关系新论——从类型学角度探寻语言的远亲关系》，山本秀树的《地理及亲缘关系视阈下的语序类型研究》，金立鑫、于秀金的《修饰语与核心词结构配置的类型学诠释》，张麟声的《寻求语言类型性特征的对比研究》，盛文忠的《类型学视阈下的汉日语语序对比研究——基于大规模语种库统计的语序和谐性考察》等。2014年，上海外国语大学的李波出版了专著《语言类型学视野下的日语语序研究》（上海三联书店）。

此外，刘晓华的条件句研究，如《关于日语条件句三维状态空间模型的研究》（《日语学习与研究》2007年第4期）、《日语条件句多层范畴的细分研究》（《日语学习与研究》2009年第3期），樊颖的自主动词研究，如《自主动词和非自主动词的语义及句法特征——以动词「見せる」为例》（《日语学习与研究》2009年第4期）、《日语他动词中的非自主动词》（《日语学习与研究》2011年第6期）等，也值得关注。《日语学习与研究》还策划推出过"日语形态学研究"的专刊，共刊登了8篇论文（2012~2013）。王诗荣的专著《现代日语句法研究》（华东理工大学出版社，2011）是作者过去所发表论文的合集，值得一读。

除此之外，还有关于助词、自他、副词、意志、省略、词类划分、指示

---

① 参看"汉日对比研究篇"。

词、复句等的研究。前述赵宏从事有关程度副词的历时系列研究，相关论文有《日语程度副词在口语中的历时演变——个案研究》（《外语与外语教学》2001年第 1 期）、《历时语言学视野中的日语程度副词研究——在近代的使用特点及语法功能》（《日语学习与研究》2015 年第 1 期）等。

（三） 问题及其对策

总的来看，国内日语研究存在以下几个问题。

1. 对汉语研究成果的吸收有限

随着国内汉语研究的不断深入，很多问题有了解决的方法。然而，日语学界多注意追逐日本学界动向，鲜从汉语研究中吸取营养。尽管对于自指、转指以及语义指向，已有人尝试用于日语研究，并取得了良好的效果，但还远远不够。外语学界与汉语学界间应建立互通借鉴的关系。

2. 学术规范需要加强

随着国内各种人才培养制度、教师评价体系的建设和完善，学术规范成为一个基本的要求。尽管如此，形式上的规范容易做到和改善，内容上及方法上的规范一时却难以收到成效。例如，术语的使用是否确切，日语术语的汉译是否规范等，似有必要认真编纂一部术语对译辞典。

3. 需要普通语言学与语言类型学的视点

不论日语、汉语还是英语，都是世界语言大家庭中的一员。既然都是语言，必有共性与个性。在对某具体语言进行研究时，普通语言学（对比意识）和语言类型学（共性把握）的视野尤其不可或缺。

4. 模仿有余，原创性不够

吸收日本学者的研究成果并模仿其理论方法做出成果，这比较容易做到，但我国的日语研究对普通语言学的原创性贡献十分有限。因为我们的主体性不够，自信心缺乏。为此，必须借用汉语研究成果，援用对比语言学、语言类型学的视野和方法进行探索。在这方面，张威的结果可能研究、戴宝玉的复合助词研究等或许能给我们一些启发。

（四） 展望

进入 21 世纪以后，中国和世界都发生了翻天覆地的变化，语言学研究也不例外。在此试对未来 10 ~ 20 年内的国内日语语法研究做一下展望。

第一，语法研究关乎日语学习和教育的基础面，一直是日语研究的热点，人员集中，成果显著，这个势头不会改变。但应用于教学层面的实用语法研究会保持一定的热度。如彭广陆的教学语法建构、日本学者野田尚史的交际语法、庵功雄的教育语法的提倡等均体现了这一趋势。第二，中国学者的语法研究与日本学者的研究接近，有的方面甚至可以说是基本同步。特别是语料库语言学的进步、两国人民面对面交流的更加密切以及对母语者内省能力的依赖已得到较大程度的缓解，这些因素加速了这一趋势。我们必须紧追最新学术前沿，步步紧逼。第三，语法理论、热点层出不穷，更新换代更加频繁。这些热点的形成很大程度上是西方语言学带来的影响。而国内语言学界对国外语言学新动向也十分敏感，故应加速与国内英语学界、汉语学界的融合，促进汉日对比的进一步深入，这对日语语法研究也有推动作用。第四，与其他类型的语言学相互融合、互为补充，如认知语言学、语言类型学等。原型、背景化、语法化、意象图式等概念现已成为语法学研究的惯用术语。拘囿于纯粹传统的描写语法研究，既不现实也难以获得很大的进展或突破，这要求研究者拓宽视野，善于学习与融通。

如前所述，日语语法研究经过了从注重形式结构到开始重视功能语气等主观层面的转变。在前者的兴盛期，也就是 20 世纪 80 年代，日本兴盛研究格、语态时，中日往来还不频繁，国内日语学者从理论到方法还未掌握，但小部分幸运者有机会负笈东瀛，在使役、可能等语态方面的研究取得突破。但值得注意的是，他们做的不是日本本体语法研究，而是汉日对比，这说明虽然包括句法学在内的形式主义语言学更注重语言的结构形式，但作为外国人研究日语本体还有很大难度，而汉日对比是一大捷径，也符合当时国内外日语教育黄金时期的客观形势需要。后来，随着语法逐渐与功能相结合，在某种程度上语法研究变得更加困难，因为失去了形式上的依托，非母语者难以理解，内省力不足。幸好随着语料库语言学的发展，中日间的人员交流和文化往来日益频繁，特别是语言类型学、认知语言学等学科与语法学之间的交融，非母语者的弱点在很大程度上得以克服。在此情况下，即便不刻意进行对比研究，作为外国人的我国学者也有可能取得不俗的成果，甚至出新，而这也正是非母语研究者研究日语的意义所在。

换一个角度看，国内有纯日本文化、日本政治研究，也有比较文化研究、比较政治研究，可是为何汉日对比、汉日对比语言学会却成为日语研究的主要方向、学界推崇的主要学会呢？恐怕国内学界的一般共识是：日语是外语，母语者可以内省，而我们缺乏这方面能力，并且，对比研究还有助于解决教学实际问题。除此之外，或许还有一个因素，即潜意识中试图快步融入日本语言学界，获得应有的关注与承认，这其实也涉及研究者主体性的问题。

还有一个涉及主体性的问题。现在不少专著，特别是博士学位论文成书，绝大多数是用日语撰写，不觉略感遗憾。不少是为评定职称之需，将博士学位论文或经修改后的博士学位论文出版，其心情可以理解，但十分可惜。汉日语言背后的思维、叙述方式上的机制原理不尽相同，有不少术语还未有定译，故此即便是作者本人将日文译成汉语也是一件不容易的事情。但用母语写作或是译成通畅规范的汉语，这本身其实就是将学术成果本土化的一部分，并且中国外语研究者用母语写作，其成果还能受到国内其他研究语言问题的学者们的关注，这也是中国日语研究者主体性的具体体现。日语是主观性很强、主客合一的语言（主观识解型语言），作为外国人研究日语，理应跳出去从外部客观审视分析日语的语言现实，而不是与日本人（的视角）融为一体。因此，选择母语汉语写作就十分必要了。《日语学习与研究》和《日语研究》等国内正规刊物都是要求中国作者用汉语写作。

有人说，做企业最开始是做好的产品，之后是品牌，最后的理想境界是创造标准。我们初步有了好的产品，但还未形成品牌。所谓品牌就是中国特色，或曰非中国人不能达到的水准，前述用汉语研究的理论方法，如自指、转指、语义指向等研究日语或可接近乃至达到此目标。但距离建立标准乃至中国学派还有很长的路要走。若想实现此目标，从根本上说，需要坚持中国人的立场，从不同于日本人的角度看问题。

总之，语言学理论的流变、教学实际的需求、改革开放后人员交往和网络带来的信息畅通以及学成人员回国等综合要素决定了国内日语语法研究的方向和这近 20 年来的成就，今后中国的日语语法研究要想打破瓶颈、建立中国标准，需要从包括中国人的需求和视点在内的主体性角度来寻找突破口。一句话，任重而道远。

词汇研究篇

词汇研究与语法研究历来是语言研究当中重之又重的领域。但相比日语语法研究，日语词汇研究有其比较鲜明的特点，主要表现在以下几个方面。

（1）日语词汇数量庞大，结构复杂，种类繁复，近义词尤多，位相特征十分明显。

（2）较之语法研究，词汇研究理论不多，所用新方法甚少，且深度不够。

（3）相对而言，词汇重复性研究较多，突破性研究较少。

此外，与语法研究不同，由于中日两国历史上有相互学习借鉴的关系，研究者对汉日词汇之间的异同的关注也是因人而异的。并且，出于不同的教学需求，以及针对不同种类的词汇，研究目的和方法也各不相同。一方面，日语词汇数量、种类繁多，近义词尤为可观，出于服务教学实践的需要，我们势必要进行辨析之类的研究。另一方面，汉日词汇交流具有特殊性，文化上也有相近同源之处，汉日词汇很多时候是你中有我、我中有你的关系，这就决定了对日语词汇的研究，有时候更适合用汉日比较的方法，而不是对比语言学方法。前者辨析研究的终极目标是同中求异，为学习者找到辨别的指归，而后者运用比较的方法可谓异中求同，关注的是同源词变异的机制。总之，具体问题具体分析才是研究日语词汇应有的态度。

（一） 研究历程概述

词汇研究一直是仅次于语法研究的重要领域。教学需求是词汇研究的第一推动力。与语法研究相比，词汇研究理论较少，热点问题也不多，难以看到语法研究中那种一波接一波的理论或学派的交替流行趋势。当然，词汇研究也存在一些永恒的话题，如词义用法辨析、外来语、流行语及熟语（习语、谚语、惯用语）、拟声拟态词等的研究。并且，也有如近代中日借词研究这样持续时间较长的关注焦点。借词研究在20世纪八九十年代是一个热点，如后文所述，国内外一直有学者在持续研究，也不断有新的成果问世，因此已基本成为一个永恒的话题。词汇研究的基本特点之一，就是成果方面量的增加明显，但质的突破较难，即使有突破数量也不多。相对来说，词汇研究不大容易形成轰动效应，是语言学各领域研究中相对弱势的一个领域。原因之一是词汇本身缺乏系统性，多数只能做个案式研究，且词汇与社会、文化等概念意义相连接，如近代中日借词研究势必与近代两国社会文化的变迁研究相融合，多年前甚而转向研究近代语词背后特定概念的历史变迁，有些研究已脱离了词汇学研究的范畴，故用"知识考古学"称谓可能更合适一些，因为它更接近社会语言学或文化语言学的研究范式。

总的来说，20世纪80年代的日语词汇研究起初多以概述、介绍为主，泛泛而谈者居多，这也与当时国内普遍资料缺乏、与日方交流甚少、视野狭窄、信息闭塞、整体研究水平不高有关，夹以"谈谈"二字为题的论文较多，如"外来语小议""谈谈日语外来语"等。进入90年代后，特别是进入21世纪以后的这十多年里，随着对日交流的日益频繁，国内对日语人才需求的激增，日语教育获得了空前发展，相应地包括词汇研究在内的日语语言研究也有了长足的进步。词汇研究无论是涉及的广度还是研究的深度，较之从前都有了很大提高，主要表现在：成果增多；出现专著；团队攻关；中日合作。

（二）若干主要领域的研究

1. 研究成果概述

下面拟从教材、刊物、专著等几个方面予以概述。

第一，教材方面。刘耀武《日语词汇学》（黑龙江教育出版社，1990）系新中国成立以后第一部词汇学方面的系统教材，具有开创性意义。此外，还有高文汉《日语词汇论》（吉林教育出版社，1990）、沈宇澄《现代日语词汇学》（上海外语教育出版社，1998）、朱京伟《日语词汇学教程》（外语教学与研究出版社，2005）

等问世。沈著 2012 年推出了修订版。朱著颇具个性，一是全部用日语撰写，二是较之其他教材，添加了不少历时性内容，特别是编者感兴趣的内容。李建华《日语词汇探究》（世界知识出版社，2012）也有一些特色，如同形词方面的内容比较详细，主要源于作者自己的同形词研究成果。

此外，还出现了带有一定研究性、亦可视为提高型教材的著作，如李庆祥《现代日语词汇研究》（山东大学出版社，1994），这是国内第一部词汇研究方面的著作。吴侃《日语词汇研究》（上海外语教育出版社，1999）也颇具特色，作为国家社科"六五"规划的汉日对比研究成果丛书之一，该著含有汉日词汇对比的内容。2017 年，该著由华东理工大学出版社推出了新版。

第二，学术刊物方面。除了创刊于 1979 年的《日语学习与研究》以及《外语学刊》等其他语言类刊物外，2003 年起还有《日语研究》（商务印书馆）问世，迄今已出版 9 辑，这些刊物或辑刊中有一些关于词汇研究的质量较高的论文。此外，各类学术研讨会的论文集中也常有一些好文章。

第三，专著方面。特别是近 10 年来，词汇学专著出现了陡然增加的趋势。同语法专著一样，基本上都是作者在博士学位论文的基础上加以修改之后出版的。如李云博《中日近代词汇的交流——梁启超的作用与影响》（南开大学出版社，2006）、吴未未《基于认知语言学视角的日语外来语研究》（光明日报出版社，2010）、吴宏《日语惯用语的认知语义研究》（世界图书出版有限公司，2010）、邵艳红《明治初期日语汉字词研究：以明六杂志（1874~1875）为中心》（南开大学出版社，2011）、纪晓晶《日语字音语素研究》（南开大学出版社，2013）、常晓宏《鲁迅作品中的日语借词》（南开大学出版社，2014）、祁福鼎《日语近代语自称词的研究》（外语教学与研究出版社，2015）、刘玲《汉语词类拟声拟态词的日语本土化研究》（学苑出版社，2015）、陈岗《日语感情词汇的历时研究——以表达「嫉妒」「羡慕」「遗憾」「愤怒」的和语词汇为对象》（上海交通大学出版社，2016）、杨超时《近代中日词汇交流与"的""性""化"构词功能的演变》（中国社会科学出版社，2018）、韦渊《日语拟声拟态词研究》（中国纺织出版社，2018）、陈帅《认知语言学视角下日语拟声拟态词的语义分析研究》（上海交通大学出版社，

2018）。李云博的《近代汉日词汇交流研究》（外语教学与研究出版社，2018）系国家社科基金项目的结项之作。

上述专著中，吴未未、吴宏、陈帅的研究以认知语言学为导向，纪晓晶的研究采用计量语言学方法研究日语汉字语素，韦渊的《日语拟声拟态词研究》则是从音乐、文化等多角度对拟声拟态词进行综合性研究，其他著作均属历时研究。这些颇有分量的词汇专著，或有理论导向，或视点方法多样，或为历时性研究，从侧面反映了进入 21 世纪以来国内日语词汇学研究的广度和深度，是一件可喜的事情。但令人遗憾的是，有些著作缺少沉淀，还需进一步打磨完善。此外，部分日文版的书若用中文出版，影响力会更大。

2. 各领域研究

（1）词义辨析

同语法研究一样，教学需求是推动词汇研究的最大动力。同义词词义的辨析即为典型的服务于教学的研究，特别是在 20 世纪 80 年代的日语研究草创期更是如此。严格意义上，辨析不算研究，但对于外语学习来说至关重要，也应列入研究成果（辞典编纂亦然）。冷铁铮的《日本语类义语的分析》（《日语学习与研究》1984 年第 3 期）是较早谈及词义辨析的一篇论文。赵福泉的三篇论文即《谈谈同义词词义辨析》（《教学研究》1984 年第 1 期）、《浅谈同义词的感情色彩》（《教学研究》1984 年第 2 期）和《浅谈同义词的语体色彩》（《教学研究》1984 年第 4 期）从研究指向和词义框架的角度对同义词辨析的基本方法进行了阐释。发表这方面成果较多的主要有张济卿、章学侃、应骥等人，代表性论文有：张济卿的《"好き""好む""好く"和"気に入る"的区别》（《日语学习与研究》1984 年第 3 期）、章学侃的《"きわ""はた""ほとり"的异同》（《日语学习与研究》1985 年第 1 期）、应骥的《ころぶ、ころがる、たおれる》（《日语学习与研究》1992 年第 3 期）。作为工具书出版的词义辨析辞典主要有：孙满绪、吴德林、王铁桥《日语词义辨析》（上海外语教育出版社，1995），汤一平《日语词义辨析》（上海科学技术文献出版社，2002），孙满绪、吴德林、王铁桥《日语近义词详解》（上海外语教育出版社，2005），沈宇澄《日语常用动词近义词辨析》（上海外语教育出版社，2009），杨丽荣、张蠡《日语近义词辨析词典》（西安交通大学出版社，

2011），刘丽芸、周军《最易误用的日语近义词解析》（中国宇航出版社，2012）和陆留弟《日语近义词·同义词辨析》（华东理工大学出版社，2016）等。此外，还有日本著名学者森田良行所著中文版《日语近义表达方式辨析》（彭广陆、陶振孝、王亚新、陈力卫译，外语教学与研究出版社，2011）问世。词义辨析的对象涉及各个词类，如前所述，近年来也出现了以常用动词为辨析对象的辞典，这一方面凸显了动词辨析的重要性，同时也说明了辨析研究的视野较从前已有了进一步的扩展与深化。

应该承认，虽然词义辨析至今仍然有人研究，但早已不是主流，被各类辞典或辨析辞典所吸收，从方法论或研究目的来看，已迥异于20世纪八九十年代的辨析了。

（2）外来语、流行语

外来语、流行语对于中国研究者来说，似乎是永恒的焦点课题。特别是外来语研究，吸引了很多学者的关注，论文很多，在词汇研究中占比很高。其中，既有涉及外来语的起源、地位、发展趋势、文化特征的论文，也有关注其形式特征、演变规律的论文，还有关注网络外来语以及对外来语的功罪进行论说的研究成果。主要有王庆民的《日本青年人创造的流行语》（《日语学习与研究》1984年第4期），张正立的《日语外来语的由来与发展趋势》（《教学研究》1985年第4期），陆念桥的《谈谈日本的外来语》（《日语学习与研究》1986年第2期），李进守的《浅谈中日两国词语中的外来语》（《日语学习与研究》1986年第4~5期），沈宇澄的《外来语在现代日语中的地位》（《日语教学研究论文集》，1987），鲍海昌的《日语外来语及教材词汇研究》（《外语学刊》1988年第5期），刘文华的《谈谈日语外来语》（《四川外语学院学报》1989年第3期），王秀文的《外来语介入日语的文化特征》（《外语学刊》1993年第6期），林娟娟的《试论日语外来语的本土化》（《厦门大学学报》1997年第3期），修德健的《关于日语的音译外来语》（《日语学习与研究》1998年第1期），修德健的《浅谈外来语的动词化问题——以"る词"为中心》（《日语学习与研究》1999年第2期），曲伟、李力的《浅谈日语中英语外来语的转换规律》（《日语学习与研究》2000年第1期），王鸣的《外来语输入的基本特征》（《日语学习与研究》2000年第1期），修德健的《关于日语外来词的音译标准化问题》（《解放军外国语学院学报》2000 年第 6 期），修德健的《浅谈川柳中的外来词——以现代川柳为主》（《日语学习与研究》2000 年第 3 期），李雪岩的《从历史的角度看日语外来语的形成与发展》（《现代日语词语特色研究》，海潮出版社，2000），朱凯的《关于外来语词形标记的规范化的探讨》（《现代日语词语特色研究》，海潮出版社，2000），盛文忠的《浅析日语外来语中的和制英语》（《现代日语词语特色研究》，海潮出版社，2000），高亮、秦国和的《日语英语源外来语的和式化》（《韶关学院学报》2009 年第 11 期），续三义的《关于新型外来语》（《日语研究（7）》，2010），黄爱民的《网络语言中的日语外来语》（《湖北广播电视大学学报》2010 年第 11 期），刘占和的《从日语外来语泛滥谈外来语的功与过》（《牡丹江教育学院学报》2010 年第 4 期），张唐梁的《浅谈日语中的流行语》（《佳木斯教育学院学报》2010 年第 2 期）。值得关注的是，修德健的 3 篇论文，曲伟、李力的 1 篇论文和王鸣的 1 篇论文均发表于 1998～2000 年的《日语学习与研究》上，可以看出当时国内对日语外来语的关注度很高。

关于流行语的研究，多为介绍、总结性质的概说性论文，但也有关注流行语研究及流行语美学特征的成果，如张秀华的《关于 1985 年日本的流行语》（《日语学习与研究》1987 年第 4 期）、刘丽芸的《日本新流行语浅析》（《日语学习与研究》1999 年第 4 期）、任犹龙的《流行语的特征》（《日语学习与研究》1998 年第 2 期）、罗传伟的《关于流行语的研究及启示》（《日语学习与研究》2000 年第 1 期）、张卫娣的《日本新流行语》（《解放军外国语学院学报》2000 年第 6 期）、刘晓芳的《探讨日语流行语的美学特征》（《日语学习与研究》2009 年第 2 期）等。

外来语辞典很多，其中比较有特色的是以分类词汇形式所编纂的辞典，如刘震宇、刘剑编《分类译注日语外来语》（大连理工大学出版社，2008）。更大规模的是后来张兵、张小妮编《日语外来语多功能词典（上、下）》（南开大学出版社，2012）。其上册为"基本词汇篇"，下册为"分类词汇篇"。另外，颇具特色的还有采取例解形式编纂的外来语辞典，如张丽花《日语高级外来语例解手册》（上海交通大学出版社，2011）和城地茂、蔡锦雀编《日语常用例解外来语手册》（华东理工大学出版社，2008）等。

（3）拟声拟态词

拟声拟态词也是国内学者特别关注的领域之一。虽属传统领域，但近年来有关拟声拟态词的研究有所突破，如赵耀《浅析日语中汉语系拟声拟态词的语义变迁研究》（南开大学硕士学位论文，2016）以及前述刘玲专著《汉语词类拟声拟态词的日语本土化研究》，皆是从历时的角度对来自汉语的拟声拟态词的融入过程及融入机制进行了考察，显示了该领域的研究视野有了很大拓宽，在一定程度上也可以说是研究水平有了进一步的提高。

迄今发表的成果中，有单纯概述拟声拟态词的，如梨青竹的《浅谈日语的「擬音語」「擬態語」》（《大连外语学院学报》1981 年第 1 期）、彭飞的《日语拟声、拟态词的特征》（《日语学习与研究》1983 年第 1 期）、张剑的《日语拟声词、拟态词语音特征及语法功能》（《湖南科技学院学报》2007 年第 5 期）；有对语音特点规律的总结，如林立的《日语"拟声·拟态词"在语音上的几点规律》（《日语学习与研究》1984 年第 6 期）；有对语义修辞的探讨，如顾伟坤的《拟声拟态词的转义现象与修辞效果》（《日语学习与研究》2005 年第 4 期）；有对翻译的探讨，如陈岩的《浅谈日语拟声词拟态词汉译》（《外语学报》1984 年第 3 期）、侯仁锋的《日语拟声拟态词的翻译》（《日语学习与研究》1987 年第 2 期）；有对文体特性的探讨，如曹莉、张予娜的《日语拟声词、拟态词的文体特性》[《湖南大学学报》（社会科学版）2002 年第 2 期]；甚至还有对童话和漫画里的拟声拟态词的用法、造词等进行分析的成果，如王冠华的《浅谈宫泽贤治童话中的拟声拟态词》（《日语学习与研究》2003 年第 1 期），吴仕波的《日本漫画中拟声拟态词的造词特点》（《日语学习与研究》2003 年第 3 期），张景一、程放明的《浅析漫画中的拟声词拟态词》[《西南民族大学学报》（人文社会科学版）2004 年第 2 期]。关于拟声拟态词的结构特征，有曹金波的《「AっBり」型日语拟态词后续部分省略研究——以句尾使用为例》（《日语学习与研究》2010 年第 3 期）、庞佳的《试析"XッYリ"型拟态词与名词接续的几种形式》（《北京第二外国语学院学报》2006 年第 10 期）。此外，还有聚焦于更细微处的研究，如王曙光的《与"笑"有关的拟声词拟态词小考》（《日语学习与研究》1987 年第 6 期）、李谨的《雨的拟声拟态词与日语语感》（《外国语言文学》2005 年第 3 期）。可以看出，进入 21 世纪后所发表的论文，较之 20 世纪 80 年代，不论是所涉及的题材（童话、漫画），还是研究视角方法（翻译、造词、语感等），都有了很大的不同，体现了研究进一步深入和细化的过程。

徐一平、谯燕、吴川、施建军著《日语拟声拟态词研究》（学苑出版社，2010）系研究性论集，难得的是书后附有"拟声拟态词研究主要论著要目"（中日文文献），便于后学参考。韦渊 2018 年出版的专著《日语拟声拟态词研究》分别从日语拟声拟态词的音乐性特点、中日象声词的共性和特性、日语拟声拟态词的学习方法、日语拟声拟态词中的隐喻、与日语拟声拟态词有高相关度的"寂"的审美文化、日本文学作品中的拟声拟态词等多方面多视角，对日语拟声拟态词的特点和学习方法进行了综合考察与分析，是对迄今的研究具有概括总结性意义的著作。

（4）熟语（习语、谚语、惯用语）

此处的熟语是汉语熟语的称谓（不是日语中的"熟語"），其实包括了日语习语、谚语、惯用语等。其中也有不少来自汉语，反映了日本文化与古代中国文化的联系或差异，且带有浓郁的日本民族文化的特点，很早就作为带有日语特征（同拟声拟态词等）的词语受到学界关注。起初，特别是 20 世纪 80 年代的研究主要是介绍或对熟语的形式或意义进行初步的探讨，如姚崇永的《日语中的习语》（《日语学习与研究》1981 年第 2 期）、林彬的《日语中的汉语成语和典故》（《教学研究》1981 年第 3 期）、张曙光的《谈日语谚语的学习和应用》（《外语学刊》1982 年第 2 期）、王宏的《日语惯用语管窥》（《日语学习》1984 年第 2 期）、王述坤的《日语ことわざ表现形式初探》（《外语与外语教学》1986 年第 3 期）、王述坤的《ことわざの词义及翻译辨析》（《教学研究》1987 年第 1 期）等。

进入 21 世纪之后，熟语研究具有了多样性和丰富性。如万红梅的《日语成语的文化阐释》［《齐齐哈尔大学学报》（哲学社会科学版）2005 年第 1 期］、张慧芬的《日语中的气象谚语》（《日语学习与研究》2006 年第 2 期）、王锐的《关于日语惯用语、谚语误用的现状分析》（《日语学习与研究》2010 年第 4 期）。如上所述，或涉及文化阐释，或将焦点置于气象谚语，或对偏误进行分析探讨，特别是还出现了一些关于含身体部位词语的惯用语的研究成果，如赵圣花的《探讨有关"颜"的惯用表达及其形象化的比喻用法——以感觉、情感方面的惯用表达为中心》（《日语学习与研究》2006 年第 1 期）、曹珊的《日语中由"面""颊"构成的身体惯用语》［《西南民族大学学报》（人文社会科学版）2008 年第 2 期］、刘立华的《日语人体词汇惯用语研究》（《黑龙江教育学院学报》2009 年第 12 期）、金玉顺的《日语中有关"颜"的语句表达》［《吉林省教育学院学报》（学科版）2010 年第 6 期］等。同拟声拟态词研究一样，熟语研究的发展进步也体现了研究的深入和细化。

此外，还有从语义或语法角度研究熟语的论文，如范丽燕的《日语四字成语的分类和意义探析》（《浙江万里学院学报》2008 年第 6 期）、彭广陆的《慣用句における意志動詞・無意志動詞のありかた》（《迎接 21 世纪日本学国际研讨会论文集》，2000）、李丹蕊的《试论有对自他动词的多种对应关系——以"慣用句"为线索》（《天津外国语学院学报》2001 年第 3 期）等。

辞典方面，比较有特色的是 2017 年出版的阎萍等编《日语谚语密码》（商务印书馆）。作为学习型辞典，该辞典通过添加［注］的形式对谚语所涉及的背景来历、出处典故、语义衍生的原委、使用环境等做了详细的解释与拓展。读者在学习日语谚语的同时，可进一步加深对日本文化的了解，掌握语义的发展演变规则。此外，有特色的还有以双解形式呈现的辞典，如杨金华编《汉日双解常用习惯用语词典》（上海译文出版社，2013）。

（5）男女用语

表现在日语词汇上的位相特征构成了日语词汇的基本特点。例如，日语中男女用语差异显著，就是日语词汇乃至语法、语用上的一大特点，此研究属于传统国语学中的位相研究，对此国内学者也做了不少研究，如李东哲的《日语会话中的男性用语和女性用语》（《日语学习与研究》1987 年第 1 期）、张保华的《日语女性用语初探》（《教学研究》1987 年第 2 期）、张忆杰的《日语的男女用语区别》（《日语学习与研究》1994 年第 1 期）、张汉英的《日语中男女用语的差异》［《湖北大学学报》（哲学社会科学版）1988 年第 5 期］、屈亚娟的《日语中的男性用语和女性用语的特点》（《现代日语词语特色研究》，海潮出版社，2000）、宫伟的《试论日语中男女性别差的现状及走向》（《日语学习与研究》2009 年第 3 期）、张婷婷的《现代日语中男女用语性别差异的实证研究——以访谈类节目为例》（《海外英语》2010 年第 4 期）等。

（6）中日借词

20 世纪 50 年代，王立达、郑奠等相继撰文，指出现代汉语中有很多来自日语的借词。王力在《汉语史稿（下）》（科学出版社，1958）中指出很多汉语词其实是外来语。高名凯、刘正埮著《现代汉语外来词研究》（1958）以及刘正埮、高名凯、麦永乾、史有为编纂《汉语外来词词典》（1984）大量列举了来自日语的外来词。《日语学习与研究》1988 年第 5 期发表了沈国威的论文《现代汉语中的日语借词之研究——序说》，开启了始自 20 世纪 80 年代的重新研究日语借词的序幕。沈国威赴日留学后，发现日方已有很多扎实深入的研究，如佐藤亨的汉译西书研究和森冈健二的《英华字典》研究等。沈国威后来在大阪大学获得博士学位，出版了专著『近代日中語彙交流史』（笠間書院，1994）。旅日学者陈力卫、刘凡夫也做了这方面研究。2000 年，北京外国语大学的朱京伟于在日本国立国语研究所的研究即将结束之际，召开了报告会，当时聚集了一批国内外同行。以此为契机，形成了 16 ~ 19 世纪东亚借词研究的学术圈。该圈子的成员比较固定，每年在中日韩三国轮流召开研讨会，坚持至今。2012 年第 3 期《日语学习与研究》推出了专刊《中日词汇交流与近代新词研究》，共收 6 篇论文，有沈国威的《回顾与前瞻日语借词的研究》、刘凡夫的《以黄遵宪〈日本国志〉（1895）为语料的日语借词研究》、朱京伟的《〈时务报〉（1896 ~ 1998）中的日语借词——文本分析与二字词部分》、陈力卫的《围绕近代「新漢語」的一些问题》、李运博的《"英華和訳字典"中出现的日语新词》以及田中牧郎的《新漢語定着の語彙的基盤——"太陽コーパス"の「実現」「表現」「出現」と「あらわす」「あらわれる」など》》。

如前所述，此类借词研究虽属词汇研究，但是否可纳入词汇学研究范畴尚待考量。中华书局 2010 年出版了沈国威的中文专著《近代中日词汇交流研究：汉字新词的创制、容受与共享》。2012 年，他的日文专著出了修订版。关于近代中日借词研究的专著，还有朱京伟『近代日中新語の創出と交流——人文学科との自然科学の専門語を中心に』（白帝社，2003），刘凡夫、樊慧颖《以汉字为媒介的新词传播——近代中日间词汇交流的研究》（辽宁师范大学出版社，2009）以及孙建军《近代日本語の起源：幕末明治初期につくられた新漢語》（早稻田大学出版部，2016）。朱著重点对近代哲学、植物学、音乐领域术语的形成和交流进行了详尽的调查与考察。21世纪初，武汉大学著名历史学者冯天瑜也加入进来，著有《新语探源》（中华书局，2004），从历史学的角度对近代语词交流的背景及造词机制等进行了探讨。陈力卫、沈国威等人的研究现在重点围绕概念的变迁，而不仅仅是追踪语词本身。南京大学的孙江等主编《亚洲概念史研究》已出三辑，收录了陈力卫的论文。关于这一转向，正如沈国威在《回顾与前瞻日语借词的研究》中所言："现在日语借词研究已经远远超出了日语词汇或汉语外来词研究的范围，扩展到汉语本体研究以及近代的历史、思想史、社会史、文学史、科技史等领域。研究的深化也对日语研究者提出了更高的要求。"期待将来会有更多这方面的优秀成果问世。

朱京伟在其专著出版后，又发表了一系列借词论文，如《明治初期以后的哲学与逻辑学的新词》（《日本语科学（18）》，2005）、《蔡元培的日语翻译与哲学用语进入汉语的早期情况》（《日本学研究（15）》，2005）、《明治时期社会主义用语的构词特点》（《日本学研究（16）》，2006）、《明治时期社会主义用语的形成》（《19世纪中国语的诸相》，雄松堂，2007）、《梁启超与日语借词》（《日本学研究（17）》，2007）、《马克思主义文献的早期日译及其译词》（《语义的文化变迁》，武汉大学出版社，2007）等。朱京伟还于2011年成功申请到国家社会科学基金项目"清末报纸与译著中的日语借词研究"，现已结题。此外，相关成果还有朱京伟《〈译书汇编〉（1900~1903）中的二字日语借词》（《汉日语言对比研究论丛（6）》，2015）、樊慧颖《汉译西书与近代中日新词语的互动——以〈六合丛谈〉（1857~1858）为例》（《日语学习与研究》2015年第6期）、孙逊《现代汉语中日语外来词词源考辨》（《外语教学》2015年第3期）等。朱京伟的几个学生也从事这方面的研究，如前述常晓宏研究鲁迅作品中的日语借词，邵艳红主要考察明治时期《明六杂志》中的汉字词，郑艳研究的是清末中日法律用语方面的交流等。

也有学者研究现当代的中日借词，以彭广陆为代表，进行了一系列当代汉语，主要是改革开放后汉语中的日语借词研究，如《从汉语的新词语看日语的影响——说"人脉"》（《日语学习与研究》2012年第4期）、《从汉语的新词语看日语的影响之一——"族"》（《汉日语言研究文集（3）》，2000）、《从

汉语的新词语看日语的影响之二——说"写真"》（《日本语言文化论集
(3)》，北京出版社，2002)、《从汉语的新词语看日语的影响之三——说"蒸
发"》（《日本学研究（12）》，2003）等。

此外，北京邮电大学的李旖旎对网络词语中的日源词做过初步的研究探
索，如李旖旎、徐敬宏《论汉语网络流行语中的日语借词》［《北京邮电大学
学报》（社会科学版）2014年第4期］，李旖旎、徐敬宏《汉语网络词语中的
日源词认知度调查分析》［《北京邮电大学学报》（社会科学版）2016年第4
期］。蒋芳婧在论文《改革开放后中日经济词汇交流的研究》（《日语学习与研
究》2014年第2期）中指出，当代中日经济词汇交流呈现双向交流的新模式，
既有"泡沫经济""株式会社"等从日本传播到中国的词，也有"创业板"
"增值税""经济特区"等从中国传播到日本的词。

关于汉语新词进入日语后如何翻译，近年来也有这方面的研究，如吴侃主
编的论文集《汉语新词日译研究》（大连理工大学出版社，2013）。此外，代
表性论文有王志军《试析汉语新词日译问题与方法》［《河南理工大学学报》
（社会科学版）2010年第3期］等。王志军还与日本学者合作，出版了词典
《汉日对照新词语词典》（外语教学与研究出版社，2010）。

（7）构词

构词研究早期有邱根成《论日语中的双重结构二字汉语》（《日语学习与
研究》2007年第2期）和翁耀东《日语隐语的构词规律》（《日语学习与研
究》2008年第5期）等。朱京伟对日语中的汉语词构词也做过不少研究，发
表了多篇论文。主要有《"日造汉字词"的结构分析和语义分析》（《日语学
习与研究》1999年第4期）、《关于日语「漢語」的「書き換え」问题》（《日
语学习与研究》2000年第3期）、《从构词要素看汉语造词和日语造词》（《日
语学习与研究》2002年第4期）、《从构词要素看中国造汉字词和日本造汉字
词的特点》（《日语学习与研究》2002年第4期）、《四字词内部结构的中日比
较》（《日本学研究（14）》，2004）、《三字词内部结构的中日比较》（《日语研究
(3)》，2005）、《中日 V＋N 定中结构二字词的比较》（《日语研究（5）》，
2007）。朱京伟的学生杨超时也从事构词方面的研究，主要是研究接尾辞"的"
的历史形成，成果有《現代中国語の"～的"と日本語の"－的"の影響関

係について》（《日本学研究论丛（5）》，2008）、《日本語の「－的」と中国語の"～的"について—通時的視点からの一考察》（《外国語学研究》，2009）、《清末报刊中"－的"字的用法与日语「－的」字的影响关系》[《吉林师范大学学报》（人文社会科学版）2010 年第 1 期]、《近代日本語における漢語接尾辞の形成についての一考察》（《日本学研究论丛（6）》，2010）、《清末报刊中三字词"□□＋性"的用法》（《日本学研究论丛（7）》，2012）。2018 年，杨超时出版了专著《近代中日词汇交流与"的""性""化"构词功能的演变》，此研究兼有历时演变和构词对比的性质，在一定程度上也凸显了日语词汇研究的特殊性，即共时与历时研究兼而有之。朱京伟的另一学生纪晓晶对日语汉字语素的构词能力进行了探讨，2013 年出版了专著《日语字音语素研究》。

（三）问题及其对策

如前所述，词汇研究相对来说比较冷清，缺乏热点，但对于永恒的话题，从来就不缺乏关注和研究它们的人。特别是在汉日对比方面，词汇研究构成了一个比较重要的领域。迄今日语词汇研究主要有如下几个问题。

1. 创新不够

不论是所研究课题还是方法，乃至结论等，重复性研究较多，创新不够，特别是有关传统课题的研究，如同形词、外来语等。前者属于汉日对比研究，后者虽是纯日语词汇研究，关注、研究的人一直很多，但难以取得突破。

2. 深度不够

外来词研究中，特别是笔者较为熟悉的同形词，低水平重复之作大量存在。这方面研究确有难度，但对新的方法论的探讨也较为缺乏，可谓到了瓶颈期。此外，迄今对熟语等多从文化角度考察，缺少从词汇学的角度开掘的研究。

3. 历时研究不够

尽管已有如祁福鼎的自称词研究，刘玲、赵耀等的拟声拟态词研究，但总的来说不够。

郭木兰的《关于〈今昔物语集〉中的服饰汉语词》[《南昌航空大学学报》（社会科学版）2010 年第 3 期]、伍毅敏的《中世日本女性的言语实践及位相特征解读——以"女训书"和"女房词"为中心》（《湛江师范学院学报》2010 年第 4 期）等可谓曲高和寡的研究。郭木兰的《上古汉语词汇对古日语的渗透层次研究》还获得了 2014 年度国家社会科学基金项目资助。

4. 尚有不少空白

对文言词汇的研究尚缺。有讽刺意义的是，在 20 世纪日语研究草创时期，有些这方面的研究，虽不深入，但总归有。现在几乎一边倒地研究现代日语。此外，对和语词的研究，特别是历时演变的研究则更少。

5. 缺少理论支撑

已出现采用"模因论"理论研究词汇的论文，但如此鲜明地以某理论做支撑研究词汇的案例少之又少。同语法等领域相比，这一点尤为突出。

6. 很少计量研究

基于语料库的计量词汇研究虽有了一些，如施建军《抽取日语专业词汇的一种量化方法——以医学专业词汇为例》（《日本学研究（20）》，2010），但还是远远不够。现在的语料库研究多为日语教学和语法等研究服务，用于词汇研究的不多。

（四）展望

第一，词汇本义是词语的集合体。个案研究当然十分重要，但将质和量的把握结合起来才能更加客观准确地把握，可喜的是已初现端倪。从定性到定量的模式转换已经成为词汇研究的大趋势。在此意义上，施建军团队所做的同形词研究值得期待。[①]

第二，当代中国对日语词汇的影响。在迄今的研究中，涉及近代中日之间词汇交流的研究很多，成为显学之一。但也出现了研究当代中国对日语词汇影响的论文。随着中国国际影响力的扩展，这种趋势会愈来愈明显，如前述蒋芳婧《改革开放后中日经济词汇交流的研究》是一个良好的开端。

第三，需加强历时研究的力度。日本及国内已经开发了很多数据库、语料库，期待国内学者更有效地利用它们为日语词汇的历时研究服务。相信可以很大程度上改变我们的既有惯性认知，在方法论上取得进步。这方面工作已有了改观，但仍嫌不足。

---

① 见"汉日对比研究篇"。

第四，建设人才梯队。朱京伟及其所带博士所从事的词汇研究，主要有借词（邵艳红、常晓宏、郑艳）和构词（纪晓晶、杨超时）两方面研究，可视为因师承关系形成了较为可观的词汇研究梯队（也是团队）。沈国威所在日本关西大学现已成为中日近代借词研究的重镇之一，有不少国内留学生在那里攻读博士学位，形成带有关西大学风格的学术团队。北京大学的博士后徐克伟就是在沈国威的指导下于2017年获得学位的，其兰学及文献学的功底十分深厚。浙江大学王春师从名古屋大学著名词汇研究学者田岛毓堂，进行比较词汇学研究，出版了专著《日中词汇的比较词汇论的研究——以基干词汇为对象的尝试》。由此可以看出，词汇研究梯队（团队）或曰学派的建立与传承也会是未来词汇研究的一个趋势。

汉日对比研究篇

国内的汉日对比研究发轫于20世纪80年代，当时正值日语教育开始步入正轨，同时来自包括日本在内的国外语言学思潮及国内英语等语言学界的影响也不容小觑。在日本，随着针对归国子女的日语教育的迅疾展开，以及日本经济的高度增长吸引了大批外国留日学生，日本的对外日语教育即"日本语教育"出现了高潮，其标志之一"日语学"兴起，登载此方面论文的杂志『日本語学』（明治书院）问世于1980年，可谓应运而生。日语学的发展催生了偏误（病句或误用）研究，推动了后来对比研究的兴起和发展。从原理上说，有了日语教育，就有了汉日对比。在国内，起初表现为病句（误用）研究，之后便开始了有意识的汉日对比研究，两者的边界起初并不分明。进入90年代后，汉日对比逐渐成为多数学者们的自觉意识，取得了不少成果。到了21世纪，汉日对比更是成为国内日语研究的主流之一，成果甚丰，逐渐步入大踏步发展期，但距离成熟期还有一段距离。

（一）研究历程概述

1. 学科缘起

在国内，20世纪七八十年代属于日语教学研究的草创期，起初是随着日语教学的重振和普及，汉日语言的异同受到关注，病句分析进入学者们的视野。虽然病句研究不等于对比，但病句多源自母语的干扰，病句研究的背后必然存在汉日对比的意识，故可视为汉日对比研究的雏形。草创期的日语研究，以语态研究为例，除介绍性论文外，本体研究并不多，而对比研究成果较丰，这主要是因为研究者缺乏母语者那样的内省力，而从结构上着眼研究，又难以突破或超越日本学者的成就。于是，源于教学需要，归纳病句类型，再同母语进行对比，就成为一个非常自然的归结了。故此，汉日对比一开始是来自教学现场的需要，经历了一个从不自觉到自觉，由不规范、缺少科学性到初步实现规范化的转变过程。因此，草创期的汉日对比与日语教学、病句分析实质上密不可分。

2. 发展历程

进入 20 世纪 80 年代后，病句研究成果增多，佐治圭三等日本专家的引领是助推偏误研究兴盛的一个重要因素。主要有：佐治圭三与北京大学郭胜华、刘金才合作发表的有关病句的论文（《日语学习与研究》1983 年第 1~5 期），顾海根、李强译《中国人学日语常见病句分析一百例》（科学普及出版社，1987），胡振平著《日语病句剖析 200 例》（上海译文出版社，1987），佐治圭三、唐磊、张琳合著《日语病句详解》（北京出版社，1992）等。病句研究一直持续到后来王忻及张麟声、于康等人的系列研究，但已有了质的不同。

如前所述，20 世纪 80 年代，汉日对比研究虽已萌芽，但仍属于草创。之后，随着对比语言学的传入，与国内汉英对比等汉外对比研究同步，学者们开始尝试从汉日对比的角度探索与日语教学、日语研究相关的问题，如张麟声著《汉日语言对比研究》（北京大学出版社，1993）即为国内较早明确提倡汉日对比的论著。

自 20 世纪 90 年代起，汉日对比研究愈益成为国内日语研究界的自觉行为和学术时尚，且科学性不断增强。这是因为对比语言学思潮在世界各国流行发展起来，也影响到了日本和中国学界，一批学成归来的博士将国外的对比研究思想和方法带回国内。与此相呼应，《日语学习与研究》等杂志也开设了专栏。《中国语文》1990 年第 4 期载有汉日对比栏目。特别是 1997 年北京外国语大学的续三义在日本著名学者香坂顺一的支持下，成立了汉日对比语言学研习会。除了每月例会外，连续数年在暑期举办研讨会，先后出版《汉日语言研究文集（1~6）》和《汉日语言对比研究（7）》，可谓在组织和学术刊物的出版上迈出了一大步。

进入21世纪后，汉日对比研究的势头愈发强劲。2000年北京大学举办了汉日对比研讨会，日本学者井上优、定延利之与会发言，给予了有力支持。2003年北京日本学研究中心研制成功的中日对译语料库，为汉日对比研究的大力开展提供了基础性条件。2009年汉日对比语言学研究（协作）会成立。该会每年暑期举行一次大的研讨会，约请国内外著名学者做主旨报告，迄今已成功举办了9次，还定期出版论文集《汉日对比语言学论丛》。《日语学习与研究》和2003年创刊的《日语研究》等也不时刊载汉日对比的佳作。2012年，"日中对比语言学会中国分会"成立，每年开展4次研习活动，截止到2018年9月已举办了20次活动。特别是近10年来，国内的汉日对比研究发展迅猛，论著论文数量大幅增加。张岩红著《汉日对比语言学》和张麟声著《汉日对比研究与日语教学》先后于2014年和2016年出版。虽然两者内容与侧重有很大不同，但均可视为国内汉日对比研究的总括性著作。

3. 外来影响

国内对比研究的流行与国际学术大背景密切相关。日本1974年就有了相关学会，往更远了说，其潮流来自欧美。如前所述，20世纪70年代末80年代初，针对外国留学生以及日本归国子女的日语教学兴盛起来，给日本的日语教师提出了大量新课题，促成了日本语学的诞生。80年代留日获得博士学位的杨凯荣和张威分别出版了专著『日本語と中国語の使役表現に関する対照研究』（1989）和『結果可能表現の研究—中国語・日本語対照研究の立場から—』（1998）。他们的博士学位论文皆为汉日对比研究绝非偶然，充分反映了那个时代日语教育兴盛的大背景。

在日本，1990年石绵敏雄、高田诚著『対照言語学』和1997年大河内康宪编『日本語と中国語の対照研究論集』的出版可视为对比语言学兴盛的标志性事件。前者搭建起对比语言学的基本理论框架，后者则以研究范例的形式揭示对比研究的方式、方法。前述杨凯荣、张威的对比研究皆聚焦于汉日语态上的异同，分别对准外国人难以掌握的使役和可能表达范畴的汉日差异进行考察。但事实上，汉日对比研究不限于传统的语法、语音、词汇、文字等领域，早已扩展渗透到了语用、认知、会话分析、语言类型学等各方面。这固然与日语教学现场需求的扩大有关，同时与日本乃至世界对比语言学的蓬勃发展也是密不可分的。

4. 定位转型

作为对日语本体研究（描写语言学为主流）的重要补充，很多新视角、新方法如生成语法、语言类型学、语用学等发挥着重要作用，汉日对比无疑也是其中一种重要的手段。最初可能是为了解决偏误而被动地进行对比，或通过对比来揭示差异，但没有说明缘何有此差异。随着对比语言学的成熟，实现从罗列事实到解释现象的转变日益成为对比研究的目标。学者们逐渐认识到，对比的最终目的不是验证语言，而是通过对比，发现一种语言有而另一种语言无的现象。因此，作为描写语言学的重要方法之一，语言对比的价值也被重估。通过语言的对比，我们可以更为深刻地认识一种语言的本质特点，而不仅仅是解决教学问题。

在日本，2002 年生越直树编『対照言語学』的出版，在一定程度上是对 20 世纪日本的对比研究的总结，也标志着对比研究由此进入了新阶段，表现在此前的研究主要围绕"主语、语态、情态"等具体的范畴展开，而此书所关注的是同一个语言现象在其他语言中是如何被词汇化、构造化的，以求探索语言编码过程的共性与个性。这种转型与日本乃至世界的语言学发展的潮流趋向是同步的。

5. 三个阶段

综上所述，国内的汉日对比研究走过了三个阶段。（1）解决现实问题，如病句（偏误）研究，尚属不自觉时期，或谓汉日对比的萌芽（草创）期。对应于 20 世纪七八十年代。（2）目的在于发现语言本质，为描写语言学助力，即第三视点，属于自觉运用汉日对比语言学的时期。对应于 20 世纪 90 年代至今。（3）类型学意义的探究。通过汉日对比，力求发现超语言的理论意义，以获得对语言本体的客观认识和探明不同语言的相关性。此时，对汉日对比的运用可谓超自觉，对应于进入 21 世纪至今。现在，国内的汉日对比虽然三个阶段相互重叠，但总体上处于（2）、（3）阶段。

在一定意义上说，一种学科的成熟表现在三个环节：（1）自觉运用；（2）成立组织；（3）方法论探讨。如上所述，此三个环节中，（1）萌芽于20世纪八九十年代，（2）约20年前逐渐形成，（3）虽已有理论方法的探讨，但尚欠功夫。当然，距更高的目标，即汉日对比研究中国标准、学派的形成更是十分遥远。

6. 理论探讨

学术界已达成的普遍共识是，通过对比研究，可以获得对母语的深刻认识，又可促进普通语言学的发展，但其实各有不同的具体见解。日本学者井上优认为，对比研究的意义在于"以更明确的形式阐明各个具体语言具有的语法特征，以及各个具体语言中语言现象内在的语法意义"。或可理解为，在母语中被认为是理所当然或者是不被意识到的语言现象，可以通过对比研究上升为语言表达的特点，从而更深刻地认识母语的本质，如张威的『結果可能表現の研究—中国語・日本語対照研究の立場から—』即为范例之作。这也是早期汉日对比研究的基本目标之一。石绵敏雄、高田诚认为，在对比研究中，往往不是一对一的关系，因此导入第三视点十分有必要。不同的几个意思，在表达形式上没有区分。用同样的语言形式表达时，操母语者往往不敏感，意识不到该形式在不同条件下表达的不同含义。如李琚宁《当否判断语气形式的汉日对比研究》（北京大学出版社，2010）就是这方面比较成功的研究范例。

井上优在2007年出版的《日语研究》中的特约论文《言語の対照研究の方法》一文中提到，对比研究分两个阶段：（1）观察和整理语言之间的类似和差异；（2）考察存在于类似和差异背后的一般原理。他认为，再泛泛以"被动汉日对比"为题没有意义，而是要穷究差异背后的一般原理。此处的"一般原理"与第三视点庶几相同。

相比之下，国内学者对汉日对比在理论上的贡献甚微。关于对比的实际操作，于日平（2006）提出两个模式：（1）对比相同意义概念下两种语言的不同表达形式（ab两种语言的功能皆为静止、割裂的）；（2）以某表达形式的不同功能为基础，对比它在另一种语言中是如何与不同语言形式形成对应关系的（a 语言是动态的、变化和连贯的，b 语言是静止、割裂的）。第一个模式即传统的、对诸如语态等语法范畴进行的汉日对比。第二个模式，与生越直树书里所涉及的内容相仿，同第三视点的观点亦有相似之处。曹大峰在《语料库语言学与日汉对比语言学》（2003），林璋在《语法对比研究中的语料问题》（2010），盛文忠在《语言类型学与日汉语对比研究》（2010）中都涉及了方法论的问题。但这方面的论著、论证还不多。张麟声在《汉日对比研究与日语教学》（高等教育出版社，2016）中提出了不少具有独到见解的观点，包括区分了对比和对比语言学。

7. 主要著作

截止到 20 世纪末的汉日对比著作主要有：何培忠、冯建新《中日同形词浅说》（商务印书馆，1986），秦礼君《汉日句法比较》（河南大学出版社，1989），张麟声《汉日语言对比研究》（北京大学出版社，1993），赵博源《汉日比较语法》（江苏教育出版社，1999）等。进入 21 世纪以后，随着国内博士培养步入正轨，以汉日对比为主要内容和方法的博士学位论文越来越多，加工出版的著作也多了起来，最早如施建军《汉日主题句结构对比研究》（世界知识出版社，2001）。之后，主要有王蜀豫『日中語彙の対照的研究——同形語を中心に』（四川文艺出版社，2001），马小兵《日语复合格助词和汉语介词的比较研究》（北京大学出版社，2002），王春《日中词汇的比较词汇论的研究——以基干词汇为对象的尝试》（浙江大学出版社，2004），郑宪信、辛永芬等《汉日篇章对比研究》（河南大学出版社，2005），张兴《"要求确认"表现形式的日汉对比研究》（外语教学与研究出版社，2008），毋育新《日汉礼貌策略对比研究》（中国社会科学出版社，2008），孙海英《汉日动词谓语类非限制性定语从句对比研究》（黑龙江人民出版社，2009），欧文东《汉日语表达中的物理移动范畴与命名背景》（北京语言大学出版社，2009），李琚宁《当否判断语气形式的汉日对比研究》（北京大学出版社，2010），施晖《汉日交际语言行为的跨文化比较研究》（外语教学与研究出版社，2010），黄春玉《关于结果补语句的中日比较研究》（上海译文出版社，2011），徐靖《移动与空间——汉日对比研究》（复旦大学出版社，2011），李颖清《日中动词比较研究》（南开大学出版社，2011），丁伟《授受表现中日对比研究》（复旦大学出版社，2011），马燕菁《汉日语人称代词对比研究》（法律出版社，2012），梁爽《关于"幽默"文本与受众的中日对比研究》（学苑出版社，2012），何宝年《中日同形词研究》（东南大学出版社，2012），单文垠《关于道歉的日汉对比研究——以言语事件为视角》（北京语言大学出版社，2012），施建军、徐一平、谯燕《汉日语同形副词研究》（学苑出版社，2012），李光赫《条件复句的日汉对比研究》（世界图书出版公司，2012），于冬梅《中日同形异义汉字词研究》（厦门大学出版社，2013），何午《日语句法结构认知——兼与中文对比》（大连理工大学出版社，2013），刘珏《拒绝行为的语用学研究——中日文化中拒绝性话语的对比分析》（南开大学出版社，2013），陶芸《中日法律词汇对比研究》（中国政法大学出版社，2013），李光赫、张光北、林乐青、王楠《复句日汉对比实证研究》（世界图书出版公司，2014），李香《日译吴音的读音层次与六朝南音》（世界图书出版公司，2014），姚艳玲《日汉动词构式的认知对比研究》（中央编译出版社，2012），李金莲《日汉被动句对比研究》（山东大学出版社，2012），黄毅燕《汉日指称化对比研究》（高等教育出版社，2014），姚艳玲《日汉语事件结构表达式的认知对比研究》（外语教学与研究出版社，2014），盛文忠《汉日语语序对比研究——基于语言类型学的考察》（外语教学与研究出版社，2014），贾黎黎《量化形式的汉日对比研究》（北京语言大学出版社，2015），白晓光《日汉语自称词的对比研究》（世界图书出版公司，2015），王玉明《中日异议表达行为对比研究》（世界图书出版公司，2015），李华勇《感谢语言行为的汉日对比研究》（北京语言大学出版社，2017），曹彦琳《基于语料库的汉日多重限定表达对比研究》（外语教学与研究出版社，2017），文钟莲《中日言语行为对比研究：冲突与交融》（中国国际广播出版社，2018），王丽莉《汉日转折关联词语对比与翻译》（科学出版社，2018）。留日学者在日本出版的对比著作，除了杨凯荣和张威的著作外，还有王学群『現代日本語における否定文の研究——中国語との対照比較を視野に入れて』（僑報社，2003）、方美丽『移動動詞と空間表現——統語論的な視点から見た日本語と中国語』（白帝社，2004）、时卫国『中国語と日本語における程度副詞の対照研究』（風間書房，2009）和王轶群『空間表現の

日中対照研究』（くろしお出版，2009）等。

在早期的汉日对比专著中，只有赵博源《汉日比较语法》（江苏教育出版社，1999）、秦礼君《汉日句法比较》（河南大学出版社，1989）及《日汉比较语法》（中国科学技术大学出版社，2006）、战庆胜『中国語の姿・日本語の姿』（高城书房，2003）、鲁宝元《日汉语言对比研究与对日汉语教学》（华语教学出版社，2005）属于总括性的对比研究。其中，赵著和秦著均为系统的纯语法对比，赵著主要是为学习汉语的日本人编写的，秦著主要是为学习日语的中国人编写的。战著是以词汇为中心的汉日对比研究，鲁著则是从语音、文字、词汇、语法、应用等方面入手，可谓全方位的汉日对比研究，且偏重于对日的汉语教学。这些著作因受到时代局限，且以服务教学为宗旨，距汉日对比语言学尚有一段距离。

近年来，属于严格意义上的总括性的汉日对比语言学专著，主要有张岩红《汉日对比语言学》（高等教育出版社，2014）、张麟声《汉日对比研究与日语教学》（高等教育出版社，2016）以及刘笑明《日汉对比语言学》（南开大学出版社，2015）。《汉日对比语言学》堪称国内日语界第一部系统论述对比语言学的著作。该著在详细介绍了学科的起源、历史、理论框架等内容之后，重点对语音、文字、词汇、语法各领域的研究成果及焦点问题等进行了论述与探讨，其中"争鸣"栏目设计颇有新意。张麟声著《汉日对比研究与日语教学》从理论和实践两个方面入手，对迄今为止的汉日对比语言学进行了阐释和论述，特别是就对比语言学之于教学的积极作用进行了细致的分析，具有较高的理论高度。刘笑明著《日汉对比语言学》由基础篇和研究篇两部分构成。基础篇主要阐述有关日汉对比语言学的基础知识和理论、研究范畴、研究方法及具体内容的对比等问题，研究篇包含语音、词汇、语法等各领域日汉对比的研究论文。

如前所述，日语偏误（病句）研究很早就已开始，2016年王忻发表《偏误—对比—认知：语言研究范式的新尝试——以"对中国日语学习者偏误的认知语言学研究"为例》（《外国语》2016年第4期）一文，为自己之前的偏误研究做了定性。早在2006年王忻就出版了《中国日语学习者偏误分析》（外语教学与研究出版社）。历经十年的再探索，王忻的对比研究形成了鲜明的特点，即偏误是表层，对比是手段，关键是从认知语言学的理论高度进行研究，因此他较早获得国家社科基金的资助不是偶然的，2016 年出版的《日汉对比认知语言学：基于中国日语学习者偏误的研究》即他的结项成果。旅居日本的张麟声较早提出了"对比研究·偏误分析·验证调查"这一模式，并在 2005 年成立的"面向汉语母语人的日语教学研究会"的研究活动中贯彻这一模式。张麟声在其日文版著作的中译本《中国日语学习者常见误用分析》（高等教育出版社，2011）中，以 20 个案例的形式呈现对比分析的理论与方法，针对性强，较易操作，特别适合初学者使用。于康 2014 年出版了《日语偏误研究的方法与实践》（浙江工商大学出版社），还成立了"日语偏误与日语教学研究会"，先后出版了《日语偏误与日语教学研究（1）》（2016）、《日语偏误与日语教学研究（2）》（2017）、《日语格助词的偏误研究（上）》（2017）、《日语格助词的偏误研究（中）》（2018）等，均由浙江工商大学出版社出版。于康的偏误研究重在构建语料库，以中国学习者作文中出现的格助词等方面的偏误为突破口，从质和量两个方面进行对比，以求服务于日语教学。总之，张麟声、于康各自建立了与偏误对比相关的学会，带领国内外诸多同行合力研究，并已取得了可观的成果。

（二）若干主要领域的研究

1. 语音（音系）对比

早期主要有朱川的《汉日语音对比实验研究（节选一、二）》（《语言教学与研究》1981 年第 2、4 期）等。续三义基于对日汉语教学实践的课题，根据语音学的原理方法系统地对比了汉日语音，发表的成果主要有《汉日辅音对比研究》（《汉日语言研究文集（1）》，1998）、《鼻辅音和元音——n、ng 教学的误区（英日汉对比研究）》（《汉日语言研究文集（1）》，1998）、《汉日声调对比研究》（《汉日语言研究文集（2）》，1999）、《汉日两语的句子重音》（《汉日语言研究文集（4）》，2001）。续三义还出版了一部专著《对日汉语语音教程》（北京语言大学出版社，2000）。此外，还有周晓波、薛豹的《日汉语流音变对比分析》（《日语学习与研究》2012 年第 1 期）等研究。

音系（音韵）研究方面，成果主要有于振田的《浅析日语单元音与汉语相应元音的异同》(《外语与外语教学》1985 年第 2 期)、罗传伟的《从与汉语语音的比较中看日语读音的若干特点》(《教学研究》1987 年第 4 期)、刘淑学的《日语基本音节汉字的音读与汉语音韵的对比研究》(《日本问题研究》1995 年第 2 期)、王军彦的《现代汉日汉字读音对照研究》(《日语学习与研究》1998 年第 4 期)以及何丰的《汉语多音字在日语中的发音规律》(《湖南人文科技学院学报》2009 年第 3 期)等。

从教学实践出发,着眼于汉语声韵母与日语语音对应情况,学者们也发表了不少成果,如王保田、王诗荣的《汉语声母与日语汉字读音的对应规律》[《湖南大学学报》(社会科学版)1995 年第 1 期],刘淑学的《现代汉语中 u 韵尾的汉字在日语中的音读》[《河北大学学报》(哲学社会科学版)1996 年第 1 期],何丰的《n 声母和 r 声母汉字在日语中的发音规律》[《湖南农业大学学报》(社会科学版)2009 年第 1 期],王保田的《关于汉语的韵母与日本汉字音读》(《日语学习与研究》2004 年第 3 期)。成春有对此做了系列研究,成果具有较强的实践指导意义,主要有《汉语韵母与日语音读长音的对应关系》(《日语学习与研究》1996 年第 2 期)、《日语入声音与汉语入声》(《日语学习与研究》2000 年第 1 期)、《日语拗音与汉语拼音的比较研究》(《日语学习与研究》2004 年第 1 期)。成春有还出版了专著《日语汉字音读研究》(中国科学技术大学出版社,2002)。

汉字音到了日本发生了一定程度的异变,但其中也蕴含了不少古代汉字音的信息。因此,从历时角度出发,研究古代汉字音与现代日语汉字音间的联系的研究也有一些,特别是国内方言保留了古汉语的原有特征,揭示两者关联并摸索出一定的规律,有很高的学术价值,对来自方言区的学生也有一定的教学指导意义。如陈鸿儒的《日本汉字音读、莆田方言与中古音系声韵比较(一、二、三)》(《龙岩师专学报》2000 年第 4 期、2001 年第 1~2 期)、薛育宁的《入声字キ尾表记的由来及原音依据——日本吴汉音与闽南方言文读音的比较》(《日语学习与研究》2010 年第 1 期)以及《入声字吴音 -iki 的来源及其キ尾表记的原音依据——日本吴音与漳州方言文读音的对应比较》[《漳州师范学院学报》(哲学社会科学版)2010 年第 4 期]、朱东根的《论日本语对汉语入声字的转读》[《扬州大学学报》(人文社会科学版)2008 年第 5 期]、何丰的《湘方言与日语语音相似点的比较研究》［《长沙铁道学院学报》（社会科学版）2010 年第 2 期］。这方面较新的研究有谢育新的《日语汉字音读与客家话对应关系初探——以日语汉音与韵母为中心》（《日语学习与研究》2004 年第 1 期）、《唐话纂要字音与杭州话的对应关系》（《日语研究（7）》，2010）。谢育新系北大中文系博士，在名师指导下出版了专著《日本近世唐音：与十八世纪杭州话和南京官话对比研究》（中国传媒大学出版社，2016）。此外还有申东月的《汉日语言接触对日语辅音系统的影响》（《外语研究》2007 年第 2 期）等论文。李香 2014 年出版的《日译吴音的读音层次与六朝南音》是迄今历时研究中最具深度的著作。语言学家王力先生的《汉语对日语的影响》［《北京大学学报》（哲学社会科学版）1984 年第 5 期］堪称这方面研究的开创性典范之作。

2. 文字对比

关于文字的比较主要集中在汉字方面，分为字义辨析、简化字、文化几个方面，也有从教学角度切入的考察。如张纪浔的《日语中的汉字与中文的异同》（《日语学习与研究》1982 年第 6 期）、姚小平的《古汉语中的某些字及其意义在现代日语中的反映》（《日语学习与研究》1985 年第 4 期）、姚俊元的《"字同义异"的中日汉字（上、中、下）》（《日语学习与研究》1988 年第 5~6 期、1989 年第 1 期）、曲维的《现代日语中的汉字特点说要——兼与汉语比较》（《日语学习与研究》1993 年第 2 期）等。

中日简化字的异同是文字对比的一个热点，特别是非日语圈的汉语学者关注较多，成果有邵嘉陵的《漫谈中日两国的简体字》［《复旦学报》（社会科学版）1980 年第 2 期］、马叔骏的《中日使用文字之比较——兼论统一汉字简化字》［《内蒙古大学学报》（哲学社会科学版）1994 年第 2 期］、刘世刚的《中、日、韩三国汉字一体化的初步设想》（《解放军外语学院学报》1997 年第 5 期）等。王秀文的《古代中日交往与日本文字的形成》（《辽宁师范大学学报》1989 年第 2 期）是从历史维度进行的考察。曹先濯的《中日常用汉字笔顺的小考察》（《语言教学与研究》1995 年第 2 期）具体考察两国常用汉字笔顺上的细微差异。潘钧有《浅谈汉字、汉语词对日语的再塑造作用》（《日语学习与研究》1998 年第 4 期）、《中日文字体系比较——以文字的性质和功能为中心》（《日本语言文化论集（3）》，北京出版社，2002）等论文，并在其专著《日本汉字的确立及其历史演变》（商务印书馆，2013）中设专章论述现代中日汉字的异同。

3. 词汇对比

（1）同形词

较早的成果有赵福全的《日汉同形词的错情剖析》（《教学研究》1980年第4期）、赵福堂的《关于中日同形词的比较研究》（《日语学习与研究》1983年第4期）、方明礼的《浅析日汉同形异义词》（《外语与外语教学》1990年第4期）等。进入20世纪90年代后，同形词研究有了一定的深入，表现在开始有了方法论上的探究，且不仅研究词义差异，也从语法（词类差异）以及词义褒贬色彩等多方面着手阐释差异及成因，如鲁晓琨的《中日同形近义词辨析方法刍议》（《外语学刊》1990年第2期），曲维的《中日同形词的比较研究》[《辽宁师范大学学报》（社会科学版）1995年第6期]，潘钧的《中日同形词词义差异原因浅析》（《日语学习与研究》1995年第3期）、《关于中日同形词语法差异的一次考察》（《日本语言文化论集（2）》，北京出版社，2001），翟东娜的《汉日同形词褒贬色彩刍议》（《汉日语言研究文集（3）》，2000），曹珺红的《有关中日同形汉字词汇对比研究中的几个基本问题》（《西安外国语学院学报》2005年第3期）等。对日汉语教学方面，有王顺洪的《汉日同形词给日本人学习汉语造成的误区》（《汉外语言对比与偏误分析论文集》，北京大学出版社，1999）、鲁宝元的《汉日同形异义词的对比考察与对外汉语教学》（《汉日语言研究文集（2）》，1999）等。近年来，同形词研究有了新的起色和进步，施建军、洪洁的《汉日同形词的意义用法的对比方法研究》（《外语教学与研究》2013年第4期）是其中一篇较新的有分量的论文，是对前人研究的总结性成果。

关于汉日同素异顺词（或称同素异序词）类同形词，学界也有研究，如石素文的《论日语同素异顺词的形成与应用》（《日语学习与研究》2001年第4期），刘静、王志勤的《现代汉日反序词的比较研究》[《西华师范大学学报》（哲学社会科学版）2004年第1期]，翁耀东的《中日词汇中的字顺逆转现象》（《日语学习与研究》2005年第1期），李冰的《汉日同素异序词对比分析》（《现代语文》2008 年第 11 期），张巍的《日语中同素逆序形式汉字词研究》［《宁夏大学学报》（人文社会科学版）2010 年第 3 期］等。

总之，汉日同形词早已成为日语界永恒的课题，但迄今为止重复性研究较多。关于同形词的定义、同形近义词的词义差异分类，以及如何解释这种差异等均为亟待解决的难题。北京外国语大学施建军 2012 年申请到了教育部哲学社会科学研究重大课题攻关项目"东亚国家语言中汉字词汇使用现状研究"，同年还获得了国家社会科学基金"中日两国现代语言生活中的同形词汇研究"的立项。两者均利用计算机语料库技术进行大规模词汇调查研究，有望取得较大的突破，期待能为同形词研究从理论到方法摸索出一条切实可行的路子来。

（2）拟声拟态词

拟声拟态词，也称象征词，是最具日语特点的词汇种类之一，很早就有学者研究，如濑户口律子的《汉日拟声词比较研究》（《中国语文》1990 年第 4 期）、徐甲申的《关于日汉摹拟声词语的两项比较》（《外语与外语教学》1992 年增刊第 2 期）、张秀华的《日汉拟声拟态词及翻译方法探讨》（《天津师范学院学报》2001 年第 3 期）、王淑兰的《中日拟声词色彩意义之比较》（《日语学习与研究》2005 年第 1 期）、王冠华的《中日古代拟声拟态词之对比研究》（《北京第二外国语学院学报》2005 年第 6 期）、庞炎的《中日拟声词的形态比较》（《日本学研究（16）》，2006）、谯燕的《重叠式拟声词的结构及句法功能的汉日比较》（《日本学研究（17）》，2007）等。近来还有从历时的角度考察汉语拟声拟态词进入日语后的本土化历程的论文和论著问世。①

（3）熟语

熟语（含成语、谚语、惯用语）也是学者们关注的热点之一，与中日两国的国情以及历史文化因素密切相关。自 20 世纪 80 年代就出现了相关研究，如贺孟刚的《浅谈日语谚语与汉语成语的关系》（《外语学刊》1983 年第 1 期）。其中，既有关注含动物名的惯用语或成语的研究，如程放明的《有关动

---

① 见"词汇研究篇"。

物惯用语的中日对比》（《日语学习与研究》1988 年第 1 期）、陈百海的《日汉成语中动物形象的比较》（《日语学习与研究》1998 年第 2 期），也有对含身体部位词语的惯用语的研究，如王宝平的《中日身体部位惯用语的比较》（《日语学习与研究》2005 年第 1 期）。当然，更不缺乏从整体上进行对比的论文，如王菲、刘旭宝的《日汉成语对比研究》[《西南交通大学学报》（社会科学版）2002 年第 4 期]，郑丽芸的《日汉对应成语对比研究》（《语言教学与研究》2004 年第 3 期）。中日两国的四字成语对比也是热点之一，其中包含了文化交流及价值观差异等诸多人文信息，研究者及成果较多，如杨合林的《日汉同形四字成语的比较研究》（《国际关系学院学报》1985 年），王锐的《日语四字成语与汉语成语在词形、意义上的比较》（《日语学习与研究》2006 年第 4 期）、《试论中日四字成语的差异》（《国际化视野中的日本学研究》，南开大学出版社，2007）。此外，还有从同源但发生异变的比较角度考察的研究，如冯峰的《中日同源成语的比较研究》[《清华大学学报》（哲学社会科学版）2002 年第 1 期]，也有从文化角度切入的研究，如孙振萍的《汉日成语文化因素刍议》（《天津师范大学学报》1998 年第 3 期）等。王雪《日语和汉语中"酒"和"茶"谚语的对比研究》（上海交通大学出版社，2011）是一部聚焦于与"酒""茶"相关的中日谚语对比的著作，颇有新意。

（4）称谓

汉语称谓的复杂性反映了中国传统宗法社会的遗留。有鉴于此，汉日称谓的对比很早就进入了学者的视野。如孙成岗、吴宏的《中日亲属称呼比较研究》（《日语研究（1）》，2003），吴世平的《中日称谓的名称——关于兄弟姐妹称呼的用法》（《日语语言文化研究》，2003），郭强、王阿慧的《浅析汉日亲属称谓语的异同》[《湖北经济学院学报》（人文社会科学版）2009 年第 8 期]，程放明的《现代社会语言环境中汉日语亲属称谓的对照研究》（《日语学习与研究》2001 年第 1 期）等。有的称谓研究的考察对象更为限定，如王冠华的《中日大学生父母称呼的对比》（《日语学习与研究》2009 年第 4 期）、王维贞的《汉日夫妻间称呼的对比研究》（《外国语言文学》2004 年第 3 期）等。方经民的《日汉亲属称谓的语用情境对比研究》（《语言教学与研究》2001 年第 2 期）引入使用称谓的语境这一角度进行对比，更加贴近实际。

4. 语法对比

语法是日语教学和语言学研究的重点领域，学者对此倾注了极大的精力，研究成果甚丰，遍布各个领域，包括数量词、代词、助词、副词、形容词、连词、动词、语序及句子成分、存在句、被动、可能、使役、授受、时体、语气等。

（1）助词

助词是日语语法系统中非常重要的一个词类，承担了重要的语法功能。汉语中虽然也有助词，但不论是种类还是所承担的语法功能都与日语有较大差异。如前所述，汉日对比最早的动因是回应教学现场出现的难题，其中有最基本的一个课题，即表示连体（定语）修饰关系的"の"和"的"究竟有何差异？早期相关论文很多，如陈白海的《"の"与"的"的比较》（《日语学习与研究》1984 年第 6 期），王海清的《关于"の"与"的"的对应》（《日本语教育研究论纂（2）》，1984），秦礼君的《"の"的语法转换功能——顺及汉语助词"的""之"》（《教学研究》1985 年第 1 期），冯玉明、鲁晓琨的《汉语结构助词"的"日语助词"の"的比较》（《外语论丛》，1986），李明玉的《日语连体格助词「の」和汉语结构助词「的」的比较》（《日语学习与研究》1991 年第 1 期），范钦评的《略述汉语结构助词"的"的日语对应形式》（《现代外语》1992 年第 2 期），王萍的《形式名詞「ノ」と「的」字結構の対照》（《日本学研究论丛（1）》，1994），顾顺莲的《汉日定语标志的比较研究》（《汉语学习》1999 年第 1 期）等。

（2）副词

与上述助词情况相仿，汉日副词对比中也有一个突出的课题，就是"も"① 和"也"的对比，主要论文有姚祖榕的《"も"和汉语的"也""还"的对应》（《日语学习与研究》1984 年第 4 期），金荣一的《关于"も"和汉语的"也""还"的对应问题》（《日语学习与研究》1985 年第 2 期），杨重建的《日语助词"も"与汉语副词"也"的对应关系考辨》（《福建外语》1991 年第 3 期），蔡淑英的《日语"も"与汉语"也"的对比》（《日语学习与研究》1993 年第 3 期），续三义的《"也"と"も"について》（《中国日语教

---

① "も"在日语中不属于副词，但从功能上看，与汉语副词"也"有一定的可比之处。

学研究文集（5）》，1994），余弦的《从句法看汉语"也"的预设——兼与日语"も"比较》（《日语学习与研究》2001 年第 1 期）、《从句法看汉语"也"和日语"も"的预设——兼谈"也"与"も"的对译》（《天津外国语学院学报》2001 年第 1 期）等。

（3）被动

语态（被动、使役、可能、自发）是涉及日语教学的永恒命题，一直都是研究者的关注对象。研究成果主要有①：刘颖的《日汉语被动句对比的一点考察》（《日本语教育研究论纂（2）》，1984），韩基国的《日语被动句的探讨及其与汉语的对应》（《日语学习与研究》1984 年第 3 期），康玉华的《汉日被动句的异同》（《语言教学与研究》1985 年第 3 期），郑汀的《日中受身文における对照——所有の迷惑受身について》（《日本学论丛（1）》，1990），张正立的《日汉无生物作主语的被动句》（《日语学习与研究》1991 年第 2 期），苏琦的《汉语被动句与日语被动句的比较——从中译日的角度看》（《中国日语教学研究文集（3）》，1991），何午的《再论日语被动表达——兼与中文被动句比较》（《日语学习与研究》2008 年第 1 期），林璺的《浅析中日文被动句的差异》（《日语语言文化研究》，2003），李倩的《日语间接被动句与汉语对应句式研究》（《日语学习与研究》2008 年增刊），高丽的《再论日汉被动句的比较》（《日语学习与研究》2008 年第 2 期），王黎今的《日语"に受身文"和汉语的"被"字句谓语部分的对比研究》（《外语研究》2009 年第 3 期）、《被动表述主位角色的汉日对比》（《日语学习与研究》2006 年第 4 期），余弦、关春影的《日语被动句研究——兼与汉语比较》（《天津外国语学院学报》2010 年第 5 期）等。

（4）可能

研究成果主要有刘和民的《论日语和汉语的可能式》（《外语学报》1984 年第 3 期），张正立的《浅谈日汉语"可能"的表达方式》（《日语学习与研究》1992 年第 3 期），俞端良的《中文的助动词"能"与日语中的能动表现之比较》（《日语学习与研究》1998 年第 3 期），张威的《日中两语の对照研

---

① 此处主要罗列传统的语法研究成果，现在运用认知语言学理论也取得了不少成果和突破。

究における新しい試み——結果可能表現の研究をめぐって》（《汉日语言研究文集（3）》，2002），吕达姗的《〈雪国〉中可能态"可能"义项的汉译及其问题》（《日语研究（4）》，2006），杨秋芬、高丽然的《浅析现代中日"可能表现"的异同》（《日本问题研究》2007 年第 3 期）。张威在日本名古屋大学获得博士学位，前述专著即其博士学位论文。

（5）使役

研究成果主要有鲁宝元的《日汉使役表达的对比及汉语使役句的教学》（《汉日语言研究文集（6）》，2003）、顾伟的《从翻译的角度分析日汉语的使役表现》（《日语学习与研究》2006 年第 2 期）、战庆胜的《中国語の"兼语式"と日本語の使役表現について》（《日本语言文化研究——日本学框架与国际化视角》，清华大学出版社，2008）等。杨凯荣在日本筑波大学获得博士学位，前述专著即其博士学位论文。

（6）授受

有学者将授受看作语态的一种，日语表达形式多样，比较复杂，所以很早就引起关注，成果主要有徐昌华的《浅谈日语与汉语中授受动词的对应关系》（《日语学习与研究》1982 年第 2 期），续三义的《「モラウ」の意味と中訳について（一）》（《日本学研究论丛（2）》，1998）、《「モラウ」の意味と中訳について（二）》（《21 世纪的日语教育》，1999），杨凯荣的《受益表达的使用条件和领属结构的汉日对比研究》（《日语学习与研究》2009 年第 5 期），李琚宁的《"可以"与日语授受表达形式》（《日语学习与研究》2009 年第 6 期）等。

（7）时体

时和体是日语学习的难点之一，也是日本学者研究取得很大成就的一个领域，在国内日语界一直是大家关注的焦点。在早期及之后很长一段时期内，将日语"た"或"ていた"与汉语"了"或"着"进行对比的研究很多，如张纪浔的《助动词"た"的用法——与汉文相对照》（《日语学习与研究》1980 年第 4 期），王宏的《日语"た"和汉语"了"的对应关系》（《日语学习与研究》1983 年第 1 期），熊琦的《关于日语的"タ"与汉语的"了（le）"的比较研究》[《湖南大学学报》（社会科学版）1995 年第 2 期]，徐明淮的《汉语的"了"是日语的"た"吗?》(《现代日语词语特色研究》,海潮出版社,2000),王宏的《日语"夕"与汉语"了"的对应关系》(《当代日本语学研究》,2003),杨月枝、秦明吾的《日语助动词"た"和汉语助词"了"的对比考察》(《多样化日语教育研究》,西安交通大学出版社,2006),林墨的《"ていた"及其中文表达方式研究——"ていた"和"了"》(《北京第二外国语学院学报》2006 年第 2 期),林墨的《日语"ていた"和汉语"着"的比较研究》(《日语学习与研究》2007 年第 3 期),郑汀、冯素梅的《静态存在句"V 着"语义再考——兼与日语「Vている/Vてある」比较》(《日语学习与研究》2010 年第 2 期),郑汀的《汉日存在句"V 着"与"Vてある"再考》(《外语研究》2011 年第 5 期)。还有一类对比研究,是从范畴的角度着眼,如林璋的《论作为状态完成的结果维持问题——汉日两种语言体的对比研究》(《日语学习与研究》2004 年第 1 期)、贾笑寒的《从日语动词存续体的汉译看现代日语句尾"了"的语法意义》(《语言文字应用》2005 年第 1 期)。

(8)语气

同时体情况类似,初期的语气研究是两种具体形式之间的对比,如王宏的《「～のだ」句与"是……的"句对应吗?》(《日语学习与研究》1987 年第 3 期)、《日语"だ"与汉语"是"的对应关系》(《日语学习与研究》1987 年第 4 期)。进入 20 世纪 90 年代,随着日本学界研究成果的输入,从范畴义(功能)的对应角度进行汉日对比的论文显著增加,如曹大峰的《日汉语语气范畴比较研究》(《日语学习与研究》1992 年第 3 期)、翟东娜的《汉日疑问语气的辨别和整理》(《日本学研究(3)》,1993)、舒志田的《日语终助词与汉语语气词在疑问表现中的句法功能》(《日语学习与研究》1995 年第 4 期)。张兴在研究日语语气的同时,也写了不少汉日对比的论文。主要有《話し手の情報構造から捉えた「だろう」と"吧"》(《日本语言文化研究(8)》,2008)、《「ではないか」と"不是……吗"の対照的研究》(《日本学研究(18)》,2008)等。此外,还有王晓华的《「はずだ」と「応该」の対応関係についての一考察》(《日本研究文集》,2009)、张岩红的《語気助詞"呢"に関する中日対照研究》(《汉日语言对比研究论丛(1)》,2010)、李琚宁的《"可以"与日语当否判断语气的比较》(《日语学习与研究》2010 年第 3 期)、林璋的《汉语"了"和日语「夕」的情态用法对比》(《外语研究》2010 年第 4 期)。此外,苏德昌的《日语的终助词与汉语的语气词》(《日语学习与研究》1992 年第 3 期)、《续论日语的终助词与汉语的语气词》(《日语学习与研究》1992 年第 4 期)也应视为语气研究的成果。王晓华的《汉日情态共现的差异与共性》(《外语教学与研究》2014 年第 2 期)还获得了汉日对比学会优秀论文奖和孙平化日本学学术奖励基金论文二等奖。

(9)语序

对语序问题日语界以前关注不多,但随着语言类型学的导入,作为研究的重点方向,语序研究有了初步成果。早期有何午的《中日文语序对比分析》(《日语学习与研究》2002 年第 4 期)。盛文忠发表了多篇论文,如《言語類型論から見る日中両言語の語順》(《日本语言文化研究(8)》,2008)、《汉日语关系从句与指示词语序的类型学差异》(《日语学习与研究》2010 年第 2 期)、《汉日语关系从句与形容词定语语序的类型学差异》(《解放军外国语学院学报》2010 年第 3 期)等。相关研究还有王彩丽的《论汉日英三种语言中多项定语语序的异同》(《日语学习与研究》2005 年第 1 期)等。

(10)主语、主题

主语有无的问题一直是日本国内国语学界争论的焦点,而在汉语界也存在意见分歧。两者的对比很早就受到关注。研究成果主要有施建军、姚灯镇的《中日两国关于句子"主题"问题的争论》(《解放军外国语学院学报》2000 年第 3 期),施建军的《対象格成分の主題化について——中日対照の立場から》(《日本语言文化研究》,2002)。2001 年施建军出版了其博士学位论文专著《汉日主题句结构对比研究》。此外,还有盛文忠的《关于汉、日语主语、主题问题的争论及两者的区分》(《日本语言文化论集(3)》,北京出版社,2002)、詹凌峰的《关于主题和主语的日汉对照》(《日语学习与研究》2004 年第 3 期)以及樊颖的《中日主题文構文の対照研究——漢文と現代日本語の比較から》(《北京第二外国语学院学报》2006 年第 10 期)等。

(11)数量词

数量词对比也是汉日对比关注的一个焦点,有不少研究成果发表,主要有郑懿德的《汉日名量词琐谈》(《语言教学与研究》1983 年第 1 期),李进守

的《对中日两国语量词/助数词使用能力的调查和分析》（《日语学习与研究》
1984 年第 3 期），张麟声的《日中両国語の助数詞》（《日语教学研究论文
集》，1987），崔鉴的《中日两国语言中的量词》（《日语学习与研究》1989 年
第 6 期）、《中日两语量词用法分析》（《日语学习与研究》1991 年第 1 期），
徐昌华的《日汉数量结构的异同》（《日语语法研究》，北京大学出版社，
1990），李庆祥的《日语数字的写法和用法——兼与汉语数字用法比较》（《日
语学习与研究》1991 年第 3 期），秦礼君的《试析汉日数量词的表达位置》
（《外语学刊》1995 年第 3 期），续三义的《汉语和日语的数词——分类与系
列》（《汉日语言研究文集（3）》，2000），董玉婷、刘晶的《日本語助数詞の
「本」に对する中国語量詞》（《汉日语言对比研究论丛（1）》，2010）等。

引人注目的是，数量词对比研究现已比较深入，成果如翟东娜的《认知
方式与汉日量词对比——由日语形状量词"本"说起》（《日本语言文化论集
(3)》，北京出版社，2002）、贾黎黎的《否定句和数量词的辖域及其意义要
素》（《汉日语言对比研究（7）》，2006）、雷桂林的《从汉日对比看数量成分
的指代功能》（《现代日语语言学前沿》，外语教学与研究出版社，2010）等。

（12）代词

日语代词用法复杂，不仅是人称代词，指示代词、疑问代词等也有很多可
比之处。迄今的研究成果围绕汉日代词的意义用法及功能展开，主要有孙群的
《日汉语的代词对比与翻译》（《日语学习与研究》1984 年第 1 期），王宏的
《日汉语指示词的对应关系》（《日语学习与研究》1985 年第 5 期），李抗美的
《关于中日文中第二人称的用法》（《日语学习与研究》1995 年第 1 期），余维
的《日汉人称指示的对比分析——对比语用学的尝试》（《修辞学习》1995 年
第 6 期），战庆胜的《汉日疑问代词意义之比较》（《日语学习与研究》1997
年第 3 期），彭广陆的《日汉语疑问代词与疑问句的关系》（《日语学习与研
究》1999 年第 1 期），王秋华的《汉日指示代词的对比研究》（《汉日语言研
究文集（5）》，2002），侯仁锋的《日汉第二人称的使用异同》（《日本语言文
化研究（5）》，2004），郑玉和的《日语和汉语人称词的使用与主语隐现》
（《日语学习与研究》2004 年第 2 期），方经民的《现代汉语第三人称代词指
称及其语境制约——兼与日语第三人称代词比较》（《当代语言学》2004 年第

3 期)、贾黎黎的《表周边性意义的否定句中的疑问代词用法》(《日语研究
(3)》,2005)、李丹蕊的《从"彼"与指示代词的对应关系角度解析中日第
三人称代词的差异》(《日语学习与研究》2006 年第 2 期)、王亚新的《ソ系
指示词的功能与汉译》(《日语研究 (4)》,2006)、郑宪信的《日语指示词替
代的功能分析——兼与汉语比较》[《河南大学学报》(社会科学版) 2007 年
第 4 期]、石卫东、白晓光的《浅析日汉语自称词的表达类型》(《解放军外国
语学院学报》2008 年第 6 期)、庞黔林的《汉日指示词照应功能的对比研
究——从指示到照应》(《日语学习与研究》2009 年第 1 期)、毕雪飞的《日
语第一人称代词的使用特征与文化内涵——兼与汉语第一人称代词比较》
(《语文学刊》2009 年第 3 期)、白晓光的《日语「人」和汉语"人"的自称
比较用法》(《日语学习与研究》2009 年第 5 期)、刘骉的《談話における近
称"这"の遠称用法》(《汉日语言对比研究论丛 (1)》,2010)、马燕菁的
《汉日语人称代词对比研究——对人称代词受修饰现象的考察》(《现代日语语
言学前沿》,外语教学与研究出版社,2010)、《类型学视野下的汉日语人称代
词语法特征对比研究》(《语言学研究》,2015)。马燕菁在其博士学位论文基
础上加工出版的著作《汉日语人称代词对比研究》于 2013 年获得了汉日对比
专著奖。

(13) 形容词

研究成果主要有沈宇澄的《关于感情形容词的中日对比》(《中国日语教
学研究文集 (4)》,1992)、朱鹏霄的《日本語と中国語の情意形容詞に関す
る一考察——二重主語構文の考察を通して》(《日本语言文化研究 (8)》,
2008)、杨华的《中日両言語における形容詞の述語用法について》(《汉日语
言对比研究论丛 (1)》,2010)、王静的《汉日基本味觉形容词的隐喻现象对
比研究》(《日语学习与研究》2011 年第 1 期)、陈访泽、谢渊的《中日形容
詞移動の意味指向と認知プロセス》(《汉日语言对比研究论丛 (3)》,
2012)、谢渊、陈访泽的《汉日形容词定状易位现象的语义特征和意象图式》
(《解放军外国语学院学报》2013 年第 4 期) 等。

(14) 动词

汉日形容词对比研究较少,而动词的汉日对比成果非常丰富,不论是在广

度还是在深度上都有了很深厚的积累。成果有张麟声的《中日動詞の対照研究》(《中国日语教学研究文集》，1990)，张正立的《"得"字补语句的汉日表达方式》(《日语学习与研究》1991年第2期)，陈红的《从汉语的"动结式结构"看日语的中相动词》(《外语研究》1993年第2期)，修刚的《中日动宾结构的异同》(《外语研究》1993年第3期)，顾盘明的《汉语动补结构与日语的对应关系初探》(《日语学习与研究》1995年第3期)，姚继中的《日汉动宾结构比较研究》(《日语学习与研究》1996年第3期)，彭广陆的《日中両国語における姿勢動詞の比較》(《日中言語対照研究論集(2)》，2000)，鲁宝元的《中日语处置表达的对比及对学生把字句的教学》(《汉日语言研究文集(4)》，2001)，田秀芳的《汉日动作结果表达的对比研究》(《汉日语言研究文集(5)》，2002)，朱巨器的《日汉趋向动词的词义辨析》(《日语学习与研究》2003年第1期)，杨华的《中日形式动词的对比研究——以形式动词的语法意义为中心》(《日语研究(2)》，2004)，王轶群的《日语和汉语的复合移动动词》(《日语研究(4)》，2006)，陈小英的《"飞"与「飛ぶ」语义扩展机制异同的动因分析》(《汉日语言对比研究(7)》，2006)，杨明的《表致使义的汉语动补结构和日汉复合动词的对比研究》(《日语学习与研究》2010年第6期)，金慧莲的《从认知角度看复合动词「～込む」的句法及语义特点——与汉语趋向动词"～进"比较》(《日语学习与研究》2009年第3期)，吴大刚的《动词意义的日汉对比研究——探讨日语教学本土化问题》(《日语学习与研究》2010年第1期)，王轶群的《日汉路径移动动词的对比研究》(《日语学习与研究》2010年第3期)，王亚新的《非宾语动词结构在日汉语中的表现》(《日语研究(8)》，2011)，黄春玉的《构式语法和汉日动词句的他动性》(《汉日语言对比研究论丛(3)》，2012)、《汉日动词句他动性的认知比较分析》(《日语学习与研究》2012年第5期)，于康的《三价动词"保留宾语被动句"中的保留宾语的条件——从汉日对比的角度出发》(《日语学习与研究》2003年第4期)，王轶群的《从有界性看日汉致使移动和致使变化的表达方式》(《日语学习与研究》2013年第4期)等。

其中，关于表示"来去"义的动词对比有多篇论文发表，视角多样，包括视点、翻译、人称移动，如续三义的《日译汉时的视角和文脉——「行く

「来る」和"来""去"》（《日语研究（5）》，2007）、彭广陆的《从翻译看「行く/来る」和"来/去"的差异——以译者观察事物的角度》（《日语学习与研究》2008年第4期）、张岩红的《移動動詞「クル」と「~来」との関係について》（《汉日理论语言学研究》，2009）、盛文忠的《移动动词"来/去"和「行く/来る」的汉日对比研究——基于移动主体人称的考察》（《解放军外国语学院学报》2013年第1期）等。

（15）句子成分

关于句子成分的对比研究，何午有《中日文主谓宾句子成分分析》（《日语学习与研究》2003年第2期）一文。此外，宾语对比的论文有秦礼君的《日汉宾语位置的古今比较》（《外语研究》2003年第1期）、吕红波的《英语、汉语、朝鲜语、日语宾语的对比》［《延边大学学报》（社会科学版）2002年第3期］和马小兵的《试论日语宾语的表现形式及与汉语的比较》（《日语研究（3）》，2005）。关于连体修饰（定语从句）的成果，有孙海英的《日汉非限制性动词定语从句对比研究》（《北方工业大学学报》2009年第2期）、《论汉日定语从句在场面描写功能上的差异》（《日语学习与研究》2010年第5期）以及余弦的《歧义与省略：汉日定中结构之比较》（《天津外国语学院学报》2005年第4期）等。

此外，还有存在句、连词、否定表达等方面的对比，篇幅所限，不一一列举。①

5. 语言类型学

语言类型学研究兴起较早，在国内日语界却起步较晚。盛文忠近10年来相继发表了多篇对比论文，主要有《陳述副詞の文中位置について——日中対照を中心に》（『村木新次郎教授還暦記念論集日本語と中国語とその体系と運用』，学苑出版社，2007）、《语言类型学与日汉语对比研究》（《现代日语语言学前沿》，外语教学与研究出版社，2010）、《汉日语关系从句与形容词定语语序的类型学差异》（《解放军外国语学院学报》2010年第3期）、《汉日语关系从句与指示词语序的类型学差异》（《日语学习与研究》2010年第2

---

① 具体可参看张岩红《汉日对比语言学》及《日语学习与研究》等所载语言研究综述。

期)、《类型学视阈下的汉日语多项形容词定语语序对比研究》(《日语学习与研究》2014 年第 3 期)、《类型学视阈下的汉日语语序对比研究——基于大规模语种库统计的语序和谐性考察》(《日语学习与研究》2014 年第 5 期)、《汉日语数量名结构语序的类型学考察》(《语言学研究 (17)》,2015) 等。盛文忠还联合《日语学习与研究》杂志推出了一期语言类型学的专刊。2014 年,盛文忠在其博士学位论文基础上修改而成的专著《汉日语语序对比研究——基于语言类型学的考察》出版。在语言学取得很大发展的今天,语料库和语言类型学是帮助我们克服内省力不足的两大有力武器,可谓恰逢其时。

随着语用学、认知语言学、会话分析等的兴起,出现了不少从汉日对比角度研究的佳作。限于篇幅,在此不一一举出。

(三) 问题及其对策

汉日对比研究尽管取得了很大成绩,但仍存在不少问题。

1. 可比性探讨不够

如部分学者指出的那样,同一个范畴间的对比才具有更大的对比意义,但现在仍然有不少研究,对没有可比性或可比性不强的研究对象进行对比,影响了研究价值和学术意义。此外,服务于教学和服务于语言学研究的对比研究的性质方法也是不同的。

2. 成因解释不足

迄今不少研究只注重描写两种语言间的差异,但没有或不主动去解释差异。解释差异的成因早已成为现代语言学的主流,需要有扎实的理论水平做基础。语言类型学、认知语言学等或可提供很大帮助,运用历史语言学的方法也是一个途径。

3. 重复性研究太多

迄今汉日对比在量上已有一定积累,但在质上却不理想,原因之一是研究者没有或不愿去了解前人的研究。低水平的重复性研究太多,理论探讨较少,容易使人轻视对比研究的学术价值。

4. 规范性不够

学术论文形式上的规范容易统一,但内容上特别是术语等方面的规范不容易实现。例如对比和比较的区别,对译和对比的界限。

针对以上问题，对策无非加强理论学习，同时呼吁有一个搜集规范性经典论文的范本问世。视条件还可以考虑开设汉日对比研修班，从理论方法上予以具体指导。

（四）展望

王顺洪在《二十年来中国的汉日语言对比研究》（《语言教学与研究》2003 年第 1 期）中对之前国内的汉日对比研究做了回顾和总结。应该说，日语界的汉日对比研究已有了很大发展。不论是研究的广度还是深度，或是在学术规范、理论探讨等方面，都有了一定的提高和进步。2014 年出版的张岩红《汉日对比语言学》一书可以说是继王顺洪之后对近 30 年来国内对比研究的总结。虽受篇幅所限，没有涉及语用学、语篇、认知语言学等的对比研究，但有理由相信，随着学者们理论素养的提高、语料库等基础条件的日益完备和普及，汉日对比研究未来在量上、质上都会有更大的提高和进步。

需要指出的是，对比语言学固然是一个十分有效的研究方法，但夸大其作用和价值并不可取。在语言学本身的系统性、不同语言间的可比性至今没有定论的前提下，动辄以对比为研究日语的唯一或者说最高目标，似有不当之处。在过去，受限于国人内省力不足，特别是涉及语言功能方面，外国人难以把握语感，对日语本体的研究处于弱势。现在随着语料库、语言类型学的发展，不必刻意进行对比，也极有机会发现日本人未知的语言事实或本质现象。当然，不同语言、文化背景的人，看另一种语言文化，即便不刻意去做对比，其实也已经包含了对比的眼光了。就好像《马氏文通》也好，近代国人研究汉语也好，都难以摆脱欧美人的眼光一样。当然，这是指大的对比眼光，与这里所说的汉日对比研究还是有所区别的。

结　语

进入 21 世纪后，特别是近 10 年来，日语语言学研究取得了突飞猛进的发展。但毋庸讳言的是，国内的日语教学及日语研究也隐含危机，有的已初露端倪，有的则迫在眉睫。第一，国内日语研究的空间日益受到挤压，表现之一是刊发日语语言学论文的园地本来就少，而受引用率等因素影响，刊登日语语言学研究论文的期刊越来越少，挫伤了年轻学者的积极性；第二，期刊所载论文的质量显著下滑，这也是整体上刊登数量少且审稿把关不严所致；第三，日语语言学研究队伍虽然庞大，但人员水平参差不齐，整体上主体意识不足，研究上有的还处于一味模仿或故步自封的状态，难以实现与普通语言学及国内其他外语研究的相互融通，更难奢谈与语言学界的接轨、对学科的创新贡献了。

语言学是日本相关研究中比较传统且十分重要的学科，做起来枯燥，有较大难度。导致日语研究不振的一个重要原因是，迄今为止国内日语语言学研究的规范性、专业性还不强，影响了其应有的学科地位和学科话语权。复旦大学葛兆光先生在《大学文科拿什么来自我拯救》一文中指出："必须区分经由严格训练而成的专业学术，和仅凭热情与模仿而成的业余爱好。换句话说，就是必须区分什么是业余的模仿和自学所不能得到的；什么是无须专业训练，只要刻苦自学和模仿就可以得到的。"就日语专业而言，为了改变日语语言学研究的不利处境，提高日语教学和日语语言学研究的地位，我们必须加强日语研究的专业性，提高学术性。

总之，较之过去，中日两国间的学术交流日益频繁与密切。两国学者常常面对相似或相近的课题，互相关注、借鉴甚而联手合作已成为日语界的常态。在此新形势下，国内学者要更加注重提高自身素养，积极谋求与国内外同行的交流。同时，为了提高语言学研究的整体水平，日语界更需不拘囿于日语界，而向更广阔的外语学界、汉语学界乃至语言学界的同行学习，汲取营养，发出自己的声音。

参考文献

曹大峰：《中日对訳コーパスとその対照研究への援用》，《中国日语教学研究文集（9）》，2001。

曹大峰：《语料库语言学与日汉对比语言学》，《日语研究（1）》，商务印书馆，2003。

于日平：《对比语言学》，翟东娜主编《日语语言学》，高等教育出版社，2006。

林璋：《语法对比研究中的语料问题》，《汉日语言对比研究论丛（1）》，北京大学出版社，2010。

盛文忠：《语言类型学与日汉语对比研究》，《现代日语语言学前沿》，外语教学与研究出版社，2010。

于康：《语法学》，高等教育出版社，2012。

张岩红：《汉日对比语言学》，高等教育出版社，2014。

张麟声「言語教育のための対照研究について」『日中言語対照研究論集 9』、2007。

张麟声：《汉日对比研究与日语教学》，高等教育出版社，2016。

彭广陆、盛文忠主编《中国日语语言学研究论文索引（1949~2010）》，高等教育出版社，2016。

石綿敏雄・高田誠『対照言語学』おうふう、1990。

大河内康憲編『日本語と中国語の対照研究論集』くろしお出版、1997。

井上優「個別言語研究と対照研究」《汉日语言研究文集（3）》、北京出版社、2000。

井上優「日本語研究と対照研究・日本語文法特集」『日本語文法研究の諸相』1 巻 1号、2001。

井上優「言語の対照研究」の役割と意義：日本語と外国語の対照研究『対照研究と日本語教育』国立国語研究所、2002。

井上優「言語の対照研究の方法」《日语研究（5）》、商务印书馆、2007。

生越直樹編『シリーズ言語学対照言語学』東京大学出版会、2002。

《汉日语言研究文集（1~6）》，北京出版社，1998~2003。

《汉日语言对比研究（7）》，学苑出版社，2006。

《汉日语言对比研究论丛（1~5）》，北京大学出版社，2010~2014。

《汉日语言对比研究论丛（6~8）》，华东理工大学出版社，2015~2017。

《日语研究（1~9）》，商务印书馆，2003~2014。

《日语学习与研究》，1979 年至今。

日语教育研究

一　前言

在我国的文献中,《三国志·魏志·倭人传》《后汉书·倭传》《宋书·倭国传》以及明代记述倭情的书籍中均有关于日语语言文字的记录。清末,日语开始受到关注。辛亥革命以后,我国历史上出现了第一个学习日语的高潮(徐一平,1997)。民国期间,不少学子赴日留学。九一八事变后,国内兴起研究日本的声浪,不少仁人志士希望通过学习日语了解日本,学习先进的科学技术,以达到救亡图存的目的。以教科书编撰为代表的日语教育,自清末开始,至今已有百年历史(朱桂荣,2015,2016)。

新中国成立后,我国高等教育中的日语教育经历了新中国成立之初的创始阶段(1949~1966)、"文革"前期的空白断档和后期的恢复过渡阶段(1966~1977)。改革开放后我国出现了第二个学习日语的高潮,日语教育从而进入迅速发展阶段(1977~1999)。进入21世纪后,我国高等教育的招生规模急剧扩大,在大众化教育背景之下,日语教育又进入了跨越式发展阶段(1999年至今)(伏泉,2013)。可以说,我国日语教育的发展变迁无时不受到社会经济状况、国家对外关系及人才培养政策的影响。

日本国际交流基金会2016年公布的"海外日本语教育机构调查"结果显示,2015年我国各类日语学习者总人数为953283人,居世界第一位。事实上,我国日语专业规模扩大后一直面临各种挑战。以高校为例,伴随日语学习者的增多,出现了生源水平差异增大、日语学习动机不足、就业压力增大等问题。另外,进入21世纪以后,我国不断推进教育改革,出台了《教育部关于全面提高高等教育质量的若干意见》等一系列文件,要求高校改进人才培养方式，提升教育质量。在上述背景下，日语界对日语人才培养、课程设置、教学、学习者、教材编写、教师发展等诸多问题展开了相关研究，本文将此类研究统称为日语教育研究。本文拟梳理 2000~2016 年我国日语教育研究动向，概括其核心内容，提出今后的研究课题，以期为今后的日语教育研究发展提供必要的参考。

二 相关研究

关于我国日语教育研究的发展，徐一平《中国的日语研究与日语教育》（1997），冷丽敏《关于国内日语教育研究现状之考察》（2004），刘海霞《国内日语教育研究的发展与不足》（2009）以及张佩霞、吴宇驰《近 10 年国内日语教育研究的现状考察》（2013）均报告了我国日语教育研究的成果及不足。

刘海霞调查了 1999~2008 年国内主要外语期刊上刊登的日语教育研究成果后指出："十年间日语教学研究发展较为稳定，研究内容涵盖了教学的各环节，但对学习主体研究较少、对语言理论引进不足"，"在研究内容层面上也存在不足。研究方法中，实证性研究正日益增多，但仍以非材料性研究居多"，"在这十年中国内日语教学研究类论文的参考文献数量偏少、日期偏久远"。

张佩霞、吴宇驰分析了《日语学习与研究》2000~2011 年所刊载的日语教学和二语习得的相关论文后指出："国内日语教学研究总体稳步向前发展"，"但在研究方法上国内日语教学类论文实证研究仍旧偏少；在研究内容上，教学法类一枝独秀；情况调查类论文没有体现连续性，同时缺乏对非专业日语教学情况开展调查；而测试评价类多限于专业四八级考试，尚待引进国外最新的测试评价体系；教材辞书和研究方法类论文数量上仍具增长空间"，"在二语习得领域中语言对比研究和学习者偏误分析比重过大"。

上述四篇综述性文章，在考察方法上，徐一平是采用大量举例和展示相关数据的方式开展的研究。其他三篇则以文献为对象，对其内容进行分类及量化处理，基于客观数据对不同时期的日语教育现状进行了分析阐述。

三　分析对象和分析方法

（一）　分析对象

本文在上述研究的基础上调整研究视角，进一步开展更为深入的调查研究。主要体现在以下两点：一是将研究对象确定为集中刊发日本学研究成果的刊物，聚焦日语教育研究成果，同时补充在中国知网上检索不到的论文；二是重视内容分析，描述日语教育研究各领域的现状。本文的分析对象为以下四种学术刊物（以下简称"四种刊物"）。

《日语学习与研究》为日语研究综合性学术刊物，创刊于 1979 年，由对外经济贸易大学主办，是我国日语学科唯一的高级学术期刊，作为中国日语教学研究会会刊，具有学术影响力，在我国日语界广受关注（曹大峰，2012）。

《日本学研究》为定期出版的日本研究综合性学术刊物，创刊于 1991 年，由北京外国语大学北京日本学研究中心主办。该刊物刊登中日文原创论文，自创刊起采取匿名审稿制度。

《日语教育与日本学研究论丛》发行于 2003 年，由北京师范大学外文学院日文系主办。其目的是促进日语学界的交流和相互启发。该刊物不定期发行，至今已刊行 5 辑。特别是第 4 辑（2010）和第 5 辑（2012）集中刊发了与课堂教学相关的论文，成为该刊的特色。

《日语教育与日本学》发行于 2011 年，由日语教学研究会上海分会主办，采取匿名审稿制，其目的是展示日语教育研究最新成果，提供新的学术交流平台，至今已刊行了 10 辑。

本文以上述四种刊物中的论文作为分析对象，虽没有穷尽国内所有日语教育研究成果，但可以认为这些刊物汇集了国内日语教育研究的主要成果，具有一定代表性。

（二）　分析方法

本文在已有研究成果的基础上，增补近年来的最新数据，拟从历史发展的视角，描述和分析我国日语教育研究的现状。本文搜集了上述四种刊物在 2000~2016 年刊载的与日语教育研究相关的中日文论文，共计 284 篇。其中，《日语学习与研究》175 篇（62%），《日本学研究》46 篇（16%），《日语教育与日本学研究论丛》36 篇（13%），《日语教育与日本学》27 篇（9%）。选取条件是研究内容直接与我国国内日语教育研究相关，不考虑作者国籍。

分析方法如下。首先基于研究内容，按照类属分析法，抽取出①课程设置、人才培养、课程标准，②教学研究，③学习者研究，④教材分析，⑤考试评价，⑥教师发展，⑦历史回顾等七大类，按照年份统计数量。针对上述类别，基于论文的具体内容，做二级分类。完成分类之后，梳理各类别中论文的主要观点，以展示各相关领域研究的特点及变化趋势。

四 分析结果

本节首先分析数据的整体情况，然后按照七大分类，梳理不同研究领域的研究发展状况。

（一）2000~2016 年国内日语教育研究的总体情况

2000~2016 年，四种刊物一共刊登了 284 篇与日语教育研究相关的论文。如图 1 所示，2000~2009 年每年的论文数量较少，基本为 10 篇左右。其间，2005 年出现了相对高峰，论文数量为 17 篇。这与 2005 年《日语教育与日本学研究论丛》第 2 辑的发行有一定关系，该刊物 2005 年刊载了 5 篇与日语教育研究相关的论文。

自 2010 年起，每年的论文数量为 20~31 篇。尽管偶有回落，但 2010 年以后总体上论文数量"明显增加"的态势是不可否认的。这一变化与全国范围内日语学术研讨会的积极举办、日语教师研修活动的系列开展、研究成果发布平台的不断增多不无关系。例如，2009 年北京师范大学外文学院日语教育教学研究所成立并举办了相关研讨会，次年（2010）出版了《日语教育与日本学研究论丛》第 4 辑，刊发了与课堂教学相关的论文。2010 年在天津召开了世界日语教育大会，2013 年起中国日语教学研究会连续 5 年举办了高校日语教师研修班。各地日语教育分会先后成立并召开了不同规模的研讨会，这些专业发展活动催生了较多的日语教育研究成果。与此同时，《日语教育与日本学》于 2011 年起开始定期发行，为更多的日语教学研究成果提供了稳定的交流平台。

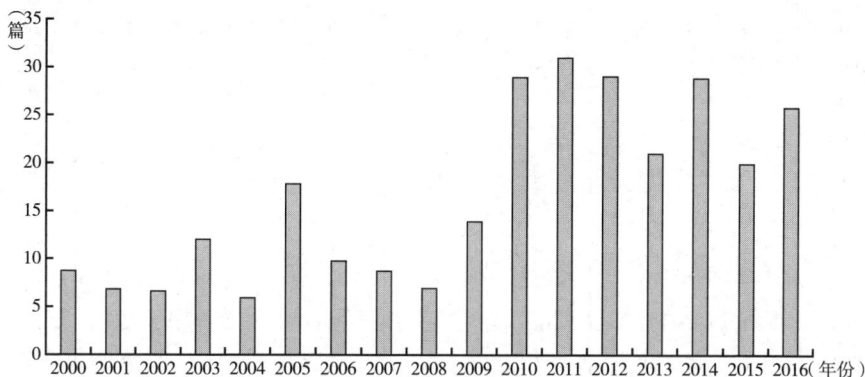

图 1　2000～2016 年国内日语教育学研究论文数量变化趋势

　　表 1 是将 2000～2016 年国内日语教育研究按其内容分类后的数据呈现。2000～2009 年，不仅每年论文数量较少，而且论文所涉及的研究领域也较为有限，主要集中在"课程设置·人才培养·课程标准""教学研究""学习者研究"三个领域。如前所述，尽管 2010 年研究论文的数量开始激增，但是在研究领域的广度上并没有突破。由表 1 可知，日语教育研究领域拓宽是在2011 年以后，并且其后一直呈现出研究领域多样化的发展趋势。

表 1　2000～2016 年国内日语教育学研究内容分类及比例

单位：篇

	课程设置人才培养课程标准	教学研究	学习者研究	教材分析	考试评价	教师发展	历史回顾	总计
2000	0	9	0	0	0	0	0	9
2001	2	5	0	0	0	0	0	7
2002	3	3	1	0	0	0	0	7
2003	3	6	1	2	0	0	0	12

续表

	课程设置人才培养课程标准	教学研究	学习者研究	教材分析	考试评价	教师发展	历史回顾	总计
2004	0	5	0	0	0	0	1	6
2005	7	6	5	0	0	0	0	18
2006	0	7	2	0	0	1	0	10
2007	1	4	4	0	0	0	0	9
2008	1	5	1	0	0	0	0	7
2009	1	7	1	3	1	0	1	14
2010	0	18	9	0	2	0	0	29
2011	6	11	5	6	1	1	1	31
2012	4	12	9	2	1	1	0	29
2013	2	9	4	1	1	3	1	21
2014	1	11	10	1	2	2	2	29
2015	2	7	7	3	1	0	0	20
2016	1	7	9	4	1	2	2	26
总计	34(12%)	132(46%)	68(24%)	22(8%)	10(4%)	10(4%)	8(3%)	284(100%)

根据表1数据可将国内日语教育研究按照论文数量的整体占比划分为四个层次。第一个层次为"教学研究"（46%），论文数量最多。第二个层次是"学习者研究"（24%），第三个层次是"课程设置·人才培养·课程标准"（12%）和"教材分析"（8%），所占比例为10%上下，第四个层次是"考试评价"（4%）、"教师发展"（4%）和"历史回顾"（3%），论文数量最少，均不足5%。

图2显示了上述七大领域的论文在2000~2016年的数量变化。其间，"课程设置·人才培养·课程标准"研究在2005年和2011年出现了两次明显的增加。"教学研究"在2010年出现了一次明显的增加。除此之外，总体上各研究领域的论文数量在不同年份增减相伴，呈现出一种较为规律的自然波动状态。

（二）关于课程设置、人才培养、课程标准的研究

此类论文在论文总数中占比12%。仅就四种刊物而言，17年间，除2000

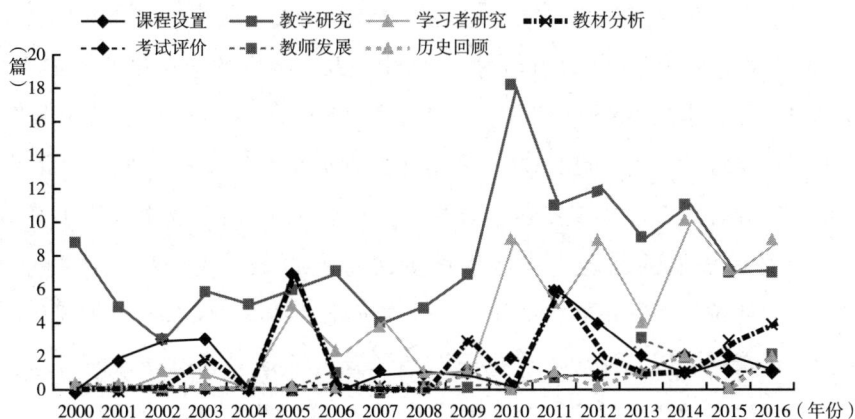

图2 2000～2016年国内日语教育学各类研究论文数量变化趋势

年、2004年、2006年、2010年4年没有发现相关研究刊登之外，其余13年均刊登了此类论文，这说明该研究领域得到了日语界的长期关注。如表2所示，其内部构成分为"课程设置"（41%）、"人才培养"（38%）、"课程标准"（21%）三部分。以下按三个类别详细进行阐述。

表2 课程设置、人才培养、课程标准相关研究论文数量及比例

研究分类	论文数量（篇）	占比（%）
课程设置	14	41
人才培养	13	38
课程标准	7	21
总计	34	100

1. 课程设置

1998年高等学校外语专业教学指导委员会起草了《关于外语专业本科教育改革的若干意见》，对学生分析问题和独立提出见解能力的培养提出了更高的要求。进入21世纪后，我国积极推进教育改革，日语教育领域也以新的姿态迎接挑战。在课程改革方面，北京师范大学日语专业为我们提供了良好的范例。王志松（2001）报告了该大学通过改革课程结构在培养学生研究能力和提高综合素质方面的探索，具体做法是设置"专题讨论课"，根据师资结构，

开设语言、文化、文学、教学法等专题内容，教授相关领域的研究方法，并将"论文指导课"提前至四年级上学期。经过实践，学生的毕业论文整体水平、研究能力、综合素质均得到了提升。宛金章（2003）系统介绍了北京师范大学日语专业课程改革的思路：①"课程设置改革是系统工程"成为日语专业的共识；②课程设置注重培养学生动手、动脑能力；③课程设置体现了对第二外语（英语）技能的培养；④课程设置注重宽口径、复合型人才的培养；⑤课程设置注重体现知识结构的体系化、多元化。具体做法包括：把现代汉语和古代汉语课列入限选课中；优化开设翻译课（笔译）和口译课的时间；开设日语教学法及教育实习课；开设中日语言、中日文化、中日文学比较课；加强多媒体语言教学与各种辅修；开设培养学生创新能力的专题讨论课等。实践证明，这些课程改革的举措在拓宽知识面、开阔视野、发展个性化学习、提高学习能力方面效果显著，同时对促进教学与科研的发展也发挥了积极作用。

除此之外，天津外国语大学（张晓希，2005）、北京大学（赵华敏，2005）、北京外国语大学（赵晓柏，2005）等多所高校开展了一系列课程改革，其目的是帮助学生扎实掌握日语知识，具备较强的语言运用能力以及社会适应能力。总体而言，2000~2016年我国课程设置主要围绕研究能力培养、复合型人才培养、素质教育和创新能力培养而展开。

近年来，在课程建设方面另一个值得关注的内容是跨文化课程建设。基于当今外语人才须具备跨文化交际能力的培养目标，跨文化课程的建设不容忽视。其中，北京第二外国语学院积极推进日语专业跨文化交际课程教学体系的构建（侯越，2012）。相较而言，不少院校的现状是日本社会文化课程设置仍然较为薄弱，课程数量偏少，师资力量不足，无法有效满足社会和学生的需求（窦心浩，2016）。

信息技术的发展进步也有效推动了部分院校的课程改革。例如，有的学校依靠网络平台开发教学资源库以改进日语教学（段然，2012）。日语学界对MOOC建设也快速做出了反应，修刚、朱鹏霄（2015）指出中国高校MOOC课程科目尚不丰富、平台本土化建设步伐缓慢，为此，他们提出了MOOC在中国自创和应用阶段需要重视国际化和自主化的建议。

综上所述，日语学科的课程建设直接影响到学生的能力培养。为此，各院校需要重新审视所开设的日语课程的科学性、合理性和必要性，从根本上为推进日语教学改革铺平道路。

2. 人才培养

2000 年以后，日语人才培养问题引发了热烈的讨论，从"人才"所指群体来看，包括本科人才、研究生人才、商务人才、二外人才等。在此主要介绍研究生人才和本科人才培养的相关研究内容。

关于研究生人才培养，徐冰（2001）指出，伴随我国教育改革的深化，国家建设和对外交流的发展，对高层次日语人才的需求不断扩大，如何培养出社会急需的优秀人才，已成为各院校的重大课题。徐冰通过问卷调查指出，研究生教育尚未纳入正轨，未能形成一定规模。他同时指出：①研究生普遍缺少中国文化基础；②学习浮躁；③个别导师尚未掌握研究方法；④课程和教材体系缺乏系统性和科学性；⑤图书资料匮乏。针对这些问题，徐冰在论文中提出了重视导师的选拔和管理、形成学术群体、共享学术资源等解决问题的思路。

时隔 8 年，徐冰（2009）再次聚焦研究生教育，指出了存在的问题：①质量观念淡薄；②学科水平总体偏低；③培养机制亟待完善，培养与科研结合不紧密；④导师水平不高，指导不够。他在论文中从师资、外语歧视现象与工具论、观念意识、知识结构、学缘结构、研究队伍等角度进行了剖析，提出应加强研究方法指导、加强与一级学科和母体学科的连接、完善学术交流机制、加强对青年骨干教师的培养等建议。

朱桂荣（2015）在对日语硕士研究生教育的培养目标、课程设置、学术交流、学位论文指导及管理体制进行调查后指出，日语硕士研究生教育虽然处于蓬勃发展之中，但仍面临诸多问题。根据调查提出了基于学科体系进行课程建设、开设特定研究方向的方法论课程、充分利用交流活动、防止教育活动空洞化、推行双导师制、适当提早进行研究生开题指导等具体建议。上述研究启示我们：高层次日语人才培养涉及日语学科的可持续发展的问题，日语学科研究生教育质量的提升，既有赖于日语学术研究水平的整体提升，也有赖于基于教育学专业视角的研究生教育研究水平、管理水平以及研究生导师的教学指导水平的提升。

关于本科人才培养，修刚（2011）指出，"中国高校专业日语教学迎来了新的转型期"，"要从对语言能力的培养、语言交际能力的培养转向运用日语进行跨文化交际能力的培养，从以学习日语为目的走向通过日语学习相关专业知识与技能为目的，从培养学生从事与日语相关工作的能力走向培养学生适应任何相关工作的能力"。陈俊森（2012）建议日语学科恢复人文学科的本质，从知识、技能、能力、素养4个方面综合培养日语人才。同时指出不宜制定全国统一的教学大纲，不搞均质化教育；要依据大学的性质，实施日语专业分流，提倡个性化的教育等。上述有关日语人才培养目标的讨论对我们反思现状、前瞻未来具有较强的启发性。

3. 课程标准

展望世界，很多国家在不断加强外语教育研究，提升其外语教育的专业化水平。例如，《美国国家外语教育标准》（1993）、《欧洲共同课程指南框架》（1996）等引发了世界范围内关于外语语言能力及其标准的思考与讨论。林洪（2008）比较了上述两个标准与我国的课程标准，即《全日制义务教育阶段日语课程标准（实验稿）》（2001）、《普通高中日语课程标准（实验）》（2003）。他指出：三者均从面向21世纪培养国民基本素质角度考虑外语学习，均从实际运用角度提出外语学习标准，均强调交际、策略、文化的综合发展，并指出外语学习是国民素质中不可或缺的；学习外语是为了更好地交流，要重视综合性学习、运用及体验；策略有助于外语学习，对不同文化的理解与宽容既是外语学习的前提又是外语学习的目标。唐磊（2011）分析了新一轮课程改革背景下日语课程标准的制定背景、缘由和特色及其与教学大纲的异同。这些分析均显示出目前我国初高中阶段日语教育课程标准在理念层面是紧跟世界步伐的。

关于高等教育中的日语教学，2000年《大学日语教学大纲（第二版）》、2001年《高等院校日语专业基础阶段教学大纲》、2001年《高等院校日语专业高年级阶段教学大纲》等文件相继出台。在这一背景之下，宿久高（2003）回顾了日语专业教学大纲的制定与实施，并提倡在培养应用型复合型人才的同时培养部分专业型研究型人才、在学习外语专业的同时辅修其他专业课程以取得第二学位、尝试与国外大学联合培养等做法。皮细庚（2005）回顾了日语专业教学大纲制定的详细过程与背景，介绍了大纲的主要内容、特点、对教学一线的影响以及大纲指导下的专业四八级考试。这些日语教学大纲的出台标志着我国高等教育中日语教育规范化程度的不断提升。

伴随时代的发展，日语学界也出现了对现有日语教学大纲的反思。例如，冷丽敏（2011）以《高等院校日语专业基础阶段教学大纲》为对象探讨了高等院校外语教育理念，王俊红（2014）指出了基础阶段《教学大纲》中跨文化交际内容的不连贯性等问题。赵华敏、林洪（2011）综述了国外外语教学理念，梳理了我国大学日语教育理念的变迁，指出通过理念的变化，带动课程、教材与评价（测试）的变化是我国高校日语教育需要关注并加以研究的课题。这些论述为我国课程标准的不断完善提供了重要的参考意见。

（三）教学研究

教学研究类论文共计 132 篇，在 284 篇论文中占比 46%，是日语教育研究中最受关注的领域。如表 3 所示，它包括"教学内容"（28 篇，21%）和"教学方法"（104 篇，79%）两部分。以下分别介绍这两大类别的研究动向。

表 3　教学研究分类及其数量比例

研究分类	论文数量（篇）	占比（%）
教学内容	28	21
教学方法	104	79
总计	132	100

1. 教学内容

如表 4 所示，"教学内容"的焦点包括语法、能力、语用、词汇、敬语、文体、语音语调、文化理解、翻译难点、非语言交际等多个方面。

表 4　教学内容的对象分类及其数量比例

研究分类	论文数量（篇）	占比（%）
语法	8	28.6
能力	4	14.3
语用	3	10.7
词汇	3	10.7

续表

研究分类	论文数量（篇）	占比（%）
敬语	2	7.1
文体	2	7.1
语音语调	2	7.1
文化理解	2	7.1
翻译难点	1	3.6
非语言交际	1	3.6
总计	28	100.0

以"语法"为例，相关研究在关注个别语法项目研究的基础上开始转向系统研究。例如，陈访泽（2002）探讨了日语教学中的主语问题，胡以男（2003）探讨了日语被动表达方式，赵文华（2005）探讨了复合词中补助动词的形态。与此相对，彭广陆（2006）通过动词活用表探讨了日本对外日语教学语法系统。进而，彭广陆（2011）概括性地论述了日本学校语法系统、日语教学语法系统以及教科研语法系统这三套语法系统，指出这三者均在不同程度上影响着我国的日语语法教学，其特点是日语教学语法在日本已相当普及，但在我国却是日本学校语法具有很大影响力。他在论文中主张应在充分了解和借鉴日本教学语法系统的基础上，建构一套适合中国人（汉语母语者）学习日语的教学语法系统。曹大峰、刘贤（2016）以外语教学语法的建构为目标探索了许国璋教学语法思想与实践中关于教学语法的思想精髓，并探讨了不同语种外语教学语法建构的事例和课题。作者在论文中引用了许国璋先生的论述，即"语言学语法把语法作为一种规则的体系来研究，教学语法把语言作为一种运用的工具来学习。前者的目的是了解通则，即明理；后者的目的是学会技能，即致用"。许国璋先生的这一论述对我们今天思考日语语法教学的问题仍具有重要的启示作用。关于适合中国日语学习者的日语教学语法的建构，近年来在我国的日语教材编写工作中已有所尝试，教学语法研究者和教材编写者尚需收集更多反馈意见以不断建立和修正日语教学语法结构。

关于教学内容中的"能力"问题，针对传统的语言技能的探究，可参见魏丽华（2004）、姜春枝（2005）等人的成果。前者探讨了"天声人语"的阅读理解与高年级语言能力的提高，后者探讨了日语会话课的授课限度与内容。

近几年，随着"能力"内涵的不断扩充，研究者在关注传统的语言技能培养的基础上，也进行了专门用途日语（JSP）能力研究等新的探索。JSP 包括学术日语和职业日语两类。例如，严红君（2011）参考《标准商务日语考试大纲》，探讨了商务日语的定位、能力要素、内涵等。刘伟（2013）在梳理日本学术日语研究和日语学术写作研究的基础上，指出应重视 JSP 教育研究的系统化。这些阐述给我们带来很多思考：特定领域中的日语使用规则值得系统研究，只有做好这些基础研究，才有可能提升学生在特定领域中的日语运用能力。

关于教学内容中的"语用"问题，最初是围绕日语礼貌表达而展开讨论（郭举昆，2003），后来涉及对商务日语语用特征的分析（周林娟、唐千友，2006）。值得关注的是，陈俊森（2011）提倡重视心灵理解的日语教育，强调语言行为、语言观与价值观三者之间的关系。可以设想，如果在教学内容上对"语用"予以高度重视，将有助于学生摆脱机械学习日语的状况；如果教师能够引导学生思考日语语言行为的特征并探索其背后的文化因素，将会对学生日语运用能力的提升和多元文化理解能力的提升带来积极影响。在这一方面，尚需今后的调查数据予以验证。

关于"敬语"教学内容的选取，任丽洁（2013）对日剧做了定量调查，发现不同敬语动词形式在出现频率上存在差异，并以此为依据建议确定优先学习的内容及指导顺序。

关于日语文体，徐卫（2011）分析了日语文体的个性特点、书面体和口语体的差异以及学生在文体使用上经常出现的问题。周林娟、时江涛（2007）基于文体学，从商务日语函电的使用环境、方式、场合、对象和目的等视角，分析了商务日语函电的文体特征。

关于语音语调，纪太平（2000）通过大量例句指出了日语语调的规律性，同时又分析了语音语调出现多样性的原因，建议从内涵上理解日语的含义，以做到表达自如。

关于翻译难点，贾丽（2013）通过训练实例探讨了中日同声传译过程中的"问题词"。除此之外，还有研究通过问卷调查，指出学生对日本企业文化理解不足，建议在商务日语教学中增加实例介绍和讲解；还有研究讨论了日语外来词的演变以及"距离""视线"等非语言交际策略的作用。

上述关于"教学内容"的研讨，显示出我国日语教学一线对教学内容开展了方方面面的研究。特别是随着"能力"内涵的不断丰富，我国日语学界在教学内容上也更加注重日语表达的得体性，更加重视培养学生的日语运用能力以及对日本文化的理解能力。这些可喜的变化与上述日语人才培养目标的转变以及外语教育理念的变化不无关联。

2. 教学方法

如前所述，在132篇"教学研究"论文中，大多数是对"教学方法"（104篇，79%）的研讨。众所周知，长期以来我国外语教学较为重视教师对语言知识的系统讲解和学生的记忆、模仿和反复练习等强化训练。伴随日语高等教育的大众化、人才培养目标的转变以及外语教学理念的更新，日语教师开始重新审视日语教学的方法问题。如表5所示，有关"教学方法"的论文根据研究对象大致可分为三大类。第一类是关于本科日语专业课程教学方法的论文（72篇，69.2%）。第二类是非限定课程的教学方法研讨论文（16篇，15.4%）。第三类是关于非本科课程或非日语专业课程教学方法的研讨论文（16篇，15.4%）。以下按类别逐项进行介绍。

关于第一类，即本科日语专业课程教学方法的研讨，它涉及的课程非常广泛，包括综合日语、听力、商务日语、语音、高级日语、口语、阅读、写作、翻译、文学史、日语史、语法、日语概况、日本历史、第二课堂等。不少研究以展示教案或案例的方式介绍了相关课程的教学设计以及设计背后的理念。以下分项介绍这一类型的内容。

表5　教学方法所指课程或对象的分类及其数量比例

研究分类		论文数量（篇）	占比（%）
本科日语专业课程（72篇，69.2%）	综合日语	19	18.3
	听力	11	10.6
	商务日语	9	8.7
	语音	6	5.8
	高级日语	6	5.8

续表

研究分类		论文数量（篇）	占比（%）
本科日语专业课程 （72 篇，69.2%）	口语	4	3.8
	阅读	3	2.9
	写作	2	1.9
	翻译	2	1.9
	文学史	2	1.9
	日语史	2	1.9
	语法	2	1.9
	日本概况	2	1.9
	日本历史	1	1.0
	第二课堂（课外活动）	1	1.0
非限定课程 （16 篇，15.4%）	方法综述	11	10.6
	敬语	2	1.9
	语用技能等	2	1.9
	授受关系	1	1.0
非本科课程或 非日语专业课程 （16 篇，15.4%）	大学日语（二外选修或一外必修）	10	9.6
	高职选修课	2	1.9
	研究生教学	2	1.9
	中学生教学	1	1.0
	面向社会人士的日语学习班	1	1.0
总计		104	100.0

"综合日语"教学方法的关键词包括：语言能力和交际能力并重（田鸣，2001）、教材分析和学习分析（曹大峰，2004）、重视语言输入（王文贤，2005）、小组学习（杨峻，2009）、双向教学（王晓，2010）、集约型学习（成同社，2010）、教师作用（冷丽敏，2010）、教学环境（朱桂荣，2010）、辅助手段（孙伏辰、李国栋，2012）、真实情境（朱桂荣，2012）、Can-do（彭瑾、徐敏民，2014）、研讨式教学（胡伟，2015）等。通过这些研究成果可以看出"综合日语"课程在教学方法上已有很大改进，更加注重外语学习的语境、学习过程的互动性和学生的参与性。但是，在教学一线不少日语教师仍然一味注重日语语言知识的系统性，课堂对话模式多为"教师问—学生答"，而以学生为主体的、基于真实情境的任务型教学活动设计仍然较为缺乏，希望上述实践案例能够推动"综合日语"的教学改进。

"听力"教学方法的关键词包括：策略（王晓梅，2004；尹松，2006；徐曙，2010）、事前活动（鳥井俊祐，2008）、听的过程（横山紀子、王璐、杜艳，2010）、网络环境（裴艳霞，2012）、JF标准（顾春、张婉茹，2012）等。从这些研究成果可以看出，"日语听力"教学方法不再是"教师只管播放录音机"，而是基于二语习得理论或认知理论开展教学的案例逐渐增多，听力教学的理论性逐渐增强，具体表现为：重视听力策略的培养；重视"听前、听中、听后"的教学设计；注重学生之间的互动；注重提升学生在听的过程中的主动性和参与性。

"商务日语"教学方法的关键词包括：场景分段交际式教学（石若一等，2009）、模仿实践与第二课堂（周林娟、潘幼芳，2009）、语境与商境（周林娟、潘幼芳，2010）、任务在先情境教学法（倪虹，2014）、体系建构（佟玲，2015；欧阳健、张佩霞，2015）等。在培养复合型人才背景下，不少院校开设了商务日语课程，这是专门用途日语发展的一个方向。通过上述成果可以看出，国内在商务日语教学上进行了积极的探索，如重视在真实情景下的模仿实践等。提高学生商务日语实践能力，离不开优秀师资和优秀教材。为保证商务日语教学方法的顺利开发及教学效果的提升，今后尚需进一步加强师资培养和教材建设。

"语音"教学方法的关键词包括：选择性的语音指导、国际音标、音位理论等。祝玉深（2007）指出，以音节为核心的模仿式教学法遇到了挑战，建议使用国际音标这把统一的标尺从音位及音素级别上指导学习者的日语发音。杨珠铃（2013）基于实证研究，指出在教学法研究方面与其着眼于学习者的母语中不存在的要素，不如在学习者已有的语言基础上寻找突破点。吴宦熙（2014）提出"一三三"日语声调教学模式。由上述研究成果可以看出，"语音"教学方法正朝着国际化、关联化、系统化的方向发展。

"高级日语"教学方法的关键词包括：不同于基础阶段的方法、日语语言文化、档案袋评价等。吴立新（2000）指出为培养学生独立思考能力，在课堂上应扭转学生用母语思考日语的习惯，应导入灵活多变的教学方法和形式多样的练习方式。时隔10年，吴立新（2010a）指出高级日语教学长期处于各行其道的无序状态，建议从语言文化视角思考高级日语的教学理念和教学思路。张丽梅（2015）记录了实施档案袋评价的过程及学生的反馈，指出这一实践在一定程度上改变了学生的应试学习模式，有利于增强学习动机、明确学习目标和学习路径、培养学习自主性。上述研究启示我们：要重视和加强面向高年级日语学习者的教学方法研究，以切实提高高年级日语教学质量，促进日语专业学生在能力和素养方面的进一步提升。

"口语"教学方法的关键词包括：自主学习（劳佚琛，2012）、学习者主体（翟東娜，2012）、OPI（管秀兰，2013）、教具（富冈一十見，2014）等。从这些成果可以看出，口语教学也在积极导入国际化标准，注重学习者的参与以及学习情境的设定。

"写作"教学方法的关键词包括：任务教学法（张静、陈俊森，2004）、互评活动（张文丽，2016）等。2000～2016年，关于写作教学方法的研究尚不多见，这可能与写作课的任课教师多为日籍教师有关。可以预测今后随着越来越多的中国教师担任写作课教学工作，相关研究成果也会逐渐增加。仅从目前的研究成果来看，研究者较多地关注学习者的写作兴趣、写作策略和写作过程。

在"阅读"教学法上，林丽（2006）利用多媒体改变日语报刊阅读的教学模式，小柳麻由子（2012）尝试通过与他人互动来深化学生的阅读理解。在"翻译"教学法上，宛金章（2000）指出口译教学要使学生理解相对固定的口译表达方式，重视培养学生的文化理解能力和自我调节能力。朱京伟（2001）指出笔译教学要以"实用原则"进行选材，要运用"归纳"方法总结翻译规律。在"语法"教学上，重视摆脱母语干扰（孙艳华、宿久高，2009），加强图示法指导（刘丽华，2010）。在"日本概况"教学上，注重导入多媒体教学（詹桂香，2012），重视针对学生需求选择教学内容（黄象汝，2016）。关于"第二课堂"，有的学校依托教育行政管理，举办了各类日语大赛以促进学生日语能力的提升（许慈惠，2015）。

除了上述技能类专业课程教学之外，日本文学史（王志松，2000；刘晓芳，2012）、日语史（潘钧，2001）、日本历史（姜弘，2006）等非技能类专业课的教学也开展了相应的研究。深入研讨此类专业课程的教学方法，对提高教学质量、提升学生的思辨能力和高水平日语运用能力具有重要意义，并且也有利于促进日语教师的教研水平的提升，希望这一趋势能够继续保持下去。

如上所述，针对本科阶段的日语课程，可以说研究对象遍布日语学习的各个方面，这在一定程度上说明了我国当前专业日语教学改革的深度与广度。

关于第二类，即没有明确限定具体课程的教学方法研讨，它多以"方法综述"方式展开，相关论文数量约占教学方法类论文总数的10.6%。其余还有少量针对敬语、语用技能、授受关系等特定内容的指导方法的探讨，相关论文数量占比很小。

在"方法综述"类研究中，吴英杰（2001）探讨了计算机在日语教学中的应用。施建军、何建军（2007）阐述了建构日语数字化教学环境的构想和实践。陈燕生（2009）和张文颖（2016）分别探讨了现代视频技术手段和iPad在大学日语教学中的应用。林洪（2010，2012）以"为什么要重视日语专业课堂教学"和"如何关注日语专业课堂教学"为题，探讨了在有限的课堂时间内应突出的教学环节，以及如何在传统教学路径和较新的教学方法之间把握好分寸。

关于"敬语"的教学方法，高澤信子（2006）指出需要理解非语言行动及不同文化之间的差异、留意尊敬语与谦让语的区别、正确把握人际关系及场合、理解"委婉表现""间接表现"以及注重会话展开等指导策略。毋育新（2011）将"礼貌策略理论"引入待遇表现教学，指出礼貌策略理论提供了超越敬语框架把握日语待遇表现的视角，该实证研究的结果证明了引入礼貌策略理论指导的有效性。关于"语用技能"的培养，吴立新（2010b）指出为摆脱母语干扰，应重视日语表达的"自我投入式"并应开展相关指导。徐燕（2010）探讨了通过影像作品提升学生语用技能的方法。关于日语"授受关系"的教学方法，王春香（2000）提出用对比法解决授受方向的问题，用框线法解决授受行为中人际关系的问题。

如上所述，这些研究虽然没有明确限定具体的课程，但所讨论的问题均涉及日语教学整体问题或重难点内容的教学指导问题。上述研究所提示的教学方法的变迁反映了时代的发展和外语教学理念的更新。伴随通信技术的不断发展及人类对语言交流活动认知的不断深化，必将会探索出更多更有效的外语教学方法以服务于外语教学。

关于第三类，即非本科课程或非日语专业课程的教学方法的研讨，其内容涵盖多个方面。包括大学日语教学（二外选修或一外必修）、高职选修课、研究生教学、中学教学和面向社会人士的日语教学。

关于"二外选修或一外必修"等大学日语的教学方法，其关键词是综合教学法、翻译教学法、漫画、小组学习、多媒体、语言运用能力、跨文化交际等。其中，王艳迎（2000）提出教师应重视综合练习，采用多种形式提高学生的语言实践能力。教师应打破传统的单一模式，采用综合教学法把日语教学变成实践课和技能课。石素文（2001）谈到要树立学生对日语写作的信心，教师要注意批改方法，让学生有成就感。王际莘（2003）针对日语一外学生日语功底薄弱、词汇量少、语法知识不扎实等问题，提出了针对不同作文文体的指导方法。从这些研究中可以看出大学教学非常注重从大处着眼，小处着手。经过十几年的发展，大学日语教学规模不断扩大，教学方法和教学理念也有了很大改观。例如，崔迎春等（2016）提出了语言能力、语用能力、文化能力的培养理念，并以《初级日语》为例，探讨了以跨文化交际为引领的多媒体课件内容设计。从"文化能力培养""以跨文化交际为引领""多媒体课件"等字眼中可以看出我国大学日语教学理念的不断更新和教学环境的不断改善。在新的理念的带动下，在广大日语学习者需求的驱动下，大学日语教学的学习资源会更加丰富，有关大学日语的有效教学方法的研究也将有新的突破。

关于高职日语教学，陈桂昭（2000）指出高职日语教学的主导思想是"全面发展，有所侧重"，在教学策略上要做到：①能力养成有所侧重；②重点评价应用能力；③重视交际活动，学会表达自己的观点；④选择适合的听说教程。在教法上要适时转换，突出"活"字。这些来自实践的教学指导方法适合高职学生的特点，符合高职生的需求。2000年之后，外语教育理念不断变迁，越来越多的外语教育理论冲击着日语教学。盖横昊（2016）基于《欧洲语言共同参考框架：学习、教学、评估》《JF日语教育标准》，将高职日语选修课课堂理念确定为"培养国际化人才"，并明确了"面向行动"的教学法。通过这些研究可以看出，高职日语教育的教学研究也同样与时俱进，处于不断发展的状态中。

关于中学日语教学，崔燕鸿（2002）强调了培养学生兴趣的重要性，指

出要了解学生的心理特点，有的放矢地进行培养。因材施教，教给学生科学的
学习方法，指导学生有计划地进行预习和复习等。

关于研究生教学，朱桂荣、砂川有里子（2009）尝试了利用信息差培养
研究生研究能力的方法，实践结果证明该方法在培养研究生的合作精神、自主
的研究态度以及批判性思维方面可发挥积极作用。

关于面向社会人士的日语教学，铃木今日子等（2014）以促进相互理解
为目标，以『まるごと日本のことばと文化入門 A1』为教材，探索了面向社
会人士的日语跨文化交际能力的培养问题。

如上所述，伴随外语教育教学理念的变化，我国日语教学的多个领域均推
进了教学改革。这些改革的特点是积极吸收国内外的外语教育理论研究成果，
注重学生需求和能力培养。同时，诸多研究不仅做了理念层面的论述，而且基
于实际调查和实证研究得出了有价值的教学改革成果。

（四） 学习者研究

在 284 篇论文中，"学习者研究" 相关论文共计 68 篇，占比 24%。
2000~2016 年，除 2000 年、2001 年、2004 年没有刊载这一领域的研究论文
之外，其他年度均有刊载。如表 6 所示，在此类论文中，按照论文数量的整体
占比划分为四个层次。第一个层次为 "词汇语法习得" 研究，占比 23.5%，
第二个层次是 "学习行为、能力发展、误用、学习策略、学习者意识、学习认
知" 研究，约为 10%，第三个层次是 "学习观念、学习动机" 研究，约为 5%，
第四个层次是 "学习方式、学习者关系、学习者情感" 研究，占比低于 3%。由
此可见，学习者研究所涉及的领域虽然非常广泛，但是各领域中的系统性研究尚
不多见。以下逐一介绍各类论文的概要。

表6 学习者研究分类及其数量比例

研究分类	论文数量(篇)	占比(%)
词汇语法习得	16	23.5
学习行为	9	13.2
能力发展	8	11.8
误用	6	8.8

研究分类	论文数量（篇）	占比（%）
学习策略	6	8.8
学习者意识	6	8.8
学习认知	6	8.8
学习观念	4	5.9
学习动机	3	4.4
学习方式	2	2.9
学习者关系	1	1.5
学习者情感	1	1.5
总计	68	100.0

在"词汇语法习得"研究中，语法习得研究多于词汇习得研究。其中，"语法"习得包括条件表达方式、可能态、日语"体"的习得等。其中，姚一佳（2015）针对"体假说"中存在的问题进行了实证研究，对日语习得规律做了有益的探讨。"词汇"习得包括共起表达方式、自动词、动词活用形、拟声拟态词、汉字サ变动词的自他词性等习得研究。其中，欧阳健、洪蓓（2013）对拟声拟态词的意义及句法做了分类研究，发现学习者的拟声拟态词的使用大都集中在副词及动词的用法上，而其他更为复杂的用法掌握得不全面。

"学习行为"研究主要包括在综合日语、翻译、阅读课堂上学习者使用电子词典的行为研究。其中，冷丽敏等（2014）经过实证调查发现，学习者使用电子词典具有一定共性，如偏好选择中文释义、较少使用其他功能等。

"能力发展"研究主要包括阅读能力、视听能力、听说能力、会话能力、读写能力、跨文化交际能力的发展研究。张爱（2005）通过三组测试，探讨了学习者阅读过程中的理解监控活动，指出正确认识阅读中的理解监控的特征，有利于阅读教学，促进学生阅读技能的提升。陈要勤（2010）经过调查发现，日语学习者的听力理解能力、语音语调、互动意识和对日本的文化理解制约着学习者日语会话能力的提高。张勇（2015）分析了我国日语专业学生跨文化交际能力的特点，分析了大学4年间学生跨文化交际能力发展的变化趋势。

　　"误用"研究主要包括日语"态"范畴的偏误、拼写错误、「の」的过度使用、复合动词和中介语助词的偏误分析等研究。其中，时春慧、刘玉琴（2015）分析了中国日语学习者作文语料中助词的使用偏误，指出偏误的产生是母语迁移、目标语过度概括、规则应用不全、教材与教学影响等多方面因素相互作用的结果。

　　"学习策略"研究主要包括词汇学习、口语学习、影子跟读等方面的策略研究。于琰（2010）调查了高级日语学习者中善学者和不善学者在学习策略使用上的区别。

　　"学习者意识"研究主要包括自主学习中的主体性意识、口头报告意识、小组合作意识、跨文化冲突中的解决问题意识等研究。其中，朱桂荣（2011）在研究生口头报告中导入了相互评价机制，调查结果发现，评价活动有助于提升研究生关于学术性发言的相关意识及其参与学术性发言的积极性。

　　"学习认知"研究包括阅读中的预测、信息处理过程中对日语单词的认知、认知风格对口语能力的影响等研究。其中，费晓东（2015）对日语单词认知过程相关研究做了概括，提出在日语学习中不能一味地让学习者依赖汉字的形态特征；不能过度使用汉语的语音知识；引导学习者充分理解单词的日语语义以及加强日语听力练习等。

　　"学习观念"研究包括日语作文学习观念（鸟井俊祐、姜梅花、鍾俊梅，2010）、二外学习者语言学习观（李友敏、张金龙，2010）、工科院校日语学习者语言学习观（赵玉婷，2011）等研究。"学习动机"研究包括日语专业和非日语专业学习者的学习动机（王俊，2016）、学习动机的发展变化（李冬梅，2014）等研究。"学习方式"研究包括学生互为会话学习资源（张晓敏，2014）、知识获得方式（王琪，2016）等研究。除此之外，还有关于互动合作中"学习者关系"建构的相关研究（赵冬茜，2016）和日语专业学习者成绩与"学习者情感"关联性方面的相关研究（张丽梅，2016）。

　　如上所述，我国日语教育对日语学习者展开了多方面的研究，与以往只关注教师的"教"不同，学习者的"学"也被纳入日语教育研究的范围。这是一个良好的变化趋势，是与国际外语教育研究发展相一致的。

（五） 教材分析

与 "教材分析" 相关的论文共 22 篇，占论文总数的 8%。2000～2010 年，除了 2003 年和 2009 年有若干研究论文之外，其他年度没有刊登教材研究方面的论文。自 2011 年起日语学界对教材研究的关注度开始提升，之后有所下降，2015～2016 年相关论文又有所增加。如表 7 所示，在教材研究中，聚焦特定项目的研究占 45.4%，关于清末及民国年间的教材研究与对教材的综合论述各占 27.3%。以下逐一说明。

表 7　教材研究分类及其数量比例

研究分类	论文数量（篇）	占比（%）
特定项目	10	45.4
清末民国教材研究	6	27.3
综合论述	6	27.3
总计	22	100.0

关于教材 "特定项目" 的研究包括语法、词汇、文体和语体、授受表达、附和语、外来语、敬语等内容的研究。例如，张金龙（2009）调查了综合日语教材会话中的附和语，结果显示教材会话中出现的附和语在语言形式、出现位置及功能方面都具有局限性，未能反映实际会话中附和语的使用状况。

"清末民国教材研究" 包括对具体教材、故事性题材选文、民国时期教材发展特点的分析等。其中，鲜明（2011）通过对《东语正规》中的语音、词汇、语法等的分析，指出该书标志着中国人的日语学习开始逐渐走向科学与系统。

关于教材的 "综合论述" 研究，虽然数量不多，但是在一定程度上能够反映出我国日语教材的编写水平。例如，李妲莉、邱蔚（2003）以《日本语初级教程》为例，探讨了日语网络课程的开发及其特点。周平（2003）基于《新编日语》10 年的实践积累，对教学编写工作进行了反思。李妲莉（2011）以《日本语初/中级综合教程》为例，探讨了多媒体日语教材的开发、使用与评价。陈俊森（2011）以两套高教版日语教材为例，探讨了应用语言学的研究成果在日语教材中的运用。

教材编写是由多方面理论支撑的系统工程，涉及日语学习的方方面面，如上所述，在教材研究中对特定项目的研究较多，今后需要加强对教材编写理论的研究及对教材编写的系统性分析。

（六）考试评价

与"考试评价"相关的论文共10篇，占论文总数的4%，总体上说相关论文的数量较少。如表8所示，此类论文涉及听力考试、口语考试、研究生考试、大学日语四级考试、计算机自适应性考试和阅读考试等。研究焦点涉及命题原则、评分标准、效度分析、难度分析、试题设计等。其中，侯仁锋（2012）分析了新大学日语四级考试的分数设定和级别标准、效度、信度、难易度、区分度等问题。张卫（2013）分析了2005~2009年的研究生日语考试阅读理解部分的试题的效度。曹娜（2016）介绍了ACTFL-OPI测试及其应用，指出了ACTFL-OPI对中国的借鉴意义。

表8 考试评价分类及其数量比例

研究分类	论文数量（篇）	占比（%）
听力考试	3	30
口语考试	2	20
研究生考试	2	20
大学日语四级考试	1	10
计算机自适应性考试	1	10
阅读考试	1	10
总计	10	100

如上所述，目前国内关于日语考试评价的相关研究尚不多见。同国外评价测试理论与实践的发展状况相比，国内相关研究处于滞后状态，今后需要加强该领域的理论及应用研究。

（七）教师发展

与"教师发展"相关的论文共10篇，占论文总数的4%，与历年各研究领域论文的刊登情况相比，可以说此类研究数量较少。如表9所示，相关论文的内容涉及教师研修、教师的教学观念和教师的科研意识等。篠崎摄子、曹大峰（2006）分析了"大平班"和"北京日本学研究中心"两个机构非母语日语教师教育专业课程的培养目标、参加者、教师、教学内容的变化，指出了我国日语教师研修所发生的质的变化。

表9　教师发展分类及其数量比例

研究分类	论文数量（篇）	占比（%）
教师研修	6	60
教师的教学观念	2	20
教师的科研意识	2	20
总计	10	100

曹大峰（2013）分析了近年来我国日语教师研修的状况，在肯定成果的基础上也指出了存在的问题：①内容重复、质量不见提升、效果甚微；②主体性、协作性、内省性研修不足；③专家团队合作薄弱；④与国内外教师研修机构交流不足等。

朱桂荣（2013）介绍了英语教师研修的特点，总结了其对日语教师研修的启示，指出须加强关于中国外语教师研修理论的研究、明确日语教师研修班的主题和研修理念、实施具有开放性和兼容性的研修等。

关于"教师的教学观念"，有日语硕士生导师指导观及指导行为的相关研究（朱桂荣，2015）、中等教育阶段日语教师培养学生跨文化能力相关意识研究（柳坪幸佳等，2014）等。此外，还有以青年教师为对象开展的"教师的科研意识"研究（尹松，2011，2016）等。

如上所述，伴随日语教学改革的迫切需要，日语教师的发展工作也引起了关注。与教学研究相比，关于教师发展的研究还较为缺乏，其研究视角也较为有限。

（八）历史回顾

"历史回顾"类的论文共8篇，占论文总数的3%。如表10所示，此类研究分为研究综述和日语教育史两类。研究综述包括冷丽敏（2004）、刘海霞（2009）、张佩霞及吴宇驰（2013）对国内日语教育研究的综述以及朱桂荣

（2016）对我国日语教育跨文化交际研究的综述等。在日语教育史研究中，孙晓英（2016）以"大平班"为例探讨了中日教育文化交流的方式。

表 10　历史回顾分类及其数量比例

研究分类	论文数量（篇）	占比（%）
研究综述	5	62.5
日语教育史	3	37.5
总计	8	100.0

这些研究记录了我国日语教育在特定时期内的发展状况，可为反思日语教育发展提供重要信息，今后应持续开展此类调查研究。

五　综合讨论

进入 21 世纪以后，全球化进程不断加快，国际协作与竞争同时加剧，各国致力于推进教育改革，以期培养出 21 世纪所需要的人才。我国扩大了高等教育招生规模，积极推进各项教育改革。就我国外语教育而言，人才培养目标由"工具型"转向"复合型"，进而又提出"创新型"人才培养的目标（王金洛，2005）。2000~2013 年，我国新设日语专业的高校共计 353 所，平均每年增加 25 所（曹大峰，2014）。人才培养目标的转变、学生人数的增多、需求的增多以及学习动机的多样化等诸多变化不断对教师的教学方式提出挑战。这些变化也推动着我国日语教育由量的扩大转向质的提升。

本文以 4 种日本学研究刊物上刊登的 284 篇论文为对象，梳理了 2000~2016 年国内日语教育研究的动向及变化，概括了课程设置、人才培养、课程标准，教学研究，学习者研究，教材分析，考试评价，教师发展，历史回顾等领域的核心内容。总体而言，在我国外语人才培养目标转换以及外语教育理论研究不断推进的背景下，国内日语教育研究处于活跃状态，日语教育研究者一直处于反思和研讨的状态中。特别是在 2010 年以后，各领域研究在数量上有所提升。国内日语教育研究的热点领域为教学研究，其次是学习者研究，这反映出"教"与"学"是日语教育研究的主旋律。在各类研讨中，是否有利于培养学生的日语运用能力和跨文化理解能力是备受关注的问题。除了教师的"教"之外，学习者的"学"也被纳入日语教育研究的范围，这反映出我国日语教育学研究与国外外语教育研究相一致的趋势。

与此相对，关于日语教师发展、考试评价、教材开发等领域的研究虽然有了有益探索，但是还需加强研究的深度和广度。这与我国外语教师教育长期以来"重学科知识，轻学科教学法知识，重语言技能培养，轻教育观念、语言学习理论和教育心理学理论指导"（周燕，2007）的状况不无关系。同时，也与日语教学重"教"轻"评"、教材开发多、相关理论研究少有关。

面临复杂的国际形势、严峻的就业局面，如何培养出国家和社会所需要的日语人才、促进日语教师的专业性发展，是我国日语教育所面临的共同课题。2018 年 1 月 30 日，教育部发布了《普通高等学校本科专业类教学质量国家标准》，这一文件再次将提升高等教育教学质量置于突出位置。值得关注的是，《普通高等学校本科专业类教学质量国家标准》的颁布必然会促进教学改革，科研带动教学改革将成为提升教育质量和促进教师发展的机遇。

关于今后我国日语教育研究的课题，笔者认为，日语教育是一个极为复杂的系统工程，需要做好以下几个方面的研究工作：（1）在国际化视野下，针对我国日语教育具体的"教情"和"学情"，加强全方位的理论研究；（2）开展大规模的基础调查，找出制约日语教育发展的重点问题及其影响因素；（3）学界加强共同研讨，针对重点问题提出高屋建瓴的、具有创意和勇气的解决方案。日语教学研究就像一面镜子，既能反映出日语教育的状况，又能反映出日语教师作为研究者所具有的学术眼光与学术能力。日语教育研究的发展最终要受到日语教师专业水平发展的制约。为了今后进一步提高我国日语教育研究水平，不断促进日语教师的发展是关键。

以上，笔者对中国日语教育研究做了一个概括性的梳理。对于文中的疏漏之处，请同行专家学者给予批评指正。日语教学改革之路虽然艰辛，但是学界同人砥砺前行，一定会取得更丰硕的成果！

参考文献

中文文献

徐一平：《中国的日语研究与日语教育》，《日语学习与研究》1997年第4期，第35~41页。

朱桂荣：《关于二十世纪二三十年代中国留学生日语教材的研究——以〈日语全璧〉为例》，《日本学研究（25）》，学苑出版社，2015，第75~88页。

朱桂荣：《关于20世纪30年代中国人编写的日语教科书的研究——以〈日本语法例解〉为例》，《日本学研究（26）》，学苑出版社，2016，第297~310页。

伏泉：《新中国日语高等教育历史研究》，上海外国语大学博士学位论文，2013。

冷丽敏：《关于国内日语教育研究现状之考察——以全国主要外语类期刊为例》，《日语学习与研究》2004年第3期，第48~55页。

刘海霞：《国内日语教育研究的发展与不足——基于十九种外语类主要期刊十年（1999~2008）的统计分析》，《日语学习与研究》2009年第5期，第60~72页。

张佩霞、吴宇驰：《近10年国内日语教学研究的现状考察》，《日语学习与研究》2013年第6期，第42~50页。

曹大峰：《2011年中国日语研究综述》，《日语学习与研究》2012年第1期，第10~18页。

王志松：《改革课程设置培养研究能力——关于北师大日专设置专题讨论课和改革论文指导课的实践及其评估》，《日语学习与研究》2001年第4期，第36~39页。

宛金章：《日语专业课程设置改革研究——体现素质教育与培养创新能力的尝试》，《日语学习与研究》2003年第1期，第46~52页。

张晓希：《基础日语教学新模式的探讨与研究》，《日语学习与研究》2005年第A1期，第57~61页。

赵华敏：《北京大学日语专业的学科建设与发展——以本科生课程设置为例》，《日语教育与日本学研究论丛（2）》，民族出版社，2005，第47~51页。

赵晓柏：《围绕培养目标的改革尝试》，《日语教育与日本学研究论丛（2）》，民族出版社，2005，第42~46页。

侯越：《日语专业跨文化交际课程教学体系的构建》，《日语学习与研究》2012年第3期，第85~93页。

窦心浩：《专业非语言能力的培养与日本社会文化课程建设》，《日语学习与研究》2016年第6期，第81~90页。

段然：《中国传媒大学优质示范课程〈日语精读〉课程建设探索——外语教学资源库建设与课程建设相结合》，《日语教育与日本学研究论丛（5）》，学苑出版社，2012，第155~163页。

修刚、朱鹏霄：《日本 MOOC 的发展及对中国 MOOC 建设的启示》，《日语学习与研究》2015 年第 6 期，第 49～55 页。

徐冰：《全国日语专业研究生培养工作的现状与思考》，《日语学习与研究》2001 年第 4 期，第 34～35 页。

徐冰：《关于日语专业研究生培养工作的几点思考》，《日语学习与研究》2009 年第 6 期，第 60～62 页。

朱桂荣：《一项关于中国日语硕士研究生教育的基础调查》，《日语学习与研究》2015 年第 4 期，第 49～56 页。

修刚：《转型期的中国高校日语专业教育的几点思考》，《日语学习与研究》2011 年第 4 期，第 1～6 页。

陈俊森：《试论日语专业的人才培养目标》，《日语教育与日本学》2012 年第 00 期，第 1～9 页。

林洪：《美国、欧洲、中国三个外语学习标准的初步比较——CEF·NSFLE·日语课程标准》，《日语教育与日本学研究论丛（3）》，学苑出版社，2008，第 286～325 页。

唐磊：《中国基础教育日语课程改革发展综述——课程标准及教科书的研制》，《日语学习与研究》2011 年第 4 期，第 14～22 页。

宿久高：《中国日语教育的现状与未来——兼谈〈专业日语教学大纲〉的制定与实施》，《日语学习与研究》2003 年第 2 期，第 50～53 页。

皮细庚：《学科建设与人才培养目标》，《日语教育与日本学研究论丛（2）》，民族出版社，2005，第 33～41 页。

冷丽敏：《关于高等学校外语教育理念的研究与探索——以〈高等院校日语专业基础阶段教学大纲〉为对象》，《日语学习与研究》2011 年第 2 期，第 99～106 页。

王俊红：《论基础阶段〈教学大纲〉中跨文化交际内容的不连贯性》，《日语教育与日本学》2014 年第 2 期，第 17～22 页。

赵华敏、林洪：《教学理念的变迁对中国大学日语教育的影响》，《日语学习与研究》2011 年第 4 期，第 64～74 页。

陈访泽：《日语教学中的主语问题》，《日语学习与研究》2002 年第 1 期，第 55～60 页。

胡以男：《浅谈日语"受身形"表达方式》，《日语学习与研究》2003 年第 2 期，第 54～56 页。

赵文华：《复合词中补助动词的各种形态》，《日语学习与研究》2005 年第 s1 期，第 72～75 页。

彭广陆：《关于日本对外日语教学语法系统的一个考察——以「みんなの日本語」的动词活用表为中心》，《日本学研究（16）》，学苑出版社，2006，第 184～193 页。

彭广陆：《论日本的教学语法系统》，《日语学习与研究》2011 年第 4 期，第 84～94 页。

曹大峰、刘贤：《外语教学语法建构的实践与课题——兼论许国璋语法教学思想的精髓与继承》，《日语教育与日本学》2016 年第 1 期，第 11~22 页。

魏丽华：《"天声人语"的读解与高年级语言能力的提高》，《日语学习与研究》2004年第 1 期，第 46~49 页。

姜春枝：《试论日语会话课的授课限度与内容》，《日语学习与研究》2005 年第 1 期，第 29~33 页。

严红君：《试论商务日语的能力界定》，《日语学习与研究》2011 年第 3 期，第 60~66页。

刘伟：《日本专门用途日语教育研究的发展及启示》，《日语学习与研究》2013 年第 1期，第 67~76 页。

郭举昆：《日语的敬意表现与教学中的留意点——以接续助词"ガ"的"前置き"表现为中心》，《日语学习与研究》2003 年第 3 期，第 35~40 页。

周林娟、唐千友：《商务日语的语用特征分析》，《日语学习与研究》2006 年第 3 期，第 40~46 页。

陈俊森：《重视心灵理解的日语教育》，《日语教育与日本学》2011 年第 00 期，第 21~28 页。

任丽洁：《关于日语中敬语动词的教学探讨——基于日剧中敬语动词的定量调查》，《日语学习与研究》2013 年第 4 期，第 56~62 页。

徐卫：《日语的文体及其教学问题探讨》，《日语学习与研究》2011 年第 5 期，第 55~61 页。

周林娟、时江涛：《商务日语函电的文体特征》，《日语学习与研究》2007 年第 6 期，第 46~49 页。

纪太平：《关于日语语流音调教学问题的若干思考》，《日语学习与研究》2000 年第 2期，第 47~50 页。

贾丽：《商务日语学习中日企文化理解的重要性》，《日语学习与研究》2013 年第 1 期，第 77~84 页。

田鸣：《语言能力与交际能力并重的教学尝试》，《日语学习与研究》2001 年第 3 期，第 45~47 页。

成同社：《基础阶段"日语精读课"的教学尝试》，《日语教育与日本学研究论丛(4)》，学苑出版社，2010，第 31~37 页。

孙伏辰、李国栋：《实施图画手段的日语直接教授法研究》，《日语学习与研究》2012年第 6 期，第 99~105 页。

朱桂荣：《日语词汇教学的设计与实践》，《日语教育与日本学研究论丛（5）》，学苑出版社，2012，第 93~107 页。

彭瑾、徐敏民：《对我国日语教育的课堂教学改革之探索》，《日语学习与研究》2014年第 3 期，第 59~65 页。

胡伟：《研讨式教学法在日语精读课中的实践与研究——以句子、文章的解析为例》，《日语学习与研究》2015 年第 2 期，第 90~98 页。

王晓梅：《间接言语行为理论在日语听力教学中的作用》，《日语学习与研究》2004 年第 2 期，第 43 ~ 45 页。

尹松：《导入听解策略训练的日语专业 3 年级听力课教学尝试》，《日本学研究（16）》，学苑出版社，2006，第 194 ~ 202 页。

裴艳霞：《网络环境下〈高级日语视听说〉课程教学模式探索》，《日语学习与研究》2012 年第 2 期，第 121 ~ 127 页。

顾春、张婉茹：《JF 标准对日语听力教学的启发》，《日语教育与日本学研究论丛（5）》，学苑出版社，2012，第 115 ~ 120 页。

石若一、石田哲也、石田博明、张晨曦：《当代商务日语教学创新的研究》，《日语学习与研究》2009 年第 6 期，第 63 ~ 67 页。

周林娟、潘幼芳：《中日商务人才需求与商务日语教学改革》，《日语学习与研究》2009 年第 2 期，第 118 ~ 122 页。

周林娟、潘幼芳：《商务日语教学中的语用能力培养研究》，《日语学习与研究》2010 年第 1 期，第 71 ~ 76 页。

倪虹：《商务日语教学与"任务在先情景教学法"》，《日语学习与研究》2014 年第 5 期，第 93 ~ 100 页。

佟玲：《商务日语实践教学体系的构建与实施》，《日语学习与研究》2015 年第 6 期，第 63 ~ 71 页。

欧阳健、张佩霞：《职业导向商务日语专业多元立体实践教学体系的构建与实施研究》，《日语学习与研究》2015 年第 3 期，第 77 ~ 85 页。

祝玉深：《关于日语语音教学模式的探讨》，《日语学习与研究》2007 年第 4 期，第 36 ~ 40 页。

杨珠铃：《关于日语清浊塞音教学法的研究——面向中国人日语学习者》，《日语学习与研究》2013 年第 4 期，第 78 ~ 87 页。

吴宦熙：《日语专业低年级阶段声调教学模式研究——以地方高校为例》，《日语学习与研究》2014 年第 1 期，第 75 ~ 81 页。

吴立新：《关于高级日语课程教学的探讨》，《日语学习与研究》2000 年第 4 期，第 49 ~ 51 页。

吴立新：《论日本人"待客"的语言意识——关于高级日语教学思路的探讨》，《日语学习与研究》2010 年第 1 期，第 64 ~ 70 页。

张丽梅：《档案袋评价在促进日语专业课外学习中的作用——以三年级〈综合日语〉课程为例》，《日语学习与研究》2015 年第 4 期，第 57 ~ 65 页。

管秀兰：《建构主义理论在日语口语教学中的应用实践研究——基于与 opi 日语口语教学模式的结合》，《日语学习与研究》2013 年第 3 期，第 62 ~ 69 页。

张静、陈俊森：《日语写作教学法探讨——关于"任务教学法"和"结果教学法"的实证性研究》，《日语学习与研究》2004 年第 4 期，第 36 ~ 42 页。

张文丽：《基于同伴互评（peer response）的大学日语写作实践研究》，《日语学习与研究》2016 年第 1 期，第 86～91 页。

林丽：《日本报刊阅读课的教学方略研究》，《日语学习与研究》2006 年第 4 期，第 37～42 页。

宛金章：《学以致用——日语口译教学探讨》，《日语学习与研究》2000 年第 2 期，第 43～46 页。

朱京伟：《试论中译日实践课的选材与教学方法》，《日语学习与研究》2001 年第 1 期，第 39～44 页。

孙艳华、宿久高：《低年级阶段「ために」、「ように」、「には」的指导方法——摆脱母语干扰的尝试》，《日语学习与研究》2009 年第 2 期，第 123～128 页。

刘丽华：《语法教学中图示法的思考与设计》，《日语学习与研究》2010 年第 5 期，第 76～80 页。

詹桂香：《〈日本概况〉教学中多媒体课件运用的必要与实践——以日本茶道为例》，《日语学习与研究》2012 年第 1 期，第 88～94 页。

黄象汝：《大一阶段开设"日本概况"课程教学内容和教学方法的探究——以上海师范大学天华学院日语专业为例》，《日语教育与日本学》2016 年第 2 期，第 152～165 页。

许慈惠：《论行政管理视阈下的第二课堂教学实践——以上海外国语大学为例》，《日语学习与研究》2015 年第 6 期，第 56～62 页。

王志松：《提高文学修养，培养研究能力——谈文学选读课的一点尝试》，《日语学习与研究》2000 年第 1 期，第 27～29 页。

刘晓芳：《关于日语专业文学课程教学的一些思考》，《日语教育与日本学》2012 年第 00 期，第 26～35 页。

潘钧：《关于开展日语史教学研究的几点设想》，《日语学习与研究》2001 年第 1 期，第 45～49 页。

姜弘：《日语专业课的人文教育理念和实践》，《日语学习与研究》2006 年第 3 期，第 35～39 页。

吴英杰：《论计算机在日语教学中的应用》，《日语学习与研究》2001 年第 3 期，第 48～50 页。

施建军、何建军：《关于构建日语数字化教学环境的构想和实践》，《日本学研究（17）》，学苑出版社，2007，第 89～95 页。

陈燕生：《现代视频技术手段对日语教学的意义和作用》，《日语学习与研究》2009 年第 4 期，第 81～86 页。

张文颖：《ipad 在大学日语教学及科研中的应用》，《日本学研究（26）》，学苑出版社，2016，第 172～180 页。

林洪：《为什么要重视日语专业课堂教学》，《日语教育与日本学研究论丛（4）》，学苑出版社，2010，第 1～6 页。

林洪：《如何关注日语专业课堂教学》，《日语教育与日本学研究论丛（5）》，学苑出版社，2012，第 1～17 页。

毋育新：《将礼貌策略理论引入待遇表现教学的实证研究》，《日语学习与研究》2011年第4期，第111～119页。

吴立新：《论日语表达的"自我投入式"——对专业日语教学法的探讨》，《日语学习与研究》2010年第6期，第51～58页。

王春香：《"授受关系"的教授法研究》，《日语学习与研究》2000年第3期，第25～28页。

王艳迎：《大学日语综合教学模式探索》，《日语学习与研究》2000年第1期，第33～35页。

石素文：《谈大学日语教学中学生写作能力的培养》，《日语学习与研究》2001年第2期，第45～48页。

王际莘：《大学日语四级写作课教学法探讨》，《日语学习与研究》2003年第4期，第49～53页。

崔迎春、马俊荣、赵华敏：《多媒体环境下以跨文化交际为引领的基础日语课程设计》，《日语学习与研究》2016年第2期，第39～47页。

陈桂昭：《谈职高日语教学如何提高学生运用日语的能力》，《日语学习与研究》2000年第3期，第29～33页。

盖横昊：《"面向行动"的高职日语选修课教学模式探讨——以上海健康医学院为例》，《日语教育与日本学》2016年第2期，第166～173页。

崔燕鸿：《在中学日语教学中对学生学习兴趣的培养》，《日语学习与研究》2002年第3期，第59～60页。

朱桂荣、砂川有里子：《日语专业研究生课堂运用拼图学习法培养研究能力初探》，《日本学研究（19）》，学苑出版社，2009，第152～161页。

欧阳健、洪蓓：《中国日语学习者拟声拟态词使用情况考察分析》，《日语学习与研究》2013年第2期，第62～68页。

冷丽敏、杨峻、张文丽、张婉茹：《高校日语专业课堂教学新模式探索——学习者课堂学习行为调查研究》，《日语学习与研究》2014年第5期，第77～84页。

张爱：《日语阅读中的理解监控》，《日语学习与研究》2005年第2期，第41～44页。

陈要勤：《商务日语专业学生日语会话能力培养实证研究》，《日语学习与研究》2010年第6期，第66～71页。

张勇：《我国日语专业学生的跨文化交际能力调查报告》，《日本学研究（24）》，学苑出版社，2015，第158～167页。

时春慧、刘玉琴：《日语学习者中介语助词偏误分析——基于语料库的研究》，《日语学习与研究》2015年第3期，第86～93页。

于琰：《高级日语学习者的语言学习策略——基于广东外语外贸大学的调查》，《日语学习与研究》2010年第3期，第89～93页。

费晓东：《日语教育领域中的汉语母语学习者的日语单词认知研究》，《日本学研究（25）》，学苑出版社，2015，第113～123页。

李友敏、张金龙：《关于英语专业第二外语（日语）学生日语学习观的调查研究》，《日本学研究（20）》，学苑出版社，2010，第 163 ~ 180 页。

赵玉婷：《工科院校日语专业学生语言学习观念调查》，《日语学习与研究》2011 年第 1 期，第 63 ~ 71 页。

张晓敏：《学生互为会话学习资源的调查研究》，《日语学习与研究》2014 年第 6 期，第 78 ~ 86 页。

王琪：《高校日语专业学生基础阶段知识获得方式实证研究》，《日语学习与研究》2016 年第 4 期，第 86 ~ 94 页。

赵冬茜：《互动合作中学习者关系的构筑》，《日语教育与日本学》2016 年第 1 期，第 122 ~ 134 页。

张丽梅：《日语专业学习者学业情感调查报告——基于上游组与下游组的差异比较》，《日语学习与研究》2016 年第 4 期，第 95 ~ 102 页。

鲜明：《〈东语正规〉在中国日语教育史上的意义》，《日语学习与研究》2011 年第 6 期，第 75 ~ 81 页。

李姐莉、邱蔚：《日语网络课程的开发及其特点——以〈日本语初级教程〉为例》，《日语学习与研究》2003 年第 1 期，第 57 ~ 61 页。

李姐莉：《多媒体日语教材的开发、使用与评价——以〈日本语初/中级综合教程〉为例》，《日语学习与研究》2011 年第 4 期，第 120 ~ 127 页。

陈俊森：《论应用语言学的研究成果在日语教材中的运用——兼评两套高教版日语教材》，《日语学习与研究》2011 年第 4 期，第 75 ~ 83 页。

侯仁锋：《新大学日语四级考试研究》，《日语教育与日本学》2012 年第 00 期，第 10 ~ 17 页。

张卫：《研究生日语考试阅读理解部分的内容效度分析》，《日语学习与研究》2013 年第 2 期，第 77 ~ 83 页。

曹娜：《ACTFL-OPI 在日本日语教育界的应用对中国的借鉴意义分析》，《日语学习与研究》2016 年第 2 期，第 48 ~ 56 页。

朱桂荣：《我国英语教师研修对日语教师研修的启示》，《日本学研究（23）》，学苑出版社，2013，第 73 ~ 78 页。

朱桂荣：《日语硕士导师指导观及指导行为研究》，《日本学研究（24）》，学苑出版社，2015，第 168 ~ 180 页。

尹松：《一项基于 PAC 分析的日语专业教师科研意识调查》，《日语学习与研究》2011 年第 6 期，第 82 ~ 88 页。

尹松：《基于科研视点的大学日语青年教师专业发展个案研究》，《日语教育与日本学》2016 年第 1 期，第 114 ~ 121 页。

朱桂荣：《我国日语教育跨文化交际研究的回顾与展望》，《日语教育与日本学》2016 年第 1 期，第 96 ~ 105 页。

王金洛：《关于培养创新型英语人才的思考》，《外语界》2005 年第 5 期，第 37 ~ 41 页。

曹大峰：《中国大学新設日本語学科の教育実態に関する研究調査報告》，2014。（未刊行）

周燕：《高校外语教师发展需求研究》，吴一安等著《中国高校英语教师教育与发展研究》，外语教学与研究出版社，2007，第 59～102 页。

日文文献

国際交流基金「2015 年度海外日本語教育機関調査結果（速報値）」http：//www. jpf. go. jp/j/about/press/2016/dl/2016 - 057 - 2. pdf、2016 年 11 月 10 日。

曹大峰「中国における日本語教育の理論と方法の進化を求めて―「精読」」徐一平等編『日本学研究』第 14 輯、学苑出版社、2004、1～6 頁。

王文賢「インプット重視の教授法が日本語習得に果たす役割」徐一平等編『日本学研究』第 15 輯、学苑出版社、2005、73～86 頁。

楊峻「精読授業に導入したグループワークの実態に対する分析―協動学習の観点に立脚した実証的研究」徐一平等編『日本学研究』第 19 輯、学苑出版社、2009、162～175 頁。

王曉「総合日本語（初級）における双方向授業の試み」翟東娜等編『日语教育与日本学研究论丛』第 4 輯、学苑出版社、2010、38～47 頁。

冷麗敏「授業の内省から実践授業へ―そこで明らかになったこと―」北京師範大學外文學院日文系編『日语教育与日本学研究论丛』第 4 輯、学苑出版社、2010、19～30 頁。

朱桂栄「日本語専攻教育の授業改善とその課題―「総合日本語」という授業を例にして―」北京師範大學外文學院日文系編『日语教育与日本学研究论丛』第 4 輯、学苑出版社、2010、104～114 頁。

徐曙「「視聴説」（中上級）のストラテジーとその指導」北京師範大學外文學院日文系編『日语教育与日本学研究论丛』第 4 輯、学苑出版社、2010、87～98 頁。

鳥井俊祐「聴解指導における事前活動の実践と譾価――中国の大学 2 年生を対象に」『日语学习与研究』第 6 期、2008 年、46～53 頁。

横山紀子・王璐・杜艶「「過程」重視の聴解指導―中国におけるピア学習を通した実践―」北京師範大學外文學院日文系編『日语教育与日本学研究论丛』第 4 輯、学苑出版社、2010、72～86 頁。

劳轶琛「「気づき」を重点とした会話教育の試み―自律学習能力の育成のために」北京師範大學外文學院日文系編『日语教育与日本学研究论丛』第 5 輯、学苑出版社、2012、38～49 頁。

翟東娜「学習者主体の授業を目指して―「口語」授業の実践例―」北京師範大學外文學院日文系編『日语教育与日本学研究论丛』第 5 輯、学苑出版社、2012、56～66 頁。

富岡十一見「会話授業における教具の有効性―教具・教材の有効性と学生の意識との関係」徐曙主編『日语教育与日本学』第 4 輯、华东理工大学出版社、2014、26～32 頁。

小柳麻由子「他者との話し合いにより＜読み＞を深める授業―「草之丞の話」を教

材とした実践—」北京師範大學外文學院日文系編『日语教育与日本学研究论丛』第 5
辑、学苑出版社、2012、67～76 頁。

高澤信子「中国語母語話者に対する「敬語表現」指導についての一考察—行動展開
表現を中心に—」徐一平等編『日本学研究』第 16 辑、学苑出版社、2006、154～164 頁。

徐燕「映像作品を利用した語用論的技能養成の方法開発に向けて—映画『しゃべれ
どもしゃべれども』を通じて」徐一平等編『日本学研究』第 20 辑、学苑出版社、2010、
149～162 頁。

鈴木今日子・松浦とも子・柳坪幸佳「相互理解のための異文化理解能力の養成 – JF
スタンダード準拠教材『まるごと日本のことばと文化入門 A1』（試用版）を使って」徐
曙主編『日语教育与日本学』第 4 辑、华东理工大学出版社、2014、1～6 頁。

姚一佳「学習者コーパスに基づく日本語のアスペクト習得の研究— C－JASにおける
アスペクト仮説の検証を中心に」徐一平等編『日本学研究』第 25 辑、学苑出版社、
2015、261～283 頁。

朱桂栄「学生の相互評価が発表意識及び発表効果に及ぼす影響—日本語専攻出身の大学
院生を対象に」徐一平等編『日本学研究』第 21 辑、学苑出版社、2011、159～170 頁。

鳥井俊祐・姜梅花・鐘俊梅「中国の大学生の日本语作文学习に关するBeliefs——浙
江树人大学のアンケート调查より」『日语学习与研究』第 6 期、2010 年、59～65 頁。

王俊「中国人非専攻日本語学習者の学習動機の変化—中国における大学の日本語双
学位学習者を対象に」徐一平等編『日本学研究』第 26 辑、学苑出版社、2016、320～
335 頁。

李冬梅「中国人日本語学習者の動機付けプロセスに関する事例研究」徐一平等編
『日本学研究』第 24 辑、学苑出版社、2014、425～450 頁。

张金龙「コミュニケーション能力養成の観点から見た日本語教科書のモデル会話—
中国の「総合日本語」教科書における相づちの扱いを中心に」徐一平等編『日本学研
究』第 19 辑、学苑出版社、2009、326～347 頁。

周平「『新編日本語』について考える」徐一平等編『日本学研究』第 13 辑、学苑出
版社、2003、65～76 頁。

篠崎摂子・曹大峰「中国における非母語話者日本語教師教育の質的変化：「大平学
校」と北京日本学研究センターにおける実践から」徐一平等編『日本学研究』第 16 辑、
学苑出版社、2006、134～141 頁。

曹大峰「中国における大学日本語教師研修の歩みと課題」徐一平等編『日本学研
究』第 23 辑、学苑出版社、2013、68～72 頁。

柳坪幸佳・松浦とも子・鈴木今日子「異文化理解能力育成を目指した教材の開発と
中等教育日本語教師の意識—『艾琳学日语 エリンが挑戦！にほんごできます。』」徐曙主
編『日语教育与日本学』第 4 辑、华东理工大学出版社、2014、7～12 頁。

孙晓英「中日教育文化交流のあり方に関する一考察：大平学校から見えてきたこ
と」徐一平等編『日本学研究』第 26 辑、学苑出版社、2016、157～171 頁。

汉日翻译研究

北京第二外国语学院　王宇新

一　引言

翻译研究并非新兴课题。在文学研究领域，译介以及翻译文学的研究颇有传统；翻译史也是文化研究的焦点之一；关于翻译标准、个案分析等具体翻译问题的研究历来被划入应用语言学的下属分类。而将这些翻译研究从各个学科中整合独立出来而成立的"翻译学"，则的确是一个非常年轻的学科。1972年，霍姆斯在哥本哈根召开的第三届国际应用语言学会议上发表了论文《翻译学的名与实》，详细描述了翻译学的研究目标和学科框架，被"普遍认为是翻译学学科的创建宣言"（Gentzler，1993：92）。以此论文为基础修订的新版《翻译学的名与实》于1988年发表，引起了广泛关注。我国翻译学界首次引进霍姆斯的译论是在2000年，当年的《中国翻译》第2期登载了张美芳撰写的《翻译学的目标与结构——霍姆斯的译学构想介评》一文。从此，我国翻译学的学科建设和学术研究有据可依，不断发展，逐渐摆脱附属于其他学科的定位。虽然学科建设刚刚起步，特别是一些非通用语种的翻译学科尚处于初创阶段，学术研究也非常稚嫩，但翻译学的独立学科地位已成为学界的共识。

在这样的背景下，日语翻译学科逐渐从传统的语言学科中独立出来，汉日翻译研究也取得了历史性的突破和发展。本文以上述翻译学科的成立与发展为背景，对2000年以来的汉日翻译①研究的期刊论文进行梳理分析，据此考察研究的发展动态。首先进行概况描述，对相关论文的发表情况进行定量分析，把握全貌，分析研究热点和前沿课题；其次筛选出核心论文的数据，在

---

① 本文所述"汉日翻译"指汉语和日语之间的互译，包括汉译日和日译汉。

对翻译学研究的几个重要问题进行论证的基础之上，对核心论文成果进行详细分析，以期发现汉日翻译研究的特点、不足与发展空间；最后具体介绍代表性研究成果。

二　总体概况

本节将对 2000 年以后汉日翻译研究相关论文的总体发表情况进行概括性描述。

（一）论文数量分析

利用中国知网（CNKI），以"日"和"译"为主题词对 2000~2016 年的全部期刊进行检索，去除重复项以及会议、通知等信息类文章，共得到 1136 篇学术论文，其中核心期刊①论文 319 篇，占总数的 28.1%。如图 1 所示。

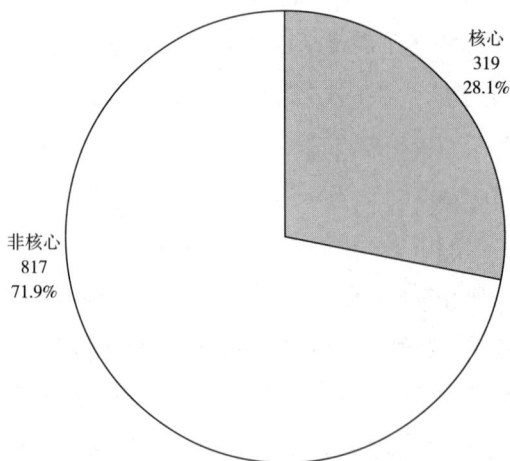

核心
319
28.1%

非核心
817
71.9%

图 1　核心期刊和非核心期刊论文的数量及占比情况

表 1 提供了 2000~2016 年各年度的论文发表数量、核心期刊论文数量及占比情况；图 2 和图 3 则分别展示了 2000~2016 年汉日翻译研究论

---

① 本文中提到的"核心期刊"，包括 CSSCI 来源期刊。

文发表数量和核心期刊论文数量的年度分布状况，年度之间的变化发展一目了然。

表1　2000～2016年汉日翻译研究论文发表概况

年度	论文数量（篇）	核心期刊论文数量（篇）	核心期刊论文占比（%）
2000	15	10	66.7
2001	22	11	50.0
2002	24	14	58.3
2003	24	10	41.7
2004	18	13	72.2
2005	22	9	40.9
2006	32	15	46.9
2007	49	21	42.9
2008	59	35	59.3
2009	79	25	31.6
2010	84	18	21.4
2011	100	19	19.0
2012	116	15	12.9
2013	117	14	12.0
2014	138	33	23.9
2015	121	29	24.0
2016	116	28	24.1
总计	1136	319	28.1

对图表进行分析，可以得到以下三点结论。

（1）据图2，汉日翻译研究论文总体数量呈增加趋势，最高峰2014年的论文发表量为138篇，与2000年的15篇相比，增加了8倍多。此后2015年和2016年的论文数量也在100篇以上。说明翻译研究在这17年间发展迅猛，受关注度迅速提高，并持续上涨。

（2）据图3，从核心期刊论文的总数量及其年度分布变化来看，2008年和2014年形成了两个发表高峰。其他年度，特别是2000～2013年并没有明显的上升趋势。2016年的核心期刊论文数量为28篇，相比2000年的10篇增长了不到2倍。这17年间的核心期刊论文总体占比也仅有28.1%。说明汉日翻译研究的热度虽然在持续升温，但是有分量、有影响

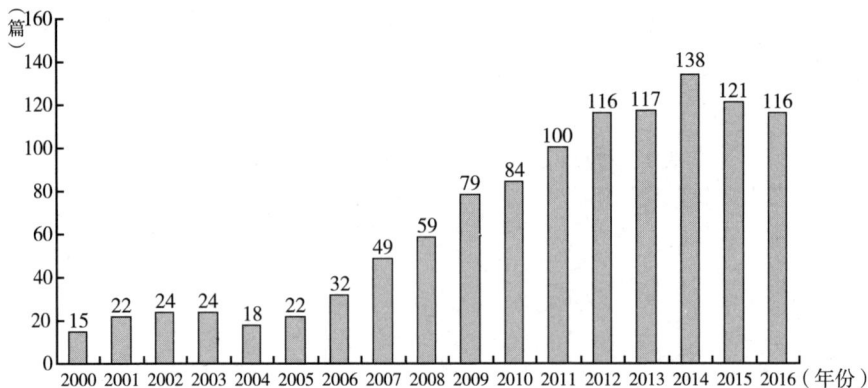

图2　2000~2016年汉日翻译研究论文发表数量年度分布

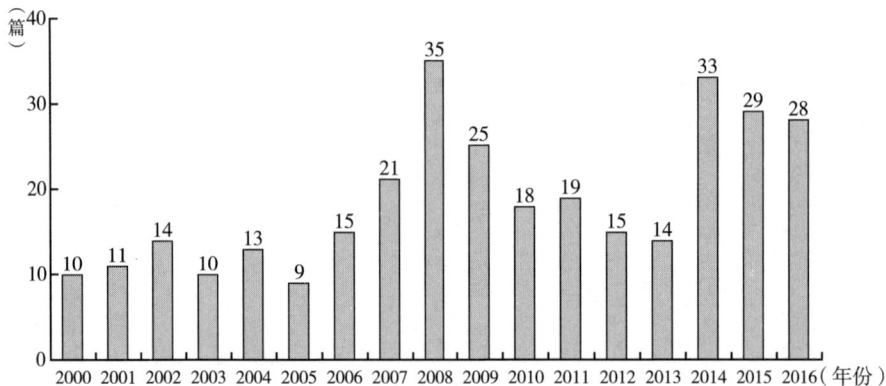

图3　2000~2016年汉日翻译研究核心期刊论文发表数量年度分布

力的研究还非常欠缺。

（3）核心期刊论文的发表在2008年和2014年形成两个小高峰的原因，在于《日语学习与研究》杂志在这两年的第4期推出了翻译研究论文的专刊。分别包含16篇和17篇论文，占当年核心期刊论文发表数量的一半左右。作为在日语学界颇有影响力的杂志，《日语学习与研究》这两期专刊的出版，直接带动了汉日翻译研究的飞跃性发展。从图2论文发表数量来看，2009年的论文数量为79篇，相比2008年的59篇增加了20篇，年度增幅接近最高水平（增幅最高的是2014年的21篇）。2008年翻译专刊的出版可能是带动汉日翻译研究进入小高潮的因素之一。而2014年翻译专刊的出版，直接形成了年度论文发表数量的最高峰。其后的 2015 年和 2016 年，相关论文的发表数量虽然有所下降（参见图 2），但是核心期刊论文的发表数量却达到了较高值（参见图 3）。

（二） 发表刊物分析

从出版刊物的分布来看，这 17 年间刊载汉日翻译研究论文的期刊总共有 434 家，其中核心期刊有 98 家。发表论文数量居于前列的期刊以及核心期刊的排序情况如表 2、表 3、图 4 所示。

表 2 刊载汉日翻译研究论文的主要期刊

排序	来源期刊	发表篇数	占比（%）
1	日语学习与研究	145	12.8
2	日语知识	50	4.4
3	科技信息	39	3.4
4	才智	22	1.9
5	语文学刊（外语教育教学）	18	1.6
6	佳木斯职业学院学报	15	1.3
7	现代语文（语言研究版）	14	1.2
8	黑龙江教育学院学报	12	1.1
9	解放军外国语学院学报	10	0.9
9	佳木斯教育学院学报	10	0.9

表 3 刊载汉日翻译研究论文的主要核心期刊

排序	来源期刊	发表篇数	占比（%）
1	日语学习与研究	145	45.5
2	解放军外国语学院学报	10	3.1
3	中国翻译	9	2.8
3	红楼梦学刊	9	2.8
5	西南民族大学学报（人文社会科学版）	7	2.2
6	中文信息学报	6	1.9
7	外语研究	5	1.6
8	外语与外语教学	4	1.3
8	日本研究	4	1.3
8	外语学刊	4	1.3
8	科技与出版	4	1.3

中文信息学报
6
1.9%

外语研究
5
1.6%

外语与外语教学
4
1.3%

日本研究
4
1.3%

外语学刊
4
1.3%

科技与出版
4
1.3%

西南民族大学学报
（人文社会科学版）
7
2.2%

红楼梦学刊
9
2.8%

中国翻译
9
2.8%

解放军外国语学院学报
10
3.1%

其他
112
35.1%

日语学习与研究
145
45.5%

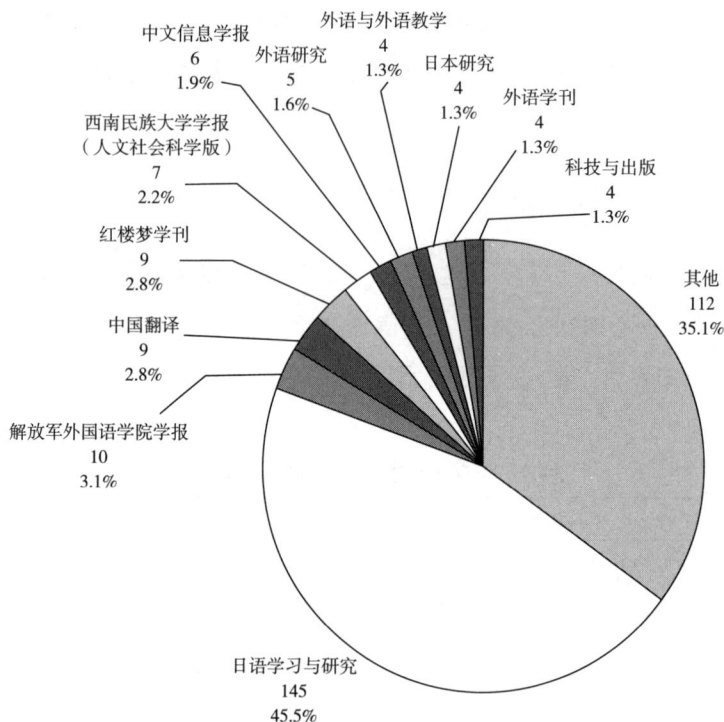

图4　刊载汉日翻译研究论文的主要核心期刊

对图表进行分析，可以得出以下三点结论。

（1）据表2，从论文发表的全部期刊来看，来源刊物比较分散，发表论文最多的《日语学习与研究》占总数的12.8%，第二位的《日语知识》仅有4.4%。前10位期刊当中，核心期刊仅有两家：《日语学习与研究》和《解放军外国语学院学报》。非核心期刊当中，有些期刊学术性不高，影响力较低。这也进一步印证了前述分析，论文的质量和影响力还有待提高与提升。

（2）据表3和图4，从核心期刊的情况来看，《日语学习与研究》收录相关论文共计145篇，占比45.5%，几乎占总量的一半。而第二位的《解放军外国语学院学报》的登载量骤减至3.1%，从篇数上来看，也仅有10篇。从第三位《中国翻译》和《红楼梦学刊》开始，这17年间每种期刊的论文登载数还不到10篇。结合前述分析结果，可以说，在这17年间，《日语学习与研究》是汉日翻译研究的学术阵地。而在翻译学的专业期刊，包括核心期刊

《中国翻译》《上海翻译》《中国科技翻译》《东方翻译》以及非核心期刊《语言与翻译》《外语与翻译》等期刊上发表的论文却是寥寥可数。由此我们也可以推断，汉日翻译研究的成果，仅仅在日语学界有一定的传播与扩散，而在整个翻译学界或外语学界，却是发声甚弱，影响甚微。

（3）在排名前十位的核心期刊当中，除外语类、社科类期刊之外，《红楼梦学刊》和《中文信息学报》稍显特别。考察其中的论文可知，《红楼梦学刊》中刊登的是《红楼梦》日译本研究的相关论文，而《中文信息学报》中刊登的则是机器翻译的相关研究。这从侧面说明了翻译研究的跨学科性。

（三） 研究动态分析

本小节将基于对 1136 篇论文的关键词的统计分析，利用 CiteSpace 文献分析软件，考察 2000 ～ 2016 年汉日翻译研究的热点与前沿课题，从而探究研究的发展趋势与动向。

我们提取了 1136 篇论文的关键词，共计 4939 个。其中出现频次达 10 次以上的有以下 38 个，见表 4。

表 4　2000 ～ 2016 年汉日翻译研究论文关键词统计

排序	关键词	出现频次	排序	关键词	出现频次
1	翻译	153	14	口译	21
2	日语	70	15	翻译教学	20
3	日语翻译	42	16	汉日翻译	19
4	日译	36	16	异化	19
5	翻译策略	32	18	日语口译	18
6	翻译方法	28	19	日本文学	17
7	译介	27	20	归化	16
8	误译	26	20	汉译日	16
9	汉译	24	20	文化差异	16
10	日汉翻译	23	20	直译	16
10	日语学习	23	24	文化	15
12	翻译技巧	22	25	商务日语	14
12	日本	22	26	汉语	13

排序	关键词	出现频次	排序	关键词	出现频次
26	教学	13	30	意译	12
26	口译教学	13	34	机器翻译	11
26	文学翻译	13	34	语境	11
30	俳句	12	36	翻译理论	10
30	日译汉	12	36	教学模式	10
30	同声传译	12	36	科技日语	10

首先，将研究数据导入 CiteSpace 分析软件，以 1 年为一个时间分区，选取每个时间分区内出现频次居于前 30 位的关键词，并设置阈值为 3，即关键词的出现频次不少于 3。得出的图谱如图 5 所示。图谱中关键词的字体越大，说明出现频次越高。另外，居于圆圈节点中心的关键词中心度较高。

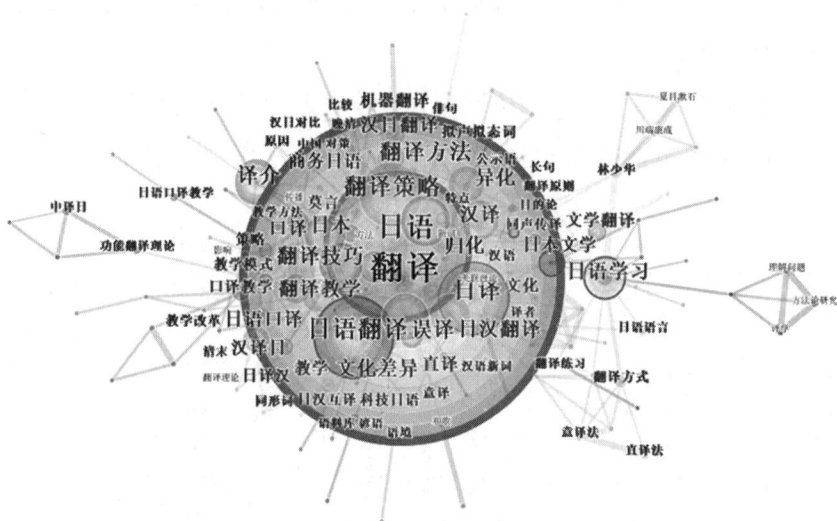

图 5　2000～2016 年汉日翻译研究热点图谱

分析表 4 的关键词统计数据和图 5 的研究热点图谱可以看出，这 17 年来的研究热点以最大节点"翻译"为中心构成。图 5 中较大的节点，也就是出现频次较多的关键词，也是这 17 年间关注度较高的热点课题，有日语（日语翻译、日译）、翻译策略、翻译方法、译介、误译、汉译、日汉翻译、日语学习、翻译技巧、日本、口译、翻译教学等。

其次,利用 CiteSpace 软件按照年度分析研究热点的突变术语,可知这 17 年来的研究前沿和发展动态。2000～2016 年的突变术语如表 5 所示。

表 5　2000～2016 年的突变术语

年份	突变术语
2000	(译词)
2001	翻译、日语学习、方法论研究、译学、使役句
2002	日本文学、习惯表达、翻译问题、逻辑关系、翻译手段、中日文化
2003	俳句、主动句
2004	直译、意译
2005	日语、误译、机器翻译
2006	日语语言
2007	译介、日本、翻译技巧、日汉翻译、同声传译
2008	翻译策略、文化差异、对策、比较、人工智能、词性
2009	翻译教学、村上文学、翻译理论、林少华、夏目漱石、川端康成、语体、认知语言学、晚清、同形词、科学小说
2010	日语翻译、翻译方法、汉译日、翻译方式
2011	归化、异化
2012	汉日翻译、文学翻译
2013	关联理论、教学模式、教学改革、拟声拟态词、科技日语
2014	莫言、日语口译
2015	商务日语、文化、和歌、影响
2016	框架理论、语料库、外宣资料、口译教学、传播、翻译实践、公示语、教材编写、功能翻译理论、目的论、受众

本数据的选取范围为 2000～2016 年,2000 年以前的数据不在考察范围之内,因此 2000 年的突变术语没有之前的数据作为参照,不能算作有效数据,在表中加入括号标注。上述突变术语体现的研究前沿有几点值得关注。

(1) 关于翻译的方法论研究和译学研究在 2001 年即成为前沿课题,可以说,汉日翻译研究学界对翻译学界关于学科定位和相关理论研究的最新动态具有相当高的关注度和敏感度。另外，2004 年的突变术语为"直译""意译"，与之相对应，2011 年为"归化""异化"；2005 年出现了"机器翻译"；2009 年和 2013 年分别出现了"认知语言学"和"关联理论"。这些研究热点都说明，汉日翻译研究的基本理论应用和研究导向在一定程度上与国际翻译研究的发展趋势和前沿热点一致。

（2）从前沿课题的整体发展和流变来看，汉日翻译研究呈现的总体发展趋势如下。首先，研究内容越来越具体细致。最初几年的突变术语，如"翻译"（2001）、"翻译问题"（2002）、"翻译手段"（2002）等都是宏观课题，其后逐渐出现了较为具体的主题词，如"林少华"（2009）、"拟声拟态词"（2013）、"商务日语"（2015）、"公示语"（2016）等，说明翻译研究从粗略的原则、方法探讨，过渡到对具体课题、具体对象的分析，其科学性、专业性在增强。其次，研究路径的跨学科化愈发明显。例如，"人工智能"（2008）、"认知语言学"（2009）、"关联理论"（2013）等术语都体现了翻译研究的跨学科发展趋势。

（3）从前沿课题的数量来看，2009 年和 2016 年较为丰富，说明这两年的翻译研究比较活跃。进一步具体分析这两年的术语性质可知，2009 年的前沿课题中有五个都与文学翻译有关（村上文学、林少华、夏目漱石、川端康成、科学小说），而 2016 年涉及的主题更为多样化，有理论层面的"框架理论""目的论""功能翻译理论"，有方法论层面的"语料库"，有研究对象层面的"外宣资料""公示语""受众"，此外还有"口译教学""教材编写"等译员培训方面的课题。应该说，这些课题都是具有重大研究意义和广阔发展前景的课题。可以预想，今后的汉日翻译研究必将是一个百花齐放的蓬勃发展局面。

（四） 理论应用分析

如前文所述，汉日翻译研究对国际翻译研究的发展趋势还是较为敏感的，在理论应用方面也跟上了国内外研究的步伐，这 17 年间发表的论文，几乎涉及了所有翻译研究的相关理论。下面按照首次出现在论文题目或关键词中的顺序，列举如表 6。

表6　汉日翻译研究中的理论应用情况

应用理论	首次出现年份	作者	论文题目（关键词）	刊物来源
异化理论	2004	杨金萍、肖平	从解构主义翻译理论视角看古汉语文献的日译（关键词：异化的翻译）	外语与外语教学
解构主义理论	2004	杨金萍、肖平	从解构主义翻译理论视角看古汉语文献的日译	外语与外语教学
释意学派理论	2005	林天宝	释意学理论下的口译与口译技巧——以日汉互译为例	黎明职业大学学报
归化与异化理论	2007	周洁	社科类文本翻译的特点——以《你好 社会学—社会学是文化学习》日汉翻译为例（关键词：归化与异化）	日语学习与研究
图式理论	2008	王宇新	论翻译过程中的图式应用	日语学习与研究
认知理论	2008	常晖	认知—功能视角下隐喻的汉译策略	外语与外语教学
顺应理论	2008	兰立亮	日本电影片名的汉译问题（关键词：顺应理论）	电影评介
动态对等理论	2009	潘小多	和歌汉译中形式的选择与信息的增减——以《百人一首》为例（关键词：动态对等）	日语学习与研究
功能翻译理论	2010	万芳、姜宇灵	浅析功能翻译理论对日汉应用翻译的指导意义	长春理工大学学报
多元系统理论	2010	万芳	从多元系统理论看我国对日本文学翻译题材的选择——以有岛武郎的《一个女人》为中心	四川烹饪高等专科学校学报
互文性理论	2010	吕俊梅、郑敏	互文性理论视角下的《围城》题目之日译	红河学院学报
接受美学理论	2011	孙立春、李蕾	芥川文学在华译介九十年之反思——从接受美学出发	日本研究
目的论	2011	李斐	从目的论来看石川啄木和歌的汉译	剑南文学
描写翻译理论	2012	刘红	从描写翻译理论看隐语的汉译——以《浮华世家》为例	科技信息
关联理论	2013	卢扬	关联理论视角下歇后语日译策略研究	浙江外国语学院学报

续表

应用理论	首次出现年份	作者	论文题目（关键词）	刊物来源
翻译转换理论	2014	李丽、孔婷	翻译转换理论视角下的汉日肯否定形式翻译研究	品牌
原型—模型理论	2014	王小丽	原型—模型理论框架下的汉日非礼貌语翻译研究——以《红楼梦》为例	现代语文（语言研究版）
语义翻译理论	2014	宋丹	语义翻译视角下《蛙》的日译本评析	日语学习与研究
纽马克的翻译理论	2015	陈晨	浅论纽马克的翻译理论在连歌汉译中的应用——以连歌《水无濑三吟百韵》的汉译为例	牡丹江大学学报
交际翻译理论	2016	施文、祁福鼎	从交际翻译理论探究公示语的日文译法	宁波职业技术学院学报
生态翻译理论	2016	周君	从生态翻译视角谈中日文互译技巧	海峡科学
框架理论	2016	郭帅	基于框架理论的隐喻翻译——以《红楼梦》日译为例	语文学刊（外语教育教学）

三 核心期刊论文数据分析

本节将选取核心期刊论文的数据（共计 319 篇）进行具体分析。选取核心期刊论文的理由在于，相对而言，这些论文的质量较高、影响较大，能够反映研究成果的真实情况。

由于翻译学尚处于初创阶段，在研究框架、研究方法等问题上，学界尚未形成共识。因此，本节将以翻译学研究的最新成果为依据，在对翻译研究中的几个重要问题进行论证与梳理的基础之上，从研究主题、研究取向、研究方法三个角度，对汉日翻译研究的核心期刊论文的现状进行具体的定量和定性分析，同时提出现存问题，探讨发展方向。

（一）研究主题分析

1. 翻译研究主题的层级划分

本文将翻译研究的主题分为"翻译理论研究""翻译个案研究""应用翻译研究""翻译生态环境研究""翻译史研究""译介研究"这六大类，其下位还有二级分类和三级分类。具体类别和论文篇数如表7所示。

表7 汉日翻译研究主题的层级划分和论文数量

一级分类	论文篇数	二级分类	论文篇数	三级分类	论文篇数
翻译理论研究	32	翻译标准、原则、规范	10		
		文学翻译论	5		
		翻译的文化研究	4		
		可译性研究	3		
		翻译方法论	2		
		翻译思想、译学研究	2		
		翻译认知过程研究	2		
		口译理论	2		
		成果综述	2		
翻译个案研究	148	译本分析（产品导向）	58		
		策略分析（过程导向）	49		
		翻译语境分析（功能导向）	41		
应用翻译研究	65	译员培训	29	教学及培训方法	26
				教材研究	1
				测试及评估	2
		翻译辅助	18	机器翻译	15
				语料库	2
				辞典	1
		翻译批评	18	误译研究	16
				相关作品评论	2
翻译生态环境研究	19	译者分析	13		
		出版	6		
翻译史研究	33	共时性研究	25		
		历时性研究	8		
译介研究	22				

下面首先论证研究主题层级划分的依据，并阐释其具体研究内容和任务。

霍姆斯把翻译学分为三大分支：描写翻译研究（DTS）；翻译理论（TTh）；应用翻译研究（ATS）。描写翻译研究和翻译理论同属纯研究性质（张美芳，2000）。霍氏的上述译学构想被图里于1995年以结构图的形式呈现出来，如图6所示。①

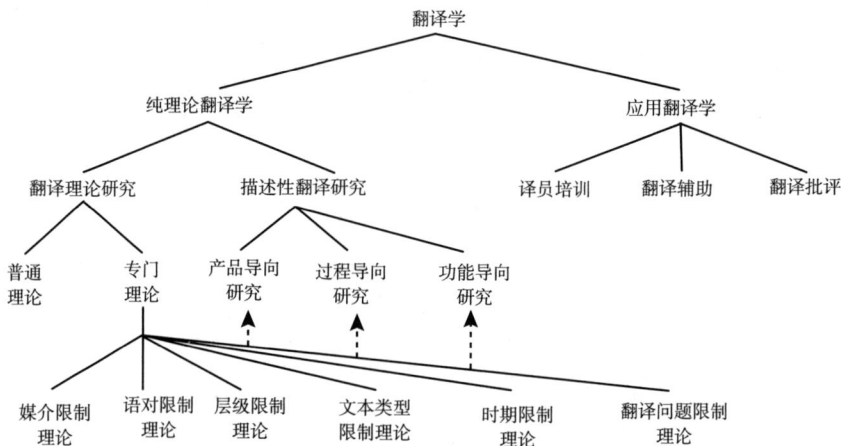

图6　霍姆斯的翻译学结构

本文的研究主题一级划分中的前三类——翻译理论研究、翻译个案研究和应用翻译研究（参见表7），即基于霍姆斯提出的这三大分支。

第一，翻译理论研究。它不局限于分析某个翻译案例或某类翻译文本，而是基于较高的学术高度，从较广的学术视野，对翻译现象进行宏观描述，并进行合理的解释；发现翻译现象的普遍规律，建立普遍原则。其中包括对"翻译"本身进行的解释性研究，解决"翻译是什么，什么是翻译"等问题。也包括对口译及笔译进行宏观的描写和解释，探讨口笔译过程中的普遍原则、普遍规律。翻译理论研究涉及的具体课题较广，根据汉日翻译研究的具体情况，本文将其进一步划分为以下九个主题作为二级分类：翻译标准、原则、规范；

---

① 图6摘自杰里米·芒迪《翻译学导论：理论与应用（第三版）》，李德凤等译，外语教学与研究出版社，2015，第10页。

文学翻译论；翻译的文化研究；可译性研究；翻译方法论；翻译思想、译学研究；翻译认知过程研究；口译理论；成果综述。

第二，翻译个案研究。本文之所以弃用了霍氏的"描述性翻译研究"这一措辞，是由于"描述性"是对研究方法的表述，与其他一级分类的命名标准并不统一。而且，任何一类研究主题都有可能运用描述性的研究方法，当初霍姆斯和图里提出并发展"描述性翻译研究"的分支，主要是为了与之前的"规约性"研究进行区分，提出一种新的研究范式。我们认为，"描述性"是研究方法，而非研究主题的分类。因此，本文将第二类一级研究主题命名为"翻译个案研究"。本类研究的任务是对具体的翻译现象，如某个翻译案例或某类翻译文本进行描写、分析、解释。

在霍姆斯的翻译学研究框架中，"描述性翻译研究"根据研究导向分为三种：产品导向研究（product-oriented）、过程导向研究（process-oriented）和功能导向研究（function-oriented）。"产品导向研究是传统译学的重要组成部分，是对翻译成品进行研究，其中包括对个别译本进行描述和对同一作品的不同译本进行比较。过程导向研究关注的是翻译行为本身。译者在翻译过程中如何创造一个全新的但又多多少少与原文吻合的译文？他那个小小的'黑匣子'是如何运作的？功能导向研究者感兴趣的并非对翻译作品本身的描写，而是对它们在目的语社会文化中的功能描写。其研究的重点是语境而不是文本。研究的范围包括：何种文本在何时何地被翻译？原因何在？影响翻译成品的因素是什么？"（张美芳，2000）

我们认为，这三种导向分类对于翻译个案研究非常适合。基于霍姆斯的主张和研究论文的具体情况，将这三个二级分类进一步描述为：译本分析（产品导向研究）、策略分析（过程导向研究）、翻译语境分析（功能导向研究）。需要说明的是，这三类研究导向并非泾渭分明、截然分离。例如在以产品为导向对译本进行分析的过程中，难免会涉及翻译过程中的策略抉择或对翻译语境的说明，反之亦然。因此，本文在对研究论文进行分类时，将基于研究的主要立足点与研究目的。

第三，应用翻译研究。应用翻译研究在霍姆斯（1988）提出的研究框架以及图里（1995）的图示中未被展开说明，随着此领域研究的发展，芒迪于

2001 年（中文版于 2010 年由商务印书馆出版）进一步将应用翻译学的研究框架扩展为图 7。[①]

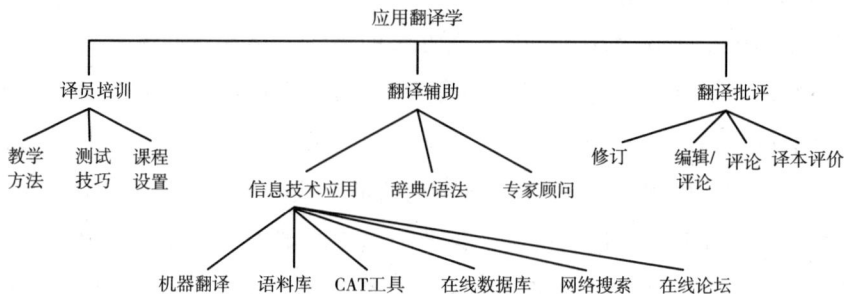

图 7 芒迪的应用翻译学结构

说明：CAT 指计算机辅助翻译，CAT 工具如翻译记忆系统。

本文基于霍姆斯以及芒迪的主张，借鉴了相关研究成果，根据现有论文的研究主题，对应用翻译研究进行了二级和三级分类：译员培训（教学及培训方法、教材研究、测试及评估）；翻译辅助（机器翻译、语料库、辞典）；翻译批评（误译研究、相关作品评论）。

第四，翻译生态环境研究。这一分类基于中国学者胡庚申于 2001 年提出的生态翻译学的概念。生态翻译学是从生态学视角来研究翻译，其理论基础是胡氏提出的"翻译适应选择论"。"综而观之，生态翻译学研究既是一种'喻指'，又是一种'实指'。所谓'喻指'，指的是将翻译生态与自然生态作隐喻类比而进行的整体性研究。所谓'实指'，指的是取向于译者与翻译生态环境相互关系的研究，特别是译者在翻译生态中的生存境遇和能力发展研究。换句话说，生态翻译学着眼于翻译生态系统的整体性，从生态翻译学的视角，以生态翻译学的叙事方式，对翻译的本质、过程、标准、原则和方法以及翻译现象等做出新的描述和解释。"（胡庚申，2008）

生态翻译学经过 10 余年的发展，目前已经成为一个颇具解释力和影响力的学说。其研究范围也从最初的"译者为中心""适应性"发展到对

---

① 图 7 摘自杰里米·芒迪《翻译学导论：理论与应用（第三版）》，李德凤等译，外语教学与研究出版社，2015，第 13 页。此图内容与 2010 年第一版内容相比并无变化。

翻译的生态环境的多角度多层次的研究。因此，本文将与翻译环境相关的研究列入这一类。目前的汉日翻译研究涉及"出版"和"译者分析"这两个二级分类。

最后两个一级分类，是翻译史研究和译介研究。一般认为，译介研究与比较文学同源，是对文学交流中翻译的研究。以前是从媒介学出发，目前的研究趋势则是从比较文化的角度出发来对文学翻译和翻译文学进行研究。而翻译史的研究多见于史学或文学研究当中。虽然根据霍姆斯的前景预测，以产品为导向的描述性翻译研究最终可形成一部翻译通史，但本文认为，对翻译文本的描述性研究和翻译史研究从性质上来看还是有很大差异的。这两类研究均将翻译作为一个"事件"进行分析，使用的是文学或文化研究的方法，在文学研究和文化研究中都有较为悠久的历史，也有比较成熟的成果。因此，本文将这两类研究在一级分类中独立列项。

从研究目的、研究方法和对翻译的定位来看，翻译史研究和译介研究这两个分类与上述四类研究确实有一定距离，甚至曾有观点认为译介研究不应算作翻译学的研究领域。我们将这两个研究领域纳入考察范围的理由在于，虽然翻译史和译介属于史学及文学范畴，但是翻译学本身就具有较强的跨领域性，曾经先后经历的语言学转向和文化转向也证实了这一点。因此，本文认为，不应囿于传统的学科分类而将译介和翻译史研究从翻译研究中割裂出去，它们是翻译研究领域中的两个重要课题。

最后需要说明的是，上述研究主题的层级是根据目前的研究现状划分的，其结构是开放性的。随着翻译研究的发展，研究主题的划分会产生新的变化与需要，在各个层级分类上都会有进一步扩展的可能。

2. 汉日翻译核心期刊论文的研究主题分析

本小节从研究主题的角度，对汉日翻译研究的核心期刊论文的数据进行具体分析。图 8 展示了各一级主题的研究论文数量及占比概况。

分析图 8 可以得出以下两点结论。

（1）从研究主题来看，翻译的个案研究所占比例最高，共计 148 篇论文，占比 46.4%，接近全部论文的一半。其次是应用翻译研究，共计 65 篇论文，占比 20.4%。这两项研究就占据了全部研究的近 70%。这一倾向也不难解释。

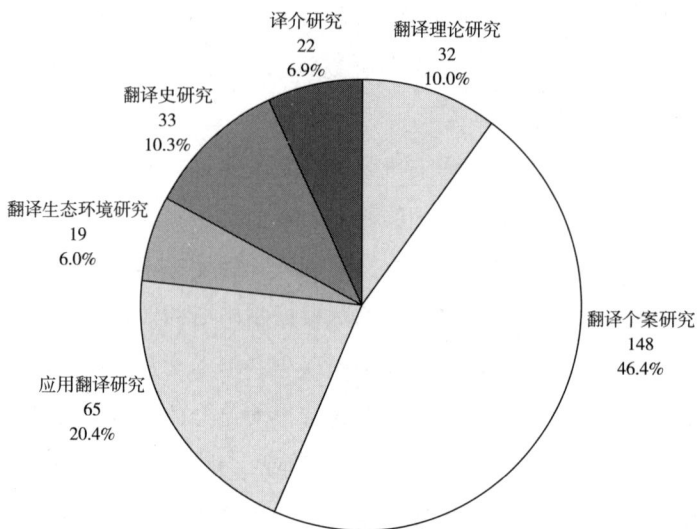

图8 一级研究主题的分布状况

翻译研究被长期定位为应用语言学的下位分类，人们更加强调其实践性、实用性。实践案例的分析必然成为最重要的研究主题。另外，如表7所示，65篇应用翻译研究论文中，数量最多的就是"教学及培训方法"研究，计26篇。高校外语教师作为研究主体，关注翻译教学也在情理之中。

（2）翻译理论的研究论文仅有32篇，占比10%。相比之下，翻译研究"重实践、轻理论"的现状可见一斑。当然，这与曾经的"翻译无理论"之偏见不无关系。理论研究是一门学科的基础与灵魂，大量研究事实也证明，翻译不仅有理论，而且这些理论具有很强的解释性。目前的研究仅仅揭示了翻译理论巨大内涵的冰山一角，今后相关研究的进一步发展值得期待。

下面对各研究主题进行具体分析。

首先，图9展示了翻译个案研究中二级分类的论文数量和占比情况，反映了研究导向的分布状况。从三种导向的占比情况来看，三类研究差距不大，其中以产品为导向的"译本分析"略具优势，共58篇论文，占比39.2%，以功能为导向的翻译语境分析稍显薄弱，共41篇论文，占比27.7%。总体来看，三种导向研究呈现出较为均衡的发展态势。

其次，如图10所示，在应用翻译研究中，教学及培训方法研究占比最

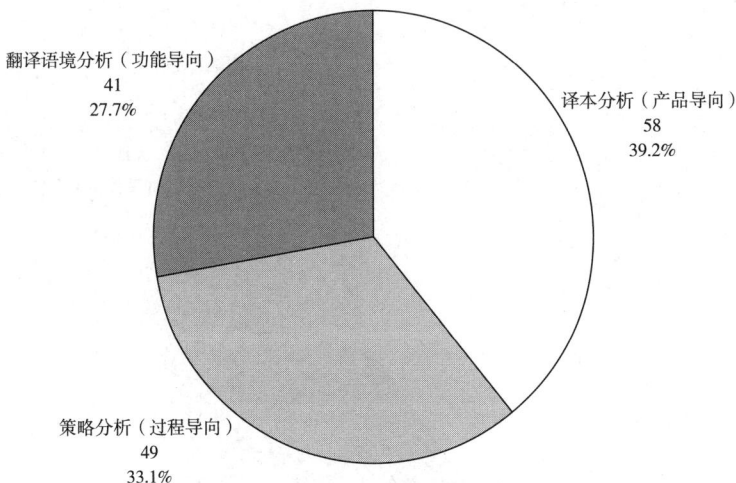

图9　翻译个案研究的导向分布状况

高，为40%，位列其后的误译研究和机器翻译研究分别占比24.6%和23.1%，这前三项研究占据了应用翻译研究论文总数的近90%。在前文研究动态分析中也曾提到，这三个研究主题是这17年间的研究热点或前沿课题，因此研究成果相对丰富。而其他主题，包括教材、语料库、测试及评估，也是这几年翻译学界的研究热点，而汉日翻译领域的相关成果却是寥寥，留有较大的研究余地。总之，目前的应用翻译研究发展并不均衡，还有不少空白留待填补。

再次，关于翻译史研究，目前的研究以共时性研究为主，如图11所示，共时性研究成果是历时性研究的3倍。根据霍姆斯的构想，产品导向研究的成果最终有可能成为一部大型的翻译通史。我们期待，随着译本研究的不断积累和深入，汉日翻译史的历时性研究能够实现更大的突破和发展。

最后，从文体类型来看（见表8），文学文体的相关翻译研究有132篇，非文学文体有42篇。文学翻译占据了绝大多数。从具体体裁来看，小说的翻译研究数量最多，为82篇，占文学翻译研究论文总数的62.1%。其次是诗歌、俳句、和歌等。可见，不仅非文学翻译的研究尚有较大的发展空间，文学翻译中的诸多文学体裁也均值得关注。另外，影视翻译研究虽然数量很少，但是也已崭露头角，成为新兴的研究课题。

教材研究
1
1.5%

辞典
1
1.5%

测试及评估
2
3.1%

语料库
2
3.1%

相关作品评论
2
3.1%

教学及培训方法
26
40.0%

机器翻译
15
23.1%

误译研究
16
24.6%

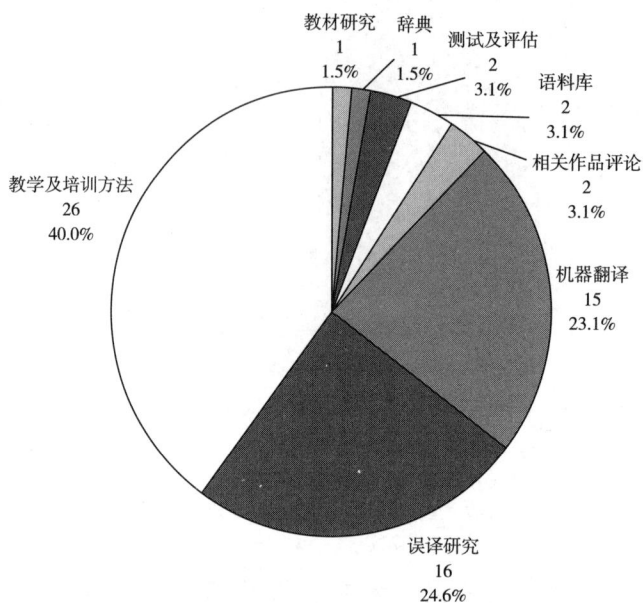

图 10　应用翻译研究的研究主题分布状况

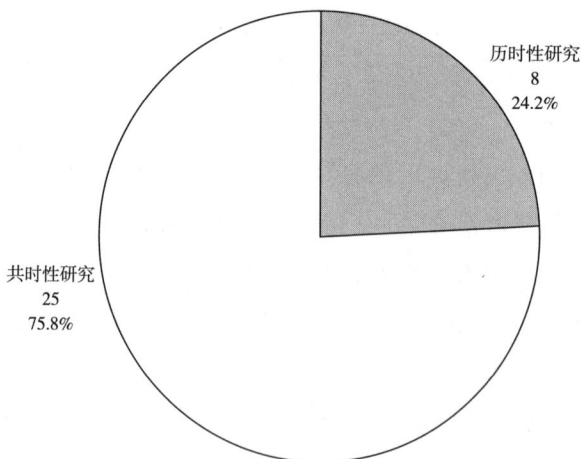

历时性研究
8
24.2%

共时性研究
25
75.8%

图 11　翻译史研究的二级分布状况

表 8 论文研究对象的文体和语体分布情况

文体·语体类型	论文篇数	具体体裁·类别	论文篇数
文学	132	小说	82
		诗歌	11
		俳句	6
		和歌	4
		和歌俳句	1
		短歌	1
		句题和歌	1
		连歌	1
		寓言	1
		戏曲	1
		剧本	1
		未限制体裁	22
非文学	42	学术著作	11
		医药	5
		商贸	4
		旅游（公示语）	4
		历史文献	4
		科技	3
		社科	3
		农业	2
		新闻	2
		体育	1
		政府工作报告	1
		致辞	1
		法律	1
影视作品	6	—	—

（二） 研究取向分析

翻译研究从其开端就具有浓厚的跨学科性质，与语言学研究、文学研究、文化研究等都有着难以割舍的关系。虽然如今翻译学已经成为一个独立的学科，但不难想象，翻译研究不可避免地会带有其他学科的烙印。

一般认为，翻译研究在发展过程中经历了两大转向，首先是 20 世纪 50 年代的语言学转向，其次是 20 世纪 80 年代的文化转向。语言学转向中的代表学者有雅各布森、奈达、费道罗夫、卡特福德、纽马克等。这些学者均为语言学研究出身，其研究基础也是语言学理论。如奈达的翻译理论便是以乔姆斯基的转换生成语法、语义学和语用学为基础；卡特福德的翻译"转换"研究则是基于语法范畴内的语对对照研究。20 世纪 80 年代开始的"文化转向"，作为术语直接出现在斯内尔－霍恩比 1990 年的论文里，该论文收录在巴斯奈特和勒菲弗尔编著的《翻译、历史与文化论集》当中。此论文集开创了文化转向统领翻译研究的时期。在文化转向背景下的翻译研究，"将翻译视为一种文化现象，从文化研究的视角来审视翻译，研究翻译在特定的社会、历史和文化中的生产、接受和运作；研究翻译中语言、文化之间的权力关系、身份建构以及翻译文本背后的政治利益"（许钧、穆雷，2009：100），出现了女性主义翻译研究、后殖民主义翻译研究等视角。

随着翻译研究及相关学科的发展，其后又出现了各种"转向"。斯内尔－霍恩比在《翻译研究的多重转向》（2006）一书中指出，"翻译研究又出现了意识形态转向（ideological turn）和社会学转向（sociological turn）等"（王宏、曾艳，2008）。此外，近年来国内外翻译学界使用"转向"一词的还有"译者转向（Robinson，1991）、创造性转向（Loffredo & Perteghella，2006）、现实转向（黄德先、杜小军，2008）、实践转向（孙宁宁，2003）、显性转向和隐形转向（徐剑，2007）、认知转向（刘军平，2008）、权力转向（Tymoczko & Gentzler，2002）、语用学转向（曾文雄，2007）、社会学转向（Pym，2001）、实证论转向和意识形态转向（Snell-Hornby，2006）等"（喻锋平，2012）。

上述"转向"并非同一概念，其中包含了方法论、研究手段、学科取向等多个角度。应该说，在现阶段，此术语的使用不够严谨，标准也不统一。不过在学科发展的初期，大胆假设、勇于探索，形成百家争鸣的研究局面，对学科发展是大有裨益的。正如斯内尔－霍恩比所说，"它们是否创造了学科的新范式还存在争议，但不失为一种可取的选择，给未来的研究提供了视角"；"翻译研究开创了新的视角，其他学科——特别是那些相邻学科——完全可以从中得益。而且，在当今世界，对国家间的对话以及跨文化的对话存在着极大的需求，处于语言和文化的多元状态下，作为一门跨学科，翻译研究具有独一无二的地位，必然会硕果累累"（王宏、曾艳，2008）。

本文将参考上述"转向"研究，对除应用翻译研究以外的 254 篇论文进行研究取向的分析。需要说明的是，研究取向并非泾渭分明，本文依据其主线学科取向进行分类。经考察得到了以下 6 个分类：文学、语言学、文化及社会学、新闻传播学、心理学（认知）、哲学。其研究取向分布如图 12 所示。

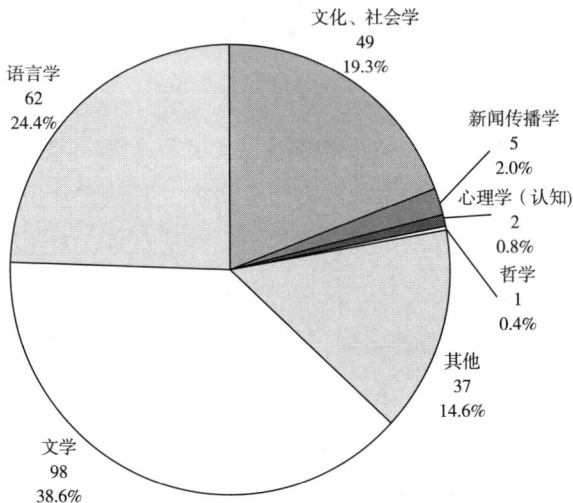

文化、社会学
49
19.3%

语言学
62
24.4%

新闻传播学
5
2.0%

心理学（认知）
2
0.8%

哲学
1
0.4%

其他
37
14.6%

文学
98
38.6%

图 12　研究取向的分布状况

分析图 12 可得到以下三点结论。

（1）在汉日翻译研究中，居于前三位的研究取向为文学、语言学、文化及社会学，三者总和达到总数的 82.3%。这与至今的翻译研究传统有关，也与日语学界这三个研究方向的发展较为成熟有关。

（2）虽然 2000 年以后，国内外翻译研究已经出现了各种意义上的"转向"，然而这些视角在汉日翻译的核心期刊论文中并没有太多的体现，相关成果并不多。

（3）通过前文对所有论文进行的宏观数据分析我们发现，汉日翻译研究对国内外研究潮流的关注与先进理论的应用做到了与时俱进，然而在本节的核心期刊论文的具体数据分析中，我们却发现，这种与时俱进并没有形成大的气候，很可能只是少数研究者在独自前行。可以说，汉日翻译研究虽然在一定程度上跟上了研究的发展步伐，却没有留下强有力的脚印，高质量、有影响力的前沿研究成果还太少。

作为从语言学、文学等学科的下位分类中独立提升出来的学科，翻译学今后或可在继承传统的基础上，密切关注并真正理解国际研究发展的新潮流；有效借鉴国内外翻译学界提出的新思路，努力开创新的视角，进一步探索其他研究角度以及跨学科研究的可能性。

（三） 研究方法分析

一个学科的成熟发展，离不开科学的方法论的支撑。翻译学的方法论研究也是这几年的研究热点之一。目前的方法论研究，有从哲学角度对研究范式进行探讨的，也有从宏观角度对研究模式提出见解的，本文对这些抽象问题暂不做探讨。下面将考察的研究方法，是指研究的具体开展方式。国际上关于翻译方法论的研究有两本重要著作，即《路线图——翻译研究方法入门》（*The Map：A Beginner's Guide to Doing Research in Translation Studies*）（Jenny Williams & Andrew Chesterman，2002）和《翻译学研究方法论》（*Research Methodologies in Translation Studies*）（Saldanha & O'Brien，2014）。后者详细介绍了翻译研究的四种研究取向以及相应的研究方法：首先是产品取向（product-oriented）的研究，研究方法有批评话语分析法（critical discourse analysis）和语料库法（corpus linguistics）；其次是过程取向（process-oriented）的研究，研究方法有内省法（introspection）、键盘记录法（keystroke logging）、屏幕录像法（screen recording）、眼动跟踪法（eye tracking）以及情景访谈日志（contextual inquiry）、性格分析档案（personality profiling）及生理测量（physiological measurement）等辅助方法；再次是参与者取向（participant-oriented）的研究，研究方法有问卷调查法（questionnaires）、访谈和小组座谈（interviews and focus groups）；最后是语境取向（context-oriented）的研究，与之相适应的研究方法为个案研究（case study）。作者认为"判断一项研究是否属于某种研究取向是由研究者的最终研究目的决定，而不取决于研究方法的选择或数据的来源渠道"（曹佩升，2016）。另外，刘宏伟、穆雷（2013）总结了翻译教学研究的具体方法，包括：定性与思辨、定量与实证；经验总结法、理论思辨法、个案法、实验法、调查法。仲伟合等在《口译研究方法论》中提到的口译具体研究方法主要有两大类。实证主义研究方法：观察法、实验法、调查法；人文主义研究方法：文献研究法（以文献分析、梳理、澄清为目的）、思辨法（以思辨推理为目的，文献分析仅为验证思辨结论的手段）、语料分析法（语料对比分析法）、经验总结法、对比分析法。此外，冯全功（2013）认为："翻译学中的理论研究方法主要包括：怀疑方法、定性方法、系统方法、信息方法、评价方法、理解方法、预测方法；实证研究方法主要包括：观测方法、定量方法、统计方法、黑箱方法、个案研究、过程方法、实验方法。当然，这种划分并不是绝对的，而是根据方法，主要是概念支撑还是数据支撑，是主观性主导还是客观性主导来划分的，并且一些具体的方法之间还有很多相似或重叠之处。"

我们认为，从宏观来看，翻译理论研究或应用翻译研究，笔译研究或口译研究，作为科学研究，其研究方法在很大程度上是相通的。翻译理论研究可以进行思辨推理，应用翻译研究亦可；而口译研究中常用的实验法，也同样适用于笔译研究。当然，由于研究对象和研究目的的不同，不同课题的研究各自存在更加适合更加常用的方法，在具体操作方式上也各具特色。本文对研究方法的分类，借鉴了上述关于方法论的研究成果，并尽量克服了先行研究中的重复以及标准不统一的问题，做到简明清晰。另外应该指出，随着翻译研究的成熟与发展，研究方法也不再是单一的，更常见的是研究方法的综合应用，例如在一篇论文中对语料进行客观分析并通过思辨加以解释。对此，本文将根据研究方法在论文中的应用比例进行分类，如果有明显的研究方法上的倾向，则划入主要的研究方法一类。如果多种研究方法使用比重大致相当，则将其并列出来。

综上，汉日翻译研究的现有研究方法可分为以下几类：思辨法、文献研究法、语料分析法、经验总结法、数据统计分析法、实验法、调查法。基于以上方法的混合研究方法：语料分析法+思辨法、文献研究法+语料分析法、文献研究法+思辨法、经验总结法+思辨法。详见图13。

分析图13可得到以下三点结论。

（1）就汉日翻译研究论文的现状来看，研究方法相对简单、集中，语料分析法、文献研究法和思辨法还是目前翻译研究的主要方法，这些也是语言学

文献研究法+思辨法
7
2.2%

数据统计分析法
5
1.6%

实验法
8
2.5%

经验总结法+思辨法
4
1.3%

调查法
3
0.9%

文献研究法+语料分析法
12
3.8%

经验总结法
13
4.1%

语料分析法+思辨法
43
13.5%

语料分析法
92
28.8%

思辨法
49
15.4%

文献研究法
83
26.0%

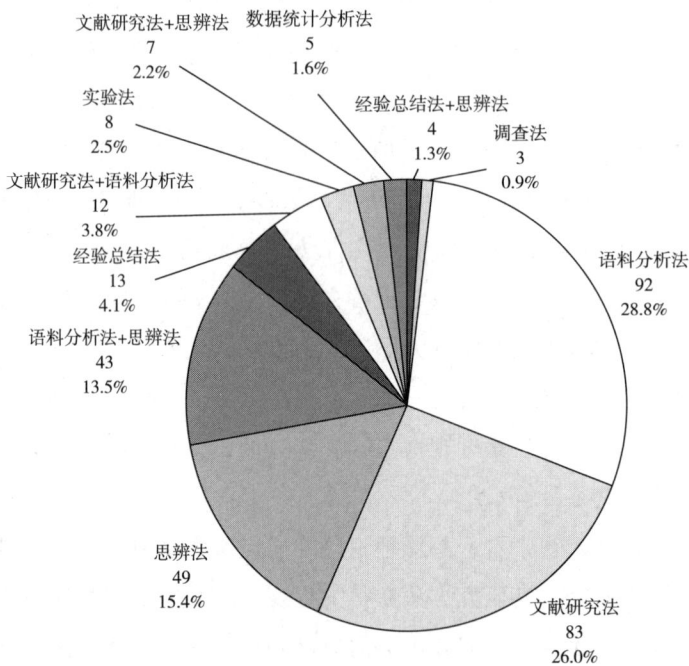

图 13　研究方法的分布状况

研究和文学研究的基本方法。

（2）实证研究中常用的实验法与调查法的应用比例极低，分别仅占 2.5% 和 0.9%。另外，《翻译学研究方法论》（*Research Methodologies in Translation Studies*）中提到的键盘记录法、屏幕录像法等较为复杂的前沿研究方法基本没有涉及。

（3）综合上述分析，可以说，目前的汉日翻译研究尚未摆脱传统研究方法的束缚，当然这一点也不难理解，在日语学界，翻译学获得独立地位也只是近几年的事情，很多教学研究机构还未建立翻译学科，因此方法论的研究和应用在汉日翻译研究中必然尚未成风。今后可紧跟国际研究发展趋势，进行更为广阔的跨学科借鉴；积极探索跨学科合作研究的新途径，着力开展科学的方法论建设，这是指导汉日翻译研究健康、深入发展的重要条件。

另外，不同研究主题的研究方法具有倾向性，例如翻译理论研究中，思辨法是最常见的研究方法，而翻译史和译介研究则主要应用文献研究法。具体分布如表 9 所示。

表 9　各种研究方法在不同研究主题中的应用情况

研究主题	研究方法	论文篇数
翻译理论研究（32 篇）	思辨法	15
	语料分析法 + 思辨法	9
	文献研究法	3
	语料分析法	2
	文献研究法 + 思辨法	2
	实验法	1
翻译个案研究（148 篇）	语料分析法	72
	语料分析法 + 思辨法	28
	文献研究法	13
	思辨法	11
	经验总结法	7
	文献研究法 + 语料分析法	11
	文献研究法 + 思辨法	3
	语料分析法 + 数据统计分析法	2
	调查法	1
应用翻译研究（65 篇）	思辨法	22
	语料分析法	13
	实验法	7
	数据统计分析法	5
	经验总结法	5
	经验总结法 + 思辨法	4
	语料分析法 + 思辨法	4
	文献研究法	3
	调查法	2
翻译生态环境研究（19 篇）	文献研究法	12
	语料分析法	2
	语料分析法 + 思辨法	2
	思辨法	1
	经验总结法	1
	文献研究法 + 语料分析法	1
翻译史研究（33 篇）	文献研究法	30
	文献研究法 + 思辨法	2
	语料分析法	1
译介研究（22 篇）	文献研究法	22

（四） 口译研究

在本节的最后，需要特别提出口译研究单独加以论述，同时也是为了探讨口译研究的合理定位。

虽然口译职业的历史"可追溯到公元前 3000 年古埃及关于译员（dragoman）的记录"（《口译研究方法论》，仲伟合等，2012：21），而且口译研究也滥觞于 20 世纪 50 年代（如艾赫贝尔的《口译须知》），但其发展却一直未能呈现出应有的繁荣态势。霍姆斯（1988）在规划"翻译学"的研究框架时，甚至没有将"口译"的相关研究纳入考量。目前，国内外翻译学界对"翻译学（Translation Studies）"与"口译研究（Interpretation/Interpreting Studies）"之间的关系尚无定论。

例如，台湾翻译学学会于 1996 年开始出版会刊《翻译学研究集刊》，其英文名称为 *Studies of Translation and Interpretation*。从该会刊的汉英命名来看，"翻译学"包含了"Translation"与"Interpretation"这两个领域的研究。如果说此命名中的"Interpretation"对应汉语的"口译研究"，那么"Translation"应该对应汉语的哪一个词呢？如果是"翻译研究"，那么"翻译"在这里就成了可能会造成混乱的多义词；如果不是，又该对应哪一个术语呢？

另外，罗列、穆雷（2010）直接将"口译"研究划入"翻译学"之下。如图 14① 所示：将翻译学作为二级学科，并在翻译学科中下设普通翻译学、应用翻译学、对比翻译学、口译等三级学科，三级学科下再分设研究方向。我们认为，将"口译"定位于"翻译学"的下位分类是合理的。然而，与"口译"研究同级的研究领域应该是什么呢？图 14 中列出的"口译"与"对比""应用""技术"等研究方向果真能平行划分吗？比如口译教学研究是否也应算作"应用"研究？口译中的机器翻译应划入"口译"还是"技术"之中？而"口译史"与"翻译史"的关系又该如何处理？

---

① 图 14 摘自罗列、穆雷《翻译学的学科身份：现状与建设》，《上海翻译》2010 年第 4 期，第 11～15 页。

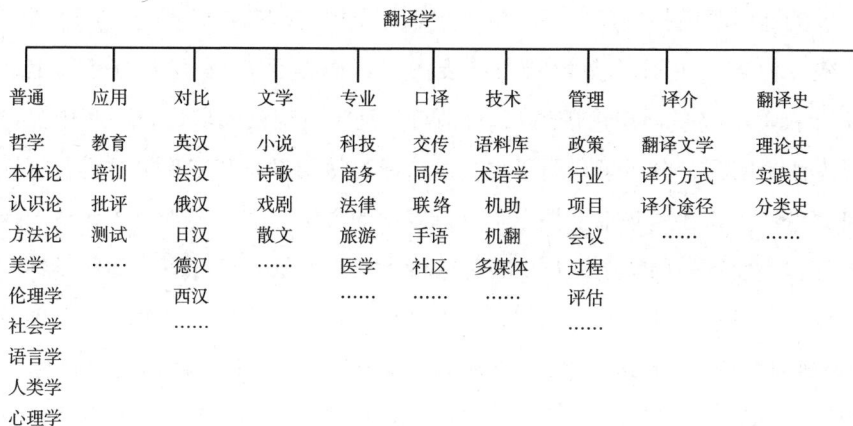

翻译学

普通	应用	对比	文学	专业	口译	技术	管理	译介	翻译史
哲学	教育	英汉	小说	科技	交传	语料库	政策	翻译文学	理论史
本体论	培训	法汉	诗歌	商务	同传	术语学	行业	译介方式	实践史
认识论	批评	俄汉	戏剧	法律	联络	机助	项目	译介途径	分类史
方法论	测试	日汉	散文	旅游	手语	机翻	会议	……	……
美学	……	德汉	……	医学	社区	多媒体	过程		
伦理学		西汉		……	……	……	评估		
社会学		……					……		
语言学									
人类学									
心理学									

图 14　罗列、穆雷的翻译学科研究方向结构

可以说，虽然霍姆斯力图为翻译学"正其名、求其实"，但目前看来，其名"翻译学（Translation Studies）"确已统一，而其"实"还有待发展与完善，"口译研究"的定位便是其课题之一：是认定为翻译学的下位分类，还是另辟蹊径，成立一门与翻译学平级的"口译学"。至少在中国翻译学界，"翻译学"的名与实及其与"口译研究"的关系尚未达成共识，亟待澄清。

而且，仅就"口译研究"来看，其"名"在国际翻译学界也未能统一。如"日本口译协会"的英文译名为"The Japanese Association for Interpretation Studies"，而当今国际口译学界最活跃的代表性口译研究者弗朗兹·波赫哈克，在其著作《口译研究概论》（*Introducing Interpreting Studies*）① 中，却使用了"Interpreting Studies"之名。

在霍姆斯看来，"名称不统一是学科发展的一个障碍，而更大的障碍却是人们对该学科的实质缺乏共识"（张美芳，2000）。我们认为，学科发展的逐渐成熟必然伴随着研究分工的细化，从翻译研究的现状和前景来看，口译研究作为翻译学中的子学科正在逐渐兴起并将蓬勃发展，口译研究与笔译研究应该定位为翻译学研究下属的两个平行子学科。

就此问题张本继末非寥寥数语可及，由于篇幅及论文主题所限，下面仅提

① 原书出版于 2004 年，汉译本《口译研究概论》由外语教学与研究出版社于 2010 年出版。

出一点关键问题进行论证。一门学科成立与发展的基础在于理论建设。就口译理论建设而言，中国学者鲍刚在承袭法国释意学派口译理论的基础上，于1998年撰写了《口译理论概述》，可谓口译理论研究的先驱之作。其中探讨了口译方法论问题，分析了口语语类，对口译的认知过程和工作模式进行了详细的研究论证，并在此基础上提出了口译教学的方法。书中还涉及了译员、译前准备等实务性较强的课题。虽然在体系性上略显欠缺，但此著作的科学性和理论高度至今鲜有出其右者。在体系性上胜出的口译理论研究当属上述弗朗兹的《口译研究概论》，此著作和其与 M. Schlesinger 于2002年合编的口译论文集《口译研究读本》（*The Interpreting Studies Reader*）①，被认为是"对口译研究有着学科建构意义的奠基性著作"和"权威路线图"（《口译研究方法论》，仲伟合等，2012：24）。特别是《口译研究概论》，不仅系统阐述了口译研究的"理论基础""研究路径""研究范式""理论模型"等基础理论问题，还考察了"口译过程""口译产品及译员表现""口译实践及职业""口译教学研究"等具体问题，为口译研究勾画了系统而清晰的研究框架。此外，吉尔从20世纪90年代就开始主张并不断发展的"认知负荷模型"假说等都有力推动了口译理论的发展。仲伟合等（2012）在口译方法论方面也做出了有益的探索。这些研究都从理论上证明了口译研究作为一门学科的合理性与可能性。

口译研究今后将与笔译研究比肩发展已是大势所趋。作为与笔译研究平行的子学科，口译研究中也应该包括口译理论研究、口译个案研究、口译应用研究、口译史研究，以及包括译员及口译市场在内的口译生态环境研究等。另外，按照口译方式进行分类，还可以分为同声传译研究、交替传译研究、接力传译研究、手语研究等。其实，现有的口译研究成果已经可以进行上述分类，而随着口译研究的发展，我们相信，研究分工将愈加细致，还会出现新的研究方向。

就汉日口译研究的现状来说，目前发展很不成熟。虽然如前文研究动态分析中的表5所示，2014年"日语口译"研究也成了前沿热点，近年来也有一些研究成果问世，但是有分量有影响的并不多。在319篇核心期刊论文中，探

---

① 此书尚无汉译版。

讨口译研究的论文仅有 26 篇，占比 8.2%，还不到总数的十分之一。而且，如图 15 所示，其中成果综述 1 篇，口译理论研究 2 篇，个案研究 3 篇，口译史研究 2 篇，其余 18 篇均为口译教学研究。鉴于成果过少，不便单独分类，本文在前面的论述中没有将口译研究与翻译（笔译）研究平行独立列出，而是进行了统一分析。当然，这并不意味着口译研究不可以进行细致分工，这一点恰恰是本文的一个缺憾，也是今后研究应该填补的空白。

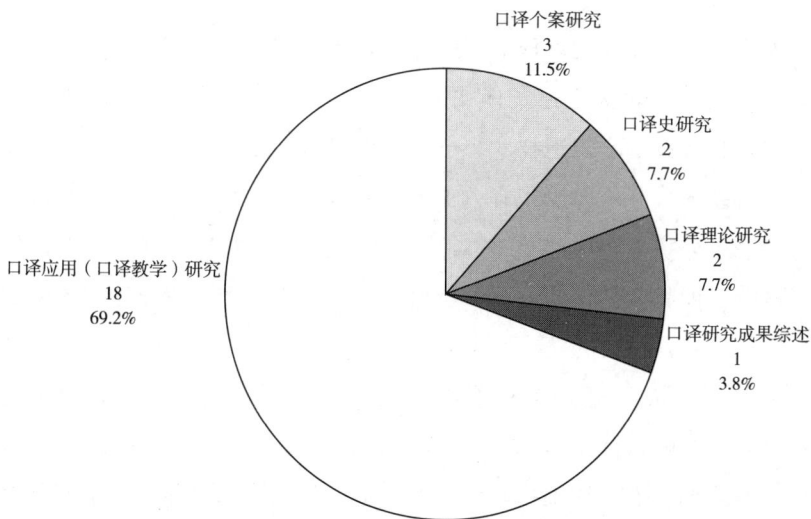

口译个案研究
3
11.5%

口译史研究
2
7.7%

口译理论研究
2
7.7%

口译研究成果综述
1
3.8%

口译应用（口译教学）研究
18
69.2%

图 15　汉日口译研究主题分布

四　成果撷要

　　本节将对 2000～2016 年汉日翻译研究的主要成果进行回顾与总结，并结合表 5 列出的前沿热点课题对各个研究主题的发展流变进行简要梳理与分析。篇幅所限，仅介绍具有开创性、代表性或具有宏观指导意义的成果。①

　　另外，鉴于前述口译研究的特殊定位，在下面的成果撷要中对现有的口译

---

① 为保持行文流畅，以下所列论文的具体出版情况不在文中一一标注，而是在参考文献中依序统一列出，请参考。

研究成果单独进行统一论述。即本节中（一）～（四）针对翻译（笔译）研究进行总结；（五）综述口译研究成果。

（一）翻译理论研究

文学翻译理论方面，田原（2006）提出了日诗汉译的"诗歌翻译论"，强调译作要有完整的艺术性，体现原作文本的特殊性，认为诗歌的翻译与创作的精神活动是接近的。在分析了日本现代诗翻译难度的基础上，举例论证了诗歌翻译的原则。关于文体与翻译的问题，林璋于2009年和2014年分别撰文进行了探讨。2009年的论文阐述了译文文本产生过程中的翻译技术问题，认为翻译技术包括分析技术和表达技术，分析技术又包括原文文本的分析技术和译文文本的分析技术，并以林少华译《挪威的森林》为例，对原文文本和译文文本进行了技术分析。2014年的论文对"文体"进行了深入研究，对相关概念进行了区分，即将文体作为一个上位概念，将文本的类型看作体裁，将表达方式看作语体，将从文本感受到的气氛看作风格。对林璋的上述观点，胡稹（2016）提出了质疑，通过对林译文体的分析，提出了部分语体包括文艺语体可采取的翻译策略。他认为，"不应简单地根据语体概念，以口语语体词对译原作口语语体词。而应该根据具体情况，适度使用书面语体词对译部分原作口语语体的文字"，同时对翻译理论供应不足和供应过剩的矛盾现状进行了思考。另外，王向远（2015）以张我军译夏目漱石《文学论》为例，探讨了张译中的"缺陷翻译"和"译本老化"问题。并强调，"老化甚至老朽的译本并没有'死亡'，它们对于翻译研究者而言具有不可取代的价值。通过对这些老化译本的分析，可以见出中国文学理论著作翻译的发展演变，见出现代汉语的理论语言艰辛的形成过程与成熟轨迹。老化译本不仅有语言学史上的价值，而且也有翻译学史上的价值"。

关于文化翻译，陶振孝（2007）提出了文化翻译的课题，即文化空白的替补、文化误读的避免、文化传真的实现。这是较早的具有提纲挈领性质的关于文化翻译论的思索。此后，刘立国（2009）引入中国古代文艺理论中"意象"的概念，探讨了日诗汉译中文化意象的翻译，认为"文化意象的翻译是诗人与译者在全球化语境下共同创造审美精神的过程，其基本翻译策略是异化加文化阐释"。

可译性研究是国内外翻译研究的热点，对此，庞焱于 2008 年和 2009 年分别撰文，以日汉互译为例，论证了可译性与不可译性的对立统一。他认为，"可译性和不可译性不是截然对立的，而是在对立中的统一。译者既不应因文本的不可译性而放弃传译，也不应因文本的可译性而随意乱译。随着文化交流的深入，日汉互译中的不可译性将会更多地、在更大程度上朝可译性方向发展"。另外，高宁（2015）从哲学本体论出发，通过《静夜思》英译与日译的对比，探讨了可译/不可译的问题。认为在形而上层面，"可译/不可译在很大程度上取决于可说/不可说之上"；在形而下层面，"可译之度不仅关涉不可译，同时也关涉可译"。

关于翻译思想和译学研究，刘芳亮（2009）介绍了江户时期著名学者荻生徂徕的翻译思想——对训读的质疑和否定。荻生指出汉语和日语存在本质上的不同，训读法这种直译法在根本上是错误的，它对深入细致地理解原文危害甚大。由此，他提出了用日常口语翻译汉文的"译学"思想。韩秋韵（2015）介绍了柳父章的翻译研究方法论。"柳父章是现代'翻译语'研究的第一人，他从历史文化语义学的角度，从个别词语切入，通过考查'翻译语'的演变来梳理日本翻译思想的形成过程。柳父章还注意到'翻译语'在很大程度上影响和决定了'翻译文体'的语体和风格，而翻译文体的这些特性又直接推进了日语文体、风格的现代化。这些观点在翻译史及翻译理论史上都具有重要意义。"高宁（2016）以直译/意译之辩为线索，考察了日本近现代翻译史的发展、变化及其特点和主要成因。他指出，"在日本，翻译研究属于'论'的范畴，离'学'尚有距离，却并非没有亮点。日本翻译家在理论研究与翻译实践中所体现出来的柔软性和超越性、日本作家通过翻译对当代日语文体形成的贡献，以及由直译/意译之辩所引发出来的译介学萌芽，对我国的译学研究皆有借鉴和参考价值"。

（二） 翻译个案研究

文学翻译方面，林少华译村上春树是一个研究热点。如表 5 所示，2009年"林少华"和"村上文学"都是突变术语，也就是当年的前沿课题。其中，杨炳菁（2009）从文学翻译与翻译文学两个方面对林少华在村上文本的译介过程中所起的作用进行了探讨。他认为，"在文学翻译方面，林少华的翻译观体现了'归化'的翻译理念，林译文本有力推动了以村上文学为代表的日本当代文学在中国的传播。在翻译文学领域，林少华的翻译对解读村上文学起着导向性作用"。王成（2009）则深入探讨了颇受争议的"林译"文体，结合翻译语境分析了林少华文体策略的合理性，为林少华的翻译思想进行了辩护。孙立春（2010）对《罗生门》的鲁迅译本和林少华译本进行了对比分析，认为鲁迅坚持异化翻译，林少华坚持归化翻译，并基于佐哈尔的多元系统论，分析了中国文学与翻译文学的地位变迁对两位译者翻译策略的影响。宋丹（2014）从词汇和语篇的角度对莫言小说《蛙》的吉田富夫译本进行了考察，并从纽马克所提出的语义翻译审美价值所依赖的三元素——结构、比喻、声音出发，探讨了语义翻译策略产生的审美效果。此外，关于诗歌翻译，金中（2011）通过比较和歌与俳句表现的内部要素，认为和歌注重节奏的流畅而俳句注重内容的精练，进而论证了对和歌提出的"三四三四三"型译案以及对俳句提出的"一词加一句"型译案的合理性。刘立国、董泓每（2015）则基于接受美学的理论，探讨了和歌、俳句、现代诗的汉译，主张译者同时作为一首诗歌的"第一读者"与"第二作者"，应以"忠实原文、适度归化、必要异化、制造留白、传达诗韵"为原则。

　　国际翻译学界在20世纪80年代发生的文化转向在汉日翻译研究中也有所体现。不少研究开始透过翻译现象探讨其背后的文化、历史、社会背景。据表5可知，早在2002年，"中日文化"就是前沿热点问题。当年，高宁、黄珺亮考察了"南方"一词的词义流变历史及其对译语选择的影响。李均洋（2004）则通过考察《日本书纪》汉日翻译形容词的对应和发展，探讨了翻译文化对译入语环境的影响，认为"由汉日翻译文化发展而来的新型日语语言文化，扩展了岛国日本固有的语言文化的空间，从认知表记的根底上，奠定了日本语言文化和以此为媒介和窗口的整个日本文化的外来性、吸收性、融合性以及强烈的民族性"。王志松（2009）分析了"林译"在中国的文化角色，认为林译文体是在中国特定社会背景下林少华借助村上小说抵抗现实所做的"越境式"阅读。王晓平（2013）探讨了日本汉文学研究与文化翻译的关系，认为日本的汉文学兼有"中国文学性格"和"日本文学性格"这双重文化身份，具有翻译性。

非文学翻译的研究这几年发展较快，表 5 的突变术语中，2013 年有"科技日语"，2015 年有"商务日语"，2016 年有"公示语""外宣资料"。其实，2012 年，柯劲松、毕春玲就基于公示语的五种应用功能（指示性、提示性、限制性、强制性、宣传号召性），探讨了公示语的汉译日翻译策略。关于外宣翻译，2016 年，鲍同、蒋芳婧考察了新中国成立后 65 年间党政文献的日译单行本，分析了各个时期的翻译特点、策略和外宣意义。同年，蒋芳婧基于功能主义学派的翻译理论，从文本类型、目的三法则角度探讨了 2013～2015 年的政府工作报告日译本，指出，"为提高对外传播效果，（1）译者应判断文本类型并采取相应翻译方法；（2）应在忠诚于翻译发起者和译文受众的前提下确定翻译目的；（3）译者可以并应当在取得翻译发起人认可的前提下，针对译文受众的需求进行摘译、编译、改写"。另外，杨金萍、肖平（2004）基于解构主义翻译理论，探讨了古汉语文献的日译模式。

（三）应用翻译研究

作为语言教学的重要环节，人们对翻译教学的思考与研究由来已久。2000年，杜勤、高宁发表了《关于翻译教学的理性思考》，文中所描述的学科背景准确体现了当时翻译学所处的历史转折点——"首先，从正面说，整个翻译学作为一门学科尚在建设之中。从反面说，翻译能否成为一门独立的学科还是一个大问题。甚至有学者提出'翻译活动是不受客观规律支配的。所以，翻译不可能成为科学'"。在这样的背景下，作者指出，"翻译课教学只能对翻译理论浅尝辄止，敬而远之。……翻译课的最终目的是使学生对翻译的认识由不自觉的感性捕捉上升到理性把握，……成为一名合格的、优秀的外语工作者。重点是翻译技能的培养和实际翻译水平的提高"。应该说，上述观点代表了当时翻译教学的基本立场和方向，而且至今仍然是本科翻译教学的基本指导思想。随着翻译学、教学法以及其他相关学科的发展，其后的翻译教学研究更加具体、细致，理论性、科学性逐渐提高。熊仁芳（2008）以学生的翻译错误为例，分析了译者的逻辑思维活动在理解、表达以及校验阶段的重要作用。张桂丽、李欣（2010）探讨了任务型教学法在日语翻译实践课程中的应用；薄红昕（2016）则基于"全人教育"理念，探讨了日语翻译的教学法。此外，关于教材建设，凌庆强（2008）探讨了日语翻译教材的改革问题；关于翻译质量评估，林璋（2008）提出了两个指标：可接受性和最大对应关系。

翻译辅助研究方面，辞典是翻译实践的重要辅助工具，也是曾经的研究热点，对此，高宁（2001）论述了辞典与翻译的关系，探讨了翻译实践中的辞典使用。而随着人工智能的不断发展，机器翻译研究成为新的焦点，目前已有不少成果，且前景无限。2005 年，陈燕发表了《日中机器翻译的现状和未来》，通过实例，从语义和语法角度分析了机器翻译表达中出现的问题，并提出了解决办法。近年来，汉日机器翻译研究的技术含量越来越高，相关研究人员的学科背景也以计算机科学、信息技术等专业为主。成果有张捷、陈群秀（2003）的《日汉机器翻译系统中的多 Agent 研究》，杜伟、陈群秀（2008）的《多策略汉日机器翻译系统中的核心技术研究》，吴培昊、徐金安、谢军、张玉洁（2014）的《融合格框架的基于语块的依存树到串日汉统计机器翻译模型》等。如今，科学研究的趋势一方面呈现跨学科性，另一方面分工越来越专业。在机器翻译研究领域，语言和技术是两个重要因素，语言专业与技术专业研究者的合作或许也是今后机器翻译研究的一个途径。

随着计算机技术的发展，语料库的研发与应用逐渐兴起，在语言学的研究中已被广泛应用。如今，国内外翻译学界也开始关注对译语料库的建设与应用，并出现了"语料库翻译学"这一提法。关于这一课题，曹大峰于 2006 年就提出了汉日平行语料库与翻译研究的关系，探讨了四个主要问题：（1）汉日平行语料库的内容和功能；（2）双语对译语料的对应模式及特征；（3）在翻译研究方面的应用；（4）多语平行语料库的研制设想。这在国内翻译学界也是极具前瞻性的研究。2014 年，于康、田中良、高山弘子探讨了其团队独立开发的"TNR 汉日日汉翻译语料库"和"TNR 标签软件"在翻译教学与翻译研究中的应用。2016 年，毛文伟利用语料库，采用量化研究的方法，考察了日语翻译语言在文体特征和词汇使用等方面呈现出的范化和特化现象，并在论文的关键词中列出了"语料库翻译学"这一术语。

（四） 其他翻译研究

前文提到，生态翻译学是一种新兴的研究范式，而实际上，有关译者以及出版等翻译环境的研究并不是新的课题，只是未能上升到生态系统的整体性这一视角。关于翻译出版的状况，田雁于 2014 年撰写了两篇论文，分别是《日文图书在中国翻译出版的现状（2000～2011 年）》和《中文图书在日本翻译出版的现状（2000～2012 年）》。2015 年诸葛蔚东、杨珍珍的论文《2004～2014 年中文出版物在日本翻译出版的状况分析》，则历时性地考察了中文出版物"走出去"的发展情况。王志松 2010 年的论文《90 年代出版业的市场化与"情色描写"——与日本翻译文学的关系》，将出版市场作为生态系统的一环，探讨了它与翻译作品的关系，考察了带有"情色描写"情节的日本翻译文学与 20 世纪 90 年代出版业市场化、中国文学情色描写变化之间的关系，体现了生态翻译学的基本立场。关于译者的研究，陈岩（2006）谈到了俳句翻译中的译者主体性问题，主张俳句是以读者为中心的文学。于桂玲（2010）则通过《舞舞舞》的三个译本对比，阐释了"译者的隐身"这一观点。甘丽娟（2011）通过论文《叶渭渠与日本近现代文学的翻译》，对当代日本文学翻译泰斗叶渭渠先生进行了详细的研究。

另外，文学翻译史与译介研究多有重合之处，国内此领域的相关研究相当成熟，成果颇多。王向远（2001）从选题、翻译方法等方面，探讨了五四前后中国的日本文学翻译的现代转型。潘文东（2008）从译介学的角度分析了兴盛于江户时代的日本"翻案文学"。周以量（2011）探讨了 30 年间中国的《源氏物语》翻译，对 10 种全译本进行了历时性的对比分析。孙立春、李蕾（2011）则从接受美学的角度出发，将读者的期待视野与审美层次纳入考量，考察了芥川文学在华 90 年的译介史。夏天、陈雪杰（2015）将译者的要素纳入考量，从文本选择、翻译策略与译本接受三个方面，比较了陈季同与末松谦澄这两位同一时代的中日外交官对本国古典小说的译介活动，分析了中日两国通过文学译出进行的文化外交的情况。此外，王宝平于 2014 年撰文考察了中国最早的日语翻译官方培养机构——东文学堂。王奇生（2008）详细考察了民国时期日书汉译的情况。王铁钧（2006）提出了日汉翻译史研究视阈的重构主张，认为从魏、晋史籍开始，和名汉译的用笔就已具有现代翻译方法的某些特征，从这种意义上说，日汉翻译的历史可上溯至魏、晋时期。

（五） 口译研究

口译理论研究方面，王健宜（2008）对日语口译技巧进行了归纳总结，提出了 5 个口译策略。庞焱（2008）基于跨文化交际视角，分析了日汉口译过程中的文化障碍，指出，"口译员需要对中日文化有深入的了解和研究，才能克服或减少由于文化背景知识缺乏而造成的交际失误，以保证口译活动的顺利进行"。2016 年，路邈对日汉口译研究进行了全面的梳理汇总，介绍了国内外口译研究的前沿动态，从论文、教材、项目课题等方面总结了 2009~2015年国内日汉口译的研究成果，并进行了纵向与横向的对比。

在口译的个案研究中，谢为集（2007）以日本电影《追捕》为例，探讨了同声传译中的"信息简约"及其尺度。虽然论文所用语料与口译现场的实际情况有一定距离，但却是口译，特别是同声传译研究的较早探索，而且使用了实证的研究方法。马一川（2012）以《胡锦涛主席早稻田大学演讲》为例，分析了汉日同声传译中的关系认知要素，提出了对预判有重要提示作用的 $S1+C+S2$、$S1+P+S2$、$S1+\Phi+S2$ 三类关系认知要素。口译个案研究的匮乏与其研究对象的即逝性、保密性等因素有关，录音设备出现之前的早期口译资料已无迹可寻，而如今录音问题虽然已经解决，但由于种种原因，口译现场的真实取证十分困难，汉日口译语料库的建设也还在摸索之中。因此，直到现在，口译研究还是以基于实践经验而采用的内省法或实验法为主。

关于口译教学，宋协毅在 2002 年就提出了汉日双语同声传译教学改革，可谓学界先驱。王颀（2006）则以口译理论为依据，在探讨口译理论与日语口译教学的关系的基础之上，提出了日语口译教学的具体方法。杨玲（2009）以翻译专业硕士（MTI）的建设为背景，以第三届同声传译翻译教学国际学术研讨会专题讨论为基础，从宏观角度探讨了口译人才培养的教学体系。彭新勇（2014）基于多模态教学模式的理论，分析了日语口译教学中的多模态运用。

关于汉日口译史的研究，徐冰（2002）以中国和日本的历史文献为依据，考察了历史上两国交往中汉日口语翻译的形态、作用及线索，考察了口译人员的名称由来及中日两国的称谓方式，并订正了有关"同声传译"的误解与误用。王宝平（2007）根据中国第一历史档案馆等所藏资料，对甲午战前 17 年间的翻译简史和中国早期汉日口译员——甲午战前中国的驻日翻译官进行了考察。

五 结语

本文对 2000～2016 年的汉日翻译研究进行了简要的总结分析。综上所述，目前国内的汉日翻译研究状况可总结为以下四个特点。

（1）翻译研究正在蓬勃发展，随着翻译学科的逐渐成熟，相关研究的发展前景值得期待。

（2）虽然目前研究的数量在迅速增加，但研究质量不很理想，汉日翻译研究在整个翻译学界的影响力较弱。

（3）翻译研究的空白领域非常多，发展余地很大。

（4）研究视野、研究方法等囿于传统，缺乏突破与创新。

我们认为，翻译研究需要解放思想、挣脱束缚，才能突破目前的发展困境，实现实质性的飞跃。在此提出以下四点思考。

第一，要明确翻译学的定位。这样才能纲举目张，使研究有本可循。根据传统的学科划分，翻译研究应属语言学中的应用语言学中的一个课题。由于"翻译无理论"的偏见曾经大行其道，翻译研究一直都被看作一个附庸，而且被认为学术性、科学性不强。然而，大量的研究事实证明，翻译不仅有理论，而且这些理论具有很强的解释性。现有的研究仅仅揭示了翻译理论巨大内涵的冰山一角。也正因如此，目前翻译学已经发展成为一个独立的学科。我们需要改变固有的偏见，探索适合翻译学的独立的理论与方法论，而不是拘泥于语言学、文学等传统学科的束缚。今后的发展，需要有理论研究、方法论建设，同时需要明确翻译研究的目标和性质。这也与我们要提出的第二点思考有关。

第二，要重新认识翻译研究的实质。由于长期被认为是应用语言学的下属分类，翻译研究一直被认为是具有较强实践性的研究，对翻译实践具有指导意义是其最大的研究目的和成果衡量标准，甚至要求翻译研究者必须具有翻译实践经验。我们认为，这种认识是对翻译研究的本质和目的的偏离，必定造成翻译研究特别是非通用语翻译研究裹足不前。

我们应该认识到，任何一门学科的发展，其开端或者目的之一或许是实用性，但是如果不能升华为不带有功利性质的纯粹的研究，便不会有真正深入长远的发展。以发展较为成熟的语言学为例，其研究固然与语言习得紧密相关，但是真正推动语言学发展的重大理论，并不一定能够直接指导语言习得，而是通过语言现象的研究发现了人类语言乃至认知方面的普遍规律。我们希望，翻译研究也能突破"对实践有用"这样的功利束缚，尽快达到作为一个独立学科应有的理论高度。

事实上，本雅明提出"纯语言"概念，德里达基于解构主义将翻译过程解释为"延异"，这些都是从哲学角度对翻译进行的思辨。这些研究很可能对一线实践并不具有直接的指导作用，却是直指翻译的本质，能够推动翻译研究实现质的飞跃。

霍姆斯说过，"名称不统一是学科发展的一个障碍，而更大的障碍却是人们对该学科的实质缺乏共识"。我们认为，翻译研究的实质，是通过翻译现象探究翻译的本质，发现人类社会的交际规律、思维规律。翻译研究指导实践的意义固然重要，同时，我们也应该认识到无功利的、抽象的、形而上的研究也是必要的，要提升研究的高度、深度和广度。

第三，翻译研究需要细致的分工。由于翻译学科的建设刚刚起步，目前的翻译研究，特别是非通用语种翻译研究，对研究领域的划分都过于模糊，仅限于口译和笔译的区分。即使是开设了翻译专业的高校，相关专业教师的研究领域也都是"翻译"。这样粗糙的划分，既不利于学科的深入发展，也不利于翻译学研究者进行科研定位。现在已经有不少研究者意识到了这个问题，也在对霍姆斯的研究框架进行补充与完善。汉日翻译研究也要及时进行合理的细致分工，才能为翻译研究的发展创造良好的条件。

第四，要明确汉日翻译研究的任务。由于前文所述的"实践为大"的传统偏见，除英语以外包括日语在内的所有非通用语翻译研究注定处于翻译研究的边缘。因为从现实的实践角度来看，英语是通用性最强、应用面最广的语言，英语的语对翻译实践必然占绝大多数。也正因此，中国的译员培训和翻译研究均发端于英语专业，英语研究在翻译学界和业界处于领头羊的地位，其他非通用语的翻译研究，除文学翻译的相关研究较有特色以外，其他课题的研究均起步较晚，目前只是追随着英语翻译研究亦步亦趋。然而，这样的研究心态和研究现状并不健康。

究其根源，我们还是要摆脱"对实践有用"这样的狭隘思路。应该认识到，非通用语种翻译具有特殊性，虽然在实践应用方面不及英语广泛，但为揭示翻译的实质提供了非常难得的角度与素材。汉日语对翻译研究的任务，是通过对翻译现象的分析，印证翻译的普遍规律，同时发现汉日翻译中的特殊规律，并加以解释，从而探究翻译的本质。而且，从翻译的历史和意义来看，低地国家的翻译需求更大，更具有进行研究的条件。也正因如此，目前翻译理论多产生于欧洲，甚至印度、南美洲等地区，而不是美国。非通用语翻译研究者要摆正心态，看到我们的研究优势，提升学术研究的信心。

总之，我们期待着翻译研究能够拥有更加深远的视界、开阔的思路，继往开来，不拘一格，实现突破性、开创性的发展。

参考文献

Gentzler, Edwin, *Contemporary Translation Theories* (London: Rontledge, 1993).

Toury, Gideon, *Descriptive Translation Studies and Beyond* (Amsterdam and Philadelphia: John Benjamins, 1995).

曹佩升：《翻译学研究需要的理论思考和方法论指导——〈翻译学研究方法论〉述评》，《上海翻译》2016年第5期，第84～88页。

陈香美、岳峰：《国内近35年翻译标准研究综述（1979～2013）》，《语言与翻译》2015年第1期，第64～70页。

方梦之：《应用翻译研究30年（1980～2010）》，《上海翻译》2012年第2期，第22～27页。

冯全功：《试论翻译学方法论体系建设》，《外语学刊》2013年第5期，第92～98页。

弗朗兹·波赫哈克：《口译研究概论》，仲伟合等译，外语教学与研究出版社，2010。

胡庚申：《生态翻译学解读》，《中国翻译》2008年第6期，第11～15页。

黄德先、杜小军：《翻译研究的现实转向》，《上海翻译》2008年第3期，第18～21

页。

姜秋霞、杨平：《翻译研究实证方法评析——翻译学方法论之二》，《中国翻译》2005年第1期，第23~28页。

蒋骁华：《当代西方翻译理论的新发展》，《外国语言文学》2003年第2期，第41~46页。

杰里米·芒迪：《翻译学导论：理论与应用（第三版）》，李德凤等译，外语教学与研究出版社，2015。

蓝红军：《翻译学方法论基本概念：范式与模式》，《外语研究》2015年第5期，第72~77页。

李菁：《翻译研究的语用学转向》，上海译文出版社，2009。

刘宏伟、穆雷：《我国翻译教学研究方法现状与反思——基于2002~2011年外语类核心期刊论文的统计分析》，《外语教学》2012年第3期，第105~109页。

刘金龙：《我国的应用翻译研究：回顾与展望——基于〈上海翻译〉（2003~2010）的语料分析》，《上海翻译》2011年第2期，第25~29页。

罗列、穆雷：《翻译学的学科身份：现状与建设》，《上海翻译》2010年第4期，第11~15页。

穆雷、邹兵：《中国翻译学研究现状的文献计量分析（1992~2013）——对两岸四地近700篇博士论文的考察》，《中国翻译》2014年第2期，第14~20、127页。

王宏、曾艳：《翻译研究在新世纪的新转向——评玛丽·斯内尔－霍恩比新作〈翻译研究的多重转向〉》，《苏州大学学报》（哲学社会科学版）2008年第4期，第126~128页。

肖维青：《平行语料库与应用翻译研究》，《中国科技翻译》2007年第3期，第25~28页。

熊兵：《应用翻译研究视角的嬗变（2000~2012）》，《中国翻译》2012年第6期，第11~17页。

许钧、穆雷：《翻译学概论》，译林出版社，2009。

许钧：《翻译论》，湖北教育出版社，2005。

杨自俭：《再谈方法论——〈翻译方法论〉序》，《上海翻译》2007年第3期，第1~4页。

喻锋平：《国内外翻译研究转向及范式转换综述》，《外语与外语教学》2012年第2期，第78~81页。

张继光：《国内翻译研究动态的科学知识图谱分析（2005~2014）——基于12种外语类核心期刊的词频统计》，《东北大学学报》（社会科学版）2016年第4期，第429~435页。

张美芳：《翻译学的目标与结构——霍姆斯的译学构想介评》，《中国翻译》2000年第2期，第66~69页。

赵云龙、马会娟、邓萍、艾比拜尔·牙合甫：《中国翻译学研究十五年（2001~2015）：现状与发展新趋势——基于17种外语类核心期刊的统计分析》，《中国翻译》2017

年第 1 期，第 11 ~ 17、126 页。

郑晔、穆雷：《近 50 年中国翻译教学研究的发展与现状》，《广东外语外贸大学学报》2007 年第 5 期，第 60 ~ 62、66 页。

仲伟合、贾兰兰：《中国口译研究的发展和研究走向浅析——一项基于国内口译研究博士论文的分析》，《中国翻译》2015 年第 2 期，第 19 ~ 25、128 页。

仲伟合等：《口译研究方法论》，外语教学与研究出版社，2012。

成果撷要中提及论文（按文中出现顺序排列）

田原：《日本现代诗歌翻译论》，《中国翻译》2006 年第 5 期，第 52 ~ 58 页。

林璋：《文本的翻译与评说——以林少华译〈挪威的森林〉为例》，《日语学习与研究》2009 年第 5 期，第 109 ~ 116 页。

林璋：《"文体"与村上小说的翻译》，《日语学习与研究》2014 年第 4 期，第 1 ~ 7 页。

胡稹：《也谈文体与翻译——兼与林璋商榷》，《日语学习与研究》2016 年第 1 期，第 119 ~ 127 页。

王向远：《"翻译度"与缺陷翻译及译文老化——以张我军译夏目漱石〈文学论〉为例》，《日语学习与研究》2015 年第 6 期，第 102 ~ 113 页。

陶振孝：《文化翻译的课题》，《日语学习与研究》2007 年第 2 期，第 80 ~ 83 页。

刘利国：《日诗汉译文化意象的时代语境与翻译策略》，《外语与外语教学》2009 年第 10 期，第 49 ~ 52 页。

庞焱：《日汉互译中的不可译性和可译性的对立统一》，《东南亚研究》2008 年第 2 期，第 91 ~ 95 页。

庞焱：《可译性和不可译性——以日汉互译为例》，《外语研究》2009 年第 2 期，第 87 ~ 88 页。

高宁：《关于"可译/不可译"的形而上与形而下思考》，《华东师范大学学报》（哲学社会科学版）2015 年第 2 期，第 149 ~ 156、173 页。

刘芳亮：《荻生徂徕的翻译思想》，《解放军外国语学院学报》2009 年第 2 期，第 79 ~ 85 页。

韩秋韵：《从"翻译语"研究到翻译论的建构——柳父章的翻译研究方法论及其启示》，《日语学习与研究》2015 年第 6 期，第 114 ~ 125 页。

高宁：《"学"与"论"之间的日本近现代翻译研究——兼与我国译学研究做简要对比》，《中国比较文学》2016 年第 4 期，第 129 ~ 145 页。

杨炳菁：《文学翻译与翻译文学——林译村上文本在中国大陆》，《日语学习与研究》2009 年第 5 期，第 123 ~ 128 页。

王成：《翻译的文体与政治——"林译"文体论争之刍议》，《日语学习与研究》2009 年第 1 期，第 124 ~ 128 页。

孙立春：《从〈罗生门〉的翻译看中国文学与翻译文学的关系》，《日语学习与研究》2010 年第 6 期，第 113 ~ 118 页。

宋丹：《语义翻译视角下〈蛙〉的日译本评析》，《日语学习与研究》2014 年第 4 期，第 16~24 页。

金中：《论和歌与俳句的翻译形式——结合不同诗型的表现特色》，《解放军外国语学院学报》2011 年第 3 期，第 78~80 页。

刘利国、董泓每：《接受美学视阈下的日本诗歌翻译》，《日语学习与研究》2015 年第 3 期，第 109~120 页。

高宁、黄珺亮：《词义流变与译语的历史选择》，《日语学习与研究》2002 年第 4 期，第 39~44 页。

李均洋：《训读式汉日翻译的语言文化转换——以〈日本书纪〉汉日翻译形容词的对应和发展为例》，《中国翻译》2004 年第 2 期，第 29~33 页。

王志松：《翻译、解读与文化的越境——也谈"林译"村上文学》，《日语学习与研究》2009 年第 5 期，第 117~122 页。

王晓平：《日本汉文学与文化翻译——以论〈源氏物语〉诗为中心》，《天津师范大学学报》（社会科学版）2013 年第 1 期，第 46~52 页。

柯劲松、毕春玲：《论公示语的汉日翻译策略》，《外语研究》2012 年第 2 期，第 82~86 页。

鲍同、蒋芳婧：《我国党政文献对日翻译活动研究——以建国后 65 年日译单行本为例》，《中国翻译》2016 年第 5 期，第 38~42 页。

蒋芳婧：《功能翻译理论视阈下的政府工作报告日译策略研究》，《日语学习与研究》2016 年第 3 期，第 113~119 页。

杨金萍、肖平：《从解构主义翻译理论视角看古汉语文献的日译》，《外语与外语教学》2004 年第 1 期，第 43~47 页。

杜勤、高宁：《关于翻译教学的理性思考》，《日语学习与研究》2000 年第 4 期，第 41~44 页。

熊仁芳：《逻辑思维在翻译过程中的作用——由学生的翻译错误谈起》，《日语学习与研究》2008 年第 4 期，第 83~88 页。

张桂丽、李欣：《任务型教学法在日语翻译实践课程中的验证及应用》，《成人教育》2010 年第 8 期，第 81~82 页。

薄红昕：《"全人教育"理念模式下日语翻译教学方法探讨》，《黑龙江高教研究》2016 年第 2 期，第 168~170 页。

凌庆强：《日语翻译教材改革浅议》，《西南民族大学学报》（人文社会科学版）2008 年第 S3 期，第 137~139 页。

林璋：《关于译文的质量指标——可接受性 + 最大对应关系》，《日语学习与研究》2008 年第 4 期，第 1~6 页。

高宁：《略论词典与翻译的关系》，《日语学习与研究》2001 年第 4 期，第 24~29 页。

陈燕：《日中机器翻译的现状和将来》，《中国科技翻译》2005 年第 1 期，第 31~33、12 页。

张捷、陈群秀：《日汉机器翻译系统中的多 Agent 研究》，《中文信息学报》2003 年第 1 期，第 7 ~ 12 页。

杜伟、陈群秀：《多策略汉日机器翻译系统中的核心技术研究》，《中文信息学报》2008 年第 5 期，第 60 ~ 66 页。

吴培昊、徐金安、谢军、张玉洁：《融合格框架的基于语块的依存树到串日汉统计机器翻译模型》，《中文信息学报》2014 年第 5 期，第 133 ~ 140、161 页。

曹大峰：《汉日平行语料库与翻译研究》，《外语教学与研究》2006 年第 3 期，第221 ~ 226、241 页。

于康、田中良、高山弘子：《〈TNR 汉日日汉翻译语料库〉和〈TNR 标签软件〉的研发与翻译教学》，《日语学习与研究》2014 年第 4 期，第 92 ~ 98 页。

毛文伟：《日语翻译语言的范化及特化现象研究》，《日语学习与研究》2016 年第 1 期，第 111 ~ 118 页。

田雁：《日文图书在中国翻译出版的现状（2000 ~ 2011 年）》，《科技与出版》2014 年第 2 期，第 106 ~ 110 页。

田雁：《中文图书在日本翻译出版的现状（2000 ~ 2012 年）》，《科技与出版》2014 年第 3 期，第 100 ~ 103 页。

诸葛蔚东、杨珍珍：《2004 ~ 2014 年中文出版物在日本翻译出版的状况分析》，《科技与出版》2015 年第 3 期，第 82 ~ 86 页。

王志松：《90 年代出版业的市场化与"情色描写"——与日本翻译文学的关系》，《日语学习与研究》2010 年第 4 期，第 11 ~ 18、63 页。

陈岩：《谈俳句翻译译者主体性及定型问题》，《日语学习与研究》2005 年第 4 期，第 21 ~ 26 页。

于桂玲：《从〈舞舞舞〉的三种译本谈译者的翻译态度》，《外语学刊》2010 年第 6 期，第 117 ~ 120 页。

甘丽娟：《叶渭渠与日本近现代文学的翻译》，《日本研究》2011 年第 2 期，第 103 ~ 108 页。

王向远：《五四前后中国的日本文学翻译的现代转型》，《四川外语学院学报》2001 年第 1 期，第 11 ~ 15 页。

潘文东：《从译介学的角度看日本的"翻案文学"》，《苏州大学学报》（哲学社会科学版）2008 年第 4 期，第 94 ~ 97 页。

孙立春、李蕾：《芥川文学在华译介九十年之反思——从接受美学出发》，《日本研究》2011 年第 1 期，第 95 ~ 99 页。

周以量：《中国的〈源氏物语〉翻译三十年》，《日本研究》2011 年第 3 期，第 117 ~ 123 页。

夏天、陈雪杰：《19 世纪后期中日外交官古典小说译出比较——以陈季同与末松谦澄译介活动为例》，《中国翻译》2015 年第 5 期，第 40 ~ 45、127 页。

王宝平：《近代中国日语翻译之滥觞——东文学堂考》，《日语学习与研究》2014 年第

2 期，第 79 ~ 90 页。

　　王奇生：《民国时期的日书汉译》，《近代史研究》2008 年第 6 期，第 2 ~ 3、45 ~ 63 页。

　　王铁钧：《关于日汉翻译史研究视阈重构的思考》，《解放军外国语学院学报》2006 年第 3 期，第 73 ~ 76 页。

　　王健宜：《关于日语口译技巧问题》，《日语学习与研究》2008 年第 4 期，第 33 ~ 36 页。

　　庞焱：《日汉口译和日中文化差异》，《东南亚研究》2008 年第 4 期，第 85 ~ 89 页。

　　路邈：《日汉口译研究的扩展性观察与对比性思考》，《日语学习与研究》2016 年第 2 期，第 105 ~ 113 页。

　　谢为集：《论同声传译中的“信息简约”及其尺度——以电影〈追捕〉的译文为例》，《日语学习与研究》2007 年第 3 期，第 82 ~ 89 页。

　　马一川：《汉日同声传译中的关系认知要素分析——以〈胡锦涛主席早稻田大学演讲〉为例》，《日语学习与研究》2012 年第 4 期，第 86 ~ 92 页。

　　宋协毅：《论汉日双语同声传译教学的改革与发展》，《外语与外语教学》2002 年第 1 期，第 41 ~ 44 页。

　　王颀：《口译理论与日语口译教学实践初探》，《上海翻译》2006 年第 1 期，第 42 ~ 45 页。

　　杨玲：《口译人才培养教学体系之探讨——第三届同声传译翻译教学国际学术研讨会专题讨论引发的思考》，《日语学习与研究》2009 年第 4 期，第 65 ~ 71 页。

　　彭新勇：《日语口译教学中的多模态运用》，《日语学习与研究》2014 年第 4 期，第 56 ~ 62 页。

　　徐冰：《中日之间口语翻译的历史回眸》，《日语学习与研究》2002 年第 2 期，第 45 ~ 47、36 页。

　　王宝平：《甲午战前中国驻日翻译官考》，《日语学习与研究》2007 年第 5 期，第 57 ~ 64 页。

文学艺术研究

日本古代文学研究[*]

北京师范大学　蒋义乔

　　日本古代文学包括"和文学"与"汉文学"两大书写系统。所谓"和文学"是指以假名书写的文学作品以及融合了"和文体"与"汉文训读体"的"和汉混交文"。从体裁上看，包括散文（叙事文学）和韵文（诗歌）两大类。与之相对，"汉文学"则指古代日本人用汉字书写的文学作品，包括汉诗和汉文两大类别。当然，"和文学"与"汉文学"之间还存在中间地带，学者的研究也会不时越出这两者的界限。然而从书写系统进行划分，不仅便于叙述，而且能够在一定程度上反映出日本古代文学研究的趋势。以下便从"'和文学'研究"与"汉文学研究"两个方面对我国2000~2016年的日本古代文学研究状况进行梳理和回顾。

---

　　*　本文是国家社科基金重大项目"近代以来中日文学关系研究与文献整理（1870~2000）"（17ZDA277）的阶段性研究成果。

"和文学" 研究

叙事文学研究

日本古代叙事文学主要包含古代神话传说、物语、日记、随笔、说话、近世小说①等几个方面。在当代，我国的日本古代叙事文学研究取得了长足发展。以下主要从相关研究的整体趋势、热点领域及现存问题等方面进行归纳和梳理。

1. 起步与酝酿（1979~1999）

在中国，相关研究始于对《源氏物语》等物语作品的翻译和介绍，② 最早可上溯到谢六逸《日本文学史》（1929）、《日本之文学》（1930）以及周作人《闲话日本文学》（1934）中的相关叙述。20世纪70年代末，以日本文学研究的大规模展开为背景，《外国文学研究》刊载陶德臻《紫式部和他的〈源氏物语〉》（1979）一文，叙事文学研究由此正式起步。80年代，人民文学出版社先后出版丰子恺译《源氏物语》（1982~1983）、《落洼物语》（1984），周作人、申非译《平家物语》（1984），周作人、王以铸译《日本古代随笔选》（1988），钱稻孙译《近松门左卫门·井原西鹤选集》（1987），周作人译《浮世澡堂》（1989），成为早期古代叙事文学研究主要的依托平台。80年代，相关研究对象主要集中在《源氏物语》等极少数叙事文学作品上，其中关于《源氏物语》的主题以及《源氏物语》与中国文学关系的探讨成为热点，③ 有效地刺激了叙事文

---

① 近世小说里也包含汉文小说，详见"汉文学研究"部分。

② 参见王向远《日本文学研究的学术历程》，重庆出版社，2016。

③ 主题思想研究如叶渭渠《日本平安王朝的历史画卷——评〈源氏物语〉》，《世界文学》1980年第5期；刘振瀛：《〈源氏物语〉中的妇女形象》，《国外文学》1981年第1期；李芒：《平安朝宫廷贵族的恋情画卷——〈源氏物语〉初探》，《日语学习与研究》1985年第3期；等等。比较研究分平行研究与影响研究两类，平行研究如沈新林《两部惊人相似的巨著——论〈红楼梦〉与〈源氏物语〉的异同》，《盐城师专学报》（社会科学版）1985年第3期；温祖荫：《〈源氏物语〉与〈红楼梦〉》，《国外文学》1985年第4期；王浩明：《〈源氏物语〉与〈红楼梦〉之比较研究》，《镇江师专学报》（社会科学版）1987年第4期。影响研究如许虎一《〈源氏物语〉与白居易诗歌》，《延边大学学报》（社会科学版）1983年第2期；何寅、裴依近：《白居易和〈源氏物语〉》，《中国比较文学》1985年第1期；邵毅平：《论〈源氏物语〉对白居易诗歌的吸收》，《现代意识与民族文化——比较文学研究文集》，复旦大学出版社，1987；等等。

学研究向前发展。但就整体而言，相关研究普遍受到意识形态的束缚，方法论意识尚未确立，而以中译本为研究材料又制约着实证以及文本分析的展开。另一方面，在这个时期也出现了系统研究中日古代文学关系的重要论著。严绍璗《中日古代文学关系史稿》（湖南文艺出版社，1987）选取日本古代神话、诗歌、物语、小说等重要文学样式为具体研究对象，在与中国文化的关联中阐述并论证了日本古代文学作为"复合形态的变异体文学"的基本特征。① 像这样具有明确的方法论意识的研究在当时为数甚少，② 但它们为日后叙事文学研究视野的拓展乃至中日古代比较文学研究的方法论构建奠定了最早的基础。

进入 20 世纪 90 年代，伴随文学观念的变化和社会环境的变迁，③ 日本古代叙事文学研究也显示出新的生机。首先，出现了叙事文学研究的专题著作。王晓平《佛典·志怪·物语》（江西人民出版社，1990）以中国文学为中间站，考述印度佛典故事、中国志怪小说、日本物语文学三者之间逐次传递的影响关系，指出了中日文学在接受外来文化时所表现出的各自倾向与文学传统。其次，以美学和文化评价基准摆脱主流意识形态的束缚。审美视角的运用如王向远《"物哀"与〈源氏物语〉的审美理想》（《日语学习与研究》1990 年第 1 期）、尤海燕《〈源氏物语〉中雨和月的审美意义》（《外国文学研究》1998 年第 3 期）、张哲俊《〈源氏物语〉的诗化悲剧体验》[《北京师范大学学报》（社会科学版）1999 年第 3 期]；文化视角的运用如叶舒宪、李继凯《光·恋母·女性化——〈源氏物语〉的文化原型与艺术风格》（《东方丛刊》1992 年第 2 期），张龙妹《试论〈源氏物语〉的主题》（《日语学习与研究》1993 年第 2 期）。最后，学术实践与方法论的确立。严绍璗、王晓平著《中国文学在日本》（花城出版社，1990）历时性描述中国文学在日本流

---

① 该书共由八章组成，其中考察叙事文学的篇章有：第一章"日本'记纪神话'变异体的模式和形态及其与中国文化的关联"、第四章"日本古代物语的产生与中国文学的关系"、第六章"日本古代女性文学的繁荣与中国文学的影响"、第八章"明清俗语文学的东渐和日本江户时代文学的繁荣"。
② 单篇论文如王晓平《论〈今昔物语集〉中的中国物语》（《中国比较文学》1984 年第 1 期），从翻译的视角考察了《今昔物语集》对中国文学的接受和改造。
③ 参见王志松《中国近三十年日本近现代文学研究简述——兼论学术史研究与学科建设》，北京大学日本语言文化系编《日本语言文化研究（9）》，学苑出版社，2012。

传的轨迹和方式，^①融合了两位著者关于文学"变异体"与"翻案"文学的理论思考。严绍璗《双边文化关系研究与"原典性的实证"的方法论问题》（《中国比较文学》1996 年第 1 期）倡导在研究过程中依靠"实证"和"原典"来求得结论的"确证性"，不仅强调材料的原典性、确证性、二重性与多重性，还指出了尊重学术研究史以及健全的文化经验的必要性。原典实证方法论的提出，无疑为我国比较文学研究的方法论构建做出了巨大贡献，^②而原典实证方法在实践领域的逐步展开同时也要归功于出身于日语专业的日本文学研究人员。

20 世纪 90 年代后期，第一批在日本取得博士学位的古典文学研究者邱鸣、吕莉、马骏等人陆续回国，他们在各自的领域中开始实践原典实证的研究方法。张龙妹《离魂文学的中日比较》（《日语学习与研究》1999 年第 2 期）全面使用中日文双边原典材料，成为叙事文学研究的新起点。此后，以日文原典为材料的研究逐渐增多，原典实证无形中成为日本古代文学研究的基本规范。日文原典的使用还带来了文本选择上的巨大解放。之前的研究局限于有中译本的材料，以物语文学为例，先期研究中没有的《宇津保物语》《滨松中纳言物语》《松浦宫物语》《宇治拾遗物语》《将门记》《保元物语》《平治物语》在 2000 年之后陆续登场，成为讨论对象，为日后在宏大的视野下全面考察研究物语文学提供了可能性。

另外，从 20 世纪 90 年代后期开始，以留学归国人员为中心，掌握日本古典文学专业知识的青年研究者逐渐走上工作岗位并担任古文基础、古典文学史等课程教学工作。在此之前，大学里的日语古文课大都由语言学教师教授，以文法的讲解为主，教师资源专业化以后，文学的内容成为讲授重点。与此相呼应，1999 年前后，古典文学研究的工具书以及教材的编写工作由北京日本学研究中心研究室带头正式启动。其中的《日本古典文学大辞典》历时五年得以完成，2005 年由人民文学出版社正式出版。该书是为日本古典文学研究提供的由中国研

---

① 该书共分十章，古代文学部分占据三分之二的篇幅，包含"中国古代文学东传日本的背景""日本汉文学中的中国文学形态""日本古代'翻案'文学中的中文形态""日本古代'物语'中的中文形态""日本古代'和歌'中的中文形态"等内容。

② 参见周阅《严绍璗先生的东亚文学关系与日本中国学研究——为纪念严先生七十寿辰而作》，《汉学研究（12）》，学苑出版社，2010。

究者自己编写、体现中国研究者视角的首部专业工具用书。随后，张龙妹编著的《日本古典文学入门》（外语教学与研究出版社，2006），张龙妹、曲莉《日本文学上编（古典）》（高等教育出版社，2008）相继出版。此外，各种国际研讨会以及翻译著作也带来大量与日本古典文学相关的学术信息。^①应该说，专业基础知识的传授与普及也为古代文学研究的健康发展奠定了基础。

2000 年之后，赴日留学、进修的古典文学研究者不断归来，加入研究行列中。他们中既有日文专业的研究者，也有出身于中文系的人才。另外，开设在中文系的世界文学、比较文学专业已经开始引进精通日语的专业人士，而学习日本古典文学的中文系博士生、硕士生也开始努力突破日语语言的障碍与束缚，逐渐向原典贴近。日文出身与中文出身这两股力量相互刺激、相互启发，共同开启了日本古典文学研究的新局面。

2. 21 世纪初的整体趋势

2000 年以降的古代叙事文学研究，以中日比较为基调：影响关系研究显著深化、受容研究蓬勃发展、东亚视域广泛导入、跨学科跨文化研究逐步兴起。

（1）影响关系研究显著深化

所谓影响关系，主要指中国典籍对日本古典文学在语言表现、结构、主题、思想、发生及发展等方面所产生的影响。影响关系研究是中日古代比较文学研究的基础。21 世纪初，叙事文学中的影响关系研究显著深化，具体表现在对中国元素的大量挖掘、用以佐证的文献更为精准、视角更加多元等多个方面。张小钢《金圣叹的文学批评与日本江户文学》（《吉林大学社会科学学报》2001 年第 1 期）指出江户前期以清田儋叟为代表的儒者群、后期以泷泽马琴为代表的作家群都受到金圣叹文学批评的影响。张龙妹《中日"好色"文学比较》（《日语学习与研究》2003 年第 2 期）在梳理物语文学中「色好み」语义流变的基础上，指出了宋玉《登徒子好色赋》与《伊势物语》之间内在的

---

① 如：北京日本学研究中心于 2001 年、2002 年先后举办两次大型国际会议，研讨《源氏物语》及其他日本古典文学作品的翻译与研究问题，之后汇编成《世界语境中的〈源氏物语〉》（人民文学出版社，2004）。

影响关系。① 周以量《〈八犬传〉的文章表达与中国的白话小说》（《日语学习与研究》2007 年第 2 期）指出江户"读本小说"《八犬传》中的"打扮""当下""登时"等词语表现受到中国《水浒传》等白话小说的影响。张龙妹《〈源氏物语〉〈桐壶〉卷与〈长恨歌传〉的影响关系》（《日语学习与研究》2007 年第 4 期）以出典关系为依据，着眼于〈桐壶〉卷乃至《源氏物语》本身的主题，认为《源氏物语》乃是作者在摄关政治下创造出来的杨贵妃故事。司志武《中日三篇"牡丹灯记"的对比分析》（《日语学习与研究》2010 年第 3 期）指出『牡丹灯籠』『吉備津の釜』在情节、人物、结构功能性人或物的设置上受到中国传奇小说《牡丹灯记》的影响。刘九令《〈日本灵异记〉对中国文学的接受研究——"昆山一砾"和"慈膝怀虎"用典考释》（《日语学习与研究》2012 年第 4 期）以序文中的"昆山一砾"和"慈膝怀虎"为例，揭示其出典和文学意义。孙士超《日本近世文学中的忠孝世界》（《文学教育（上）》2015 年第 1 期）认为早在奈良时代，日本已经在孝子申明等中国孝子故事的影响下确立了自己的忠孝观；到了近世，申明故事仍然被《千字文》古注所采用并持续影响着这一时期的文学创作。

如果说上述研究主要是关于日本古代叙事文学与中国文学的渊源关系的个案考察，那么李铭敬对"说话集"生成问题的研究则显示出更为宏观的视角。李铭敬自 2000 年先后发表了《〈冥报记〉的古抄本与传承》（《文献》2000 年第 3 期）、《日本及敦煌文献中所见〈文场秀句〉一书的考察》（《文学遗产》2003 年第 2 期）、《日本知恩院藏〈冥报记〉古写本的传承与著录考略——兼谈台湾故宫博物院所藏杨守敬旧持本》（《文献》2006 年第 2 期）、《日本说话文学中中国古典作品接受研究所存问题刍议——以〈日本灵异记〉和〈今昔物语集〉为例》（《日语学习与研究》2009 年第 2 期）、《唐代〈金刚经〉灵验故事与日本平安时代佛教说话文学的交涉关系考略》（《日语学习与研究》2012 年第 3 期）等系列论文。有别于说话文学研究中常见的出典研究，李铭敬以散佚在日本的中国古代文献为基础资料，从"说话集"生成的角度，系

---

① 相关研究还有张哲俊《〈源氏物语〉与中日好色观的价值转换》，《北京师范大学学报》（社会科学版）2007 年第 6 期。

统地论证了日本古代佛教说话集在中国佛教说话集直接影响下的生成过程，从而修正、更新了学界关于日本说话文学形成史的既有认识。李铭敬的研究在文献比勘和文本细读的有机结合上，为学界提供了很好的范例。

（2）受容研究蓬勃发展

"受容"本是日语词语，意为"接纳、接受"。受容研究侧重考察日本文学在接受中国典籍的过程中，如何通过化用、翻译、翻案等手段，形成日本文学独有的特色。尽管影响关系研究和受容研究作为一个问题的两个方面，不宜简单切割，但是相对而言，前者重视日本文学里的中国因素，后者关心中国因素在日本的演变而非对中国的模仿，其落脚点在于改造。从叙事文学研究发展的脉络来看，关注日本古典文学对中国典籍的模仿、借鉴是中国学界的传统，受容研究则是 21 世纪初出现的新趋势。①

2000 年以后，受容研究涌现出一大批成果，其中马骏《日本上代文学"和习"问题研究》（北京大学出版社，2012）就是一部聚焦变异的代表性著作。总体而言，该书是关于日本古代汉文学研究的重要成果，但同时也包含了对《古事记》《风土记》《日本灵异记》等叙事文学作品中"和习"表达的考究。"和习"的概念发端于日本江户时代，由于中国文学始终被作为衡量日本汉诗文的唯一标准，因此如何评价"和习"现象，一直令日本学界十分纠结。马骏的研究通过系统论证中国文学以上古经文和传世文献为载体进入日本文学后在实现本土化过程中所表现出的特质，充分肯定了"和习"在反映上代文学的主体意识与创新精神上的正面意义和价值。显然，这样的受容研究不仅需要对中日古代文学的语言表达有深入透彻的理解，还需要拥有尊重他国文化及价值观的宽阔胸怀，特别是依照国与国之间文学交流过程中的客观规律去构建文学交流史的学术使命感。隽雪艳、高松寿夫主编《白居易与日本古代文学》（北京大学出版社，2012）由中日学者的 17 篇论文组成，深入探讨了《枕草子》《源氏物语》《荣花物语》以及日本古代和歌、汉诗文与白居易文学的关联，着重指出了日本方面对白居易诗文的"转换"、"挪移"以及"断章取义"式的吸收方法。

21 世纪初，受容研究的意识和方法渗入叙事文学研究的各个领域，展现

---

① 成立于 1983 年的日本"和汉比较文学会"对受容研究起到了巨大的推进作用。

出蓬勃的生机。通过下面对东亚视域研究、跨学科跨文化研究以及热点领域的评述可以看到，其中有众多成果属于受容研究，它们积极拓展了比较文学研究的深度和广度。

（3）东亚视域广泛导入

东亚视域概念主张在东亚汉字文化圈这一场域中把握古代中国、日本、朝鲜、越南等国的文学文化交流和互动关系，意在摆脱过往研究中以影响国为中心的单一思维模式，进而实现文化互读和异文化理解，探索文化传播发生变异的原因和内在规律。张哲俊《东亚比较文学导论》（北京大学出版社，2004）是首部关于东亚比较文学的教材。该书分"东亚文化：汉文、儒释道与东亚文学""东亚文学内部的比较研究"两个部分，综合阐述东亚文学的宏观构成和微观特征，对东亚视域概念的导入起到了决定性的推动作用。小峯和明《東アジアにおける日本文学——研究の動向と展望》（《日语学习与研究》2009年第2期）倡导以"汉文文化圈"为基本框架的共有论、资料学乃至东西文学交流论。此外，马骏在《日本上代文学"和习"问题研究》中，也将"东亚视域"作为其重要的研究方法，并指出："'和习'问题研究的最终目标在于：不仅需要构建与过往不同的'和习文学史'，而且还有必要在各国研究的通力合作下，去勾勒东亚汉字文化圈中的'韩习文学史''喃习文学史'等历史风貌。"① 2010年前后，东亚视域概念进入日本古代文学研究的各个领域。单篇论文方面，如张龙妹《〈剪灯新话〉在东亚各国的不同接受——以"冥婚"为例》（《日语学习与研究》2009年第2期）以"冥婚"为例，探讨了越南、朝鲜半岛、日本在接受《剪灯新话》时表现出来的不同个性，同时揭示了浅井了意《伽婢子》中日本通过朝鲜半岛接受汉文化的特殊途径，以及在上田秋成《雨月物语》中体现出来的传统文学特色。李宇玲《从异域之眼看唐代传奇——以〈任氏怨歌行〉为引子》（《日语教育与日本学研究——大学日语教育研究国际研讨会论文集》，2011）提出从东亚文化交流史的角度去审视唐代传奇与日本古代物语文学之间的关系。蒋云斗《〈伽婢子〉中佛教主题的深化》[《现代语文》（学术综合版）2013年第11期]指出浅井了意在翻案

① 马骏：《日本上代文学"和习"问题研究》，北京大学出版社，2012，第26页。

的过程中并未完全接受中、朝（朝鲜半岛）原典中所体现的对儒、释、道三教的态度，而是将原典中的相关儒教、道教因素大量进行了"佛教化"，以实现突出《伽婢子》中佛教主题的目的。李铭敬《〈法华经〉灵验记中的女性信仰故事及其在东亚的传播》（《日语学习与研究》2015年第2期）探讨六朝至唐宋《法华经》中关于女性信者的描写与叙述，进而考察了这些女性信仰故事在东亚的传播。刘九令《〈日本灵异记〉中的神仙道教残影》（《唐山学院学报》2016年第5期）考察了《日本灵异记》对东亚文化中神仙道教元素的沿袭与变异。

（4）跨学科跨文化研究逐步兴起

与东亚视域的导入相联动，跨学科跨文化的研究也在逐步兴起，成为21世纪初叙事文学研究的一大态势。丁莉《永远的"唐土"——日本平安朝物语文学的中国叙述》（北京大学出版社，2016）关注平安朝物语文学中与中国有关的描写和叙述，阐释平安时代日本知识阶层对中国文化接受的特点。该书视野宏大、文本丰富，有着突出的跨领域跨学科跨文化的特点。首先，"中国叙述"作为全书的关键词包含了中国形象、中国元素、中国题材三个层面的意思，具体从"唐土""唐物""中国故事"三个不同的角度展开考察分析。其次，该书的主要研究对象一共涉及七部作品，其中有常规意义上的平安朝物语作品，还有原本属于中世"说话文学"的《今昔物语集》以及镰仓时期的说话物语集《唐物语》。最后，全书的立足点是古代"和文学"，但同时涉及"平安朝日本人赴唐"和古代东亚的人员交流、物品贸易等历史背景，以及音乐、绘画、服饰、室内装饰等"唐文化"元素。与此相呼应，作者在原典实证方法的基础之上，融会贯通了形象学、文化学、比较文学等研究方法。张哲俊《中日古典悲剧的形式——三个母题与嬗变的研究》（上海古籍出版社，2002）、《中国题材的日本谣曲》（宁夏人民出版社，2005）也是跨领域的研究成果。前者在研究中国古典悲剧形式的基础之上，深入阐释杨贵妃、王昭君、《枕中记》等悲剧母题与日本谣曲之间的内在关联；后者系统研究中国题材的流变，考证中国题材中的代表性事物及其在谣曲作品中的意义。此外，周菲菲《论〈宇津保物语〉中的西域意象——以〈宇津保物语·俊荫卷〉中的琴为中心》（《日语教学与日本研究》2015年第00期）着眼于"琴"这一西域元素，分析《宇津保物语》作者对丝绸之路乃至大陆文化的基本认知，从而侧面佐证了丝绸之路文化在日本的传承情况。周以量《东亚语境中的中日近世文学》（《日语学习与研究》2009 年第 2 期）以日本近世文学的特征为坐标，结合历史、思想史以及汉学方面的论述，从市民文化和都市文化两个方面探讨中国近世文学的起始时间和特征。周以量《浮世绘中的中国人物形象：以樊哙为例》（《日语学习与研究》2016年第 5 期）考察解析浮世绘中汉代名将樊哙的形象，结合《春月物语》等作品中的相关叙述，阐释了中国历史人物题材入画的文化背景。郭雪妮《古代日本绘卷上的长安景观——〈吉备大臣入唐绘卷〉的发现与研究》（《人文杂志》2015 年第11 期）在绘画和文学的接合点上考察古代日本作品中的中国形象、长安景观及其文化意义。① 这些成果构成了叙事文学研究中跨学科跨文化的亮点。

3. 热点领域

在上述发展趋势中，佛教与文学、女性文学、军记物语、志怪传奇、近世文学等成为 21 世纪初叙事文学研究中的热点领域。并且，这些热点呈现出交织重合的面貌，这也是研究深化的表现。

（1）佛教与文学

由于中世说话和近世传奇小说是佛教文学的重要方面，因此对佛教与文学关联的探讨在这两个板块中尤为突出，特别是中世说话研究发挥了引领的作用。除上述李铭敬、蒋云斗的相关研究外，又如林岚《〈日本灵异记〉中骷髅诵经故事的源流及特色》（《日本学论坛》2001 年第 1 期）探讨骷髅诵经故事与中国同类故事的关联性，并指出其超越单纯"述异"成为佛教文学的特色。高阳《『今昔物语集』及日本中世的孔子故事——礼赞与讽刺之间》（《日语学习与研究》2011 年第 2 期）指出『今昔物语集』中的孔子像存在礼赞与讽刺的二元冲突，而其后日本中世纪典籍中的孔子像多以垂迹的方式被划入佛教的怀抱，成为佛教菩萨的化身，从而化解了日本孔子说话中自身的矛盾与冲突。并认为，这一文学现象是佛教作为外来文化与儒家、道教的中国本土文化乃至日本神道教的本土文化从对立、并存到融合的一个文化发展轨迹的反映。陆晚霞《禅宗典籍对日本佛教说话集〈沙石集〉的影响》［《中山大学学报》(社会科学版) 2012 年第 2 期］考察《沙石集》在吸收中国禅宗典籍上的具

---

① 郭雪妮的《从〈松浦宫物语〉中的长安地名看〈长恨歌〉的影响》（《中国比较文学》2016年第 1 期）、《帝京欲望与帝国恐惧——日本古代文学中的长安书写》（《东北亚外语研究》2016 年第 1 期）是关于长安都市景观的系列论文。

体样态，指出它在接受儒释道融合思想上面反映出来的重层性、间接性特征。陆晚霞《无住〈沙石集〉里的唐宋文人和典故——日本佛教说话文学对内典的利用》(《日语学习与研究》2012 年第 5 期) 考察《沙石集》对唐宋文人以及若干非佛教典故的援引，揭示了内典在其吸收继承先行文学过程中的重要媒介作用。李铭敬《玄奘西行故事在日本说话文学中的征引与传承》(《日语学习与研究》2013 年第 5 期) 对日本说话文学中所收录的玄奘西行故事的征引、叙述和传承等问题进行系统的考察，并概括了这些故事被征引与传承流变的特征。蒋云斗《〈伽婢子〉中浅井了意佛教思想初探》[《宁夏大学学报》(人文社会科学版) 2016 年第 4 期] 关注《伽婢子》中所体现的浅井了意的佛教思想，着重探讨了浅井了意的"念佛"观与"因果报应论"在《伽婢子》中的体现。此外，赵俊槐《〈宇津保物语〉对"孝思想"的接受》(《日语学习与研究》2014 年第 1 期) 认为《宇津保物语》受中国典籍和汉译佛教典籍的影响，"琴"被赋予"孝"的内涵，也表现出对"孝"的独特理解。寇淑婷《碰撞、变异与融合：论日本文学中的"泰山府君"》(《东北亚外语研究》2016 年第 3 期) 分析"泰山府君"形象在日本文学中发生"神佛合体"的变异过程。

（2）女性文学

对佛教与文学关联的探讨同时也是女性文学研究的焦点。平安朝女性文学的繁荣虽然是日本古代叙事文学研究中广为人知的事实，[①] 然而一直缺乏专业领域的系统探讨。21 世纪形成了一批相关成果。陈燕《藤原道纲母之梦信仰再考》(《日语学习与研究》2009 年第 5 期) 重新审视《蜻蛉日记》中的梦信仰，认为道纲母对梦的看法是当时佛教信仰的影响波及梦信仰的一种体现。石井公成、霍君《大乘佛典中女性反驳男性的故事——对日本女性文学的影响》(《日语学习与研究》2012 年第 5 期) 围绕大乘佛典中女性驳倒男性的故事，探讨大乘佛教的成因与此类故事的关联，并分析了此类故事在日本女性文学作品中的接受及其特点。张龙妹《平安物语文学中的古琴》

---

① 赵小柏的《简析日本平安时代女性文学及其成因》(《中央民族大学学报》2003 年第 2 期) 是相关论文之一。

(《日语学习与研究》2012 年第 6 期)指出，古琴在中国是与帝王治国、君子修身密切相关的乐器，由遣唐使传到日本后，成为礼乐思想的一个组成部分。然而，在古琴的琴技失传以后，反而出现了把古琴视作贵族女性修养的传说。该论文通过对平安物语文学的考察，探讨了这种传说产生的渊源以及对后世文学的影响。张龙妹《紫式部的"日记歌"和她的求道心》(《日语学习与研究》2015 年第 2 期)以紫式部日记歌中的两首释教歌为切入点，指出紫式部虽然心系佛门却没有留下众多与佛教相关和歌的原因，以此揭示散文与韵文在表达内容上的差异，阐述了日本平安时代女性散文文学繁荣的缘由。陈燕《中日古代女性的文学书写与佛教——以朱淑真与藤原道纲母为例》(《日语学习与研究》2015 年第 2 期)考察中日古代女性文学的书写与佛教之间的关系，并分析其背景和原因。总的来说，上述研究关注平安朝女性文学中有关佛教思考的内容，认为对佛教信仰的深切思考使得这些出自女性之手的文学作品具有了独特的思想性。①

(3) 战争和文学

战争和文学的研究主要集中在中世军记物语。其中，军记文学与三国故事的关系是最大的讨论焦点。田中尚子《〈太平记〉与〈三国演义〉的比较——论张飞的艺术形象》(《日本研究》2005 年第 2 期)认为《太平记》在人物描写方法上受到《三国演义》的影响，而《太平记》中的定型化言语表现又影响了日本近世翻译成日文的《通俗三国志》。② 张哲俊《〈太平记〉中三国故事的文献来源考察》[《内蒙古师范大学学报》(哲学社会科学版) 2010 年第 3 期]认为《太平记》中大量使用三国故事说明中世时期三国故事已经较为流行，这是《三国演义》产生普遍影响的准备。张真《〈太平记〉中的三国故事来源再考察》(《明清小说研究》2014 年第 2 期)指出《太平记》与唐代佛教著述中的三国故事之间在在文献中所处的位置、故事的结构、情节、人物及与

---

① 此外还有孙佩霞《关于中日古典女性文学研究的省思——从紫式部文学谈起》，《日语学习与研究》2009 年第 3 期；陈燕《日本平安朝斋院文学沙龙考》，《韶关学院学报》2011 年第 3 期；等等。

② 相关研究还有李芳《论〈三国演义〉与〈平家物语〉中武人群像的民族特征》，《湖北民族学院学报》(哲学社会科学版) 2006 年第 5 期。

史实的出入等方面存在独特的相似之处，由此推论《太平记》中的三国故事有可能来源于唐代佛教著述。

关于中国文学故事在军记物语中的变异是另一个焦点。张静宇《影响与变异的典型——考察〈太平记〉中的李杨故事》（《新余学院学报》2011 年第 6 期）对比中国文学和《太平记》中唐玄宗和杨贵妃的故事，分析李杨故事对军记物语的影响及其变异。薛英杰《从中国谋士到日本武士——论日本中世文学中张良形象的变异》[《西安文理学院学报》（社会科学版）2012 年第 4 期]指出谋士张良的形象在日本中世文学中发生了武士化的变异，并认为这种变异与圯上受书故事在日本的流布密切相关。张文静《〈平家物语〉中的苏武故事考论》（《吉林大学社会科学学报》2014 年第 3 期）从史料运用和日本的文学传承等方面考察分析了《平家物语》对中国历史故事进行借用或改编、分解的特点。

此外，值得关注的研究还有：邱鸣《中日古典小说虚构的异同——中日军记小说中应验描写比较》（《日语学习与研究》2005 年第 2 期）考察中日军记小说中应验描写的差异，并指出造成这种差异的原因在于中国古典小说中存在"圆形框架"，而日本古典小说的叙事结构基于"真"与"情"的悲剧意识。邱鸣《论〈史记〉对日本军记文学之影响——以"太平记"研究为中心》（《日语学习与研究》2009 年第 4 期）论证了军记文学对《史记》"纪传体"的传承。日下力《〈平家物语〉的历史意蕴》（《日本研究》2005 年第 2 期）强调军记物语旨在以超越敌我、超越胜负的视点来洞察人与社会，表达希望和平的心愿。林岚《〈平家物语〉的唯美情趣》（《日本研究》2005 年第 2 期）关注《平家物语》中戎马军人的艺术修养和审美情趣，认为展现了武家对贵族们所崇尚的艺术至上精神的吸取。① 金文京在《军记物语和中国文学》（《日语学习与研究》2009 年第 2 期）中指出军记物语形成以至盛行的时代，中日民间贸易以及人际往来有增无减，其中也许包括文学、说唱、戏曲方面的交流。杨夫高《论『平家物語』中会战的自然描写》（《日语学习与研究》

---

① 吴芳龄的《绵绵长恨也哀也美——试论〈平家物语〉对〈长恨歌〉的借鉴》[《福建师范大学学报》（哲学社会科学版）2003 年第 5 期]也涉及《平家物语》与中古文学的继承关系。

2013 年第 4 期）指出自然描写对会战的结果以及登场人物的命运有重要的推进作用，由此印证觉一本『平家物語』在主题构思及表现形式上的完整性。

（4）志怪传奇

志怪传奇的热点集中在平安朝物语研究和近世小说研究两个方面。2010 年前后，唐代传奇与平安朝物语的关系成为日本学界的一个新热点。以此为背景，李宇玲提出在更为宽广的"唐代传奇"框架中去讨论唐代小说与平安朝物语的关系，先后发表『"王昭君"と平安物語』（《日语教育与日本学研究——大学日语教育研究国际研讨会论文集》，2012）① 和『禁忌の物語の系譜——平安物語と唐代传奇』（《日语教育与日本学研究——大学日语教育研究国际研讨会论文集》，2013）等论文。前文在唐代传奇的框架下梳理王昭君故事传承的变迁，进而指出《宇津保物语》对王昭君故事的增益并分析其原因，后文在指出恋爱主题之于唐代传奇乃至中国叙事文学的特殊意义的基础之上，以"禁忌之恋"为视点探讨了平安朝物语在接受唐代传奇时的固有姿态。此外，薛曦《〈竹取物语〉与中国唐代传奇——基于文学创作手法的文本考察》［《福建师范大学学报》（哲学社会科学版）2015 年第 2 期］从创作手法的角度，分虚构特征、结构特征、文体特征三个层面考察了《竹取物语》所蕴含的中国唐代传奇元素。相关研究还有郑新超、岩山泰三《〈唐物语〉中的王昭君故事在日本的演变》［《南京工程学院学报》（社会科学版）2014 年第 4 期］，该文围绕昭君故事的核心要素"画工曲笔"，考察分析了《唐物语》与原典的迥异之处，并认为王昭君故事在日本的演变反映了日本天皇与后宫关系与中国迥异。②

怪异题材在近世小说中占有很大比重。勾艳军《日本近世小说怪异性溯源——以与中国文学的关联为中心》（《解放军外国语学院学报》2009 年第 5 期）从宗教信仰、文学思想和民俗学的角度讨论近世怪异小说观形成的过程。

---

① 同集中还有日向一雅『"源氏物語"明石君の物語における唐代伝奇"莺莺伝"の引用をめぐって』，《日语教育与日本学研究——大学日语教育研究国际研讨会论文集》，2012。
② 《唐物语》研究还有王川《〈唐物语〉对朱买臣故事的摄取与创新》，《安徽农业大学学报》（社会科学版）2016 年第 3 期。该文探讨了《唐物语》第十九段对朱买臣故事的改编与原因背景。

同类研究还有吴艳的《中国志怪传奇在日本近世怪异文学中的形变——以〈伽婢子〉为例》[《河北大学学报》（哲学社会科学版）2012 年第 6 期]，司志武的《日本近世怪异小说与〈剪灯新话〉——以〈金凤钗记〉的日本翻案为例》（《明清小说研究》2013 年第 2 期）、《志怪之胤：论日本近世怪异小说家浅井了意的跨文化翻案》（《苏州教育学院学报》2016 年第 1 期）。

（5）近世文学研究

长期以来，近世文学研究一直是古代文学研究中的薄弱环节，然而 2000 年以后这个板块逐步升温，目前主要包括假名草子、读本小说、净琉璃、浮世草子以及近世文学观等几个方面的研究。其中，假名草子是一个全新的领域，以浅井了意《伽婢子》为中心展开。主要研究成果除上述蒋云斗、司志武、勾艳军、吴艳的相关论文外，蒋云斗《〈伽婢子〉的原典利用问题》（《边疆经济与文化》2009 年第 12 期）十分值得注意。该文指出《伽婢子》复数原典利用的特点和存在未发现原典的可能性。目前国内相关研究还普遍集中在以《剪灯新话》为出典的作品上，对出典未明的多数探讨有利于揭示浅井了意翻案手法的全貌。卢俊伟《浅井了意〈伽婢子〉中的三教一致学说》（王志松编《文化移植与方法：东亚的训读·翻案·翻译》，广西师范大学出版社，2013）认为，从《伽婢子》的序文和内容来看，浅井了意是主张三教一致的，其创作意图并不仅仅停留在宣扬佛教的层面上。

读本小说研究的主要聚焦点是《雨月物语》和《八犬传》。蔡春华《中日两国的蛇精传说——从〈白娘子永镇雷峰塔〉与〈蛇性之淫〉谈起》（《中国比较文学》2000 年第 4 期）认为，《蛇性之淫》虽为翻案之作，但较之原作劝导世人戒色的主题，日本文学方面增加了女性怨魂报复的成分。岳远坤《〈蛇性之淫〉论——丰雄·"文学青年"的虚伪》（《日本学研究(18)》，学苑出版社，2008）从男主人公的性格分析入手，论证了其"文学青年"的虚伪性。欧婧《从变异学视角考察日本江户文学与"三言"的深层联系——以〈梦应鲤鱼〉〈蛇性之淫〉为例》（《明清文学研究》2016 年第 2 期）结合江户时代的文化背景与秋成文学创作观念中的佛教观念及反复古主义思想，探讨了日本文学对"三言"的接受情况。李东军《〈水浒传〉美刺说与〈南总里见八犬传〉劝惩说之比较》（《解放军外国语学院学报》

2004 年第 6 期）指出江户时期盛行的"劝善惩恶"文学思想虽来源于儒家诗教，但缺少公开的"怨刺讽谏"精神，并分析了其历史成因。周以量《日本读本小说与中国白话小说——以〈八犬传〉的文章表达为中心》（《日语教育与日本学研究论丛（3）》，学苑出版社，2008）探讨读本小说中白话（俗语）的使用。史瑞雪《"犬婚传承"和"盘瓠故事"在〈八犬传〉中的变异》［《现代语文》（学术综合版）2012 年第 7 期］指出《八犬传》与"犬婚传承"和"盘瓠故事"在故事情节上存在差异，而这些差异源于儒家思想的作用和马琴劝善惩恶的创作观念。此外，周娜《论〈樱姬全传曙草纸〉对〈金云翘传〉的借鉴与接受》（《东北亚外语研究》2013 年第 2 期）关注《曙草纸》对中国才子佳人小说的翻改，指出其在叙事方法上与清代同类小说之间的借鉴关系。李婷《上田秋成作品中的〈五杂组〉》（魏大海等编《日本文学研究·历史交汇与想象空间》，青岛出版社，2014）详细考察了《五杂组》对上田秋成作品的影响，并结合秋成文学在不同阶段的创作倾向进行了分析。张西艳《论龙泽马琴对〈封神演义〉的接受》（《日语学习与研究》2016 年第 4 期）考察了《八犬传》《开卷惊奇侠客传》《近世说美少年录》《杀生石后日怪谈》等多部读本小说对《封神演义》素材的接受情况。

浮世草子研究方面，王若茜、齐秀丽《『浮世草子』的婚恋世界》（宁夏人民出版社，2005）解读了"浮世草子"中"好色物"的若干作品，并与"三言二拍"进行了比较。王向远翻译了《浮世草子》（上海译文出版社，2016），并在《浮世之草好色有道——井原西鹤"好色物"的审美构造》（《东北亚外语研究》2016 年第 3 期）中指出，贯穿于西鹤"好色物"中的"色道"使"好色"有助于悟道和得道。施晔《〈痴婆子传〉在日本的传播——以高罗佩藏手抄本为讨论中心》（《明清小说研究》2012 年第 3 期）指出荷兰莱顿大学东亚图书馆高罗佩特藏室收藏的日人手抄《女子现形记》是明代《痴婆子传》的一个重要版本，并结合其他相关汉文版本，探讨了该小说在东瀛的传播及对西鹤《好色一代女》等情色文学的影响。唐画女《井原西鹤〈世间胸算用〉中的"町人"形象》（《日语学习与研究》2005 年第 S1 期）探讨了作品中精于算计和极端利己主义的町人形象，并分析了其成因。

近世文学观方面，勾艳军的《曲亭马琴读本序跋与李渔戏曲小说论》（《日本学论坛》2006 年第 2 期）、《日本近世的"浮世"小说观》（《外语研究》2008 年第 6 期）、《日本古代小说的佛学烙印与文化成因》（《外国问题研究》2011 年第 4 期）、《日本"物哀"审美的近世色彩：义理与人情的博弈》（《东北亚外语研究》2015 年第 4 期）等一系列论文致力于探讨近世小说观与中国文学思想的关联。①

4. 其他成果及现存问题

2000 年以降的日本叙事文学研究取得了长足发展。然而，也存在诸多有待积极拓展的课题。下面以体裁为线索，对上文中未能涉及的研究成果以及现存问题略加阐述。

上代神话传说方面，在 20 世纪 80 年代，《古事记》曾一度受到关注，但主要是被作为中国的比较神话研究的参照。其后，刘毅《高天原浮世绘——日本神话》（辽宁大学出版社，1994）对"记纪神话"与《风土记》中的神话故事及特点做了系统的介绍。目前，除马骏《〈古事记〉"和习"问题的研究》（《日本上代文学"和习"问题研究（1）》，北京大学出版社，2012）之外，占才成《〈古事记〉序"化熊出爪"用典考释——兼论"爪"字之辨》（《日语学习与研究》2015 年第 1 期）指出，"化熊出爪"的"化熊"源于中国鲧禹化熊的"化熊"母题以及东亚"熊图腾"的影响，并认为"化熊出穴"之说最为妥当。此外，聂友军《张伯伦的〈古事记〉研究》（《外国文学》2011 年第 1 期）介绍分析了张伯伦《古事记》研究的方法论意义，具有启发性价值。

关于物语研究，就积极的一面而言，视角更为多元，探讨越发深入。如在《源氏物语》的研究方面，姚继中《〈源氏物语〉与中国传统文化》（中央编译出版社，2004）广泛探讨了作品主题、艺术风格、人物形象、与中国文学的关系等问题。张哲俊《〈源氏物语〉中的小说叙事与历史叙事》（《国外文学》2003 年第 3 期）指出《源氏物语》中所采用的逐年叙事的方法来源于历

---

① 勾艳军所作相关论文还有《曲亭马琴对金圣叹〈水浒传〉评点的接受与批判》，《中国比较文学》2007 年第 1 期；《简论日本近世"浮世草子"的另类性格》，《日本研究》2008 年第 4 期；《中日文学交流史上劝惩载道小说观的影响轨迹》，《科学发展·惠及民生——天津市社会科学界第八届学术年会优秀论文集（上）》，2012；等等。

史叙事。刘瑞芝《论〈源氏物语〉与狂言绮语观的关联》[《浙江大学学报》（人文社会科学版）2005年第3期]探讨了紫式部物语论与白居易狂言绮语观的渊源。张龙妹《〈源氏物语〉"妒忌"的文学文化史内涵》（谭晶华主编《日本文学研究：历史足迹与学术现状》，译林出版社，2010）对比中日"妒忌"文化传统，阐释桐壶更衣与弘徽殿女御之间的互文性关系。王向远编译本居宣长《日本物哀》（吉林出版集团，2010），并发表《感物而哀——从比较诗学的角度看本居宣长的"物哀"论》（《文化与诗学》2011年第2期）、《日本的"哀·物哀·知物哀"——审美概念的形成流变及语义分析》（《江淮论丛》2012年第5期）等文，从诗学、美学等角度探讨"物哀"的内涵。胡稹《一位"煽情家"的求"真"呼叫：本居宣长"物哀"思想新探》（《外国文学评论》2009年第3期）认为宣长的物哀思想是反中国"理学"的产物，其难解的原因在于宣长的"古道"神秘主义思想与不用汉语词汇的态度。胡稹、洪晨晖《紫式部笔下的"汉学"和"大和魂"》（《日语学习与研究》2015年第4期）探讨了"大和魂"的原始意义，指出在紫式部笔下的"大和魂"是与当时尚略占优势的"汉学"相对立的概念，具体则指在"摄关"政治体制下的人际关系运作，其中或暗含对藤原北家一族的批判。然而，物语研究中陈陈相因、低质量重复的现象也较为明显。如对"物哀"的探讨，虽然热度很高，但在论述时不结合作品分析，堆砌概念、随意阐发的例子不在少数。另外，不梳理先行研究、不关注研究动向也会严重制约研究发展。以《竹取物语》研究为例，日本学界在2001年就已经完全推翻了关于"斑竹姑娘"传说影响《竹取物语》的旧论，并提出二者之间的逆向性影响关系，随后旅日中国学者对《竹取物语》在中国的演变过程也做了严谨论证。① 然而，这个动向在中国完全没有得到关注，相关研究自然也就停留在旧识之上。再者，还有很多物语没有被纳入多数研究者的视野中。因此，於国瑛《异彩纷呈的物语世界》（知识产权出版社，2013）全景式铺叙平安时代的物语文学，并在此基础上以个案分析的形式深入解读物语的叙事方式、人物形象以

---

① 参见宋成德「『竹取物語』、「竹公主」から「斑竹姑娘」へ」『京都大学国文学論叢』12、2004年9月。

及对中国诗文的接受情况，有助于物语研究的推进。邱春泉、廖荣发、张龙妹《日本和歌物语集》（外语教学与研究出版社，2015）也是深度普及读物。此外，植田恭代《散逸物語研究の可能性》（《日语学习与研究》2009年第2期）介绍了日本国内的相关研究状况，提示散逸物语研究的可能性。冯芒《〈伊势物语〉的传本与先行研究综述》[《三峡大学学报》（人文社会科学版）2009年第S2期]介绍归纳《伊势物语》的各种传本与日本国内的先行研究。伊泽美绪《〈竹取物语·龙首明珠〉中求婚难题的汉文典籍利用》（《南京师范大学文学院学报》2009年第4期）指出《竹取物语》在吸收运用中国典籍的同时，进行了巧妙的创新。安倩《〈伊势物语〉与〈本事诗〉》[《文学界》（理论版）2011年第3期]从形式与内容两方面探讨了《伊势物语》接受《本事诗》的可能性。郭雪妮《从〈松浦宫物语〉中的长安地名看〈长恨歌〉的影响》（《中国比较文学》2016年第1期）指出该物语沿袭了《长恨歌》中的地名甚至场景，但在地形描写中尽可能地采用抽象词语，反映出古代日本想象中国的方法。这些成果无疑将有利于物语文学研究的多方位拓展。

随笔文学方面，《方丈记》《徒然草》是研究的焦点。先后出现的代表性成果有以下几种。谢立群《〈徒然草〉与中国隐逸思想》（天津科技翻译出版公司，2004）从比较文化论的视点，率先考察《徒然草》与中国古代隐者及隐逸思想的具体关联，指出老庄思想、朝隐思想对兼好隐遁观的深刻影响。金文峰《〈徒然草〉受中日古典文学的影响》（上海交通大学出版社，2009）探讨《徒然草》对《白氏文集》《文选》等中国典籍以及平安朝文学的接受情况。陆晚霞《日本遁世文学的研究——中世知识人的思想与文章表现》（人民文学出版社，2012）从中日比较的视点考察剖析中世知识人的精神世界，细腻而深入地阐释了中国的儒释道三家文化在日本中世遁世文学中的影响与变容情况。丁国旗《日本隐逸文学中的中国因素》（人民文学出版社，2015）历时性梳理了日本古代对中国隐逸思想的接受和演变轨迹，指出佛教无常观对中世文学的影响。

另一方面，关于《枕草子》的研究却非常之少，与中世随笔研究的深入展开形成巨大反差。赵晓柏《随笔的界定及其文学地位》（《日语学习与研究》

2008 年第 2 期）以《枕草子》《方丈记》《徒然草》三部作品为例，探讨如何界定和认识随笔的文学属性问题，具体提出了界定的维度，并在此基础上分析了随笔的文学地位问题。李传坤《试论白居易文学对〈枕草子〉的影响》（《外国文学研究》2006 年第 5 期）关注《枕草子》对白居易诗文引用形式的多样化特点。① 日记文学方面，除《土佐日记》《紫式部日记》《蜻蛉日记》有少数涉猎之外，《和泉式部日记》《更级日记》《讃歧典侍日记》等作品完全没有成为议题。张晓希《中国古代文学对日本日记与日记文学的影响》（《天津外国语学院学报》2004 年第 3 期）试图勾画中国古代日记经平安朝汉文演变为日记文学的发展轨迹。楚永娟《中国古代日记在日本的变容——从日记到日记文学》（《山东社会科学》2016 年第 2 期）从叙事学角度探讨日记文学生成的过程，认为日记文学存在于虚构与事实的交接处，既吸收了古代日记的纪实性、时间意识，又因为回忆性叙事视角、自我观照、读者意识等体现出独特的文学性格。② 李丽娜《〈土佐日记〉受汉文学影响之考察》（《和田师范专科学校学报》2014 年第 1 期）探讨《土佐日记》在修辞、韵律以及语言表现上对中国诗文的接受情况。总体而言，这些板块的研究还非常薄弱，没有出现能够与日本学界形成交锋的标志性成果。

诗歌研究

严格意义上来讲，日本古代诗歌不仅包含和歌、俳句等"和文学"的诗歌样式，还包括日本古代汉诗。这里主要评介以古代和歌、俳句、连歌为考察对象的研究成果，汉诗研究部分将另行探讨。

2000 年以后，中国的日本古代诗歌研究有明显的深化与发展。大致可分为汉译问题研究、表现研究、修辞技巧研究、美学研究、"歌学"（古代和歌创作及批评理论）研究、主题研究、诗歌史研究等七个方面。

---

① 李传坤《试论〈枕草子〉主人公中宫定子的悲运》（《文学教育（上）》2013 年第 7 期）、《从"年中行事"看〈枕草子〉的审美特征》（《科教文汇（下）》2014 年第 6 期）等文试图探讨《枕草子》对白居易诗文的接受等问题，但由于对日本学界的研究现状缺乏基本的把握，还停留在浅表层面的分析介绍上。

② 楚永娟《〈蜻蛉日记〉的一人称叙述视角》（《日本问题研究》2016 年第 5 期）讨论《蜻蛉日记》的叙事特征。

1. 汉译问题研究

歌俳的汉译问题研究以日本古典诗歌在中国的译介为背景，集中的探讨始自 1979～1982 年李芒在《日语学习与研究》上连续发表的数篇相关论文（《和歌汉译问题小议》《和歌汉译问题再议》等）以及随后引发的歌俳翻译问题讨论。① 2000 年以后，相关研究不绝如缕、愈发深入。金中《日本诗歌翻译论》首次系统论述日本诗歌翻译理论。该书在梳理先行研究的基础之上，结合作者自身的翻译实践，提出了"三四三四三"型和歌译法与"二（三）五（七）"型俳句译法，"力图既反映日本诗歌的固有特色又兼顾中国诗歌的表现传统，并注重日本诗歌表现特色各要素之间的均衡"。② 李濯凡《万叶诗情：日本〈万叶集〉和歌及其歌人》（世界知识出版社，2014）、郑民钦《和歌的魅力：日本名歌赏析》（外语教学与研究出版社，2008）、刘德润《小仓百人一首：日本古典和歌赏析》（外语教学与研究出版社，2007）等书的着眼点主要是作家与作品的深度介绍与赏析，也涉及大量翻译实践以及对翻译策略的探讨。此外，还出现了众多相关论文，如宿久高《和歌的鉴赏与汉译》（《日语学习与研究》2002 年第 1 期）、佟君《关于日本俳句的汉译形式——论俳句汉译的三句三行式》（《世界语境中的〈源氏物语〉》，人民文学出版社，2004）、王中忱《定型诗式与自由句法之间——周作人翻译诗体的选择策略分析》（《日本文学翻译论文集》，人民文学出版社，2004）、陈岩《谈俳句翻译译者主体性及定型问题》（《日语学习与研究》2005 年第 4 期）、李濯凡《枕词的汉译》（《日语学习与研究》2007 年第 4 期）、潘小多《和歌汉译中形式的选择与信息的增减——以〈百人一首〉为例》（《日语学习与研究》2009 年第 4 期）、隽雪艳《鉴赏标准的多样化与诗歌翻译策略的选择》（《东亚诗学与文化互读——川本浩嗣古稀纪念论文集》，2009）、吴川《"形近神似"——和歌汉译的准则——以〈源氏物语〉"桐壶"为例》（《华东理工大学出版社有限公司会议论文集》，2011）、杜凤刚《日本韵文学翻译研究拾零（之一～之十二）》（《日语知识》2012 年第 1～12 期）、刘继萍《和歌

---

① 参见王向远《中国外国文学研究的学术历程：日本文学研究的学术历程》，重庆出版社，2016，第 58～72 页。

② 金中：《日本诗歌翻译论》，北京大学出版社，2014，第 211 页。

翻译小议——以"天の原"为例》(《时代文学（下）》2014年第2期)、姚继中《论〈源氏物语〉翻译验证研究——以紫式部原创和歌翻译为例》(《外国语文》2015年第1期)。此外还有金伟、吴彦《试论谢六逸的和歌翻译》[《西藏民族学院学报》（哲学社会科学版）2015年第3期]，刘利国、董泓每《接受美学视阈下的日本诗歌翻译》(《日语学习与研究》2015年第3期)，陈璐璐、陈书津、毋齐齐《〈百人一首〉中和歌汉译的比较研究——以丰子恺、林文月译本为例》(《科教文汇（中）》2016年第4期)，徐凤《日本连歌汉译问题》(《日语学习与研究》2016年第5期)等。通过上述论文的选题可以看到，歌俳翻译研究在2000年以后出现了更多细致且新颖的切入点，是研究逐步深化的表现。从翻译实践到翻译理论，歌俳汉译研究已然成为中国学界对日本古典诗歌研究的特色板块。不过，从另一个角度来说，歌俳汉译问题的研究并非对日本古典诗歌的本体研究。其实，这个板块研究的热度之所以持续不减，与古代和歌、俳句和汉诗文之间的交流与互动关系有关，中国的研究者显然对和歌的这一特质有着近乎天然的领会。因此，在笔者看来，有必要思考如何利用中日比较文学研究中关于诗歌表现以及形式的研究成果来实现歌俳汉译研究的深化和转型。其可行性有待相关研究者的进一步探讨。

2. 歌俳表现研究

专业领域的和歌表现研究始于吕莉、马骏两位学者。有别于之前宽泛、笼统的讨论，吕莉的《"炎"考——关于〈万叶集〉第48首歌的探讨》(《外国文学评论》1996年第2期)、《"西渡"考——关于〈万叶集〉第48首歌的探讨》(《日语学习与研究》1996年第4期)，马骏的《〈万叶集〉和歌表现的出典研究（一）》(《日语学习与研究》1999年第1期)、《〈万叶集〉和歌表现的出典研究（二）——枕词"垣ほなす"》(《日语学习与研究》1999年第3期)等论文以日文原典为研究材料，以实证的手法细致地考察了万叶和歌对中国古代文学的接受情况。2000年之后的和歌表现研究大致具有以下三个倾向：（1）中日比较文学的视点得到延续并成为主流；（2）文本更加丰富；（3）素材与意象研究成为热点。相关论文有以下这些。宋成德《论中国古典文学对〈万叶集〉和歌的影响——以咏"云"和歌为线索》

（《日本问题研究》2012 年第 3 期）论证了《万叶集》与中国古典诗歌的关联，并指出了万叶和歌中枕词、序词等修辞方法及表达对中国文学的借鉴。赵力伟《作为注释的训读——以〈蒙求和歌〉的训读为中心》（《日语学习与研究》2012 年第 2 期）通过对《蒙求和歌》中的"说话文"与《蒙求》古注进行对比分析，阐释了《蒙求和歌》中的"说话文"并非单纯的训读文，而是照顾到和歌创作传统等和文文脉的和汉混合文，起着上承标题、下启和歌的桥梁作用。《蒙求和歌》历来被认为是一部句题和歌集，指出它作为翻译文学的意义，是对其文学史定位的新见。刘小霞《古典和歌中的"霞底"》（魏大海等编《日本文学研究·历史交汇与想象空间》，青岛出版社，2014）论证了"霞底"作为"歌语"形成和确立的时期、背景以及在和歌表现手法上的特点和效果，尤其强调了在和歌创作中"霞"与听觉素材的关系。黄一丁《和歌中汉风意象的起源与变化——以"菊"的意象为中心》（《日语学习与研究》2016 年第 1 期）在充分界定"意象"概念的前提之下，将平安和歌中的"菊"意象分为"神性的菊""无常的菊""悲秋惜菊"三类，并通过细致的文本分析清晰地勾勒出三类意象在其起源和变化过程中的复杂面貌，指出"汉风意象在其起源和变化中存在着偶然性与任意性的特点，并不是中国文学中的主流意象就必然会成为和歌文学中的主流意象，而其传播的方式也往往出乎意料"。此外，马骏《〈万叶集〉和歌表现的出典研究（三）——"幼妇"的表记》（《日语学习与研究》2000 年第 1 期）、曾峻梅《〈古今和歌集〉与唐诗中"月"的意象之比较》（《外国语（上海外国语大学学报）》2003 年第 1 期）、陈燕《万叶和歌与王朝和歌中的咏梦和歌之比较》（《福建教育学院学报》2005 年第 1 期）、吕莉《"白雪"入歌源流考》（《外国文学评论》2006 年第 4 期）等文都值得关注。然而另一方面，也存在不少严重的问题，如不使用日文原典材料、无视先行研究的存在、不讲究方法论等。如一篇探讨《古今和歌集》中"风"意象的论文，使用的文本竟然是《唐诗三百首鉴赏辞典》和汉译本的《古今和歌集》，而且对日本学界的先行研究只字未提。不使用原典材料是文学研究中的头等大忌，这一点在和歌和汉诗的表现比较中更是显而易见。早期的研究者可能因为缺乏获得日文原典资料的途径不得已而为之，但在资料环境已经大大改善的今天，这样的"硬伤"真是不该反复出现。

3. 歌俳修辞学研究

歌俳的修辞技巧是中国研究者感兴趣的另一个问题。继丘仕俊《日本和歌的格律与技巧》（《外国语（上海外国语学院学报）》1985 年第 3 期）、李树果《和歌的修辞技巧与汉译问题》（《日语学习与研究》1987 年第 4 期）两篇论文之后，又有谷肖梅《浅谈和歌修辞法之一——本歌取——以〈新古今和歌集〉为中心》[《东南大学学报》（哲学社会科学版）2001 年第 4 期]，胡小梅《和歌的修辞方式——歌枕》（《河北能源职业技术学院学报》2006 年第 4 期），赵力伟《沉沦的和歌——述怀歌的修辞学》（《日语学习与研究》2008 年第 1 期），高文汉《日本和歌的修辞技巧——以双关和"缘语"为中心》（《解放军外国语学院学报》2009 年第 6 期），谷宝祥、姜森《日本古典和歌修辞技巧探析》（《吉林化工学院学报》2010 年第 6 期），赵青《论和歌中的通感——以「梅香」为中心》（《日语学习与研究》2009 年第 3 期），任敬军、李钥《〈万叶集〉中"み薦刈る"枕词考》[《北京林业大学学报》（社会科学版）2013 年第 1 期] 等论文出现。然而，上述论文大多止于对和歌修辞法基础知识的介绍和赏析，完全没有进入研究的层面。修辞法是和歌的表现技巧，也是古代歌论的重要议题，日本学界对此有大量精深的研究。尽管如此，和歌修辞法与中日汉诗文之间的关系，还有很大的讨论空间。上述论文中赵力伟、赵青的研究就是很好的例子。赵力伟《沉沦的和歌——述怀歌的修辞学》（《日语学习与研究》2008 年第 1 期）从和歌修辞法的角度，通过考察"积薪"这一典故在述怀歌中的运用，具体论证了述怀歌对汉诗文"移花接木"式的摄取方法。赵青《论和歌中的通感——以「梅香」为中心》（《日语学习与研究》2009 年第 3 期）则从修辞手法"通感"的视点出发，以和歌中有关"梅香"的通感描写为研究对象，通过和唐诗中同类修辞的比较，追溯了此类和歌的产生及发展原因。可见，只要充分把握日本学界的先行研究和最新动向，中国研究者在和歌修辞法的研究上是大有可为的。此外，译介成果也起到了积极的推动作用。松浦友久著，加藤阿幸、陆庆和译《从〈万叶集〉的书名谈起》（民族出版社，2002）深入浅出地论述了和歌的修辞技巧、诗语、节奏等多方面问题。王晓平、隽雪艳、赵怡合译的川本浩嗣《日本诗歌的传统——五七五的诗学》（译林出版社，2004），从普遍诗学的角度阐述歌俳的特征，特别涉及季语、俳句体式、和歌韵律等问题。[①]

4. 歌俳美学研究

在中国，关注日本古典文学之"美"，可以追溯到谢六逸《日本之文学》中对日本文学特质的相关叙述。[②] 不过，歌俳领域的美学研究却起步较晚，[③]主要出现在 2000 年以后。相关研究主要从修辞、题材、表现、创作方法论、美学理念等不同角度探讨和歌、俳句的美学特征。高兵兵《雪·月·花——由古典诗歌看中日审美之异》（三秦出版社，2006）针对中日比较文学研究中一味强调中国文学影响的倾向，用"细读"的方法从表现、修辞技巧、题材等方面入手，探讨中国诗歌与日本汉诗文、和歌三者之间的关系，阐明了中日文学不同的审美特征。郑民钦《和歌美学》（宁夏人民出版社，2008）首次系统地介绍了古代和歌的美学理念及其演进。全书力图以中国人的审美观阐释日本和歌的内涵，具有积极的普及意义。王向远《日本之文与日本之美》（新星出版社，2013）对"物哀""幽玄""寂""意气"等美学理念进行了审美语义的剖析与概括，有力地推动了日本古典美学研究向前发展。周建萍《中日古典审美范畴比较研究》（中国社会科学出版社，2015）对中日古代具有一定相通性的审美范畴进行比较分析，探讨其理论内涵及审美特质。单篇论文方面，李东军《藤原定家"拉鬼体"和歌的美学风格》（《日语学习与研究》2015 年第 1 期）运用中日比较诗学的视角，以江西诗派的"瘦硬"诗风为参照物，从相关和歌的语言表现、韵律声调以及意境诗境的营造三方面对"拉鬼体"的美学特征进行剖析，指出"拉鬼体"是中世和歌对王朝和歌的一种超越方式，它折射出和歌从"妖艳"美向"平淡"美转向的时代风尚。此外还有李玉麟《从芭蕉的名句追溯其美学理念的源泉》（《日语学习与研究》2007 年第 3 期）、孙士超《日本古典"咏萤歌"与和歌文学的美意识》[《牡

---

① 张哲俊《日本和歌的五七调与中国诗歌》（《东亚比较文学导论》第六章第一节，北京大学出版社，2004）则侧重探讨和歌五七调的形成与中国古典诗歌形式之间的关系。

② 参见谢六逸《日本之文学》，长沙商务印书馆，1940，第 9~17 页。

③ 相关论著有叶渭渠、唐月梅《日本人的美意识》，开明出版社，1993；孙久富：《芭蕉俳谐美学琐谈》，《日本研究》1986 年第 5 期。

丹江师范学院学报》（哲学社会科学版）2012年第1期]、蔡春华《优美、幽玄美、闲寂美与古寂美——日本古代的四种审美意识》[《福建师范大学学报》（哲学社会科学版）2011年第5期]、崔德军《松尾芭蕉俳句中的白色表现及审美情趣研究》（《日语学习与研究》2015年第4期）等相关论文。然而，作为一个新兴的板块，方法论意识还相当薄弱，导致很多论文沦为以美学为名的文学鉴赏。而且，对"美学"的概念普遍缺乏界定，如《浅论〈古今和歌集〉脱政治的美学特征》一文中的"脱政治"是否称得上美学特征就是一个典型的例子。美学研究涉及和歌文学的方方面面，加强专业修养、提高方法论意识是这个板块发展的突出需求。

5. "歌学"研究

虽然从20世纪80年代后期开始，我国已经有学者关注"歌学"（古代和歌创作及批评理论）问题，[①]但由于难度很高，相关研究至今为数不多。李东军著《幽玄研究——中国古代诗学视域下的日本中世文学》（吉林大学出版社，2008）梳理中世"幽玄"歌学思想的历史形成，并用中国古代文论的理论话语对"幽玄"概念的内涵和外延进行深度阐释，是我国首部研究"歌学"问题的专题著作。王向远《日本古典文论选译古代卷（上、下）》（中央编译出版社，2012）翻译了大量"歌论""连歌论""俳谐论"，并在译序中梳理、总结日本古典诗歌文论的发展脉络及特点，进而分析了"道""文""心""气"等基本概念与中国文论的关系。这些研究有助于打破我国比较诗学和文艺学一直以西方文艺理论为主导的局面。单篇论文方面，蒋义乔的『「句题和歌」の試み——題詠の視点から』（《北京师范大学外国语言文学学院会议论文集》，2002）、《诗题与歌题》（《俄罗斯文艺》2006年第2期）试图在"和汉比较文学"的框架内讨论"题咏"的生成史问题，但未能深入和歌表现的层面。米洋《贯穿于日本和歌中的"心"》（《日语学习与研究》2006年第1

---

① 相关论述参见胡志昂《〈古今集〉两序与中国诗文论》，林秀清编《现代意识与民族文化：比较文学研究文集》，复旦大学出版社，1987；王若茜：《藤原定家的〈每月抄〉与〈文心雕龙〉》，《现代日本经济》1988年第2期；王若茜：《藤原定家〈每月抄〉中的"有心"理论》，《现代日本经济》1989年第5期；叶渭渠：《日本文学思潮史》，经济日报出版社，1997；等等。

期）探讨和歌理念"真心""哀心""余心"的发展轨迹。赵力伟《〈古来风体抄〉中的万叶抄录歌》（《日语学习与研究》2009 年第 5 期）通过考察藤原俊成的歌论书《古来风体抄》前后两稿中抄录出的万叶歌在文字上的细微差异，敏锐地捕捉到其中潜藏着作为新歌风开拓者的俊成与因循守旧的六条家之间日趋激烈的对抗。此后，尤海燕的《〈古今和歌集〉的真名序和假名序——以"和歌发生论"为中心》（《日语学习与研究》2010 年第 5 期）、《〈古今和歌集〉的崇古主义——以两序中的"教诫之端"和"耳目之玩"为中心》（《外国文学评论》2012 年第 4 期）、《十世纪前的日本礼乐思想史——孕育出〈古今和歌集〉的土壤》（《文史哲》2014 年第 4 期）等论文，通过对《古今集》"真名序"和"假名序"的深入解读与阐释，在和歌发生论、和歌本质论、和歌敕撰思想等问题上提出了新见，构成了"歌学"研究板块的有力补充。①

6. 主题研究

主题论是 20 世纪文学研究的主流，和歌研究也不例外，成果主要散见于早期的文学史及文学赏析的相关叙述中。有明确方法论意识的和歌主题研究出现在 2000 年之后。中西进著，刘雨珍、勾艳军译《〈万叶集〉与中国文化》（中华书局，2007）是日本学者中西进关于《万叶集》与中国文化研究领域的精选之作。全书分为两编，前编主要为万叶和歌与中国诗文的比较，后编则主要论述了《万叶集》中涉及神仙思想的篇什及神、道思想在日本的流变。该书的译介促进了文化视角下的和歌主题研究。何卫红《中国文化语境下的大伴旅人〈赞酒歌〉研究》（《日语学习与研究》2009 年第 2 期）通过文本结构分析与作品生成环境的考察，指出《赞酒歌》主题与竹林七贤"任诞"式人生哲学的一致性。何卫红《论〈梧桐日本琴〉对嵇康〈琴赋〉的化用》（《日语学习与研究》2012 年第 6 期）认为《梧桐日本琴》对《琴赋》的化用，并非体现在遣词作文的层面上，而是体现在对"琴"

---

① 相关研究还有徐凤的《日本文学中的歌、神歌、和歌、连歌关联考》（《外国问题研究》2015 年第 3 期）、《从日本歌论来看中国阴阳五行思想对和歌的影响》［《重庆工商大学学报》（社会科学版）2016 年第 6 期］，但文中对纪贯之的批判以及"和歌文学是中国阴阳五行思想文化在日本的再创造"等论点尚值得商榷。

的文化认知上，进而指出大伴旅人以琴传递老庄之好的主旨。徐臻《大伴旅人〈赞酒歌〉的文化解读——兼与李白酒诗的比较》（《日本问题研究》2016 年第 5 期）多角度探讨《赞酒歌》主题与中国传统文化思想的关联，并比较其与李白酒诗的异同。尽管为数不多，但以上研究都致力于在文化的语境中，通过深入的文本分析来阐释和歌作品的主题思想，较之传统的主题论显示出更为开阔的视野。另外，文化的视角虽然赋予了主题研究新的可能性，但如果不始终立足于文学本位，就很可能忽略文学作品本身，而上述研究都具备了稳健的文学研究立场。

7. 诗歌史研究

诗歌史研究方面，继彭恩华《日本俳句史》（学林出版社，1983）、《日本和歌史》（学林出版社，1986）之后，有郑民钦《日本俳句史》（京华出版社，2000）、《日本民族诗歌史》（北京燕山出版社，2004）和唐月梅《日本诗歌史》（北京大学出版社，2015），它们都是从古至今的通史。郑民钦《日本俳句史》《日本民族诗歌史》不仅充分借鉴吸收了日本的相关研究成果，还融入了作者在长期翻译实践中形成的对歌俳以及歌论、俳论的独到体会与思考，具有较强的参考价值。唐月梅著《日本诗歌史》以开放性的认识和描述，宏观勾勒了日本诗歌自上古以来先后与汉、洋诗歌相融合的历史。[①] 相关研究还有尹允镇、徐东日、禹尚烈、权宇《日本古代诗歌文学与中国文学的关联》（黑龙江朝鲜民族出版社，2005）。该书论述日本古代各个时期的诗歌与中国文学的交流关系，其中对中日朝（韩）诗歌的比较分析成为亮点。

如上所述，中国当代的"和文学"研究取得了长足发展。叙事文学研究方面，在平安朝物语和中世说话、随笔文学等板块出现了能够与日本学界形成学术交锋的标志性成果。诗歌研究也有明显的深化与发展，但较之蓬勃发展的汉文学研究领域，相关成果并不多。在笔者看来，导致这个板块的研究缺乏活力的最主要因素并非中国研究者的专业实力不足，而是中

[①] 参见王中忱《一片诗心铸诗史（代序）》，唐月梅《日本诗歌史》，北京大学出版社，2015。

文语境中难以叙述传递古代日语诗歌的纤细与微妙。一旦把和歌或俳句译成汉诗的形式，讨论的对象无形中就会向汉诗偏移，导致论述很难深入展开，甚至出现条理不清、逻辑混乱的情况。另外，上述研究者中如赵力伟、赵青、宋成德、黄一丁等人已经在日本学界取得了可观的成绩，但他们的多数研究还没有转换成可以向中国学界发送的信息。可以说，如何突破日本古典诗歌研究在中文表述这个操作层面上的"瓶颈"，是亟须相关研究者共同探讨的现实问题。

汉文学研究

2000 年以前的研究状况

中国对日本古代汉文学的关注可以上溯至晚清。1883 年，陈曼寿《日本同人诗选》、俞樾《东瀛诗选》先后问世。两书所蕴含的文史研究信息及价值，经现代学者之手正日渐广为人知。1897 年，杨守敬在《日本访书志》中著录并介绍《文镜秘府论》，成为日本古代文论研究的滥觞。专业意义上的日本古代汉文学研究则始于 20 世纪 80 年代，其发展历程基本上可以分为三个阶段：第一期（1982～1991 年）、第二期（1992～1999 年）、第三期（2000 年至今）。以下首先对第一期、第二期即 2000 年以前的研究状况进行大致梳理。

20 世纪 80 年代，伴随中日比较文学研究的逐步兴起，日本古代汉诗开始进入我国研究者的视野。尽管这个时期的相关著作主要以汉诗选评编注为主，[①] 研究论文为数极少，且几乎都是介绍欣赏性的文章，但同时也出现了专业意义上的探索。严绍璗《白居易文学在日本中古韵文史上的地位和意义》

---

① 先后出现了黄新铭《日本历代名家七绝百首注》，书目文献出版社，1984；张步云：《唐代中日往来诗辑注》，陕西人民出版社，1984；刘砚、马沁：《日本汉诗新编》，安徽文艺出版社，1985；杨知秋：《历代中日友谊诗选》，书目文献出版社，1986；程千帆、孙望：《日本汉诗选评》，江苏古籍出版社，1988；孙东临、李中华：《中日交往汉诗选注》，春风文艺出版社，1988。

[《北京大学学报》（哲学社会科学版）1984 年第 2 期]、邵毅平《论白居易诗歌对日本平安时期文学的影响》（《上海教育学院学报》1988 年第 2 期）探讨白居易文学对日本平安朝汉诗、和歌以及散文的影响。邵毅平《论中国文学分类规范对日本平安时期文学总集分类规范的影响》（《复旦学报》1988 年第 2 期）分日本汉诗文、和歌、"文学辞典"三个系统讨论日本平安时期文学总集在分类规范上所受到的中国影响及其固有特色。雷石榆《关于汉诗与日本民族诗歌的关系——在历史悠久的文化交流中、诗歌代代相传中日友谊之声》[《河北大学学报》（哲学社会科学版）1987 年第 1 期]从中日文化交流的角度梳理日本诗歌发展的脉络。温祖荫《论日本的汉诗——兼及与中华文化之关系》（《国外文学》1990 年第 Z1 期）首次以日本汉诗为特定的讨论对象，概述其发展历史、内容题材及艺术特色。船津富彦著，张寅彭译《关于日本的诗话》（《中国文学研究》1990 年第 4 期）则是日本学者的诗话研究在中国的初次亮相。此外，王利器《文镜秘府论校注》（中国社会科学出版社，1983）也是相关研究成果。①

20 世纪 90 年代，日本汉诗文的编注、译介工作仍在延续，②另外，日本汉诗文作为日本文学不可或缺的组成部分，开始得到更多研究者的关注。较之第一期的 80 年代，这个阶段在研究范围及深入程度上都有明显的发展，相关成果主要体现在日本汉诗发展史、汉诗研究、文论研究、方法论思考和文献资料的整备上。

首先，肖瑞峰《日本汉诗发展史（第一卷）》（吉林大学出版社，1992）开启日本汉诗史系统研究之先河，同时也是迄今为止唯一一部汉诗发展史。该书由两编组成，第一编"绪论：日本汉诗概观"以日本学界的先行研究为基础，将日本汉诗的发展历史分为演进、蝉蜕、繁荣和衰退四个时期，作为其历史框架；第二编"王朝时代：日本汉诗的发轫与演进"以唐诗作为

① 初期的《文镜秘府论》研究目的主要在于为中国古典文学理论批评和研究提供材料和思路。
② 马歌东：《日本汉诗三百首》，世界图书出版西安公司，1994；黄铁城、张明诚、赵鹤龄：《中日诗谊》，陕西人民出版社，1995；王福祥、汪玉林、吴汉樱：《日本汉诗撷英》，外语教学与研究出版社，1995；王福祥：《日本汉诗与中国历史人物典故》，外语教学与研究出版社，1997；王晓平编译《日本文论》，曹顺庆《东方文论选》第四编，四川人民出版社，1996；等等。

基本参照系，描述平安时代汉诗发展的基本轨迹，具有比较文学史的色彩。高文汉《中日古代文学比较研究》（山东教育出版社，1999）侧重评述日本汉诗、汉文与中国文学的关联，兼以对神话、物语等假名文学的探讨，具有通史性质。单篇论文方面，肖瑞峰《且向东瀛探骊珠——日本汉诗三论》（《文学评论》1994 年第 2 期）从汉诗与和歌之间的竞争关系、日本汉诗人的"主体意识"的变化、"娱兴"与"言志"两种创作旨归的对立与演变等三个角度进一步探讨日本汉诗发展的轨迹。肖瑞峰《浙东唐诗之路与日本平安朝汉诗》（《文学遗产》1995 年第 4 期）则通过考察平安朝汉诗对"天台""剡溪"等唐诗意象的接受情况，结合中日文化交流的时代背景分析该时期日本汉诗发展的具体走向与特点。此外，何乃英《日本汉诗变迁概说》[《扬州师院学报》（社会科学版）1992 年第 4 期]、林岫《日本古代汉诗初探》（《学术交流》1992 年第 2 期）、马歌东《日本汉诗概说》（《日本汉诗三百首》"自序"，世界图书出版西安公司，1994）也致力于把握、描述日本汉诗的流变发展。

汉诗研究方面，中日比较研究的论文居多。它们中的大多数着眼于讨论影响及借鉴关系，如王晓平的《〈文心雕龙〉在日本的传播与影响》（《中日关系史研究》，1993，此文后收录至王晓平《东亚文学经典的对话与重读》，复旦大学出版社，2011）、《都良香文学思想考》（《东方丛刊》1995 年第 4 期），肖瑞峰的《白居易与日本平安朝诗坛》（《传统文化与现代文化》1998 年第 4 期），马歌东的《试论日本汉诗对杜诗的受容》[《陕西师大学报》（哲学社会科学版）1995 年第 2 期]、《试论日本汉诗对王维五言绝句幽玄风格之受容》（《人文杂志》1995 年第 3 期）、《试论日本汉诗对于李白诗歌之受容》[《淮阴师范学院学报》（哲学社会科学版）1998 年第 1 期]（以上论文后收录于马歌东《日本汉诗溯源比较研究》，商务印书馆，2011），蔡毅的《祇园南海与李白》（《中国文化与世界（3）》，上海外语教育出版社，1995），王晓平的《日本五山文学与宋明文学的关联和呼应》（《国际汉学（3）》，大象出版社，1999）、《江户折衷诗派的论诗诗》（《中国诗学（4）》，南京大学出版社，1995），佐藤一郎著、蒯大申译《江户、明治时代的桐城派》（《江淮论坛》1995 年第 1 期），王英志的《性灵派之袁、赵对日本诗坛的影响》（《江淮论坛》1997 年第 6 期），竹村则行的《袁枚论诗绝句与赖山阳论诗绝句》（《中国典籍与文化》1992 年第 2 期）。也有侧重探讨差异与变化的研究，如松浦友久《试论中国诗歌的讽喻性——以〈白氏文集〉和〈菅家文草〉为例》①（马歌东译《日本白居易研究论文选》，三秦出版社，1995）、蔡毅《日本汉诗论稿》《试论赖山阳对中国古典诗歌传统的继承和创新》（《中国诗学（2）》，南京大学出版社，1992)②、朱易安《论日本汉学家赖山阳的〈日本乐府〉——兼论比较汉诗学中的乐府传统》（《东方丛刊》1997 年第 4 辑）等。此外，渤海诗在这个时期开始得到关注，如刘国宾《渤海诗文辑校》（吉林文史出版社，1999）、池世桦《渤海诗初探》［《沈阳师范学院学报》（社会科学版）1998 年第 6 期］、于长敏《渤海文学的雪泥鸿爪——读王孝廉访日诗作五首》（《民族文学研究》1998 年第 2 期）等。再有，宋再新《和汉朗咏集文化论》（山东文艺出版社，1996）首次将《和汉朗咏集》引入中国学界，讲述其文学价值与"和汉情结"，有利于加强读者对"和汉"文学关系的认知。

文论研究主要集中在《文镜秘府论》上。卢盛江先后发表《〈文镜秘府论〉对属论与日本汉诗学》（《江西师范大学学报》1997 年第 4 期）、《日本人编撰的中国诗文论著作——〈文镜秘府论〉》（《古典文学知识》1997 年第 6 期）、《〈文镜秘府论〉日本传本随记》（《南开学报》1998 年第 1 期）、《关于〈文镜秘府论〉"九意"的作者》（《中国诗学（6）》，南京大学出版社，1999）等文，探讨日本汉诗学以及中日文化交流史的问题，标志着《文镜秘府论》不再仅仅被作为研究中国文学的域外资料。诗话研究方面，蔡镇楚《中国诗话与日本诗话》（《文学评论》1992 年第 5 期）多角度归类日本诗话，并指出其诗格化、"钟（嵘）"化、诗论化的特征。

整体而言，这个阶段还不具备明确的方法论意识，不过个别学者已经开始了理论性思索。王晓平《日本的日中比较文学研究》（《日本学刊》1997 年第 6 期）介绍日本学界的研究成果与动向，强调日本汉文学研究的重要性，归纳

---

① 关于菅原道真的研究还有肖瑞峰《论菅原道真的汉诗艺术》，《杭州大学学报》1997 年第 3 期；《从"诗臣"到"诗人"的蜕变——论菅原道真的汉诗创作历程》，《吉林大学社会科学学报》1998 年第 5 期；等等。

② 此文后收录于蔡毅《日本汉诗论稿》，凤凰出版社，2007。

并思考出典论、引喻论、本质论等各种方法论的得失。20 世纪 90 年代末，汉字文化圈的概念日趋成熟，东亚场域为日本古代文学研究预示着新的前景与方向。以此为背景，王晓平《亚洲汉文学的文化蕴含》（《天津师大学报》1998年第 4 期）使用"亚洲汉文学"的概念，将视野从"中日韩"三国扩展至越南乃至古代渤海国、琉球国，并在此基础上阐述亚洲汉文学与中国文学的渊源关系以及在世界文学中的独特地位。

文学研究的发展离不开对方法论的探索，同时也需要以文献资料作为支撑。严绍璗的《汉籍在日本的流布研究》（江苏古籍出版社，1992）、《日本藏宋人文集善本钩沉》（杭州大学出版社，1996）先后刊行。另外，在台湾学者的带动下，大陆学者开始阐释"域外汉籍"概念并大力倡导"汉籍宏观研究"，① 国内的"域外汉籍"研究蓄势待发。

进入 21 世纪，伴随汉文学整体观的形成，日本汉文学研究蓬勃发展，涌现出大批研究成果。以下大致从汉文学史书写、分期研究、东亚场域中的日本汉文学三个方面加以梳理，其中分期研究包括上代与平安朝初期、平安朝中后期、中世、近世四个时期的汉文学研究成果。

2000 年以降的汉文学研究

1. 汉文学史书写的摸索及海外研究成果的译介

陈福康《日本汉文学史》（上海外语教育出版社，2011）是继上述肖瑞峰《日本汉诗发展史》之后首部关于日本汉文学史的专著。该书按照王朝时代、五山时代、江户时代、明治时代的顺序，以作品选录和评述的形式，梳理了日本汉文学产生和发展的基本历史。此外，还有一些成果从不同角度涉及日本的汉文学发展历史。高文汉、韩梅《东亚汉文学关系研究》（中国社会科学出版社，2010）分上、下两编探讨中日文学、中韩文学的关系，上编主要结合中国典籍东渐与古代中日间的人员往来讲述了日本汉文学的发生发展过程。吴雨平《橘与枳：日本汉诗的文体学》（中国社会科学出版社，2008）试图探讨中国古典诗歌在日本文化语境中的变异，但由于没能运用"文体学"的概念展

---

① 如陆坚、王勇主编《中国典籍在日本的流传与影响》，杭州大学出版社，1990。

开，全书流于对日本汉诗的历史演变、文化背景以及与中国文学之关系的一般性评述。

另外，两部由日本学者所作的日本文学史名著相继被译介到中国。加藤周一著，叶渭渠、唐月梅译《日本文学史序说》（外语教学与研究出版社，2011）注重日本的汉文学写作传统，积极拓宽"文学"的概念，透过纷繁复杂的文学表象，揭示日本文学以及文化演进的深层结构和发展脉络。古桥信孝著，徐凤、付秀梅译《日本文学史》（南京大学出版社，2015）通过考察诗歌、歌舞伎、物语、日记、说话、历史文学与说唱艺术、随笔等七种文体的产生发展、继承与流变，从文体及与之相伴的文化、政治冲突的角度书写古代日本文学的历史。两书为我国日本文学史的写作无疑提供了良好的范例。此外，魏樸和《追溯日本文学的起点——以〈怀风藻〉和〈古今和歌集〉为例》（《日语学习与研究》2007 年第 5 期）比较考察了《怀风藻》和《古今和歌集》的诗歌史观，倡导建构日本汉文与和文一体化的文学史框架。

海内外研究成果的翻译、介绍对推动我国的日本汉文学研究起到了积极的作用。后藤昭雄著、高兵兵译《日本古代汉文学与中国文学》（中华书局，2006）展示了著者研究成果中与中国文学文化密切相关的内容。张宝三、杨儒宾编《日本汉学研究初探》（华东师范大学出版社，2008）及叶国良、陈明姿编《日本汉学研究续探：文学篇》（华东师范大学出版社，2008）侧重于翻译、介绍海内外知名学者的相关论文。如《初探》中的金文京《日本龙谷大学所藏元朝郭居敬〈百香诗选〉等四种百咏诗简考》、小峰和明《〈敦煌愿文集〉与日本中世纪唱导资料》；《续探》中的兴膳宏《平安朝汉诗人与唐诗》、后藤昭雄《大江匡房的〈诗境记〉：十一世纪日本人所写的中国诗略史》、三田明弘《〈和汉朗咏集〉古注释中对中国历史故事之承袭与改变》、海村惟一《关于"日本汉学（日本汉文学）"的"中国性"：以〈翰林五凤集〉的汉诗为例》、朱秋而《论六如上人在汉诗上的继承与开拓：以季节景物描写为中心》、廖肇亨《隐元禅师诗歌中的两种声音：以晚年诗作为中心》、黄昭渊《汉学与日本近世俗文学：以〈和汉乘合船〉为主》、蔡毅《长崎清客与江户汉诗：新发现的江芸阁、沈萍书简初探》等。

2. 分期研究

（1）上代与平安朝初期汉文学

上代汉文学方面的成果集中体现在马骏的《日本上代文学"和习"问题研究》（北京大学出版社，2012）一书中。该书是中日学界首部系统阐述"和习"问题的专著。该书以《古事记》《日本书纪》《万叶集》《怀风藻》《常陆国风土记》为对象，通过大量的严谨的文献考证，从文体、词汇、句法、修辞、语言习惯、故事类型、情节要素、思维方式等角度深入探讨"和习"产生的内在原因，揭示了日本上代文学中各类"和习"表达的特质与积极意义。该书还提出了日本汉文学与汉译佛经的重要线索，以此为新起点，马骏的《〈古事记〉文体特征与汉文佛经——语体判断标准刍议》（《日语学习与研究》2010 年第 3 期）、《〈古事记〉文体特征与汉文佛经——佛典双音词考释》（《日语学习与研究》2010 年第 5 期）、《〈古事记〉文体特征与汉文佛经——佛典句式探源》（《日语学习与研究》2010 年第 6 期）、《〈常陆国风土记〉文体特征与汉文佛经——语体句式考辨》（《日语学习与研究》2011 年第 2 期）、《突破汉字固有表达的重围——从〈古事记〉序文说起》（《日语学习与研究》2012 年第 2 期），黄美华、马骏的《日本上代文学文体与汉文佛经的比较研究——"随～"句式探源》（《日语学习与研究》2014 年第 2 期）、《奈良朝佛经写本题记研究》[1]（《日语学习与研究》2016 年第 4 期）等文系统考察并阐述了佛经翻译文学与上代文学在主题、题材、文体和表达诸方面的影响关系以及由此产生的变异性问题。

在《怀风藻》研究方面，肖瑞峰《〈怀风藻〉：日本汉诗发轫的标志》［《浙江大学学报》（人文社会科学版）2000 年第 6 期］考察《怀风藻》的编次、题材及艺术形式，以此观照日本汉诗的基点。王晓平《〈怀风藻〉的炼字技巧》［《天津师范大学学报》（社会科学版）2001 年第 5 期］认为《怀风藻》中的某些难解诗语并非表达不成熟所致，而是受到六朝诗歌雕琢风气影响的结果。宿久高、尹允镇《〈怀风藻〉与中国古典文学的关联》

---

[1] 相关论文还有王晓平《敦煌书仪与〈万叶集〉书状的比较研究》《敦煌愿文与中日愿文的文体研究》等，收录于王晓平《东亚文学经典的对话与重读》（复旦大学出版社，2011）中。

（《日语学习与研究》2005 年第 3 期）探讨《怀风藻》和中国儒家思想、老庄思想、《文选》、六朝初唐文学之间的关联，认为其具有缺乏创造性的特点。郭雪妮《奈良诗僧弁正在唐汉诗考论》（《外国文学评论》2015 年第 4 期）指出《怀风藻》中入唐诗僧弁正所作《与朝主人》首次将昭君题材引入日本文学，并自翻新唱，借此抒发"天涯沦落人"的思乡悲愁；《在唐忆本乡》一诗则在深化离乡悲情的同时，道出 8 世纪遣唐使国家意识的萌芽和对唐观的微妙变化。① 郭雪妮《奈良贵族的都城意识与国家观——藤原宇合汉诗出典研究》（《日本问题研究》2015 年第 4 期）以《怀风藻》所收藤原宇合汉诗为例，考察宇合诗歌中与"都城"相关的词语出典问题，由此探讨 8 世纪东亚外交关系中奈良贵族都城意识的产生，并考察古代日本的对唐观与自同意识。陆晚霞《早期日本汉诗文中的隐逸憧憬——以〈怀风藻〉及敕撰三集为例》（《日语学习与研究》2015 年第 4 期）指出早期日本汉诗文中的隐逸憧憬具体表现为喜山乐水的情怀与对闲雅无事境界的追求意识，并注意到其中对大隐、朝隐、吏隐、招隐等概念或典故反用其意的特点。②

平安初期的"敕撰三集"同样是日本汉诗发展的源头。相关研究有以下这些。肖瑞峰《"敕撰三集"与日本诗坛风会》（《浙江社会科学》2001 年第 3 期）指出，日本平安朝初期的诗坛仍然将汉诗当作娱情遣兴的工具和崇文尚雅的游戏，然而较之近江、奈良朝诗坛，模拟六朝诗的倾向已为模仿唐诗的趋势所代替。肖瑞峰《敕撰三集：因袭中的新变》（《吉林大学社会科学学报》2002 年第 1 期）探讨敕撰三集较上代《怀风藻》在题材与主题上显露的新特质和新元素，以此观照日本汉诗艺术的演进。黄少光《奈良·平安朝汉诗编撰事业于日本文学史上的意义——以诗序为中心》（《日语学习与研究》2009 年第 2 期）对《怀风藻》、敕撰三集序与《文选》序及唐诗序进行比较，指出奈良·平安朝初期从根本上接受了古

---

① 相关论文还有潘小多《〈怀风藻〉遣唐使汉诗对中国诗歌的接受与发展》，《文艺评论》2014 年第 8 期。

② 相关论文还有王晓平《〈怀风藻〉的山水与玄理》，《天津师大学报》2000 年第 6 期；徐臻：《〈怀风藻〉的山水与道教文化》，《日语学习与研究》2013 年第 2 期。

代中国的文治理念。李宇玲《「王昭君」と試帖詩》（《日语教学与研究论丛——日语教育与日本文学》，复旦大学出版社，2009）将小野末嗣《奉试昭君》诗与董思恭《昭君怨》之间的相似性置于平安朝初期日本效仿唐进士科考的大背景中深入考察，指出《国秀集》于 8 世纪末传入日本后被视为唐试帖诗的范本而备受推崇的事实。李宇玲《平安朝文章生试与唐进士科考——试论平安朝前期的省试诗》（《日语学习与研究》2009 年第 2 期）从省试诗的角度对平安朝文章生与唐进士科考的关系展开考证，进而剖析了唐初与平安朝前期省试诗的异同。孙士超《敦煌本〈兔园策府〉与日本古代对策文研究》（《日语学习与研究》2016 年第 4 期）认为《兔园策府》具有"科举类书"的性质，并考察其与《经国集》对策文的影响关系。

渤海诗研究在 2000 年以后逐渐展开。刘国宾的《日本〈经国集〉感渤海客礼佛诗二首考释》（《中国典籍与文化》2001 年第 1 期）、《日本汉诗〈渤海入朝〉考辨》[《松辽学刊》（人文社会科学版）2001 年第 4 期] 是考辨类成果。王晓平《渤海使臣与日本诗人的唱酬》（王晓平《亚洲汉文学》，天津人民出版社，2001）从汉唐古代文学传播的角度进行考察。邵毅平《渤海国日本汉诗唱和小考——东亚汉文学史上缺失的章节》（邵毅平编《东亚汉诗文交流唱酬研究》，上海古籍出版社，2011）整理介绍了平安朝汉诗中与渤海国使节的唱和之作。徐臻《论"敕撰三集"中的渤海使——以王孝廉与日本嵯峨朝廷的诗赋外交为中心》（《唐都学刊》2012 年第 6 期）、高兵兵《作为古代东亚国际交流手段的汉诗唱和——以菅原道真为例》（王宝平主编《东亚视域中的汉文学研究》，上海古籍出版社，2013）、李美子《关于渤海国和日本的汉诗酬唱交流》（王宝平主编《东亚视域中的汉文学研究》，上海古籍出版社，2013）分别以诗赋外交、文学造诣为切入点，阐述东亚诸国之间以汉诗进行国际交流的实际情况，并指出汉诗唱和在古代东亚的积极意义。廖荣发《鸿胪馆里文章盛 远人自来证中华——试论鸿胪馆中的"华夷思想"与"文章经国"》（《域外汉籍研究集刊（10）》，中华书局，2014）另辟蹊径，指出日渤两国间的诗文唱和与较量，是"文章经国"思想的产物，更是

"日本版"华夷思想的产物。

空海研究在 21 世纪取得了重要成果。文学理论研究方面,① 卢盛江《文镜秘府论汇校汇考》（中华书局, 2006）为四卷本校勘整理著作, 卢盛江《文镜秘府论研究》（人民文学出版社, 2013）则在《汇考》的基础之上对《文镜秘府论》的研究历史与存在的问题、传本及卷次、原典、编撰过程与编撰思想、四声论、声病渊源等问题进行了系统而详密的考论。《研究》不仅注重文献考辨和史料整理, 而且能够在中日文化交流的大背景下, 结合佛学、语言学、音韵学、考古学和民俗学等多门学科的研究成果及资料, 深入且多方位地探讨相关问题。② 王益鸣《空海学术体系的范畴研究》（广东人民出版社, 2005）关注空海学术的整体, 力图阐明空海学术的基本框架和基本价值, 尤其是关于"曼荼罗""真言与妄语""声字与实相"的考释与阐述对理解空海的知识文化体系具有积极的意义。单篇论文方面, 王勇《唐人赠空海送别诗》（《文献》2009 年第 4 期）利用唐人赠予空海的送别诗, 对空海在唐期间的行实进行考证, 并分析了唐人朱千乘的送别诗流传日本的情形及影响。③ 王晓平《空海愿文研究序说》（《敦煌研究》2011 年第 4 期）将空海愿文置于亚洲汉文学的整体架构中进行辨析与探讨, 指出空海大大提升了日本愿文的文学性, 强调其与敦煌愿文在文字语言方面的关联。④ 此外, 仇云波《空海作品中比喻的修辞特征探微》（《文化学刊》2010 年第 6 期）指出《三教指归》和《游山慕仙诗》在比喻的运用上具有连续性的特征, 认为这一修辞特征反映了空海"遗文取义"的创作心理。吴双《真言宗教·镇护国家·二语教学——空海编写〈文镜秘府论〉的出发点》（《世界宗教研究》2013 年第 1 期）认为空海编写《文镜秘府论》的动机在于为传扬他在日本开创的真言宗教清扫语言障碍, 是其宗教观与语言观及语言教学思想观相结合的产物。

---

① 文字学研究方面有吕浩《篆隶万象名义校释》, 学林出版社, 2007;《篆隶万象名义研究》, 上海古籍出版社, 2006。

② 卢盛江还著有《空海与〈文镜秘府论〉》, 宁夏人民出版社, 2005。

③ 相关论文还有徐臻《日本早期诗僧的文化解读》,《外国问题研究》2012 年第 2 期;《论空海入唐对日本汉诗的影响与意义》,《华西语文学刊》2015 年第 1 期。

④ 愿文相关研究还有王晓平《晋唐愿文与日本奈良时代的佛教文学》,《东北亚论坛》2003 年第 2 期。

（2）平安朝中后期汉文学

整体而言，平安朝中后期汉文学的研究成果数量不多。其中汉诗研究尤其是中日汉诗比较研究相对居多。于永梅《日本古代汉文学与中国文学比较研究》（辽宁大学出版社，2010）以平安朝汉诗文的题材和语言表达为主要考察对象，具体选取了"猿声""鹿鸣""血泪""红泪""脱屣"等词语以及兼明亲王的《座左铭》《兔裘赋》，在细致分析文本的基础之上，结合作品的历史文化背景，深入探讨了日本古代汉文学在接受中国文学时呈现出的复杂面貌与独特风格。高兵兵《雪·月·花——由古典诗歌看中日审美之异》（三秦出版社，2006）第二编"日本汉诗题材论"以菅原道真诗文中的"残菊""孤丛""莺花"为分析对象，清晰地阐明了中日古代文学在相同题材上表现出的不同审美特征。宋再新《千年唐诗缘——唐诗在日本》（宁夏人民出版社，2005）以《千载佳句》为线索，纵向梳理考察古代日本对唐诗的取舍选择，强调日本固有的审美标准。单篇论文的讨论基本集中在"菅原道真""《和汉朗咏集》""句题和歌及句题诗"等议题上。菅原道真相关研究主要有以下几种。王晓平《诗化的六朝志怪小说——〈菅家文草〉诗语考释》[《天津师大学报》（社会科学版）2000 年第 1 期]考察道真诗歌与六朝志怪小说的关系，进而探讨六朝志怪小说在平安朝诗化的轨迹。王京钰的《道真诗歌中的杜甫诗语受容问题再认识》[《辽宁工业大学学报》（社会科学版）2013 年第 5 期]、《烦厌公务的菅原道真和杜甫》[《齐齐哈尔大学学报》（哲学社会科学版）2014 年第 1 期]、《菅原道真忧郁性诗歌中的杜甫诗歌元素——菅原道真诗歌与杜甫诗歌比较研究》[《辽宁工业大学学报》（社会科学版）2015 年第 6 期]等文探讨道真诗歌接受杜甫的可能性。此外还有高文汉《论平安诗人菅原道真》（《日语学习与研究》2002 年第 4 期）、肖瑞峰《闪耀在浊世中的思想火花——三论菅原道真的汉诗创作》（《唐都学刊》2003 年第 4 期）等文。《和汉朗咏集》方面，李宇玲《王昭君传承与平安文学——平安韵文为中心に》（《日语教育与日本学研究》，华东理工大学出版社，2013）考察"王昭君传承"在平安朝韵文尤其是在敕撰三集与《和汉朗咏集》中产生的独特变异。丁曼《中国诗文中"扇子"和"砧"意象在日本谣曲中的传承与演变》（《广东广播电视大学学报》2014 年第 2 期）指出，捣衣的汉诗素材和苏武故事对日本谣曲的影响并非直接来自中国本土，而是经过了日本汉诗集《和汉朗咏集》注释中的消化、联结与演变。此外还有王志刚的《昭君题材诗文在日本的流播发展与〈和汉朗咏集〉》[《内蒙古大学学报》（人文社会科学版）2004 年第 1 期]、《九世纪初期日本君臣的昭君母题诗作》[《湖北民族学院学报》（哲学社会科学版）2008 年第 6 期] 等文。句题和歌及句题诗研究方面，隽雪艳《文化的重写：日本古典中的白居易形象》（清华大学出版社，2010）主要以《千载佳句》《大江千里集》《和汉朗咏集》《文集百首》为材料考察日本古代文学对白居易的接受情况，尤其从翻译、改写、创作等角度讨论了句题和歌的性质及其产生的必然性。佐藤正光《关于大江千里〈句题和歌〉中唐诗诗句翻译的观点》（王志松编《文化移植与方法：东亚的训读·翻案·翻译》，广西师范大学出版社，2013）指出大江千里的创作意图在于展现自己汉文学的素养，认为其具体手法与现代意义上的翻译理念接近。句题诗研究方面，蒋义乔《从句题诗看〈李峤百咏〉在日本的接受情况》（《日语学习与研究》2005 年第 2 期）以《文笔问答钞》为线索，提示中国咏物诗与句题诗诗体之间的关联。佐藤道生《省试詩と句題詩》（《日语学习与研究》2009 年第 2 期）则认为，除咏物诗、赋的因素之外，唐代省试诗在句题诗诗体形成初期的影响也不可忽视。该文受到前述李宇玲《平安朝文章生试与唐进士科考——试论平安朝前期的省试诗》（《日语学习与研究》2009 年第 2 期）的启发。①

汉文研究的成果为数甚少。海村惟一《日本早期赋学研究：〈经国集〉〈本朝文粹〉Ⅰ——以平安时代菅原道真兼明亲王的赋为例》（《中国韵文学刊》2015 年第 1 期）概览日本早期赋学的基本状况，并通过对比菅原道真《未旦求衣赋》和前中书王《兔裘赋》的用典情况，勾勒日本早期辞赋发展的历史。刘瑞芝的《论〈本朝文粹〉的特色及其历史意义》（《外国文学研究》2006 年第 4 期）、《论〈本朝文粹〉的文体及其意义》[《浙江大学学报》（人文社会科学版）2008 年第 5 期] 关注《本朝文粹》的选文及文体特色。于永

---

① 此外还有蒋义乔《从古句题到新句题——论平安朝汉诗的本土化进程》（《日语教育与日本学研究论丛（3）》，学苑出版社，2006）、魏祝挺《"杂诗"中的"词"——分析〈本朝文粹·杂诗〉收入越调和江南曲的原因》[《内蒙古农业大学学报》（社会科学版）2009 年第 6 期] 等文。

梅《〈本朝文粹〉现存写本研究》(《国际中国文学研究丛刊》2016 年第 00
期)以身延本为主要考察对象,整理分析《本朝文粹》诸本的情况。王晓平
《诗魔与鬼神——以〈江谈抄〉为中心》(《亚洲汉文学》,天津人民出版社,
2009)关注《江谈抄》中有关鬼诗的记述,由此言及中国文学神秘性的问题,
并探讨了亚洲汉文学一体化研究的可能性。郭雪妮《院政时期日本对唐观的
一个侧面——古文献〈江谈抄〉中吉备入唐说话的思想史背景》(《外国文学
评论》2016 年第 4 期)探讨吉备真备入唐说话所折射出的国家自尊主义,认
为大江匡房欲对中国夸示日本文化优越性的对外意识,既是匡房本人积极与北
宋接触的结果,也与其所处"本朝中心主义"的外交思潮密切相接。[①]

(3)中世汉文学

中世汉文学的研究重心在五山文学。2000 年以后,五山文学受到关注并
逐渐升温。其中,虎关师炼、中岩圆月、绝海中津、义堂周信、一休宗纯是主
要讨论对象。关于虎关师炼的研究多围绕《济北诗话》与中国诗学的关系展
开,先后有张伯伟《论日本诗话的特色——兼谈中日韩诗话的关系》(《外国
文学评论》2002 年第 1 期),徐毅《〈济北诗话〉的诗学价值》(《科教文汇
(下)》2008 年第 7 期),黄威《论宋代诗学思想对日本〈济北诗话〉之影响》
(《船山学刊》2009 年第 2 期),段丽惠《〈济北诗话〉的"立异"与儒家价
值理念》(《船山学刊》2009 年第 3 期),[②] 王辉《宋代诗话与虎关师炼的诗
学思想》(《求索》2013 年第 2 期),罗春兰、穆松《日本诗话中的陶渊明
论》[《南昌大学学报》(人文社会科学版)2015 年第 5 期],程小平《〈济
北诗话〉对宋学之受容新论》[《北京科技大学学报》(社会科学版)2015
年第 5 期],孙德彪《试论东方诗学的文化同质性——以中、朝、日首家诗
话为例》(《长春师范大学学报》2016 年第 11 期)等论文。此外也有少数
不同角度的研究。聂友军《虎关师炼〈济北集〉所见中国观念》(《日语学

---

① 相关研究还有神田喜一郎《〈文选〉絮语——吉备大臣入唐绘词的关联》,童嶺译,《古典
文献研究》2011 年第 00 期;陈翀:《日本古文献〈江谈抄〉所见全唐佚诗句辑考》,《中国典籍
与文化》2013 年第 4 期。

② 着眼于"立异"的论文还有马歌东《论虎关师炼陶渊明"傲吏说"》,《陕西师范大学学报》
(哲学社会科学版)2006 年第 3 期;郑利锋:《虎关师炼称孔子"诗人"删〈诗〉辨》,《社
会科学评论》2007 年第 4 期。

习与研究》2016 年第 1 期）以虎关的"舍疵取醇"言说为切入点，通过解读其取材于中国典籍并予以取譬发挥的篇章，多方位梳理虎关所抱持的中国观念。胡照汀《〈元亨释书·资治表〉对春秋学的借鉴与吸收》[《宁夏大学学报》（人文社会科学版）2016 年第 5 期]指出，《资治表》通过对"春秋学"的借鉴与吸收，重构新的义例系统，是在模仿基础上的"再创造"。关于中岩圆月的研究，孙容成《中岩圆月的思想与文学》（外语教学与研究出版社，2012）是首部相关专著。该书从禅、文学、儒学三个角度深入考察中岩圆月的文化角色特征，其中第二章通过考察中岩在留学期间以及归国后的文笔活动，论述了其诗文创作的特点及文学思想。单篇论文方面，金文京《日本五山禅僧中岩圆月留元事迹考》（邵毅平编《东亚汉诗文交流唱酬研究》，上海古籍出版社，2011）通过考察中岩圆月的留元事迹以及回国后的活动，分析中岩对儒家的特殊关注与其政治行为的深层次原因。毛建雷《日僧中岩圆月的萨都剌记述考》（《佳木斯大学社会科学学报》2016 年第 3 期）钩沉史籍，论证了《文明轩杂谈》中关于元代诗人萨都剌记述的可信性。此外，还有中川德之助《论〈庄子〉对日本文学的影响》（《日本研究》2005 年第 3 期）、吴春燕《日本中世禅僧的"庄子"接受——以中岩圆月为例》（《殷都学刊》2015 年第 2 期）等文。关于绝海中津的研究，任萍《多元文化身份的禅者：日本中世五山僧绝海中津研究》（浙江大学出版社，2015）是首部专著，围绕绝海中津兼具的诗僧、禅僧、官僧等社会角色展开考察，指出五山禅林的世俗化倾向与五山文学从偈颂转化为风雅诗作的倾向都以绝海中津为转折点而迅速发展。此外，还有丸井宪《日本五山"梦窗派"禅僧绝海中津在明经历浅析》（《日本研究》2002 年第 4 期）、车才良《绝海中津研究现状述评》（《日语教育与日本学》2014 年第 1 期）。关于义堂周信的研究，尚永亮《论前期五山文学对杜诗的接受和嬗变——以义堂周信对杜甫的受容为中心》（《中华文史论丛》2006 年第 4 期）多方位探讨义堂学杜的表现与原因，并指出了义堂对经过宋人整合之后的以仁义忠节为本质特点的杜甫的接受。王京钰《义堂周信诗文中的"江云渭树"——日本五山文学杜甫受容的一个侧面》[《辽宁工学院学报》（社会科学版）2004 年第 5 期]指出义堂周信对杜甫重朋友之义的重视。汪磊《从〈空华集〉中看义堂周信笔下的杜甫骑驴形象》（聂友军主编《取醇集：日本五山文学研究》，上海交通大学出版社，2015）从杜诗以及东传日本的中国骑驴图的影响两方面考察了义堂周信笔下的杜甫骑驴形象是如何形成的。

2010 年以后，无学祖元、一山一宁、天岸慧广、雪村友梅、景徐周麟、一休宗纯、策彦周良等更多五山诗僧成为讨论对象，取得了一批研究成果。江静《无学祖元〈临剑颂〉源流考》（《文献》2010 年第 1 期）考述偈颂《临剑颂》东传、回流、演变的传播过程。江静《无学祖元与日本的五山文学》（《日语学习与研究》2011 年第 3 期）从创作实践、文学指导活动、作品流传、宗派影响等方面考察了无学祖元在五山文学史上的地位和影响。① 霍耀林《一山一宁在日本的交游情况》（聂友军主编《取醇集：日本五山文学研究》，上海交通大学出版社，2015）具体考察一山一宁到达日本后和日本武家、公家以及普通僧人的交游情况。何燕文《试论天岸慧广东归的轨迹》（聂友军主编《取醇集：日本五山文学研究》，上海交通大学出版社，2015）梳理天岸慧广东归之路线，指出《东归集》中的诗作顺序可能在传抄的过程中发生了改变。② 汪徐莹《日僧雪村友梅的西蜀"放逐"叙述及其放逐语言》（《日语学习与研究》2016 年第 3 期）指出，雪村对被放逐于西蜀的生活的感受，以及在历史线索中迂回穿梭的足迹，呈现出不断补充蜀地/地方内涵的可能。黄郁晴《山川何处异乾坤：入元日僧雪村友梅及其〈岷峨集〉析论》（《域外汉籍研究集刊（9）》，中华书局，2013）解读雪村滞蜀诗作透显的意涵，指出其在东亚汉文学史上的价值和意义。李小静《雪村友梅隐逸情怀简析》（聂友军主编《取醇集：日本五山文学研究》，上海交通大学出版社，2015）考察雪村诗作中的"月""云""松"意象，分析其隐逸情怀的成因。景徐周麟的相关论文集中在聂友军主编《取醇集：日本五山文学研究》中。梁佳丽《景徐周麟笔下的牡丹意象》考察《翰林葫芦集》中的牡丹意象。华雪梅《五山文学中的林和靖意象》指出《翰林葫芦集》中的林和靖不只是一个人物，

① 参见江静《赴日元僧无学祖元研究》，商务印书馆，2011。
② 相关论文还有王辉《早期日本五山禅林的中国文艺接受管窥——以诗僧天岸慧广〈送笔〉诗为例》，《兰州学刊》2012 年第 3 期。

其背后的梅花、仙鹤、孤山、西湖，皆是林和靖意象的展现。尹俊《明正德前朝鲜与日本交流之探寻》以《翰林葫芦集》中的五封国书为切入点，分析探讨了 15 世纪至 16 世纪初期东亚三国的交流情况。关于一休宗纯的研究尚以介绍及评论为主，有占才成《梦闺风流客 癫狂五山僧——日本五山诗人一休宗纯及其汉诗》（《湛江师范学院学报》2010 年第 4 期）、王洋《试论日本禅文化对一休宗纯汉诗创作风格的影响》（《黑龙江教育学院学报》2010 年第 10 期）、王洋《论一休宗纯的诗歌观——以〈狂云集〉、〈续狂云诗集〉为中心》[《长江大学学报》（社会科学版）2012 年第 5 期] 等文。关于策彦周良的研究也刚刚起步，张晓希《明代中日文化交流的缩影——试论遣明使策彦周良〈入明记〉中的汉诗及其意义》（《山东外语教学》2015 年第 2 期）评述《入明记》汉诗中与自然、人文景观、宗教及外交相关的内容。另外，相关文化研究较为深入，有利于文学研究的展开。如陈小法《日本入明僧携回的中国物品——以策彦周良为例》（《甘肃社会科学》2010 年第 5 期）指出，策彦周良携回的书画作品中鲜见禅林墨迹，文人字画占绝对优势，显示出该时期五山禅林对外典修行的盛行。此外，沈雅文《元僧清拙正澄渡日前交游诗歌初探》（《域外汉籍研究集刊（9）》，中华书局，2013）梳理正澄渡日前的交游网络与游方足迹，探讨了其交游诗的内涵与表现手法。

2010 年以后，还出现了两部五山文学专题的著作。张晓希等著《五山文学与中国文学》（中央编译出版社，2014）全景式概括五山文学产生的背景，并选择虎关师炼、梦窗疏石、中岩圆月、义堂周信、绝海中津、景徐周麟、一休宗纯等代表性诗僧，从文学思想、文学观念、行为风范、宗教素养、个性特征等角度，梳理其与中国文化、文学的关联。聂友军编《取醇集：日本五山文学研究》（上海交通大学出版社，2015）由 14 篇论文组成，除前文中提及的相关论文之外，还有以下这些。陈小法《五山画僧雪舟等杨与杭州西湖》指出入明僧人雪舟通过领略中国山水的风物之美，找到了中国画的源泉，获得了中国画的精髓，从而开创了日本画坛的新风。辜承尧《日本五山文学的"西湖图"考察》整理分析五山汉诗中的西湖题材作品，指出西湖在中日文化交流史上的特殊意义。姚晶晶《文学意象"杨贵妃"在日本的流布》结合五山禅僧的传记与诗文创作，探讨了"杨贵妃"意象的流布情况。张新朋《日藏汉文写本文献校读释例》以《禅林墨迹》《顶相——禅僧の颜》为例，就其中的文字识别和句读问题进行了分类探讨。刘珂《遣明通事赵文瑞、钱氏父子事迹考略》以五山禅僧为入明通事所撰送行诗文为研究对象，考察赵文瑞、钱氏父子的生平事迹。李岩《赴日元僧竺仙梵仟及其思归情怀分析》考察了《天柱集》中表达思归情感的作品，并结合竺仙在日经历探讨其思归的背景和原因。此外，刘玉才、潘建国编《日本古钞本与五山版汉籍研究论丛》（北京大学出版社，2015）主要着眼于日本古钞本及五山版汉籍对于中国文献学研究的意义，对促进相关研究也大有裨益。①

还有一些其他视角的研究值得关注。丸井宪《日本早期"五山汉文学"渊源之探讨——以中国宋元代"禅文化"东传为中心》［《北京大学学报》（哲学社会科学版）2003 年第 1 期］梳理中国"禅文化"的东渐途径，指出宋朝系统的纯文学性格与元朝系统的世俗文学倾向。吴雨平《幕府执政者意识形态与日本五山汉诗》［《苏州大学学报》（哲学社会科学版）2007 年第 4期］指出室町幕府的佛教政策以及对诗僧的奖励是五山文学得以兴盛的原因。任萍《论日本中世禅林汉文学的成因》（王宝平编《东亚视域中的汉文学研究》，上海古籍出版社，2013）从以偈传灯、文字禅风、禅籍东传、中国诗僧等方面考察五山文学成因。谢琰《〈联珠诗格〉的东传与日本五山七绝的发展——兼论中国文学经典海外传播的路径与原则》（《江海学刊》2013 年第 3期）论述《联珠诗格》的文献性质、东传机缘以及对五山七绝发展的影响，并指出其"断片传播"及"思想先行"的传播规律。王京钰《试论五山句题的新特点——以典出杜甫〈夜宴左氏庄〉句题为例》（《常熟理工学院学报》2011 年第 11 期）以平安朝句题诗的创作规则为参照，分析了五山句题的新特点及审美取向。周裕锴《典范与传统：惠洪与中日禅林的"潇湘八景"书写》［《四川大学学报》（哲学社会科学版）2014 年第 1 期］指出"潇湘八景"诗的写作典范由惠洪开创并由中日禅林继承发扬，认为这一书写传统的形成与"文字禅"观念的流行有关。冉毅《日本的八景诗与潇湘八景》（《外国文学研究》2012 年第 6 期）通过挖掘整理相关史料，探讨日本八景文化的形态，

---

① 相关研究资料还有《域外汉籍珍本文库：日本五山版汉籍善本集刊》，人民出版社，2012。

尤其对日本八景诗的源流、审美理想及深层意趣与潇湘八景诗进行了比较分析。罗鹭《五山时代前期的元日文学交流》[《四川大学学报》（哲学社会科学版）2015年第3期]整理归纳五山前期东渡元僧与入元日僧的文学活动，以及元人诗文集在日本南北朝时期的翻刻情况。蔡毅《五山禅僧的苏诗别解——以〈四河入海〉为例》（《域外汉籍研究集刊（14）》，中华书局，2016）围绕苏轼晚年的三首诗作，从词句释义、章节解读和总体串讲的角度考察分析五山诗僧心目中的东坡像。江静《宋元时期中日禅林诗文交流初探——以对墨迹史料的考察为中心》（王宝平编《东亚视域中的汉文学研究》，上海古籍出版社，2013）指出，宋元时期中日禅林间的诗文交流存在参与人数多、内容多样化、持续时间长等特点。铃木敏弘《日本中世后期关东地区的汉学研究》（《日本研究》2011年第3期）指出室町后期至战国时代的汉学与汉文学并没有衰退，尤其在禅僧和武士间被作为学问和文学的主流得以继承，从而迎来了江户时代汉学的兴盛。①

如上所述，2000年以降涌现出一大批五山文学研究成果，五山文学与中国文学的关联、其中蕴含的丰富的文化交流史内容越来越受到古典文学界的关注。然而，正如王晓平在《五山文学与中国文学》（中央编译出版社，2014）序言中指出的那样，五山文学研究在汉籍考辨、抄物研究、作品阐释、理论探讨等方面还存在大量的课题，亟待深化。

抄物研究是中世汉文学研究的另一个重要组成部分。20世纪90年代以来，抄物作为注释资料的价值在日本古典文学界逐渐受到重视，与此相呼应，中国学者也加入抄物研究的行列中。其成果虽然在国内为数尚少，却显示出很高的研究水平。周以量《唐传奇〈离魂记〉在日本禅林中的接受》[《北京大学学报》（哲学社会科学版）2006年第1期]通过考证《无门关》抄物所据唐传奇《离魂记》的底本及其在日流传的经过，指出该类抄物为《离魂记》在日本禅林的流传起到推波助澜的作用。王晓平《抄物识读的方法》（《日语学习与研究》2013年第6期）以《论语抄》为例，

---

① 相关研究还有马歌东《日本五山禅僧汉诗研究》，《唐都学刊》2003年第1期；朱雯瑛：《日本五山文学中的潇湘八景诗》，《名作欣赏》2014年第36期；林瑶：《日本五山文学中的"苏轼"》，《乐山师范学院学报》2013年第9期；王志钢：《五山诗人对苏轼诗歌语典借鉴特点及其反映出的美学倾向》，《文化学刊》2016年第9期。

明确指出"明通例"等识读难解汉字的七大要领。刘玲《〈三体诗幻云抄〉等在日本室町时代抄物写本书写符号的识读》(《文献》2016 年第 3 期)针对"踊り字"等四种基本符号,详细分析、说明如何正确识读。刘玲《注释中国古典文献的日本汉籍抄物——以日本内阁文库藏天文五年写本"三体詩幻雲抄"为例》[《北京师范大学学报》(社会科学版)2009 年第 4 期]以该抄物中卷首绝句《华清宫》的注释为例,在与原注比较的基础上分析其特点。此外,还有董舒心《论日本苏诗注本〈四河入海〉的学术价值》(《古典文学知识》2012 年第 3 期)、查屏球《日本藏南宋遗民诗人严子安"和唐诗"辑考》(《学术界》2012 年第 9 期)、内田诚一《从古代中国舶来日本的〈王维集〉版本初探——兼论〈三体诗幻云抄〉中的〈题崔处士林亭〉一诗》(《运城学院学报》2014 年第 4 期)。

(4) 近世汉文学

近世汉文学研究主要以汉诗和汉文小说为中心展开。在汉诗研究方面,诗话一直都是备受关注的热点问题。2000 年以后,国内的日本诗话研究工作逐步展开。以江户诗话为中心展开的对日本诗话的整体论述,主要集中在谭雯《日本诗话的中国情结》(中国社会科学出版社,2007)、祁晓明《江户时期的日本诗话》(中国社会科学出版社,2009)、孙立《日本诗话中的中国古代诗学研究》(北京大学出版社,2012)等专著上。谭著从诗史论、格法论、诗本质论、诗歌批评论、作家作品论几个方面阐释了日本诗话对中国诗话的继承与发展。孙著以镰仓至明治时期诗话中的中国诗学论为考察对象,既有探讨日本诗话与中国文学之关系的综合研究,也有关于日本诗话讨论唐宋诗之争、明代文学、中国文学批评、中国诗体的个案研究,不仅有利于读者了解日本文人对中国古代文学的借鉴批评,而且有利于反观国内的古代文学研究。祁著在界定"诗话"的概念、起源、特征、研究意义后,分上下两篇展开论述。上篇宏观概述了日本诗话产生的文学背景、兴盛的外在条件、作者层和创作动机、江户诗话的类型和特点,并以江村北海的"二百年说"为切入点深入讨论了中日诗话的影响关系;下篇从微观角度依次阐释了日本诗话关于诗歌本质、诗韵诗律、诗歌创作、诗歌批评、诗歌鉴赏的论述,为种类繁多、叙述零散的日本诗话构建了较为合理的理论体系,展现了日本诗话本土化的种种迹象，为学界从中国诗学角度较全面地把握日本诗话的内容和特征提供了重要参考。祁晓明《中日诗学研究》（对外经济贸易大学出版社，2016）仍以日本诗话为中心，但加入了和歌、俳句等的理论、鉴赏、批评，扩大了日本诗话的研究范围。该书不但聚焦中国文学对日本诗歌的影响，也尝试探讨日本诗话、诗论对中国相关领域的拒斥，还关注近代以来中国对日本诗论的借鉴，构成了名副其实的中日文学相互关系研究。单篇论文方面，王晓平《跨文化视角下的日本诗话》（《南开学报》2016年第3期）论述日本诗话与中国诗话的相异之处，提示未来诗话研究可以拓展的多种可能性。孙立《中国诗话之输入与日本早期自撰诗话》（《安徽师范大学学报》2016年第1期）以中国诗话的东传为背景分析了从平安到江户早期的诗话作者对诗话体制的选择。权宇《试析日本诗话的价值取向与审美文化特性》（《延边大学学报》2012年第2期）通过梳理日本诗话的发展过程，指出日本诗话不仅呈现出融合中日诗话的痕迹，也体现了"和风"的价值取向和"主情"的审美文化特性。

诗话的个案研究既有以多种诗话为素材剖析个别现象的模式，也有对某一具体诗话的考察。前者如谭雯《从日本诗话看唐宋诗之争》（《山东教育学院学报》2007年第4期），谭雯、蒋凡《日本诗话论诗话》［《湘潭大学学报》（哲学社会科学版）2008年第2期］，罗春兰、穆松《日本诗话中的陶渊明论》（《南昌大学学报》2015年第5期），王志钢《江户时代日本诗话中的苏轼研究》（《文化学刊》2016年第4期），邱美琼、涂亮《日本诗话中的陆游论》（《东疆学刊》2017年第3期）。后者中被关注较多的是津阪东阳的《夜航诗话》，主要研究有曹磊发表于《古籍整理研究学刊》上的系列论文《津阪孝绰〈夜航诗话〉研究评述》（2012年第6期）、《津阪孝绰〈夜航诗话〉的诗法：文字、典故及诗礼》（2014年第6期）、《津阪孝绰〈夜航诗话〉的诗法（二）：汉诗格律批评》（2015年第5期），以及道坂昭广《江户时代后期日本人对汉诗的认识——以津阪东阳〈夜航诗话〉为线索》（《西华师范大学学报》2014年第1期）和祁晓明《从津阪东阳〈夜航诗话〉的唐宋诗评看中日文化之差异》（《东北亚外语研究》

2015 年第 1 期），为读者从多个角度解读《夜航诗话》提供了可能。①

　　除上述诗话研究外，江户汉诗研究可以图式化地分为立足于中国的传播研究和立足于日本的接受研究，以及介于两者之间的各类研究。立足于中国的传播研究主要集中在明清文学上，如李鹏《性灵派与江户后期汉诗诗坛——以袁枚、赵翼诗歌及诗话在日本的传播为中心》（《中国典籍与文化》2004 年第 2 期）认为日本诗人试图借助袁枚和赵翼的诗歌诗论摆脱明七子的拟盛唐影响。陈广宏《明代文学东传与江户汉诗的唐宋之争》（《上海师范大学学报》2010 年第 6 期）通过梳理江户诗坛的唐宋之争，剖析了其中反映的人文主义思潮。严明《明清诗风之变对江户汉诗的影响》（《中国比较文学》2013 年第 4 期）亦为同类研究。刘芳亮《日本江户汉诗对明代诗歌的接受研究》（山东大学出版社，2013）则站在日本接受外来文化的立场，考察了明七子和公安派的诗学理论及作品在江户诗坛的流传和接受，并从心理机制、社会文化、政治环境几个角度分析了明代诗歌诗论被取舍的原因。当然，江户诗坛对中国文学文化的接受与选择是多角度的，并不局限于明清文学，因此相关研究也呈现出多样化趋势，且多与汉诗的本土化这一课题相关。郭颖《汉诗与和习——从〈东瀛诗选〉到日本的诗歌自觉》（厦门大学出版社，2013）以清代诗人俞樾的编撰和修改为主要切入点，通过和日本汉诗底本中的原诗进行比较考察，论证了江户时期日本汉诗的"和习"特色，分析了不同诗人的创作个性与风格。此外还有沈文凡《杜甫名篇名句日本江户以来汉诗受容文献初缉》（《杜甫研究学刊》2013 年第 1 期），徐臻《日本汉诗对"谪仙"李白的接受》（《广东外语外贸大学学报》2015 年第 3 期），祁晓明《日本汉诗本土化的探索——江户汉诗在理论及实践层面对和歌、俳句的借鉴》（《山东大学学报》2012 年第 4 期），权宇、李美花《试论八景诗日本化的形成模式与形态流变》（《东疆学刊》2015 年第 3 期），肖瑞峰《日本江户汉诗的和样化与多样

---

① 　另外，有关诗话的个案研究还有马歌东《日本诗话〈彩岩诗则〉著者考辨》，《唐都学刊》2001 年第 3 期，收于《日本汉诗溯源比较研究》2011 版；刘欢萍：《论日本诗话〈松阴快谈〉的中国文评观》，《殷都学刊》2012 年第 4 期；祁晓明：《江户初期汉诗人对于〈沧浪诗话〉的拒斥——以石川丈山〈诗法正义〉为例》，《文史哲》2014 年第 6 期，收于《中日诗学研究》；胡欣、严明：《论〈诗薮〉对〈日本诗史〉的影响》，《文艺理论研究》2015 年第 2 期。

化——以题材为中心视点的考察》（《绍兴文理学院学报》2016 年第 4 期），吴雨平《儒学的日本化与江户汉诗》（《深圳大学学报》2007 年第 4 期）、《唐诗选本的日本化阐释及其对中晚期日本汉诗创作的影响》（《江苏社会科学》2009 年第 5 期）等。介于传播与接受之间的比较研究也有着多元化的倾向，论题涉及中国文学参照下的日本汉诗内部论①、江户时期对中国诗歌的和刻注释②、朝日文人的笔谈唱和③、荻生徂徕翻译观或训读观研究④等。

有关具体诗人诗作的专门研究相对薄弱，集中在市河宽斋、菅茶山、赖山阳等江户中后期的名诗人上。市河宽斋研究主要围绕其与陆游的关系展开。郝润华《市河宽斋及其〈陆诗意注〉》（《文献》2003 年第 4 期）、《陆游诗歌与日本江户文学——以市河宽斋为中心考察》（《南京政治学院学报》2004 年第 4 期）在分析《陆诗意注》的基础上，从诗句化用、同题创作、意境建构三个方面说明了宽斋对陆游的借鉴。都轶伦《市河宽斋〈陆诗考实〉研究》（《文献》2015 年第 1 期）阐释了《陆诗考实》的编辑、注释特点，并从当时中日诗坛的诗风倾向和编者的个人喜好等角度分析了这些特征的形成原因。蔡毅著《日本汉诗论稿》（中华书局，2007）一书中收有三篇关于市河宽斋的论述，分别为《市河宽斋简论》《市河宽斋与〈全唐诗逸〉》《市河宽斋所作诗话考》。另外还有马永平《市河宽斋"三弦弹"略考》[《西南民族大学学报》（人文社会科学版）2012 年增刊]、《江户后期〈杨柳枝词〉的经典之作——论市河宽斋的"杨柳枝词三首"》（《哈尔滨师范大学社会科学学报》2013 年第 5 期）等文。菅茶山研究主要有李均洋《中日文化交流的辉煌和中日政治文化的异同——论菅茶山的史诗式汉诗〈开元琴歌〉》（《西北大学学报》

---

① 如蒋洪生《论江户时代蘐园诗派对日本文学和精神史的影响》，《日语学习与研究》2012 年第 1 期；郭颖：《日本江户汉诗评价基准与文化自觉》，《厦门大学学报》2013 年第 4 期；樊丽丽：《论日本近世的富士山形象及形成要因》，《长春师范大学学报》2017 年第 8 期；等等。
② 如马歌东《〈全唐诗逸〉辨误》，《日本汉诗溯源比较研究》，商务印书馆，2011；卞东波：《寒山诗日本古注本的阐释特色与学术价值》，《南京大学学报》2016 年第 3 期。
③ 如朴成日《朝鲜通信使与日本文人的汉诗交流——以〈海行总载〉中的记载为例》，《白城师范学院学报》2015 年第 10 期；黄普基：《"友情"与"文战"——日韩学者在〈燕行录〉、通信使笔谈研究中的争论焦点》，《史林》2016 年第 2 期。
④ 如刘芳亮《荻生徂徕的翻译思想》，《解放军外国语学院学报》2009 年第 2 期；张博：《荻生徂徕的训读论》，《深圳大学学报》2016 年第 2 期。

2012 年第 5 期)、《日本汉诗的"风土记"意象认知——菅茶山"东游诗"研究》(《外语学界》2013 年第 00 期)。赖山阳研究有金荣华《赖山阳的孝亲诗》(《中日关系史研究》2011 年第 1 期),陈菊、贺雪飞《试论苏轼和赖山阳的咏海诗》(《焦作大学学报》2013 年第 2 期),赖万多《赖山阳的咏史诗——逆说的咏史诗》(《中国诗歌研究中心会议论文集》,学苑出版社,2004)。此外,女性汉诗人江马细香、原采蘋、梁川红兰,以及梁川红兰的丈夫梁川星岩也进入研究视野。①

狂诗作为一种特殊的汉诗,也引起了我国学者的关注。严明《日本狂诗创作的三次高潮——从东亚汉文学史的发展角度着眼》(《学习与探索》2009 年第 2 期)和《日本狂诗艺术特征论》(《东亚文学与文化研究(2)》,2012)二文以东亚汉文学为视野,结合当时日本的政治环境与文坛背景,以具体作品为例证,史论结合地向中国读者呈现了狂诗的演进历程及其艺术特性。关永皓《中国"打油诗"和日本"狂诗"的特征对照》(《伊犁师范学院学报》2008 年第 4 期)则从文体特征、内容价值、结构模式、传播方式、思想倾向几个方面对中国"打油诗"和狂诗进行了比较研究。

对江户汉文的研究,主要集中在汉文小说上。尽管从热度和数量上看,国内对日本汉文小说的研究不及对韩国(朝鲜)、越南同类文体的研究,但 21 世纪以来,随着东亚汉文小说、域外汉文小说的整理与研究展开,日本汉文小说也受到了学者们的关注。先后有孙虎堂、王国良、王三庆大致梳理了中国、日本的汉文小说研究状况。② 作为东亚汉文小说的重要组成部分,王晓平、孙逊、严明等关注东亚汉文学的学者在论述东亚汉文小说的整体研究时,也会提及日本汉文小说,既关注中国古典小说对日本汉文小说的影响,也强调日本汉

---

① 小谷喜久江:《游历の女性汉诗人——原采蘋の生涯》,《日语教育与日本学研究》,华东理工大学出版社,2013;乔玉钰:《论江户时代女性汉诗对中国文学的因革——以江马细香、梁川红兰为例》,《深圳大学学报》2015 年第 3 期;史瑞雪:《日本汉诗〈骆驼叹〉中的中国因素》,《鸡西大学学报》2016 年第 1 期。

② 孙虎堂:《日本汉文小说的研究现状与研究理路》,《国外社会科学》2010 年第 4 期;王国良:《试析日本汉文小说整理研究之进境与成绩——以非宗教性作品为范围》,《天津师范大学学报》2013 年第 1 期;王三庆:《日本汉文小说的整理与研究近况》,王宝平主编《东亚视域中的汉文学研究》,上海古籍出版社,2013。

文小说体现的本土特色。① 由于日本汉文小说多创作于江户和明治时代，因此对日本汉文小说的整体探讨和个案分析也主要集中在这两个时期，且明治时期的汉文小说所受关注度略高于江户时代。从不同角度在宏观上述及日本汉文小说的研究有杨彬、吴佳娜《中国古代小说与古代日本汉文小说》（《江西师范大学学报》2004 年第 6 期），杨彬《中国古代小说在日本——以日本汉文小说为中心》（《明清小说研究》2005 年第 1 期），李小龙《日本汉文小说及读本对回目的编译与翻改》（《域外汉籍研究集刊（6）》，2010），常雪鹰《日本汉文小说研究述略》（《北京教育学院学报》2017 年第 4 期），以及罗小东的系列论文《日本汉文小说的发展及特点探析》（《人文丛刊》2011 年第 00 期）、《日本汉文小说的发展及其理论探析》（《明清小说研究》2012 年第 1 期）、《日本汉文小说的创作宗旨及文体》（《南京师大学报》2013 年第 4 期）。罗文宏观论述了日本汉文小说的产生背景、发展概况、文体特征。大陆最早对日本汉文小说进行整体、系统研究的是孙虎堂《日本汉文小说研究》（上海古籍出版社，2010）。考虑到日本汉文小说的搜集整理工作尚未完成，作者以"横向的文体分类模式"取代"纵向的小说史模式"架构章节，突出了"论"和"研究"的特点。该书结合作品的篇章体制、话语体式、流传方式，以及学界对中国古代小说的分类标准，将研究对象分为笔记体、传奇体、话本体、章回体四类，每一类为一章，并在大类之下又细分小类，构成一节，每一节都以具体作品为例做出说明论证，兼具"作品选"和"小说史"的意味。即使从个案研究的角度来看，这些论述也基本都具有开拓性意义。作者不仅交代了这些作品的作者、版本、主要内容，而且考察了这些作品的成书背景，探索了它们在文体、语体、体制、题材等方面体现出的中国文学因素和本土特色。这种操作模式与作者提出的"重建文化语境"和"还原创作场景"的研究观念密切相关，具有重要的借鉴意义。

与江户汉文小说直接相关的单篇论文为数不多。罗小东《日本汉文小说

---

① 此类文章如陈辽《汉字文化圈内的域外汉文小说》，《中华文化论坛》2005 年第 3 期；孙逊：《东亚汉文小说研究：一个有待开掘的学术领域》，《学习与探索》2006 年第 2 期；严明：《东亚汉文小说的衍变及本土特色》，《浙江大学学报》2009 年第 1 期；王晓平：《东亚汉文小说的汉字学研究》，《国际汉学》2015 年第 1 期。

〈啜茗谈柄〉研究》（《人文丛刊》2008 年第 00 期）分析《啜茗谈柄》的叙事内容及其叙事特点。罗小东《日本汉文小说〈大东世语〉的汉风呈现》（《华文文学》2015 年第 3 期）指出作品虽然展现了平安时期日本对中国文化艺术的热衷，但却极少描写日本在政治、宗教领域向中国学习的成就，认为这与该书的审美标准"情协令旨""言中韶音"以及平安朝以后天皇权力的弱化有关。

王佳璐和徐丽丽的《唐话学的文学遗产之一——日本白话体汉文小说》（《哈尔滨师范大学社会科学学报》2015 年第 4 期）将江户时期的白话体小说分为汉文翻译（日文）类作品、汉文洒落本和戏作本、汉文教科书和参考书三类。施晔的《〈春梦琐言〉为日本汉文小说辨》（《中国比较文学》2017 年第 4 期）属于考证类个案研究，通过版本考察、文本细读，论述了《春梦锁言》是日人假托明人所作汉文小说。还有一些汉文小说整体研究中涉及江户部分的论文。刘璇《论近世以来日本文人的中国通俗小说观念流变——以小说序跋为线索》（《中国比较文学》2017 年第 4 期）以日人译中国通俗小说和日人作汉文小说中的汉文序跋为研究对象，时间跨度延续到了明治初期。在述及江户部分时，作者指出，江户初期日人写作小说序跋时在思想观念与描写手法上处于模仿阶段，至江户中后期，随着细读文本、注意版本等习惯的养成，逐渐萌生出了独立的创作意识。此外，汉文笑话也被作为汉文小说的一种加以论述。前述孙虎堂的《日本汉文小说研究》对《日本汉文小说丛刊》第一辑（王三庆、庄雅州、陈庆浩、内山知也主编，台湾学生书局，2003）所收的六部汉文笑话集作为诙谐类笔记体小说进行了讨论。之后，孙虎堂《日本汉文笑话集〈译准笑话〉管窥》（《古典文学知识》2014 年第 6 期）对该笑话集的版本、作者、创作方式做了论述。石雷《形同质异的日本江户时代汉文笑话》（《甘肃社会科学》2016 年第 4 期）以具体例子展示了江户时期的笑话与中国笑话的不同，认为这种差异与汉文笑话在江户时期所附有的汉语学习工具的功能有关。

3. 东亚场域中的日本汉文学

21 世纪初，伴随国际交流带来的视域拓展，"东亚视域"概念渗入人文社会学科的各个领域，也为日本古代汉文学研究带来了十足的生机。相关成果主要可以分为以汉籍传播为中心的文献整备和区域性比较文学研究两个方面。

（1）以汉籍传播为中心的文献整备

如前所述，20 世纪 90 年代我国学者已经在追寻与钩沉散存在日本的汉籍文献。2005 年，严绍璗出版了《日本藏汉籍珍本追踪纪实——严绍璗海外访书志》（上海古籍出版社），并于 2007 年推出了三卷本《日藏汉籍善本目录》（中华书局）。该书虽然属于传统的"目录学"研究，但著者十分留意考察文本传递的历史轨迹与文化后果，并力图把这样的学术理念和传统的"目录学"研究结合起来，扩展了学术视野，推进了学科融通，在中日比较文学研究领域具有里程碑意义。

21 世纪初，国内第一个域外汉籍研究机构——南京大学域外汉籍研究所正式成立。所谓域外汉籍，主要指域外所藏中国古籍（包括域外刻本）以及域外人士撰写的汉文典籍，其中在日本历史上曾以汉字为载体的典籍正是其主要内容之一。尽管关于"域外汉籍"的具体定义还存有一定分歧，[①] 但将日本文人用汉字书写的典籍置于"东亚汉文化圈"来重新把握，无疑符合古代东亚文化交流与融合的历史实情，有助于打破国别框架与学科壁垒，从而实现更为综合、更为立体的文学研究。2000 年以来，域外汉籍研究在文献资料的收集与整理方面取得了令人瞩目的成绩，参见金程宇《近十年中国域外汉籍研究评述》[《南京大学学报》（哲学·人文科学·社会科学版）2010 年第 3期]、刘泰廷《中国近五年域外汉籍研究述评》（《图书馆理论与实践》2017年第 1 期），其中既有对日藏汉籍的影印、重印，也包括对日藏汉籍、日本汉籍的校勘整理与考释以及版本目录。影印方面的成果如：大型影印丛书《日本宫内厅书陵部藏宋元版汉籍选刊》（上海古籍出版社，2013），杨忠等编《日本国立公文书馆藏宋元本汉籍选刊》（凤凰出版社，2013），刘玉才、稲畑耕一郎编《日本国会图书馆藏宋元本汉籍选刊》（凤凰出版社，2013），金程宇编《和刻本中国古逸书丛刊》（凤凰出版社，2012），《琉球王国汉文文献集成》（复旦大学出版社，2013），周勋初《唐钞〈文选集注〉汇存》（上海古籍出版社，2000），王宝平《晚清东游日记汇编 1——中日诗文交流集》（上

---

① 参见王勇《从"汉籍"到"域外汉籍"》，《浙江大学学报》（人文社会科学版）2011 年第 6期。

海古籍出版社，2004），姜亚沙、经莉、陈湛绮《日本史料汇编》（中华全国图书馆文献缩微复制中心，2004）。重印书籍如：中岛敏夫编《唐诗类苑》（上海古籍出版社，2006）、《古诗类苑》（上海古籍出版社，2006），《日本足利学校藏宋刊明州本六臣注文选》（人民文学出版社，2008）。校勘整理方面，对日藏中国古佚书的整理如：卞东波校证《唐宋千家联珠诗格校证》（凤凰出版社，2007），王水照主编《历代文话》（复旦大学出版社，2008），张健点校《珍本明诗话五种》（北京大学出版社，2008），陈尚君著《全唐文补编》（中华书局，2005），曾枣庄、刘琳主编《全宋文》（上海辞书出版社，2006）。考释有王晓平《日本诗经学文献考释》（中华书局，2012）。利用日藏中国古籍善本进行整理的成果如：李更、陈新校证《分门纂类唐宋时贤千家诗选》（人民文学出版社，2002），张伯伟编校《稀见本宋人诗话四种》（江苏古籍出版社，2002），谢思炜《白居易诗集校注》（中华书局，2006）。对日本汉文著作的整理如：白化文、李鼎霞《行历抄校注》（花山文艺出版社，2004），宋红点校《千载佳句》（上海古籍出版社，2006），殷旭民点校《一休和尚诗集》（华东师范大学出版社，2008），张伯伟、郭醒、童岭、卞东波点校《注石门文字禅》（中华书局，2012）。版本目录方面，除前述总目性质的书目外，台湾地区还出现了一些单独馆藏的书目。① 另外，文化研究领域也在积极探索以书籍为纽带的东亚文化交流。王勇主编《东亚坐标中的书籍之路研究》（中国书籍出版社，2013）立足于东亚视域，以"书籍之路"概念为理论框架，综合各类典籍及书目，考察了中国典籍的外传轨迹以及日本汉籍的生成状况。王勇主编《东亚的笔谈研究》（浙江工商大学出版社，2015）关注古代东亚用汉字、汉文沟通信息、传授知识以及问答酬唱的历史。这些研究从东亚文化交流史的角度为日本汉文学研究提供了新的思路和材料。②

---

① 如住吉朋彦著《台湾大学图书馆藏珍本东亚文献目录——日本汉籍篇》，台湾大学出版中心，2008。

② 反过来，汉文学资料也为东亚历史研究提供了新的素材与视角。如高兵兵《"南山"意象与古代东亚都城建构——以长安终南山和奈良吉野山为中心》[《西北大学学报》（哲学社会科学版）2016年第6期]运用中国古代典籍和日本早期汉诗文材料，主要通过对长安终南山和日本奈良吉野山的对比分析，来揭示长安"南山—北阙"都城格局的寓意及其对东亚诸国的影响。

（2）区域性比较文学研究

如果说文献整备奠定了文本基础，那么东亚视域则为日本汉文学研究打开了更为广阔的视野。在当代，区域性比较文学研究成为重要的态势。

首先，在域外汉籍的框架内出现了众多区域性比较研究成果。这里撷取若干，以窥一斑。著作方面，王晓平《亚洲汉文学》（天津人民出版社，2001）梳理亚洲各国文学交流互动的脉络，在东亚比较文学和汉文学研究史上具有开拓性意义。王晓平《远传的衣钵——日本传衍的敦煌佛教文学》（宁夏人民出版社，2005）梳理考察日本古典文学对愿文的接受情况。王晓平《日本诗经学史》（学苑出版社，2009）在文化视域下观照日本诗经学的千年演变进程，并于第五章"《诗经》与日本文学"中设专节探讨了"日本汉文学对《诗经》文本的引用与戏仿"。张伯伟《作为方法的汉文化圈》（中华书局，2011）旨在探究并实践域外汉籍研究的方法体系，其中《东亚文化意象的形成与变迁——以文学和绘画中的骑驴与骑牛为例》兼综文学与绘画二门类，以诗人的骑驴或骑牛为例，探讨东亚文化意象的形成与变迁；《汉文学史上的1764年》考察1764年朝鲜通信使在日本的酬唱笔谈，揭示其在汉文学史乃至汉文化史上的意义。金程宇《东亚汉文学论考》（凤凰出版社，2013）在发现和利用稀见文献上尤具特色，如《诗学与绘画——中日所存唐代诗学文献〈琉璃堂墨客图〉新探》一文利用日本文献《明文抄》所载资料，探讨《墨客图》涉及的唐代诗学、绘画、中日诗学比较等问题。单篇论文方面，金文京《东亚争奇文学初探》（《域外汉籍研究集刊（2）》，中华书局，2006）首次提出争奇文学的概念，并通过考察这类文学作品在东亚诸国的特性与共性来反观中国文学中业已消失或被隐蔽的传统。廖肇亨《四海斯文自一家：江户前期日本儒者诗文中的世界图像》（《域外汉籍研究集刊（5）》，中华书局，2009）考察林罗山等人的诗文及其世界观的相互关系，分析当时东亚的国际秩序。王小林《山上忆良的著述与敦煌愿文》（《域外汉籍研究集刊（6）》，中华书局，2010）考论山上忆良的文笔活动与著述环境，指出愿文对于《万叶集》研究的重要性。金文京《〈萍遇录〉：18世纪末朝鲜通信史与日本文人的笔谈记录》（邵毅平编《东亚汉诗文交流唱酬研究》，上海古籍出版社，2011）从东亚文学文化交流的角度介绍分析18世纪史料《萍遇录》在通信使笔谈中的特征、现存版本与主要话题内容。刘玉才《〈寒山子诗集〉早期刊本源流钩沉》[《北京大学学报》（哲学社会科学版）2012 年第 6 期]借助日本、朝鲜的收藏与翻刻，勾勒《寒山子诗集》早期刊本之间的关系，并指出该书的流通反映出东亚诸国间的书籍交流以及雕版印刷技术互动的历史。蔡毅《日本汉诗西传举隅——以〈杨文公谈苑〉为例》[《西华师范大学学报》（哲学社会科学版）2014 年第 2 期]以《杨文公谈苑》所收日僧寂照诗为例探讨日本汉诗西传，证明了中日文化交流的双向性质。

另一方面，作为东亚知识文化共同体的"汉字文化圈"概念已然深入人心，但各国又都强调各自的文化传承与独特性。2000 年以来，对于如何在东亚视域下探明中日文学间的关联性和差异性，我国学者进行了大量有益的尝试，涌现出一批多角度、跨时段、跨学科的研究成果。其中，训读·翻案·翻译成为最主要的抓手，反映出相关研究者敏锐的学术眼光与清晰的问题意识。

王晓平《中日文学经典的传播与翻译》（中华书局，2014）利用传播学、翻译学与语言学等研究方法，系统地、历时地梳理中日两国的文学经典作品在对方国家的传播与翻译情况，用"互读"的视角阐释文化误读与文化取舍现象，并探讨了翻译方法的问题。王志松编《文化移植与方法：东亚的训读·翻案·翻译》（广西师范大学出版社，2013）包括"训读与汉字文化""翻译与翻案""东亚文学与文化越境"三大板块，对东亚儒家和佛教为主的文化大背景下，中日朝三国文学中存在的相互翻译、相互影响展开论述，涵盖了各种文学现象。书中收录了大量相关论文。① 中村春作《"训读"论开拓的新视野》从宏观的角度论述了"训读"与东亚的文化理解、接受以及知识体系形成之间的关系。金文京《东亚汉文训读起源与佛经汉译之关系》考察日语"训读"之起源，认为这种现象广泛见于汉文化圈，并影响到各国的世界观。王晓平《日本古典文学翻译的"前翻译"——翻译者的文字学功课》从文字

---

① 该论文集收录的相关论文还有：马俊《从〈古事记〉序文看太安万侣如何突破汉字固有表达的重围》、赵力伟《作为注释的训读——以〈蒙求和歌〉的训读为中心》、佐藤正光《关于大江千里〈句题和歌〉中唐诗诗句翻译的观点》、周以量《近世文学与"翻案"》、卢俊伟《浅井了意〈伽婢子〉中的三教一致学说》等。此外，相关论文还有杨金萍《古汉语文献在日本平安时代的"豪杰译"——以〈今昔物语集·震旦部〉的一则故事为考察范例》，《浙江外国语学院学报》2012 年第 3 期。

学和版本整理的角度考察了日本古典文学的翻译问题。该文指出，在日本汉文学和假名文学之间存在"变体汉文"这样的交叉地带，想翻译好这些作品，就必须了解全部翻译流程的特点。郑文全《白隐与寒山诗解读——以〈人问寒山道〉为例》以江户时代禅僧白隐的寒山诗注释为参照，勾勒"寒山"一词的意义在各种注释版本中的演变过程，并由此分析后世"寒山热"的原因。① 王宝平主编《东亚视域中的汉文学研究》（上海古籍出版社，2013）分为"综合研究""个案研究""交流研究""小说研究"四编，主要相关论文有：王晓平《日本汉文学与文化翻译——以论〈源氏物语〉诗为中心》从翻译学的角度探讨《赋光源氏物语诗》等诗作中的日本式表达及文学批评标准，指出其作为日本汉文学的双重性格；河野贵美子《古代日本文人的汉文学研究方法——以藤原敦光〈三教勘注抄〉为例》指出，藤原敦光在注释《三教指归》时借鉴了宋本《玉篇》和《广韵》对汉字附加详细的音意注，同时还借鉴了《文选》及《文选》注。

东亚视域下的日本汉文学研究不仅有研究视野和空间的积极拓展，还伴随着对研究观念和方法论体系的不断建构。应该说，"东亚""亚洲""域外"等概念，反映出当代中国学者对西方文学研究观念的积极反思和对东方的、亚洲的、中国的知识生产方式的探索。正是以这样的潮流为背景，张哲俊另辟蹊径，提出了"第三种比较文学"的观念。传统的比较文学研究多注重影响关系或者平行关系，但是前者在考据上容易面临似是而非的尴尬困境，后者又往往忽略双边的相异性。基于对传统研究方法局限性的反思，张哲俊《第三种比较文学的观念》（北京大学出版社，2016）提出要重视第三种比较文学关系，即研究重点应当从文本关系转移到物质事实层、观念知识层和复数的作品层，由此接近文学交流的实际状况。张哲俊《杨柳的形象：物质的交流与中日古代文学》（人民文学出版社，2011）便是对这一主张的实践展示。该书分上中下三编，分别以"杨柳与生命崇拜"研究、"庭柳与门柳"个案研究、

① 郑文全《日本传播渠道与寒山诗误读的产生——以寒山诗〈书判全非弱〉为例》（《国际汉学》2016年第1期）考察中外译者对寒山诗的不同解读，指出日本独特的汉文训读知识体系以及日本民族文化心理、时代背景等因素，对中国唐诗的国外接受产生了深远影响。另外相关研究还有张石《寒山与日本文化》（上海交通大学出版社，2011）等。

"杨柳与性别"研究为主题，从物质的角度审视文本层面的中日文学关系，指出大量在文本层面上不易发现的问题，促使我们重新思考中日文学交流的形态与关系，反省当下研究方法的缺陷和不足。

4. 总结与展望

通过以上的梳理与归纳可以看到，进入 21 世纪后，伴随汉文学整体观的形成，中国的日本古代汉文学研究取得了质的提升，尤其表现在视野的拓展、方法论体系的构建以及新材料的发掘及运用等方面。相关学者一方面密切关注日本及海外学界的研究动向，另一方面充分发挥中国学者独特的视域和知识背景优势，取得了可喜可观的成绩，并且把日本古代汉文学研究推向一个更为广阔的平台。

然而也有一些需要思考的问题，这里提出三点。第一，既有观念的问题。从"分期研究"中可以看到，涉猎古代早期汉诗文的研究者非常少，成果屈指可数。这个现象恐怕与研究者对文学史的既有认知有关。众所周知，平安初期的"敕撰三集"时代在日本文学史上被称为"国风暗黑时代"。这个时期的文学创作被认为一味追随模仿中国诗文，"国文学"的性质稀薄，因而长期以来不被重视。然而，"国风"与"汉风"是否真的对立，这个问题有待相关学者以质疑的眼光重新探讨。平安时代造就了日本文化的原型和经典，处在源头的古代早期汉诗文理应蕴含着诸多有价值的课题。此外是对研究现状的认识问题。从"分期研究"中还可以看到，平安中后期的研究成果也寥寥无几。我们知道，菅原道真是平安时代最杰出的诗人，也是日本学界研究的重心所在。日本方面取得的成果量大、精深，甚至让人产生相关研究已经被做尽的错觉或观感。然而另一方面，由于道真诗文中存在许多难解的内容，所以尽管川口久雄校注《日本古典文学大系 菅家文草·菅家后集》存在种种问题，能够取而代之的注释成果还未出现。应该说，相关研究还有很大的空间，并且需要通过中国学者的积极参与来共同推进。同理，对于汉文学研究中的其他冷与热、难与易的问题，都有必要深入思考。

第二，文学本体研究的问题。在当代，跨学科成为文学研究的大趋势，也取得了突出的成绩。这固然是文学研究自身发展的需求，然而在某种程度上也导致文学本体研究的不足。文学本体研究重在对文学作品本身的研读，如果在跨学科研究中不能做到立足于文本，自内而外地进行研究，那么最终只能停留在文学的外围。另外，信息时代可供检索的数据库以及多样的网络资源虽然极大改善了资料环境，但同时也加大了文学性研究深入的难度。还要注意的是，如果只满足于这些便利条件，不仅许多有价值的现象容易被忽略，还难以实现与他人研究的差别化。

第三，汉文学研究的目标意识问题。既然汉文学只是日本古代文学的一大组成部分，而汉文学与和文学之间又始终交流互动，那么汉文学研究的目标就不应该仅仅停留在中日汉诗文对比的层面上。换言之，汉文学研究的终极性目标为：解构和文学与汉文学研究之间的隔绝状态，厘清这两种文学传统之间的相互作用与影响关系。当然，这个目标无论对汉文学研究者还是和文学研究者都提出了更高的要求。在这个意义上，当代日本古典文学研究任重而道远。

参考文献

李均洋、佐藤利行编《中日比较文学研究》，外语教学与研究出版社，2014。

王向远：《日本文学研究的学术历程》，重庆出版社，2016。

张龙妹：《2006 年日本文学研究现状与动向》，《日语学习与研究》2007 年第 2 期。

王志松：《2007 年日本文学研究现状——兼谈学术规范问题》，《日语学习与研究》2008 年第 1 期。

王志松：《2008 年日本文学研究现状》，《日语学习与研究》2009 年第 6 期。

王志松：《2009 年日本文学研究现状》，《日语学习与研究》2010 年第 5 期。

马骏：《2010 年度日本文学研究综述》，《日语学习与研究》2011 年第 1 期。

杨伟：《2012～2013 年中国的日本文学研究》，《日语学习与研究》2013 年第 6 期。

王志松：《2014 年日本文学研究综述》，《日语学习与研究》2015 年第 1 期。

王向远：《2015 年度中国的日本文学研究》，《日语学习与研究》2016 年第 2 期。

日本近现代文学研究[*]

北京师范大学　王志松

中国对日本近现代文学的介绍可以上溯到清末。1898 年，梁启超在《清议报》上翻译连载政治小说《佳人奇遇》之初曾发表《译印政治小说序》。从文学的角度研究日本近现代文学则始于新文化运动，有周作人的《日本近三十年小说之发达》（1918），谢六逸的《日本文学史》（1929）、《日本之文学》（1930）等著述。20 世纪 30 年代中期至 40 年代是停顿期，50 年代至 60 年代中期主要侧重于无产阶级文学和现实主义文学的翻译与研究。真正大规模展开日本文学的研究则是在 70 年代末。1979 年，第一个全国性的日本文学研究组织——"日本文学研究会"成立；日本文学研究发表的重要刊物《日语学习与研究》也于同年创刊。自此中国进入日本文学研究最为活跃、成果最为丰硕的时期。近 40 年的日本近现代文学研究可以划分为三个时期：第一期（1979～1988 年）、第二期（1989～1999 年）、第三期（2000 年至今）。鉴于第一期、第二期已经有相关评述，① 本文着重梳理第三期。

一　20 世纪八九十年代的研究状况

在进入第三期的梳理之前有必要对第一期、第二期的研究状况先做一个大致的把握。

---

* 本文是国家社科基金重大项目"近代以来中日文学关系研究与文献整理（1870～2000）"（17ZDA277）的阶段性研究成果。

① 王志松：《中国近三十年日本近现代文学研究简述——兼论学术史研究与学科建设》，北京大学日本语言文化系编《日本语言文化研究（9）》，学苑出版社，2012；王志松、岛村辉编《日本近现代文学研究》，外语教学与研究出版社，2014；王向远：《日本文学研究的学术历程》，重庆出版社，2016。

因"文革"时期除小林多喜二以外的所有作品都被贴上资产阶级毒草的标签，所以第一期的初期阶段主要是围绕无产阶级文学研究展开的，接着通过辨析现实主义概念以及梳理其发展脉络来重新评价无产阶级文学以外的其他作家和作品，逐步冲破文学禁区。然而这种泛现实主义的评价方式虽然肯定了一大批作家和作品，但也由此造成对一些作品的曲解。于是出现一些文章介绍浪漫主义、自然主义、唯美主义、余裕派、白桦派、新现实主义、新感觉派、新兴艺术派等文学流派。尽管这些文章大多只是日本文学史的粗浅转述，却都试图多线条地梳理日本近现代文学史，突破现实主义一元化的评价标准。

在第二期，随着文学观念的变化和社会环境的变迁，出现以文化和美学评价标准取代意识形态批评的倾向。如在第一期被批判的川端文学的虚无思想，在第二期用佛教思想赋予新的解释；[1] 私小说在第一期也曾遭遇否定，但在第二期被认为是一种表达日本人审美意识的独特方式。[2] 学界由此逐渐摆脱现实主义至上的文学史观，积极探索日本近现代文学的多样性和独特性。

学界的这些动向和成果最为典型地体现在叶渭渠和唐月梅著《日本文学史近代卷/现代卷》（经济日报出版社）之中。该著出版于 2000 年 1 月，上下两册，共 70 万字，至今仍然是汉语界规模最大的日本近现代文学通史。[3] 叶唐认为，长期以来在"文艺为政治服务"的方针影响之下，往往将文学作为政治的载体、宣传的工具，未能全面理解文艺学是一个涉及许多"边缘学科"的特殊综合学科，文学的"教育、认识、审美"三种功能是辩证统一的，而且这种统一性根植于美学哲学。因此他们提出，要在文学史研究中重新认识文学价值。"文学的发展有其自身的规律，应该尊重文学的规律性。"[4] 具体而

---

① 叶渭渠：《生的变奏曲——从〈千鹤〉到〈睡美人〉》，《外国文学评论》1989 年第 3 期。

② 高慧勤：《自然主义与"私小说"——从"客观写实"到"主观告白"》，《解放军外语学院学报》1993 年第 2 期。

③ 迄今有陈德文编著《日本现代文学史》，南京大学出版社，1991；谭晶华选编《高等学校教材日本近代文学史（小说·评论）》（日文），上海外语教育出版社，1992；叶渭渠、唐月梅：《20 世纪日本文学史》，青岛出版社，1998。

④ 叶渭渠、唐月梅：《日本文学史 现代卷》，经济日报出版社，2000，第 716 页。

言，该著认为："研究日本近代文学史，重要的是必须首先确定日本近代文学的基准。从世界文学史的范畴来说，传统走向近代，大致必须具有以下三个价值基准：一是近代自我的确立；二是文学观念的更新；三是文体的改革。"①正是由于有了"确立自我"和"文学自律性"这两个观念的支撑，该著的整体论述显得有条不紊，自圆其说。

需要指出的是，这两个观念并非叶唐首创，而是日本战后近现代文学史书写的基本框架。第二次世界大战之后，日本文学研究界出于对战争的反思，以现代化理论为基准认为，战前的日本社会是"非理性主义"，没有确立现代人的主体性和自律性，因此主张战后的社会重建要从建立理性主义和确立人的主体性出发，在文学研究上注重"确立自我"的主题和"文学自律性"。这样的文学评价基准在中国 20 世纪八九十年代作为反对文学禁锢的理论根据具有积极意义的一面。但同时也要认识到其特殊的历史性和局限性。这些标准的"自明性"，随着 20 世纪 70 年代女性主义批评、后殖民主义等思潮的兴起在日本学界已经受到质疑和批判，然而叶唐该著对此依然深信不疑，延续了日本"国文学"观的总体框架。

当然，该著也有自己的特色。在第一期、第二期中日比较文学研究中涌现出不少成果，如关于日本文学对中国近现代文学的影响、鲁迅对日本战后思想的影响、中国题材日本作品的研究等。该著容纳了这些成果，体现在对论述对象的选择和评价上。如有关厨川白村，日本的文学史一般不会论及，但该著专门设一节论述。之所以这么做，是因为厨川白村在 20 世纪二三十年代对中国文坛有过重大影响。② 又如在对一些作家的评述中加入该作家在中国的传播情况，等等。

因此该著包含了深刻的矛盾：一方面极力用日本"国文学"观的框架维持文学史叙述的完整性，并以此冲击当时中国文学界的一些禁区；另一方面，中国视角的引入又在解构日本"国文学"观的框架。总之，该著出版于世纪之交的 2000 年具有很强的象征性，是此前中国的日本近现代文学研究的一个

---

① 叶渭渠、唐月梅：《日本文学史 近代卷》，经济日报出版社，2000，第 17 页。
② 叶渭渠、唐月梅：《日本文学史 近代卷》，经济日报出版社，2000，第 327 页。

总结，也预示着某种新的变化。可以说此后的相关研究既是以该著的研究成果为基础，又是以超越其文学史框架为目标展开的。①

二 21世纪初的研究趋势

2000年以后，日本近现代文学研究的论著数量大幅度增加。为了较为客观地把握现状，本文先从调查"中国知网"的论文和出版著作的基本数据入手。"中国知网"目前无疑是国内收录论文规模最大的数据库，但就日本近现代文学研究而言，还有不完备之处，如相当多的论文集没有收录，也没有收录东北师范大学日语系编《日本文学》和北京日本学中心编《日本学研究》等定期书刊。② 加上关键词的局限性，在检索时难以穷尽相关课题的所有论文。尽管如此，不能否认通过大数据的检索可以发现一些大的研究趋势。为了凸显2000年以后的研究特色，本次检索的范围分三个时段：1978年以前、1978~1999年和2000~2016年。

先看文学流派和文艺思潮。输入关键词"现实主义文学""浪漫主义文学""自然主义文学""白桦派""新思潮派""无产阶级文学""新感觉派""战后派""唯美派（耽美派）""私小说"和搭配词"日本"，得出数据如图1所示。

---

① 当然，瑕不掩瑜。就日本近现代文学通史撰写而言，此后还有张龙妹、曲莉《日本文学下（近现代）》，高等教育出版社，2008；任力主编《日本近现代文学史》，东北林业大学出版社，2008；王健宜、吴艳、刘伟：《日本近现代文学史》，世界知识出版社，2010；刘晓芳主编《日本近现代文学史》，华东理工大学出版社，2013；杨国华：《日本当代文学史》，上海三联书店，2014；等等。这些文学史主要以教学为目的，虽各具特色，但在总体上并未超越叶渭渠著作，在叙述框架上也照旧复制日本"国文学史"。近年来出现一些对日本文学史书写反思的研究，如王向远《日本文学史研究中基本概念的界定与使用——叶渭渠、唐月梅著〈日本文学思潮史〉及〈日本文学史〉的成就与问题》（《山东社会科学》2013年第4期）在肯定成就的基础之上，指出在文学史基本概念、术语的确立、理解、界定和表述方面，还有一些值得商榷的问题。此外还有庄焰《读加藤周一〈日本文学史序说〉——兼谈日本文学史叙述传统》，《外国文学》2015年第4期；史瑞雪：《西方第一部日本文学史对近世小说的论述及其特色》，《广西师范学院学报》2016年第5期；等等。这些研究必将有利于新的文学史撰写。

② 本文在梳理研究动向时将会把这些书刊和单行本著作纳入考察范围。

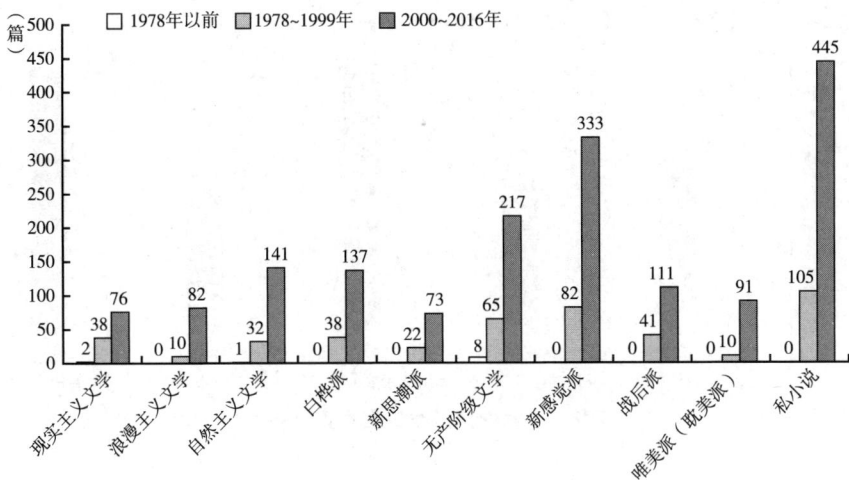

图1　日本文学流派、文艺思潮研究论文数量

从图1可以看出以下三点。

（1）1978年以前只有关于"现实主义文学""自然主义文学""无产阶级文学"的文章，1978年以后才开始出现其他文学流派的研究，2000年之后所有流派的研究都有明显增加，但增加幅度最大的两个研究是"唯美派（耽美派）"和"浪漫主义文学"，增幅最小的两个研究是"现实主义文学"和"战后派"。

（2）1978年以后，论文数值第二高的是"新感觉派"。"新感觉派"对中国20世纪二三十年代的现代主义文学产生过影响，而这一文学史实被长期掩盖，直至80年代之后中国学界重新评价现代主义文学；加之90年代之后随着都市化进程的加速，都市文学研究持续升温，因此"新感觉派"尤其受到学界关注。

（3）1978年以后，"私小说"的论文数值最高。虽然这不是一个流派，但体现了日本独特的美学风格，因此引起中国学者的广泛兴趣。

接着看重要作家。输入关键词作家名，2000年以后论文数值居前五位的作家依次是村上春树、川端康成、夏目漱石、大江健三郎、芥川龙之介，具体数据如图2所示。

村上春树位列榜首，与村上文学自20世纪90年代末起在大陆的流行有很大关系。阅读村上作品，一时竟成"小资"的标志。川端康成虽位列第二，但在80年代，有关川端文学的论文数位居第一。作为诺贝尔文学奖得主，川端文学的西方现

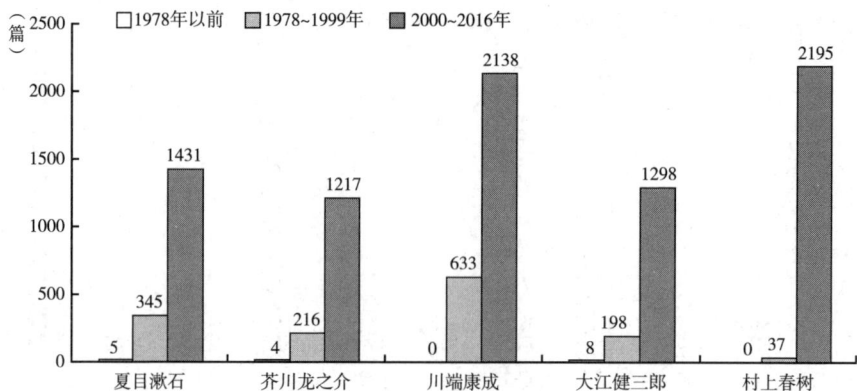

图 2　日本作家研究论文数量（一）

代派手法和东方传统思想、美学的完美结合一直是中国学者热衷于探讨的课题，也常常当作反思中国文学现状的一个重要参照。位列第三的夏目漱石是最早译介到中国来的日本近代作家之一，从 50 年代起就一直是受关注的重要作家。大江健三郎位列第四，其相关研究主要涌现于 2000 年以后，与他在 20 世纪 90 年代中期获得诺贝尔文学奖及其作品中所体现出的鲜明的现实批判立场有关。芥川龙之介位列第五也属意料之中。其作品在中国拥有众多读者，出版汉译选集多达 50 余种，2005 年出版《芥川龙之介全集（1~5 卷）》（山东文艺出版社），因此也是学界关注的主要对象。

其他比较受关注的作家论文数值情况如图 3 所示。

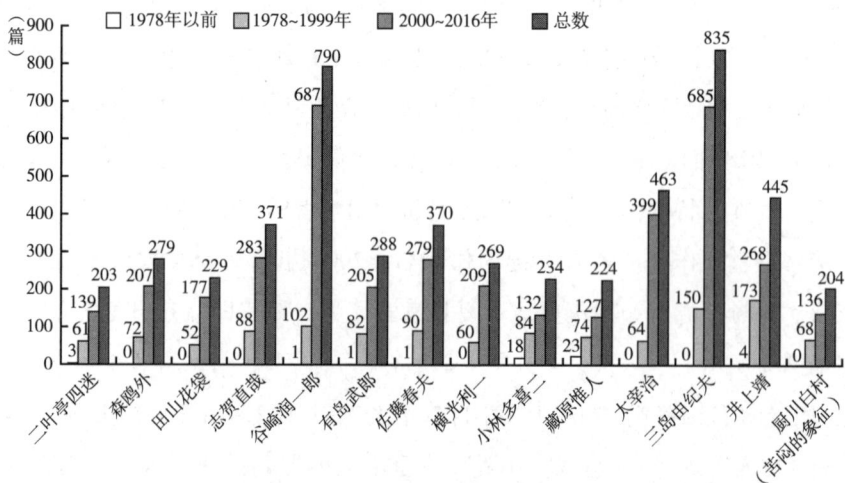

图 3　日本作家研究论文数量（二）

上榜的作家以 200 数值为分界线。从图 3 可以看出以下特色。

（1）对唯美派作家的关注度很高，上榜作家有谷崎润一郎、佐藤春夫、三岛由纪夫。没有上榜的泉镜花的论文数值也高达 147，还有相关专著出版。

（2）对日本现代主义文学的关注，有横光利一、太宰治上榜。

（3）对文艺理论的关注，有藏原惟人、厨川白村上榜。

（4）对中国因素的关注。所谓中国因素即该作家的作品中有中国题材或对中国有影响等。在这方面井上靖是一个典型代表，而二叶亭四迷、田山花袋、小林多喜二、厨川白村等作家上榜也多少与此有关，参见图 4。

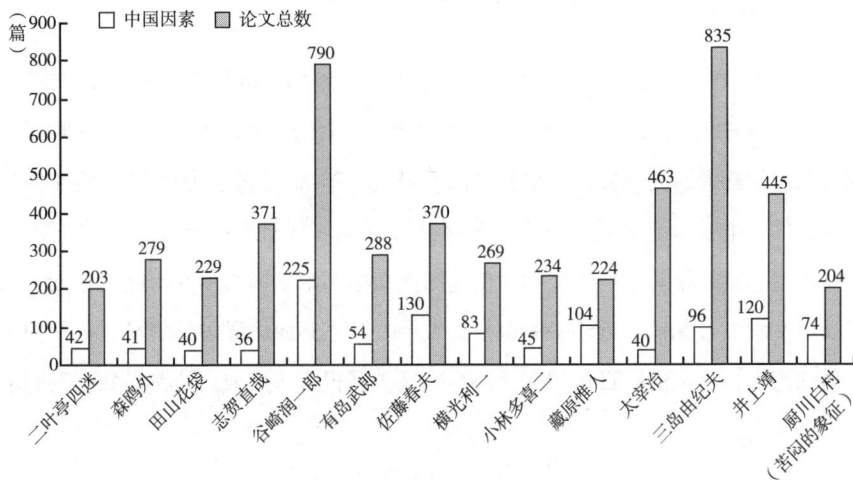

图 4　日本作家与中国因素研究

（5）上榜作家中没有女作家，但宫本百合子的论文数值是 194，吉本芭娜娜的论文数值是 147。尤其是有关吉本的研究，论文虽然少，但多有分量，且有相关专著出版。输入关键词"女作家"和搭配词"日本"，得到 608 条结果，是很可观的数值。因此，有关女作家的研究也是不容忽视的一个现象。

日本文学中的中国因素是学界关注的一个热点，而中国文学中的日本因素也同样是一个重点。输入关键词中国作家名和搭配词"日本"，获得居前五位作家的论文数值，如图 5 所示。这些相关文章广泛地探讨了中国作家在日本的留学体验、受日本文化和文学的影响、交友以及他们的作品在日本的传播等问题。

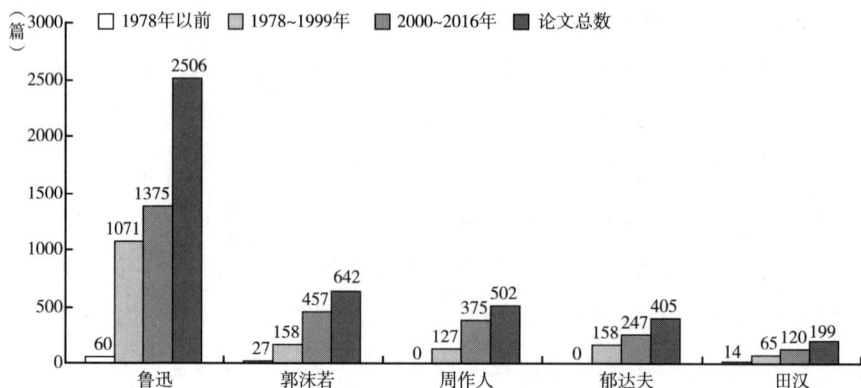

图5　中国作家与日本因素研究

关于日本文学中的中国因素和中国文学中的日本因素的研究属于中日比较文学研究领域。在中日比较文学研究领域，2000年以后出现新的动向。其一是翻译文学研究。以前的翻译研究主要是在语言学层面进行，20世纪90年代中期以后作为比较文学研究的一个领域渐次展开研究，包括日译汉和汉译日两个方面，21世纪之后成果日益丰富。其二是关于战争文学、伪满洲国文学和沦陷区文学的研究，包括日语文学、汉语文学以及翻译，近年来取得很大发展。其三是旅居异国的华裔、日裔文学研究。概括起来，目前的中日比较文学研究领域扩展很广，形成新的格局如表1所示。

表1　中日比较文学研究现状

翻译文学		中国文学中的日本因素			日本文学中的中国因素				战争文学、伪满洲国文学、沦陷区文学			旅居异国文学	
日译汉	汉译日	留日	日本文学接受	日本题材	汉文学	中国题材	中国游历	中国文学接受	日语文学	汉语文学	翻译	在日华人日语文学	在华日人汉语文学

从表1可以看出，中日比较文学研究极大地突破了传统的比较文学的影响研究和平行研究的范式。这些研究不仅促进了日本文学研究，也丰富了对中国近现代文学的认识，冲击了国别文学研究的格局，形成新的文学观。

日本近现代文学研究的论著数量大，范围广，难以面面俱到，因此本文拟根据以上数据分析得到的研究趋势做一个简要的评述。

三　最受关注的五位作家

先从论文数值最高的五位作家开始看。尽管不能以论文数量多少判定文学价值的高低，但也可以大致看出 21 世纪中国学界对日本近现代文学的关注点所在。

第一，有关村上春树文学的研究。以 2009 年为界可以分为两个阶段。2009年之前，林少华译《村上春树文集》（上海译文出版社）34 卷独霸出版界，他本人有关村上文学的解说也引领着读书界和学界。林少华最根本的观点是：村上在展现现代人在高度消费社会中的孤独与无奈的同时，给都市小人物提供了一种不失品位与尊严的生活情调（《村上春树和他的作品》，宁夏人民出版社，2005）。

但是这种局面在 2009 年被打破。首先，"林译"的权威性被质疑，《日语学习与研究》杂志于 2009 年分两期专栏发表"林译"争论文章。藤井省三《村上春树的中文翻译——日本文化的输入与中国本土文化的变革》在肯定"林译"对村上文学中文翻译 20 年间所发挥作用的基础之上，指出"林译"存在的错译漏译现象，并援用劳伦斯·韦努蒂（Lawrence Venuti）的翻译理论对林少华的美化翻译提出了批评，认为这种翻译方法不仅改变了村上文学的风格，也不利于引入"异质文化"促进本土文化的变革。对此，林少华在《文体的翻译和翻译的文体》（以上两篇发表于《日语学习与研究》2009 年第 1期）中称："文学翻译既是再创造的艺术，就必然有译者个性即译者文体介入其间。换言之，文学翻译只能是原作者文体和译者文体、或者文体的翻译和翻译的文体相妥协相融合的产物。"因此他坚持认为，尽管他的翻译并非百分之百的所谓等值翻译，但在一定程度上忠实地传达了原作的文体。① 虽然这次争论是个案，但涉及译文质量、文体选择以及翻译的文学性和跨文化性问题，触及了当代翻译理论和翻译实践的一些根本性问题，不单对加深理解村上春树文

---

① 参与争论的其他文章还有王成《翻译的文体与政治——"林译"文体论争之刍议》，《日语学习与研究》2009 年第 1 期；林璋《文本的翻译与评说——以林少华译〈挪威的森林〉为例》、王志松《翻译、解读与文化的越境——也谈"林译"村上文学》、杨炳菁《文学翻译与翻译文学——林译村上文本在中国大陆》（以上三篇发表于《日语学习与研究》2009 年第 5 期）；等等。

学有意义，对促进翻译研究也有积极的作用。①

2009 年之后有关村上文学的解读呈现出多元化。（1）关于后现代与现代的关系问题。杨炳菁《后现代语境下的村上春树》（中央编译出版社，2009）在于后现代语境中把握村上文学的基础之上特别指出，村上小说不仅继承了日本现代文学探寻自我的重要主题，同时对历史保持高度关注，并通过历史指涉实现更深层面上的认识自我。刘研《日本"后战后"时期的精神史寓言——村上春树论》（商务印书馆，2016）将村上文学置于日本"后战后"的历史语境，以身份/认同（identity）为视角，对作品中的都市化、东西方文化交融、战争记忆、中国他者、当代社会等问题进行了广泛而深入的探讨。（2）关于中国他者与历史记忆的问题。尚一鸥《村上春树的中国观》（《国外社会科学》2009 年第 3 期）、刘研《论村上春树〈去中国的小船〉中的创伤记忆》（《南京师范大学文学院学报》2013 年第 2 期）等探讨了村上对中国如刺般的他者性认识的两难境地。对此，关冰冰和杨炳菁在《多元文化的融合体——论村上春树笔下的"杰"》（《解放军外国语学院学报》2013 年第 5 期）和《村上春树小说中的"虚"与"实"——论〈去中国的小船〉中的"中国"》（《国际汉学》2016 年第 3 期）等文中提出不同看法，主张应尽量淡化国家观念，以理解村上文学的丰富性。（3）关于小说的结构问题。郭勇《论村上春树文学的大众性——以〈寻羊冒险记〉为中心》（《日语学习与研究》2009 年第 1 期）、林少华《之于村上春树的物语：从〈地下世界〉到〈1Q84〉》（《外国文学》2010 年第 4 期）、王志松《村上春树"故事"的临界点——论〈地下〉和〈在约定的场所：地下 2〉》（《东北亚外语研究》2014 年第 4 期）等探讨了村上文学的大众性和世界认知等问题与故事结构的关系。（4）村上文学与莫言文学的比较研究，如林少华《莫言与村上：似与不似之间》（《中国比较文学》2014 年第 1 期）等。

第二，有关川端康成的研究。主要成果集中在关于川端文学与东方文化关系

---

① 于桂林：《作者、译者及读者——从村上春树「ダンスダンスダンス」的翻译谈起》，《日语学习与研究》2010 年第 6 期；张昊：《再议村上春树中译本优劣之争》，《苏州教育学院学报》2011 年第 2 期；邹东来、朱春雨：《从〈红与黑〉汉译讨论到村上春树的林译之争——两场翻译评论事件的实质》，《外语教学理论与实践》2011 年第 2 期；李光贞：《村上春树中译本争论始末及有关的几点思考》，《名作欣赏》2013 年第 14 期；胡稹：《也谈文体与翻译——兼与林璋商榷》，《日语学习与研究》2016 年第 1 期；藤井省三编『東アジアが読む村上春樹』若草書房、2009；等等。

的探究。张石的《川端康成与东方古典》（上海古籍出版社，2003）和《川端康成与中国易学》（广东人民出版社，2016）着重探究了川端文学与易学的关系。周阅《川端康成文学的文化学研究——以东方文化为中心》（北京大学出版社，2008）结合实证考察与审美分析，研究了川端文学与佛教思想、中国美术、道家庄子和儒家思想以及中国传统小说的关系。也有对川端作品的细致品评，如孟庆枢《诗化的缺失体验——川端康成〈古都〉论考》（《外国文学评论》2002 年第 3 期）、周阅《川端康成在战后的深层反思——论〈重逢〉》（《外国文学评论》2010 年第 1 期）等。

第三，有关夏目漱石的研究。21 世纪的相关研究是从高宁的两篇批判文章开始的。他在《从〈心〉看夏目漱石留给世界文坛的遗憾》（孙莲贵主编《日本近代文学作品评述》，天津人民出版社，2000）中从叙事手法运用和报纸连载两个角度分析指出，《心》在第一人称的运用上过于主观，造成许多叙述的矛盾。高宁在《虚像与反差——夏目漱石精神世界探微》（《外国文学评论》2001 年第 2 期）中则对漱石的保守思想提出严厉的批评，指出漱石在天皇观、国家观、对外战争等重要问题上始终与日本政府保持一致，具有明显的保守倾向。关于前者，王成《论夏目漱石的新闻小说〈虞美人草〉》从新闻小说独特的创作原则和审美特征出发，考察了漱石第一部新闻小说《虞美人草》在时事性、故事情节的设置和伦理性上所做的探索。王成还在《关于〈虞美人草〉的修养主义的言说》（李孙華、李均洋编『国際交流における日本学研究——21 世紀への新視点』，株式会社アルケ，2000）中从同时代阅读的角度，探讨了《虞美人草》在当时修养主义思潮中的位置以及读者的接受问题。王志松的《漱石的"结构论"——兼论〈虞美人草〉》（《日本学研究（11）》，世界知识出版社，2002）考察了《虞美人草》的创作与同时期漱石的理论探索之间的关系及其得失。王志松《试析夏目漱石前期三部曲的叙述方式及其美学内涵》（《北京师范大学学报》2000 年专刊）分析了《三四郎》《从此以后》《门》，认为这三部作品采用第三人称有限视角与中立视角相结合的叙述方式，给读者提供了更大的解释权和想象空间。陈雪《"写生文"观与"非人情美学"——析夏目漱石小说〈草枕〉的图像性叙事》（《国外文学》2013 年第 2 期）通过对主人公那美的形象塑造的考察，探讨了《草枕》中的图像性叙事与漱石的"写生文"观以及与"非人情美学"之间的关系。关于后者，王成《夏目漱石的满洲游记》（《读书》

2006 年第 11 期）以《满韩漫游》为例分析了漱石于其中不自觉地流露出的民族主义意识以及对中国的歧视，但同时指出漱石"在旅行中感受到了中国大地上蕴藏的力量，也为日本的满洲殖民感到了危机"。类似的看法也见于高洁的《迎合与批判之间——论夏目漱石的〈满韩漫游〉》（《日语学习与研究》2008 年第 3 期）。刘凯《军国主义语境里的殖民地书写——夏目漱石〈满韩漫游〉辍笔考辩》（《东北亚外语研究》2014 年第 1 期）则通过考察《满韩漫游》的连载中止行为更为积极地挖掘夏目漱石的批判意识。

李光贞的《夏目漱石小说研究》（外语教学与研究出版社，2007）通过对漱石小说的整体研究，解读他笔下的 19 世纪末 20 世纪初日本社会转型期知识分子的内心矛盾与精神世界。张小玲的《夏目漱石与近代日本的文化身份建构》（北京大学出版社，2009）从"文"着手，通过对《文学论》以及对"写生文"文体、小说的叙述者风格、作家精神结构特征的分析，考察了漱石文体学、叙事学、生存论层面的"文"的具体内涵。郭勇的《他者的表象：日本现代文学研究》（上海交通大学出版社，2009）引入"他者"概念，探讨了《三四郎》《门》《道草》中呈现出的自我与他者关系的种种面相，揭示了"自我确立"的必要以及幻灭的两难处境。李征的《火车上的三四郎——夏目漱石〈三四郎〉中现代性与速度的意味》（《外国文学评论》2010 年第 3 期）以《三四郎》为对象，分析了火车这一新式交通工具的出现给明治时代日本人的精神世界带来的巨大转型。

第四，关于大江健三郎的研究。胡志明《暧昧的选择——大江健三郎早期创作中对萨特存在主义影响的消化》（《外国文学评论》2000 年第 1 期）通过对大江健三郎早期创作的多部代表性作品的分析，考察了他接受和消化萨特存在主义的艰难复杂的变化过程。霍士富《大江文学的宗教理想及其在作品中的表现——试析〈燃烧的绿树〉》（《外国文学研究》2001 年第 3 期）以《燃烧的绿树》为对象，从"两极共存"的哲学思辨、无信仰的"前基督"、形似蚕茧的新兴宗教三个方面探讨大江文学的宗教理想。王奕红《权威、群体与社会化——解读〈饲育〉》（《当代外国文学》2003 年第 3 期）结合《饲育》创作的战后背景，对作品中战时小村的权威结构变迁、群体心理特征等进行了分析。王琢《想象力论：大江健三郎的小说方法》（上海文艺出版社，2004）从创作论角度切入，探讨了大江的"作为小说方法的想象力",梳理了其源流和得以建立的路径。王新新《大江健三郎的文学世界:1957—1967》(人民文学出版社,2004)以大江健三郎的早期作品为对象,论述了大江健三郎在文学上的再启蒙的历史意义。① 关于大江文学的艺术手法,霍士富发表系列论文《大江健三郎小说〈新人啊觉醒吧〉的复调性》(《国外文学》2003 年第 2 期)等从各种角度进行了探索。②

第五,有关芥川龙之介的研究。21 世纪的一个热点是关于《中国游记》的研究。泊功《近代日本文学家的"东方学"——以芥川龙之介为中心》(《日本学论坛》2002 年第 Z1 期)援用萨义德的东方主义理论探讨了芥川龙之介《支那游记》中所透露的东方主义目光。但是这种套用萨义德的东方主义的做法也引起了很多质疑。邱雅芬《〈上海游记〉:一个充满隐喻的文本》(《外国文学评论》2005 年第 2 期)认为芥川在《上海游记》中苦恼于有关"中国"的理想和现实的冲突以及自己所热爱的中国传统文化为"浅薄的西洋"所侵蚀,只得将满腔怒火化作曲折晦涩的隐喻。高洁《"疾首蹙额"的旅行者——对〈中国游记〉中芥川龙之介批评中国之辞的另一种解读》(《中国比较文学》2007 年第 3 期)认为《中国游记》中批评中国的言论并非出自芥川龙之介对中国的蔑视,而是来源于芥川向中国的有识之士和沉醉于"中国趣味"的日本人传递中国社会沉重现实的急切之情。单援朝《〈中国游记〉与芥川认识》(《日本学论坛》2008 年第 2 期)也指出芥川所说的关于中国的"坏话"非但不能简单地解释为"歧视",

---

① 其他还有杨伟《论大江文学中的"少年"形象》,《国外文学》2002 年第 2 期;张文颖:《无垢的孩童世界——莫言、大江健三郎文学中的儿童视角》,《日语学习与研究》2007 年第 4 期;霍士富:《破坏性的民族反省——评大江健三郎新作〈别了,我的书!〉》,《外国文学》2007 年第 6 期;许金龙:《〈水死〉的"穴居人"母题及其文化内涵》,《外国文学评论》2012 年第 4 期;等等。
② 胡志明:《"包含着分歧的重复"——从〈万延元年的足球队〉看大江健三郎小说方法的文化内涵》,《外国文学研究》2002 年第 1 期;《大江健三郎小说创作的互文性特征》,《国外文学》2011 年第 3 期。兰立进:《从叙事看大江健三郎的"陌生化"策略》,《日本研究》2005 年第 1 期;《边缘想象与狂欢书写——析大江健三郎〈摆脱危机者的调查书〉的狂欢化叙事》,《外国文学》2013 年第 6 期;《跨界叙事与身份认同——大江健三郎〈优美的安娜贝尔·李寒彻颤栗早逝去〉论》,《国外文学》2015 年第 4 期。霍士富:《从〈优美的安娜贝尔·李寒彻颤栗早逝去〉看大江健三郎的叙事艺术》,《当代外国文学》2009 年第 4 期;《为"时代精神"殉死的多重隐喻——大江健三郎〈水死〉论》,《外国文学评论》2012 年第 4 期;《诗性语言的散文体叙事——大江健三郎〈水死〉论》,《外国文学》2013 年第 6 期。霍士富将系列论文结集为《大江健三郎:天皇文化的反叛者》,人民出版社,2013。

反而戳穿了流行于大正时期的东方主义色彩浓厚的"浅薄的中国趣味"。

此外，王书玮《芥川龙之介与中国》（新世界出版社，2013）探讨了芥川对中国古典文学的受容以及芥川和近代中国的相互影响。霍士富《芥川龙之介文学的时空哲学——〈罗生门〉论》（《国外文学》2014 年第 2 期）从双重空间对峙和历史时间哲学的物语的视角切入解释芥川文学的时空哲学之特质。邱雅芬编选《芥川龙之介研究文集》（译林出版社，2014）收录了日、中、韩、英、美多国近百年的芥川文学研究领域的文章。邱雅芬《芥川龙之介学术史研究》（译林出版社，2014）梳理了日本、韩国、欧美和中国的芥川研究史。出版关于一个作家的资料集和研究史的著作在中国尚属首次，将有利于推进芥川文学的研究。

四　其他作家和文学流派

除上述五位作家外，论文数值排名靠前的作家还有二叶亭四迷、森鸥外、田山花袋、谷崎润一郎、佐藤春夫、志贺直哉、有岛武郎、横光利一、藏原惟人、小林多喜二、太宰治、三岛由纪夫、井上靖等。中国学界关注他们的缘由，大致可以分为以下三种情况。

其一是对中国产生过影响或是中国题材的作品。陶曙军《郁达夫和谷崎润一郎小说创作风格比较》（《武汉理工大学学报》2003 年第 1 期）、曾真《谷崎润一郎对田汉早期戏剧创作的影响》（《文艺争鸣》2011 年第 1 期）、张冲《田汉早期电影对谷崎润一郎文学的接受研究——以〈湖边春梦〉为考察对象》（《北京电影学院学报》2014 年第 5 期）主要探讨日本文学对中国现代小说、戏剧和电影的影响。李雁南《谷崎润一郎笔下的中国江南》（《解放军外国语学院学报》2009 年第 3 期）、何志勇《试论井上靖小说〈楼兰〉的创作意图》（《日语学习与研究》2006 年第 4 期）、郭勇《行为主义的终焉——论中岛敦『弟子』》（《日语学习与研究》2007 年第 1 期）、何志勇《试论井上靖历史小说〈苍狼〉的文学特质——从〈苍狼〉与〈忠直卿形状记〉的异同谈起》（《日语学习与研究》2010 年第 1 期）、刘素桂《日本式东方主义文化观逻辑透视——解读井上靖〈苍狼〉中的"狼原理"》（《外国文学》2015 年第 4 期）等主要探讨了中国题材的作品。

其二是唯美派文学。谢志宇《论谷崎润一郎的唯美主义文学作品》（《日本学刊》2000 年第 5 期）、张文举《〈金阁寺〉本事、结构及意义阐释》（《外国文学评论》2003 年第 3 期）、郭勇《美与恶的辩证法：重读三岛由纪夫〈金阁寺〉》（《外国文学评论》2007 年第 2 期）、李征《"口吃"是一只小鸟——三岛由纪夫〈金阁寺〉的微精神分析》（《外国文学评论》2011 年第 3 期）、李先瑞《本能主义者的精神幻灭》（南开大学出版社，2008）、魏策策《三岛由纪夫的世界》（商务印书馆，2016）等将唯美颓废风格置于本能和政治的背反紧张关系中加以把握。

其三是体现东亚现代主义特色的作品。宿久高《〈苍蝇〉与横光利一的"新感觉"》（《日语学习与研究》2004 年第 3 期）、郭勇《中岛敦文学的比较研究》（北京大学出版社，2011）、奚皓晖《论横光利一〈机械〉》（《日语学习与研究》2014 年第 1 期）、熊鹰《"日本人"的发现与再现：以森鸥外的小说〈花子〉为例》（《外国文学评论》2016 年第 3 期）等在西方现代文化与东方传统的关系中探讨作品的现代性问题。

在这样的研究视野之下，与此有关联的文学流派和作家、作品也受到较多关注，如泉镜花、梶井基次郎、堀辰雄、坂口安吾等。① 齐珮《日本唯美派文

① 李晓光：《恶作剧后的绝望——倾听〈柠檬〉的旋律》，《日语学习与研究》2001 年第 2 期；秦刚：《以反逆的姿态"堕落"与"无赖"——日本作家坂口安吾文学创作概述》，《外国文学》2004 年第 5 期；秦刚：《樱花林下的孤独与虚无——读坂口安吾的小说〈盛开的樱花林下〉》，《外国文学》2004 年第 5 期；黄芳：《潜藏的"孤独"——坂口安吾〈紫大纳言〉之叙事张力分析》，《日语学习与研究》2014 年第 3 期；兰立亮、韩颖：《泉镜花〈歌行灯〉的音乐叙事与空间建构》，《东北亚外语研究》2015 年第 1 期；刘曙琴：《论司马辽太郎的战争观——以〈坡上云〉为中心》，《日本学刊》2000 年第 1 期；王成：《日本后现代主义文学的旗手——岛田雅彦》，《外国文学》2001 年第 2 期；李先瑞：《象征主义与意识流手法的完美结合——评野间宏的短篇小说〈脸上的红月亮〉》，《日语学习与研究》2005 年第 1 期；谢志宇：《从姓名谈小说人物生存范式的变迁——解读安部公房和村上春树》，《外国文学研究》2004 年第 3 期；张文颖：《试论中上健次文学中的场所》，《日语学习与研究》2006 年第 2 期；高西峰：《村落共同体下传统家族观念的崩溃——解读「楢山節考」》，《日语学习与研究》2007 年第 1 期；李东军：《中上健次：日本文学中的魔幻现实主义》，《江南大学学报》2013 年第 4 期；高丽霞：《论古井由吉作品中山的象征意义》，《日语学习与研究》2014 年第 3 期；杨洪俊：《"恢复健康"的背后——解读大冈升平〈武藏野夫人〉的社会性主题》，《东北亚外语研究》2015 年第 4 期；高义吉：《"史诗化"叙事与"个人化"叙事的同构——论日本历史小说〈坂上风云〉的叙述模式》，《东疆学刊》2015 年第 3 期；周异夫：《论〈因陀罗网〉的主题》，《日语学习与研究》2010 年第 2 期；史军：《冲突、和解、融合——远藤周作论》，光明日报出版社，2013；邹波：《安部公房小说研究》，复旦大学出版社，2015；路邈：《日本基督教文学的先驱——远藤周作》，宗教文化出版社，2007；等等。

学研究》（中国社会科学出版社，2009）通过对永井荷风、谷崎润一郎、佐藤春夫三位作家及其作品的分析，凸显日本唯美主义文学的独特价值和意义。孙艳华《幻想的空间：泉镜花及其浪漫主义小说》（商务印书馆，2010）探讨了泉镜花文学与日本古典文学、民间传说的关系，并从叙事学、意象和音乐的角度分析了泉镜花文学的幻想空间。戴松林《体验与文学创作——梶井基次郎与日本近代现实主义文学》（湖南大学出版社，2010）以梶井基次郎为视角探讨了日本现实主义文学发生、发展和解体的过程，以及解体时期梶井如何运用文学表达了自己的心路历程。

关于自然主义文学与私小说的研究。自然主义文学在日本近现代文学形成过程中起着非常重要的作用，与私小说的形成有密切关系。魏大海《私小说——20世纪日本文学的一个"神话"》（山东文艺出版社，2002）对私小说的形成及其主要作家以及关于"私小说"的主要观点进行了梳理和评述。关于作为私小说源头的田山花袋《棉被》的写实问题，王志松《"告白"、"虚构"与"写实"——重新评价〈棉被〉的文学史意义》（《日语学习与研究》2001年第1期）通过与素材对比，指出其中包含虚构。周砚舒《日本私小说的创作方法——在"创作的我"与"被创作的我"之间循环往复》（《南京师范大学学报》2015年第1期）通过分析大正末年、昭和初年私小说的内外文本，认为私小说在"创作的我"与"被创作的我"之间循环往复的过程中述说着"自我"探求的故事。关于自然主义文学的研究有王健英《从〈千曲川旅情之歌〉看唐诗对岛崎藤村诗歌的影响》［《西南民族大学学报》（人文社会科学版）2011年第S2期］、王梅《男性欲望与叙事——试比较田山花袋〈棉被〉与郁达夫〈沉沦〉》（《日语学习与研究》2009年第3期）等。其中刘晓芳长期专注于岛崎藤村文学研究，发表多篇论文，结集出版《岛崎藤村小说研究》（北京大学出版社，2012）。该著以日本著名作家岛崎藤村的四部大作《破戒》《春》《家》《新生》为研究对象，通过对藤村的近代自我意识与自我告白意识之间的关联性的考察，分析了告白这一形式在藤村文学中形成、确立、成熟的发展变化过程。

其他还有一些新课题、新视角的研究。关立丹《武士道与日本近现代文学：以乃木希典和宫本武藏为中心》（中国社会科学出版社，2009）探讨了纯文学与大众文学中武士道题材的作品。王成《"修养时代"的文学阅读：日本近现代文学作品研究》（北京大学出版社，2013）从读者论的角度分析了日本近现代作家的作品在日本同时代的阅读以及在中国的翻译与传播。高西峰《记者、小说与知识分子关系——以日本明治末期小说为中心》（中央编译出版社，2015）探讨明治末期在报社供职的文学家主体与其描写的新闻记者形象客体之间的关系，解析明治新闻出版机构、制度与文学创作者以及他们所塑造的新闻记者形象之间的关系。朱卫红《佐藤春夫作品研究：关于社会小说及其方法论的探讨（日文版）》（上海交通大学出版社，2016）探讨了佐藤春夫大正末年到昭和初年对社会小说的探索，揭示了佐藤文学的多面性。莫琼莎《野间宏文学研究：以全体小说创作为中心》（南开大学出版社，2012）以野间宏的小说创作理念为中心，力图从整体上把握他的文学实质。翁家慧《通向现实之路：日本"内向的一代"研究》（中国社会科学出版社，2010）从"自我"与"他者"、写实与文体两个角度较系统地分析了古井由吉、后藤明生、黑井千次、小川国夫、阿部昭、大庭美奈子等"内向的一代"的文学世界。朱自强《日本儿童文学论》（山东文艺出版社，2007）从日本儿童文学的源流到史论和作品论，对日本儿童文学进行了综合论述。尾崎红叶、小泉八云等以往被忽视的作家开始受到关注，如赵海涛《尾崎红叶〈心的阴翳〉主体内涵新论》（《日本问题研究》2014年第1期）、张秀强《尾崎红叶文学研究》（人民出版社，2015），张瑾《小泉八云的〈宿世之恋〉考略》（《外国问题研究》2012年第1期）、《受容与变容：小泉八云的再话文学与其中国本源——以〈安艺之介梦游记〉与〈槐宫记〉的比较研究为例》（《东北亚外语研究》2013年第2期）及牟学苑《小泉八云：思想与创作研究》（北京大学出版社，2016）等。①

有关诗歌的研究。在已出版的四部诗歌史中，②只有罗兴典《日本诗史》（上海外语教育出版社，2002）是日本明治维新以后诞生的日本新诗（现代自由诗）史，其余三部都是从古至今的通史。总体上看专题性的研究不多，值

① 齐明皓：《日本私小说文学叙事研究》，大连理工大学出版社，2011；李征：《都市空间的叙事形态：日本近代小说文体研究》，复旦大学出版社，2012；刘先飞：《深嵌的面具——创始期中日儿童文学比较研究》，人民出版社，2015。

② 另外三本是郑民钦《日本俳句史》，京华出版社，2000；郑民钦：《日本民族诗歌史》，北京燕山出版社，2004；唐月梅：《日本诗歌史》，北京大学出版社，2015。

得关注的论文有：王中忱《语言·经验·多义的"现代主义"——以北川冬彦的前期诗作为中心》（《东北亚外语研究》2013 年第 3 期）通过考察诗人北川冬彦的前期诗作，分析了他的"艺术左派"立场与"帝国日本"殖民扩张行为的紧张关系，以及由此产生的"北川诗法"的"前卫性"；杨伟《日本现代主义诗歌与中国——以诗歌杂志〈亚〉和〈铜锣〉为中心》（《中国比较文学》2015 年第 2 期）以 20 世纪 20 年代创刊于中国大连的《亚》和同期创刊于广州的《铜锣》为中心，论述日本现代主义诗歌与中国的关联；杨伟《"少数文学"视域下的黄瀛诗歌与宫泽贤治诗歌》（《外国文学评论》2015 年第 1 期）探讨了黄瀛和宫泽贤治在 20 世纪二三十年代对日语以及被日语所表征的各种编码体制进行的变革，以及由此带来的新视界。

五　女性文学

21 世纪伊始，日本女性文学在中国受到的关注骤然升温，先后出版了《日本女作家名作系列》（文化艺术出版社，2000）、许金龙与原善主编《中日女作家新作大系日本方阵（10 卷）》（中国文联出版社，2001）、水田宗子主编《日本现代女性文学文集》（上海译文出版社，2001）等一系列书籍，杂志《外国文学》于 2000 年第 2 期也推出了日本女性文学专辑。与此同时，水田宗子的女性主义批评论文集《女性的自我与表现》（中国文联出版社，2000）也被翻译介绍到中国。叶渭渠在该书的"译本序"中推介说，希望该书能传递最新的视点、原理和方法，促进女性文学的研究。

随之涌现出一批研究日本现代女性文学的论著。王成《日本女性文学进入新时代》（《外国文学》2000 年第 2 期）将女性文学分为战前的"女流文学"、战后的"女流文学"和女性文学三个阶段，按时序较为系统地进行了梳理。① 肖霞编

---

① 此外还有王宗杰《试论当代日本女性文学的特征》，《东北师大学报》2005 年第 5 期；郑宝香、俞贤淑：《日本战后女作家群体的形成及原因》，《天津外国语学院学报》2004 年第 4 期；王晶：《动荡时期的日本女性文学——日本战后女性文学之管窥》，《大连大学学报》2005 年第 3 期；刘春英：《战后日本女性文学萌生的时代土壤》，《外国问题研究》2009 年第 2 期；肖霞：《突围与建构：论日本现代女性文学的发展》，《文史哲》2010 年第 5 期；周萍萍：《日本女性文学的发展历程：从哀愁、抗争到反叛》，《国外文学》2014 年第 2 期。

著《全球化语境中的日本女性文学》（山东大学出版社，2009）在综述日本女性主义批评理论的基础之上，分析了樋口一叶、野上弥生子、宫本百合子、林芙美子、佐多稻子、圆地文子的文学。刘春英《日本女性文学史》（商务印书馆，2012）将日本女性文学的总体发展历程放在广义的"文化语境"下分析，梳理了历史流变，评述了各时期具有代表性的女性作家。叶琳主编《现当代日本文学女性作家研究》（南京大学出版社，2013）选取荣获芥川奖和直木奖等文学奖的女作家进行重点分析。肖霞《元始 女性是太阳——"青鞜"及其女性研究》（山东人民出版社，2013）梳理了《青鞜》产生与发展的历史背景，以《青鞜》杂志、"青鞜社"创办人和主要参与者等人物成长经历和社会活动为切入点，分析她们的文艺作品与评论文章所体现出来的思想与观点。

除以上综合性的论述外，也涌现出一些对个别作家的深入研究。其中比较集中的是关于吉本芭娜娜的研究。周阅《大众文化与吉本芭娜娜的创作》（《广东社会科学》2004 年第 2 期）和《从吉本芭娜娜的创作看日本大众文学——以〈厨房〉为中心》（《日语学习与研究》2009 年第 1 期）讨论了吉本芭娜娜文学的大众文化特征，认为具有通俗性和商业性。[①] 周异夫《吉本芭娜娜文学的孤独主题与社会意义》（《日语学习与研究》2004 年第 4 期）认为，吉本芭娜娜的作品在语言方面赢得了日本年轻读者，并以透明的感性和孤独的主题深刻地表现出当代日本年轻人的内心世界。杨伟《吉本芭娜娜：漫画与文学》（《国外文学》2008 年第 4 期）以吉本芭娜娜与漫画，特别是少女漫画的至深关系为切入点，探讨了少女漫画对其小说的主题和结构、人物造型、言语感觉等诸方面的影响。

关于其他女作家的研究还有以下这些。林涛《迷失的女性——论夏树静子的〈W 的悲剧〉》（《日语学习与研究》2009 年第 1 期）对小说的人物设置、人物三角关系的建构以及犯罪案件内部暗藏的男权体制下的女性悲剧进行了解读。王奕红、赵群《反抗抑或追随？——河野多惠子初期小说〈搜罗幼童〉探析》（《当代外国文学》2009 年第 4 期）通过探讨虐恋，揭示其表象背后

[①] 周阅《吉本芭娜娜的文学世界》（宁夏人民出版社，2005）较为完整地研究了吉本芭娜娜的生平与创作的主要特色。

所隐匿的庞大的被歧视人群。顾蕾《近代女性的流浪：从〈放浪记〉到〈浮云〉》（《外国文学》2011年第5期）考察了《放浪记》和《浮云》的女主人公的"越界"行为，分析了她们企图依赖帝国的扩张以挣脱传统性别角色束缚而遭遇男性掠夺的悲剧。李莲姬《超越制度的"身体"——论田村俊子的〈枸杞子的诱惑〉》（《日语学习与研究》2014年第3期）认为田村俊子通过改写传统少女小说模式，表达了对制度和权力进行拆解和反抗的女权意识。田鸣《生命记忆的讲述：日本现代女作家大庭美奈子小说叙事研究》（中国社会科学出版社，2014）从"边缘生存""苦痛·创伤""家族·血缘""叙事文体"等视角对大庭小说的文本叙事进行综合性分析。① 与上述作为受害者的女性形象不同，张晋文《樋口一叶与甲午战争——〈行云〉的文化解读》（《外国文学评论》2014年第4期）论证了一叶的小说《行云》与甲午战争时事性的密切关系，指出主人公的轻薄言行与当时日本煽动战争的行为属于同一精神构造。

需要注意的是，有关女作家的研究并不限于性别主题，对她们作品中的社会性也有深入探讨。杨晓辉、朱玉萍《处所意识的重新建构——有吉佐和子〈复合污染〉之生态批评解读》（《东北亚外语研究》2016年第4期）以《复合污染》为文本分析对象，从历史、社会因素等维度，阐释了日本和平年代的"战争"、民众的生态苦难和全球生态系统的危机。刘利国、祝丽君《论石牟礼道子的生态创作意识——以"苦海净土"三部曲为例》（《日语学习与研究》2016年第6期）从生态批评的视角，剖析石牟礼道子"苦海净土"三部曲所书写的人与自然、人与人、人与社会不和谐关系产生之根源，探讨她的生态创作意识。于海鹏、宿久高《人道主义的接受与变异——从〈一个地主的

---

① 林涛：《日本当代女作家津岛佑子》，《外国文学》2000年第2期；林岚：《音乐的净化力量——樋口一叶的〈琴之音〉》，《日本学论坛》2002年第2期；姜天喜：《孤独、暴力与绝望——论绵矢莉莎〈拒绝的背影〉》，《国外理论动态》2009年第1期；童晓薇：《田村俊子与她的女性小说》，《外国问题研究》2009年第2期；张文颖、姜海燕：《从柳美里的〈家庭电影〉看当代家庭的解体》，《日语学习与研究》2009年第4期；闫晓璐：《日本80后女作家青山七惠的〈一个人的好天气〉》，《国际关系学院学报》2009年第2期；杨本明：《诗歌里的自我寻找——论〈看到苍马〉中林芙美子的女性书写》，《东北亚外语研究》2015年第4期；肖霞：《婚姻是艘摆渡船——河野多惠子〈回转门〉中的女性形象》，《中华女子学院学报》2016年第3期。

早晨〉到〈贫穷的人们〉》（《日语学习与研究》2016 年第 4 期）探讨了宫本百合子对托尔斯泰的人道主义的接受和改造。

六　文艺理论

日本近现代文学的发展一直伴随着理论探索，从坪内逍遥的《小说神髓》到日本马克思主义文艺理论，无不起着引领作用，同时对中国文艺理论的建设也产生重要影响。

坪内逍遥的《小说神髓》汉译本（刘振赢译，人民文学出版社）于 1991 年出版，但直至 21 世纪之后才出现相关研究。关冰冰《走向西方的日本近代文学的起点——进化论与坪内逍遥的小说改良》（《东北师大学报》2002 年第 3 期）反思坪内逍遥的小说改良中的进化论问题。关冰冰《坪内逍遥的"人情说"初探》（《日本学论坛》2002 年第 Z1 期）对"人情说"的正反两方面意义进行了分析。郑文全《〈小说神髓〉的文体论》（《外国问题研究》2011 年第 4 期）将《小说神髓》置于言文一致运动的背景下进行考察，指出其局限性。潘文东《日本近代小说理论研究：多维视域下的〈小说神髓〉研究》（北京大学出版社，2015）从美学思想、写实主义文学观、叙事理论、互文性等角度对《小说神髓》进行综合性研究。

关于厨川白村，因其理论对中国产生过影响，一直为中国学界所关注。任现品《〈苦闷的象征〉：西方文化思潮的创造性整合》（《烟台大学学报》2000 年第 2 期）较为全面地论述了《苦闷的象征》与西方文化的关系，认为《苦闷的象征》吸收了精神分析心理学中"冲动——压抑——转化"说的理论框架，但对其具体内容加以改造。王文宏《生命力的升华：厨川白村文艺思想研究》（吉林人民出版社，2003）对厨川白村文艺思想的渊源及其文艺思想产生的时代背景进行了考察。李强《厨川白村文艺思想研究》（昆仑出版社，2008）从文化语境、早期文艺观、现代文艺批评意识、社会文明批评、文艺理论这五个方面系统地探讨了厨川白村文艺思想的形成轨迹及其思想意义。

日本马克思主义文艺理论不仅对中国 20 世纪二三十年代的左翼文艺运动产生重要影响，对当代的文艺批评也多有启示。王志松在系列论文的基础上完成了《20 世纪日本马克思主义文艺理论研究》（北京大学出版社，2012）。该书前半部分对具有代表性的日本马克思主义文艺理论家藏原惟人、三木清、户坂润、吉本隆明和柄谷行人的理论进行专题分析，后半部分考察了中日两国之间马克思主义文艺理论的相互交流与影响。赵京华则对当代左翼批评进行了系列研究。他在《日本后现代与知识左翼》（生活·读书·新知三联书店，2007）中以柄谷行人、子安宣邦、小森阳一、高桥哲哉等"新知识左翼"学者为对象，探讨了他们在实际的"文化政治"实践和"真实政治"的参与中所提出的一些有别于以往传统左翼的抵抗资本主义和民族国家制度体系的批判理论和斗争策略。

王向远《日本近代文论的系谱、构造与特色》（《山东社会科学》2012 年第 6 期）梳理了日本近代文论的演变历程及其理论系谱。王向远的另一项工作是翻译了《日本古典文论选译 近代卷（上、下）》（中央编译出版社，2012）和《文学论》（夏目漱石著，上海译文出版社，2016）。许多文章是第一次汉译，有助于推进相关理论的研究。其他一些论文还有莫琼莎《〈纯粹小说论〉与〈萨特论〉传承关系研究》（《北方工业大学学报》2011 年第 2 期）、于荣胜《日本现代主义文学初探》（《日语学习与研究》2008 年第 6 期）、皮俊珺《冈崎义惠的"日本文艺学"思想溯源》（《社科纵横》2008 年第 2 期）、吴光辉《试论伊藤整的现代文艺批评观》（《外国文学研究》2003 年第 6 期）、何乃英《〈新进作家的新倾向解说〉——日本新感觉派文学理论的代表作》（《日语学习与研究》2006 年第 1 期）等。孟庆枢从 2005 年起多次撰文呼吁加强对日本当代文学理论的研究。[1]

另一个课题是日本文艺理论对中国的影响研究。方长安《以他者话语质疑、批评"五四"文学非写实潮流——成仿吾对夏目漱石〈文学论〉的借用》（《武汉大学学报》2004 年第 4 期）认为成仿吾以日本作家夏目漱石《文学

---

[1] 孟庆枢《对日本 20 世纪 80 年代以来文学批评的几点思考》（《外国文学评论》2005 年第 1 期）、《全球化语境下的日本当代文学理论——从作品论到文本论、超文本论》（《南京师范大学文学院学报》2007 年第 3 期）和《当代日本后殖民主义批评管窥》（《外国文学评论》2008 年第 2 期）对 20 世纪 80 年代以来在解构主义和后殖民主义等思潮影响下日本当代文学理论的演变及其内涵和理论意义进行了梳理和分析。孟庆枢等著《二十世纪日本文学批评》（吉林人民出版社，2009）概述了近代、现代和当代日本文学批评理论。

论》的基本理论为依据，质疑、批评了"五四"文学一度出现的非写实潮流。王宗杰、孟庆枢《中日学术文化交流与中国近现代文学转型——从日本文学批评术语的引进谈起》（《学习与探索》2008 年第 5 期）探讨了日本批评术语的引进对中国现代文学转型所产生的影响。张旭春《文学理论的西学东渐——本间久雄〈文学概论〉的西学渊源考》（《中国比较文学》2009 年第 4 期）考察了从英国的温切斯特《文学批评原理》和哈德森《文学研究入门》到日本的本间久雄《文学概论》再到田汉的《文学概论》的理论旅行。王成《"直译"的"文艺大众化"——左联"文艺大众化"讨论的日本语境》（《中国现代文学研究丛刊》2010 年第 4 期）以"文艺大众化"论述为中心，探讨了左联和"纳普"理论家之间存在的文本关联。金永兵、荣文汉《本间久雄文学概论模式及其在中国的影响》（《内蒙古师范大学学报》2010 年第 6 期）通过对 20 世纪 20 年代译入中国的本间久雄两部文学概论教材及其在中国的影响的研究，阐明这一教材模式如何伴随中国现代文论的萌生而出现，并有力地推进了现代文论的发展。陈世华《"人生相涉论争"：文学自律性与功利性主张的对撞——兼论对我国文坛的影响》（《东北亚外语研究》2015 年第 1 期）分析了北村透谷的浪漫主义文学思想对鲁迅等人的文学思想所产生的影响。王志松《周作人的文学史观与夏目漱石文艺理论》（《中国现代文学研究丛刊》2016 年第 7 期）论证了周作人在 20 世纪 30 年代通过与夏目漱石文学及其文艺理论的交集摆脱了"小说至上论"的文学观，将散文作为一个独立的文类纳入中国现代文学史书写，在"文学"概念现代化转型中留下独特的印迹。徐秀慧《无产阶级文学的理论旅行——以日本、中国大陆与台湾"文艺大众化"的论述为例》（《现代中文学刊》2013 年第 2 期）研究乐受苏联无产阶级文学理论影响的日本的"纳普"、中国大陆的"左联"与台湾的"台湾文艺联盟"的左翼文学理论旅行的文化现象。关于王国维的"意境说"是否受到明治时期日本学者田冈岭云的影响，祁晓明《王国维与日本明治时期的文学批评——田冈岭云文论对王国维"意境说"的影响》（《清华大学学报》2015 年第 4 期）和罗钢、刘凯《影响的神话——关于"田冈岭云文论对王国维'意境说'的影响"之辨》（《清华大学学报》2015 年第 4 期）之间进行了有益的争论和探讨。

七　翻译文学

21 世纪之后中日比较文学研究呈现出一派勃勃生机的局面，涌现出大量成果，先看翻译文学研究。①

作为比较文学的翻译研究出现于 20 世纪 90 年代中期。王中忱《叙述者的变貌——试析日本政治小说〈经国美谈〉的中译本》（《清华大学学报》1995年第 4 期）通过比勘《经国美谈》原著与中译本，考察叙述者的面貌在翻译转换过程中的变化。王志松的《文体的选择与创造——论梁启超的小说翻译文体对晚清翻译界的影响》（《国外文学》1999 年第 1 期）、《析〈十五小豪杰〉的"豪杰译"》（《中国比较文学》2000 年第 3 期）考察了梁启超在《佳人奇遇》《十五小豪杰》等小说的翻译中如何将文言、传统白话体小说的"白话"以及日欧文体融合起来创造新文体的问题。王向远于 2001 年推出《二十世纪中国的日本翻译文学史》（北京师范大学出版社），对中国 20 世纪翻译介绍日本文学第一次进行了全面的梳理，探讨了译作的选题背景与动机、译者的翻译观、译作风格以及在中国的接受等问题。翻译文学研究的动向与当时的学术潮流有关：其一是翻译研究发生文化转向，谢天振积极倡导"译介学"；其二是中国文学研究界也出现讨论中国现代文学世界性因素的热潮。这两股潮流形成互动关系，促进了日本学界翻译文学研究的繁荣。

首先，关于翻译与传播的研究，将翻译文学置于特定的社会背景之下探讨如何翻译、如何被接受的问题。王成《〈苦闷的象征〉在中国的翻译及传播》（《日语学习与研究》2002 年第 1 期）通过比较几个中文译本，探讨了中国现

---

① 李芒：《日本文学在中国》，《外国文学》1984 年第 4 期；《日本文学在中国的翻译与评价》，《日本学刊》1992 年第 5 期。王凌：《日本近代文学翻译在中国》，《辽宁大学学报》1981 年第 3 期；《晚清日本文学翻译论考》，《日本问题》1986 年第 5 期。刘春英：《抗战时期中国的日本文学翻译》，《日本研究》1989 年第 1 期；张铁荣：《关于周作人的日本文学翻译》，《鲁迅研究月刊》1995 年第 7 期；秦弓：《选择与理解——五四时期译介日本文学的一种现象》，《中国现代文学研究丛刊》1996 年第 2 期；夏定冠：《日本文学在中国》，《新疆大学学报》1999 年第 3、4 期；王成：《夏目漱石文学在中国的翻译与影响》，《日语学习与研究》2001 年第 1 期。

代文学在 20 世纪 20 年代以后所形成的一个苦闷的话语空间与《苦闷的象征》的翻译和传播之间的关系。王志松《新感觉文学在中国二、三十年代的翻译与接受：文体与思想》（《日语学习与研究》2002 年第 2 期）探讨了刘呐鸥等新感觉派小说家的翻译与新文体在 20 世纪 30 年代现代白话文基本定型的语言空间里所具有的"异化"功能。秦刚《现代中国文坛对芥川龙之介的译介与接受》（《中国现代文学研究丛刊》2004 年第 2 期）对 20 世纪二三十年代中国文坛译介芥川文学的种种反响进行了详细的梳理。崔琦《晚清白话翻译文体与文化身份的建构——以吴梼汉译〈侠黑奴〉为中心》（《中国现代文学研究丛刊》2014 年第 3 期）通过考察认为，在日俄战争之后天朝文化的"中心"位置逐渐丧失的背景下，吴梼通过《侠黑奴》的"异化"翻译将"他者"的知识导入汉语中来塑造新的文化身份。王中忱《组织与文学：列宁主义文学论的初期译介与回响——以一声译〈论党的出版物与文学〉为中心》（《中国现代文学研究丛刊》2016 年第 7 期）通过考察一声所译《论党的出版物与文学》，指出该文在初译为中文之时即成了一篇色彩鲜明的"党的文学"论。此外，王成还有《夏目漱石文学在中国的翻译与影响》（《日语学习与研究》2001 年第 1 期）、《松本清张的推理小说与改革开放后的中国》（《日语学习与研究》2010 年第 4 期）等论文。① 崔琦《吴梼的翻译活动与〈太阳〉杂志》（《清华大学学报》2013 年增刊）、马俊锋《〈东方杂志〉对白桦派的介绍与翻译》（《中国现代文学研究丛刊》2016 年第 7 期）有关杂志媒介与翻译文学之间关系的考察也值得关注。

其次，关于翻译与创作之间关系的研究。王志松《刘呐鸥的新感觉小说：翻译与创作》（《中国现代文学研究丛刊》2002 年第 4 期）认为，刘呐鸥通过

---

① 刘燕：《樋口一叶文学在中国的接受、译介及译本研究》，《湖北第二师范学院学报》2010 年第 5 期；崔琦：《石川啄木在中国的翻译与影响》，《鲁迅研究月刊》2006 年第 1 期；崔琦：《被"误译"的夏目漱石：中日汉字圈内的"余裕"与"低徊趣味"》，《中国比较文学》2016 年第 3 期；于桂玲：《谷崎润一郎的译介在中国——以〈细雪〉为例》，《黑龙江社会科学》2007 年第 2 期；赵海涛：《尾崎红叶文学在中国的译介与研究》，《燕山大学学报》2014 年第 1 期；吕元明：《叶山嘉树，被"搬运"到中国的无产阶级作家》，《东北亚外语研究》2015 年第 2 期；陈爱阳：《晚清翻译通俗小说中的科学话语——押川春浪「塔中の怪」翻译的文本分析》，《日语学习与研究》2011 年第 6 期；等等。

翻译夸大了日本新感觉派文体的新奇性，不仅塑造了他本人的创作文体，在很大程度上还影响了中国新感觉派文学的发展方向。杨英华《关于鲁迅翻译武者小路实笃剧作〈一个青年的梦〉的态度与特色》（《鲁迅研究月刊》2004年第4期）认为《一个青年的梦》的翻译有不少改写，表明鲁迅对这部反战、探索人性问题的作品注入了自己的独特认识。冯波《日本"乡愁小说"在1930年代前后的译介》（《中国现代文学研究丛刊》2012年第11期）从人道主义诉求与现代城乡关系的角度考察日本作家的"乡愁小说"在20世纪30年代在中国的介绍对中国现代乡愁小说的影响。国蕊《陈景韩对第一人称叙事小说翻译的探索》（《明清小说研究》2016年第4期）通过将陈景韩一系列的第一人称翻译小说与底本对照，考察了陈译本在第一人称翻译中产生的"讹误"，及其对第一人称小说的理解和接受过程。崔琦《从〈游戏〉到〈端午节〉——试论鲁迅翻译与创作之间的互文性》（《中国现代文学研究丛刊》2016年第3期）分析了鲁迅翻译的森鸥外作品《游戏》与鲁迅创作的小说《端午节》之间的互文性。李青《在传统与"新民"之间——包天笑译教育小说〈儿童修身之感情〉研究》（《日语学习与研究》2016年第5期）认为包天笑通过改写提倡"因爱而孝"和冒险进取精神，创造了我国最早的"少年成长小说"。金晶《谷崎润一郎文学在民国时期的接受情况研究》（南开大学出版社，2013）在梳理谷崎文学在民国时期的翻译状况的基础上，着重从性欲、女性观和艺术观的角度分析其文学作品与中国作家创作之间的关系。杨文瑜《文本的旅行：日本近代小说〈不如归〉在中国》（华东理工大学出版社，2015）以翔实的资料探讨《不如归》在现代中国的译介与传播，考证改编新剧、电影、戏剧过程中产生的差异，以实证手法还原《不如归》在中国的接受史。

关于周氏兄弟翻译的研究也是一个热点。北京鲁迅博物馆于2008年编辑出版《鲁迅译文全集》八卷（福建教育出版社）。鲁迅的译文数量庞大，曾收入1938年的《鲁迅全集》，人民文学出版社于1958年出版十卷本《鲁迅译文集》。此次出版以初次发表或初版为底本，并参阅各种版本。这一工作无疑为鲁迅翻译研究的展开打下了基础。陈红《两篇鲁译安特莱夫的底本问题》（《日语学习与研究》2015年第5期）通过考证，指出《书籍》转译自中村白叶所译的『書物』，而《黯澹的烟霭里》并非转译自日译本。山田敬三《鲁迅与儒勒·凡尔纳》(《鲁迅研究月刊》2003 年第 6 期)对照了底本与译本的差异,并探究了译者的意图。董炳月《翻译主体的身份和语言问题——以鲁迅与梁实秋的翻译论争为中心》(《鲁迅研究月刊》2008 年第 11 期)从鲁迅与梁实秋的思想观念、留学背景入手,探讨了两人的差异及其在翻译政治性、翻译美学中的体现。熊鹰《从〈小约翰〉到〈药用植物〉:鲁迅反帝国主义植物学的一次翻译实践》(《鲁迅研究月刊》2015 年第 6 期)考察鲁迅通过对欧洲"科学"话语的策略性借用实践了对日本帝国植物学与药学的抵抗。潘秀蓉《周作人与日本古典文学(日文版)》(厦门大学出版社,2014)在确认周作人翻译所依据的原著和注释书的基础之上,详细考察了 20 世纪 20 年代周作人翻译日本古典文学作品的背景、目的和手法,并分析了这一时期他的思想、文学观与翻译之间的关系。于小植《周作人文学翻译研究》(北京大学出版社,2014)考察周作人语言观、翻译观的历史根源与变化及其文学翻译对中国现代白话文变革的历史贡献,探索其小说诗歌翻译的语言特色和充满个人色彩的精神体验。杨位俭《战争、新村与启蒙的界限——基于〈一个青年的梦〉译介关系的考察》(《中国比较文学》2016 年第 3 期)考察了武者小路实笃反战剧《一个青年的梦》经由周氏兄弟合作译介到国内,形成了一次重要的思想文化事件,推动了新村理想的传播,并深刻卷入了国际性的思想互动。[①]

另外还有关于汉译日的研究。这方面最多的是关于鲁迅作品的翻译研究。林敏洁《增田涉注译本〈呐喊〉〈彷徨〉研究新路径——兼论〈伤逝〉与

---

① 其他还有张铁荣《鲁迅与周作人的日本文学翻译观》,《鲁迅研究月刊》2003 年第 10 期;陈朝辉:《论〈毁灭〉从翻译到重译——再谈鲁迅与藏原惟人》,《鲁迅研究月刊》2011 年第 12 期;刘军:《周作人与日本文学翻译》,《鲁迅研究月刊》2005 年第 6 期;裴亮:《周作人译介武者小路实笃〈久米仙人〉考论——以选文倾向与重译思想为中心》,《鲁迅研究月刊》2016 年第 6 期;刘全福:《周作人——我国日本文学译介史上的先驱》,《四川外语学院学报》2001 年第 4 期;雷亚平、张福贵:《文化转型:鲁迅的翻译活动在中国社会进程中的意义与价值》,《鲁迅研究月刊》2000 年第 12 期;姜彩燕:《从"立人"到"救救孩子"——鲁迅对〈儿童之好奇心〉等论文的翻译及其意义》,《鲁迅研究月刊》2009 年第 8 期;邱凯华:《〈现代电影与有产阶级〉:鲁迅的翻译策略与中国左翼电影运动的发生》,《鲁迅研究月刊》2011 年第 4 期;李淑英:《翻译作品的"大众本"改编与 1930 年代"文艺大众化"运动——以 1933 年鲁迅〈毁灭〉译本的两次改编为中心》,《中国现代文学研究丛刊》2016 年第 1 期;等等。

〈孤独者〉的关系》（《中国现代文学研究丛刊》2013 年第 11 期）借助增田涉的《呐喊》《彷徨》注译本，对鲁迅小说《孤独者》《伤逝》的几个重要学术问题进行了独特的诠释。李爱文、纪旭东《竹内好的鲁迅翻译特征研究》（《日语学习与研究》2015 年第 4 期）通过具体分析竹内好的译文，发现他对鲁迅作品的翻译以及在翻译中的"误译"，均与其独特的鲁迅观有十分密切的关系。近年来因莫言获得诺贝尔文学奖，有关莫言在日本的译介也成为关注的一个热点。张文颖《论莫言文学作品日文翻译的功过与得失——以〈蛙〉为中心》（《日语学习与研究》2014 年第 4 期）、朱芬《莫言在日本的译介》（《中国比较文学》2014 年第 4 期）、林敏洁《莫言文学在日本的接受与传播——兼论其与获诺贝尔文学奖的关系》（《文学评论》2015 年第 6 期）诸论文不仅分析作品的翻译问题，还考察日本文化界对其文学接受、评价的变迁过程，以及中国文学走向世界过程中翻译、研究与传播之关系。另外还有关于伪满洲国的翻译研究，梅定娥《大内隆雄的翻译》（《外国文学评论》2013 年第 1 期）、祝然《伪满洲国时期大内隆雄文学翻译活动研究》（《东北亚外语研究》2014 年第 2 期）探讨了大内隆雄日译的"满洲"中国作家作品，转向作家的特殊身份使得他的译作带有复杂的政治性和矛盾性。

八　中国现代文学中的日本因素

中国现代文学的形成与发展受日本影响很大。早在 1985 年刘柏青就出版了《鲁迅与日本文学》（吉林大学出版社）。20 世纪 90 年代的著作有刘立善《日本白桦派与中国作家》（辽宁大学出版社，1995）、王向远《中日现代文学比较论》（湖南教育出版社，1998）。21 世纪的研究也是在这条延长线上展开的。

中国现代作家与日本的关系分为两个部分，首先是留日体验与创作之间的关系。潘世圣的系列论文《关于鲁迅与仙台医学专门学校——"日本留学期鲁迅之实证研究"之一》（《鲁迅研究月刊》2001 年第 7 期）、《鲁迅的思想构筑与明治日本思想文化界流行走向的结构关系——关于日本留学期鲁迅思想形态形成的考察之一》（《鲁迅研究月刊》2002 年第 4 期）以及高远东《"仙台经验"与"弃医从文"——对竹内好曲解鲁迅文学发生原因的一点分析》

（《鲁迅研究月刊》2007 年第 4 期）、董炳月《鲁迅留日时代的俄国投影：思想与文学观念的形成轨迹》（《鲁迅研究月刊》2009 年第 4 期）、范国富《鲁迅留日时期思想建构中的列夫·托尔斯泰》（《鲁迅研究月刊》2016 年第 10 期）等考察了鲁迅留学时的一些细节、同时代的文化背景对鲁迅思想和文学观形成的影响。李怡《日本体验与中国现代文学的发生》（北京大学出版社，2009）探讨了从晚清到"五四"的几代中国作家如何通过留日体验完成了对创作主体的自我激活过程。苏明《"支那"之痛：现代留日作家的创伤性记忆》（《中国现代文学研究丛刊》2010 年第 1 期）探讨留日作家对于"支那"之痛所择取的文学记忆呈现方式问题。小川利康《周氏兄弟与东京——兄弟之间的文化体验差异》（《中国现代文学研究丛刊》2016 年第 7 期）引入地理空间，考察了周氏兄弟在东京所生活的地理位置与所吸收的文化的差异关系问题。①

其次是关于受日本文学或经由日本的西方文学影响的研究。黄爱华《中国早期话剧与日本》（岳麓书社，2001）通过追踪中国早期话剧接受日本新派剧、新剧影响的历程，探讨了两者之间的异同关系，阐明中国戏剧现代化初期借鉴西方戏剧的曲折性和复杂性。② 童晓薇《日本影响下的创造社文学之路》（社会科学文献出版社，2011）重点研究留日期间日本大正文化对创造社成员产生的影响。周海林《创造社与日本文学——关于早期成员的研究》（上海社会科学院出版社，2016）着重探讨了郁达夫与葛西善藏的关系、张资平的通

---

① 夏敏《日本"大正"时代的文化氛围与郭沫若的文学选择》（《郭沫若学刊》2011 年第 4 期）考察了郭沫若思想和文学观念的构筑与日本大正文化界流行走向的关系；陈凌虹《徐卓呆留日经历及早期创作活动考》（《中国现代文学研究丛刊》2016 年第 11 期）考察了徐卓呆的日本留学经历，以及留学期间的创作和翻译活动。

② 李怡《日本体验与中国现代文学的发生》（北京大学出版社，2009）从"异域体验"的角度探讨了中国现代文学开创者们的日本体验对于他们的文学创作的意义。武继平《佐藤春夫与田汉的情感错位——有关中日文人交往的个案考察》（《浙江学刊》2008 年第 1 期）以无产阶级文学势头高涨的 20 世纪 20 年代末为背景，考察了田汉与佐藤春夫在私人交往上的思想和感情的纠葛。熊文莉『無国籍者との出会い——武田泰淳の上海体験』（《日语教育与日本学研究论丛（3）》，学苑出版社，2008）探讨了武田泰淳战败之际在上海与无国籍者相遇的体验成为他战后文学创作的内核。张能泉《日本唯美主义文学对狮吼社的影响》（《日本学论坛》2008 年第 2 期）以狮吼社成员章克标和滕固为研究对象，探讨了两人对日本唯美主义文学的接受问题。严安生『陶晶孫その数奇な生涯：もう一つの中国人留学精神史』（岩波书店，2009）探讨了陶晶孙留日生活与创作经历的密切关系。

俗小说与佐藤红绿的联系等。石圆圆《"风物"的怀念和演绎：论周作人对日本地方文学的寄情书写》（《中国比较文学》2010年第4期）从发掘"风物"这一文化符号的角度入手，阐述周作人和日本地方文学之间的关系，并指出周作人把风物观贯穿到对中国地方文学和本土文化的发掘和创建中。李冬木《芳贺矢一〈国民性十论〉与周氏兄弟》（《山东社会科学》2013年第7期）探讨了《国民性十论》对周氏兄弟思想形成的意义及其差异。李培艳《"新村主义"与周作人的新文学观》（《中国现代文学研究丛刊》2014年第11期）认为日本的新村运动不只是乌托邦式的"公社实验"运动，同时也是一种带有文学性理想主义的实践运动，其对新文化运动的影响同样体现在文学与社会两个层面。赵京华《鲁迅与盐谷温——兼及国民文学时代的中国文学史编撰体制之创建》（《鲁迅研究月刊》2014年第2期）从"国民文学"时代中日学者共建全新之中国文学史编撰体制的大视野出发，重点讨论鲁迅与盐谷温之间学术上相互认同彼此借鉴的互动关系。张永禄、张谡《论盐谷温对鲁迅小说史研究的影响》（《中国现代文学研究丛刊》2015年第5期）分析了鲁迅在中国小说史研究上接受并超越盐谷温的情况，开创性地把人的文学、进化论和娱乐性等现代小说经典理念与方法有机融合进中国古代小说的研究中。董炳月《"文章为美术之一"——鲁迅早年的美术观与相关问题》（《文学评论》2016年第4期）通过对青年鲁迅在仙台受日俄战争幻灯片的影响决定弃医从文的考察，分析了文学意识与美术意识对于文学家鲁迅诞生的意义。①

新时期再次出现日本文学对中国文坛的影响，也引起了学界的关注。俞利军《余华与川端康成比较研究》（《外国文学研究》2001年第1期）指出余华的初期创作深受川端康成的影响。王志松《川端康成与八十年代的中国文学——兼论日本新感觉派文学对中国文学的第二次影响》（《日语学习与研究》

---

① 方长安《形成、调整与质变——周作人"人的文学"观与日本文学的关系》（《文学评论》2004年第3期）探讨了周作人"人的文学"观与厨川白村灵肉调和论、新村主义和《小说神髓》以及夏目漱石、有岛武郎的文学论及俳句、川柳等之间的关系。于九涛《是模仿还是改编？——关于张资平的〈梅岭之春〉及其他》（《书屋》2004年第8期）指出张资平《梅岭之春》是对岛崎藤村《新生》的模仿。相关研究还有潘世圣《关于鲁迅与日本近代自然主义文学的问题——从成仿吾〈呐喊〉的评论谈起》，《浙江学刊》2006年第3期；国蕊：《"多余人"类型小说的近代移入及鲁迅的本土化重构》，《鲁迅研究月刊》2016年第2期。

2004 年第 2 期）探讨了川端文学以及新感觉派文学对"寻根文学"和"先锋派文学"的领军人物贾平凹、余华和莫言的创作所产生的影响。康林《莫言与川端康成——以小说〈白狗秋千架〉和〈雪国〉为中心》（《中国比较文学》2011 年第 3 期）以莫言的《白狗秋千架》和川端康成的《雪国》为中心，具体考察和验证后者对前者的影响状况，重新评价和界定《白狗秋千架》在莫言整个小说创作中的历史意义和地位。赵稀方《"新时期"构造中的日本文学——以森村诚一和川端康成为例》（《中国比较文学》2005 年第 4 期）以森村诚一和川端康成为例，解读了"新时期"文化构造中日本文学的意义。

还有一些综合性的研究。王中忱《越界与想象：20 世纪中国、日本文学比较研究论集》（中国社会科学出版社，2001）从"帝国·殖民以及与此相关的想象""媒体·翻译与中国文学的现代主体建构""跨国界的现实主义"三个角度对中日文学进行了研究。方长安《选择·接受·转化：晚清至 20 世纪 30 年代初中国文学流变与日本文学关系》（武汉大学出版社，2003）对中国近代和现代受日本文学影响的文学现象进行研究。董炳月《"国民作家"的立场——中日现代文学关系研究》（生活·读书·新知三联书店，2006）选取中日两国现代文学史上五个文学个案作为考察对象，探究了中日两国近代以来相互认知的精神史。肖霞《浪漫主义：日本之桥与"五四"文学》（山东大学出版社，2003）分析了日本浪漫主义文学通过何种渠道影响了中国的浪漫主义文学，并分析了两者的异同。倪祥妍《日本小说家与郁达夫》（北京大学出版社，2013）探讨郁达夫的文学观及小说创作，以及日本近代小说家田山花袋、葛西善藏、佐藤春夫、谷崎润一郎、志贺直哉、永井荷风等对郁达夫创作的影响。陈朝辉《文学者的革命：论鲁迅与日本无产阶级文学》（光明日报出版社，2016）借用鲁迅的阅读视角，论证了七位日本左翼作家的文学观、革命观及思想意识形态的流变过程，反过来又通过这七位日本左翼作家文学思想的变迁过程及鲁迅对他们的译介活动，分析了鲁迅本人的革命文学观的变化过程。赵京华《周氏兄弟与日本》（人民文学出版社，2011）分上下两编，上编"鲁迅在日本"探讨鲁迅在日本的接受和影响，下编"周作人与日本"探讨了周作人与日本文化的几个侧面。

九 汉诗文、 日本近现代文学中的中国因素

近代之后日本虽然高喊"脱亚入欧"，但作品中的各种中国因素仍清晰可辨。

首先是有关汉诗文的研究。高文汉《日本近代汉文学》（宁夏人民出版社，2005）对日本近代汉文学的发展脉络、作家流派、主要作家的作品做了梳理和评介。陈福康《揭开汉文学史角落的另一幕》（《日语学习与研究》2008 年第 3 期）对几位近代著名汉文学家及其作品中所隐含的军国主义糟粕进行了揭示和批判。陈福康《论 19 世纪中叶后日本汉文学的几个问题》（《学术月刊》2011 年第 3 期）指出了 19 世纪中叶以后日本汉文学的三个问题：一是对日本明治前夕"志士文学"的评价问题；二是明治时期汉文学中军国主义流毒的严重性；三是 20 世纪以来日本文学史书抹杀汉文学的错误问题。孙虎堂的系列论文《略论成岛柳北及其汉文小说〈柳桥新志〉——兼论日本 19 世纪的花柳类汉文小说》（《兰州学刊》2008 年第 8 期）、《东洋"纪梦"篇：评介日本汉文小说〈警醒铁鞭〉》（《蒲松龄研究》2009 年第 3 期）、《日本明治时期"虞初体"汉文小说集述略》（《国外文学》2011 年第 3 期）等对明治时期汉文小说的编创体例、旨趣、方法以及文体等方面进行了探讨。刘栋《民国时期日本汉文学期刊〈东华〉及其相关人物群体考述》从理事、顾问、投稿者等方面对在日本发行的汉文学杂志《东华》进行了考察，认为这是一份极具政治意义的汉文学刊物，二战期间沦为鼓吹战争的宣传工具。高平《日本近代"诗史"观论析》（《外国文学评论》2015 年第 1 期）对日本近代"诗史"观进行了分析，认为其紧密联系政治，凸显民族本位，用语雅驯而与时俱进，流露出强烈的干预现实的意识及与晚清诗坛竞争的意识。齐珮《佐藤春夫与中国古典闺秀诗——以〈车尘集〉的编选为视点》（《日语学习与研究》2014 年第 3 期）从结构编排、作品选择和副文本手段三方面分析了佐藤春夫编选《车尘集》的特征，认为佐藤春夫在无常美感、文化悼亡、民族语言特质三方面表现出对中国古代闺秀诗的接受和理解。①

---

① 此外还有祝振媛《夏目漱石的汉诗和中国文化思想》，中国书籍出版社，2003；赵海涛：《中国古代文学观照下的夏目漱石汉诗解读》，《甘肃联合大学学报》2013 年第 1 期；石川忠久：《啄木と漢诗》，李均洋、佐藤利行主编《中日比较文学研究》，外语教学与研究出版社，2014；等等。

　　其次是有关中国题材的研究。李俄宪撰写了关于中岛敦中国题材作品的系列论文《李陵和李徵的变形：关于中岛敦文学的特质问题》（《国外文学》2004 年第 3 期）、《日本文学中子路形象的变异与〈史记〉》（《外国文学研究》2006 年第 5 期）、《日本文学的形象和主题与中国题材取舍的关系——以中岛敦〈牛人〉的创作与出典〈左传〉的关系为例》（《外国文学研究》2008 年第 2 期），通过细致考辨原典材料与作品的异同来凸显其创新之处。王向远《源头活水——日本当代历史小说与中国历史文化》（宁夏人民出版社，2006）评述了战后 60 年来中国历史题材的日本文学，将研究范围扩大到陈舜臣、司马辽太郎等大众文学作家。周阅《"合二为一、一分为二"——唐人小说与川端康成的写作模式》（《中国比较文学》2007 年第 1 期）探讨了川端对唐人小说的翻译及其"合二为一、一分为二"的小说模式与川端文学创作之间的关系。王燕与卢茂君《井上靖中国题材历史小说研究》（九州出版社，2010）、卢茂君《井上靖与中国》（九州出版社，2011）对《天平之甍》等中国题材作品进行研究，并对井上靖多次去小说情节发生地考察历史文化、搜集创作素材并与中国文学界以及地方史志工作者进行交流的情况做了实证性研究。郭雪妮《战后日本文学中的"长安乡恋"——以井上靖的长安书写为例》（《陕西师范大学学报》2013 年第 5 期）分析了井上靖描写长安的矛盾心理，指出对于他而言长安既是日本文化与宗教在某一特定时期"采蜜的场所"，又是一个空洞的历史符号。①

　　最后是中国美术、古代思想等与日本文学创作的关系，如前述张石和周阅有关川端康成的研究。周阅《比较文学视野中的中日文化交流》（复旦大学出版社，2013）进一步从美术、文学、哲学、戏曲等不同的文化侧面和研究角度探讨了中日之间文学文化的影响与交融情况。这类研究还有李莉薇《论大正时期日本作家对京剧的接受》（《国外文学》2013 年第 2 期），李莉薇、侯丽丽《芥川

---

①　其他研究成果还有孙树林《〈名人传〉与〈列子〉》，《日语学习与研究》2000 年第 6 期；高洁：《芥川龙之介与〈聊斋志异〉》，《日语学习与研究》2002 年第 1 期；郭艳萍：《再论芥川龙之介与〈聊斋志异〉——关于〈酒虫〉》，《日本学论坛》2005 年第 Z1 期；王志松：《小说虚构与历史叙述——论司马辽太郎的〈项羽与刘邦〉》，《日语学习与研究》2012 年第 6 期；古大勇：《"闽南"爱情故事的"日本印记"——从梨园戏〈陈三、五娘〉到佐藤春夫的小说〈星〉》，《东疆学刊》2014 年第 4 期；等等。这方面的研究还有待进一步开掘。

龙之介的中国戏曲观》（《日语学习与研究》2015 年第 5 期）等。

如果说上述研究是把传统文化作为文学创造现代性的一种补充来看待，那么还存在另一种将传统文化当作超越现代性的思想资源的视角。林少阳《"文"与日本的现代性》（中央编译出版社，2004）从东亚传统概念"文"的角度，讨论了 17 世纪至 20 世纪 90 年代的几位日本思想家和文学家，以期展示日本知识分子思想的一个侧面，并由此尝试探讨汉字文化圈自己的文本解释理论，寻找西方当代理论与汉字文化圈思想传统之间的理论结合，重新发现在现代化过程中被压抑的"文"，为认识和建构东亚的文化传统提供新的可能。王志松《直译文体与汉文要素——论横光利一的新感觉文体》（《外国文学评论》2007 年第 4 期）考察了东亚传统与西方文化碰撞后指出，横光利一从汉字的角度切入"书写"问题，对近代的"文言一致体"的口语幻想进行了有力的挑战，形成独特的新感觉文体。王中忱、林少阳主编《重审现代主义：东亚视角或汉字圈的提问》（清华大学出版社，2013）明确提出"通过注入现代东亚的视角来重审中国现代主义，志在相对化过于封闭于民族国家内部、以民族国家为单位的现代学术框架"。

还有关于日本作家在中国的游历与创作关系的研究，前述芥川的游记是一个典型例子。此外还有李炜《天津旅行与"支那趣味"——论谷崎润一郎、芥川龙之介的文学表现与文化立场》（《山东社会科学》2014 年第 10 期）、李雁南《谷崎润一郎笔下的中国江南》（《解放军外国语学院学报》2009 年第 2 期）、徐静波《日本作家阿部知二的中国因缘和中国意象》（《中国比较文学》2014 年第 3 期）、高洁《佐藤春夫〈南方纪行〉的中国书写》（《中国比较文学》2012 年第 4 期）、陈多友《日本游沪派文学研究》（上海外语教育出版社，2012）、李炜《论金子光晴笔下的天津》（《东北亚外语研究》2013 年第 3 期）、齐珮《从佐藤春夫的〈星〉看近代日本的中国想象》（《日本问题研究》2014 年第 2 期）等。

关于鲁迅文学在日本的接受研究也是一个重要课题。赵京华《竹内好的鲁迅论及其民族主体性重建问题——从竹内芳郎对战后日本鲁迅研究的批评说起》（《中国现代文学研究丛刊》2006 年第 3 期）从日本战后思想史的角度，考察了竹内好、丸山升的鲁迅论在战后重建民族主体性的意义。赵京华《在东亚历史剧变中重估鲁迅传统——关于鲁迅对"东亚"的淡漠与他在战后该地区影响力的考察》(《学术月刊》2015 年第 1 期)认为鲁迅生前工作重心始终在于中国民族的自我改造,而在他身后却在经历新殖民压迫和民主化运动的日本和韩国得以广为传播,从一个侧面显示出其思想文学的"世界意义"。董炳月《井上厦的"反鲁迅"——〈上海月亮〉的喜剧艺术与意义结构》(《鲁迅研究月刊》2014 年第 7 期)认为,井上厦的《上海月亮》是剧本,同时又包含着对鲁迅的认识与理解,从"疾病"和"平等"两个视角提供了一个崭新的鲁迅形象。董炳月《日本的阿 Q 与其革命乌托邦——新岛淳良的鲁迅阐释与社会实践》(《鲁迅研究月刊》2015 年第 4 期)分析了新岛淳良所建构的革命者鲁迅形象,指出不仅该形象承载着 20 世纪六七十年代日本的左翼政治意识形态,与近年来中国鲁研界多见的痛苦、绝望的鲁迅形象形成对比与互补,而且新岛本人的社会实践被村上春树写入《1Q84》,形成一个独特的中日文学镜像空间。① 董炳月的系列研究论文收录进《鲁迅形影》(生活·读书·新知三联书店,2015)。

十 战争文学、伪满洲国文学和沦陷区文学

战争文学、伪满洲国文学和沦陷区文学是中日文学关系中的特殊领域,在很长一个时期被忽略,直至冷战结束后才进入研究视野。随着冷战结束,日本国内出现为第二次世界大战中的侵略行为翻案的思潮,作为对其批判的策略,一些研究者着手日本殖民地文学的研究。另外,在后殖民主义思潮的影响下,对现代形成的国民国家进行反思,解构以民族国家为前提的"国别文学史",对在日朝鲜人文学以及殖民时期的海外文学进行重新整理。中国 21 世纪涌现出的相关研究与上述动向有关,但也有自身的研究背景。作为抗日文学研究的延伸,吕元明从 20 世纪 80 年代末开始研究抗日战争时期在华日本人的反战文

---

① 许金龙《"始自于绝望的希望"——大江健三郎文学中的鲁迅影响之初探》(《鲁迅研究月刊》2009 年第 11 期)详细地梳理了大江健三郎接受鲁迅影响的历程。刘伟《李长之〈鲁迅批判〉对竹内好〈鲁迅〉的影响》(《中国现代文学研究丛刊》2010 年第 5 期)认为李长之的《鲁迅批判》是竹内好《鲁迅》的中国蓝本,竹内好创造性地改写和发展了李长之的思想。韩琛:《从"竹内鲁迅"到"竹内赵树理"——"近代的超克"与作为方法的现代中国文学》,《鲁迅研究月刊》2012 年第 10 期。

学，并关注到了伪满洲国的日本进步作家，于 1993 年结集出版《被遗忘的在华日本反战文学》（吉林教育出版社）。吕元明还与日本学者山田敬三合编《中日战争与文学：中日现代文学的比较研究》（东北师范大学出版社，1992）。1999 年王向远出版的《"笔部队"和侵华战争——对日本侵华文学的研究与批判》（北京师范大学出版社）也是在这条延长线上的。该著共分十四章，历时梳理了日本近代以来"侵华文学"的脉络，涉及"笔部队"等问题。

中国有关战争文学和伪满洲国文学以及沦陷区文学的研究有两个视角。其一是批判和揭露日本近现代作家在战争期间与政府的意识形态遥相呼应的行为。如林敏《从〈花之城〉看日本"征用作家"的战争责任》[《四川大学学报》（哲学社会科学版）2003 年第 5 期]、刘春英《"大东亚战争"时期日本殖民主义政策面面观——〈艺文〉第 1 卷第 6 号读解》（《日本学论坛》2008 年第 1 期）、潘世圣《火野苇平及其〈麦与士兵〉的历史考察——近代日本"日中战争文学"基础研究》（《浙江学刊》2007 年第 1 期）、陈言《〈大东亚文学〉在沦陷区——日本侵华时期中日文化"交流"个案研究》（《中日关系史研究》2011 年第 3 期）、祝然《殖民语境下日本大众文学对于"哈尔滨"的解读——以〈哈尔滨夜话〉为中心》（《东北亚外语研究》2013 年第 3 期）。王升远发表了系列论文《明治时期日本文化人的北京体验及其政治、文化心态》（《上海师范大学学报》2013 年第 5 期）、《晚宴的政治与"大东亚的黎明"——1938 年佐藤春夫的北京之行》（《外国文学评论》2014 年第 6 期）、《身份认同与战时文化、政情隐喻——佐藤春夫"时局小说"〈北京〉论》（《中国比较文学》2016 年第 2 期）。此外还有祝力新《"境外昭和文学"的困顿与〈满洲评论〉》（《外国问题研究》2015 年第 2 期）、李炜《寻求"弃作"中的"记忆"——以森三千代的〈曙街〉为中心》（《外国文学评论》2015 年第 3 期）等。

其二是探究战争时期作品中透露的作者内心纠葛和反抗情绪。董炳月《1943：武者小路实笃的中国之旅》（《文学评论》2012 年第 3 期）分析了武者小路实笃在战时日本国家意识形态控制之下的两难。刘超《日本左翼知识分子在伪"满洲国"的反殖民文化实践：以"作文派"为例》（《史林》2015 年第 2 期）通过分析伪满洲国文化社团之一的"作文派"的文化实践，认为他们的实践既否定了殖民统治的合法性，又颠覆了将日本侵占中国东北视为反封建解放事业的日本马克思主义"转向"话语，开启了战后反战浪潮的先声。
此外还有林涛《日本女作家与〈满洲浪曼〉——论横田文子的〈白日书〉》
（《东北亚外语研究》2013 年第 3 期）、于长敏《"蝗军"和"女人"的证
明——评田村泰次郎的战地小说〈蝗〉》（《东北亚外语研究》2014 年第 1
期）、刘妍《川端康成的"满洲"之旅和战争体验》（《东北亚外语研究》
2014 年第 2 期）等。

还有与上述研究视角不同的一种研究，是从近代知识谱系的话语中探寻战
争、殖民地问题的更深层次原因。王中忱《东洋学言说、大陆探险记与现代
主义诗歌的空间表现——以安西冬卫诗作中的政治地理学视线为中心》（王晓
平主编《东亚诗学与文化互读——川本皓嗣古稀纪念论文集》，中华书局，
2009）通过分析安西冬卫以诗的语言构筑的地理空间与当时日本的"东洋
学"、大陆探险记等言说之间的交涉与"互文"关系，指出其与殖民地历史、
殖民者的支配意识有着无法切断的关联，同时也潜藏着对殖民者意识的怀疑。
柴红梅《都市空间与殖民体验——日本殖民时期大连都市空间中的日本侦探
小说》（《东北亚外语研究》2013 年第 3 期）探讨了大连都市空间介入日本侦
探小说家殖民体验和侦探小说创作的内在机理，揭示了日本作家复杂的精神世
界。王升远的《"去政治化"与"理智的行动主义"的破产》（《外国文学评
论》2013 年第 1 期）、《"近代"的明暗与同情的国界——近代日本文化人笔
下的北京人力车夫》（《外国文学评论》2013 年第 4 期）和《"文明"的耻
部——侵华时期日本文化人的北京天桥体验》（《外国文学评论》2014 年第 2
期）等论文也是在一个更大的近代化话语的背景下探讨近代日本文化人的北
京书写问题，指出他们的自我认同是近代以降西方"文明观"的产物，客观
上配合了日本官方的侵华策略。刘伟《殖民体验与他者镜像——日本近现代
文学中的中国东北人形象》（《东北亚外语研究》2013 年第 2 期）剖析了活跃
在中国东北文坛上的日本无产阶级作家文学创作中的东北人形象，指出这种书
写包含着日本知识分子更加深刻的殖民体验和复杂的心灵轨迹。熊鹰《从
"南蛮想象"到"南方想象"：现代日本文学中的异国情调及其与世界的联系》
（《外国文学评论》2014 年第 3 期）则将眼光扩展到欧洲文学，探讨了日本明
治以降文学中的南方异国情调想象的源流问题，以及后来在日本殖民地的历史

语境中所发生的转变。柴红梅、刘伟《地图映像、空间发现、殖民批判：日本作家的大连都市体验与文学书写》（《山东社会科学》2016年第2期）还关注到殖民地体验与日本战后的文学之间的关系，指出日本的战败致使这些作家不仅丧失了地理空间的大连，同时也丧失了精神空间的大连，双重空间丧失的苦涩与无奈、身份认同的悲哀与焦虑、无国籍漂泊感的悲愤与孤独都化作对日本帝国主义、殖民主义进行猛烈抨击的原动力和文学创作的驱动力，使他们创作出众多在日本现代文学史上具有影响力的佳作。①

近年来有关伪满洲国文学研究的专著陆续出版，其中柴红梅《二十世纪日本文学与大连》（人民出版社，2015）和单援朝《漂洋过海的日本文学：伪满殖民地文学文化研究》（社会科学文献出版社，2016）颇具特色。前者以日本统治时期曾经生活在大连或来大连游历过的日本作家的文学创作与大连这座城市的关系作为研究对象，探讨了战争与文学、文化与文学、摩登都市与文学、殖民与被殖民等诸多问题，不仅还原战时日本作家的文学创作的历史情境，还分析了战后取材大连的作品中所透露的复杂心路历程。后者以伪满洲国的日本人文学为研究对象，考察的范围扩大至中国人文学，尽量避免时髦的理论，而是运用实证手法尽量还原历史。以第三编"日本人作家、作品研究"为例，既有对国策文学的分析，也有对日本人作家笔下抗日武装描写的考察，在体裁上也广泛涉及写实主义文学、大众文学、翻译文学和纪实作品等，揭示了伪满洲国文学的多重性、矛盾性和复杂性。

十一　总结与展望

以上对21世纪以来的日本近现代文学研究状况做了一个走马观花式的梳理，限于篇幅和水平，遗漏不少，也难以详尽评述。最后，尝试将这些研究成果置于中日两国的文学研究史中做一个总体性评价。

---

① 其他还有王新新《当文学遭遇战争——对战争期间川端康成的一点考察》，《东疆学刊》2011年第1期；高洁：《佐藤春夫〈女诫扇绮谈〉的台湾叙事》，《外国文学评论》2013年第1期；赵杨：《太平洋战争下的"正义"之歌——中岛敦〈弟子〉论》，《外国文学评论》2014年第3期；等等。

　　如前所述，21 世纪之初，叶渭渠和唐月梅以"近代自我确立"和"文学自律性"为评价基准建构起宏大的文学史叙述。的确，"近代自我确立"是日本近现代文学研究的核心主题之一。但进入 20 世纪 70 年代后，日本学界逐渐认识到所谓的"近代自我"存在"独我论"的倾向，因此引入"他者"的视角，力图在与他者的关系中重建自我。这样的自我认识随着 80 年代后殖民主义思潮的冲击也显现出局限性。因日本的现代化是在抵御西洋殖民和殖民亚洲的过程中实现的，所以有关日本的现代自我的讨论，不能排斥作为他者的亚洲。与此同时，女性主义批评也对男性中心主义的"近代自我确立"提出质疑。另外，"文学自律性"是战后的"近代文学派"出于反思战时"国策文学"而提出的主张。本来意在排斥政治对文学的干预，但战后也成为回避研究"殖民地文学""国策文学"的挡箭牌。因此，90 年代日本学界涌现出的殖民地文学研究、"国策文学"研究、女性文学研究，可以说是对上述两种文学观念的颠覆。中国学界有抗日战争文学研究的传统，也受到这样的学术思潮的影响，战争文学研究、伪满洲国文学研究和沦陷区文学研究在史料的挖掘和个案分析上做出许多创新性成果。

　　随着上述两种文学观念的动摇，对迄今在文学史上被奉为经典的作家和作品也展开反思和批判。在这方面中国学者也多有新见新识。在殖民地文学研究蓬勃展开和经典作家被质疑的情况下，以国民国家建构为前提的"国文学"观被解构。21 世纪初，以"国文学"为名的两种日本老牌学术杂志终刊绝非偶然，具有很大的象征性。日本文学研究何去何从成为一个重要的问题。现在出现两种文学研究动向：其一是以"文化研究"替代"文学研究"；其二是以"日语文学研究"替代"日本文学研究"。[①] 关于前者已经有很多争论，本文暂且不议。关于后者，因与中国的日本近现代文学研究现状相关，在此略做探讨。

　　"日语文学"概念的提出与殖民地文学研究有密切关系。因为传统的"日本文学"概念被认为是"四位一体"的"国文学"观，即在日本日本人阅读由日本人用日语创作的作品。[②] 但是殖民地文学研究揭示，日本以外也存在日

---

① 如 2014 年创刊的国际刊物《跨境：同时代日语文学研究》特别标明"日语文学"。
② 小森阳一『「ゆらき」の日本文学』日本放送出版協會、1998、7 頁。

语文学。因此使用"日语文学"的概念可以将这些地区的文学包括进来。就此而言，该概念的提出具有一定的学术意义。

然而进一步思考，"日语文学"概念也存在问题。广义的"日语"包含很多文体，即便是近代以后也有"文言一致体"和语文体和"汉文"文体，但是现有的"日语文学"研究所指的是前者，并不包含后者。而将"汉文文学"排斥在日本文学史书写之外，其实这正是近代"国文学"观形成的关键条件。日本最早的《日本文学史》是由三上参次和高津锹三郎于1890年编撰的。在该文学史序言中，作者强调了日本文学史的"国文学"性质："所谓一国之文学，即一个国家的国民运用该国的语言表达其独特思想、感情和想象的作品。"① 根据此定义，作者将日本汉文学从日本文学史中驱逐了出去。在此意义上，新提出的"日语文学"概念很难说摆脱了基于单一语言的"国民国家"意识形态。因此，中国学界对日本近代汉文学的相关研究在认识日本现代文体和文学的多样性上具有重要的意义。

与此同时，还有翻译文学的问题。日本近现代文学界也有翻译文学研究，主要集中于明治时期的欧美翻译作品。这种研究有两个特点：其一，将其当作日本近现代文学形成的过渡性作品来把握；其二，基本上漠视中日之间的翻译文学。而21世纪中国学界的翻译文学研究与此不同。在范围上，包括"汉译日"和"日译汉"。前者是日本文学作品被翻译成汉语，语言虽然不是日语，但中国学界现在倾向于认为，这既是一种独特的"日本文学"（不同于日语的日本文学），也是一种独特的"中国文学"（用汉语书写）。后者是中国文学作品被翻译成日语，语言虽然是日语，但也可以说是一种独特的"中国文学"和独特的"日本文学"。也就是说，翻译文学是存在于两国之间的特殊文学形态，具有独特的审美价值和文化价值，绝不仅仅是近现代化过程中的过渡性产物。② 因此，翻译文学研究可以说真正打破了以国民国家建构为前提的"文学观"，形成了一种开放性的"文学观"。如图6所示。

中日比较文学研究将日本现代文学置于与历史传统的关系以及与中国的关

---

① 三上参次・高津锹三郎『日本文学史上』金港堂、1890、29頁。
② 王志松「中国における日本近現代文学研究の現状と展望」『跨境：日本語文学研究』第5号、2017、52~55頁。

20世纪80年代日本学界的文学观

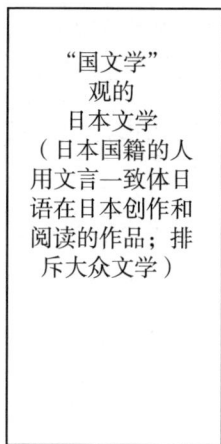

"国文学"
观的
日本文学
（日本国籍的人
用文言一致体日
语在日本创作和
阅读的作品；排
斥大众文学）

20世纪90年代以后日本学界的文学观

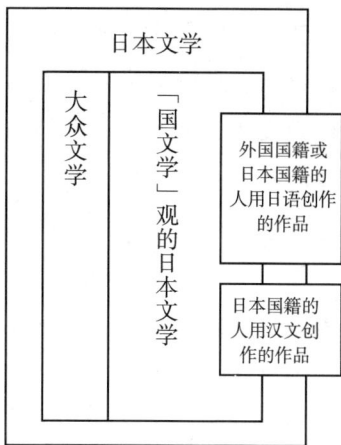

日本文学

| 大众文学 | 「国文学」观的日本文学 | 外国国籍或日本国籍的人用日语创作的作品 |
| | | 日本国籍的人用汉文创作的作品 |

20世纪90年代中国学界的日本文学观

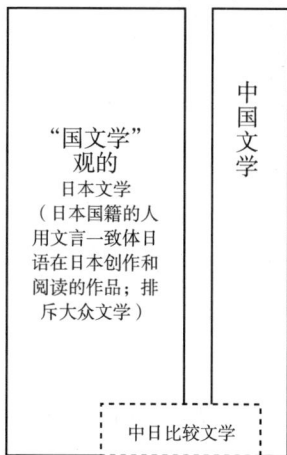

"国文学"
观的
日本文学
（日本国籍的人
用文言一致体日
语在日本创作和
阅读的作品；排
斥大众文学）

中国文学

中日比较文学

2000年以后中国学界的日本文学观

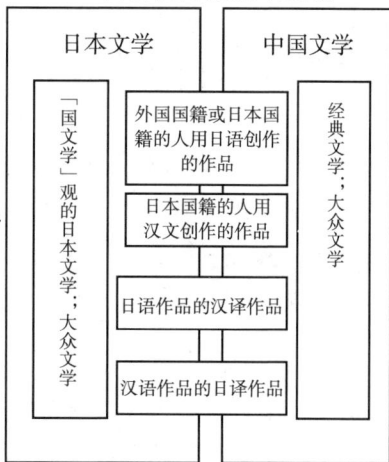

日本文学 中国文学

「国文学」观的日本文学；大众文学	外国国籍或日本国籍的人用日语创作的作品	经典文学；大众文学
	日本国籍的人用汉文创作的作品	
	日语作品的汉译作品	
	汉语作品的日译作品	

图 6　中日学界"文学观"的演变

系之网中进行研究，以此探明日本现代文学的历史性和世界性。这是中国学界对日本文学研究的独特贡献，对重新把握中国现代文学也具有重要意义。

当然，目前的研究还存在一些值得思考的问题。

1. 热点与冷门的关系

2000 年以后比较突出的现象是有关村上春树的研究急剧增多。究其原因，与村上作品的流行和日益高涨的获诺奖呼声有关。但是相较于论文的庞大数量，真正高质量的论著却不多见，主要原因就在于很多作者仅仅看到流行等表面现象而跟风，缺少深层次的思考。这种对诺贝尔文学奖的迷信，其实也造就了对川端康成和大江健三郎研究的偏高数值。1994 年以前，有关大江的研究几乎是空白，但是获奖之后，论文倍增，研究扎堆。而大量有价值的课题却少有人问津。其实研究的重要目的之一，正是要揭示迄今被忽略的一些文学现象。需要用心挖掘冷门，而非追逐热点。以文学体裁而言，现在的研究大多数集中在小说上，对诗歌、戏剧等门类则较少关注。以题材而论，对中国题材的日本小说已经有一定的研究，但有关日本题材的中国小说却很少被研究。一说到日本题材，恐怕立刻联想到的是抗日题材，其实不然，董炳月《〈留东外史〉的历史位置》（《中国现代文学研究丛刊》2012年第 11 期）通过《留东外史》探讨了晚清留学生对日本社会的多层面描写，就是一个例子。

2. 资料与理论的关系

在研究上要有新的突破，必须要有新资料的准备。很多陈陈相因的论文往往缺乏新资料，有些甚至不是对第一手资料的分析，而仅仅是二手资料的转引乃至归纳。在资料的查找上现在可以充分利用互联网上的各种数据库。但同时要意识到其局限性，互联网以外的资料寻找也需要下功夫。

与此同时，新的理论视野也很重要。如果缺少新的理论视野，即便有新资料也解读不出新的意思，或者无从去发现新资料。有关无产阶级文学的研究是一个老话题，很长时间内或受僵硬的阶级观束缚或被时髦的现代文学观排挤而进展不大，但近来的一些研究显示出新的可能性。

3. 跨学科与文学边界的关系

跨学科的文学研究正在成为一种趋势。一方面是研究对象本身的需要，比如翻译文学研究，就同时需要翻译学、语言学、传播学和文学研究等学科的理论和方法的综合运用。也正是在多学科研究的合力之下才创造出如今翻译文学研究的繁荣局面。另一方面，一些学科的发展也需要跨学科，或其本身就是跨学科研究发展的结果。翻译研究以前局限于语言学层面，后来发生文化转向，引入了很多学科，激活了翻译学本身的发展。

但既然是"跨"，也就表明各个学科仍有自己的边界。如果不以某个学科为立足之本，漫无边际地漂游，容易造成几不像的尴尬。比如有些研究，若说是历史研究，整个推理却完全建立在文学作品基础之上，没有对作为史料使用的文学作品做必要的技术处理，其结论的客观性难免打折扣；若说是文学研究，又缺少对作品的具体分析，只有一连串的概念堆砌。联系到日本盛行的"文化研究"正在不断消解"文学研究"的现实，跨学科与文学边界的关系实在是一个亟待解决的理论问题。

日本美术研究[*]

北京师范大学 程 茜

　　当代中国的日本美术研究无论是在美术领域还是在日本学领域都属于起步比较晚、发展比较慢的一个部分，这是由新中国成立后大的研究环境重实用轻艺术、学科设置不甚合理等多重因素造成的。日本美术的研究者大体分为两类，一类是美术专业出身关注东方美术的，另一类是日本学研究中涉及美术研究的。然而，由于专业的限制，前者欠缺吸收一手日文资料的能力，后者不具备美术专业知识背景，加之这两类研究者在各自的学科领域中均属于小众，未能形成固定的研究团体，这就造成了 20 世纪八九十年代才逐渐兴起[①]的日本美术研究在起步阶段表现出论文选题重复、选题过于宏大、不够深入具体，感性认识多、运用学术语言阐释美术现象能力不足等欠缺。

　　进入 21 世纪，在日本研究其他领域蓬勃发展的带动下，日本美术研究也渐次增多。刘晓路[②]长期致力于此领域研究并获得了丰硕成果，其著作《世界美术中的中国与日本美术》（广西美术出版社，2001）、《日本美术史纲》（上海古籍出版社，2003）等相继出版，比较完整地勾勒出日本美术史的概貌。研究日本文化、文学、中日文化交流的叶渭渠、戚印平、滕军等学者的日本美术或艺术概论陆续面世，这是国内学者在吸收日本研究成果的基础上，以中国

---

* 本文是国家社科基金重大项目"近代以来中日文学关系研究与文献整理（1870～2000）"（17ZDA277）的阶段性研究成果。

① 笔者查阅知网 1950～1979 年与日本美术相关的内容，有常任侠、张十方、李平凡等人累计约 20 篇论文及报道（1979 年的发表数量占其中一半左右）。进入 20 世纪 80 年代，论文数量有了大幅度提升。

② 刘晓路（1953～2001）自 20 世纪 80 年代起致力于中日美术研究，被公认为当代中国研究日本美术的权威，在文物鉴定方面也享有盛誉，有中国"日本文物鉴定第一人"之称。其代表作有《20 世纪日本的美术》（文化艺术出版社，1997）、《日本美术史话》（人民美术出版社，1998）等。

人视角重新梳理日本美术史所获成果的集中展现。彭少银、潘力、张少军等学者的研究成果，填补了国内关于日本近现代美术史研究专著的空白。① 除概论性的成果外，还有大量专题性的专著、译著、论文涌现出来，丰富了以日本为主体的东亚美术研究。

从研究内容上来看，21 世纪中国日本美术研究整体有以下特点。其一，逐步从宏观走向微观。② 研究对象从宏观的美术史具体到某种类别、形式、画派特点，中日间美术交流的历史细节，美术现象与社会、文化、经济背景的关系等。其二，在注重日本美术与中国美术联系的基础上，打破长期以来把日本美术当成中国美术的一个支流的学术偏见，充分尊重日本美术的独特性。展开中国美术现象在日本的本土化研究，以揭示日本美术形成与发展的机制和成因，探讨日本独特的审美意识，把中日美术的比较研究上升到文化、哲学的层面。其三，将东西方艺术文化交流的国际视野纳入日本美术研究。把以中日韩三国为代表的东亚美术看作一个整体，探讨与西方美术的交流和相互影响，比较东西方美术的异同点。这些变化的出现标志着中国的日本美术研究在质上迈上了一个新的台阶。

一般意义上的"美术"概念，泛指占有一定平面或空间的可视性艺术，除了传统的绘画、雕塑、工艺、建筑、书法、篆刻等门类，还包括设计、摄影、动漫、新媒体等诸多类型。在讨论"日本美术"时，日本的茶道、花道、香道等艺术形式与视觉审美相关的部分也应该包括在内。鉴于国内关于绘画的研究占"日本美术"研究的绝大多数，本文以绘画形式为主体，以 21 世纪以来出版的专著、发表的学术论文、博硕学位论文以及学术性译著为研究对象，把中国对日本绘画的研究分成浮世绘、水墨画、日本美术的反馈研究、审美意识四个专题，再加上译著、其他类别共六个部分，系统梳理中国的日本美术研究成果。

---

① 详细著作名目请参考文末附录：21 世纪国内出版日本美术相关学术著作。
② 孙嫣《美术史的研究现状及趋势——以美术史学年会为视角》（《南京艺术学院学报（美术与设计）》2013 年第 4 期，第 63 页）指出，"从西方学术发展看，去'西方中心主义'、反对'宏大叙事'的后现代主义思潮兴起，使得艺术史研究由'大'变'小'。'由上而下'的研究逐渐转向'自下而上'的提倡，从宏大叙事转向'微观史'和'日常生活史'"，日本美术研究同样经历了从美术史概论到细致专题论述的过程。

一 浮世绘

浮世绘是日本江户时代异军突起的庶民艺术。根据制作方法，浮世绘既有彩色印刷的木版画，也包括肉笔绘（用毛笔绘制的作品，现在国内学术界关注的浮世绘多是指浮世绘版画）。浮世绘的内容涉及江户庶民生活的方方面面，其发展历史贯穿整个江户时代，在明治维新后失去了赖以生存的土壤而逐渐走向没落。19世纪末20世纪初以巴黎为中心的欧洲，掀起了一股日本美术的热潮，在美术史上被称为"日本主义"（Japonisme）。浮世绘作为包裹瓷器的废纸漂洋过海，对西方"发现"日本美术的魅力、从日本美术中汲取灵感，产生了重要的作用。在西方国家推崇和研究的带动下，浮世绘在日本国内的地位急速上升，成为日本美术的一张名片，在世界艺术之林享有一席之地。

早在20世纪初，中国文人对浮世绘就给予了热切的关注。当时到日本留学的鲁迅、周作人等人已经开始留意收集浮世绘，并留下对浮世绘的真知灼见。郑振铎在20世纪40年代发表的《中国版画史图录》自序中说："日本之浮世绘版画则盛于江户时代（当我国万历至同治间）。独我国则于晚唐已见流行。迄万历、崇祯之际而光芒万丈……世上唯知有《芥子园画谱》。日本版画家与画人所奉为圭臬者亦唯此谱是尚。不知在我国版画史上，此谱已为蜕变之作，且非最上乘者。近数十年来，欧美之研究美术者，每重视日本之浮世绘版画。唯日人独能广搜我国诸画谱，传刻于世。"① 他既指出了西方人发现浮世绘价值的事实，也说出了中国学者对浮世绘的基本认知，即浮世绘版画与中国版画之间的传承关系。

诚如其言，浮世绘无论是内容上还是技法上都或多或少地受到了中国明清版画的影响。早期国内关于中日木刻版画的比较研究最多。一类是浮世绘与中国不同地区的木刻版画或年画的比较研究，比如浮世绘与苏州桃花坞版画、天津杨柳青木版画、开封朱仙镇木版年画、漳州木版年画、山东高密的扑灰年

---

① 郑振铎：《中国版画史图录》，《郑振铎全集》第14卷，花山文艺出版社，1998，第235页。原载《文学集林》1940年第3集。

画、潍县年画等民间艺术形式的对比。这些研究对雕版（饾版拱花技术）、印刷、用色等技术方面进行了对比。另一类是从画面内容上进行比较研究，比如浮世绘与中国传统仕女画、明清春宫秘戏图、民国时代的月份牌女性形象的对比研究。高云龙著《浮世绘艺术与明清版画的渊源研究》（人民出版社，2011）就是这一类研究的代表。该著作首先通过分析明末市井文学与江户市民文化崛起的关系、明刊本黑白插图在江户的传播状况、明末秘戏图与浮世绘的官能风俗之间的关系，说明了在社会文化背景层面明清版画对浮世绘的诞生所产生的影响；进而通过铃木春信的美人画、葛饰北斋的风景画举例说明雕版套印、拱花技术在浮世绘中的继承和发展；最后从主题、造型、审美意识和艺术特征几个方面比较了中日版画的异同点。

随着研究不断加深，中国学者开始把浮世绘本身作为研究对象，研究浮世绘的发展历史，分析著名画家的代表作、艺术风格和文化内涵。潘力著《浮世绘》（河北教育出版社，2012）依据浮世绘发展阶段和艺术特征，按照时间顺序结合社会时代背景详细叙述了浮世绘的发展历史；在此基础上按照美人画、役者绘、风景画等类别进行分类，囊括了代表绘师及其作品，有早期的菱川师宣、铃木春信，鼎盛时期的喜多川歌麿、葛饰北斋、歌川广重，以及后期的歌川国芳、月冈芳年等众多绘师。叙述立场更加客观，内容更加翔实，概貌与细节兼具，用专业语言完整地呈现出浮世绘诞生、发展、衰退的全过程。

由于西方学者的影响，以及浮世绘在近现代世界美术语境中的重要意义，日本学者在论及浮世绘与外国美术的关系时，一直偏重与西方美术的联系，有大量成果集中在"日本主义"中的浮世绘、浮世绘与印象派的关系研究。中国也不乏跳出中日局限、把视野放到浮世绘与西方美术关系上的研究成果。王才勇著《印象派与东亚美术》（江苏人民出版社，2008）一书中，不仅宏观地概括了浮世绘被西方"发现"时的东西方绘画语境，而且运用大量欧美博物馆馆藏的惠斯勒、马奈、莫奈、德加、卡萨特、塞尚、梵高、高更、劳特累克等著名画家的画作实例，具体说明了浮世绘如何影响了印象派画家。

近两年还出现了一些浮世绘画题、内容与文学、文化、思想领域的交叉研究。浮世绘中运用中国题材（画题）创作出数量众多的见立绘。日本对"见立"手法及见立绘的研究盛于 20 世纪 90 年代，已经有丰硕的研究成果，但多以日本本位视角来看待这些画作的内容。中国研究者多从文化接受的角度展开见立绘的研究，即以中日共有题材在浮世绘中发生了何种改变为线索来解读日本独特的表现手法，或者探究中日表现手法差异的原因。①

此外，还有些选题零散见于知网收录的论文，如从浮世绘具有的平面性、装饰性、广告性性质出发，讨论浮世绘在现代服装设计、平面设计、商业广告领域、动漫当中的运用；从文化保护和传承的角度看浮世绘的传承对中国年画发展的启示；讨论浮世绘与西方文学作品、音乐作品的关系。这都是一些有趣又有启发性的题目，期待有更深入的研究出现。

二　水墨画

水墨画起源于中国唐代，成于五代，盛于宋元，大约在宋朝时期随着禅宗一道传入日本。历史上日本水墨画的发展多有赖于汲取中国的养分，但是日本对中国古代水墨画（以宋元画和文人画为主）的研究和评价形成于 20 世纪前半期，② 晚于对西方美术的关注和研究数十年。经过一个多世纪的积累，尽管日本对中日水墨画史的研究十分丰富，但是关于中国水墨画对日本影响方面的研究相对较少。与之相比，中国学者多聚焦于中国水墨画对日本水墨画的影响研究，而对日本水墨画独有的形式和特点却研究不足。水墨画在日本的发展时间比较长，在各个时期又有不同的特点和叫法，本节把传入日本的宋元水墨画、在中国水墨画基础上发展起来的日本水墨画以及用水墨技法创作的文人画③一并阐述。

---

① 周以量：《浮世绘中的中国人物形象：以樊哙为例》，《日语学习与研究》2016 年第 5 期；程茜：《日本文化中的"见立"》，《日语学习与研究》2015 年第 1 期；程茜：《中日文化交流史上的"潇湘八景"——以绘画为中心》，北京外国语大学博士学位论文，2016；石彦君：《关于近世日本对三国志接受情况的研究——以浮世绘为中心》，华东师范大学硕士学位论文，2014。

② 参考久世夏奈子「『國華』にみる古渡の中国絵画：近代日本における「宋元画」と文人画評価の成立」『日本研究』第 47 集。

③ 水墨画是按照技法分类，文人画是按照艺术风格分类，通常放在不同门类，但文人画也多用水墨技法创作。考虑到对日本文人画的研究较少，难以独立成章，故放在水墨画的类别中一起叙述。

1. 传入日本的宋元水墨画

宋末元初，许多亡命日本的江南禅僧、渡宋求法的归日禅僧，将大量水墨画及相关文献带往日本，对日本水墨画的诞生发挥了重大作用。关于宋元这段中日交流频繁的时期，已经有众多研究从文化交流的角度进行论述，[①] 从美术交流史的角度看这一时期水墨画东传日本的途径、日本收藏的中国宋元绘画、中日禅僧往来对日本古代水墨画的影响是国内学者关注的重点。王莲著《宋元时期中日绘画的传播与交流》（文物出版社，2015），依据文献、壁画及其他考古资料，从传播途径、画题、笔墨、构图、代表画家多个角度，利用传播学、图像学、文献学、考古学、比较艺术等学科的综合研究方法，分析了宋元时期中国绘画对日本水墨画产生的影响，总结了中日绘画交流的主要成果，填补了宋元时期中日绘画交流方面专著的空白。

从画家论、作品论上看，多关注中日评价差异较大的画家及其作品。室町时代将军收藏的画作中最多的是宋末元初僧人牧溪的作品，[②] 在日本从古至今都奉其为"水墨画大宗师"，给予了最高的赞誉；而在中国，对牧溪的评价则是毁誉参半。在国内没有受到高度评价的画家，却在异国他乡的日本受到追捧，是思考中日两国水墨画评价标准和审美喜好的重要线索。再如被称为"马一角"的马远和"夏半边"的夏圭，其"残山剩水"风格深受日本人喜欢并对日本水墨画的构图产生深远影响，同样反映出日本在吸收外来文化时的主体性和中日审美差异。

从内容上看，比较关注对中日共有的传统题材本地化现象的探讨。古代中国美术传播到周边各国并实现本土化的发展，很多美术现象是中日等国共有的，但又各具其地方性的特点。台湾学者石守谦著《移动的桃花源——东亚

---

① 王勇、上原昭一编《中日文化交流史大系》，浙江人民出版社，1996；李寅生：《论宋元时期的中日文化交流及相互影响》，巴蜀书社，2007；等等。

② 记录足利将军收藏品的《御物御画目录》载："在将军私人收藏的传日中国画作中，数量最多的前十位中国画家，依次是牧溪、梁楷、马远、夏圭、宋徽宗、李龙眠、玉涧、月山、芳汝和马麟，这一作品的数量统计与他们在日本画坛的影响程度基本一致。"（戚印平：《图式与趣味：日本绘画史》，中国美术学院出版社，2002，第104页）国内对牧溪的研究集中在牧溪水墨画在日本的收藏情况、牧溪艺术特点的分析、牧溪风格在日本水墨画中的受容几个方面。

世界中的山水画》（生活·读书·新知三联书店，2015）、《东亚文化意象之形塑》（石守谦、廖肇亨主编，允晨文化实业股份有限公司，2011）两部作品，把中日韩共同的潇湘八景、桃花源等众多"文化意象"分成理想世界、胜景/胜境、典范人物、轶闻/传奇四个类型，考察其出现在各地的过程，除了厘清共同意象的渊源关系之外，还注意其"在地化"时的不同表现。这类研究打破国别界限，以某一美术现象为切入点，考察其发展的流向和不同类型，既构成对这一美术现象的整体研究，也能从差异中更好地了解各国审美意识的本质特点。

2. 日本水墨画

在中国宋元水墨画基础上发展起来的日本水墨画，既有室町时代以禅林为中心的画僧和绘师画的水墨画，也包括之后的狩野派的作品。中国研究者对日本水墨画的研究相对贫乏，选题也多与中国要素相关，并没有完全展开日本水墨画本体的研究。

随着日本画家绘画技术的成熟和提高，水墨画逐渐呈现出日本式特点。雪舟是日本室町时代水墨画集大成者，被称为"画圣"。与前辈靠摹习中国传日画作学习中国绘画不同，雪舟48岁时跟随遣明使船来到中国，亲自游历中国山川，接触中国画人，加深了对中国画的理解，从而能博采众长，登临画坛之巅。雪舟这段赴明求艺的经历，使他在中日美术交流史上占据了重要地位。他达到的超越前人的艺术成就，也使他格外受到中国研究者的青睐。近期再版的《雪舟的生涯与艺术》（海豚出版社，2015），记录了漫画家丰子恺对雪舟的经历与艺术特点的思考。另外有相当数量的论文探讨了雪舟的中国之行对其风格形成的重要影响、雪舟在宁波的活动经历、雪舟与浙派的关系，以及从雪舟的作品看日本水墨画与南宋山水画的异同等。[①]

狩野派的出现是日本水墨画发展的新阶段。它是日本绘画史上最大的一个宗族画派，从室町时代中期到江户时代末期历时四百余年，始终占据日本画坛的霸主地位，对日本水墨画的发展有着广泛深刻的影响。国内学者对狩野派的研究并不多，主要集中在宋元时期山水画、大型花鸟画对狩野派的影响等几个

---

① 孙丹：《简析雪舟访明前后的山水之变》，《南京艺术学院学报（美术与设计）》2015年第5期；刘磐磐、翁丽霞：《日僧雪舟与宁波》，《宁波教育学院学报》2013年第1期；等等。

有限的主题，来强调中国对其艺术风格的影响。① 其实，与中国的作画形式不同，狩野派经常创作大型障壁画决定了它的独特性；狩野派的"粉本主义"传统保留下来大量的中国题材，通过狩野派作画形式的改变来看其取舍、通过"粉本"来研究中国题材的变迁都是很好的切入点。

文人画是一种风格流派，指区别于宫廷职业画家、由文人士大夫所作之画，主要体现了文人士大夫阶层的气韵和精神。文人画在室町时代传入日本，盛于江户时代中期以后，又称为"南宗画""南画"。正因为日本文人画与中国文人画有着密不可分的关系，中日间的比较研究是中国学者关注的焦点。国内论文通过比较清代文人画与日本文人画，辨析了创作主体、创作目的、创作环境的不同；还指出日本文人画在学习借鉴中国文人画技法风格的同时，加入了日本原有的地域性画派的风格特点，形成了简约的笔墨风格、浓重的装饰感和以俳谐入画的庶民意识风格，完成了其本土化建构。此外还有对文人画代表画家池大雅、与谢芜村等人的艺术风格研究。②

三　日本美术的传播及反馈研究

明治维新以前，日本美术多是对中国美术的学习和模仿，日本美术仅是中国美术的一个支流的认识造成长久以来国内轻视日本美术研究。反观日本，从明治维新时期开始一直重视日本美术与西方的关系，近数十年来追踪查寻流散欧美的日本美术作品，而对中国与日本美术的关系研究却不甚热衷，也不太重视日本美术作品在中国等亚洲国家的收藏状况。可以说日本美术在中国的传播情况长期没有引起两国关注。

20 世纪八九十年代，由于中日关系平稳发展，中国学者有更多机会接触国内外的收藏资源、学术资源，对日本美术的认识也更加全面客观。刘晓路曾

---

① 高晓萌：《南宋院体画影响下的日本狩野派山水画》，曲阜师范大学硕士学位论文，2014；石冢美津子：《从君台观左右帐记看宋代花鸟画与日本狩野派》，中国美术学院硕士学位论文，2008；王炯：《论两宋院体对日本狩野派山水画的影响》，《美术大观》2011 年第 10 期。

② 佟欣鑫：《日本江户时代的文人画及其与中国文人画的比较》，中国艺术研究院硕士学位论文，2007；张琦：《日本江户时代"文人画"形成及表现特征》，《民族艺术》2008 年第 1 期；卢蓉：《从池大雅绘画作品看日本文人画》，《芒种》2013 年第 8 期；等等。

鉴定过 2000 余幅国内公私收藏的日本绘画，经眼的作品照片也有约 1000 幅，相当于收藏最富的东京国立博物馆的全部藏画。[①] 1996 年王勇主持编著的《中日文化交流史大系 艺术卷》中有专门章节论述古代"日本绘画在中国的传播"，包括四部分内容：日本绘画西渐的传说与史实；来华求艺献技的画工；技惊中华的日本扇绘；中国公私收藏的日本绘画。[②] 遗憾的是，由于长期对日本绘画的忽视，以及这些绘画现在多收藏于私人手中，尽管意识到了中国藏有丰富的日本绘画，但是对所藏的日本绘画尚未展开系统的研究。

另外，清末民国时期，中日之间文化往来频繁，身处京沪的文化名人、直接赴日的留学生通过明治维新后的日本这一"中西融会"的媒介，不仅能直接或间接地在艺术上受到日本的影响，还能接触到西方文化，这在某种程度上也可以说是日本美术对中国的反馈。近年来中国学者重视民国时期美术史学史的研究，[③] 与日本美术接触频繁的文化名人及其美术活动也成为研究热点。

吕颖梅《论留学经历对陈师曾绘画理论的影响》（《人民论坛》2010 年第 29 期）一文指出，陈师曾（1876 ~ 1923，美术家、艺术教育家）在日本留学 7 年中通过日本接触到西方绘画，从而开始练习西方绘画，诸如水粉、油画等，并逐步了解了西方绘画的发展历程，对其绘画理论的形成产生了多方面的影响。

杨冰《日本明治后期的美术思想对李叔同产生的影响——以〈图画修得法〉（1905）为中心》［《杭州师范大学学报》（社会科学版）2017 年第 1 期］通过分析李叔同（1880 ~ 1942，美术教育家）第一篇表述自己美术观点的文章《图画修得法》，指出李叔同关注的"自在画"概念是明治时期日本学者创造的兼容东西方绘画创作的新概念；"精神法"是冈仓天心和学生柿山蕃雄在南朝谢赫绘画"六法"的理论基础上补充创造的。

李兆中、林少华有多篇论文论述丰子恺与竹久梦二的艺术渊源，指出

① 刘晓路：《中国秘藏的日本画》，《中日关系史研究》1996 年第 1 期。
② 王勇、上原昭一编《中日文化交流史大系 艺术卷》，浙江人民出版社，1996。
③ 孙嫣《美术史的研究现状及趋势——以美术史学年会为视角》（《南京艺术学院学报（美术与设计）》2013 年第 4 期，第 71 页）中指出："近年来，民国时期美术史学史的研究逐渐成为学者关注的重点，从民国时期的美术观念，到民国时期的美术史教育、美术史的撰写模式、美术史研究的方法以及美术史与其他学科的关系等问题均有涉及。"

"子恺漫画"的诞生受到日本画家竹久梦二的启示和影响。[1] 与竹久梦二漫画的一次邂逅，使游学东瀛艰辛学艺、彷徨于西洋画困境中的丰子恺发现了"模特儿与画布"之外的另一条艺术道路，成功地完成艺术上的转向，成为中国现代抒情漫画的创始人。

北京鲁迅博物馆的研究人员叶淑穗、江小蕙、李允经多次整理鲁迅的日本版画收藏，董炳月、孙伟也关注到这个问题。[2] 鲁迅曾邀请内山嘉吉在上海为中国木刻青年讲授木刻技术，还曾帮助金子光晴在上海筹办浮世绘展。鲁迅所藏和光学园儿童版画 43 幅以及多套浮世绘书籍和版画，现在保存完好。鲁迅博物馆编《鲁迅藏浮世绘》（生活·读书·新知三联书店，2016）完整展示了鲁迅生前珍藏的大量浮世绘，对全面了解鲁迅先生的艺术观和艺术活动有重要价值。

四　审美意识

审美意识是指对美的欣赏力或识别力，是广泛存在于群体社会的比较稳定的审美观念。日本长期形成并理论化的独特的审美意识概念有很多，且含义相当丰富，在不同历史时期或文艺形式中又有意义的变化，对理解日本美术的审美取向和特点有着重要的指导意义，因此迫切需要研究者用日本的学术语言深入理解并翻译引进、阐释日本人的审美意识。

叶渭渠、唐月梅共著的《物哀与幽玄——日本人的美意识》（广西师范大学出版社，2002）是国内最早研究日本人审美意识的专著，系统地阐释了日本审美意识的概念和特点。该著作先概述了日本人的基本性格，对自然美、色彩美等事物表象的审美追求；进而阐释了"物哀""空寂与闲寂""幽玄"这几个日本独有的美学概念；最后解读川端康成、三岛由纪夫的文学作品之美和

---

[1]　李兆中：《东方诗魂的共鸣——丰子恺与竹久梦二的漫画缘》，《中国现代文学研究丛刊》2014年第 11 期；李兆中：《丰子恺与竹久梦二》，《文艺研究》2005 年第 3 期；林少华：《丰子恺与竹久梦二之间》，《书城》2011 年第 3 期；等等。

[2]　董炳月：《浮世绘之于鲁迅》，《鲁迅研究月刊》2016 年第 6 期；孙伟：《鲁迅喜爱浮世绘的原因》，《齐鲁学刊》2015 年第 2 期；等等。

东山魁夷的绘画之美来加深对日本人审美意识的理解。

在日本语言学、文学、社会学、历史学、思想史研究领域，也有不少与审美意识相关的研究成果。第一，从思想史的角度探究日本审美意识的成因，如日本人的审美意识与无常思想、生死观、自然观、禅宗的联系。第二，从文学作品中认识日本人的审美意识，分析作品的内容如何体现日本人的审美意识。如从《枕草子》、《源氏物语》、和歌等古典文学中概括"物哀""有趣（をかし）"的美学理念或"花雪月"等某种意象的审美意识；探讨川端康成、谷崎润一郎、渡边淳一等近现代作家的作品中体现了某种审美意识。第三，从日常生活中的某一现象认识日本人的审美意识，比如和服、樱花、动漫、茶道、花道如何体现日本人的某种审美意识。万柳著《日本动漫与日本物哀》（中国传媒大学出版社，2015）通过对多种题材的日本动漫与"物哀"之关系的考察，探讨"物哀"在影响、塑造日本动漫的美学精神和美学特征中的作用。第四，通过诸多社会现象总结归纳日本人的审美意识特征，比如"以小为美"、喜欢"可爱""萌"的物品。畅销书"知日系列"《知日萌》（中信出版社，2015）特集通过"萌"这个关键词将日本社会中的"萌物"一一列举，通过详细的例子来让读者充分感受日本人对"萌"的喜好。

总体而言，涉及日本审美意识的书籍众多，与大众文化结合在一起，比较容易引起读者兴趣；学术论文目前还处在尝试用日本的美学概念阐释各种作品和现象的阶段，有待进一步提高理论素养。国内对日本审美意识的研究还多是译介日本的理论成果，将在后文展开叙述。

五 译介成果

相比其他日本学研究领域，在体系尚不完善、成果尚不丰富的日本美术研究领域，翻译原著无疑是一项引入先进研究成果的重要工作。国外学者的选题和学术水平都能给现阶段的研究带来一定的刺激和启发，高质量的译介成果构成了国内了解日本美术的重要一环。进入21世纪，特别是近十年间，读者的关注、研究者的努力，共同推动了大批日本美术译介成果的诞生。这些译著既有日本及西方学术大家的著作，也包括供茶余饭后阅读的知识性书籍。本节以介绍学术性译著为主，其选题在一定程度上反映出中国学者关注的日本美术方向。

第一，注重经典美术史论作品的译介。引入经过时间沉淀的日本学者的研究成果，更有利于读者取其精华，快速掌握学术体系和核心知识。

《日本艺术的心与形》（加藤周一著，叶渭渠编，许秋寒译，外语教学与研究出版社，2013）是叶渭渠主编的加藤周一文集三卷本中的"艺术卷"。被誉为当代百科全书式学者的加藤周一以自己丰富的学识和体验，通过艺术的形态来探讨文化的本质，即"形"与"心"的关系。该著所列的"形"包括绘画、雕刻、陶瓷、茶道、庭园等多个方面，阐述了日本艺术独具特色的美，并对作品的"心"即艺术精神做了高度提炼。

《图说日本美术史》（辻惟雄著，蔡敦达、邬利明译，生活·读书·新知三联书店，2016）是当代研究日本美术史的著名学者辻惟雄论述日本美术史的里程碑之作。辻惟雄打破了仅仅以年代特征为主线叙述美术史的窠臼，采用以关键词把握美术史的方式，用"装饰性""游戏性""万物有灵论"等关键词来高度概括日本美术的总体性特征。

《看日本美术的眼睛》（高阶秀尔著，范钟鸣译，中国财政经济出版社，2017）是从事日本和西方美术研究的著名美术史论家高阶秀尔所著。作者以引起西方对日本美术关注的"日本主义"为入手点，通过东西方对比的视角来审视日本美术，逐步揭示日本美术独有的特点，对了解东西方的审美差异有很大帮助。

第二，着力于对日本美学理论的译介。日本独特的美学概念"物哀""寂""幽玄""意气""风雅"等，高度提炼日本美术特点的"装饰性""游戏性""万物有灵论"等，与日本美术密切相关的"禅""间""无""见立"等概念的译介，无疑对更专业地解读日本美术特点有着重要的助力作用。

2011年开始陆续出版的"审美日本美学"系列，包括《日本物哀》（本居宣长著）、《日本风雅》（大西克礼著）、《日本幽玄》（能势朝次、大西克礼著）、《日本意气》（由九鬼周造著《"意气"的构造》、阿部次郎著《德川时代的文艺与色道》以及藤本箕山著《"色道"原典选译·色道镜》组成）四册。"物哀"、"风雅"（兼论"寂"和"侘"）、"幽玄"、"意气"，是日本从平安时代到江户时代的美学思想的关键词。这四册书各自独立成篇，既详细阐释了审美意识与所处时代的关系，又从整体上勾勒出日本美学思想的历史变迁。

《日本的八个审美意识》（黑川雅之著，王超鹰、张迎星译，河北美术出版社，2014）。黑川雅之是当代著名的建筑与工业设计师，他在书中反思日本文化自明治维新以来沦为西方文化的奴隶，提出了彼此独立又互相补充的八个审美意识："微""并""气""间""秘""素""假""破"。这八个概念名称虽有别于传统的日本美学理论，但理念上却与古代审美一脉相承，并广泛地存在于现代艺术与设计中，为理解日本人的审美意识提供了新的角度。

第三，注重东西方美术交流研究成果的译介。这类译著不局限于日本学者的研究成果，更可贵的是把西方学者的研究成果介绍进来。

《中日艺术源流》（〔美〕恩内斯特·费诺罗萨著，夏娃、张永良译，湖南美术出版社，2015）。费诺罗萨被誉为"日本美术的恩人"，他从西方学者的视角出发，把中日美术视为东方美术的代表，从哲学、社会学、考古人类学、文化比较学等多重角度，论及东亚佛教艺术、中国汉代至明清艺术以及日本大和绘、狩野派、琳派、浮世绘等艺术特征，可由此了解从费诺罗萨开始奠定的评价亚洲艺术的西方标准。

《诗之旅：中国与日本的诗意绘画》（〔美〕高居翰著，洪再新等译，生活·读书·新知三联书店，2012）。该书是高居翰在1993年举办的赖世和讲座以及中国美术学院首届潘天寿讲座内容的基础上增订而成，专题讨论中国与日本的诗意绘画，在传统诗画关系的研究之外，从对画面的解读出发，提供了解读中日诗意画的新思路。

《西方美术东渐史》（关卫著，熊得山译，上海世纪出版集团，2007）以时间为轴，梳理世界艺术流动的路线，既包括通过遣唐使船经由中国南北路线（北部：朝鲜路线，南部：南海路线）传入日本的西方艺术，也包括通过葡萄牙、荷兰商船直接传入日本的西方艺术形式，为研究东西方文化、艺术交流提供了诸多线索。

六 其他

关于绘画之外的其他美术形式的研究，总体上还处在向国内译介的阶段，但是在传统的工艺美术、书法领域，还是有一些令人耳目一新的研究成果。[①]

1. 工艺

"在 20 世纪 50 年代，工艺美术理论及其文化研究虽然被行政命令划归美术领域，却没有受到应有的重视，并且长期处于观念性的排异反应之中……由其造成的恶劣影响亦在客观上阻碍了中国的工艺美术理论及其文化研究的前进步伐。"[②] 中国的工艺水平在很长的一段历史时期内遥遥领先于周边国家，但是历史上累积的"重道轻器"思想造成中国工艺理论水平相对落后。叶渭渠著《日本工艺美术》（上海三联书店，2006）、郭富纯与孙传波著《日本古代陶瓷研究》（文物出版社，2011）、吴光荣著《陶人心语：当代日本名窑十二讲》（中国美术学院出版社，2008）等，介绍了日本古代和现代的工艺状况，意图借日本的"他山之石"来帮助和促进中国的工艺文化理论建设。

中国的螺钿、漆器、陶瓷、染织工艺在不同时期传入日本，许多精美的工艺品在日本得以保存。《艺术与鉴藏·中国大唐的艺术宝库：正仓院考古记》（上海书画出版社，2014）是傅芸子（1902～1948，主编《北京画报》《国剧画报》等）在 20 世纪 30 年代赴日考察奈良正仓院藏品后，对保存的中国文物所做的详细记录与考证。正仓院所珍藏的古物包括大量唐代东渡的文物珍品，大部分在中国已佚，此书是首部中国学人研究正仓院的专著，在考察唐代历史文化、工艺美术史以及中日文化交流史方面均有较高的参考价值。该作老书新出，对关注遗失的中国古代工艺有重要意义，也提示我们通过日本收藏品研究中国古代工艺是一条有效途径。

王纲怀《清华大学藏日本和镜》（清华大学出版社，2011）另辟蹊径，

[①] 日本庭园、建筑、现代艺术设计等主要以译书为主，请参考文末附录。

[②] 柳宗悦：《工艺之道》，徐艺乙译，广西师范大学出版社，2011，第 4 页，译者序。

从中国收藏的日本文物入手研究其工艺水平与中国的传承关系。自宋代以后，中国铜镜日益衰落，日本和镜逐渐兴起。作者着重以清华大学收藏的19面汉字书法镜为例，将和镜文化与中国的唐诗、宋词及日本的和歌、俳句结合，重点介绍了源于中国战国时期长寿文化的江户时代蓬莱纹镜。

2. 书法

日本书法（17世纪后亦称书道）的形成和发展受中国书法影响至深，因此中国书法某一时期流派、人物对日本书法的影响成为关注点。陈华《中国法书对日本书法的影响》（《文史哲》2005年第3期）系统概述了日本书法的形成及发展与中国法书的关系，重点介绍了日本历史上深受中国影响的著名书法家"三笔"与"三迹"、日本所藏中国书法家的墨迹、近代中日间书法界的交往。韩天雍著《中日禅宗墨迹研究——及其相关文化之考察》（中国美术学院出版社，2008）站在中日文化交流的大背景下观照书法，探讨了中日禅宗墨迹的交流和嬗变的轨迹。在镰仓、室町时代与中国的宗教往来中，中日高僧的墨迹构成了中日文化交流的重要一环。以禅僧墨迹为主线，但不局限于书法，而是把随禅宗传入日本的顶像画、水墨画、诗画轴等与禅宗墨迹相关的艺术作品也一同考量，考察禅宗对日本中世文化的影响。

近年来，越来越多的与中国书法现状相结合的研究出现，如日本近现代中小学书法教育的启示、日本书法在现代设计中的应用、日本书法艺术的保护经验、当代中国书法对日本书法的逆向输入等，主要有以下论著。

中国教育学会书法教育专业委员会编《大学书法教材·日本书法史》（天津古籍出版社，2010），是针对高校书法教育的专用教材，不仅全面论述了日本书法的起源由来演变历史，而且对比了西方欧美等国的书法现象及伸延现象（如"书法画""抽象表现主义"流派等），还涉及日本篆刻史、书法理论史和书法教育史。

贾佳著《日本书法教育史考》（南开大学出版社，2016），考察了日本近世以前、近世、近代的书法教育体制和功能，指出日本在历史传统的基础上实现书法与当代教育、社会需求相结合的"多层次发展"，在新的历史时期获得新的发展和生机，为中国书法教育的推广和创新提供了可借鉴的历史经验。

七　结语

以上分专题梳理了进入 21 世纪以来的中国的日本美术研究史。具有日本特色的大和绘、绘卷、障壁画等独特的绘画形式以及与中国渊源颇深的日本佛教美术等方面的研究在国内尚属起步阶段，本文虽未涉及但期待相关研究有所突破。除此以外，针对日本学范畴内的美术研究，还有以下几点值得重视。

（1）把日本美术与历史、文化、政治、经济、思想、哲学等领域结合，以图像为媒介做跨学科、跨领域研究。

（2）关注日本美术对中国的反馈。比如日本画扇在中国元明时代流行且被中国仿制，民国时期中日之间的美术交流，这些历史细节尚有很大发掘考证的余地。尽管日本美术对中国的反馈并不构成主线，但对完整了解并客观评价日本美术的价值有着重要意义。

（3）关注当前日本美术动向，特别是在设计、前沿艺术领域如何与传统结合，实现创新；关注日本如何把美术与大众文化相结合，增强文化输出力。

附：21 世纪国内出版日本美术相关学术著作

专著

刘晓路编著《日本美人画精品赏析》，湖北美术出版社，2000。

刘晓路编著《日本风景画精品赏析》，湖北美术出版社，2000。

刘晓路编著《日本花鸟画精品赏析》，湖北美术出版社，2000。

潘力：《日本美术：从现代到当代》，河北教育出版社，2000。

刘晓路：《世界美术中的中国与日本美术》，广西美术出版社，2001。

刘晓路编《东山魁夷论艺》，人民美术出版社，2001。

韩天雍：《日本书法经典名帖：三笔三迹、禅宗墨迹、佛教写经》，中国美术学院出版社，2001。

戚印平：《图式与趣味：日本绘画史》，中国美术学院出版社，2002。

史玲：《日本艺术》，河北教育出版社，2003。

潘皓、渡边直子编《日本当代油画艺术》，岭南美术出版社，2003。

刘晓路：《日本美术史纲》，上海古籍出版社，2003。

叶渭渠：《日本工艺美术》，上海三联书店，2006。

叶渭渠：《日本绘画》，上海三联书店，2006。

滕军、黄玉梅、张瑜：《叙至十九世纪的日本艺术》，高等教育出版社，2007。

王才勇：《印象派与东亚美术》，江苏人民出版社，2008。

张少君：《明治时期日本美术的"西化"》，中国美术学院出版社，2008。

韩天雍：《中日禅宗墨迹研究——及其相关文化之考察》，中国美术学院出版社，2008。

吴光荣：《陶人心语：当代日本名窑十二讲》，中国美术学院出版社，2008。

张夫也：《日本美术》，中国人民大学出版社，2010。

彭修银：《日本近现代绘画史》，世界知识出版社，2010。

中国教育学会书法教育专业委员会编《大学书法教材·日本书法史》，天津古籍出版社，2010。

石守谦、廖肇亨主编《东亚文化意象之形塑》，允晨文化实业股份有限公司，2011。

高云龙：《浮世绘艺术与明清版画的渊源研究》，人民出版社，2011。

赵文江：《中国山水画与日本风景画构图研究》，荣宝斋出版社，2011。

潘力：《和风艺志：从明治维新到21世纪的日本美术》，人民美术出版社，2011。

王纲怀：《清华大学藏日本和镜》，清华大学出版社，2011。

郭富纯、孙传波：《日本古陶瓷研究》，文物出版社，2011。

铁军主编《中日色彩的文化解读》，中国传媒大学出版社，2012。

潘力：《浮世绘》，河北教育出版社，2012。

潘力：《艺术巨匠：藤田嗣治》，河北教育出版社，2012。

王凯：《近现代日本美术的变迁》，浙江大学出版社，2012。

蒋采蘋：《日本美人画赏析》，河南美术出版社，2012。

金墨编《书法名品精选：日本唐风书法大系》，线装书局，2013。

刘柠：《竹久梦二的世界》，山东画报出版社，2013。

郭勇健：《日本之美：东山魁夷绘画艺术研究》，学林出版社，2014。

李允经：《鲁迅藏外国版画全集日本版画卷》，湖南美术出版社，2014。

张乐：《中日美术关联性研究：正仓院藏〈鸟毛立女屏风〉新解》，中国文史出版社，2014。

傅芸子：《艺术与鉴藏·中国大唐的艺术宝库：正仓院考古记》，上海书画出版社，2014。

王刘纯、冯亚君编《日本古代法帖珍本》，大象出版社，2014。

刘柠：《藤田嗣治：巴黎画派中的黄皮肤》，山东画报出版社，2014。

石守谦：《移动的桃花源——东亚世界中的山水画》，生活·读书·新知三联书店，2015。

潘力：《浮世绘的故事》，科学出版社，2015。

王莲：《宋元时期中日绘画的传播与交流》，文物出版社，2015。

万柳：《日本动漫与日本物哀》，中国传媒大学出版社，2015。

程艳春：《世界建筑旅行地图：日本》，中国建筑工业出版社，2015。

北京鲁迅博物馆编《鲁迅藏浮世绘》，生活·读书·新知三联书店，2016。

贾佳：《日本书法教育史考》，南开大学出版社，2016。

郭屹民：《结构制造——日本当代建筑形态研究》，同济大学出版社，2016。

苏静主编《知日·萌》，中信出版社，2015。

苏静主编《知日·家宅》，中信出版社，2016。

茶乌龙主编《知日·现代霓虹艺术力》，中信出版社，2017。

茶乌龙主编《知日·枯山水》，中信出版社，2017。

译著

东山魁夷：《美的情愫》，唐月梅译，广西师范大学出版社，2002。

堀川贵司：《潇湘八景——诗歌与绘画中展现的日本化形态》，冉毅译，岳麓书社，2006。

关卫：《西方美术东渐史》，熊得山译，上海世纪出版集团，2007。

〔美〕克里斯汀古斯：《日本江户时代的艺术》，胡伟雄等译，中国建筑工业出版社，2008。

〔英〕卡米尼：《精彩日本艺术与文化》，武春莉译，天津教育出版社，2009。

本居宣长：《日本物哀》，王向远译，吉林出版集团有限责任公司，2010。

稻叶和也、中山繁信：《图说日本住居生活史》，马健全解说，刘缵译，清华大学出版社，2010。

柳宗悦：《日本手工艺》，张鲁译，广西师范大学出版社，2011。

柳宗悦：《工艺文化》，徐艺乙译，广西师范大学出版社，2011。

柳宗悦：《民艺四十年》，石建中、张鲁译，广西师范大学出版社，2011。

柳宗悦：《工艺之道》，徐艺乙译，广西师范大学出版社，2011。

吉田泰巳：《阅读日本书系：花道的美学》，何慈毅译，南京大学出版社，2011。

能势朝次、大西克礼：《日本幽玄》，王向远译，吉林出版集团有限责任公司，2011。

藤本箕山、九鬼周造、阿部次郎：《日本意气》，王向远译，吉林出版集团有限责任公司，2012。

大西克礼：《日本风雅》，王向远译，吉林出版集团有限责任公司，2012。

〔美〕高居翰：《诗之旅：中国与日本的诗意绘画》，洪再新、高士明、高昕丹译，生活·读书·新知三联书店，2012。

加藤周一：《日本艺术的心与形》，叶渭渠编，许秋寒译，外语教学与研究出版社，2013。

田中仙翁：《阅读日本书系：茶道的美学》，蔡敦达译，南京大学出版社，2013。

〔法〕贝内第科特·布达芬：《日式庭院》，吕双稳译，湖北科学技术出版社，2013。

黑川雅之：《日本的八个审美意识》，王超鹰、张迎星译，河北美术出版社，2014。

铃木大拙：《禅与日本文化》，钱爱琴、张志芳译，译林出版社，2014。

千叶成夫：《日本美术尚未生成》，范钟鸣译，人民美术出版社，2014。

〔英〕M. 苏立文：《东西方艺术的交会》，赵潇译，上海人民出版社，2014。

富田升：《艺术与鉴藏：近代日本的中国艺术品流转与鉴赏》，赵秀敏译，上海书画出版社，2014。

小野健吉：《日本庭园：空间美的历史》，蔡敦达译，南京大学出版社，2014。

枡野俊明：《日本造园心得：基础知识·规划·管理·整修》，周静敏解说，康恒译，中国建筑工业出版社，2014。

三桥一夫、高桥一郎：《现代日式庭园》，张乔译，福建科学技术出版社，2014。

〔美〕恩内斯特·费诺罗萨：《中日艺术源流》，夏娃、张永良译，湖南美术出版社，2015。

赤木明登：《造物有灵且美》，蕾克译，湖南美术出版社，2015。

枡野俊明：《禅·庭：枡野俊明作品集》，戴滢滢译，江苏凤凰科学技术出版社，2015。

矶达雄、宫泽洋：《日本后现代派建筑巡礼》，刘美凤译，北京美术摄影出版社，2015。

近代建筑编《日本建筑院校毕业设计优秀作品集 1 ~ 4》，李明辉、刘云俊、卢春生等译，中国建筑工业出版社，2010 ~ 2015。

赤木明登：《美物抵心》，蕾克译，湖南美术出版社，2016。

辻惟雄：《图说日本美术史》，蔡敦达、邬利明译，生活·读书·新知三联书店，2016。

樱花编辑事务所编《京都手艺人》，刘昊星译，湖南美术出版社，2016。

冈田武彦：《简素：日本文化的根本》，钱明译，社会科学文献出版社，2016。

柳宗悦：《工匠自我修养》，陈燕虹、尚红蕊、许晓译，华中科技大学出版社，2016。

重森千青：《庭园之心：造园家眼中的日本十大名园》，谢跃译，社会科学文献出版社，2016。

秋元通明：《作庭记：自然式庭园设计法则》，陈靖远译，华中科技大学出版社，2016。

日本 STUDIOWORK 工作室编《日本名所解剖书》，史诗译，南海出版公司，2016。

日本 STUDIOWORK 工作室编《日本建筑解剖书》，郑敏译，南海出版公司，2016。

米泽贵纪、中川武：《日本名城解剖书》，史诗译，南海出版公司，2016。

西和夫、穂积和夫：《日本建筑与生活简史》，李建华译，清华大学出版社，2016。

西和夫：《能从建筑史中发现什么：日本文化的美与心》，李建华译，清华大学出版社，2016。

矶达雄、宫泽洋：《菊竹清训：日本当代建筑的启蒙导师》，郭朝曦译，华中科技大学出版社，2016。

〔澳〕巴里·谢尔顿：《向日本城市学习：城市设计向东看（第2版）》，曾琦欣译，电子工业出版社，2016。

高桥健自：《图说日本服饰史》，李建华译，清华大学出版社，2016。

桑田忠亲：《茶道六百年》，李炜译，北京十月文艺出版社，2016。

高阶秀尔：《看日本美术的眼睛》，范钟鸣译，中国财政经济出版社，2017。

〔意〕弗朗西斯科·莫雷纳：《浮世绘三杰：喜多川歌麿、葛饰北斋、歌川广重》，袁斐译，北京美术摄影出版社，2017。

关西中国书画收藏研究会编《中国书画在日本：关西百年鉴藏纪录》，苏玲怡、黄立芸、陈建志译，上海书画出版社，2017。

冈仓天心：《理想之书》，刘仲敬译，四川文艺出版社，2017。

坂田和实、尾久彰三、山口信博：《日本民艺馆》，徐元科译，新星出版社，2017。

村上洋一：《日本南部铁器》，邹丽萍译，山东画报出版社，2017。

伊东忠太：《日本建筑小史》，杨田译，清华大学出版社，2017。

伊东丰雄：《建筑改变日本》，寇佳意译，西苑出版社，2017。

日本株式会社新建筑社编译《日本新建筑1～31》，大连理工大学出版社，2009～2017。

日本大众文化研究[*]

北京师范大学　王志松

一　问题的提出

自 20 世纪 90 年代起，日本大众文化研究异军突起，受到日本学界广泛关注。究其原因有三：第一，在后现代主义和后殖民主义思潮的影响下，日本学界反思国民国家的现代性，使得支撑这种国民国家结构的"经典文学"和"高雅文化"受到质疑，从而出现重新评估"大众文化"价值的学术动向；第二，"文化研究"（cultural studies）打破了 20 世纪 80 年代盛行的注重文本内部研究的结构主义批评，重新将社会、历史带入文学研究之中，认为文学与社会、历史之间相互作用，且研究文本不再限于文学作品，将影视作品、歌曲、动漫、时尚等也纳入研究范围；第三，日本动漫、歌曲等大众文化于 20 世纪 90 年代在东亚地区广泛流行，引起日本政府的高度重视，相继出台有关振兴文化产业、输出文化软实力的政策，使得大众文化溢出文学研究领域，而成为政治学、经济学、外交学、社会学的研究对象。

中国学界自 2000 年起也出现了日本大众文化研究热。不可否认这受到日本学界的影响，但也有中国自身的文化脉络。在中国，日本大众文化最初进入学界视野是在 20 世纪 80 年代后半期。高增杰在《当代日本的大众文化》（《日本研究》1987 年第 3 期）中指出，"过去，人们大都不重视大众文化，认为它不能登'大雅之堂'。但是越来越多的事实证明，大众文化在当代日本文化结构中占有极其重要的位置"。大众文化"属于文化中的'底流文化'，

---

* 本文是国家社科基金重大项目"近代以来中日文学关系研究与文献整理（1870～2000）"（17ZDA277）的阶段性研究成果。

比起那些经过上流社会加工琢磨而成的高雅文化更应受到人们的重视，予以认真的研究"。① 高增杰在该文中就当代日本大众文化的形成、特征及其性质做了初步探讨。但总体上看，该文对大众文化的评价是否定的，"大众文化具有明显的单向性，可以诱导群众的倾向"，是"资本实施复杂机制统治的重要工具"。② 尽管高增杰认为研究大众文化对于全面把握日本文化极为重要，但这种负面性评价在当时具有代表性，在一段时期阻碍了进一步展开相关研究。进入 20 世纪 90 年代以后，随着中国市场经济的发展和城市化进程的加速，中国学界在文学和社会学方面重新评价 20 世纪二三十年代的上海都市文化和通俗文学，渐次摆脱对大众文化一概排斥的观点。加之，日本流行文化风靡一时，中国的文化单位体制改革朝着市场化方向展开。在这样的社会文化背景之下便出现了日本大众文化研究热。

日本大众文化研究出现"热"，固然表明关注的人多，但就研究的现状而言问题也不少。本文将从漫画·动画片（以下或分开称"漫画""动画片"，或合称"动漫"）、大众文学、影视、歌曲等角度，对中国的日本大众文化研究现状做一个梳理，归纳特点，分析问题，以利于今后的研究发展。

二 日本漫画、动画及其与中国的关系

1980 年在中国中央电视台播放的《铁臂阿童木》是新时期引进的第一部日本动画片。随后，《森林大帝》《聪明的一休》《花仙子》等接踵而至，受到中国观众的喜爱，到了 20 世纪 90 年代日本动漫逐渐压倒美国动漫，在中国一枝独秀。1996 年孙树林发表《日本漫画文化浅论》（《日本学刊》1996 年第 5 期），第一次较为全面地介绍日本漫画的历史、类型以及产业化过程。之后各种知识性的介绍文章不断，2000 年以后才逐渐出现专题性的学术研究。

杨伟《少女漫画·女作家·日本人》（宁夏人民出版社，2005）将焦距对准少女漫画，以少女漫画中所表现的恋爱观、家庭观、双性同体和少年爱以及女同性恋等问题作为切入口，考察了吉本芭娜娜、山田咏美等日本当代女作家

---

① 高增杰：《当代日本的大众文化》，《日本研究》1987 年第 3 期，第 56 页。
② 高增杰：《当代日本的大众文化》，《日本研究》1987 年第 3 期，第 62 页。

与漫画之间的相互融合和相互影响的关系。有关漫画中的性别越界主题，杨伟《日本少女漫画中的女性主义想像——以性别越界和少年爱作品为中心》（《日语学习与研究》2016 年第 3 期）以少年爱漫画作品为对象继续探讨了其中蕴含的女性主义话语问题。秦刚《捕风者宫崎骏：动画电影的深度》（生活·读书·新知三联书店，2015）则将文学研究的细读手法和文化研究的宽阔视野相结合，深度解析宫崎骏影像世界的艺术性和思想性，认为其动画片传达了对人类现代文明的忧思、批判和反省。该著将动画片当作文学作品文本精读，在方法论上具有启示性。秦刚《"漫画电影"中的桃太郎——对外战争的动画光影》（《日语学习与研究》2016 年第 3 期）对日本在战前拍摄的 6 部以桃太郎为主人公的动画电影展开分析，探寻这些作品的制作、改编与各时期的日本对外局势及他者想象之间的对应关系。

上述研究以探究动漫的思想内容为主，还有关注动漫的媒体以及接受等问题的研究。陈仲伟著《日本动漫的全球化与迷的文化》（唐山出版社，2004）考察了日本动漫全球化与迷文化之间的关系及其所包含的文化意涵。王向华主编的论文集《泛亚洲动漫研究》（山东人民出版社，2012）涉及的问题更为多样。该书收录的郝祥满《日本的漫画阅读——从传统教养到感官需求的过程》一文考察了日本漫画在历史上的意义变迁，由过去以教养为主的"绘卷物"转变为休闲的"绘草纸"，以至后来倡导文明开化的"报刊"等；谷川建司《〈铁人 28号〉中的民族主义表象——现实与假想的军事力量》以《铁人 28 号》为研究对象，考察了以此为原型改编的所有作品如何反映出同时代读者和观众的民族意识；靳丽芳《声音的艺术：试论日本动画片中的配音》一文从配音的角度分析日本"有限动画"的特点，探讨了围绕配音演员所形成的"声优文化"；陈明秀《恶魔的游戏：台湾的 cosplay》考察了台湾的 cosplay（动漫爱好者打扮成动漫角色——作者注）文化现象，指出 cosplay 既有反叛主流文化的因素，也有逃避现实的倾向；李衣云《漫画符号体系的解释共同体——以〈钢之炼金术师〉漫画同人志为例》通过分析《钢之炼金术师》同人志，揭示了漫画与受众之间所形成的解释共同体及其复杂关系；王向华和邱恺欣《日本 Boy's Love 漫画深受台湾女性粉丝欢迎之初探 3》以 Boy's Love 漫画作为研究对象，指出 BL漫画之所以深受台湾女性的青睐与其性爱观倾向有着密切的关系。

有关漫画史的研究是漫画研究的基础性工作。徐园《第二次世界大战前日本的报纸漫画》（《日语学习与研究》2015 年第 5 期）和《从恶作剧男孩到小国民的转变——二战前日本报纸连载漫画中男孩形象的变迁》（《日语学习与研究》2016 年第 3 期）以近代以后的报纸媒介为对象，从连载形式、人物形象、主题等角度考察日本漫画发展史的一个侧面。

有关动漫与产业的关系是研究热点之一。尹良富《日本漫画产业的竞争优势与作品开发的特征——兼述讲谈社在作品"AKIRA"上采取的国际化战略》（《新闻大学》2001 年第 2 期）以《AKIRA》为研究对象，探讨了日本出版业开发漫画作品和展开漫画作品的国际化的问题。李常庆等著《日本动漫产业与动漫文化研究》（北京大学出版社，2011）对日本动漫产业链的形成、日本漫画的诞生与发展、日本动漫产业 60 年的发展变迁、日本政府对动漫产业的大力扶持等方面进行了考察，探讨了日本动漫产业的发展与演变、成功的经验及存在的问题、动漫产业与文化的关系。孙旸《日本动漫探究：日本动漫对本土及外来元素体现分析》（黑龙江大学出版社，2013）分上下两编，上编主要介绍日本动漫产业的发展现状，日本的教育体制以及宣传策略对日本动画与漫画业发展的影响及推动作用；下编则以《哆啦A梦》为对象，探讨了日本动漫中彰显民族文化元素、变容与受容其他民族文化元素的方法及手段。这类研究有着明确的问题意识，希望以此为中国动漫产业的发展提供参考和借鉴。

有关中日动漫的交流是另一个广受关注的研究问题。学界首先注意到的是日本动漫在中国的传播现象。陈奇佳、宋晖主编《日本动漫影响力调查报告：当代中国大学生文化消费偏好研究》（人民出版社，2009）采用问卷调查和描述性统计分析的方法，考察中国当代大学生对日本动漫文化元素的接受情况与消费情况。吴新兰《存在与感知：日本动漫在中国的跨文化影响》（知识产权出版社，2012）则运用文献资料和访谈调查等方法，把日本动漫在中国的跨文化影响作为一个社会学个案，研究了中国当前社会转型时期民族文化的生存境况、日本动漫在中国影响的负效应、国家在话语权和权利资本争夺战中的策略等问题。

近几年日本漫画中的中国因素也越来越受到学界关注。《日语学习与研究》2016 年第 5 期"中日大众文化比较研究"专栏发表三篇相关论文。荒木浩《从对白框看梦的形象——以中日交流为视点》探讨了日本现代漫画中对白框的形成与中国古代描绘梦的绘画的关系。周以量《浮世绘中的中国人物形象：以樊哙为例》以浮世绘中的中国历史人物题材作品为考察对象，通过对汉代名将樊哙的形象的解析，结合日本近世文学作品中的叙述，探讨中国历史人物题材入画的情况。陈爱华《战时日本的西游记热》以万氏兄弟制作的中国第一部长篇电影动画片《铁扇公主》于 20 世纪 40 年代在日本的上映为线索，考察了当时接连出现的多部出自日本作者之手的西游记衍生作品及其复杂矛盾的思想内涵。

另外还有两本教材性质的著作。陈奇佳《日本动漫艺术概论》（上海交通大学出版社，2006）比较全面地介绍了日本动画的发展情况，对日本动漫的基本艺术特征、创作手法、美学内涵做了评析，并探讨了中国动画的艺术创新以及相关文化产业的发展问题。李彦、曹小卉编著《日本动画类型分析》（海洋出版社，2009）从类型的角度，用丰富的案例分析了日本五大主流动画——机器人类动画、体育竞技类动画、言情类动画、家庭生活类动画以及魔法类动画的类型源流。

三　日本大众文学及其与中国的关系

关于日本大众文学，中国学界关注比较早，20 世纪 80 年代主要是从现实主义文学的角度进行研究，尤其对松本清张和森村诚一的推理小说的社会性评价较高。但从 80 年代后期开始，随着"大众文学现实主义观"的瓦解，且缺乏取而代之的评价框架，90 年代对大众文学的研究迅速减退。2000 年以后日本大众文学研究出现新动向，虽有零星文章发表，但始终难成气候，2010 年前后才终于涌现出一批研究成果。

首先值得关注的是《日语学习与研究》2009 年第 1 期推出的"日本战后大众文学研究"专栏。该专栏有两个特色。第一，力求多角度阐释大众文学的主题。单援朝《历史事件与"侨人"故事——读早乙女贡的〈侨人的囚笼〉》从与史实的关系这一角度考察《侨人的囚笼》的创作，以求从整体上把握作品的动机和意义。岛村辉《"忍者"的立场——〈忍者〉中的"民族"与"大众"》将村山知义的《忍者》置于 20 世纪 60 年代的日本社会背景下考察"民族"与"大众"的含义。郭勇《论村上春树文学的大众性——以〈寻羊冒险记〉为中心》以《寻羊冒险记》为个案，梳理了后现代语境中村上文学获取大众性的方法。林涛《迷失的女性——论夏树静子的〈W的悲剧〉》运用文本解读及女性主义批评的方法对小说的人物设置、人物三角关系的建构以及犯罪案件内部暗藏的男权体制下的女性悲剧加以详细解读，并分析该作品所蕴含的独特艺术魅力。张文颖《渡边淳一文学中的女性意象研究》通过对渡边文学中女性具体意象的分析来解读渡边文学特有的生命力、破坏力的源泉和构造。周阅《从吉本芭娜娜的创作看日本大众文学——以〈厨房〉为中心》以芭娜娜的代表作《厨房》为中心，对当代日本文学在消费社会的时代潮流中所呈现的大众特色进行了阐释。第二，探索重写文学史的问题。藤井淑祯《文学受到老百姓喜爱的时代——高速成长期的读者》提出从读者阅读的角度重写当代文学史的主张。王志松《日本大众文学研究与文学史的重构》通过梳理中日两国的大众文学研究史，提出大众文学研究要放在与纯文学发展的互动关系上展开，才能写出包含纯文学与大众文学两方面的完整文学史。

这期专栏聚焦战后大众文学并非偶然，因为20世纪80年代以来翻译界对日本大众文学的翻译主要集中在当代作品。钱剑锋《大众传媒与日本当代文学——以梦枕貘的〈阴阳师〉系列为中心》（《日本学论坛》2007年第1期）通过对梦枕貘《阴阳师》系列的个案分析，探究日本当代文学和大众传媒之间的互动关系。王志松《从倒叙侦探小说到社会派推理小说——论松本清张〈点与线〉》（《东北亚外语研究》2013年第1期）指出，松本清张在推理小说创作方法上受倒叙侦探小说的启发，以双重故事结构解决了推理小说的封闭结尾难题，既保持了推理小说的趣味性，又引入社会因素提高了推理小说的文学性。韩春波《论日本"轻小说"的发展及社会影响》（《宁夏社会科学》2013年第11期）考察了近年来日本轻小说与动画片、漫画以及游戏创作的密切互动，认为不仅开创了"ACGN"有机交融、共同发展的新时代，而且进一步丰富了日本大众文学的内涵和表现形态。池睿《论"一之谷之战"的文学叙事》通过与史书《吾妻镜》的对比，考察古典作品《平家物语》《义经记》以及大众文学中的时代小说《新平家物语》《义经》对"一之谷之战"所进行的不同阐释，揭示作者的创作意图与时代思潮的关系，并进一步指出大众文学在民众的历史观形成中所发挥的作用。刘研《山冈庄八〈小说太平洋战争〉之症候式读解》对《小说太平洋战争》中在叙述战争历史时所持的隐蔽加害意识进行了史实探查和意识形态批判。池、刘这两篇论文刊载于孟庆枢主编《中日文化文学比较研究》（吉林出版集团有限责任公司，2014）。韩劲松《重商主义视角对历史事件的重新诠释——评城山三郎小说〈鼠——铃木商店被打砸烧毁事件〉》[《东北师大学报》（哲学社会科学版）2015年第3期]指出小说以1918年"米骚动"为切入点，在叙事表层堆砌各种历史文献，同时又通过倒叙、转换叙事视角、置换主人公等叙事策略，将史界早有定论的革命叙事改写为铃木商店掌柜——一代企业经营精英金子直吉的人生小传。其他还有一些关于司马辽太郎、水上勉、山崎丰子、小松左京、东野圭吾、安部美雪等作家的研究。总体上看对战前作家和作品的研究还很少。

关于第二点打破大众文学研究与纯文学研究藩篱的问题，关立丹《武士道与日本近现代文学：以乃木希典和宫本武藏为中心》（中国社会科学出版社，2009）做了一点尝试。该著跨越纯文学与大众文学的界限，以武士道为主线考察了乃木希典和宫本武藏在森鸥外、吉川英次等人作品中的塑造问题。

其次是有关大众文学与中国关系的研究，主要包括以下三方面。

第一是日本大众文学在中国的传播问题。王成《松本清张的推理小说与改革开放后的中国》（《日语学习与研究》2010年第4期）通过梳理松本清张的推理小说在中国的翻译与传播，探讨了改革开放后中国读者阅读松本清张小说的模式。王志松《90年代出版业的市场化与"情色描写"——与日本翻译文学的关系》（《日语学习与研究》2010年第4期）通过探讨《挪威的森林》和《失乐园》的翻译状况以及村上龙等其他日本作家的翻译作品，考察了日本翻译文学与20世纪90年代出版业的市场化、与中国文学情色描写变化之间的关系。王志松《透视司马辽太郎〈项羽与刘邦〉的大众阅读——基于网络书评的一个考察》（王志松《小说翻译与文化建构》，清华大学出版社，2011）通过分析当当网、卓越网、豆瓣网的书评，考察了《项羽与刘邦》在中国的接受状况。李青《在传统与"新民"之间——包天笑译教育小说〈儿童修身之感情〉研究》（《日语学习与研究》2016年第5期）以教育小说

《儿童修身之感情》为对象，考察了意大利作家亚米契斯《爱的教育》经由日本转译到中国的状况，认为译者包天笑通过改写提倡"因爱而孝"的同时，借小说鼓励我国少年学习主人公马克的冒险进取精神，勇敢地去探索未知的新世界以实现自我的成长，堪称我国最早的、真正意义上的"少年成长小说"之一。

第二是日本大众文学中的中国因素问题。王向远《中国题材日本文学史》（上海古籍出版社，2007）论及海音寺潮五郎、司马辽太郎、陈舜臣、伴野朗、宫诚谷昌光等多位作家作品中的中国题材问题。张芳馨《中国公案小说与日本"变革派"侦探推理小说的比较研究——以〈三侠五义〉和横沟正史作品为例》（《华夏文化论坛》2012年第1期）指出，日本"变革派"推理小说代表人物横沟正史的作品虽在主题、结构上受西方侦探小说的影响，但是在叙事风格上却延续了中国公案小说的浪漫主义色彩。王志松《小说虚构与历史叙述——论司马辽太郎的〈项羽与刘邦〉》（《日语学习与研究》2012年第6期）通过与原典的对照，分析了《项羽与刘邦》的"历史观"与小说之间的叙述逻辑关系和矛盾。

第三是日本大众文学与伪满文学关系的问题。柴红梅《日本侦探小说与大连关系研究》（世界图书出版公司，2011）以日本殖民时期大连题材的侦探小说为对象，考察了作品中所描述的都市大连影像以及在这个都市空间中孕育而成的文学诸现象。祝然《无产阶级大众小说〈发声满洲〉论》（《日语学习与研究》2016年第3期）以群司次郎《发声满洲》为对象，考察了伪满大众文学中阶级斗争的另一个面相。

四 日本影视作品、通俗音乐及其在中国的传播

日本影视作品和流行音乐从20世纪70年代末开始就在中国广为传播，因此学界也多以此现象作为研究的出发点。李天铎主编《日本流行文化在台湾与亚洲Ⅰ》［远流（香港）出版公司，2002］中有三篇论文讨论了日本偶像剧在港台的传播问题。李天铎、何慧雯《遥望东京彩虹桥：日本偶像剧在台湾的挪移想象》从宏观的历史社会角度，探讨了日本"偶像剧"引进台湾所引

发的热潮及其政治经济文化面向的深层意义。邱淑雯《文化想象：日本偶像剧在台湾》则将偶像剧不只是看作一种跨国电视节目类型，同时也当作一个"社会装置"来检视日本与台湾如何建构对于他者的文化想象。梁旭明《日常生活中的日本假期？日剧〈长假〉的在地（香港）消费》从观众角度，探讨香港"在地"观众是怎样把偶像剧的情节、人物与场景，灵活地套用在日常生活中，以作为对刻板生活的一种反省与慰藉。

侯越《论日本电视剧在中国的传播》（《日语学习与研究》2007年第3期）从宏观的角度考察日本电视剧在中国的传播历程，分析其社会成因、受众构成以及传播特点。林涛《〈追捕〉与70年代末中国的接受视阈》（《日语学习与研究》2010年第4期）从接受美学的角度对《追捕》在20世纪70年代末的中国社会造成轰动效应的深层原因加以解读，指出《追捕》的上映是日本电影文本、上海电影译制片厂的二次剪辑以及中国观众的观影先在经验、社会心理和审美情趣等因素共同制造的一个时代神话。周冲、郝起《日本电视剧通过互联网在中国大陆传播现状》（《日本问题研究》2010年第4期）对日本电视剧通过互联网在中国大陆传播的现象进行了分析，认为这样的传播方式具有先行快速便捷、客体数量庞大却制作不够精良、影响力大等特点，在中国的影响遍及语言、服饰、饮食、旅游等社会生活的方方面面，也面临着版权保护难度高、跨文化传播等问题。王志恒《日本电视剧与香港社会》（吴咏梅、王向华、谷川建司编著《越境的日本流行文化》，山东人民出版社，2010）首先回顾了日本电视剧从1963年至20世纪90年代在香港的传播史，再从业界、社会和文化等不同角度解释日本电视剧战后数十年在香港兴衰的原因。

另外，日本影视作品中的中国题材也是学界关心的问题。宋贞和《日本大众文化中三藏的女性化》（《明清小说研究》2010年第2期）对日本影视作品中改编《西游记》时出现的三藏女性化问题，结合时代背景进行了分析。李萍《〈西游记〉在日本影视中的传播变异分析》（《徐州师范大学学报》2012年第1期）探讨日本数次改编《西游记》的情况时指出，日本影视改编者为迎合日本观众需求对《西游记》原著母题进行了不同程度的改造，在历险母题中强化了团队精神，在弱化反叛母题的同时突出了勇气与正义之心的重要性，并突破原著内容新增了婚恋主题。

　　有关日本流行音乐的研究也是侧重探究在中国的传播问题。徐乐娜《从台湾流行音乐中的演歌化现象看政治对文化迁移的影响》（赵维平主编《第五届中日音乐比较国际学术研讨会论文集》，上海音乐学院出版社，2005）认为战后日本歌曲文化延续了对台湾流行歌曲的统治性影响，是台湾"未能彻底地挣脱文化上的殖民"的"最好例证"。晁春莲《日本流行歌曲在中国的传播与接受》（《日语学习与研究》2010 年第 4 期）考察了中国改革开放的时代背景下日本流行歌曲在中国的传播与接受状况，从翻译演唱、填词翻唱、原唱传播三种形式分析了日本流行歌曲在中国的传播特征及其所带来的影响，探讨了日本流行歌曲在中国广泛传播的深层原因。屋茸素子《从翻唱歌曲来看台湾对日本流行音乐的受容》将台湾翻唱歌曲的历史分为三个时期，与时代背景相结合进行了较为全面的梳理，认为翻唱是音乐发展的一种形式。王向华、王志恒、邱恺欣《"泷泽爱他的粉丝"，"不，泷泽爱我！"——关于泷泽秀明的香港粉丝的人类学研究》通过对两个不同的泷泽粉丝群体做深入的人类学田野研究，探究粉丝们的追星动机和社会背景。屋茸素子、王向华等这两篇论文收录于吴咏梅、王向华、谷川建司编著《越境的日本流行文化》（山东人民出版社，2010）。王志松《音乐产业与日本歌曲翻唱——宝丽金时期的邓丽君》（《日语学习与研究》2016 年第 5 期）以邓丽君为个案，探讨了国际音乐资本在东亚地区的渗透与日本歌曲翻唱的关系，以及翻唱歌曲为中日歌坛注入新鲜血液等问题。

　　与传播研究比较，有关日本影视和流行歌曲本体的研究相对冷清。秦刚《松本清张的〈砂器〉与战后日本社会》（《日语学习与研究》2009 年第 1 期）以松本清张的《砂器》为对象，结合日本战后的社会状况，对小说人物犯罪动机的时代性与社会性进行了剖析。同时，通过对由原作改编而成的同名影视作品的分析，探讨了同一故事及人物在改编文本中的演绎与变化，进而对折射其中的不同时代的社会心理进行了深层解读。藤井淑祯《乡愁风景的现代史——以日本流行歌曲为中心》（《日语学习与研究》2016 年第 3 期）将流行歌曲描绘的山川风景与乡愁联系起来，探讨了近代以来都市化进程中日本人的精神史。细川周平《战前日本的探戈文化——异国情趣与中国情趣》（《日语学习与研究》2016 年第 3 期）考察了探戈文化引入日本的历史、探戈旋律与日本流行歌曲的关系，以及在战争状态下所发现的中国趣味等问题。有关日本影视和流行歌曲本体的研究是基础性工作，目前看还比较薄弱，有待进一步深入展开。

五　总结与展望

总体上看，日本大众文化研究呈现出以下特点。

1. 跨学科性

日本大众文化研究最初是从大众文学研究出发的，渐次扩大范围，包括漫画、动画、影视、音乐、时尚生活等领域。在研究意识和研究方法上出现跨学科的倾向，有将动漫作为文学文本精读分析的，也有将漫画、大众小说作为社会科学研究的材料使用的，或者直接当作文化产业研究的对象，等等。前述杨伟《少女漫画·女作家·日本人》跨学科地研究漫画与女性作家创作之间的关系，这样的研究方式无论对于文学研究还是漫画研究都是有益的创新尝试。董晓薇《视觉文化影响下的动漫与文学——以〈人间失格〉为例》（孟庆枢主编《中日文化文学比较研究》，吉林出版集团有限责任公司，2012）以《人间失格》为对象探讨了文学与动漫相互依托共求生存的文化现状。

再如玉腰辰己《欢迎，中野良子！（1984）——电影对相互形象演变的影响》（园田茂人主编《日中关系40年史Ⅲ 文化·社会卷——1972~2012》，马静等译，社会科学文献出版社，2014）通过分析中日之间近四十年上映的电影，考察两国之间的国家形象演变和相互认知的问题。松村熏子《现代日本的妖怪文化——以河童形象为中心》（《日语学习与研究》2016年第3期）是民俗研究，但所选择的研究材料是现代流行的河童妖怪。熊文莉《"酷日本"与日本国家形象建构——基于面向中国青少年调查的分析》（《日语学习与研究》2016年第3期）在分析"酷日本"一词的由来以及日本"酷日本"战略形成的基础上，讨论"酷日本"与日本国家形象建构之间的关系。这些跨学科研究不仅给相关学科提供了新的研究材料，也扩大了研究范围。

2. 跨境性

由于日本大众文化研究兴起的重要契机之一是日本大众文化在东亚的流行，因此接受问题从一开始就是学者们最关心的课题。前述吴新兰《存在与感知：日本动漫在中国的跨文化影响》和王成《松本清张的推理小说与改革开放后的中国》等均是这方面的研究。吴咏梅《"80 后"中国年轻人眼中的日本流行文化》（《日语学习与研究》2010 年第 4 期）依据在上海、苏州和北京等地对"80 后"大学生所进行的访谈调查、集体讨论以及互联网上的"日剧迷"讨论小组的博文材料，结合改革开放以后中国社会文化的变化，探讨日本大众文化在中国的流行原因和社会意义。这种跨境性不仅是日本大众文化在中国的传播，也包括日本大众文化中所包含的中国因素，即中国文化对日本大众文化的影响。

跨境性还有另一个层面的问题，即接受者对日本文化的认同问题。邱琡雯主编《日本流行文化在台湾与亚洲 Ⅱ》［远流（香港）出版公司，2003］一书中有多篇探讨这方面问题的论文。李天铎、何慧雯《我以前一定是个日本人？——日本流行文化的消费与认同实践》从社会历史的角度，分析了台湾年轻的哈日族群由消费对日本所产生的认同想象，以及这个想象对台湾的社会意义。李明聪《这里想像，那里实践——"日剧场景之旅"与台湾年轻人的跨文化认同》以消费日本电视剧与赴日旅行为个案，探讨台湾年轻人如何在"哈日"潮流中型塑他们自己的跨文化认同。迟恒昌《"哈日之城"——台北西门町青少年的空间与消费文化》以西门町为对象考察了这个青少年的公共空间如何成为消费"日本"的流行文化消费空间。

3. 跨媒介性

大众文化研究的对象不仅是纸媒介，也包括影视、音乐等媒介。媒介不同，在表达方式上必然发生变化，这种变化既有创作者的意识问题，也有媒介的特殊性问题。前述秦刚《松本清张的〈砂器〉与战后日本社会》就对由小说改编影视剧发生的变化做了深入研究。王梓安《日本漫画改编电视剧的语言和造型特色分析——以日剧〈花样男子〉为例》（《中国电视》2009 年第 7期）以日剧《花样男子》为对象，考察了从漫画到漫画改编青春偶像剧的再创造过程。

可以说正是这三个"跨"的特点，使得大众文化研究辐射面广，丰富了一些学科的研究资料、手段和课题，而对有些学科冲击很大，乃至改变整个研究格局。在这个过程中难免也出现一些问题，主要有以下两点值得注意。

第一，跨界与界限的关系问题。

虽然大众文化研究总体上有跨界的倾向，但如何"跨"是一个值得思考的问题。"跨"其实意味着原本有一个出发点、立足之处。比如玉腰辰己《欢迎，中野良子！（1984）——电影对相互形象演变的影响》是运用影视资料研究当代中日关系史。该论文的立足点在中日关系的研究上，属于历史研究，因此要按照历史研究的方法来处理相关的影视资料。如果没有这个立足点，论述就会四处漫游，无边无际，既非电影评论，也非历史研究。

但是另一方面，在"跨"的时候也需要真正"跨出去"。还是以玉腰辰己《欢迎，中野良子！（1984）——电影对相互形象演变的影响》为例，该研究使用了影视资料，视角新颖，但仅停留于电影名字的罗列恐怕不够，还需要对影像资料本身做一些专业分析。比如文中所举中野良子的电影形象对改变中国人的对日印象作用巨大，但却没有论及在中国上映时的二次剪接问题。即是说，20世纪80年代"中日蜜月时期"的一些误解，不单是文中所说日本的中国形象是日本人自己主观创造的问题，也包含中国的日本形象同样是根据中国人意愿创造的问题。如何把握好跨界与界限的关系问题，对于真正推进日本大众文化研究十分重要。

第二，个案研究与理论建设的关系问题。

目前大众文化研究印象式的文章居多，具有学术性的研究还比较少。究其原因是缺少深入的个案研究和理论建设。这两者是相辅相成的，没有理论支撑，难以深入个案研究；而缺少深入的个案研究，理论则犹如空中楼阁。李天铎在《日本流行文化在台湾与亚洲Ⅰ》中指出：

> 我们以为，探究日本流行文化，在台湾，还有其他华人社会，不应只是切片方式的援引消费主义、民族主义、或实证主义等观点取向，而应该

将其置于当代全球化与区域化的范畴下，多面向的参照社会体制、地缘临近性、文化接近性、国族历史脉络等因素。同时，我们也一直笃信，由于日本过往对台湾、香港、中国大陆、与亚洲等地的战争创痛，如今对于由媒体与资本商业体系策动的日本流行文化的研究，更应该是建立在理性与审慎的基础之上，如此才能对这股潮势与自身社会成员相应相生的现象有更深层的透视。①

李天铎一方面认识到日本大众文化在东亚地区的流行与消费主义、民族主义等问题有密切关联，但另一方面也清醒地认识到，"只是切片方式的援引消费主义、民族主义、或实证主义等观点取向"是不可取的，要在复杂的历史脉络中予以"理性与审慎的"分析。这样的学术取向，也使得该论文集中的多篇论文在个案研究与理论探索上充满张力。王向华主编的《泛亚洲动漫研究》也有同样的学术追求。他在"导言"中指出："本书在研究方法和理论诠释上对当今动漫画研究进行批判、质疑与反思，进而提供其他的研究方向和可能性。"② 当然书中所收录的论文是否达到此目的或可议论，但怀有这样的问题意识实属难能可贵。

在大众文学研究领域也是如此。王志松在前述《日本大众文学研究与文学史的重构》中指出，长期以来大众文学研究被置于与纯文学隔绝的关系中展开，偶有打破这种隔绝的研究其理论则是以现实主义文学观为基准，在结果上阻碍了认识大众文学的独特性，因此需要在理论上有所探索。作为一个初步尝试，王志松《日本现代文学与文学类型》（《东北亚外语研究》2016 年第 2 期）从语言的性质和文体的变迁等角度考察了文学类型与现代小说之间的复杂关系，认为日本现代文学中存在多种类型，类型之间也有交叉融合之处，而这种不断融合与分化是文学发展的重要动力。刘研《走向"近代"与"文学"——日本大众文学源流的再思考》（《外国问题研究》2009 年第 3 期）和《大众文学与日本"近代"国民》（《外国问题研究》2011 年第 1 期）则探讨

---

① 李天铎：《日本流行文化在台湾与亚洲 I》，远流（香港）出版公司，2002，第 11 页。
② 王向华：《泛亚洲动漫研究》，山东人民出版社，2012，第 1 页。

了大众文学与日本的"近代""文学"等概念确立的内在关联，指出大众文学是日本"近代""民族国家"确立过程中的有机组成部分。在文学研究的根基被彻底动摇的当下，日本大学的文学部纷纷改名为"文化讲座""区域研究"等，《文学》（岩波书店）、《国文学》（学灯社）等文学研究期刊接连停刊，相关理论探索尤其具有迫切的现实意义。将大众文学纳入视野的新的文学研究之立足点到底在何处？这种新的文学研究框架到底是什么？确实需要个案研究与理论探索齐头并进。

社会研究

日本社会研究

中国社会科学院　胡　澎

　　日本社会研究是日本研究的重要组成部分，包含社会结构、社会制度、社会阶层、社会福利、社会运动、社会组织、社会思潮、社会问题等诸多方面，涉及人口、婚姻、家庭、城市化、教育、社会保障、劳动、妇女、青少年、大众传媒等诸多内容。对日本社会进行深入系统的研究不仅有利于中国的日本社会学科发展，还有助于加深我国民众对日本的了解，并为我国的社会转型、社会发展、社会治理提供有益的参考和借鉴。

　　中国的日本社会研究作为日本研究的重要组成部分，是伴随 1972 年中日邦交正常化以及 1978 年以来中国的改革开放进程发展起来的。20 世纪七八十年代，中日双边关系发展迅猛，日本的经济发展水平和现代化企业管理引起中国学术界普遍关注。80 年代中期，中国各地日本研究机构和学术团体纷纷成立，日本研究领域学术杂志不断涌现，日本研究人员大幅增长，为之后的日本社会研究打下了基础。90 年代，中国的日本社会研究领域不断扩大，论文和专著数量逐渐增多，研究队伍进一步壮大，学科也更加细化，理论性和学术性逐步加强。进入 21 世纪，在全球化、信息化和人口老龄化的时代大背景下，日本社会在雇佣、家庭、养老、育儿、福利、青少年等领域出现了一系列新变化和新问题，这些新变化和新问题不仅成为日本学术界的研究对象，也受到中国学者的关注。中国的日本社会研究出现了一些可喜的进步，如：学术成果不断诞生，学术质量日趋精良，专著水准稳步提升，一些传统意义上的社会研究领域呈现出跨学科研究的趋势。本文拟对 21 世纪以来中国的日本社会研究进行分析和探讨，力求总结和归纳出其特征、存在的问题，并对其未来发展予以展望。①

一 对日本社会发展变化的研究

（一）日本人口的变化

20 世纪 90 年代以来，日本的少子老龄化现象日趋严峻，给医疗、年金、福祉、雇佣等领域带来了严峻的问题，对日本社会经济的可持续发展构成了较大的影响。

中国日本研究界对少子老龄化的历史进程、现状、成因、对经济社会的影响、少子老龄化对策和措施等较为关注。大量论文涉及人口变迁、人口结构、家庭结构、养老护理制度、育儿、劳动人口变化、消费结构、社会经济负担等。施锦芳的《人口少子老龄化与经济社会可持续发展——以日本为例》（科学出版社，2015）一书描述了日本人口少子老龄化对社会保障、产业和消费、城市建设的影响，认为日本的经验对中国有一定的启示，提出了提高生育率的对策建议。王伟主编《中日韩人口老龄化与老年人问题》（中国社会科学出版社，2014）收录了中日韩三国学者的相关研究成果，涵盖中日韩三国人口问题的现状与特征、人口结构变化对社会发展的影响、中日韩三国人口政策、人口结构变化与可持续发展理论等，为中日韩三国解决少子老龄化问题提供了思路。王桥主编《东亚：人口少子高龄化与经济社会可持续发展——中国·日

---

① 本文是对 21 世纪以来我国日本社会研究总体状况的回顾与展望，资料所限，研究对象仅限于大陆公开出版或发表的学术专著、论文，不涉及香港、澳门、台湾地区及海外华人学者的研究。

本·韩国比较研究》(社会科学文献出版社,2012)一书对三国少子高龄化的过程、特征、表现、影响等方面进行了比较,在社会保障、养老模式、文化培育、住宅模式等方面提出了建设性意见,有助于督促相关部门思考和出台少子老龄化对策。

2000年以来,中国学术界在日本少子老龄化领域的论文数量增多、水平有了很大提升。王伟和田香兰[1]的论文探讨了少子老龄化对社会的影响,后者认为日本人口减少在"经济价值""国际影响力""可持续发展""国家安全与国内政局""国民生活水平""国家发展模式"等六个方面对综合国力产生影响。还有多篇论文认为老龄社会对日本经济结构产生的影响主要表现在人口年龄结构及劳动力供应、老年赡养负担及社会保障体系、储蓄率下降等方面。[2] 梁颖的《日本的少子化原因分析及其对策的衍变》(《人口学刊》2014年第2期)侧重对少子化产生原因及其对策衍变进行比较分析和研究。田庆立的《日本的少子化问题及其应对之策》(《社科纵横》2014年第6期)着重介绍了日本政府为了增加人口数量、提高出生率而出台的"天使计划"和"新天使计划"。

(二) 社会思潮与社会运动

21世纪以来,在社会意识、社会思潮、社会运动领域诞生了一批学术专著,如:高增杰的《日本的社会思潮与国民情绪》(北京大学出版社,2001)、纪廷许的《现代日本社会与社会思潮》(中国社会科学出版社,2007)、赵京华的《日本后现代与知识左翼》(生活·读书·新知三联书店,2007)、赵军的《日本右翼与日本社会》(广东人民出版社,2007)等,这一批学术专著拓展了该领域研究的深度和广度。

针对20世纪90年代以来日本的社会思潮,崔世广认为是战后以来的和平主义和保守主义思潮两极对立结构的终结,而代之以民族主义和改革

---

[1] 王伟:《日本人口结构的变化趋势及其对社会的影响》,《日本学刊》2003年第4期;田香兰:《日本人口减少及老龄化对综合国力的影响——兼论日本的人口政策及效果》,《日本学刊》2011年第5期。

[2] 王晓璐、傅苏:《日本超老龄社会及其影响》,《现代日本经济》2012年第5期。

思潮的兴起。① 纪廷许认为阪神大地震和奥姆真理教事件对日本大众意识造成巨大冲击。90 年代中期以后，日本进入政治文化及大众意识上的转折时期。纪廷许在论文中深入分析了新民族主义思潮是如何在日本社会中逐渐扩散并产生影响的。② 金赢的论文针对的是日本新闻媒体中以"中国威胁论"为代表的"厌华"报道。③ 针对近年来日本国民心理的变化，李文认为这是由中国综合国力的提高以及国际关系格局新调整带来的。日本国民心理的变化又与日本民族主体意识淡薄、轻视永恒不变的原理和法则、推崇和赞美"无常"存在较高的关联性。④ 管秀兰的《日本对华认识研究方面的社会分层问题探析》（《日本问题研究》2014 年第 2 期）围绕中日邦交正常化的实现，考察了日本政界、经济界、舆论媒体、学界、民间各自所起的作用。

近年来，随着日本整体趋向右倾保守化，日本右翼势力及其思潮日益猖獗泛滥，学界愈发关注日本右翼问题的研究，相关研究成果不断涌现。目前，学界的主要关注点和研究领域集中于右翼史的厘清、右翼历史观的批判以及右翼对内政外交的影响几个方面。如：孙立祥的《战后日本右翼势力研究》（中国青年出版社，2013）、王希亮的《日本右翼势力与东北亚国际关系》（社会科学文献出版社，2013）、步平和王希亮共著的《日本右翼问题研究》（社会科学文献出版社，2005）、王向远的《日本右翼历史观批判研究》（昆仑出版社，2015）等著作以及吴限、谢明的《日本早期右翼溯源：发展路径与系谱建构》（《日本学刊》2014 年第 5 期）等论文，为我们认清右翼本质、研判其发展趋势和做好应对工作提供了学理依据。在日本的社会运动研究领域，胡澎的《战后日本社会运动的演进和特征》（《日本学刊》2015 年第 5 期）分析了战后 70 年日本涌现出的诸多内容、形式、特征各异的社会运动，认为这些社会运动在与政府的关系上基本可分为"对抗型"、"要求型"与"建设型"三种。她的其他几篇论文分别对

---

① 崔世广：《90 年代日本的社会思潮浅析》，《日本学刊》2001 年第 2 期。
② 纪廷许：《90 年代中期以来日本大众意识浅析》，《日本学刊》2003 年第 3 期。
③ 金赢：《浅析日本新闻媒体中的厌华情绪》，《日本学刊》2005 年第 2 期。
④ 李文：《日本国民心理嬗变的原理与趋向》，《日本学刊》2010 年第 3 期。

"母亲大会"、"生活者运动"、反对修改《教育基本法》的市民运动进行了研究。[1]

二 对日本社会制度的研究

(一) 社会保障制度

日本的社会保障制度研究一直是日本社会研究领域的热点。战后日本在经济起飞和高速发展阶段建立了"国民皆保险、国民皆年金"的全民社会保障制度，之后，经过多次改革，社会保障制度不断完善。20 世纪 90 年代以后，随着日本经济长期低迷和少子老龄化进程加快，社会保障费用支出过大，社会保障制度特别是养老金制度面临严重危机。

中国学者在日本社会保障制度方面的研究成果比较突出。论著有吕学静的《日本社会保障制度》（经济管理出版社，2000）、沈洁的《日本社会保障制度的发展》（中国劳动社会保障出版社，2004）、宋金文的《日本农村社会保障》（中国社会科学出版社，2007）、韩君玲的《日本最低生活保障法研究》（商务印书馆，2007）、崔万有的《日本社会保障研究》（北京师范大学出版社，2009）、王莉莉与郭平主编的《日本老年社会保障制度》（中国社会出版社，2010）、宋健敏的《日本社会保障制度》（上海人民出版社，2012）、王伟的《日本社会保障制度研究》（世界知识出版社，2014）、张伊丽的《人口老龄化背景下的日本公共养老金制度》（华东师范大学出版社，2015）等。这些著作系统介绍了日本的老年社会保障制度、农村社会保障制度、医疗保险制度、护理保险制度、社会救助等，囊括了日本社会保障制度的方方面面，尤为关注日本少子老龄化对社会保障的影响以及日本采取的相关政策，在社会保障政策的变迁上进行了追踪式研究，还探讨了日本社会保障制度改革的基本走向。

社会保障制度领域的论文更是不胜枚举。例如：施锦芳的《基于少子老

---

[1] 胡澎：《母亲大会：历程、特点与意义》，《日本学（15）》，世界知识出版社，2009；《日本社会变革中的"生活者运动"》，《日本学刊》2008 年第 4 期；《2006 年围绕修改〈教育基本法〉的市民运动》，《日本：2006》，世界知识出版社，2007。

龄化的日本社会保障制度》（2010）、王伟的《社会保障课题及改革走向》
（2011）等论文分别从不同角度对日本的社会保障制度进行了探讨。宋金文在
《日本护理保险改革及动向分析》（《日本学刊》2010年第4期）一文中，对
《护理保险法》修改以后日本护理保险制度由被动给付向主动预防转变的背
景、成因、具体措施以及意义进行探讨。王伟的《日本公共养老金制度改革
评析》（《日本学刊》2007年第4期）对日本公共养老金制度的改革及面临的
课题进行了探讨和分析。闻武刚的《日本老年护理保险制度的成效分析与启
示》（《日本研究》2010年第4期）、施锦芳的《日本看护保险制度的沿革及
其思考》（《现代日本经济》2011年第2期）认为日本护理保险制度的发展和
改革经验对中国今后建立和完善看护保险制度具有重要的参考价值。

王伟的《日本医疗制度的课题与改革》（《日本学刊》2002年第3期）、
田香兰的《日本的消费税调整与医疗护理体制改革》（《社会保障研究》2015
年第2期）探讨了日本医疗护理体制改革，尤其是地域综合医疗护理体系，
深入分析了日本消费税调整对社会保障制度的影响。康越的《日本的"金色
计划"及其主要成效》（《科学社会主义》2014年第1期）对日本政府1989～
2004年连续15年实施的老年人保健福祉推进计划进行了研究，重点分析了计
划的实施背景、内容及其成效。胡澎的《性别视角下日本养老保险制度再思
考》（《日本学刊》2009年第1期）从性别的视角对日本养老金制度改革中与
妇女相关的内容进行了深入思考。吕学静与王争亚的《日本社会救助制度的
最新改革动向及对中国的启示》（《北京劳动保障职业学院学报》2014年第2
期）、周建高的《日本的灾民居住重建无偿救助制度研究》[《武汉大学学报》
（哲学社会科学版）2015年第2期]和赵永生的《家族主义下的日本社会救
助制度述评》（《日本学刊》2009年第5期）等论文探讨了日本的救助制度。

（二）雇佣制度

日本的"泡沫经济"崩溃以来，经济长期低迷，失业率持续上升，就业
形势严峻。中国学者在剖析日本经济体制弊端的同时，开始对终身雇佣制进行
反思。刘绮霞的专著《战后日本企业雇佣体制的演变史研究》（中国社会科学
出版社，2010）全面梳理了日本战后雇佣体制的变化。张季风的《战后日本

失业结构特征与就业机制》（《日本学刊》2000 年第 4 期）、孙执中的《论 90
年代日本失业率上升的原因》（《日本学刊》2000 年第 6 期）、王伟的《日本
战后雇佣体系的终结——〈关于雇佣问题的政劳资协议〉评析》（《日本学
刊》2003 年第 1 期）、邢雪艳的《变化中的日本雇佣体系》（《日本学刊》2007
年第 2 期）等论文探讨了日本雇佣制度和雇佣体系出现的变化。张士斌的《退
休年龄政策调整：日本经验与中国借鉴》（《现代日本经济》2014 年第 1 期）介
绍了日本提高退休年龄、改革养老制度与修订劳动政策的退休政策改革。

平力群的《浅析日本〈劳务派遣法〉的沿革及其影响》（《日本学刊》
2009 年第 3 期）和孟繁强、李新建的《浅析日本劳务派遣及相关概念》（《日
本学刊》2010 年第 2 期）在对日本《劳务派遣法》的制定和修改过程进行梳
理的基础上，分析了其对雇佣制度的影响。劳务派遣制度使日本传统雇佣制度
即"终身雇佣制"得以维持的同时，也给日本劳动力市场和社会造成了新的
冲击。企业不再恪守终身雇佣制度，一方面以提前退休、解雇等方式分流职
工，降低劳务成本，另一方面雇用大量短工、派遣工、合同工为主的非正式员
工，由此带来了深刻的社会问题。邢雪艳的《"自由打工族"出现的原因及社
会影响简析》（《日本学刊》2005 年第 2 期）阐述和分析了"自由打工族"这
一群体，并对其社会影响进行了深入的分析。

随着人口老龄化的不断加剧，为了解决劳动力不足问题，日本采取各种措施
促进老年人的再就业。老年人再就业成为社会普遍关注的重要问题之一。丁英顺、
崔迎春的相关论文涉及老年人的再就业，[①] 并认为对我国正在酝酿的渐进式延迟退
休政策有借鉴作用。鼓励女性参与经济建设是安倍内阁日本新增长战略的核心支柱
之一，探讨女性就业的论文有：崔迎春的《超老龄社会中的日本女性再就业问题》
（《妇女研究论丛》2015 年第 3 期）、仲秋的《女性文化与日本经济：日本新增长战
略中的女性政策分析》（《现代日本经济》2015 年第 2 期）、张乃丽和刘俊丽的
《日本女性就业与经济增长的相关性研究》（《日本学刊》2015 年第 3 期）等。

---

① 丁英顺：《日本老年人再就业探析》，《中国人力资源社会保障》2014 年第 5 期；《日本开发老
　年人力资源的经验及启示》，《日本问题研究》2015 年第 3 期。崔迎春：《老龄化背景下的日
　本高龄者雇用政策》，《安徽师范大学学报》（人文社会科学版）2014 年第 3 期；《超老龄社会
　中的日本女性再就业问题》，《妇女研究论丛》2015 年第 3 期。

三 对日本社会问题的研究

20 世纪 80 年代末"泡沫经济"崩溃后，日本经济持续低迷，日本社会深处一系列变化之中。进入 21 世纪以后，养老、护理、育儿、差距、不平等、贫困等问题成为日本政坛、学术界、媒体和国民普遍关心的话题，其中一些现象令人深感忧虑，如：非正规就业者和失业者比例加大导致社会不公平现象突出，年轻群体间的收入差距扩大，低收入家庭数量增长，青年人的不婚不育现象严重，青少年患自闭症人数增多，自杀率居高不下等，这些均成为日本社会研究者感兴趣的课题。

（一）养老护理问题

20 世纪 90 年代以来，日本人口老龄化、少子化加剧，特别是在经济长期低迷的形势下，老年人长期护理需求日益攀升。蔡林海的《老化预防、老年康复与居家养老：日本社会养老服务体系的成功经验与启示》（上海科技教育出版社，2012）一书对日本的居家养老服务战略、养老国家战略、社会养老服务体系的经验进行了总结。

该领域的论文也很多，如：王伟的《日本家庭变迁与老年人问题》（《日本学刊》2001 年第 1 期）和《日本家庭养老模式的转变》（《日本学刊》2004 年第 3 期）、宋金文的《当代日本家庭论与老年人扶养》（《社会学研究》2001 年第 5 期）和《日本养老历史的社会现象学分析》（《日本学刊》2004 年第 2 期）等论文关注老年人问题和养老问题，研究了日本养老模式的变化。值得一提的是，日本老龄化领域中，有关完善老年保障体系、健全社区老年服务、确立居家养老方式、充分发挥老年人潜能等问题的研究成果不断出现。

康越的《日本养老人才队伍建设简析》［《中央民族大学学报》（哲学社会科学版）2013 年第 3 期］对日本养老人才队伍的发展历程、特点、存在问题进行了分析。丁英顺的《日本推动健康老龄化的经验及启示》（《河南社会科学》2014 年第 8 期）通过对日本人口老龄化现状和特点的解读，探讨了影响日本老年人健康寿命的因素，同时，还分析了日本延长老年人健康寿命的对策措施。

（二） 社会阶层与贫困问题

20 世纪 50 年代至 80 年代，日本经济先后经历了高速增长和稳定增长，实现了收入相对均等的所谓"一亿国民皆中产"社会。90 年代以来，日本经济发展滞缓，就业形势严峻，非正规就业人数和低收入家庭增多，基尼系数上升，贫富差距拉大，社会阶层出现"上流"与"下流"的两极分化以及中产阶层向中下层流动的趋势。这一系列现象表明，日本正在由富裕、均质的"一亿国民皆中产"的"中流社会"，逐渐转变为贫富分化日益严重、机会和结果均不平等的"差距社会"和"下流社会"。

中国学者敏锐地捕捉到这一变化，关于日本社会阶层、收入分配、雇佣、就业等方面的研究成果相继问世。胡欣欣是较早关注并研究日本社会差距的一位学者，她在《社会差距问题及日本的相关研究》（《日本学刊》2007 年第 3 期）这篇论文中对日本社会差距扩大现象进行了论述，着重介绍了日本政府对差距扩大问题的态度以及学术界有代表性的相关研究和议论。李国庆的《"国民皆中流"历史背后的日本社会阶层流动》（《人民论坛》2014 年第 2 期）对战后日本的阶层流动进行了梳理，阐述了二战后日本经济高速增长过程中社会阶层出现均等化趋势，认为庞大的中间阶层不仅在国际上树立了日本"富裕社会"的形象，也保持了日本自民党政权的长期稳定，验证了"产业化缩小阶层差异"的命题。卜庆立的《日本社会低收入群体的增多及对我国的启示》[《新西部》（理论版）2014 年第 10 期]探讨了日本的社会排斥及低收入群体的问题，介绍了日本政府为解决这一问题采取的政策和措施。相关论文还有施锦芳的《现代日本社会收入差距分析》（《财经问题研究》2009 年第 2 期）、徐哲根的《日本缩小收入差距的人力资源开发理念、措施及其启示》（《日本学刊》2008 年第 5 期）、王奕红的《"中流社会"的名与实——日本中间层研究初探》（《日本学刊》2003 年第 6 期）和李强的《"蟹工船"现象解读》（《日本学刊》2009 年第 4 期）等。

近十年来，"贫困"这一在日本近乎"死亡"的词语重新成为媒体和社会各界热议的对象。近年来，日本政府为扭转贫困化的蔓延态势，出台了多种政策和措施。阿部彩、周晓娜的《论日本社会排斥的现状及其原因》[《国际社会科学杂志》（中文版）2014 年第 1 期]和田思路、贾秀芬的《日本非正式员工的"社会排斥"与权利回归》（《日本学刊》2012 年第 6 期）针对日本经济长期低迷背景下派遣工、外包工、临时工等非正式员工大量出现的问题，探讨了日本的"社会排斥"现象、低收入群体问题以及他们所处的被经济市场、社会组织、文化生活、政治活动所排斥的生存状态。胡澎的《日本"差距社会"中的相对贫困化问题》（《日本研究报告（2017）》，社会科学文献出版社，2017）探讨了近年来出现的"儿童的贫困""女性的贫困"等现象，认为贫困化问题如不能有效制止，会带来"贫困的代际传递"，给日本未来的发展蒙上阴影。另外，不少学者从低收入群体、"飞特族"等角度对社会阶层、社会差距进行了论述。①

（三） 婚姻家庭与妇女问题

进入 21 世纪，中日妇女界以及妇女研究领域的交流日益频繁，特别是中日韩三国的妇女会议以及东亚妇女论坛、亚洲妇女会议等的召开，使中日妇女界的交流已经不限于双边，而是向中日韩三边交流和东亚区域交流扩展。日本妇女和家庭研究的著作和论文的翻译出版，不仅为中国学者提供了资料上的便利，也让中国学者了解到日本该学科所关注的前沿问题、学科的新研究方法和研究视野。2002 年，望月嵩的《结婚与家庭》 （中国大百科全书出版社，2002）一书被翻译出版。2002 年 4 月 22 日的《中国妇女报》刊登了大滨庆子的《透视日本的"新女性主义"》，首次向中国读者介绍了日本东京大学教授、日本女性学理论家上野千鹤子的《赋国家主义以社会性别》② 一书以及上野千鹤子的关于国民国家与社会性别、慰安妇问题、"记忆的政治学"等主要观点。2004 年商务印书馆出版了一套《日本社会名著译丛》，其中包括上野千鹤子的《近代家庭的形成和终结》、江原由美子的《性别支配是一种装置》两部著作。落合惠美子、宫坂靖子、周维宏、山根真理编著《亚洲社会的家庭和两性关系》（世界知识出版社，2011）是近年来亚洲家庭的社会学研究中较为罕见的一项大型跨国实证比较研究项目的成果，来自中、日、韩、

---

① 朴京玉：《日本社会低收入群体产生的原因及其对策》，《黑龙江社会科学》2010 年第 4 期；田莎莎：《日本"飞特族"的光与影——格差社会中彷徨的日本年轻人》，《法制与社会》2011 年第 26 期。

② 上野千鹤子『ナショナリズムとジェンダー』青土社、1998。

泰、新的专家学者对亚洲五国六地的女性在家庭里承担的各种角色进行了深入的比较和研究。

婚姻家庭和妇女研究在中国的日本社会学研究中占据重要位置，也是起步较早且成果颇丰的领域。① 李卓的专著《家族文化与传统文化——中日比较研究》（天津人民出版社，2000）与《中日家族制度比较研究》（人民出版社，2004）是对中日两国家族制度进行比较研究的两部力作。李卓的另一篇论文《关于中日家族制度与国民性的思考》（《日本学刊》2004 年第 2 期）再次阐述了日本家族制度、家族伦理与国民性之间密不可分的联系。她认为中日两国家族制度和家族伦理相去甚远，造成两国国民行为方式、价值取向和道德规范、人伦关系、家族、集团主义等颇有差异。胡澎的专著《性别视角下的日本妇女问题》（中国社会科学出版社，2010）包括妇女参政、妇女就业、妇女的生活方式与思维方式、妇女与人权等专题，从不同角度论述了日本妇女的现状和存在的问题。赵敬的《当代日本女性劳动就业研究》（中国社会科学出版社，2010）从家庭生活的微观层面和社会政策的宏观层面，对日本女性劳动就业的现状以及影响日本女性劳动就业的社会性因素和制度性因素进行了分析。张冬冬的《现代日本女性权益问题研究》（中国社会科学出版社，2015）依据具体的文献资料和官方相关统计数据，从参政、就业、教育、婚姻等方面对现代日本女性权益的发展进行了全面、系统的考察。

与此同时，大量有关日本妇女问题的论文发表。例如：田晓虹的《战后日本婚姻关系的整合与冲突》（《日本研究》2001 年第 4 期）和《日本现代化进程中的家庭关系嬗变》（《日本学刊》2004 年第 1 期）聚焦于日本家庭关系、夫妻关系，对家庭领域内东方传统文化与现代文明的冲突与交融进行了考察。胡澎的《近年日本妇女的政治参与浅析》（《日本学刊》2003 年第 3 期）探讨了近年来日本妇女参政取得进步的原因。胡澎的另一篇论文《日本在鼓励生育与促进妇女就业上的政策与措施》（《日本学刊》2004 年第 6 期）针对日本政府鼓励生育政策与促进妇女就业政策之间的矛盾，分析了日本政府采取

---

① 参见胡澎《中国的日本妇女与家庭研究 30 年综述》，载李薇主编《当代中国的日本研究（1981～2011）》，中国社会科学出版社，2012。

的具体措施，如：减轻妇女工作和养育孩子的负担，改善社会环境，完善相关法律，改革不合理制度，出台指导性的方针和政策等。

针对 20 世纪 90 年代以来日本的离婚现象呈现出数量逐年增多、年龄段偏高、女性占主导地位等新特点，张冬冬的数篇论文①以及王桂兰的《透视中日两国"中老年人离婚"现象》（《日本研究》2010 年第 2 期）均对离婚现象进行了分析和研究。胡澎的《日本婚姻暴力的现状及对策》（《日本学刊》2010 年第 6 期）聚焦日本政府消除婚姻暴力的相关法律建设和政策。还有一些论文聚焦于日本老年人的"孤独死"现象，探讨日本政府防范"孤独死"的对策。②

另外，一些中国学者对日本妇女研究状况的介绍也对该学科的发展起到了促进作用。例如周洁的《日本家庭社会学研究及未来走向》（《日本学刊》2009 年第 6 期）介绍了日本家庭社会学研究的一些最新动向，对于中国的日本家庭研究具有一定的参考价值。

（四） 青少年问题

日本青少年问题的研究开始于 20 世纪 80 年代。进入 21 世纪后，关于日本青少年问题的基础理论研究和现实对策研究不断扩展和深化，研究成果丰硕，研究内容涉及日本青少年思想教育、青少年犯罪、青少年与大众文化等诸多领域。中国学术界对日本青少年问题的研究涉及的领域非常广泛，其主要研究成果大致可分为青少年社会现象、青少年教育以及青少年犯罪三个方面。

尚会鹏的《日本社会的"个人化"心理文化视角的考察》（《日本学刊》2010 年第 2 期）虽没有直接研究青少年问题，但运用心理文化学理论对这一日本社会现象的解读是深刻而到位的。他认为支撑日本"集团社会"的社会基础已经发生深刻变化，正在向着"个体社会"转变。日本 20 世纪 80 年代以来出现的"个人化"是造成日本高自杀率和抑郁症患者增多、青少年自闭

---

① 张冬冬：《当今日本社会离婚现象透视》，《日本问题研究》2010 年第 4 期；《离婚热与当代日本社会伦理》，《外国问题研究》2010 年第 4 期；《日本的中老年离婚热及其原因探析》，《日本研究》2010 年第 4 期。

② 高强、李洁琼、孔祥智：《日本高龄者"孤独死"现象解析及对中国的启示》，《人口学刊》2014 年第 1 期。

者和"自我萎缩"者增加以及"熟年离婚"等日本特有现象的重要原因。

作为亚洲第一个高度现代化的国家的日本，忧郁症、"蛰居"现象（或称"闷居"）等心理问题明显突出，特别是"蛰居"现象已成为日本社会的一个严重问题，且表现出男性青少年比例高、"蛰居"的时间越来越长、人数越来越多的趋势。日本学者对社会病理的研究成果比较多，有从家庭功能视角的论述，也有对当事人采访、观察等围绕亲密关系的实证研究。中国的学者偏重对"蛰居"的含义及类型进行梳理，探讨"蛰居"在日本产生的背景，阐述日本应对"蛰居"的措施。这类论文有黄喜珊与刘鸣的《日本青少年的闷居现象：现状、危害、背景及应对》（《比较教育研究》2011年第5期）、师艳荣的《日本青少年蛰居的现状与对策》（《当代青年研究》2012年第8期）、马少华的《当代日本青少年的自闭现象考察》［《湖北经济学院学报》（人文社会科学版）2013年第12期］等。另外，罗贵明的《日本校园暴力发展趋势与非制度性因素分析》（《当代青年研究》2011年第10期）、陶建国的《日本校园欺凌法制研究》（《日本问题研究》2015年第2期）研究了日本的校园暴力问题。师艳荣的《日本青少年"无缘化"现象解析》（《中国青年社会科学》2015年第2期）和《日本青少年性行为的现状及原因》（《当代青年研究》2011年第6期）围绕青少年自闭现象、"蛰居"问题、"无缘化"现象以及青少年性行为进行了具体的分析。

（五） 环境与灾害问题

日本在其经济起飞期曾是全球公害最严重的国家，从"公害大国"发展为环保先进国家，日本有着成功的经验。中国的一些研究总结了日本治理公害的经验，对不同时期环境污染的状况和政府的对策进行了梳理。陈立行、宋金文等编的《地震·救援·重建的中日比较研究——全球化与社会关系资本的视角》（吉林出版集团，2013）一书汇集了中日多位学者从社会关系资本、全球化的视角对地震、救援、重建的关系进行的比较研究。相关论文有杨平的《人与自然关系的修复——日本琵琶湖治理与生活环境主义的应用》（《湖泊科学》2014年第5期）、胡王云的《日本现代环境治理体系分析》（《日本研究》2015年第4期）等。周建高的多篇论文涉及自然灾害、灾后重建，如《日本对自然灾害中住宅损坏的认定与救助政策》（《北华大学学报》2014年第3期）、《日本的灾民居住

重建无偿救助制度研究》[《武汉大学学报》（哲学社会科学版）2015 年第 2 期]
以及周建高、郑蔚的《东日本大震灾后灾民居住重建的金融援助制度》（《东北
亚学刊》2015 年第 1 期）。李云峰的《日本公害治理及赔偿的历程、经验及对中
国的启示》（《环境与发展》2014 年第 3 期）一文总结了日本治理公害的经验
是：立法规范、绿色发展、科学认定、公众参与、多措并举、多方筹资。此外，
日本是环境保护的先进国家，环境保护相关的论文多聚焦于日本环境保护的制度
和举措，① 这些举措对我国环保事业的发展具有启示意义。

2011 年 3 月 11 日，日本东北部海域发生里氏 9.0 级大地震并引发海啸，
之后的核泄漏问题始终没能得到彻底解决。围绕"3·11"大地震中国学者也
有不少研究成果，如金赢的《日本核去核从》（外文出版社，2015）分析了日
本的核现状，试图解释"核电零事故"神话顷刻间灰飞烟灭的原因，探讨了
日本该"核"去"核"从。金赢的《从大地震看当代日本社会管理机制》
（《日本学刊》2011 年第 4 期）、《后"3·11"时代的日本舆论与政治——以
核能政策的再转换为视角》（李薇主编《日本研究报告（2013）》，社会科学文
献出版社，2013）以及《福岛核事故的处理现状与未来挑战》（李薇主编《日
本研究报告（2014）》，社会科学文献出版社，2014）等论文将"3·11"大地
震、核事故与新闻媒体、舆论联系在一起进行论述。李晶的《日本社会中的
"自肃"与国民的公民意识探析——基于日本"3·11"大地震后的灾区实地
调查》[《中央民族大学学报》（哲学社会科学版）2014 年第 3 期]聚焦于日
本"3·11"大地震发生之后，传统社会中的"自肃"和现代社会的"公民意
识"。作者认为"自肃"源于日本传统文化，国民的"公民意识"则是日本积
极推进公民教育的结果，两者互为表里，维护了社会的稳定。

四　社会组织与社会治理的研究

1995 年阪神·淡路大地震是日本民间非营利组织发展的一个契机。1998

---

① 王文英：《战后日本废弃物处理的历史考察》，《日本学刊》2012 年第 1 期；刘昌黎：《90 年代
日本环境保护浅析》，《日本学刊》2002 年第 1 期；杨书臣：《近年来日本环境污染防治的特
点、举措及趋势》，《日本学刊》2009 年第 1 期。

年《特定非营利活动促进法》出台后，各地涌现出大量超越行政框架、进行自由和自律活动的民间非营利组织。这些民间组织分布在社会福利、文化教育、社区营造、国际援助、灾害救助、维护人权、男女平等、保护环境、反战和平等领域，通过提供服务、开展各种活动，已经成长为促进经济发展、协调社会、推动政治民主化进程、完善公民社会的一支新生力量。王名等编著的《日本非营利组织》（北京大学出版社，2007）、王光荣的《日本非营利组织管理制度改革及其启示》（《东北亚学刊》2014 年第 2 期）、马俊达的《日本非营利组织发展进程（上、下）》（《中国社会组织》2014 年第 7、8 期）对日本的非营利组织及其管理制度改革进行了介绍和梳理，认为非营利组织作为社会领域的重要主体，其演进和发展与所在国家人文传统、经济基础、社会结构、制度体系和治理模式密切相关。胡澎的《日本 NGO 的发展及其在外交中的作用》（《日本学刊》2011 年第 4 期）、《非营利组织在日本社会发展中的作用》（《南开日本研究》，世界知识出版社，2012）、《日本非营利组织参与社会治理的路径与实践》（《日本学刊》2015 年第 3 期）等论文对日本的非营利组织和非政府组织在社会发展中的作用做了积极的评价。胡澎的《日本老龄化背景下的养老护理 NPO 研究》（《中国民间组织报告（2014）》，社会科学文献出版社，2014）聚焦于日本的养老护理 NPO，作者认为养老护理 NPO 有效缓解了家庭和社区的养老困境，为增进地区福利、构建和谐社区以及建立 NPO 与政府之间的新型伙伴关系发挥了积极作用。

还有些论文剖析了日本具体的社会组织。例如，王新生的《创价学会的社会及政治功能——以高速经济增长时期为中心》（《日本学刊》2005 年第 1 期）和《战后"日教组"演变过程简论》（《日本学刊》2006 年第 4 期）分别剖析了创价学会这一宗教团体和"日教组"这一工会组织，认为创价学会带有人文关怀的传教活动、道德教化以及参与政治的措施对社会稳定和政治多元有一定积极作用。

近年来，随着中国社会治理被强调，日本社会治理的研究成果增多。冷葆青的专著《战后日本的腐败与治理——以震撼政坛的四大腐败案为例》（中国方正出版社，2013）以"战后四大腐败案"为例，梳理了日本战后腐败现象发生的历史轨迹及日本社会解决腐败问题的有效经验。王德迅的《日本危机管理体制研究》（中国社会科学出版社，2013）一书以案例分析的方式研究了日本在应对"3·11"等典型危机实践过程中的经验和教训。韩丹的《食品安全治理的"第三条道路"——日本生协个案分析及其启示》（《东北亚论坛》2013年第5期）介绍了在生协组织的推动之下，日本的国家、社会与市场在食品安全治理问题上的经验，认为三者有效沟通和制衡的良性关系，避免了市场的恶性竞争、政府的自由放任或监管不力现象。

李国庆的《日本城市建设与管理的基本理念》（《中国党政干部论坛》2016年第4期）认为日本的城市规划和建设管理体现了"生活中心"的文化原理，把城市定位为满足居住者基本生活需求的基础社会。此外还有王彩波的《优良的社会治理与相对的平等——日本经验的再思考》（《东北亚论坛》2010年第6期）、宋金文的《治理理论与实践的中间地带——日本福利改革中的权力与智慧博弈》（《人民论坛》2014年第14期）等多篇论文。宋金文认为20世纪80年代发生的日本福利危机与治理改革是一场围绕福利应由谁负责、怎么负责的问题，在政府与市场、政府与居民、中央政府与地方政府、居民与业者等之间开展的权力和智慧的博弈。李国庆、戴秋娟的《日本社会公共性建设镜鉴》（《人民论坛》2014年第11期）认为从日本历史传统看，国家主导的"行政的公共性"长期占据主导地位。而从作为文化的社会意识看，日本人传统的以协作团体主义为实质的"集团主义"存在于社会深层，助推了公共意识的产生。韩铁英和夏鹏翔的论文论述了在城市化和市民化进程中町内会和公民馆的作用。

五　当代中国日本社会研究的特点

（一）日本社会研究队伍正在形成

改革开放后，一批批中国留学生走出国门，他们广泛地接触日本社会，在学校接受了严格的学术训练。当今，活跃在日本社会研究领域的很多专家、学者，都有曾在日本学习、生活或访学的经历，有的还是日本教育机构培养的博士、硕士。他们学成回国后著书立说，成为中国日本社会研究队伍中的一支中坚力量。进入 21 世纪之后，中国的综合国力有了大幅度的提高，学术研究的条件得到很大改善。很多大学与日本的大学有交流协议，大批研究生获得短期留学的机会。近年来，一批新一代的日本社会问题研究者成长起来。

当今从事日本社会研究的研究者接受过系统的学术训练，对日本社会保持着敏锐和持续的关注。有些研究人员与日本社会学研究界保持着密切的学术交流，能站在学科前沿进行研究。目前，一支日本社会研究的队伍正在形成，且逐渐呈现出年轻化、高学历化、知识结构多元化的趋势。

值得一提的是，北京日本学研究中心是培养日本社会研究博士人才的重要基地，目前已有数位博士生毕业，在各自岗位为日本社会研究贡献力量。中国社会科学院日本研究所社会研究室是日本社会研究的一个重要学术机构。日本社会研究室作为日本研究的平台，聚集了一批从事日本社会研究的学者，举行了多次研讨会议。例如，"中日韩女性问题"国际学术研讨会邀请了中日韩三国在妇女领域取得成就的学者，就东亚女性的历史与现在、女性就业、女性教育、跨国婚姻、女性移民等进行了深入的研讨。"中日韩人口问题与社会发展"国际研讨会就三国的人口问题展开了讨论。这两次大型国际会议均出版有论文集。2013～2016 年实施中国社科院"日本老龄化对策研究"创新项目，2017 年开始实施"日本社会问题与社会治理"创新项目。中国社会科学院日本研究所社会研究室每年召开年度日本社会热点问题研讨会，随着学术活动的开展，其在推动日本社会研究方面发挥的作用越来越大。

（二） 关注和追踪日本社会的新问题

中国的日本社会研究关注战后日本社会结构的变化、社会制度变革，紧跟日本社会的发展，关注日本社会发展过程中出现的各种问题，力求对日本社会进行精准的定位和全方位把握。近十多年来，中国的社会学研究者回应学科发展的需要，针对日本社会的诸多变化，进行了深入的研究，出现了许多高水平的研究成果。例如，日趋严峻的少子老龄化是日本政府面临的一个重大课题，也是中国研究者关心的一个重要问题。中国研究者积极应对，在人口问题研究中取得了不少成果。另外，中国学者对日本的社会保障制度显示出浓厚兴趣，不仅对日本社会保障制度进行了方方面面的介绍，还将研究向综合性、系统性方向推进，出现了一些专门研究日本社会保障制度、护理保险制度的学术著作。① 20 世纪 90 年代后，社会差距扩大问题成为日本社会各界人士议论的话题。中国学者敏锐地捕捉到这一变化，一批批有关日本社会阶层、收入分配、非正规雇佣等方面的研究相继问世。

（三） 带有中国问题意识、 注重比较和借鉴

中国的日本社会研究须具备中国立场、中国视角、中国意识、中国经验，注重研究成果有利于国家和社会的良性运行与发展。众所周知，日本社会一些已经发生或正在发生的问题，正是当今中国社会发展阶段亟待解决的问题。以中国立场和中国视角，结合中国改革开放以来社会发展过程中出现的问题展开日本社会研究，以求为我国社会发展和社会治理服务，已成为摆在中国的日本社会研究学者面前首先要解决的问题。

中国是当今世界人口最多的发展中国家，人口基数大，自然增长率高，人口素质较为低下，另外，在经济转轨、社会转型的同时，人口结构也发生重大转变。1999 年中国进入老龄化社会以后，日本少子老龄化研究始终是中国日本社会研究领域的热点，不少论文分析和研究日本人口老龄化的现状及成因、老年保障体系的建立、社区老年服务的健全、居家养老方式的确立、老年人价值的发挥等。由此可见，中国的研究者有着较强的中国问题意识，希望通过对日本社会的研究来解答中国社会发展进程中的一些问题。

随着中国经济的快速发展，中国进行了一系列医疗制度、社会保障制度、退休制度的改革。中国学者对日本社会保障表现出浓厚兴趣，并且在研究日本社会保障制度的同时，思考对中国的启示。近年来，社会保障制度的比较研究范围扩展到日本、韩国、新加坡等，聚焦于东亚社会保障模式可行性的探讨。② 有不少论文在梳理日本的养老方式、养老保险体系、居家护理服务的基

---

① 这一领域的论文有宋金文《日本护理保险改革及动向分析》，《日本学刊》2010 年第 4 期；闻武刚：《日本老年护理保险制度的成效分析与启示》，《日本研究》2010 年第 4 期；施锦芳：《日本看护保险制度的沿革及其思考》，《现代日本经济》2011 年第 2 期。

② 参见万国威、刘梦云《 "东亚福利体制" 的内在统一性》，《人口与经济》2011 年第 1 期；林义：《关于东亚社会保障模式的理论思考》，《中国人民大学学报》2012 年第 2 期。

础之上，侧重对中国的借鉴意义。

20世纪90年代以后，随着中国城市化、城镇化突飞猛进的发展，日本研究中城市化问题、城市建设、城市治理等方面的研究成果不断出现，涉及土地开发、城市规划、垃圾处理、城市交通、社区营造、社区建设、景观设计等方方面面。例如：周维宏认为日本通过走合作化、工业化的道路以及政府对农业、农村、农民的积极保护和扶持政策，实现了新农村建设目标，值得我们学习。[①] 在社区治理过程中，有学者认为日本的市民、市民团体、非营利组织参与到社区治理之中，值得我们借鉴。[②] 日本政府和企业界为促进老年人的就业与再就业，展开了诸多实践，为中国解决人口老龄化问题及开发老年人力资源提供了借鉴。[③]

（四） 研究方法日趋多样

改革开放以来，中国学术界对日本政治史、外交史、经济史、文化史、中日关系史等领域均较为关注并取得了丰硕的研究成果，相比之下，日本社会史的研究一直处于较为落后的局面。2010年，李卓的《日本近现代社会史》（世界知识出版社，2010）的出版使这一落后状况大为改观。该书是中国第一部冠以日本社会史的学术论著，也是从社会发展这一全新视角解读日本近现代历史的一部有着较高学术价值的著作。

当今中国的日本社会研究正在展现出一种跨学科研究的趋势，即将日本政治、日本经济与日本社会、日本历史、心理学、文化人类学结合起来的研究方法。刘晓峰的《"平成日本学"论》（《日本学刊》2015年第2期）从断代史角度将平成时代划分为一个独立的历史时期，而这一时期出现了一系列的新变化、新特征。他认为立足于这一新的学术平台展开的跨学科、跨领域研究，可以构筑对日本当代政治、经济、文化等进行多角度、多层面综合分析的新框架。李国庆的《日本社会——结构特性与变迁轨迹》（高等教育出版社，2001）运用大量日本社会的研究成果和数据以及社会学

① 周维宏：《新农村建设的内涵和日本的经验》，《日本学刊》2007年第1期。
② 胡澎：《日本"社区营造"论——从"市民参与"到"市民主体"》，《日本学刊》2013年第3期。
③ 丁英顺：《日本人口老龄化与老年人力资源开发》，中国社会科学出版社，2016。

理论和方法，分析了战后日本民主化、产业化、城市化的发展过程及特征，阐述了日本人的家庭、职业、社区等主要生活领域的传统特征，分析了日本的阶层结构和社会流动，探讨了世纪之交日本社会的结构变化。书中还专辟一章对日本社会学的发展时期、社会学的研究热点、研究方法进行了较为详尽的介绍。李卓的《日本社会秩序稳定的历史文化因素——兼谈日本的国民性》（《日本学刊》2013 年第 4 期）从历史文化的视角阐述了日本社会秩序稳定的原因。

比较的视角也在日本社会研究中得到很好的应用，代表性成果有李卓的《中日家族制度比较研究》（人民出版社，2004）。王桥主编《东亚：人口少子高龄化与经济社会可持续发展——中国·日本·韩国比较研究》（社会科学文献出版社，2012）对中日韩三国少子高龄化的过程、特征、表现、影响等方面进行了比较，在社会保障、养老模式、文化培育、住宅模式等方面提出了建设性意见，有助于督促相关部门思考和出台少子高龄化对策。王莉莉的《新时期日本人口老龄化的国际比较研究》（《日本问题研究》2011 年第 2 期）从国际视角对日本人口老龄化的发展及特点进行了分析，为了解日本的人口老龄化状况提供了科学可靠的依据。查建华的《中日两国老龄产业发展比较研究》（《上海金融学院学报》2011 年第 4 期）着重分析日本老龄产业的护理产业及护理保险制度所起的作用，以及对老龄生活商品的开发及老龄市场的形成与发展，并对中日两国老龄产业在市场主体、产业关联性及老年人收入来源等老年产业的主题领域进行了比较。

另外，周维宏的《战后日本社会现代化进程测量和分析》（《日本学刊》2015 年第 6 期）为研究日本社会提供了一种新的方法。尚会鹏的《"依赖"、"缘"与"独立"、"契约"——从亚洲金融危机看日本人际关系模式面临的挑战》（《日本学刊》2000 年第 4 期）提出，东亚社会今后的趋势是从"群体本位"向更大程度上的"个体本位"变化，由更强调"相互依赖"向更强调"自我依赖"模式变化。人与人之间的联系将由更强调"缘"向强调契约变化，人与人之间的关系将会更重视规则、更易测量、更透明和更容易操作。

六　问题与展望

进入 21 世纪，中国的日本社会研究取得了不俗的成绩。究其原因主要有以下几点：一是中日两国学术交流为中国的日本社会研究奠定了基础，为中国的日本社会研究培养了人才；二是日本学术界的社会调查、统计及学术成果，对中国学者的研究起到了重要的参考作用；三是改革开放以来，日本作为中国社会发展的重要参照物，其在现代化道路上的成功经验以及出现的社会问题对中国有着较高的参考和借鉴价值，从而激发了中国学者对日本社会研究的兴趣；四是中国社会学研究的进步以及西方社会学理论和研究方法的引进，促进了中国的日本社会研究的发展；五是一批研究者将日本社会作为自己的研究领域，数十年默默耕耘，为日本社会研究做出了突出贡献，打下了坚实基础。

客观而言，"日本社会研究仍属于弱小学科，缺乏深入、系统的研究，没有形成完整的体系"。[①] 即便是在日本研究领域，相比日本外交、日本经济、日本文化等学科的研究，日本社会研究也存在差距。日本社会研究的学术成果散见于各类学术刊物，虽涉及面较广，但显得零散、不够系统，宏观分析的成果较多，微观分析的成果较少，一些研究还基本上停留在描述性和阐述性阶段，没有运用深厚扎实的理论来进行验证。

日本社会研究在理论上也较为滞后，不少论文停留在简单运用西方社会学、人口学及社会发展理论等对日本社会现象和社会问题加以分析和诠释，缺少足够的理论阐释，深度也有待提高。"研究方法亟待改进。在文献法、历史研究法的基础上，还应运用调查法、比较法、归纳法、统计法、分析法等其他方法，熟练使用数理分析和数量分析方法，以及思想实验、实验室实验、社会调查、社会实验等各种方法。"[②]

从事日本社会研究的专门人才还比较少，且处于较为分散的状态，缺少一个整合日本社会研究的平台。在日本社会领域中日两国共同的合作研究还不是

---

① 李薇主编《当代中国的日本研究》，中国社会科学出版社，2012，第 255 页。
② 林昶：《"杂志"视点：中国日本研究的深化及其与世界的链接——学术讨论会综述》，《日本学刊》2011 年第 2 期。

很多，两国研究界互动不够，中国的日本社会问题研究者之间也缺乏横向联系，相互了解不够。这些无疑对日本社会学科的发展和创新不利。另外，中国研究者的问题意识还应进一步加强，在对我国社会发展建言献策方面还有很大的提升空间。

今后，相信随着日本社会研究者经验的积累和专业理论素养的逐渐提升，日本社会研究学科整体水平会越来越高，学术规范会进一步加强。期待在不远的将来，中日两国社会研究者之间的交流会越来越密切，一个联系中国、日本乃至东亚各国的日本社会研究网络将会建立起来。

参考文献

李薇主编《当代中国的日本研究》，中国社会科学出版社，2012。

中国社会科学院日本研究所编《纪念中国社会科学院日本研究所建所三十周年（1981~2011）》，2011。

高洪等：《30 年来中国的日本研究概况——中华日本学会 2011 年年会暨学科综述研讨会发言摘要》，《日本学刊》2011 年第 3 期。

李卓：《近十年来中国的日本研究——社会文化研究（1997~2008）》，《南开日本研究》，世界知识出版社，2010。

林昶：《"杂志"视点：中国日本研究的深化及其与世界的链接——学术讨论会综述》，《日本学刊》2011 年第 2 期。

胡澎：《从〈日本学刊〉看中国的日本社会研究》，《日本学刊》2015 年第 S1 期。

胡澎：《日本社会研究的轨迹、特点及问题——中国的日本社会研究综述》，《东北亚学刊》2014 年第 1 期。

日本经济研究

北京外国语大学　丁红卫　王文文

日本在 20 世纪 60 年代高速发展之后迈入发达国家之列，中日邦交正常化以来，随着两国的经贸交流以及投资合作关系不断密切与深化，日本研究领域中对日本经济制度以及各个经济领域问题的研究日益重要与迫切。现今，历经四十年改革开放之后，中国在经济规模上已经赶超日本，成为世界第二大经济体。

虽然中日两国的经济体制与发展轨道不同，但在由发展中国家迈入发达国家的进程中，日本的经验和教训无疑是值得我们借鉴和反思的。中日两国在国际市场上互为重要的经贸投资对象国，时刻关注日本经济动态也是我国学者的任务之一。与此相关，如何进行多层次跨学科综合人才培养对我国高校的日本相关学科教育提出新的挑战，许多院校也在不断推广日语与其他专业学科（经济、商务、法律、传媒等）的复合型人才培养模式并取得一定效果。

放眼未来，中日两国经贸关系在不断密切的同时也面临转型，且两国部分产业的互补性依然较强，开展综合性日本经济问题研究、培养社会需要的高端复合型人才具有重要意义。本文将对中国有关日本经济各个领域的研究进行分析整理，在此基础上，以中日经济动向为线索，分领域对近年来中国学者有关日本经济的研究动态做简要梳理，并介绍日本经济相关学术研究的动向与发展趋势。

一　2000 年以前的日本经济研究

20 世纪八九十年代，中国的市场经济处于摸索发展阶段，中小企业尚未扶植起来，习惯于计划经济的国有集体制企业竞争力较低。同一时期的世界舞台上，日本企业凭靠先进的技术和管理经验备受瞩目，企业的对外投资特别是对中国等亚洲各国的投资急速扩大。

这一时期，中国学术界开始重视对日本经济各种问题的研究，日本经济研究进入早期发展阶段，有关日本企业以及日本经济、发展历程等的研究不断增加。企业方面的研究主要着眼于日本的企业管理、质量监管、人力资源开发、工资制度等方面。另外，由于日本战后经济改革也是由政府管制型经济向市场经济转变，因此日本国有企业改革的经验对中国有重要的参考意义。此外，由于这一时期我国的市场经济机制尚不健全，战后日本社会经济体制的设计以及相关研究也成为我国学者研究借鉴日本经验的重要领域，特别是有关日本的高速经济增长以及产业发展模式等研究是该时期日本研究学界的主流趋势。

进入 20 世纪 90 年代中期以后，日本泡沫经济破灭，金融市场出现不良债权等严重问题，许多学者在反思日本式经营不足之处的同时，也陆续分析了日本此次金融危机的原因及其对中国的启示。早期的相关研究中，余旵雕《日本的财政制度及其特点》（《日本学刊》1990 年第 2 期）、江瑞平《关于日本资本主义新的发展阶段的理论探讨》（《日本学刊》1990 年第 1 期）、莽景石《论战后日本的宏观、微观经济协调》（《日本学刊》1991 年第 2 期）、于永达《日本金融机构对社会固定资产投资的管理》（《日本学刊》1990 年第 2 期）、阎坤《战后日本金融体制的特点》（《日本学刊》1994 年第 2 期）等论文已成为日本经济研究的经典代表之作。《现代日本经济》《东北亚论坛》等学术期刊中有关日本经济的研究也不断增加。

这一时期开始，日本学者有关日本经济问题的著作不断被翻译成中文出版，三联书店出版的"日本经济史翻译系列"以及北京日本学研究中心的"日本社会学翻译丛书"成为这一时期的代表性翻译作品。中国学者的关注点则集中在对日本经济制度与发展历程的研究，冯昭奎所著《日本经济》（高等教育出版社，1998）一书先后两次出版，成为研究日本经济的入门必读书目。

在这段时期，关于日本对外投资以及跨国公司治理的研究也开始增加，其原因在于随着我国经济实力的上升，对外投资的脚步也在慢慢加快。值得注意的是，随着该时期日本经济陷入低迷，20 世纪 90 年代后半期的日本经济研究在数量上呈减少趋势，但学术界对日本经济研究重要性的认识并没有改变。这体现在进入 21 世纪后，日本研究相关学科体系以及复合型人才培养机制不断完善、研究成果大量涌现、研究视角逐渐多元化以及研究方法不断充实等诸多方面。

二 2000 年以后的日本经济研究

进入 21 世纪后，经济全球化与区域经济一体化不断深化。2001 年中国加入 WTO（世界贸易组织），中国与区域经济、全球经济的关系日趋紧密，这也意味着中国面临着更多的机会和更为激烈的竞争。此时的日本在全球经济中的地位下降，正欲从 20 世纪 90 年代的经济低迷中挣脱出来。中国学者对日本经济的研究迅速增加，在对日本经济的体制性漏洞进行反思的同时，关于金融问题、中日经贸投资、中小企业等涉及经济各个领域的研究不断得以丰富，追踪日本经济大事件的时效性较强的研究也不断涌现。

1. 日本的经济体制与产业相关研究

2000 年以后，中国主要的日本研究期刊中，有关日本经济的研究所占比例迅速提高。其中，对日本经济体制与经济政策、企业经营等的研究中，突出日本特点、结合中国问题进行研究的动向值得关注。

莽景石《略论日本的公司治理结构及其改革趋势》（《世界经济》2000 年第 7 期）对金融危机中的主要角色——日本企业的结构性矛盾提出自己的看法。他指出，日本企业的封闭性公司治理结构导致以下弊端：法人所有制导致市场监督功能丧失，主银行导致企业的经营效率下降，管理者权力集中导致企业内部监督机制匮乏，企业内部等级制的形成导致企业家精神衰减。

徐平对泡沫经济破灭后的日本进行了剖析，他在《日本的"赶超后"现象：一个值得关注的问题》（《日本学刊》2004 年第 1 期）一文中指出，自 20 世纪 80 年代末以来日本经济所面临的问题是在实现经济赶超的过程中积累而成的。赶超经济既可以促进后发展国家工业经济的生成和发展，也会为其工业经济的未来发展留下许多难解的"两难"问题。作者把泡沫经济破灭后的日本经济面临的困境称为"赶超后"现象，为日本经济研究指出了方向。

之后，莽景石在《经济增长、制度变迁与收入分配——日本百年工业化过程的经验观察》（《日本学刊》2006 年第 4 期）中考察了日本近代以来工业化过程中的经济增长与收入分配的长期变动趋势，分析了日本在完成由后发展经济向工业化经济转变的同时最终也完成了收入分配由不平等向平等转变的制度性原因。

杨书臣在《近年日本区域经济发展浅析》（《日本学刊》2007 年第 3 期）中指出，日本区域新格局的形成、城镇经济的协调发展、互动机制的创建等已成为日本区域经济发展的新亮点，并对日本区域经济发展的突出特点、主要举措、存在的问题进行分析，认为日本经验可以为我国促进区域协调发展提供借鉴。

徐平的《战后日本经济发展阶段考察——兼谈赶超经济的体制性缺陷》（《日本学刊》2013 年第 3 期）一文是之前研究的扩展充实，作者将日本的赶超经济归纳为赶超试验、泡沫试验、转型试验三个阶段，认为日本存在赶超经济难以克服的体制性缺陷，这是日本经济制度创新的瓶颈。该文验证了一个命题：政府干预既是经济增长的关键，也是经济衰退的根源。

张季风在《重新审视日本经济"失去的二十年"》（《日本学刊》2013 年第 4 期）中明确指出，日本"失去的二十年"是一个伪命题，导致这一误读出现的主要原因是比较找错了参照物。日本经济陷入长期低迷有其必然性和偶然性；综合数据表明，日本经济并没有"失去"。通过宣扬日本经济"失去的二十年"这一"哀兵之策"，日本的确获得了不少好处，但其负面作用也不容小觑。

宋磊在《样板和对手：日本经济模式论之于中国经济模式论》（《日本学刊》2014 年第 1 期）中指出：在发生学的意义上，日本经济模式论是中国经济模式论的参考样板；在关键议题的处理上，日本经济模式论是中国经济模式论的竞争对手。就前者而言，尽管日本经济模式论经历了发展历程和研究重点的转变，但是保持了内在逻辑的连续性，经受住了时间的考验。从后者来说，是因为日本学界成功地论证了美、日经济分处市场经济光谱的两端。中国学界需要在准确把握中国生产组织方式的多样性和特殊性的基础上，创造性地进行类似论证。

日本企业的经营模式造就了日本 20 世纪六七十年代的高速增长奇迹。有关日本企业经营、产业结构与产业政策的研究也日渐充实。方了在《论日本式经营的存续及演变》（《现代日本经济》2001 年第 2 期）中反思了中国国有企业经营制度的缺陷。他指出以年功序列制、终身雇佣制和企业内工会为特点的日本式经营符合日本的文化背景，日本企业内部劳动力流动性低，而外部却面临着激烈的市场竞争，这是日本式经营能够成功的重要因素。然而，中国更注重"个人"而非"集体"，企业内无法形成利益共同体，各种市场竞争机制尚不能充分发挥作用。

平力群《日本经济危机对策与产业结构调整——以产业政策范式的影响为视角》（《日本学刊》2011 年第 2 期）分析了日本政府在次贷危机后于 2008～2010 年前后八次出台的大规模经济危机对策，虽然其间经历了执政党更迭和内阁变换，但这些政策在支持产业结构调整和升级上表现出了高度的一致性和连贯性；认为其背后是支持这一连续性得以实现的以产业政策范式为核心的日本国家政策范式。

李毅在《制造业在日本经济复苏中的角色探讨》（《日本学刊》2015 年第 3 期）中分析了日本经济复苏的波动性和其面临的结构性问题，认为当代制造业将以创新母体的角色成为后危机时代经济发展的重要推动力，要解决转型中的结构性问题关键在于通过对产业优势的变革与传承找准未来经济发展的支点。中国要实现从制造大国向制造强国的转变，需要借鉴、反思日本在这方面的经验与教训。

刘绮霞、赵晋平在《日本"国民收入倍增计划"出台的历史背景及其决策要素》（《日本学刊》2016 年第 2 期）中，结合日本在 20 世纪 60 年代实施的"国民收入倍增计划"及其出台时的国内外历史背景，从决策指导思想、决策目标、决策组织等诸方面逐层剖析决策过程中的各项决策要素，并结合中国当前的经济形势分析"国民收入倍增计划"的核心内容和实施路径，对中国实现居民收入倍增提出了在指导思想上贯彻经济增长和社会福利平衡发展的理念、在决策组织上集思广益并设置各种专家委员会、在实施路径上借鉴日本行之有效的策略等对策建议。

2. 日本金融、财政问题相关研究

除对日本经济体制的研究之外，日本的金融与企业经营的关系、企业的治理方法、股权结构、人才培养、技术创新、雇佣以及工资制度等都是我国学者长期以来关心的内容。

项卫星与李玉蓉在《日本金融体制的结构性缺陷与金融危机——对日本金融体制模式及其改革的重新审视》（《东北亚论坛》2000 年第 2 期）一文中提到，1995 年日本爆发的一场以银行不良债权为主要表现的金融危机固然是各种因素综合作用的必然结果，但日本金融体制中长期存在的结构性缺陷，即间接金融和主银行（mainbank）体制是导致这场危机的根本原因。

刘红的《日本金融监管体制的变革》（《日本学刊》2004 年第 3 期）一文通过对 20 世纪 90 年代中期以后日本监管体制从旧制度到新制度变迁历程的考察，从总体上把握新型监管体制的形成和发展过程。认为 1995 年东京共同银行的成立标志着传统监管体制的彻底失败，日本开始向新型监管体制过渡。之后，刘红在《日本的经济发展与金融制度变迁》（《日本学刊》2006 年第 6 期）中把金融制度分为市场主导型和银行主导型；认为日本属于后者，这一制度安排对促进战后日本工业化赶超发挥了巨大作用。但是，随着日本经济的不断转型，其金融制度也面临着由银行主导型向市场主导型转变的问题。

赵旭梅在《日本政策性金融体系改革的制度设计及启示》（《日本学刊》2012 年第 4 期）中认为，日本的大规模政策性融资妨碍公平竞争、加重财政负担；历经十年的政策性金融体系改革重组，日本精简政策性金融机构同时引入商业化运营机制。该文在规划融资领域、创新投资模式、完善经营机制等方面对中国实施相关改革提出建议。

崔岩《日本非传统货币政策的理论机制与效果——基于 VAR 模型的实证分析》（《日本学刊》2014 年第 2 期）一文对 20 世纪 90 年代末以来日本银行相继实施的零利率政策和量化宽松货币政策——"非传统货币政策"进行分析，认为量化宽松政策在理论上有"时间轴效果""资产再配置效果"等效应，提供了在特殊情况下新的货币政策调控机制。实证分析的结果表明，非传统货币政策对经济复苏和物价上涨存在一定影响，但长期效果并不特别明显。货币政策作为短期宏观调控手段，能否持续实施并达到促进长期经济增长的目标，是非传统货币政策面临的主要问题。

金融问题中，日元国际化也是中国学者关注的问题。刘瑞在《日元国际化困境的深层原因》（《日本学刊》2012 年第 2 期）中整理了日元的国际化进程，认为出口路径、定价方式、以美国为最终消费地的商品结构等导致日本出口贸易中以日元计价的比率较低。日元国际化在资本交易中未能取得进展的根本原因不在制度层面，而是由于日本对外投资无法摆脱对美元的依赖。该研究对推进人民币国际化进程有重要借鉴意义。

杨校美、张诚《日元国际化进程中的企业跨国经营因素》（《日本学刊》2014 年第 1 期）一文中指出日本企业的跨国经营活动与日元国际化呈显著的正相关关系。在泡沫经济崩溃以前，日本企业掀起对外直接投资的高潮，促进了日元的国际化进程。泡沫经济崩溃后，日本跨国公司经营活动的下滑，则导致日元国际化进程的放缓甚至是停滞不前。这从企业跨国经营的视角为日元国际化的失败提供了一种全新的解释，对推进人民币的国际化进程也有借鉴意义。

陆长荣、孙健美在《日本区域金融政策的"二元结构"与日元"再国际化"困境考察》（《日本学刊》2016 年第 4 期）中指出，1997 年亚洲金融危机后，日本财务省发挥其"独立性"，在区域金融合作进程中扮演了关键性角色。同时，日本区域金融合作政策目标的实现具有鲜明的"依附性"。这种特殊的"二元结构"在推动日元"再国际化"战略的同时，也成为导致其再度陷入困境的关键性内因。

进入高速成长期前，日本政府的主要任务是完善因战争而荒废的经济基础（基础设施建设）。在以所得税为中心，根据肖普建议而确立的征税体制下，由于企业发展带动税收增加，日本的财政收支基本保持平衡。经济不景气时，主要依靠金融政策发挥其调控作用。但 20 世纪 70 年代初，情况发生了变化。田中角荣执政期间的 1973 年被称为日本的"福祉元年"，该政权以完善社会保障制度和克服石油危机为目标，之后在福田赳夫执政期的积极财政政策推动下，财政支出迅速增加，财政赤字成为常态，日本只有通过发行国债借以填补财政空缺。即使财政支出增加，如果税收增长的话，财政依然可以维持其健全性。然而，自泡沫经济破灭后，即 90 年代至今，日本税收减少的年份多于增加的年份，这正体现了日本苦于通缩的经济状况。2000 年以后，国债依存度连年接近 50% 的情况也成为常态。

针对上述日本财政问题，中国学者从多角度展开了分析研究。张光《财政政策失误与日本经济萧条》（《日本学刊》2005 年第 2 期）一文认为，错误的财政政策是导致日本在泡沫经济崩溃后陷入长期萧条的主要原因之一。20世纪 90 年代日本政治和经济意识形态的保守化，政治不稳定，领导集团执政能力的降低，是导致财政政策失误的政治因素。

东日本大地震再次引发学者们对财政问题的关注，张舒英在《日本的灾后重建缘何深陷财政困局》（《日本学刊》2011 年第 4 期）中针对东日本大地震后的日本财政困局进行了解析。张季风在《日本财政困境解析》（《日本学刊》2016 年第 2 期）中指出，近 20 年来，无论从流量指标还是从存量指标看，日本财政状况都日趋恶化，这是经济波动、财税政策失误、人口老龄化导致的财政结构性因素、制度扭曲因素、外部环境因素等共同作用的结果。由于日本九成以上的长期债务为国内债，再加上有规模远大于政府债务的居民金融资产、长期经常账户盈余以及占 GDP 70% 的海外净资产和 1 万多亿美元的外汇储备支撑，在可预见的将来日本发生财政崩盘的可能性极小。政府长期债务使日本经济陷入结构性矛盾和困境之中，解决财政问题将成为日本超长期的课题。

赵瑾在《日本公共投资：90 年代投资低效的原因、改革方向及启示》（《日本学刊》2014 年第 4 期）中认为，20 世纪 90 年代日本实行经济刺激、扩大公共投资没有使日本摆脱经济停滞，反而累积了巨额的债务。21 世纪日本公共投资理念由注重短期转向长期，公共投资主体由政府主导扩展到允许民间介入，公共投资结构强调社会资本产业配置要"集中"进行"重点"投资，使公共投资在财政支出中占比不断下降。吸取日本公共投资的经验和教训，中国应制订公共投资五年计划、确立公共投资的"重点"、引入 PFI 方式让民间资本介入公共投资，以提高公共投资效率。

近来，日本学者的研究中又有新发现可供国内学者参考。日本庆应义塾大学教授小林庆一郎在《日本经济再认识：债务问题与经济长期停滞》（《日本学刊》2017 年第 4 期）中认为，日本民间部门存在的过剩债务是经济长期停滞的原因。通过模型分析可知：过剩债务不断积累导致借款人经济活动效率低下，如果这一低效率经营成为永久状态，就有可能带来经济长期停滞。由于贷款人没有削减借款人过剩债务的激励因素，所以没有政府介入的话，经济停滞将长期持续。这暗示着，如果政府采取促进过剩债务减少的干预政策，有可能直接去除导致经济长期停滞的因素。

3. 日本的对外贸易投资与中日经贸关系研究

中国学者认为日本在 1955 年加入关税及贸易总协定（GATT）之后成功地发挥了政府的主导作用，在日本经济的不同发展进程中，日本政府进行了多次产业与贸易政策的调整帮助日本企业提高了其在国际舞台上的竞争力。而入关之初的日本也面临着国内产业不成熟、企业竞争力弱等问题，更重要的是，当时的日本也处于由政府管制经济向市场经济转型的阶段，研究日本"入关"后的表现对中国而言非常重要。

魏靖在《日本入关后的产业政策》（《当代亚太》2001 年第 6 期）中尤其强调了政府宏观调控和在政策引领下保护、发展优势企业尤其是中小企业的重要性。关于如何保护民族企业，李鹏军、吴建华在《论日本入关后对民族工业的保护政策——对中国入世后民族工业保护的启示与借鉴》（《东北亚论坛》2002 年第 2 期）中，在借鉴反思日本经验教训的基础上提出，为了强化中国企业竞争力，中国应活用 WTO 各项政策、优化产业结构以保护民族企业发展。

刘昌黎在《日本对华直接投资的新发展、新动向与问题》（《日本学刊》2005 年第 5 期）中指出，日本对华直接投资在 2003 年后再次出现了迅速发展的新局面，这次新发展是以制造业中的汽车工业和电气机器工业投资为中心而展开的，还出现了大型投资增加的新动向。这标志着日本对华直接投资的重点已由劳动密集型产业转向资本、技术密集型产业，进入了新的发展阶段。

张捷在《日本制造业组织结构与国际分工模式的变化——兼论日本制造业对华直接投资的新动向》（《日本学刊》2007 年第 2 期）中考察了日本制造业组织结构和国际分工模式的变化。20 世纪 90 年代以来，日本制造业形成了基于产品构造和要素禀赋差异的二元分工模式，这种模式将整体型构造的专用产品保留在国内，通过精益生产方式保持其核心竞争力，将模块型构造的通用产品转移到东亚，利用该地区的廉价劳动力降低生产成本。徐梅则在《中日贸易结构与产业竞争——兼论中国产业面临的挑战》（《日本学刊》2008年第4期）中分析了中日在经济发展水平、贸易结构、市场开放等方面存在的差异，中国部分产业在对日竞争中面临挑战。文章指出中国在扩大市场开放的同时应不断调整产业结构，增强产业的自主研发能力，提高产品质量标准，从而提升中国产业的整体竞争力。

时隔几年后，日本的对外直接投资与经贸活动出现新的变化，该领域再次成为学者们关注的对象。程永明在《近年来日本企业海外发展动向及新特征》（《日本学刊》2013年第3期）中分析认为，近年来日本企业的对外投资呈现出非制造业超过制造业、海外并购案激增、生产基地加速向海外转移等动向。中坚企业及中小企业也纷纷加入海外发展的行列，而且在海外发展的行业领域、地区选择乃至政府的支持体系等方面都出现一些新的特征。这是日本国内经营环境、偶发性冲击以及历史机遇等多重因素共同作用的产物。

倪月菊的《"安倍经济学"的出口促进效果评析》（《日本学刊》2014年第1期）通过数据分析发现，安倍经济学后的日元贬值并未带来日本出口的实质性增长，反而由于其进口需求弹性小，导致日本的贸易收支条件不断恶化。出现这种现象，除了"J曲线"效应的作用外，还因为受到美国、欧盟、中国等日本几大贸易伙伴的经济增长放缓、进口需求疲软以及中日钓鱼岛争端等因素的影响。

刘瑞在《日本汽车产业对华投资战略研究——基于对外投资理论视角》（《日本学刊》2014年第4期）中分析发现，在对外投资理论的多维视角下，日系车企对华投资演变体现出深层特征，偏重水平型投资；区位选择从分散转向相对集中，并形成产业集群；投资方式从边际部门向比较优势部门转移；投资影响反映在对中国自主品牌的双重效应等。日系车企以钓鱼岛事件为契机，重新布局在华生产投资战略。中国应在技术优势、区位优势、市场环境等方面对日系车企加以政策引导，加强中日节能环保技术合作，以推动中国自主汽车品牌在全球价值链中的产业升级。

李清如、蒋业恒在《全球价值链视角下的日本出口价值分解》（《日本学刊》2015年第3期）中，以世界投入产出数据库为基础，对日本近20年的出口贸易进行解构。实证分析证明，日本参与全球价值链的程度在加深，美国是日本的主要终端消费市场，东亚新兴经济体大量进口日本的中间产品用于再出口。在增加值视角下，日本对中国和韩国均保有贸易盈余，日本主要行业的出口垂直一体化程度显著上升。类似的研究还有苏杭《日本对外直接投资的网络化发展及启示》（《日本学刊》2015 年第 2 期），文中指出，全球价值链的发展推动着产品由"一国制造"向"世界制造"转变，将分散的区域生产网络连接成全球生产网络。在此背景下，日本对外直接投资在规模和领域上都实现了突破，呈现出网络化发展的新态势。目前中国正处于对外直接投资快速发展的时期，应借鉴日本对外直接投资的经验，利用对外直接投资延续产业优势，推动海外分支机构的本土化，积极嵌入全球生产网络。

随着中国企业竞争力不断提高，中国企业的"走出去"战略也不断发展。中国学者开始加快研究日本企业的海外市场战略、对外直接投资和跨国并购经验。

丁红卫在《安倍经济学与中国企业的对日并购》（《现代日本经济》2014年第 6 期）中对日本的外资政策进行了梳理，认为对于正在"走出去"的中国企业而言，通过并购投资日本企业可以获得更多技术与经营资源，同时部分日本企业可获得市场与资金，这符合两国企业发展和产业升级的需要。但传统日本企业对并购有较强戒备心理，日本至今仍是发达经济体中接受海外投资最少的国家。

2011 年 12 月中日韩宣布完成三国 FTA 官产学共同研究，并就 2012 年内启动谈判达成一致。其后针对中日韩 FTA 以及区域经济一体化的研究不断增加，如刘昌黎《日本 FTA/EPA 的新进展、问题及其对策》（《日本学刊》2009年第 4 期）、徐梅《中日韩 FTA 的进展、影响及前景探析》（《日本学刊》2012 年第 5 期）等。

侯丹丹、深川博史在《中韩 FTA 对日本经济的影响——基于 GTAP 模型的模拟分析》（《日本学刊》2016 年第 4 期）中，运用 GTAP 模型对中韩 FTA 给日本经济造成的影响进行模拟分析发现：中韩 FTA 生效初期，虽然中韩两国的关税调降力度并不大，但仍将给日本带来小幅的经济冲击。进入中期后，日本经济所受冲击将会十分突出，各项宏观经济指标较初期变动显著。而到后期，日本各项宏观经济指标将仅在中期基础上同方向、小幅变动。日本产品在不同市场的出口变动会存在差异，但机械电子、化工塑料橡胶、纺织服装、矿物制品等产品的对外出口以及对中国、韩国的出口均将减少。

张蕴岭《日本的亚太与东亚区域经济战略解析》（《日本学刊》2017年第3期）指出，日本把加入TPP作为在亚太地区和东亚地区占据主动性、引领性地位的重要战略。特朗普宣布退出TPP和实行"美国第一"的保守主义政策，让日本的"一箭双雕"设计受到损害。面对新的形势，日本如何定位自己的新区域经济战略，有没有"积极的区域经济战略"，是需要进一步观察的问题。

4. 日本中小企业研究

相比于上市大企业，中小企业在市场上处于弱势地位，然而数量众多的中小企业在保证就业、维护社会安定方面起着不可忽视的重要作用，因此如何保证中小企业发展成了各个国家都十分关心的问题。在中小企业问题上，美国和日本的中小企业政策是两种类型。美国着重于维护市场规则，注重中小企业和大企业公平竞争；而在日本，政府成为保护中小企业的重要角色。

事实上，自20世纪90年代起，中国学者对日本中小企业的研究就一直没有间断过。不难看出，中小企业的问题主要在融资与担保体系上。

黄建国、苏竣在《日本企业内部创业制度的形成和运营模式》（《科学与科学技术管理》2004年第3期）中认为，中国的大企业尤其是大型国有企业中能够拥有核心技术或达到国际标准并加入国际竞争行列的为数尚少，对这些企业除了进行体制和所有权的改革以外，也可以借鉴日本企业的内部创业制度，以激发企业特别是中小企业的创新，提高企业竞争力。

姚永龙在《日本财政介入中小企业信用担保及其效果初析》（《日本学刊》2005年第1期）中认为，财政介入中小企业信用担保，是日本中小企业政策的一个组成部分。日本财政介入中小企业信用担保的途径是政府直接出资、政策性融资、信用保险制度、损失补偿制度等，共同构成了长效化、制度化的财政支持体系。日本财政介入中小企业信用担保，从不同方面保证了财政资金运营的公共性、完整性和效率性，是财政能够持久介入中小企业信用担保的关键所在。日本财政介入中小企业信用担保，给中小企业、财政、担保机构及金融体系都带来了积极的效果。

2008 年全球金融危机爆发，中小企业大量倒闭，各国深受失业问题困扰。王丽珠在《我国中小企业信用担保体系的国际借鉴——以日本为例》（《国际金融研究》2009 年第 7 期）中以日本为借鉴对象，重提我国中小企业信用担保体系建设。该文认为，日本中小企业担保体系的特点在于以信用保证协会和信用保险公库为主的两个子系统，这两个子系统互为表里，由政府出资但独立于政府操作，一个提供信用保证，一个进行债务保险。日本中小企业担保资金来源以政府拨款为主（约占 80% 以上），担保规模大，信用放大作用十分突出，且担保倍率可达 60 倍以上。日本的担保体系风险分担、风险补偿机制到位，并由政府承担主要风险。

随着日本中小企业战略转向、国内中小企业竞争力增强，中国学者开始关注日本中小企业的创新问题。李俊江和彭越在《日本中小企业技术创新模式的演变分析》（《现代日本经济》2015 年第 1 期）中指出，21 世纪以来，日本政府根据日本中小企业的特征推动了中小企业技术创新模式由模仿创新到合作创新的转变，从被动适用型转变为主动开拓型。集群创新、官产学等合作创新模式使日本中小企业的生产技术水平快速提高。而目前我国的中小企业多数集中在劳动密集型产业，尚处于技术学习阶段，对国外技术过于依赖，中国中小企业应根据中国当前国情选择合作模仿创新模式来提高产品技术水平与产品的差异化程度，以应对日益复杂的国内外经济环境。

除了上述对中小企业金融问题的探讨外，李毅《经济转型中的企业成长路径选择：索尼案例的思考》（《日本学刊》2014 年第 4 期）一文指出，对日本经济微观层面的比较研究具有重要的理论与实践意义。研究索尼的案例，讨论企业及经济体的创新和发展出路，有助于认识到发掘和利用自身优势来有效融合外部有用知识的重要性。正确选择经济转型中的企业成长路径带来的是新的发展契机，反之则会成为它们走向衰落的转折点。解决经济转型中的结构性问题，必须从重视企业成长路径的恰当选择做起，一个没有强大稳固的企业发展基础的民族将没有未来。

微观层面的研究在日本学术界也备受重视。近年来，日本学者开始将注意点转移到物联网时代中的中小企业。日本的中小企业厅、日本商工会议所以及独立行政法人经济产业研究所等智库机构纷纷就如何打破技术和认知壁垒，将物联网系统导入中小企业以增强中小企业竞争力问题展开研究。通过对机械制造业进行案例研究,岩本晃一、波多野文 (*RIETI Policy Discussion Paper Series* 2017 年第 6 期) 已经初步得到调查结果。在分析了物联网系统的优劣以及对成功案例进行研究之后,岩本认为企业应该明确企业内部流程中应该进行物联网化、数据可视化的部分,加强 IT 设备投资,明确企业责任,组建专门团队,在新时代下摸索新的经营模式。日本学者关于此领域的研究还在案例研究阶段,预计此后该领域的研究会更加深入。

5. 人口、就业、创新等领域的研究

人口老龄化是当今许多国家,特别是发达国家及经济高速增长的发展中国家面临的重要问题,中国也不例外。早在 1999 年,中国就已经进入人口老龄化社会。在 2000 年 11 月进行的第五次人口普查中,65 岁以上老年人口已达 8811 万人,占总人口 6.96%,60 岁以上人口达 1.3 亿人,占总人口 10.2%。目前,中国已经成为世界上老龄人口最多的国家,但中国的养老保障体系尚未健全。如何应对人口老龄化对社会发展的影响成为目前中国学者最为关心的问题之一。

日本早在 20 世纪 70 年代就进入了老龄化社会,虽然目前日本的养老金问题成为财政重负,但日本的养老体系建设方面还是较为完善的。因此自 21 世纪初中国刚开始进入老龄化社会时起,中国学者就开始了对日本老龄化社会的研究,如柳清瑞的《基于人口老龄化的日本养老金制度调整机制分析》(《东北亚论坛》2005 年第 4 期) 等,然而这个阶段中国的老龄化问题尚不显著,相关研究较少,多集中于对日本养老保险制度的分析。

权彤在《老龄化压力下的日本养老保障体系及其借鉴》(《山西大学学报》2009 年第 2 期) 中全面系统地介绍了日本养老金的构成、缺陷以及相关政府措施,又进一步分析了中国养老保障制度的利弊得失。中国借鉴了日本的养老保险制度,同时也吸取日本年金空洞化的教训,建立了多层次社会保障制度,并采用了社会统筹与个人账户相结合的模式。

张乃丽、刘俊丽在《日本女性就业与经济增长的相关性研究》(《日本学刊》2015 年第 3 期) 中针对安倍经济学提出的"释放女性经济力量"的口号及其欲以增加女性就业的方式缓解人口减少压力、拉动经济增长的计划,通过

实证分析指出，日本女性就业增加与经济增长之间存在正相关关系，但是日本社会中依然存在阻碍女性就业扩大的因素，安倍内阁的"女性经济学"近期难以发挥直接的有效作用。

随着日本老龄化的发展和中国老龄化的日益突出，中国学者开始着眼于其他方面，如看护保险制度、养老地产业、退休再雇佣等问题。

近年来，中国经济增速逐渐放缓，经济进入新常态。为了推动经济向前发展，大众创新被提到了重中之重的位置。从中国学者的研究动态上也可以看出这一点。

李博在《日本公司治理与技术创新模式的关系》（《日本学刊》2011 年第 1 期）中指出：公司治理制度创新与技术创新之间存在互动关系。20 世纪 90 年代后，传统技术创新模式的优势地位开始动摇，对公司治理制度提出了改革要求。伴随日本企业的融资市场化、治理结构多元化和雇佣形式多样化等改革的逐步深入，融合组织优势和市场优势的新型公司治理增强了创新主体的创新能力和动力，日本企业的技术创新模式在继续发挥渐进式创新积极作用的基础上，实现了向自主、突破创新方向的演进。

智瑞芝、袁瑞娟、肖秀丽在《日本技术创新的发展动态及政策分析》（《现代日本经济》2016 年第 5 期）中总结了日本技术创新战略的演变，从法律、科技、开发、管理四方面梳理了日本政府为促进技术创新采取的主要措施；认为日本的技术创新投入与产出活跃，传统制造业中运输机械行业"一枝独秀"，高技术领域倾向于生命科学、通信等行业，国立大学和大企业在产学合作中发挥主导作用。

李毅《日本的工业化轨迹与工业创新研究——后起者的视点》（《日本学刊》2016 年第 4 期）认为，危机后的发展困境和对实体经济的反思，使工业创新成为当前包括日本和中国在内的许多国家结构改革制度设计的重要组成部分。基于日本是一个后起的发达工业国家的事实，把工业化视作一个经济体逐步走向现代化的广义历史过程，从历史的维度深入探讨工业创新在日本经济中的位置及其在经济转型中的作用，不仅便于人们从历史与未来一致性的角度认识日本产业和经济发展的可能方向，而且有助于在战略的高度理解工业创新对于后起国家的意义。符合国情的、扎扎实实的工业创新能力培养，不仅是日本成长为工业强国的基石，更是后起国家跨越贫困和中等收入陷阱所不容忽视的课题。

我国目前正处于产业结构调整，产业向信息化、智能化、高端化转型的关键阶段，参考日本技术创新的经验与教训并从中得到启发，提高我国的技术创新能力仍有必要。未来，这方面的研究将会得到进一步充实。

三　时效性研究与智库型研究不断发展

一国经济本身就是不断发展变化的"生命体"，而且随着经济全球化与区域经济一体化的不断发展，某一经济体内部发生的大事件必然会给其他国家乃至全球经济带来影响。中日两国是近邻，两国的经贸关系密切程度也不断加深，及时追踪、分析大事件成为日本经济研究必不可少的重要部分。进入 21 世纪后，国内学术界的时效性研究与对策建议型研究不断发展充实。

1. 追踪大事件的时效性研究

较早的追踪大事件研究有程永明追踪日本雪印乳业经历的三次危机事件，他在《日本企业危机事件及其应对机制——以雪印乳业集团为例》（《日本学刊》2010 年第 2 期）一文中指出，企业没有或未能贯彻明确的经营理念，是企业社会责任缺失并导致危机事件发生的重要原因。日本雪印乳业集团通过重构企业社会责任体系、强化食品管理体系和危机管理机制等多种举措，力争实现重生，其经验和教训值得中国相关企业借鉴反思。

2011 年 3 月 11 日的"东日本大地震"不仅造成巨大的人员和财产损失，也给日本东北地区与日本经济带来沉重打击。江瑞平在震后发表了《东日本大地震对日本经济的深广影响》（《日本学刊》2011 年第 4 期）一文，就震灾对日本经济整体的影响进行了分析并指出，东日本大地震发生前，日本经济已显颓势，强震及其引发的次生灾害重创了日本经济，主要表现为直接经济损失惨重、金融市场剧烈震荡、财政状况更趋恶化、核泄漏影响深广、产业链遭受重创、出口贸易大幅萎缩和国内需求急剧减少。灾后重建对日本经济的刺激效果不容高估，主要原因是重建资金筹措困难、电力不足阻滞重建、产业刺激效果有限和国际环境大不如前。大地震对日本经济的长远影响也颇值得关注，主要焦点集中于国际地位更趋弱化、财政风险更趋恶化和能源战略被迫调整。

张季风则就《震后日本对外直接投资的新趋势》(《日本学刊》2011年第6期)进行了分析,东日本大地震对日本制造业造成重创,特别是汽车产业和电子产业的损失尤为严重。由于日本海外投资发展规律的影响,加之日元猛烈升值、电力紧张、企业考虑分散风险等因素的作用,震后日本的海外产业转移可能出现一定规模的扩大。

金仁淑在《日本消费税改革的经济效应探析》(《日本学刊》2015年第2期)中追踪日本的三次消费税增税改革,根据前两次消费税改革经济效应的历史检验发现,消费税增税虽然在短期内发挥了刺激消费、拉动经济增长的积极效果,但中长期来看反而导致消费进一步低迷、经济全面下滑、财政负担更加严重。由于增税的根本原因为日本政治、经济、财政及社会深层结构性矛盾,因此安倍政府实施的消费税增税改革也将难以达到遏制通缩、摆脱财政困境、拉动经济增长的目标。加快经济结构改革,提高劳动生产率,采取差异化战略,才能有效提高消费税增税的经济效应,有利于实现财政健全化和经济可持续发展的目标。

2. 智库研究的兴起与迅猛发展

现今,我国的区域国别研究不断发展,有关对象国研究的社科类皮书系列不断充实。2010年开始出版的《日本经济蓝皮书》全称《日本经济蓝皮书:日本经济与中日经贸关系研究报告》是日本经济研究智库系列的代表性文献,该书系社会科学文献出版社推出的"皮书"系列图书之一,由全国日本经济学会、中国社会科学院日本研究所组织编写,联合了中、日两国研究日本经济的权威人士和专家学者,旨在发挥日本研究学者所长、突出智库研究特色。

《日本经济蓝皮书》各年度版都对当年的日本经济以及中日经济合作的最新动态进行全方位分析,对日本经济的各个领域进行探讨,也设有针对专门问题的专题研讨部分。2010年的专题为"日本循环经济",主要由李玉潭《日本发展循环经济的基本经验及其对中国的借鉴意义》、丁红卫《中日经贸关系与环境问题研究——基于贸易自由化的实证分析》、平力群《日本政府在发展绿色经济中的市场增进作用——以"环保积分制度"为例》等组成。此外,有关低碳经济贸易、投资与区域经济合作方面的时效性研究也值得关注。

2011 年的《日本经济蓝皮书》回顾了 2010 年度并展望了 2011 年日本宏观经济的运行状况，对当时的日本经济以及中日经济合作的发展动态进行了多角度、全景式的深度分析，特别是对民主党的危机对策、大地震大海啸的经济影响等进行了重点分析。"比较与借鉴"专栏中探讨了"日本房地产泡沫膨胀的财政政策责任及其启示"（马文秀、吴宇）、"从日元升值经验看人民币汇率改革"（濑口清之）。"企业与产业"专题中分析了丰田汽车召回的问题及其与创新的关系等。

2012 年的《日本经济蓝皮书》从现状与趋势、东日本大地震冲击波、日本防灾减灾体制的经验与教训、聚焦日本财政风险、比较与借鉴、日本对外经济战略与中日经济合作等几个方面，对 2011 年日本经济做了回顾并对 2012 年经济发展道路和中日经贸合作前景提出建议和展望。同时，通过分析日本恢复发展经济的经验和教训，为中国经济发展提供了重要启示，充分突出了智库研究的时效性。

2013 年的《日本经济蓝皮书》在详解"安倍经济学"三支箭的基础上，分析了其效果与影响，结合中日经贸关系着重探讨了 FTA 与 TPP 相关问题，如《TPP 谈判对日本农业的影响》（焦必方）、《中日韩 FTA 谈判的进展及其影响与对策》（刘昌黎）、《上海自由贸易试验区与日本的企业及金融机构》（关根荣一）、《加强日中经贸合作的若干思考》（田中修）、《日中贸易投资关系的现状与展望》（箱崎大）、《钓鱼岛事件后日本对华直接投资的动向及发展趋势》（徐梅）等。

2014 年的《日本经济蓝皮书》在概括日本经济整体状况的基础上，重点分析了"安倍新内阁下的日本量化宽松政策新动向"（刘瑞），并开设"中日经贸合作 40 年"专题，对"四十年来的中日劳务合作"（宋德玲、李盛基）、"日中金融合作共识与今后的展望"（关根荣一）等进行了探讨。"日本与 TPP、中日韩 FTA"专题围绕"日本参加 TPP 谈判的原因、影响及前景分析"（戴秋娟）、"中日韩 FTA 对中日两国制造业发展的影响"（丁红卫）等问题展开论述。"面临挑战的日本制造业"专题中，探讨了"日本产业经济转型进程及其未来发展"（大桥英五）、"日本钢铁产业发展的现状、并购及启示"（马淑萍）等课题。

2015 年的《日本经济蓝皮书》对安倍经济学的效果与展望、日本房地产、劳动力市场、日本参与 TPP、中日韩自贸区谈判、"政冷经冷"态势下的中日经济合作的最新动态以及所面临的挑战等进行了重点分析。"日本能源战略转型"专题中，战后日本能源政策的转型逻辑、日本能源战略制定机制与监管机制、中日两国的节能环保合作、日美深化能源合作对日本能源战略转型的影响等研究对日本以及中日能源环境问题进行了解析。

2016 年的《日本经济蓝皮书》回顾了 2015 年度并展望了 2016 年日本宏观经济的运行状况，对当前日本经济、中日双边经济关系以及"一带一路"建设与日本错综复杂的关系进行了多角度、全景式的深度分析。书中特别以"'一带一路'建设中的日本因素"为专题，对"一带一路"背景下中日之间的博弈、日本对"一带一路"倡议的矛盾心理以及搅局等备受关注的问题进行了全方位的分析。

2017 年的《日本经济蓝皮书》以"'特朗普冲击'与区域经济合作中的日本因素"为主题，对特朗普当选美国总统后，特别是美国放弃 TPP 可能对日本经济带来的影响、对世界格局带来的影响进行了深入探讨，同时对未来中国自贸区发展、RCEP、东南亚 FTA 等区域经济合作中中日之间的博弈、合作等备受关注的问题进行了全方位的分析。

3. 教材与研究图书不断丰富

21 世纪以来，诸多具有时效性与政策研究特征的日本经济翻译以及研究类图书不断涌现，因篇幅有限，这里仅列举部分教材与研究类图书。

杨栋梁在《日本后发型资本主义经济政策研究》（中华书局，2007）中把经济政策放在日本国家发展的总战略、总目标之下把握，以宏观把握近代以来日本国家发展的大背景及其战略方针的阶段性变化为基础展开研究。把经济政策划分为制度化政策和手段性政策两大类别展开分析。以日本明治初期、第二次世界大战后初期以及 20 世纪 90 年代中期以来所推行的三次经济体制变革为例展开论述。书中对日本经济政策的手段、方法、内容及效果的分析具有实践性参考价值，是将历史学与经济学融合而成的跨学科研究。

张舒英编写的《日本经济发展模式再探讨》（方志出版社，2007）一书较全面地探讨了日本经济的发展模式及其变化，以日本经济发展暴露出来的主要问题为线索，探究其形成的机理，特别是寻找其体制、政策指导思想、发展模式和运行机制上的原因。

加藤弘之、丁红卫编著的《日本经济新论：日中比较的视点》（中国市场出版社，2008）对日本泡沫经济的发生机制、日本摆脱经济泡沫的过程以及地方经济萧条、经济差距、农村人口过疏、人口老龄化、公害等各个领域的经济问题进行了细致分析。在回顾日本发展的路径后，思考了其对中国的启发。

林家彬与日本经济产业省合作编写的《日本新经济增长战略》（中信出版社，2009）源于日本经济产业省的《经济发展报告》，书中详细分析了日本在少子老龄化以及资源稀缺的情况下如何实现"新的经济增长"，以及在"失去的十年"之后，应如何增强其国际竞争力等问题。从日本同亚洲以及世界的合作与共同发展、各个产业的创新、区域经济的繁荣、中小企业的发展、服务业的创新以及人才的培养等方面进行的研究对中国也有重要的借鉴意义。

任景波、杜军在《日本经济战略转型与对策》（经济日报出版社，2009）中对日本战后经济发展阶段进行了划分，分析了各阶段的增长动力因素与政策。特别阐释了日本自20世纪90年代以来的经济低速增长的经济波动性和体制性原因以及经济管理体制转型的出发点，提出了中国的对日经济战略调整的基本思路。

刘昌黎的《现代日本经济概论（第三版）》（东北财经大学出版社，2014）被列为"新世纪研究生教学用书"。冯昭奎的《日本经济》（中国社会科学出版社，2015）也多次再版。这两部著作均对日本经济发展历程进行了详细论述，对正确认识日本经济具有重大的现实意义和理论意义，同时对于中国当前的经济建设也具有重要的借鉴和参考价值。

随着中国学术界对日本经济研究的不断深入，对经济体制、经济问题进行具体思考的研究不断增加。

张季风在《日本经济结构转型：经验、教训与启示》（中国社会科学出版社，2016）中指出，我国经济已进入从高速增长转入中高速增长的新常态，目前的经济状况与日本20世纪70年代初高速增长期结束时的状况十分相似。20世纪70年代初至80年代初的十几年时间可称为日本经济转型期，经过十几年的艰苦努力，日本成功实现了产业结构的升级换代和经济结构转型，70

年代后期，当其他西方国家还在"滞涨"困境中苦苦挣扎之时，日本已摆脱了危机而一枝独秀。到 80 年代中期，不仅在数量上也在质量上完成了追赶欧美的任务。目前，中国经济正处于经济结构转型和供给侧改革的重要阶段，日本彼时推动经济转型的经验与教训颇值得借鉴与反思。

崔岩所著《日本平成时期经济增长与周期波动研究》（社会科学文献出版社，2016）一书从需求角度以经济增长与周期波动为主线，对自 1989 年开始的日本平成时期的主要宏观经济问题进行了系统研究。实证研究的结果表明，日本量化宽松货币政策的实施效果更多地表现在对经济复苏的促进上，而扩大货币供给和抑制通货紧缩方面的效果则比较弱，诸多深刻的结构问题是制约日本社会经济发展的深层原因。

刘绮霞的《日本国民收入倍增计划的研究与借鉴》（经济科学出版社，2016）以我国收入分配制度改革的日益深化为研究背景，围绕党的十八大报告中提出的居民收入倍增这一主题，以日本的"国民收入倍增计划"为研究对象，通过分析日本政府出台"国民收入倍增计划"的历史背景和决策过程，追踪计划实施后日本各界的功过评价及其反思，并归纳了其经验和教训，意图为我国实现居民收入倍增的路径探讨、可行性对策的制定以及解决跨越"中等收入陷阱"等问题提供有益的借鉴和参考。

可见，随着日本经济研究的不断发展与教学科研需求的不断提高，无论是日本经济相关教材还是研究类图书都在不断增加，涉及领域不断扩大，内容也在不断深化。笔者相信，今后这一趋势仍将持续，研究成果会不断得以充实。

四　复合型人才培养视角下的日本经济研究

随着我国日本经济研究的不断发展和研究水平的不断提高，及时对大事件做出合理判断解读、提供对策建议成为日本研究的重要任务之一；培养具有语言、经济分析能力的复合型人才成为高等教育的重要课题。随着复合型人才的教育体制不断完善，经济类专业学生自不必说，各大院校的日语专业大学生、硕士博士生关注研究日本经济相关问题的趋势凸显。笔者调查了 2007～2015年北京部分高校的日语专业本科以及硕博士毕业论文，发现以下特点。

1. 在选题领域上，本科生毕业论文选题偏重以下四个领域。（1）关于日本企业的研究。将重点放在日本企业的经营战略和人力资源管理上，在这一部分多采用案例研究的方式，其中 7 - 11、ZARA、优衣库等品牌的出现频率最高。近年来开始出现着眼于具体产业做中日企业经营对比研究的趋势。（2）女性相关问题。倾向于讨论女性的社会参与问题以及婚姻观、已婚女性参加工作对家庭的影响等。（3）少子老龄化社会相关问题。老龄化背景之下女性就业问题、护理问题以及养老金问题受到关注。（4）社会热点问题和学生的自身兴趣也是选题的影响因素之一。对比中日两国网络购物现状、中日韩女子偶像团体的偶像商业研究等也成为选题的内容之一。

2. 与本科毕业论文相比，硕士、博士研究生对日本经济的研究体现出更强的学科融合特征；不仅选题更加聚焦，研究方法和研究水平也逐年提高。利用数据进行实证分析的研究不断涌现，被国内外期刊书籍录用的比例也不断提高。研究生毕业论文同样关注女性的婚姻问题以及社会参与问题，但更多运用理论与数据进行实证分析，重视灵活使用经济学研究方法。选题内容涉及以下领域。

（1）日本企业的工资制度。日本式经营的主要特征在于"年功序列制、终身雇佣制以及企业内工会"，然而随着经济形势的转变，日本企业的工资制度也在发生革新，这成为学生在研究日本经济问题时关注的重点。如"绩效工资""成果主义工资对工作环境与劳动积极性的影响""对日企工资制度中激励机制设计理念的考察"等内容。

（2）日本企业的品牌建设。随着越来越多的中国企业走出去，优秀的品牌建设成为国际竞争中不可或缺的一环，而这正是学生关注的问题之一。对知名品牌的品牌战略的关心丰富了这方面的研究内容：除对资生堂、丰田等知名品牌的研究外，对自有品牌以及品牌构筑战略的研究不断增加。

（3）对外投资问题。中国作为日本第二大投资国，中日投资动态向来是学界关心的重点，也是研究生们关注的领域。中国不同产业的对日投资效果、日本的海外直接投资对其国内就业的影响等相关主题毕业论文充分体现了研究生研究能力的提高，这些论文选题也正是中日学术界共同关注的课题。近年来，学生的关注点还涉及日本中小企业的对外投资及其区位选择等具体问题。

（4）企业创新。中国正处于"万众创新"的时代，提高企业竞争力、促进产业升级是目前中国经济面临的重大问题，最近几年硕士研究生的毕业论文选题聚焦日本企业创新机制的为数不少。有关日本企业的创新进化机制研究、企业的变异创新、设计驱动式创新实现路径的研究等不仅对相关理论进行了梳理，还对诸多具体案例进行了分析整理。

此外，结合经济理论追踪大事件、现实与实践意义较强的研究也不断增加。如针对近年来频繁的赴日旅游现象，分析中国赴日旅游需求的决定因素等选题呈增加趋势，也反映出随着中日学术交流与合作办学的推进，研究生教育的学术水平与对现实问题的研究意识不断提高和增强。

五　总结与展望

上述文献综述对 2000 年以来的日本经济研究进行了梳理，可以发现，有关日本经济的研究在研究领域的充实、研究能力的提高、研究方法的创新、研究成果的利用、对国家政策的贡献等领域都取得长足的发展。随着学术界对日本经济各个领域的关注不断增加，研究数量逐年增多，研究领域也越发多元化。虽然宏观经济、中小企业、日本企业制度、创新等研究领域热度不变，但内容随着两国经济形式的转变而不断变化。

随着中国经济的发展以及中国经济在规模上超越日本，中国学者开始关注一些新的问题与动向。比如日本企业的对外并购、国际贸易组合、社会保障体系以及日本的金融财政政策。虽然本文中没有提及，但近些年来，中国学者对日本经济的研究领域越发细化，深入经济的各个领域。如日本的城市建设、房地产价格、产品质量监管、僵尸企业、新能源、区域创新等。

展望今后中国学术界有关日本经济问题的研究，以下动向值得关注。

（1）学术界对日本各项经济政策的制定过程与程序的关心不会减弱，纵观中国学者的日本经济研究，有很大一部分落脚在日本政府的政策制定上。无论是中小企业问题还是农业、社会养老保障等领域，日本政府的政策制定过程依然值得关注研究。

（2）对于任何领域的日本经济问题，更加微观、注重实例的实证研究以及结合社会、政治、文化等跨学科的综合性研究是今后的发展趋势，这一类研究结果的充实有助于综合、全方位解读日本的经济问题，也有助于我国综合考虑与日本的经贸合作等问题。

（3）有关日本的对外直接投资以及海外战略研究仍将保持热度。随着我国"一带一路"倡议的不断推进，中国在沿线49个国家的投资合作将快速增加。然而我国的海外投资经验不足，且在部分地区与日本的投资存在竞争关系。反观日本，日本在过去几十年间成功地将企业甚至产业链布局到发达国家以及发展中国家，如今日本的海外投资收益已经超过了国内企业收益。对日本海外投资经验的研究有助于我国企业更好地"走出去"。如何合理展开投资战略布局、恰当处理中日间的竞争关系、寻求双赢的合作模式将成为新的课题。

（4）中日两国的经贸关系今后将更加密切，相互影响将不断增加，任何一方的经济变动与创新都将给对方带来巨大影响，相关研究视角与选题将不断丰富。曾经日本的家电产品、生活用品以及精益生产管理、匠人精神对中国的日常生活、制造业、服务业各个领域都产生了深远影响；现今，支付宝、微信支付在日本的适用范围不断扩大，源于中国的共享单车也进入日本市场，两国的相互影响将不断加深。

当然，笔者能力十分有限，只能写出中国学者对日本经济研究的一部分，想必文中仍多有疏漏。随着中国经济不断发展，新的问题不断出现，相信中国学者能够通过对日本经济的不断深入研究，为我国今后的发展做出更多贡献。

日本政治研究

中国社会科学院　吴怀中　孟明铭

中日两国是近邻，中日关系一向被中国视作最重要的双边关系之一。从 20 世纪 80 年代中期至今，30 年来日本政治领域①持续出现了诸多令世人瞩目的重大变化：国家总体战略大目标上，从追求"国际国家"（实为"准政治大国"）到"普通国家"（政治大国、军事大国），再到"全面大国化"的"国际社会主要玩家"；②在政治思想上，从新保守主义到总体保守化再到民族保守主义；在政党体制及政局演变上，从中选举区制到小选举区制，经历了一党优势、多党重组，疑似两大政党制，再到一党独大；而在政体改革及央地关系上，又有围绕集权与放权、公平与效率的反复博弈过程。

日本政治的这些变化对中日关系产生了直接或间接的波及效应，是造成近年来两国关系不断震荡的主动性原因。因而，不断提升中国的日本政治研究的质量，重视与加深对日本政治演变规律、发展趋向及其对外影响的跟踪和分析，是中国社会科学领域，尤其是政治学及国际政治学领域的重要课题和任务。

一　近 30 年日本政治领域研究内容史

将 30 年的日本政治研究作为一个整体来看，可以发现几个明显的阶段性特征。也即，在日本国内政治形势尤其是政局重大变动期、体制及模式

---

① 此处是指狭义的"日本政治"范畴，不包括日本外交以及安全防卫等领域。
② 集中体现在安倍试图以"安倍经济学""安倍国防学""安倍外交学"的三大综合政策，强势推动实现"夺回强大日本"、争做"亚太经济及安全主导者"以及"国际社会主要玩家"的国家战略构想上。

转换摸索期、政治思潮倾向明显变化期以及与此相关日本安全及外交政策出现重大调整动向的区间，中国学术界对日本政治领域的研究往往会出现研究成果大量涌现的现象。据此，中国的日本政治研究可分为起步奠基期（20世纪80年代以及90年代早期）①、提速发展期（20世纪90年代中期以后）和快速发展繁荣期（21世纪头15年）三个大的阶段。各个阶段划分的标准不仅是论著数量的多少，还要看研究成果的理论突破即质量的提升状况。当然，如果再细分的话，每一个大的时段又可以划分出具有一定特征的若干个小区间。

近30年中国日本政治研究的课题，可以归纳为如下五大类：第一，对日本政治体制及发展模式的分析；第二，对日本政治思潮（特别是右倾化及保守化）以及政治文化的分析；第三，对日本政党政治及政党体制的分析；第四，对政局演变及政坛变化的分析；第五，对日本政治与对外关系（内政与外交关联）的分析。② 以下就依据这五大类领域对近30年中国的日本政治研究内容做一概观。

（一） 关于政治体制及发展模式

近30年是日本政治、经济和社会结构发生重大转型的时期。具体而言，从冷战后到现在，在日本国家发展战略宏观转型的背景下，日本政治中的诸构成要素，例如选民与政党的关系、政府与社会的关系、中央与地方的关系、决策过程中的政官关系等，都处于深度调整及变化之中。

这种形势下，中国日本政治研究的第一主题自然就锁定在对日本政治体制及模式的成功即对创造"日本奇迹"的分析上。特别是在改革开放初期的20世纪80年代，日本经济高速发展的政治背景、政治体制（尤其是自民党长期执政现象等）、政治动因等要素一再得到重点关注。林尚立《政党政治与现代化——日本的理论与现实》（上海人民出版社，1998）在对日本政党政治的形成与发展历史进行分析研究的基础上，对日本现代化进程

---

① 这个阶段的日本政治研究，很多偏重于介绍或解释，故在此不做详细论述。
② 郭定平：《中国的日本政治研究回顾与展望》，载李薇主编《当代中国的日本研究》，中国社会科学出版社，2012。

对政党政治和结构的影响进行了分析，揭示了日本政党政治的本质特征和政治基础。郑励志《日本公务员制度与政治过程》（上海财经大学出版社，2001）介绍了日本公务员制度，就日本公务员制度的形成和发展以及日本公务员的录用与晋升制度、进修与考核制度、工资制度、惩戒与保障制度、福利保障制度进行了深入分析。王新生《政治体制与经济现代化：日本模式再探讨》（社会科学文献出版社，2002）针对"日本模式"在20世纪90年代初以后陷入低迷困局进行了分析，探讨了第二次世界大战后日本政治体制与经济现代化的关系，分析了自民党独掌大权的保守的"1955年体制"形成的原因、特点及其功能、演变、终结以及与战后日本经济的关联。商文斌《从政治体制视角看战后日本社会的政治稳定》（《江汉论坛》2003年第8期）认为战后日本所建构的政治体制具有较强的稳定功能。权威主义政治理念的承继与维持，政治体制的适时调整，政治运作的法制化，中央集权体制的建构，这一切不仅为日本实现社会的政治稳定确立了思想基础和调节机制，而且还提供了法制屏障和体制保证，并最终促成了日本的现代化。金仁淑《日本政治制度演化与经济绩效》（《日本学刊》2005年第6期）认为日本模式下，以多元官僚制为特征的日本政治制度有力地促进了日本经济的高速增长，但其作为一个高度分散化的体系，其效率取决于其所依存的环境。随着20世纪90年代后日本经济所面临的国内外环境的变化，日本政治制度变成阻碍经济摆脱萧条、不利经济改革的绊脚石。因此，日本经济制度改革必须与政治制度改革实现互补性与整体性。

第二主题是对日本政治体制及模式的转型、改革及混沌局面的分析。冷战结束至今，伴随着经济长期低迷，日本政治开始进入持续动荡时期，因而体制改革及政界重组等便成为日本政治研究的一大关注点。蒋立峰《自民党政治改革的实质及前景》（《日本学刊》1991年第5期）分析了20世纪90年代初自民党危机四起的局面，提出政治改革是日本自民党政权的当务之急和主要课题之一，并认为探究自民党政治改革的实质及前景，对认识日本资本主义国家的阶级实质，把握日本政体结构的演变趋势及预测日本政局发展的前景，都具有重要的意义。邹钧《日本行政体制和管理现代化》（法律出版社，1994）运用跨学科理论知识，较全面系统地阐析了日本行政体制改革及管理现代化的历程、规律和基本经验等，指出"人才""法制""改革""效率"是日本行政体制的突出特点和改革方向，同时作者还结合中国国情，对中国行政体制改革和管理现代化提出了相应的意见。高洪《拉开帷幕的日本行政组织改革》（《当代世界》1997年第12期）对当时执政日本的桥本龙太郎内阁所提出的行政大改革进行了分析，认为由泡沫经济崩溃所导致的日本"官僚一流"神话破灭后，桥本内阁率先推出的精简合并省厅机构已经成为当时日本政治生活中迫在眉睫的课题。张亲培《日本众议院选举制度改革之研究》（《东北亚论坛》1999年第2期）对1994年以来的日本选举改革进行了研究，指出日本众议院选举从战前至1994年一直采用中选区制。中选区制存在种种缺陷，成为日本各界争论的焦点和攻击的靶子，各阶层、各党派都从各自的目的出发解剖中选区制。探索选区制的新形式成为日本选举政治中的热门话题，并最终确定了下次众议院选举采用"小选区比例代表并立型选举制"。徐万胜《日本中央省厅改革分析》（《当代亚太》1999年第10期）研究了1999年小渊惠三内阁提出的《中央省厅改革大纲》，分析了该方案的背景、重点与难点，指出此项改革已经成为日本行政改革的主要内容，日本政府正力图在2001年建立新的中央省厅制度。吴寄南《新世纪日本的行政改革》（时事出版社，2003）指出进入21世纪的日本正在全力推行新一轮的行政改革，涉及政府机构调整、职能转变、公营事业民营化、地方分权和公务员制度改革等各个方面，作者运用实地调查的第一手资料，介绍日本新一轮行政改革的背景、指导思想及在各个具体领域的实施进程。李海鹏《日本政治体制改革的比较分析》（《日本学刊》2005年第5期）强调政治发展史表明不同制度之间存在相互借鉴与渗透，但模仿并不等于简单移植，不同民族的政治借鉴会出现种种复杂情况。作者希望从日本民族的一些根本特点出发，结合美国政治体制和民族性上的特点，通过对比分析两者的异同，力求从长远角度探讨日本政治体制的发展。臧志军《论日本的新保守集权改革》（《国际观察》2006年第4期）认为20世纪90年代以来日本的政治与行政改革是新保守集权改革，改革的主旨是消除双重权力结构，提高效能，将国家权力进一步集中于以"党首—首相"为首的保守政治统治集团手中。经过改革，日本新保守主义政治势力在多个领域基本实现了这一目标。王新生《首相官邸主导型决策过程的形成及挫折》(《日本学刊》2008 年第 3 期)指出,冷战以后日本在政治、行政等领域的改革使首相官邸成为决策过程的中心,其原因在于首相不仅通过改革,作为执政党总裁拥有了国会议员候选人的公认权和政治资金的分配权,而且作为最高行政者弱化了行政官僚的权力,同时小选区制度也让大部分在野党无力翻身等。作者还以小泉纯一郎执政时期的表现为典型来论证这一观点。赵立新《战后日本公务员制度改革中的政治随意性——以日本公务员法律地位的变迁为中心》(《国家行政学院学报》2012 年第 5 期)将关注点投向日本 2008 年制定并于 2011 年修改的《国家公务员改革基本法》,指出该法案结束了战后初期确立的科学人事行政制度,但改革仍保留了作为占领政策产物的、禁止公务员争议行为和从事政治活动的统一规定,明显体现了国家公务员制度改革中的政治随意性。张晓磊《东日本大地震对日本政治体制变革的影响》(《日本学刊》2011 年第 4 期)分析了东日本大地震发生后政治家、官僚与利益集团三方的应对博弈过程,认为对于日本政治体制变革的主导者民主党来说,大地震对日本政治体制变革起着重要的推动作用,并将加快日本政治体制变革的进程,同时官僚主导将逐渐被政治主导所代替,政治家、官僚与利益集团三位一体的政治同盟也将面临深层次的变革。张晓磊《论安倍内阁的安保法制改革》(《日本学刊》2015 年第 3 期)指出,安倍第二次上台后为启动修宪进程,通过变更宪法解释解禁日本集体自卫权,放出"安保三箭",制定并修改一系列安保相关法律,安保法制改革即将在具体法律层面得到全方位实现。安倍的安保法制改革是对和平宪法原则和精神的严重背离,将对日本形成根本性的负面影响,甚至危及亚太乃至世界安全。

第三主题是对日本政治体制及国家发展模式的宏观研究。包括从宏观与微观、从总结过去与预测未来的角度进行的总体分析。宋益民《试论战后日本政治体制及其演变》(《日本问题》1990 年第 2 期)认为战后日本政治体制和运行机制同战前相比发生了根本性的变化,作为保守阵营代表的自民党长期执政,但自 20 世纪 60 年代以来日本经济高速增长带来利益主体分化,决策多元趋势日渐明显,这使得自民党政权的根基愈发不稳,日本政治将走向动荡局面。戚洪国、张艳梅《政治全球化视角下的日本政治大国战略》（《日本学论坛》2005 年第 2 期）认为政治全球化进程的加快对国际政治、国际关系产生了深远的影响。对日本而言，是从经济大国走向政治大国的难得契机，再加上国内新国家主义的鼓动驱策，其政治大国目标清晰，政治大国战略选择日益引人注目。淳于淼泠《宪政制衡与日本的官僚制民主化》（商务印书馆，2007）从民主化的角度研究战后日本官僚制，着重对战后日本官僚制民主化的成因进行了初步的探讨，主要从与官僚制民主化有着直接密切关联的历史因素、宪政制度、政党政治、利益集团、社会监督等方面进行了分析。赵铭《当代日本政治中的官僚——以国家发展模式转换为视角》（《日本问题研究》2008 年第 2 期）指出日本的现代化进程是在作为国家行政主体代表的官僚们的主导下进行的，但是随着日本现代化的实现，日本的国家发展模式开始从"国家主导"向"民间/市场主导"转换。冷战后日本进行了两次大的行政改革，使得日本官僚机构在日本政治过程中的地位从匿名的政策决定者变为单纯的政策执行者。郭定平《制度改革与意外后果：日本发展模式转型的政治学分析》（《复旦学报》2009 年第 6 期）认为 20 世纪 90 年代初期日本经济泡沫破灭之后，在全球化不断深入发展的背景下，日本通过政治改革、行政改革和结构改革等一系列制度改革，促使日本政治体制与政治过程发生了显著变化，推动了日本发展模式的转型。与此同时，原有模式的一些特征依然残存，新旧模式转换过程中矛盾和摩擦大量出现，制度改革带来的这些意外后果，致使日本在应对危机和模式重建过程中步履维艰。李寒梅《三十年来日本的政治转型与政党体制变化》（《国际政治研究》2010 年第 1 期）强调从政治发展的宏观过程来看，20 世纪 70 年代到 21 世纪初日本经历了三大转变，即国家发展的指导思想从"经济中心主义"向"政治中心主义"转变，国家发展模式从"国家主导型"向"市场主导型"转变，国家发展战略从"经济大国"向"政治大国"转变。在这一转变过程中，政治意识形态及政党均走向趋同化。王新生《日本政治的未来发展趋势——从各政治主体相互关系的视角》（《国际政治研究》2011 年第 5 期）认为因近年来日本行政改革及利益集团的衰退，政府与社会的关系处在较大的变化之中。因此，持续的政界分化组合引起的政权更替使日本政治乃至政局在一段时间内难以稳定下来。未来的日本政治体制将仍以一个较大的政党为中心组建政权。周杰《日本选举制度改革探究》（社会科学文献出版社，2012）以冷战后日本的选举改革为个案，说明选举制度改革的过程和制度演化轨迹，解释各个政治行为主体在政治系统中是如何影响选举制度改革的过程等，试图以历史制度主义理论建构一套解释日本选举制度改革的框架。张伯玉《制度改革与体制转型——20 世纪 90 年代日本政治行政改革分析》（《日本学刊》2014 年第 2 期）总结了日本 20 世纪 90 年代以来的政治改革，认为其目的是通过多项分进式制度改革实现政治体制的渐进转型，即由一党单独控制国会多数议席、弱势首相、官僚主导体制向多党联合控制国会多数议席、强势首相、政治主导体制转型。制度改革使日本政治体制与政治过程发生了显著变化，推动了政治发展，也给日本政治带来了转型危机。徐冰清《金权政治下日本〈政治资金规正法〉的困境》（《上海党史与党建》2017 年第 12 期）指出，日本作为一个实行代议制民主的国家，民众的政治主张一般通过该国政党、政治团体及政治家的各种活动得以体现。政党和政治候选人若要在政治竞选中获胜，强大的经济基础必不可少，政治资金的获取和运用就成为日本政党政治的关键要素。该文从日本《政治资金规正法》的历史发展脉络出发，结合政治献金的历史与现实背景，分析金权政治下《政治资金规正法》难以规范政治资金的原因。勾宇威《论占领期美国对日本政治经济民主化改革基础上的教育政策》（《中国市场》2017 年第 24 期）从日本政治民主化的角度研究了占领时期的美国教育政策。他认为，教育对于一个国家的发展具有奠基性意义，占领期美国对日教育民主化改革也是美国对日改造的一个重要方面。占领期的教育政策是以美国对日本的政治经济民主化改革为基础的。相对于日本二战前的军国主义教育而言，美国对日本的教育民主化改造具有进步性，同时，教育的改造基于政治经济民主化改造，又具有较为坚实的基础；然而，结合当时美国对日本的定位和随之到来的冷战、美苏争霸，美国对日本的改造又具有很强的意识形态和霸权主义色彩。乔林生《日本政治权力"家族化"现象评析》（《人民论坛》2013 年第 2 期）指出，当今日本政坛上活跃着许多政治家族，其数量多、比例高、势力大、影响广，在当代发达国家中绝无仅有，反映出日本政治制度上的不成熟性。这种政治权力"家族化"现象源于文化传统、政治体制和经济利益等方面的诱因，其违背了民主的理念与精神，阻塞了人才的选拔途径，劣化了政治决策体制，诱发了政治腐败。为从根本上杜绝这种权力"家族化"现象，需要推动各方面的改革。

曹静芬、于飞《日本多元政治结构传统的形成》（《长春教育学院学报》2013 年第 12 期）认为，多元政治结构是日本政治中最为明显的特点。它在历史演进过程中造就了日本独特的政治思想模式，也是影响日本现代政治发展的决定性因素。刘红《论日本民主党政权下的政治决策体制改革》（《日本研究》2012 年第 3 期）指出，"1955 年体制"下日本形成了由官僚和族议员主导的、自下而上的政治决策体制。对这种决策体制的改革在小泉内阁时期达到巅峰，其后却出现了倒退。2009 年 8 月政权由自民党向民主党转移，民主党誓要打破自明治维新以来确立的根深蒂固的官僚制度，铲除自民党政治的基础——政官商的"铁三角关系"，加快由官僚主导向政治主导的转变。

（二） 关于政治思潮及政治文化

由于历史和现实的原因，日本政治思潮尤其是右倾化和总体保守化通过对国家政策的规范作用也会给中国及中日关系带来影响。因而，中国的日本研究学者对日本的这种政治动向一直给予了持续、高度的关注，对日本右倾化和保守化的背景及成因、定义及特征、表现及走向、对修宪等国家大计的影响等展开了诸多探讨，多年来发表了众多学术成果。高洪《日本当代佛教与政治》（东方出版社，1995）指出即使在高度发达、贯彻政教分离原则的现代日本社会中，佛教依然同政治保持着多种联系。主要表现为僧侣集团同政治事件的联系、佛教系新兴宗教信徒的政治活动、佛教教义理念对政治间接潜在的影响以及和佛教教义相关的政治性社会运动。彭曦等《冷战后的日本政治：保守化的历程》（中国社会出版社，2003）旨在对造成中日关系紧张等问题的日本政治背景进行梳理与分析，认为可以用"保守化"这个词来概括冷战后日本政治的总体趋势，同时也对日本政治走向保守化的过程与原因从议员选举制度、政治意识、政党、政权等几个角度进行了诠释。孙立祥《战后日本右翼势力研究》（中国社会科学出版社，2005）从战前日本右翼势力的回顾、战后日本右翼势力的演变、战后日德两国右翼势力之比较、战后日本右翼势力存在的社会基础和抬头的原因、战后日本右翼势力与中国问题五个角度入手，对日本右翼进行了专项研究，并对粉碎日本右翼的阴谋和尽早推进中日关系走出低谷提出了自己的见解。张广宇《冷战后日本的新保守主义与政治右倾化》（北京大学出版社，2005）首次将日本的新保守主义作为重大课题加以系统完整论证，以日本新保守主义的发展轨迹为主线，对日本保守政治与右倾化进行了定位。吕耀东《冷战后日本的总体保守化》（中国社会科学出版社，2005）提出日本的总体保守化是日本政治体制转型的指向性变化。总体保守化作为一个动态过程，在日本政党格局的变动中体现为传统在野党与保守的执政党在纵向上的此消彼长和横向上的同向变化，与国际环境和日本国内的政治改革、社会变迁中的阶级阶层结构变化及国民意识等因素相互影响，密切相关。李莹《日本战后保守政治体制研究》（世界知识出版社，2009）对日本战后保守政治体制进行了研究，按照时间顺序对战后日本保守政治体制的不同阶段进行划分，多方论证了战后日本保守政治体制在实现社会统合功能上的有效性，从执政党内部、主要政治主体之间、朝野政党之间、中央与地方关系等四个角度分析了政治体制中不同层面上的政治力量关系，运用"政治力学"的方法来论证战后保守政治长期化的原因并总结了日本保守政治体制转型的基本方向和特征。李寒梅《日本民族主义形态研究》（商务印书馆，2012）分析认为，从纵向视角看，日本民族主义的形态，是伴随国家发展模式的转型而演变的，它与国家发展转型之间具有互动关系；从横向视角看，在日本民族国家发展过程中始终存在"传统"与"现代"融合与冲突的内在矛盾，在很大程度上影响和推动了日本民族主义的起伏波动及其形态演变。王星宇《冷战后日本政治思潮研究》（世界知识出版社，2012）从冷战后日本政治思潮的角度探求日本的国家安全战略发展变化的规律，强调就国家发展战略的主观认知而言，在价值观念、意识形态以及文化传统基础上形成的政治思潮是影响国家发展战略的重要因素之一，指出冷战后日本的政治思潮在国家安全战略的核心理念、日本国家安全战略的合理性和合法性、整合并达成了对冷战后日本国家安全战略的充分理解和认同这三个方面对冷战后日本国家发展战略产生的影响。李秀石《日本新保守主义战略研究》（时事出版社，2010）分析了 20 世纪的日本新保守主义政治家与 21 世纪的新保守主义政治家在掌权以前、执政期间和卸任以后，他们的思想脉络、对外政策和变化轨迹，进一步阐明日本新保守主义战略的发展过程。

在该领域研究当中，政治思潮对日本修改宪法的影响得到了学术界的特别关注。高洪《日本国家发展道路的思考与抉择》（《日本学刊》2003 年第 1 期）将目光投向当时日本国会围绕《众议院宪法调查会中期报告书》的出台而产生的争论，指出这场争论是对日本国家发展道路带有根本性质的讨论，宛如一块鉴别不同党派政治家立场观点的试金石。作者还预判尽管报告书在形式上采取了客观罗列各种意见的方式，但明眼人都能看出修宪正在从政见争议走向政治实践。孙伶伶《修宪预示日本未来政治走向——解析日本众参两院宪法调查会修宪报告书》（《日本学刊》2005 年第 3 期）认为，当时日本众议院宪法调查会《最终报告书》在"承认自卫队和自卫权的存在""允许海外行使武力""行使集体自卫权"上达成多数意见，反映了在日本保守政治思潮影响下安保政策上的根本转变。两院报告书的出台加快了修宪的进程，预示了修宪的主要方向，将对日本的内政外交产生重大影响。孙伶伶《日本修宪与民族保守主义思潮》（《当代亚太》2007 年第 3 期）通过分析日本近现代宪政发展史及二战后的历次修宪思潮，认为自 20 世纪 80 年代以来，日本的民族保守主义思潮作为政治家的执政理念、政策路线和政治主张，已开始影响并逐渐主导日本政坛，并发展成为日本社会和国民中的一种意识。日本修宪已呈不可避免之势，对第九条的修改以及修宪后日本的走向，将成为日本各政治派别论战的重点。廉德瑰《"修宪派"与战后日美关系的历史考察》（《日本学刊》2014 年第 2 期）指出日本存在一股引领修宪思潮的"修宪派"。该股势力立志摆脱美国主导的所谓"战后体制"，修改和平宪法。安倍晋三是"修宪派"的继承人，他利用美国的亚太战略调整，再次提起修改宪法问题，是为摆脱美国主导的战后体制、加强日本独立的防卫能力进行挑战性尝试，恢复日本的大国地位。

　　除此之外，政治文化等新研究领域也得以发掘和拓展，这进一步夯实了日本政治研究的基础。武寅《集团文化心理与战后日本政治》(《日本学刊》1992年第1期）指出日本文化的集团性特点几乎已为人们所公认，并从集团文化的角度对战后日本政治的发展情况加以探讨，将之同战后日本政治领域的重大问题如民主改革、议会政治以及自民党内部的派系斗争等联系起来，揭示集团文化心理在战后日本政治领域的影响与作用方式。任志安《中日两国政治文化比较研究》(《日本学刊》1999年第3期）指出，政治文化具有相对稳定性和连续性的特征，所以它对一个国家或民族的政治现代化起着巨大的制约作用。每一个走向现代化的发展中国家都面临着发达国家政治文化的冲击和挑战。要深入认识发达国家的政治文化，把本国的政治文化与发达国家的政治文化进行比较，找出异同以及相互关系等。苑崇利《试析日本政治文化的思想根源》(《外交学院学报》2003年第2期）认为日本集团主义精神能迸发出巨大的集体力量，但这一精神的根源——日本的"村落"意识又带有狭隘性和个性抹杀性，这导致日本民族性格带有从众心理的特点和"与强为伍"的倾向。当代日本人依然受到集团主义观念的影响，而且在当今日本的国内国际政治上有所体现。纪廷许《泡沫经济与日本政治文化的演变》(《日本学刊》2005年第2期）认为泡沫经济及其崩溃对日本产生了全方位的冲击，特别是政治文化方面的变化。日本思想界开始重新审视当代日本，出现了对"日本奇迹"和"日本模式"的质疑与否定，不仅加速日本社会的结构疲劳，更扩大了社会思潮的混沌，从而进一步导致日本滑向政治保守化。臧秀玲《日本政治文化对外交政策的影响》(《东北亚论坛》2006年第1期）认为日本政治文化有如下几点影响其外交：暧昧性使得日本外交具有两面性，等级观念驱使日本极力寻求扩大国际影响力，"耻感文化"使日本外交具有敏感、被动特性，"集团主义"表现为日本热衷于追求与占据主导地位的美国的结盟。田庆立《试析日本政治文化中集团主义的主要内涵》(《东北亚学刊》2014年第3期）认为日本集团主义内部尊奉和崇尚"和"的思想和意识，注重协调与合作，而对于外部而言，则奉行"内外有别"的竞争法则，蕴含着非理性及盲目排外的负面因子。该主义在很大程度上主导和界定了日本人的思维模式和价值取向，潜移默化地影响和制约着日本政治家的思维方式和日本的决策机制。乔林生《当代日本"世袭政治"的文化解读》（《南开学报》2015 年第 3 期）探究了自诩为亚洲民主国家的日本为什么会普遍出现"世袭政治"这种"政治返祖"现象。作者认为日本作为一个后发现代化国家，虽然历经洗礼，但传统文化中的家族制度理念、身份等级意识和恩情主义观念依旧无处不在地影响着现实政治生活，其突出地表现在政治选举上。具体表现为政治家们虽然作为国会议员，但却将这一代表民意的位置当成世袭传承的对象，与此同时，日本的公众也因为受传统文化的影响，对世袭政治抱有相当程度上的认同。赵晓靓《近代日本政治思想中的〈孟子〉——以北一辉思想为例》（《南开学报》2017 年第 4 期）通过研究《孟子》在日本的传播过程，指出该书中的思想到近代还被日本法西斯主义的"教祖"北一辉所利用，他一方面吸收及曲解《孟子》的儒学国家论建构其"纯正社会主义"，另一方面又立足于"生存竞争""适者生存"的社会进化论观点批判《孟子》的"王道论"，并将之运用于分析东亚国际关系，形成了"大亚细亚主义"思想，以及建立"霸权国"的法西斯主义国际战略，不仅是日本法西斯主义的思想源流，也成为第二次世界大战期间日本政府"大东亚共荣圈"战略的历史源流。刘成才《论孙歌的日本政治思想史研究》（《山西师范大学》2017 年第 1 期）以孙歌为中心，指出其借助竹内好研究寻求进入历史的方法，以自我否定的方式重建主体，并提防抽象的侵蚀。作为"东亚知识共同体"的推动者，孙歌试图培养对国际关系更深刻更理性的观察角度，使"亚洲/东亚"论述摆脱实体化陷阱而真正成为有效的方法。孙歌认为知识分子只有不断追问知识存在方式及自己的社会责任，不断自我否定，才能真正进入历史，从而走向世界。日本思想史研究是孙歌介入社会的方式和作为学者的社会责任，更是我们生活其中的"中国"提出的思想史课题。刘瑞丽《战后日本政治理念的演变进程》（《新西部》2014 年第 22 期）指出，在一定的政治理念指导下发展本国是一切国家都要遵循的基本原则。1945 年后日本根据国内经济发展现状以及风云变幻的国际政治曾四次调整其政治理念。第一阶段："非武装中立"——战后日本短暂的政治理念；第二阶段："经济立国"——战后初期日本政治理念的确立；第三阶段："政治大国"——20 世纪 80 年代以来政治理念的突破；第四阶段："加速迈进政治大国"——"晋常"，冷战后日本政治理念的飞跃。梅肖娟《略论西方文

明影响下日本政治文化的嬗变》(《边疆经济与文化》2013 年第 7 期)认为，
日本政治文化中有两个重要内容：等级制及和平主义。等级制方面主要论述了
明治维新时期的"名亡实存"和二战后向企业这个新载体的转移，并指出等
级制是日本二战时期制定出"大东亚共荣圈"的侵略性外交政策和二战后强
化"美日同盟"的外交政策的根本原因。和平主义方面主要论述了二战后
"和平主义宪法"的产生和新时期日本的"修宪"运动，并指出日本正偏离和
平主义路线，试图成为美国军方的真正伙伴。这些改变的发生都离不开西方文
明的影响。

郭定平《论日本儒家政治文化的发展与变异》(《江苏社会科学》
2016 年第 3 期)指出，在长期的中日文化交流中，中国的儒家政治文化
很早就传播到日本，并对日本政治发展产生了深远而复杂的影响。儒家政
治文化在日本得到广泛传播并产生重大影响的过程中，与日本历史文化传
统相适应、与日本社会政治需要相结合，逐渐发生一些重要的转化与变
异，并形成日本特色。这种儒家政治文化的日本化是一个长期的渐进过
程，在江户时代儒家政治文化就开始与国家神道、武士道、新法家相结
合，明治维新以后更是被用来美化和强化天皇统治。日本儒家政治文化虽
然来源于中国经典的儒家文化，但在本质上它是一种日本化了的政治文
化。欧阳登科《论中国佛教文化对日本的政治文化发展的影响》(《求知导
刊》2016 年第 3 期)指出，日本引进中国佛教后给日本的文化艺术、政
治典章制度乃至社会生活各领域带来巨大影响和震撼的事实说明，中国佛
教对推动当时落后的日本社会迅速向前发展具有极大作用。中国佛教在推
动中国文化向日本传播过程中不可低估的桥梁作用是不容置疑的。杨鲁
慧、马冉冉《后冷战时期日本新民族主义产生的政治生态环境》(《社会主
义研究》2016 年第 1 期)认为，冷战结束后，在全球范围产生了新一轮
民族主义浪潮，伴随着新民族主义的兴盛，其对国际关系和国家对外政策
也产生了重要的影响。该文运用国际关系研究中的层次分析法考察后冷战
时期日本新民族主义产生的原因，并以体系层次、国家层次、社会层次为
切入点，探讨日本新民族主义产生的外部环境和社会基础。从某种意义上
说，日本民族主义在新的国际国内环境中，其基本特征的回归是多层变量

因素相互作用的必然产物，并且这一政治思潮将会影响日本的对外关系和东亚地区政治格局的未来走向。周颂伦《战后日本制宪过程中的政治交换——兼论日本的修宪指向》（《四川师范大学学报》2016年第1期）指出，放弃战争权是美国方面对日促降的首要条件，维系天皇制则是日本濒临战败危局仍竭力试图保留的要求。在《日本国宪法》的制定过程中，放弃战争权与象征天皇制完成了事实上的政治性交换，《日本国宪法》得以成立，日本国家顺利重建。在这一交换中产生的和平主义理想，为战后日本带来无穷福祉，理应珍视。放弃战争权和象征天皇制，成为战后日本宪法两大基本特征，亦是防止军国主义在日本再度复活的法律性限制措施。如今日本政坛的修宪思路，则是从根本上颠覆宪法的这两个基本特征，应引起国际社会关注。贾璇《日本战后主要政治思潮的变迁》（《齐齐哈尔大学学报》2011年第1期）认为，战后以来日本主要政治思潮的变迁有三条线索：新和平主义与和平主义貌合神离，背道而驰；新保守主义基本延续了传统保守主义的思想精髓，但具有明显的民族主义色彩；新民族主义思潮与战后初期的民族主义思潮在表现和内容上虽然不同，但其思想根源都是日本人意识中的神国观念和所谓的"爱国心"。

（三）关于政党政治与政党体制

进入21世纪后，日本的政党体制及其运作是中国的日本政治研究体系中得到较快发展的一个领域。各种涉及政党及其外围政治势力的政治现象及规律均被作为分析对象，其中，综合性研究、体制及形态转变研究、政党及政权运行是三大重点关注对象。综合性的研究成果有以下这些。高洪《日本政党制度论纲》（中国社会科学出版社，2004）结合当前国际政治学理论，尤其是近年来政党政治研究中出现的新观点，从日本政党制度产生、发展入手，在着重全面透辟分析冷战结束后日本各党派间分化组合过程与政治斗争实质的基础上，描绘了21世纪初期日本政党制度的前景以及今后日本的发展趋势，力求展示出日本政党制度与模式的立体图景。王振锁《战后日本政党政治》（人民出版社，2004）以史为序，对战后日本政党政治的沿革与演进进行了较为详尽、系统的分析，尤其对自民党长期政权的兴衰过程、原因及其对内对外政策做了比较系统、客观的论述,并提出了自己的看法;提出了自民党"一党优位制"等学术观点,并有较为详尽的论述。徐万胜《日本自民党"一党优位制"研究》(天津人民出版社,2004)的研究对象是自民党"一党优位制"问题。以"一党优位制"为题对战后日本政党政治及政党体制进行系统研究,在我国的日本研究学界尚属首次。近年来,我国对日本战后政治的介绍和研究,散见于各种报纸杂志,从政党体制的角度系统研究战后日本政治尚不多见。该书通过分析以自民党为核心的政党政治,较为系统、深入地探讨了战后日本的政党体制。张伯玉《日本政党制度政治生态分析》(世界知识出版社,2006)探讨了日本政党制度的发生根源、历史演化,分析了日本政党制度的系统构成和特定功能,社会生态环境对政党制度的影响与制约,从而揭示出日本政党制度的演进规律与发展趋势,表明政党制度是特定民族国家社会生态环境的产物。

研究政党体制转型的成果有以下这些。高洪《日本"有事立法"中的政治力学管窥》(《日本学刊》2003年第4期)从日本国会通过"有事三法案"说开去,指出在冷战后日本政坛的转型乱象中,掩盖着保守政治中朝野双方"貌离神合"的本质属性。举凡决定国家道路的原则问题,从旧自民党派生出来的各种新党最终总要同自民党形成一股政治合力,驱策日本在既定的道路上前行。徐万胜《无党派阶层与日本政党体制的转型》(《日本学刊》2004年第2期)认为无党派阶层是促使战后日本政党体制转型的重要因素之一。在"1955年体制"时期,日渐发展的无党派阶层导致自民党一党支配体制趋向"非稳定";冷战后日本的无党派阶层急剧增加且呈"脱党化"倾向;无党派阶层的走向是影响21世纪初期日本政党体制重构的关键因素。徐万胜《政治资金与日本政党体制转型》(《日本学刊》2007年第1期)从政治资金的视角,对冷战后日本政治资金制度的改革及其影响进行了分析,认为在新的制度框架下,政治捐款的减少与政党交付金的导入,是20世纪90年代中期以来日本政治资金收入结构最显著的变化,但是现存的政治资金制度仍是有利于执政的自民党的。政治资金制度问题必然导致朝野政党间的抗争不时加剧。徐万胜著《冷战后日本政党体制转型研究——1996年体制论》 (社会科学文献出版社,

2010）认为，冷战后从 1996 年 1 月桥本内阁诞生直至 2009 年 9 月麻生内阁垮台民主党上台，日本政党体制形成了以自民党为核心联合执政的所谓"1996 年体制"。在此期间新选举制度的运用、政治与行政制度改革、政治右倾化、在野党势力的崩溃与重建、自民党支配体制的变化等诸因素都对这一政党体制的形成及其终结产生了深刻影响。曲静《日本政治改革后政党体质的变化》（《日本学刊》2012 年第 1 期）指出，政治资金和组织效能是支撑政党发展的重要因素，也是评价政党体质的主要指标。1994 年日本国会通过的政治改革四法案引入政党补助金，将中选举区制改为小选举区比例代表并立制，政党对企业团体的政治献金依赖度不断降低。派阀作为利益诱导政治的主要角色，在政治改革和小泉时代的结构改革后难以发挥作用。1999 年开始的地方分权改革导致地方议员减少，自民党的地方组织被弱化。张伯玉《日本选举制度与政党政治》（中国经济出版社，2013）围绕"冷战后日本选举制度改革与政党制形态、政党政治的变化以及日本民主模式的转换"这一主题，指出自 20 世纪 90 年代以来，日本众议院选举导入新选举制度后，经过多次选举实践，政党政治、政党体制以及政党势力的消长都发生了重要变化。作者结合有关选举制度的基本理论，准确把握新选举制度在日本独特的社会风土实践中体现出来的特性，及其对日本政党制形态、民主模式以及政党政治的变化、政党势力的消长等的影响。

在研究政党政权运行方面，目前在研究成果的分布中，涉及自民党的占很大部分，这与日本政治结构的历史与现状是有很大关系的。王振锁《试论日本自民党政权》（《世界历史》2000 年第 2 期）总结了 20 世纪自民党的发展历程，认为其存在"形成—成长—危机—再建"四个阶段，由于"政—官—财"三位一体的存在，自民党总能保住"一党优位"。此外，党内派阀竞争、日本国民"中流"保守意识的增长、在野党势力薄弱等因素也是很重要的客观原因。徐万胜《利益诱导与自民党政权——以自民党农林族议员为视角》（《日本学刊》2002 年第 3 期）指出利益诱导是日本自民党政权有效地统合社会各阶层的重要手段。作者以自民党农林族议员为视角，分析了其发展对自民党施政产生的影响，并对利益诱导与后自民党时代日本政党政治的走向做了初步探讨。游国龙、尚会鹏《自民党得票率与日本的米价——对自民党统治与其农业政策关系的数量分析》（《日本学刊》2004 年第 3 期）采用数量分析的方法，研究日本稻米生产、稻米价格与日本自民党得票的大量统计资料，得出自民党的地区得票率与该地区稻米产量的高低呈正向关联，并认为农业政策是自民党维系政权的有力武器。徐万胜《论冷战后日本自民党的派阀政治》（《日本学刊》2006 年第 2 期）认为，自 1996 年初自民党重新主导政权以来，其党内各派阀相继"复活"，但却因"政治改革"等制度性因素的影响而开始削弱。在此背景下，2000 年以来发生的"加藤之乱"和"小泉变革"的实施，则导致自民党的派阀政治逐步走向衰落，各派阀的"细小化"与"流动化"趋势更加明显。高洪《安倍政权的政治属性与政策选择》（《日本学刊》2006 年第 6 期）认为安倍掌握自民党新政权后，标志着"1955 年体制"余波的消亡，日本的权力中心和决策机制不断向首相官邸集中，自民党新老政治家之间权力交替，新政治势力开始按照日本的国家战略利益需要，一面推进修改宪法等基本国策，一面调整自、公联合政府的经济政策。一个新的时代拉开了序幕。杨伯江、霍建刚《日本自民党政治走向历史性衰退》（《现代国际关系》2009 年第 8 期）分析了自民党政权易手的原因，认为选举制度的改革与后援团体的弱化，削弱了党的根基，而世袭政治和金权勾结，更使党深陷泥潭。安倍、福田与麻生三位首相在发展与改革问题上始终提不出明晰的路线图，以致失去民众的信任。徐万胜《安倍内阁的"强首相"决策过程分析》（《日本学刊》2014 年第 5 期）认为 2012 年底自民党再次上台后，其政权决策过程呈现官邸主导、政官合作、政高党低、朝野交错的特征，从而导致"强首相"这一趋势。该决策过程是为了满足日本全面"正常国家化"战略转型的现实需求，却也可能由于缺乏决策制衡而误导日本的国家发展。张伯玉《从第 47 届大选看自民党"一党独大"》（《日本学刊》2015 年第 1 期）以第 47 届大选为角度分析了自民党重夺政权以来的"独大"问题，认为自民党"一党独大"是安倍成功的选举战略、日本"自、公联合"和在野党不断衰退的政治生态环境相互作用的结果。

在民主党执政的 3 年多时间里，对该党的相关研究也曾大量涌现。杨伯江《民主党新政与日本之"变"》（《外交评论》2009 年第 5 期）认为民主党上台政策调整先从内政开始，要打破"政官同治"，构建"政主官从"的决策机制。但要想解决这一问题，关键是在参、众两院都获得优势地位，因此出台惠民政策迎合选民，是其最大考验。徐万胜《论政官关系与日本民主党政权》（《日本学刊》2010 年第 4 期）认为民主党政权具有"由官僚主导转向政治主导"的政策理念。民主党鸠山内阁上台执政以后，设置了国家战略室和行政刷新会议，并通过"事业甄别"与"国会立法"的方式来实施政官关系改革。在此过程中，民主党政权对运营机制做出了相应调整，但也显现了弊端，成效将受到诸多因素制约。徐万胜《论利益集团与日本民主党政权》（《日本学刊》2011 年第 2 期）认为民主党上台执政后，利益集团的政治参与能力与政党支持取向发生了不同变化。在依赖工会团体"联合"支持的基础上，民主党政权与财界团体"经团联"之间相互试探，并动摇了业界团体的政党支持取向。在利益集团与民主党政权的利益互换过程中，两者的合作是有限度的。吴寄南《民主党执政后的政官关系》（《日本学刊》2011 年第 5 期）认为民主党执政后锐意推行"政治主导"路线，但由于官僚系统的抵制及民主党的先天缺陷，这场旨在打破"官僚主导"体制的攻势逐渐减弱，东日本大地震更恶化了这一趋势。这一轮政官博弈最终以民主党放弃其竞选公约中的部分承诺为代价，形成了一种脆弱的妥协。张伯玉《浅析民主党政府的政治改革》（《日本学刊》2012 年第 4 期）认为民主党执政后大力推进的政治改革，实质上仍处于 20 世纪 90 年代中期以来日本制度改革与模式转型的延长线上。其改革的基本理念是实现"从官僚主导的政治向政治主导的政治"的转变，同自民党政府的改革取向有差异，但理念并无本质区别，目标是确立以首相为中心的内阁主导的政治体制。

而对各在野党的研究可算是后起之秀。曹田禄《日本共产党的"日本式社会主义"理论与实践》（中国社会科学出版社，2004）以特定时期的日本国内外政治、经济形势和世界共产主义运动发展状况为背景，对战后日共的"日本式社会主义"理论与实践活动进行重点剖析，发现其一般规律，总结其经验教训，前瞻其未来发展。华桂萍《护宪和平主义的轨迹——以日本社会党为视角》（人民出版社，2005）多视角地对社会党的安保政策进行了深入的探讨，也为学界提供了一个较新的研究视角，在一定程度上弥补了我国学界对日本社会党及其安保政策研究的空白和不足。张名瑶《日本政治文化与自民党一党优位制》（《辽宁省社会主义学院学报》2016 年第 2 期）认为，日本自民党自 1955 年以来在 60 年的党史中执政 56 年，形成了"一党优位制"。"一党优位制"与集团主义意识、等级秩序意识、集团内外有别意识以及"纵式社会结构"、天皇主义等日本特有的政治文化具有密切关系。

此外，盘永楠《日本选举政治背景下族议员对政治的影响》（《湖南行政学院学报》2016 年第 5 期）的研究表明，日本选举政治是族议员产生的一大原因，族议员的行为和动机都与选举密切相关。族议员影响决策主要依靠集体作战和通过个人影响力发挥作用两大主要途径，在政治上族议员起到了利益表达代表的作用，但也带来了利益固化和腐败滋生等问题。在日本选举制度变化后，族议员作为日本政坛的一支活跃力量将会在较长时间内继续发挥作用。王新生《竞争性政党政治奠定了日本成为经济大国的基础》（《中国与世界观察》2015 年第 3、4 期）指出，日本在野党弱化，失去应有的监督、牵制功能，其结果是政治资金丑闻、行政官僚腐败、内需严重不足、面向国内的制造业及服务业乃至农业国际竞争力低下等问题。但由于自民党、社会党对立的竞争性政党政治保障了政策的合理性、可操作性，为日本成为经济大国奠定了政治性基础。乔海波《日本政治生态之维新会崛起与选战前景分析》（《吉林省教育学院学报（中）》2013 年第 8 期）指出，纵观近些年日本的政治舞台不难发现，日本"新微型政党"异常活跃，使得日本政坛呈现出新一轮分化重组的剧情。其中，大阪市市长桥下彻成立的日本维新会对日本政党政坛有着较为深刻的影响，并一跃发展成为继自民党和民主党之后众议院第三大政党，从而掀起了日本政坛重新洗牌的序幕。然而，石原慎太郎和桥下彻在地方政府中所显示出来的强势领导风格，使得该党始终处于一种领导和政治主张上的混乱状态，致使维新会 2013 年夏选战前景堪忧。该文以日本维新会的崛起及其面临的多重危机为主线，对其选战前景予以初探。栾欣超、谭君久《日本自民党派阀政治探析》（《湖北社会科学》2012 年第 6 期）指出，在现代化发展的进程中，日本曾出现资本主义国家极为少见的"一党独大"体制——自民党连续执政长达 38 年。在"1955 年体制"下，日本政权的更迭不是在政党之间，而是在自民党内部各派系之间。可以说，研究二战后日本的政党政治首先需要研究日本自民党，而研究自民党的地位和作用，不得不涉及自民党内部的派系问题。李京《论日本"一党独大"视域下政治体制的民主运行——以"1955 年体制"为例》（《湖北行政学院学报》2012 年第 6 期）认为，日本自民党从 1955 年起，一党执政长达 38 年。此间日本的社会经济各方面都取得了异常迅猛的发展。从战后的满目凋敝到 20 世纪 80 年代末的经济强国，自民党在其中发挥了非常重要的作用。透视自民党长期"一党独大体制"的成因与特征，分析自民党历经议会内外的各种"反体制运动"，可以发现自民党党内充分健全的民主制度是其能够长期执政的重要保障，党内各派竞争是其走向成熟民主不可替代的过渡阶段。因此，反观自民党"一党独大体制"的解体和崩溃最终也是历史发展的必然选择，也充分体现出日本民主政治发展的历史性巨大进步。

（四） 关于政局演变及政坛变化

由于一系列内外因素的影响，冷战结束后日本政界持续分化组合，引起了政权频繁更替，政局动荡不稳。这一宏大的"政治试验场"成为中国日本政治研究的重要对象，日本政局的每次重要变化都被作为研究界讨论和写作的热点题目。

相关的研究主要分为两类，一是对政局演变以及政坛分化组合的特点与性质的分析，二是对未来政局及其带动的相关政策走向的研判。刘江永《论日本政局的历史性重大变化》（《日本学刊》1993 年第 6 期）分析了1993 年自民党下台的原因并对细川内阁进行了展望，认为这是一场平成保守维新，结束了"1955 年体制"，是新保守势力取代传统保守势力的一场变革，保守势力分裂却膨胀，实际上由小泽一郎掌权，有过渡政权，虽然改变了一党独大，但这是日本保守势力谋求政治改良过程的一个开端。凌星光《日本村山内阁诞生的背景及其性质与展望》（《世界经济与政治》

1994 年第 1 期）分析了村山富市内阁的性质，认为村山政权的诞生既有偶然性，又有必然性，将可能对日本、亚洲和世界政治产生巨大影响，中国要抓住这次良机，加强中日关系。鲁义《日本大选与政局走势分析》（《日本学刊》1997 年第 1 期）围绕第二次桥本龙太郎内阁的组成过程，基于作者对日本的实际考察，重点对本次大选的背景、大选的选定时机、大选活动和竞选纲领及未来日本的政局走势做了分析。吴寄南《新进党解散后的日本政局》（《国际展望》1998 年第 2 期）认为是小泽一郎导致新进党的解散。日本政局聚散离合，混乱不堪，但是桥本内阁并不会因此高兴，因为其本身有着很多毛病，前景不明朗。高洪《日本新型政治结构探析——以新进党解体后的政局走势为中心》（《日本学刊》1998 年第 2 期）认为日本新进党的解散不是一个单独事例，需要将其放到日本政治改革的整个过程中来考察。这场较量仍旧是政治体制变革中的一个环节。在政治家个人进退、政党消长的背后孕育着面向下个世纪的政治模式，未来日本社会生存发展所需要的政治结构正在逐步构建之中。王屏《日本政界重组拉开帷幕》（《日本学刊》2005 年第 6 期）分析了日本第 44 届大选，此次大选围绕小泉纯一郎内阁引发的邮政改革展开了激烈斗争，拉开了日本政界重组的帷幕。经过这次大选，自民党一党独大已成定局，正在形成中的两党制受到严重挑战。超级执政党的诞生以及小泉所在的森派系的"一枝独秀"都将对未来的日本政局产生深刻的影响。马俊威《日本政局步入新的转折期》（《现代国际关系》2007 年第 11 期）指出 2007 年 7 月底参议院选举后，分掌国会众、参两院的自民党与民主党之间争夺执政地位的斗争空前激烈，其焦点在于是否批准新《反恐特别措施法》，2008 年春季的众议院选举可能将决定政权的最终归属。安倍政权的夭折意味着其"脱战后体制"激进改革路线碰壁、求稳怕乱成为日本国内各界的共识。福田政权提出以"自立与共生"为基调的内外政策，力保自民党的执政地位，但能否收到预期效果尚难预料。张智新《麻生上台后的日本政局及其对华政策》（《当代世界》2008 年第 11 期）认为，麻生政权成立以后面临的关键问题是如何应对民主党占领参议院主导权，作者认为日本实现稳定的两党制是不大可能的，并认为麻生访华可能会有助于两国关系的改善。冯昭奎

《日本政权更迭与中日关系》（《日本研究》2009 年第 4 期）认为民主党取代自民党具有非凡的历史意义。其不仅终结了自民党半个世纪的垄断，而且打破了日本政治"政官财"勾结的传统，在一定程度上也改变了日本右翼民族主义的发展势头。不过民主党和自民党既有差异也有共同点，中日关系虽然进入了新的发展阶段，但是否能够全面好转还有待观察。胡令远《日本政局的困局》（《国际问题研究》2010 年第 5 期）指出在日本第 22 届参议院选举中，执政不足一年的民主党惨败，日本政坛再度形成执政党与在野党分别在众参两院占据多数的"拧劲国会"；在此背景下即将举行的民主党代表选举被视为危机选举。以上因素使日本政局及中日关系充满变数和不确定性，也给两大政党化中的日本政党政治带来挑战和机遇。吕耀东《总体保守化与政治右倾化的关联性分析——兼论第 23 届参院选举后的日本政局》（《日本学刊》2013 年第 5 期）从日本政党政治的历史与现实出发，证实日本的总体保守化与政治右倾化相向而行且表现出直接的相关性。日本已不足以形成遏制日本的总体保守化和政治右倾化的有生力量。自民党在众、参两院的选举中获胜，不仅打破了"扭曲国会"困局，回归自民党"一党独大"的政治格局，宣告"两党制"构想及实践告一段落，而且导致日本的总体保守化再次提速，政治右倾化加剧。徐万胜《日本第 47 届众议院选举及政局走向》（《国际观察》2015 年第 1 期）认为 2014 年 12 月的日本第 47 届众议院选举是日本首相安倍晋三精于政局算计，突然提前解散众议院而举行的。选举结果为执政党大胜并占绝对优势，其根本原因在于现阶段在野党势力低迷，无力应对众议院选举。在"一强多弱"的政党格局下，安倍内阁执政或呈长期化趋势，但仍存有变数。谢韬《"修宪"与变数：日本政治的未来走向》（《唯实》2017 年第 8 期）认为，目前，日本政界在恢复日本完整主权这一点上，已经基本合流，从日本政界的角度看，修宪已经是大势所趋。但是，日本政治的变数还是极大的，这是因为日本重大的变数有三点，一是冲绳问题，二是核问题，三是国际条件的变化。

王希亮《战后日本政治右倾化的历史轨迹及主要特征》（《日本侵华史研究》2016 年第 2 期）分析指出，战后以来，日本政治始终呈现保守化和右倾化的态势，只是各个历史时期表现的内容或方式有所不同而已。《旧金山和约》签字后，日本旧皇国史观沉渣泛起，一大批负有战争责任的政治家、官僚重返政坛，否认东京审判，美化侵略战争的思潮初露端倪。与此同时，执政当局展开了修改宪法的切实步骤。随着新保守主义的出台，历史修正主义开始泛滥，一系列架空宪法、突破"专守防卫"宪法约束的"战争法"出台，日本迈出了建设政治、军事大国的步伐。

（五） 关于政治与对外关系

中国的日本学界对日本国内政治与对外关系联动的研究，主要集中在两个方面。一是从广义上和总体上考察日本内政（决策）与外交的关系；二是围绕特别个案（尤其是钓鱼岛事件）进行的一种案例分析型的剖析和考察，这也是进入21世纪后得到迅速发展的一个新兴领域。

关于第一类的研究，代表性著作主要有以下几种。包霞琴等《变革中的日本政治与外交》（时事出版社，2004）认为20世纪90年代以来，日本进入全面而深刻的大变革时期，是日本历史上的第三次"开国"。该书选取政治与外交两大主题，围绕着政治制度、决策过程、防卫政策和外交战略等方面的变革，进行了深入的剖析和研究，进而强调日本的变革对中日关系的巨大影响和众多挑战。刘宗和《日本政治发展与对外政策》（世界知识出版社，2010）着重分析了日本明治维新以来政治发展的轨迹以及日本对外政策的变化，进而研究日本内政、外交的可能发展趋势。作者对再度崛起的日本走向何方，战后形成的和平发展模式能否持续，日本雄厚的经济、科技实力对世界的繁荣来说是做出贡献的基础还是威胁，持久和平、共同繁荣的东亚能否实现等问题辩证地做出了分析。郭定平等《日本政治与外交转型研究》（复旦大学出版社，2010）聚焦于21世纪日本政治与外交转型，收录了关于日本制度改革与发展模式转型、日本政权交替与政治结构转型、日本行政体制改革与发展、日本外交战略的调整与变化、日本对外关系的最新发展等方面的研究论文16篇，对21世纪日本政治行政改革与发展、日本外交战略调整与走向进行了多学科、多角度、多层面的分析和研究。李建民《冷战后日本的普通国家化与中日关系的发展》（中国社会科学出版社，2005）将研究重点放在日本的"普通国家化"问题上，从冷战后日本的"普通国家化"的背景分析、冷战后日本的"普通国家化"、20世纪90年代的中日关系、21世纪初期日本"普通国家化"进程的加速、21世纪初中日关系的回顾与前瞻五部分进行了论证与分析。徐万胜著《日本政治与对外关系》（人民出版社，2006）从政治制度、政党政治与政党体制、经济外交、对华关系、对联合国的外交及对东南亚国家的外交等视角，全面论述了日本的政治结构和日本的对外关系。黄大慧《日本大国化趋势与中日关系》（社会科学文献出版社，2008）认为日本政治正不断走向保守化，使得日本新国家主义逐渐形成，这一主义要求日本必须成为政治大国。从内部讲，大国化趋势表现为围绕修订和平宪法的斗争日趋激烈，从外部讲是强化日美安保体制并凸显日本的独立行动力以及谋求联合国安理会席位。在这一趋势下，中日关系向何处去已经成为我们必须思索解决的难题。

除论著外，该类研究的论文也数量众多。桐声《日本右翼势力及其对日本内外政策的影响》（《日本学刊》2005年第6期）指出日本右翼势力战前积极参与日本对外扩张政策的谋划和充当军国主义侵略战争的急先锋，战后对内试图扭转国家的和平发展道路，对外信奉实力政策和强硬外交，正直接、间接地影响着日本对内对外政策的制定与实施。徐万胜《政党体制转型与日本对外政策》（《外交评论》2012年第6期）基于冷战后日本政党体制转型的具体内涵，阐释其对日本对外政策的深刻影响，认为总体保守化引发对外政策的右倾，推动了20世纪90年代中后期日美同盟的强化，并导致对外政策偏重意识形态考量。自民党、民主党两大政党的对外政策不断趋同，日本政党体制转型能否顺应国际社会发展潮流，满足日本国家发展战略正确抉择的内在需求，值得关注。张瑶华《日本政坛动荡对其内政和外交的影响》（《国际问题研究》2010年第5期）指出日本民主党上台后，由于对选民背信弃义，支持率很快下滑。但自民党并未获利反而继续衰退，不断涌现的小党形成了日本政党政治的"第三极"力量。日本政局不稳，不仅使日本在寻求国家发展方向的道路上继续徘徊，而且增加了日本对外政策的不确定性。孙承《试析日本鸠山内阁的政治与外交》（《国际问题研究》2010 年第 2 期）认为，以鸠山由纪夫为首的民主党取代长期执政的自民党组成新内阁，是日本政治史上一个新的开端，长期以来酝酿形成的两大政党轮换执政的体制或将由此形成。鸠山内阁在外交上更强调自主性，主张对日美关系重新定位和以构建东亚共同体为目标。

关于第二类的研究，成果也为数不少。瞿新《日本民主党政权应对钓鱼岛事件的异常性问题》（《国际问题研究》2011 年第 3 期）针对当时出现的钓鱼岛撞船事件，认为对菅直人内阁来说，处理撞船事件是一大外交难题。由于日本民主党执政后内政外交的政绩不佳，因此该政权在处理钓鱼岛事件过程中抱有借外交事件处理调整对外政策方针和巩固政权基础等目的。吴寄南《试析钓鱼岛争端的日本国内政治背景》（《国际观察》2012 年第 6 期）分析了日本民主党的野田佳彦政权"购买"钓鱼岛风波，认为这实质上是日本右翼势力和野田内阁合演的一出"双簧戏"。其深层原因是日本当权者试图遏制中国崛起势头，蓄意推翻二战后形成的国际秩序。钓鱼岛争端将对日本政局和中日关系带来深刻的负面影响。

吴怀中《日本政治变动及其对华影响》（《日本学刊》2013 年第 1 期）着眼于 2012 年日本政权更替，从政党结构、政治生态和政策倾向三个维度考察从民主党到自民党的政治变迁及其对外影响，着重分析了"结构保守化"、"生态右倾化"和"政策正常化"三个核心变量给中日关系带来的影响和考验。宋海洋《当前日本政治的右倾化及其对中日关系的影响》（《江南社会学院学报》2014 年第 1 期）指出 2012 年安倍晋三政府上台以来，日本政治思潮急剧右转，政治右倾化加剧。日本领导人公开否定侵略历史，美化侵略战争，参拜靖国神社，企图修改和平宪法，积极实施价值观外交，大力增强军事力量。日本政治右倾化的历史根源在于战后民主改革的不彻底性和美国的扶植，现实背景则是美国正在实施的亚太再平衡战略和中国经济的快速崛起。日本政府如果不采取措施解决，中日关系的矛盾将加深，东亚一体化进程将遭受挫折。梁云祥《日本政治右倾化与中日关系》（《国际政治研究》2014 年第 2 期）认为，日本政治右倾化对中日关系造成了负面影响，但不能简单将中日关系恶化都归咎于日本政治右倾化，因为右倾化并非简单等于军国主义化和挑战第二次世界大战后的国际秩序，其中有些内容并没有违反现有国际规则和日本法律，或已经被日本国民所接受，因此，这一政治倾向将是一个长期现象。目前的中日关系之所以恶化，表面来看是由于钓鱼岛争端和历史认识等一些具体事件及日本政治的右倾化，但更深层次的原因在于两国关系中的一些结构性矛盾，即双方的"安全困境"、国家发展战略冲突、实力对比相对平衡及感情恶化。所以，不能将改善中日关系的希望寄托在日本政治不再右倾化上，而只能在承认日本政治现实和适度影响日本政治的同时，去寻找缓解中日关系结构性矛盾的具体办法。周璐铭《日本政治右倾化及其对中日关系的影响》（《东北亚学刊》2013年第6期）认为，政治右倾化是日本政坛长期以来的发展倾向，进入21世纪以后更是发展迅速，给中日关系造成了恶劣影响。日本政治右倾化主要表现为首相及政要参拜靖国神社、修改教科书及美化侵略历史、试图修改和平宪法、政府宣布"购买"钓鱼岛等。战后美国对日非军事化改革不彻底和日本独特的政治文化风土是日本政治右倾化出现的根源，国际冷战格局转变为右翼势力抬头提供了契机，日美同盟的不断强化赋予右翼势力国际支持，中日经济实力逆转加速了日本政治右倾化的步伐。日本政治右倾化作为一种消极的政治思潮，给中日关系带来不良影响，两国关系呈现出由"政冷经热"向"全面冷淡"转变的迹象，中日民间交流急剧减少且两国民间感情日益恶化。魏少峰《日本政治全面右倾化及其对中国国家核心利益的危害》（《湖北行政学院学报》2013年第5期）指出，近年来日本政治的右倾化趋势越来越明显。自2012年底安倍内阁成立以来的种种举措，充分显示出日本政治正全面走向右倾化，如扩军修宪，图谋实现"正常国家"；否认侵略历史，侮辱受害国人民；重新修改教科书，掩盖历史真相；集体参拜靖国神社，公然挑战国际社会。日本政治的右倾化既有日本自身的历史和现实原因，也有美国的影响，日本在钓鱼岛问题上态度强硬，危害中国主权，在中国周边构筑包围圈，威胁中国战略安全，严重危害了中国的国家核心利益。中国必须对此高度警惕。

王京滨《代理懈怠与日本政治变局——兼论中日政治关系的走向》（《社会科学》2016年第6期）基于委托代理理论，分析了作为代理人的日本政治家在监督机制陷入功能不全的状态下所暴露出来的代理懈怠问题，进而诠释中日政治关系恶化的本质，即中日政治关系恶化是日本民主制度机能衰退的显现，而不真正代表日本的整体民意。他认为，日本政治生态自 20 世纪末向大众主义转变，政治家（代理人）不再依赖展示自身的卓越才能来消除与民众之间所存在的信息不对称问题，而是凭借政治作秀获取支持。同时，日本不同年龄层人群对政治的参与程度存在较明显的队列效应，年轻人群不关心政治，实质上减小了对政治家代理懈怠的惩罚概率，政治家及其利益集团的利益追求行为日渐显著。带有浓厚右倾色彩的政治家敢冒道德风险，而贤才政治家却因逆向选择机制从舞台上消失。日本政治右倾实质上是民主主义机制后退状态下的代理人危机问题，这是日本国民在泡沫经济崩溃后的迷茫中失去参与政治的热情所引起的。从这一角度来看，中日政治关系一波三折的现象会在世代交替和年轻群体政治参与的增加中趋向平缓。

二　近 30 年日本政治学科建设倾向与特点

经过 30 年的发展，中国日本政治研究的成果已具备一定的深度和广度，研究的理论性、思辨性和系统性逐渐加强，研究范式和方法论不断完善，符合学术规范的成果增多，知识创新得以推进。这些积极趋向与时间的推移呈正相关关系，进入 21 世纪后这种关系则更为明显。

（一）　基础研究更加扎实，应用研究持续推进

30 年来，日本政治研究中相对偏重于应用与时政研究的格局得到了一定程度的平衡。在上述 5 个领域的研究中，基础研究一直占有重要的地位和分量，例如在对日本政治体制、政党政治、政治思想及政治文化、内政与对外关系的研究中，较为厚重的学术成果（尤其是专著）已经陆续出版了至少几十部，如蒋立峰主编的《日本政治概论》、王新生的《现代日本政治》、王振锁的《战后日本政党政治》、林尚立的《政党政治与现代化——日本的理论与现实》、高洪的《日本政党制度论纲》、徐万胜的《冷战后日本政党体制转型研

究》、李寒梅的《日本民族主义形态研究》等。这些著述在多方面填补了相关领域的学术空白。应用与时政研究自不必说，历来是日本政治研究的热门和重头，例如关于日本政治体制改革、政党政治态势及走向、政局演变新动向、政治右倾化及其相关影响的论著，至少在数量上还是远超基础研究的成果。下文中30年来《日本学刊》刊发的有关日本政治研究论文的数量及比重表就很好地说明了这一点。

（二） 理论探索及概念创新有突破

经过多年的积累，在奠定了一定的基础之后，中国的日本政治研究学界开始摸索自主创新，在理论构建、概念生成方面，力图开始有所作为、有所突破，以早日掌握学术话语权，占据学科建设的高地，引领相关研究的发展和进步。例如，国内媒体经常提及日本"右倾化"和"保守化"，相关新闻触目皆是却总是很难准确说明日本政治生态现状及实质，针对此情况，日本政治领域的研究者们进行了专门探讨，如桐声的《当代日本政治中的民族保守主义》一文就指出，"之所以用'民族保守主义'概念来归纳当今日本政坛上的主流政治意识，是因为迄今人们对冷战结束以来的种种界定，并未能够完整、准确地究明其本质。尽管'政治总体保守化'、'政治右倾化'、'新保守主义'、'新民族主义'、'新国家主义'等概念从某种角度捕捉到了日本政治发展的某些特征，却未能阐明日本政治结构变化的本质和动因"。对照之下，民族保守主义的概念界定，即"带有强烈民族主义色彩的保守政治的系统理论和主张，其本质是激进保守的执政理念中夹杂了浓烈的民族主义政治思想"。随之吕耀东的《试析日本的民族保守主义及其特性》、张进山的《当代日本的民族保守主义：生成、概念和释疑》等文章适时跟进，起到了引领问题研究方向的作用，在很大程度上能够较好地概括冷战后日本政坛主流政治思潮的流变和特质，及时发挥了解释现实、引领研究的作用。

此外，中国的日本政治研究还就日本政党转型及体制提出了自创的定义和概念，例如本质上属于"准一党优位制"的"1996年体制"，以及自民党强势主导政坛的"2005年体制"等。

（三） 方法论的运用日渐成熟

这表现为日本政治研究在以下两大方面所取得的一定的进展。

第一是较为成熟地将政治学的理论与方法论进一步运用于日本政治研究。毋庸置疑，政治学的研究方法首先是推动日本政治研究发展进步的基本手段。多年来，运用经典的政治学方法进行的研究不断增多。林尚立的《政党政治与现代化——日本的历史与现实》运用政治学的理论和方法，分析了政党政治在日本现代化历程中的结构与功能，探讨了日本政治过程和政治发展的基本特征。王新生的《现代日本政治》基于政治学中经典的政治过程分析法，再加以制度、结构的辅助视角，深入剖析了现代日本政治的状况。而王新生的《政治体制与经济现代化——"日本模式"再探讨》则基于广义政治经济学的视角，探讨了战后日本政治体制与经济现代化的互动关系。郭定平的《论战后日本多元政治》在很大程度上推动了将"多元主义政治分析法"引入中国的日本政治研究中。张伯玉运用政治生态学研究方法来分析日本的政党体制及其与政治社会环境的相互关系。周杰著《日本选举制度改革研究》尝试用历史制度主义理论建构一套解释日本选举制度改革的框架，然后运用这一框架寻找解释影响日本选举制度改革动力的各项因素。该书结合运用西方选举制度理论来分析日本具体现实状况，实际上挑战了迄今国内所未尝试的领域。

第二是正逐步尝试将多学科的研究方法综合集成加以运用。正如当代社会科学发展的大趋势一样，多学科及跨学科研究方法的综合运用，往往能更好地开辟相关研究的新天地和新路径。高洪的《日本当代佛教与政治》采取宗教学、社会学与政治学相结合的多学科研究方法，揭示了日本当代佛教与国家政治生活相互制约、相互作用的依存关系。淳于淼泠的《宪政制衡与日本的官僚制民主化》则尝试利用政治学、历史学、法学、行政学等社会科学的既有成果，对战后日本官僚制民主化进行综合性分析研究。曹天禄的《日本共产党的日本式社会主义理论与实践》在以马克思主义为指导的基础上，采用历史分析、比较分析、系统分析、文献查阅和归纳等主要方法，对二战后日共的"日本式社会主义"理论与实践活动进行了重点分析。

三 当前日本政治研究领域存在的挑战及前景

日本政治研究需要兼具高度的理论水平与对日本政治现实长期跟踪的学术积累，在整个日本研究中并不属于热门和显学。比起直接与中日关系紧密相连的历史与经济领域，日本政治类的研究成果在数量上从来不占优势。

《日本学刊》编辑部发表的《中国的日本研究著作目录（1993~2016）》（《日本学刊》2016 年增刊）中所提供的数据显示，该书所收录的日本研究相关著作共七大类 4716 种，其中，综合类 239 种，占 5.1%；历史类 1234 种，占 26.2%；外交类 197 种，占 4.2%；经济类 845 种，占 17.9%；社会文化类 1159 种，占 24.6%；文学艺术类 482 种，占 10.2%；政治类仅有 560 种，占 11.9%。可参考图 1。

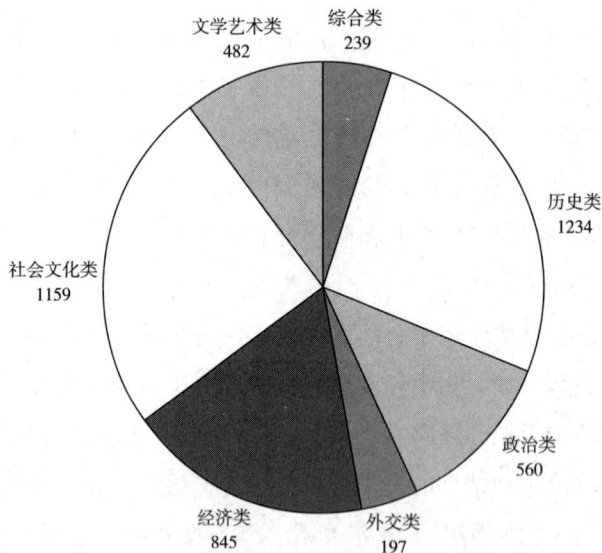

图 1 《中国的日本研究著作目录（1993~2016）》中
所见日本研究各领域著作的分布情况

这一数据似可与《日本学刊》所收录的论文数据相印证：即便在《日本学刊》这样的业内权威期刊上，日本政治类研究论文的数量比重仍然相对较小。根据笔者的统计，在进入 21 世纪后的 2000 ~ 2016 年，《日本学刊》上发表的日本政治类研究论文数量仅占全部论文的 9% 左右。

表 1　《日本学刊》刊载的政治类论文数量及比重 （2000 ~ 2016）

年份	政治类论文数（篇）	总论文数（篇）	政治类论文比重（%）
2000	5	92	5.4
2001	9	83	10.8
2002	6	83	7.2
2003	7	83	8.4
2004	11	78	14.1
2005	13	88	14.8
2006	13	94	13.8
2007	6	96	6.3
2008	6	95	6.3
2009	9	92	9.8
2010	5	96	5.2
2011	7	93	7.5
2012	10	80	12.5
2013	7	74	9.5
2014	6	72	8.3
2015	6	84	7.1
2016	6	73	8.2
总计	132	1456	9.1

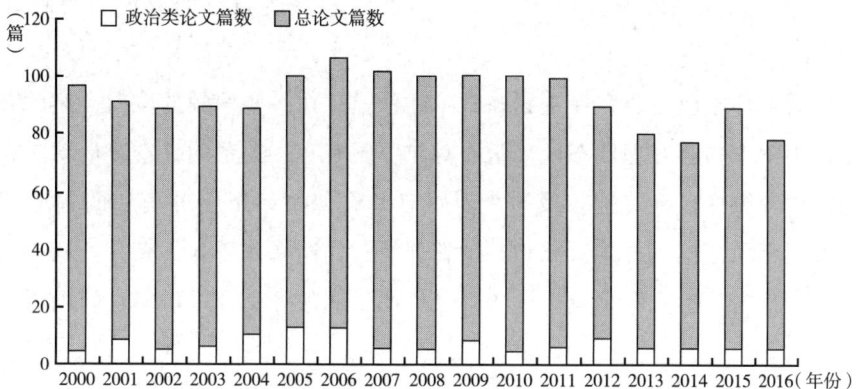

图 2　《日本学刊》刊载的政治类论文数量 （2000 ~ 2016）

30 年来，中国的日本政治研究取得了一些显著的学术成就，并有数量不菲的研究成果问世。这些成果对学界和政策界加深对日本政治和政局变动的理解、正确判断日本政治方向无疑具有重要的理论和现实意义。但是，也必须清醒地看到，日本政治研究仍然面临着一系列的发展瓶颈和问题挑战。

首先，依旧是专业研究理论不足、后继乏人的问题。虽然学界号称从事日本政治外交研究的人员数量众多，但细分之下即可发现，大部分人平素都在从事热点（外交、军事安全、争端冲突）议题的跟踪和分析，真正专注于日本内政问题的研究者数量却是少之又少。这一现状与日本政治学科的地位不相符合，也无法满足中日关系发展的现实需求。因而，如果能够通过有效的途径与方式来扩充队伍规模，必将有力地推动日本政治学科及相关研究事业不断向前发展。

其次，是在研究方法论和路径上仍面临着规范和创新的问题。跨学科和多学科的日本研究能从更加广阔的视角准确地把握日本，将日本研究提高到新的水平，然而迄今为止的日本政治研究，主要运用的研究方法仍是较为单一的政治学方法，而且这种政治学方法的运用本身尚有诸多不足之处。今后，日本研究学科应该进一步运用历史学、政治学、法学、行政学、统计计量学、社会心理学、博弈论等社会科学发展的前沿理论和成果，对战后尤其是冷战后的日本政治进行综合性的分析研究，力求从不同角度和层次展开分析论述，以期发现和提出中国的日本政治学界所独有的分析、解释和结论。①

最后，日本政治研究在选题和学术站位上存在一些偏颇的取向，对此需要坚守作为学者的客观理性态度。学界对与中国有直接关系的日本政治动向和政策调整比较敏感，跟踪也较及时，但对有些看似关系不十分密切的领域和部分，乃至全局把握、总体研究和基础整理等工作则深入得并不充分。从中国近代开始，日本政治右倾化及保守化以及由此生成的外交及军事安全问题历来是

---

① 日本中青年政治学者在运用定量分析与数量政治学方法的同时，吸收西方经济学、社会学等的方法论，近年出版了多部有关日本选举制度及投票行动、政党体制等的重量级学术著作。例如谷口将纪、竹中治坚、上神贵佳、菅原琢、饭田健、大川千寿等。

国人关心的热点和焦点，特殊的"对日感情论"往往夹杂其中。而当今现代媒体的发达又直接助长了这一现象。如果对日本政治、法制、决策、文化与外交安全动向的内在联系（这种联系的程度远远超过其他国家）缺乏深入的研究，那就难以有效地去判别重大而紧要的现实问题。国内各股研究日本的力量缺乏必要的组织和分工，重复跟"风"追"热"，对政治问题的研究显得既不深也不透。所以，中国的日本政治研究学者不能跟风走，要以正确的选题意识、专业立场和深入研究来为外界提供有价值的学术成果。

30 年来，我国学术界从事日本研究的工作者们，已经在中国日本研究领域日本政治学科分区域内，有力发挥了坚守理论阵地、深化研究力度的作用，相应取得了积极的影响和效应。日本政治形势的发展和国内外的相关研究表明，及时准确地梳理、分析和总结日本政治的动态和走向，正确把握日本的政治变动的特性和实质，对我们妥善判断和处理中日关系、塑造对中国崛起至关重要的周边地缘环境，具有十分重要的意义。中国的日本政治学科领域理应在整个日本研究中继续体现出更为重要的分量，通过努力创新、开拓进取，在既有的基础和成绩上更进一步，为学术研究和政策需要做出应有的贡献。

日本外交研究

北京外国语大学　李　丰

一　引言

外交通常是指一国为实现其对外政策，通过使馆、使节团派遣、领导人访问、联合国等国际组织、政府性国际会议以及谈判、缔结条约等方法，处理与其他国家之间关系的活动。外交研究的对象包括国家对外行使主权的外交行为和国家实施对外政策的外交实践经验，具体涉及外交的本质和目标范式、外交政策与外交行为分析、对外决策模式等内容。[①] 日本外交相关研究同样如此。

国内日本外交研究的发展通常被划分为 3 个阶段，即 20 世纪 80 年代、20世纪 90 年代及 21 世纪以后。这种划分方法，被认为"既可以体现中国学者30 年里各有重点的研究视角和观点，又可以反映日本外交安全领域自身严谨的延续性和规律性"。[②]

本文将在简要回顾 20 世纪 80 年代和 90 年代国内日本外交研究的基础上，重点对 21 世纪以后（2000～2016 年）国内日本外交研究相关期刊论文的数量、主要课题及热点领域进行分析和总结。

二　21 世纪以前国内的日本外交研究

作为国内日本外交研究"草创期"的 20 世纪 80 年代是中国改革开放后

---

①　吕耀东：《中国 30 年来的日本外交研究》，《日本学刊》2015 年第 S1 期，第 41 页。

②　吴怀中：《日本外交安全研究 30 年综述（30 年来中国的日本研究概况——中华日本学会 2011年年会暨学科综述研讨会发言摘要）》，《日本学刊》2011 年第 3 期，第 26 页。

的第一个十年，是《中日和平友好条约》签订后两国关系健康、快速发展的第一个十年，同时也是日本外交随着其经济实力的不断增强而发生重大转变的十年。这一时期与日本外交相关的研究成果以中日关系为主要内容，而以日本外交为主体的相关研究相对较少，且多偏重于总括类的介绍。此外，孙平化、张香山、赵安博、肖向前等对日工作者也在《日本问题》（今《日本学刊》）等杂志上发表了大量关于中日关系方面的见解。这些成果从形式上讲并非严谨的学术研究，但其中的一些主张对此后国内日本外交研究领域的拓展、研究范畴的扩大是具有指导性意义的。例如，孙平化先生曾指出："中国研究日本不如日本研究中国。"[①] 张香山先生也曾主张日本研究"第一，要力求掌握辩证唯物主义和历史唯物主义的立场、观点和方法，而力戒主观、片面，用旧框框、停滞的观点和历史类比来看待战后四十年的日本；第二，要掌握大量的、包括第一手的材料，通过严肃认真的分析和比较，作出符合客观实际的判断；第三，应该本着'百家争鸣'的方针，允许有不同意见的探讨和争论"。[②] 此外，这一时期也已经有少数学者开始关注日本大国化趋势下的外交战略，而这在此后成为国内日本外交研究领域最为重要的课题之一。

20 世纪 90 年代，日本开始对其对外关系进行重新定位，中日关系也随之出现了新的变化，这大大加速了国内日本外交研究的发展。有学者认为，这一时期国内日本外交研究可以大致分为两个阶段，即 90 年代前半期与后半期。[③]

20 世纪 90 年代前半期，随着美苏关系趋于缓和以及此后的冷战结束等国际政治局势的巨大转变，日本开始调整其外交战略并进行了大量外交实践。因此，这一时期国内的日本外交研究虽仍以中日关系为主，但已出现一些以日本外交为主体的成果，其内容涉及冷战结束后的日本外交的总体战略、日美关系、日本的亚洲政策、日本国内政治与外交政策关系、全球化与日

① 孙平化：《浅谈日本研究》，《日本问题》1985 年第 1 期，第 5 页。
② 张香山：《对"日本问题"的期望》，《日本问题》1985 年第 1 期，第 2 页。
③ 吕耀东：《中国 30 年来的日本外交研究》，《日本学刊》2015 年第 S1 期，第 45 页；吴怀中：《日本外交安全研究 30 年综述（30 年来中国的日本研究概况——中华日本学会 2011 年年会暨学科综述研讨会发言摘要）》，《日本学刊》2011 年第 3 期，第 28 页。

外交、日本的"大国化"外交、经济外交等多个方面，并且有学者开始尝试运用国际关系的理论与方法对日本外交进行更深层次的分析。90年代后半期，"1955年体制"的终结，使日本国内政治斗争的焦点从"是否应该反对日美安保条约和自卫队的存在"转向"是否应积极参与国际事务""究竟应该加强军事实力以谋求在国际上发挥军事作用，还是继续坚持经济外交""究竟应该继续加强日美关系还是应该在保持日美关系的前提下加强日本的自主性"等问题，这必然会对日本外交产生影响，加之临近世纪之交，因此针对日本此后及21世纪的国际战略的分析成为这一时期国内日本外交研究学者们关注的重点之一。

总体而言，20世纪90年代国内日本外交研究在成果数量、研究深度（如一些研究开始从全球视野分析日本外交，注重日本国内政治与外交政策之间的相互影响，探讨日本外交思想的形成变化原因等）、研究范围（不局限于中日关系，而是包括日美、日俄、日韩、日印、日蒙及日本的东南亚外交等。同时，针对日本外交的研究更加细化，包括ODA外交、环境外交、经济外交、联合国外交等）上，都大大超越了80年代。然而，这一时期的日本外交研究在内容上仍然以介绍、归纳、评论类居多，基础性、理论性研究所占比例不高。

三　21世纪以后国内的日本外交研究

（一）论文发文量分析

1. 年度发文量及其变化

学界普遍认为，我国日本外交相关研究的高速发展期始于21世纪。[①] 这一点从研究成果的数量上也能得到印证。图1为中国知网收录的1980~2016

---

① 吕耀东：《中国30年来的日本外交研究》，《日本学刊》2015年第S1期，第48页；吴怀中：《日本外交安全研究30年综述（30年来中国的日本研究概况——中华日本学会2011年年会暨学科综述研讨会发言摘要）》，《日本学刊》2011年第3期，第27页。

年国内日本外交相关期刊论文数量统计。①

通过图 1 中的变化趋势可以明显看出，国内日本外交相关论文数量自 2002 年（标记年份）起迅速增加，并一跃超过 20 世纪 90 年代的年度最高值。此外，21 世纪以后的国内日本外交研究不仅在数量上较以往有大幅增加，其年度变化的幅度亦是如此。这种现象体现出国内学术界的关注热度受日本外交政策及中日关系变化影响的加剧。

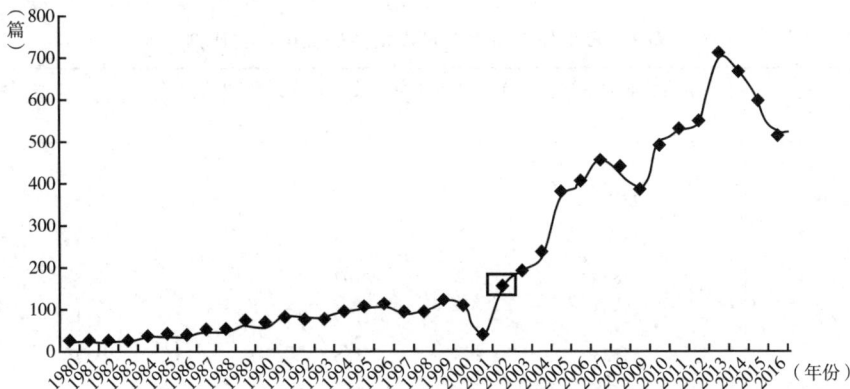

图 1　国内日本外交相关研究年度发文量统计（1980～2016、主题中含"日本"及"外交"）

2. 与其他领域的横向对比

在分析国内日本外交研究成果发展时，还应考虑到日本外交研究在国内日

---

① 本文的研究对象主要为中国知网收录的学术论文。经笔者反复比对，采用主题检索同时包含"日本"和"外交"这两个词语的研究成果，所得检索结果在数量和内容上最能反映国内日本外交研究之现状（采用关键词检索包含"日本外交"的研究成果时，所得结果过少）。此外，由于日本外交与中日关系之间存在密切关联，因此采用关键词检索包含"中日关系"的研究成果时（采用主题检索所得结果过少），所得结果中同样包含大量与日本外交相关的论文。然而，需要注意的是，关键词中包含"中日关系"的研究成果虽对日本外交有所涉及，但并非全部以日本外交政策、对外关系及日本国家国际战略等作为研究主体，而主要是针对日本外交政策对中日关系的影响、今后中日关系的走向、中方今后所应采取的应对措施等内容进行的分析。例如，笔者对 1980～2016 年的日本外交相关研究进行检索，主题中包含"日本"和"外交"者为 4199 篇，关键词中包含"中日关系"者共计 5591 篇，而主题中包含"日本"和"外交"，同时关键词中包含"中日关系"者仅为 739 篇。虽然这种对比方法无法保证完全精准，但也能在一定程度上说明问题。故此后有关国内日本外交研究成果数量的统计，均采用主题检索"日本"和"外交"所得之结果。

本相关研究（人文社科类）及外交领域研究中所占的比例及其变化。

如表 1 所示，在各类日本相关研究中，日本外交研究历年所占比重在 3% 左右。此外，对比 2005 年之前和 2005 年之后的数值可以发现，2005 年之后日本外交研究无论在绝对数量上还是在日本相关研究中所占比例上，均有一定提升。这应该与从事日本外交研究的学者数量、学术机构以及学术界对日本外交的关注度的增加有关。

表1　日本外交研究在日本相关研究中所占比例

年度	日本相关研究发文量（A）（篇）	日本外交相关研究发文量（B）（篇）	B/A（%）
2000	2777	78	2.8
2001	3151	87	2.8
2002	3468	95	2.7
2003	3839	107	2.8
2004	3782	119	3.1
2005	5133	188	3.7
2006	4205	161	3.8
2007	5345	192	3.6
2008	5668	214	3.8
2009	5573	186	3.3
2010	6349	209	3.3
2011	6959	224	3.2
2012	7447	217	2.9
2013	7031	288	4.1
2014	7672	293	3.8
2015	8867	280	3.2
2016	7069	252	3.6

注：数据 A 为主题中包含"日本"的论文数总和。文献分类设置，仅限"哲学与人文科学"和"社会科学"。

如表 2 所示，除个别年份外，日本外交研究在国内外交领域研究中所占比例为 8%~10%。这一比例约相当于同期美国外交、俄罗斯外交（含苏联）、英国外交相关研究数的 0.4 倍、1.25 倍、2 倍。当然，由于表 2 中的外交相关研究发文量系通过主题检索"外交"得来，因此其中还包含大量中国外交研究。所以，在中国以外的世界各国国别外交研究中，日本所占比例应该高于表2中的数值。

表 2　日本外交研究在外交相关研究中所占比例

年度	外交相关研究发文量（A） （篇）	日本外交相关研究发文量（B） （篇）	B/A（%）
2000	863	78	9.0
2001	1000	87	8.7
2002	1114	95	8.5
2003	1295	107	8.3
2004	1503	119	7.9
2005	1606	188	11.7
2006	1695	161	9.5
2007	1969	192	9.8
2008	2082	214	10.3
2009	2193	186	8.5
2010	2175	209	9.6
2011	2270	224	9.9
2012	2431	217	8.9
2013	2819	288	10.2
2014	2948	293	9.9
2015	2815	280	9.9
2016	2795	252	9.0

注：数据 A 为主题中包含"外交"的论文数总和。文献分类设置，仅限"哲学与人文科学"和"社会科学"。

此外，如果将国内日本相关研究（人文社科类）依照引用率进行排序，在前 50 篇论文中，与日本外交相关者为 13 篇。考虑到日本外交研究在国内日本相关研究中所占比例仅为 3% 左右，可以说日本外交研究的关注度及质量还是非常值得肯定的。在外交相关研究中，引用率最高的前 50 篇论文中没有发现日本外交的研究成果，引用率最高的日本外交研究成果排名为 74 位。但需要注意的是，前 73 位均为中国外交或美国外交相关研究。

3. CSSCI 期刊及核心期刊发文量

中文社会科学引文索引（CSSCI）及核心期刊的发文量，不仅是众多高校及研究单位晋升时所需要的硬性指标，同时也被认为是衡量论文质量的一个砝码。因此，在评价国内日本外交研究的水平时，CSSCI 和核心期刊发文量的多少及所占比例，可以作为一种参考。

如表 3 所示，2000~2011 年，日本外交研究在 CSSCI 及核心期刊上的年度发文量占比大多保持在 50% 上下，此后几年则下降至 40% 上下。这或许与近年来 CSSCI 及核心期刊发文难度的增大有关。此外，如前所述，日本外交研究与日本外交政策及中日关系变化关系密切，这或许也是导致历年变化幅度较大的原因之一。

表 3 日本外交研究年度期刊发文总量与 CSSCI 期刊、核心期刊发文量

年度	总发文量（A）（篇）	CSSCI 及核心期刊发文量（B）（篇）	B/A（%）
2000	78	34	43.6
2001	87	34	39.1
2002	95	45	47.4
2003	107	57	53.3
2004	119	65	54.6
2005	188	94	50.0
2006	161	63	39.1
2007	192	85	44.3
2008	214	123	57.5
2009	186	100	53.8
2010	209	109	52.2
2011	224	109	48.7
2012	217	88	40.6
2013	288	103	35.8
2014	293	132	45.1
2015	280	115	41.1
2016	252	99	39.3

图 2 为发表日本外交研究成果数量排名前 10 位的 CSSCI 及核心期刊，其中自 20 世纪 80 年代起就成为日本外交研究发表主要平台的《日本学刊》（当时名称为《日本问题》）仍然居首位（CSSCI），其发文量占前 10 位期刊发文总量的 26.35%。并且，在这些期刊中，以日本相关研究为主的期刊仅有《日本学刊》和《抗日战争研究》，其他均为综合性期刊，由此也可以看出国内日

本外交相关研究成果在外交学等领域也具有相当的竞争力。此外,《抗日战争研究》等期刊的发文量排名较为靠前,也说明外交史类研究成果同样具有较高的学术水平。

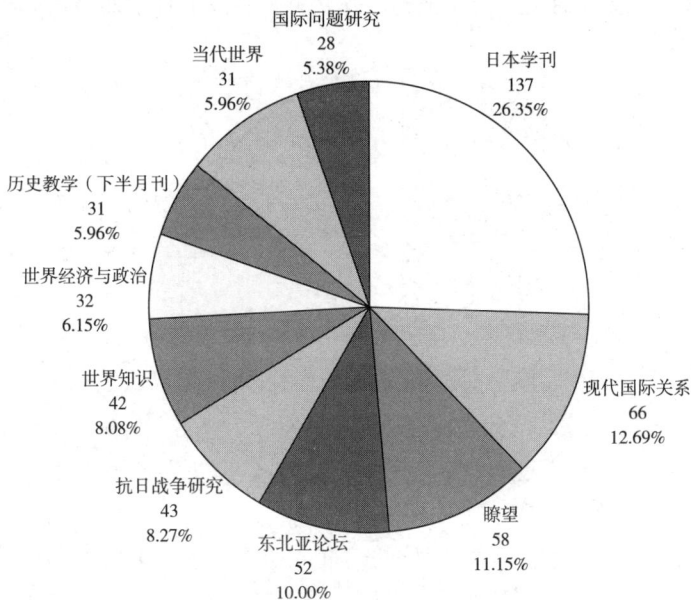

国际问题研究
28
5.38%

当代世界
31
5.96%

日本学刊
137
26.35%

历史教学(下半月刊)
31
5.96%

世界经济与政治
32
6.15%

现代国际关系
66
12.69%

世界知识
42
8.08%

抗日战争研究
43
8.27%

东北亚论坛
52
10.00%

瞭望
58
11.15%

图2 日本外交研究刊载数量最多的10种CSSCI及核心期刊
及其在10种期刊发文总量中的占比

(二) 研究课题

1. 研究课题分布

本节中,笔者将对2000~2016年日本外交相关论文的研究课题进行归纳整理,并就其发展变化进行分析。由于研究成果数量过多,笔者无法一一对其内容加以确认,故决定在前述主题中包含“日本”和“外交”的研究成果中进一步缩小范围,仅挑选篇名中包含“外交”一词的CSSCI期刊论文作为考察对象。依此方法,共检索出541篇论文。

在以上日本外交相关研究中,以外交政策·战略等(外交政策的形成·变化·趋势、外交战略、外交决策、外交思想·思维等)、双边·多边关系、国家·安全战略(如“政治大国化”、“国家地位正常化”、国家安全问题等)

这三类所占比例最高。

如图 3 所示，在笔者检索到的 541 篇论文中，外交政策·战略等、双边·多边关系、国家·安全战略三类论文所占比例达 60% 以上（"其他"项为检索结果中经确认为书评、简讯、会议报告、外交史类、战前日本外交相关文章等）。

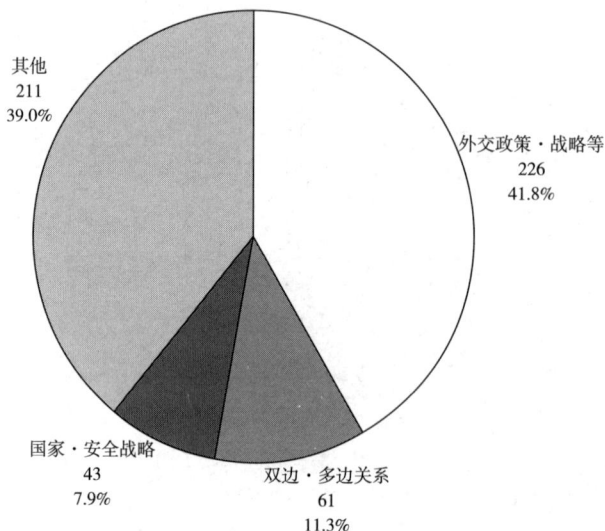

其他
211
39.0%

外交政策·战略等
226
41.8%

国家·安全战略
43
7.9%

双边·多边关系
61
11.3%

图 3　日本外交研究主要课题类型及所占比例

众所周知，当日本国内发生执政党或首相更替时，新内阁的外交政策往往会受到高度关注。并且，日本外交政策的发展变化，往往也与执政党或首相的更替存在密切联系。因此笔者将 2000~2016 年分为 3 个阶段，即 2000~2006 年（森喜朗·小泉内阁时期）、2007~2012 年（安倍·福田·麻生·鸠山·菅·野田内阁时期，即"一年一相"时期）、2013~2016 年（安倍内阁时期），并分别对各时期日本外交相关论文的具体课题进行统计。

2000 年 4 月，森喜朗接替因病住院（一个月后病逝）的小渊惠三，成为日本 21 世纪以后的第一位首相。仅仅持续了一年的森喜朗内阁，在外交政策上基本延续了小渊惠三内阁的路线，对外关系方面的重点是谋求日俄关系取得进展，同时继续开展亚洲外交，着重打开日朝关系，推动与东盟的经济金融合作。联合国外交方面，森喜朗内阁还进行了以日本"入常"为最终目的的裁军外交等。2001 年 4 月，小泉纯一郎接替卸任的森喜朗出任首相，自此开始了长达 5 年半的"小泉时代"。内政方面，小泉通过"官邸主导"的强硬方式安排自民党主要领导人和内阁班底排除各种反对和干扰，为其在经济方面实施包括民营化在内的一系列"结构性改革"铺平道路。同时，加快修宪步伐，变相承认"集体自卫权"并通过了《反恐特别措施法》。外交方面，小泉内阁奉行"向美靠拢"的政策，通过加强日美同盟，实现自卫队的海外派兵，从而进一步推动日本摆脱战后束缚，实现"政治大国化"和"普通国家化"。同时，积极开展针对中亚、非洲、俄罗斯的"能源外交"，并通过首相出访及"经济外交"谋求建立日本—东盟关系新模式，争夺亚太事务主导权。

然而，小泉内阁在外交方面采取了较为强硬的态度，对朝关系方面，在人质问题上做足文章；对俄关系方面则反复要求归还"北方四岛"；即使在对美关系方面，小泉也在牛肉进口及美军基地搬迁等问题上有过较为强硬的发言；而参拜靖国神社等历史认识方面的问题，则直接导致日本与中韩两国关系的恶化。

图 4 为 2000~2006 年日本外交相关研究分类统计。其中，"外交政策·战略等"的主要课题包括：从文化角度解读日本外交（4 篇），森喜朗、小泉纯一郎内阁外交政策的分析与评价（4 篇），日本的联合国外交（4 篇），日本的经济外交（4 篇）[1]，日本的能源外交（2 篇），以及日本政党与外交、日本外交与外务省、日本的核政策、日本的通商政策等。"双边·多边关系"的主要课题包括：日本对华、对美、对俄、对韩、对东盟关系等。"国家·安全战略"的主要课题包括："政治大国化"与"普通国家化"（4 篇）、海洋战略（4 篇）、防卫及安全战略（2 篇）、"亚太战略"等。

2006 年 9 月 26 日，安倍晋三接替小泉纯一郎出任日本首相。11 月 30 日，时任安倍内阁外相的麻生太郎在日本国际问题研究所主办的专题讲座上发表演讲，为"日美同盟、国际协调、重视亚洲近邻关系"这三大日本外交支柱又增添一大支柱，即"价值观外交"和"自由繁荣之弧"设想，并将其称为日

---

[1] 篇名中含有 ODA 的检索结果共 7 篇，其中主要内容为日本对华、对东南亚关系者（4 篇）归为"双边·多边关系"。

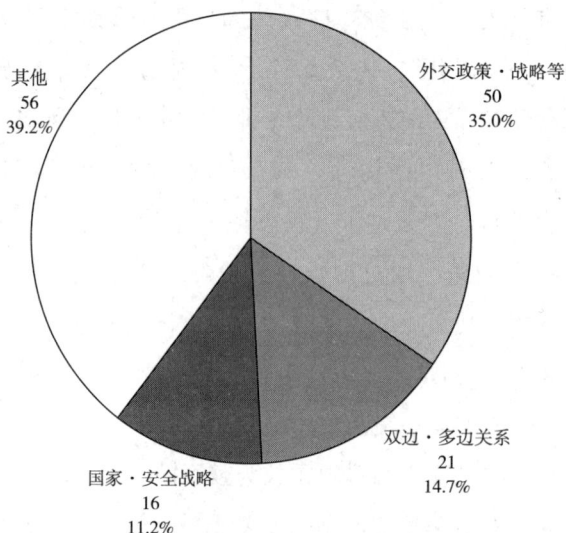

图4　2000~2006年日本外交相关研究课题分类统计

本外交的"新基轴"。其实质是希望借助美国新保守主义的意识形态和地缘战略，从全球范围影响并牵制中国。一年后，安倍因健康问题辞去首相职务，继任的福田康夫主张以合作为主的"积极的亚洲外交"，进一步改善中日关系。然而福田内阁仅仅持续了一年即宣告结束，其后继者麻生太郎继续执行安倍晋三内阁提出的"价值观外交"及"自由繁荣之弧"的外交路线。2009年9月16日，长期执政的自民党在众议院大选中被民主党击败，鸠山由纪夫取代麻生太郎出任日本首相。鸠山倡导"友爱外交"，认为日本更应考虑如何通过构筑关系，使价值观不同的国家实现共存共荣、自立共生。他认为，虽然日美安保条约依然是日本外交政策的基石，但日本不能忘记自己处在亚洲，必须致力于巩固本地区的经济合作与安全，并提出加强中日韩三国间合作，构建"东亚共同体"的倡议。然而，由于政治献金丑闻和普天间美军基地搬迁问题的持续发酵，鸠山在出任首相仅9个月后的2010年6月2日就宣布辞职，首相一职由菅直人接任。外交方针上，菅与前任鸠山并无太大区别，主张围绕美日同盟，以两国共同在亚太地区发挥"积极作用"为目标。同时以"开创亚洲外交新局面"为基本导向，本着中日关系大局，推进与中国建立战略互惠关系的步伐，促进中日两国经济、贸易以及人才等各个领域的交流。以"日韩合并 100 周年"为契机,构筑"新时代日韩关系"。然而,菅直人上任伊始就面临党内造反及政治献金丑闻等问题。此外,2011 年 3 月 11 日日本关东大地震发生后,近八成日本民众不满首相菅直人应对地震、海啸和核事故时的领导力,超过半数地方政府官员不满首相应对灾害时的表现。最终,菅直人在就任首相 14 个月之后下台,"一年一相"时期的最后一任首相野田佳彦继任。虽然与鸠山、菅同为民主党,但"鹰派"的野田在外交政策上采取了比前两任首相更为强硬的态度。特别是所谓"钓鱼岛国有化"的决策,严重破坏了中日关系。

2007~2012 年的"一年一相"时期,是日本国内政局最为动荡的一个时期。内阁频繁更迭,外交政策反复变化,"价值观外交""自由繁荣之弧""新福田主义""友爱外交""东亚共同体""TPP 谈判""钓鱼岛国有化"等许多问题均受到国内日本外交研究者的高度关注。如图 5 所示,在 2007~2012 年,国内日本外交相关研究,特别是外交政策、外交战略等领域,在总量上与上一个时期相比出现了明显增长,这与该时期日本国内政局及外交政策的频繁变化有关。例如,在"外交政策·战略等"的 101 篇论文中,以"自民党外交"和"民主党外交"为主要对象的论文有 10 篇,有关安倍内阁外交政策的论文为 9 篇,鸠山内阁外交政策的相关论文为 9 篇,福田内阁外交政策的相关论文为 6 篇,菅直人内阁外交政策的相关论文为 3 篇,野田内阁外交政策的相关论文为 3 篇,合计已经超过"外交政策·战略等"类论文总数的 1/3。除此之外,"外交政策·战略等"类论文中数量相对靠前的研究课题依次为:公共外交(6 篇)、文化外交(5 篇)、能源外交(4 篇)、气候·环境外交(4 篇)、日本文化与日本外交(3 篇)、经济外交(3 篇)、联合国外交(3 篇)。其中大部分也与这一时期日本的对外政策的频繁变化有关。"双边·多边关系"类论文按照国别顺序,仍然以日本对华、对美关系及中美日三边关系研究最多。这同样与这一时期日本首相、执政党的更迭及其在对华、对美外交方面主张的变化有关。除中日、美日、中美日关系外,日本与东南亚(含东盟)关系的相关研究也是这一时期的热点之一。这也是由于,无论是"价值观外交"、"自由繁荣之弧"外交,还是"重视亚洲""东亚共同体"的构想,这一时期日本历次内阁所主张的外交方针大多均涉及东南亚地区。与前一时期相比,

2007~2012 年的"国家·安全战略"类论文在主题上更为丰富，除"政治大国化"与"普通国家化"、海洋战略、防卫及安全战略外，还包括国家定位、国家利益、国家形象等问题。

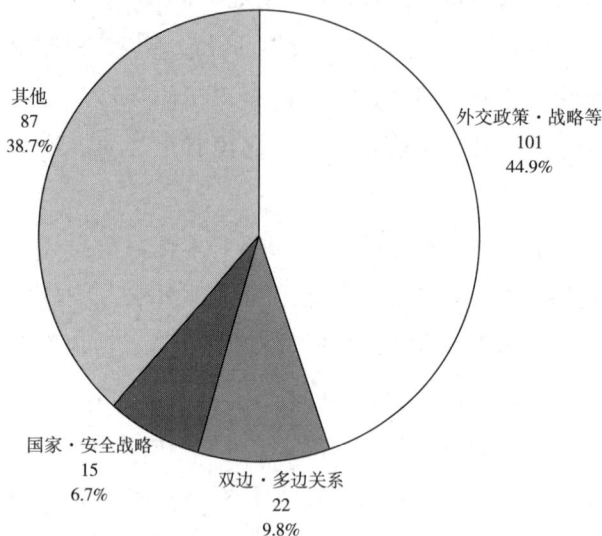

图 5　2007~2012 年日本外交相关研究课题分类统计

2012 年 12 月，自民党在众议院大选中击败民主党，26 日，安倍晋三作为自民党总裁再次出任日本首相，并一直任职至今。第二次当选首相的安倍，经济上实施了所谓"安倍经济学"的一系列改革，并决定日本正式加入 TPP 协定谈判。政治及军事上促使国会通过《新安保法案》，从法律层面解禁了集体自卫权，为日本未来出兵海外铺平了道路。同时修改《防卫省设置法》，削弱自卫队的文官统治。在各项改革中，最为人们所关注的，是安倍积极主张修改和平宪法第九条。外交方面，安倍主张加强日美同盟，曾三度访问美国，就 TPP 问题、日美同盟安保覆盖钓鱼岛、朝鲜核试验等问题与美国进行磋商，呼吁日美在安全、经济和应对全球挑战等领域进行合作，并主张通过日美合作确保从亚太至印度洋地区的和平与稳定。同时，大力开展公共外交，试图提升日本在外国民众心目中的形象，并在历史及领土问题上争取国际上的支持。然而，在处理与周边国家关系的问题上，安倍虽然采取了诸如领导人会晤等手段，却在"北方四岛"、慰安妇问题、钓鱼岛问题、参拜靖国神社、台湾问题上均采取了较为强硬的立场，导致日本与俄国、韩国、中国等国之间的关系迟迟得不到改善。

如图6所示，在2013～2016年国内日本外交相关研究的173篇文章中，"外交政策·战略等"类论文为75篇，以安倍内阁外交政策为主要研究对象的论文达17篇之多，其中包括安倍内阁外交战略相关（6篇）、"价值观外交"相关（5篇）、"积极和平主义"相关（2篇）等。除此之外，"外交政策·战略等"类论文中数量相对靠前的研究课题依次为：公共外交（9篇）、钓鱼岛问题（7篇）、文化外交（6篇）、领土交涉（4篇）、经济外交（2篇）等。"双边·多边关系"类论文数量排序与前一时期基本一致，排在前几位的仍是日本对华、对美、对东南亚、对俄关系。此外还包括对非、对缅甸、对南美等，国别数量上有所增加。"国家·安全战略"类论文，除"普通国家化"、海洋战略、防卫及安全战略研究课题外，还包括"国家软实力""国家形象"等。

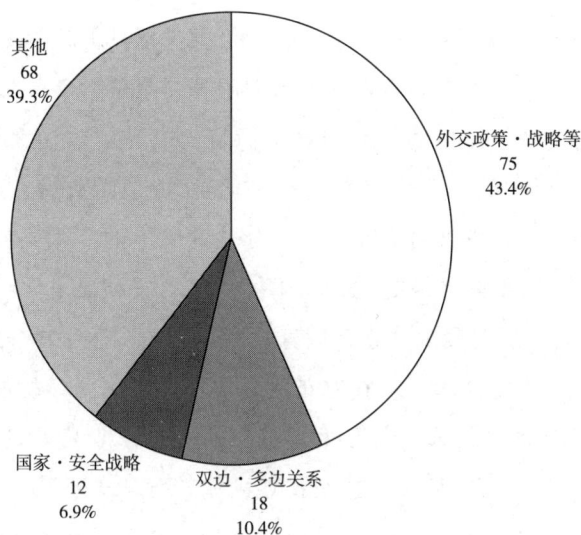

图6　2013～2016年日本外交相关研究课题分类统计

通过以上对2000～2006年、2007～2012年、2013～2016年三个时期国内日本外交研究课题的分析可以发现，各时期的研究课题分布与同时期日本国内政治及外交政策的变化存在紧密联系。此外，在各时期年平均发文量不断增长的同时，研究课题的内容也在不断丰富。例如，关于外交模式，除"公共外交""文化外交""经济外交""民间外交""联合国外交"外，还包括"环境·气候外交""能源外交""价值观外交""软实力外交""ODA外交""人权外交""意识形态外交""城市外交""动漫外交""捕鲸外交""友爱外交""反恐外交"等。关于日本双边及多边外交方面，也从最初的日美关系及日本与中、俄、韩、朝等周边国家关系，扩展到了东南亚、中亚、非洲、南美、欧洲等众多领域。

2. 重点领域及相关研究成果

纵观21世纪以来国内日本外交相关研究可以发现，虽然研究课题在不断丰富，但对于某一些课题，学界始终保持了较高的关注度，如日本的"正常国家化"，日本外交决策的模式、过程、思维、理念，以及日本对华、对美关系等。本节中，笔者将对这些问题的相关研究成果进行简要归纳。

（1）日本的"正常国家化"相关研究

战后日本随着国力的不断增强，一直积极推进以日美基轴外交为基础，联合国外交为中心，亚洲外交为重点的政治大国外交战略，谋求在国际舞台上与其经济地位相符的政治影响力。对于日本而言，成为"政治大国"的一个先决条件，是实现"正常国家化"（普通国家化）。冷战结束后，特别是进入21世纪以来，日本不断试图通过改变其在国际法意义上的"敌国身份"、战争的"非法化"、国家安保的"外包化"、国家主权的"残缺化"及领土范围的"模糊化"的方式，最终实现"正常国家化"的目的。这种国家战略，对日本外交的指导意义是决定性的。以成为安理会常任理事国为目的的联合国外交、日美同盟、日俄围绕"北方四岛"返还进行谈判、修改和平宪法等，其最终目的皆在于实现"正常国家化"这一战略目标。而日本通过实现"正常国家化"进而最终达到"政治大国化"的目的，势必会对亚洲地区的力量格局产生重大影响，加上日本在历史认识问题上仍然存在诸多问题，因此与日本"正常国家化"相关的课题，历来为国内日本外交研究者所关注。

刘世龙（2003）从外交战略目标、多边外交战略和双边外交战略三个方面对冷战后日本的外交战略进行了探讨，并对今后十年日本外交的走向进行了展望和分析。文章指出，日本为保障本国安全与繁荣，将在与美国结盟的同时走向"正常国家"。日本将在美国的引导下进一步军事大国化，走上形式集体自卫权之路。今后十年日本外交战略的目标是保障国家安全和繁荣，走向"普通国家"。日本为此将开展多边、双边外交。（1）谋求从《联合国宪章》中删除"敌国条款"，成为联合国安理会常任理事国；加强日本与欧美之间的合作；在东亚地区开展多边安全对话。（2）谋求把中国纳入国际体系并与中国开展安全对话；加强日美同盟，积蓄力量，为摆脱美国的控制创造条件；努力解决北方领土的归属问题，实现与俄罗斯关系的完全正常化。从此后日本外交的发展来看，可以说刘世龙（2003）的判断相当准确。韦民（2004）认为，日本的政策制定过程是结构复杂、程序独特的决策系统的反应过程。政策制定的实质功能并非表现于正式的法定程序，而是体现于各种不透明的非正式的协商与交易之中。自民党在这个过程中居于决定性的领导地位。从国家利益的角度看，战后日本外交安全政策的变化过程是富有连贯性、现实性及合理性的。"反恐怖法案"及"支援伊拉克重建特别措施法"的推出不是其旨在实现上述目标的政策决定活动的终点，而是新一轮政治动作的起点。宪法第九条的限制是日本走向"正常国家"必须要面对的现实，自民党最终要采取废除该条款的行动。陈潇、时殷弘（2007）主要分析了"安倍路线"的内涵、实践及其对中日关系的影响。文章认为，"安倍路线"是一种内涵复杂的意愿方向和政策纲要，各种内涵既有本质上的连贯和统一性，又有显著的外在矛盾和深刻的内在紧张。其根本目的在于实现日本的"正常国家化"。同时强调，鉴于安倍路线和中日关系的复杂性，中国需要一种与之相应的"复合"战略。刘江永（2007）重点分析了"价值观外交"口号的内涵、实质、思想脉络，以及它们之间的相互关系，并指出，"价值观外交"所代表的是一种势力和思想，故而虽然福田康夫取代安倍成为首相后开始实施重视中日关系的"福田主义"，但"价值观外交"不会因此而完全消失。沈海涛、赵毅博（2008）指出日本环境外交的两重目的，一方面是改善同周边国家的相互关系，另一方面是在"入常"问题上能得到东亚各国的支持，希望通过环境保护与国际合作拓展自己的外交空间，提升自身的国际地位，并强调在环境保护领域，中日有着共同的战略利益，也存在需要共同面对的可持续发展的环境和社会课题。环境外交正日益成为中日关系调整的平衡器，对促进相互理解与信赖，调整双边关系起着重要的杠杆作用，也为构筑更高层次的战略互惠关系奠定了基础。应当充分发挥环境外交作为中日关系调整的平衡器的作用。高兰（2009）认为，彼时新当选的鸠山由纪夫作为"中道左派"，正在进行"中道"外交的实践，并对这一外交路线的源头进行了梳理。同时指出日本"中道外交"路线的核心是解决对美对亚政策的平衡，最终实现日本的"自主外交"目标，从而使日本成为世界"经济政治大国"，实现"普通国家"战略。但鸠山政府"中道"外交战略的实践仍面临诸多挑战，其中最大的挑战在于中等国家的国家定位与日本"普通国家"战略所追求的大国目标之间存在矛盾。巴殿君（2010）认为，现实主义和自由主义固然对日本外交政策具有影响，但两种理论都忽略了日本对外政策的文化层面的制度化规范与集体认同的因果影响。正是日本特有的文化，决定了其外交政策的特性。文化规范既约束着日本对外政策的行为，也塑造着日本的外交政策的认同并且潜移默化地影响着日本未来的外交政策的政治选择。具体而言，日本近代以来外交政策理念变化的基本轨迹，就是小日本主义与大日本主义、民生国家与普通国家、国际主义与亚洲主义此消彼长的过程。制度化的法律规范文化因素制约了"大日本主义"与"普通国家"目标的实现，而作为构成性社会规范的集体认同正在形成有利于这一目标实现的社会环境。但在"亚洲主义"方面，构成性社会规范的集体认同明显制约着"东亚共同体"外交目标的战略转移。吕耀东（2012）指出，日本从维护自身的国家利益出发，强化21世纪日本国际战略的定位及对外战略诉求。中国坚持走和平发展道路，与日本"普通国家论"阐释的大国化战略路径相异，导致两国业已存续的冲突与纷争时有显现、结构性矛盾日益突出。在未来中日双边战略互动过程中，中国应突出强调中日相互依存的"互补性"和两国合作的"战略性"，促使日本调整和修正对华战略，促进中日战略互惠关系的良性发展。贺平（2012）从对外政策工具的视角出发，对日本在东亚地区供给区域性公共产品和参与功能性合作的历史背景与战略考量进行了梳理，同时从战后国际环境和日本国内经济社会变迁中追根溯源，对其动机、资源、手段之间的互动辩证关系进行了分析。吕耀东（2015）通过分析日本战后70年外交战略理念的变化轨迹指出，21世纪以来日本开展的战略性外交与价值观外交，是基于"大国化"政治诉求而进行的"自我实现"，完全是从维护自身国家利益出发的。"正常国家论"关于大国化的政治诉求，逐渐显露出日本"传统的国家主义"面目，并将成为日本主流的对外关系理念和实践目标。[①] 赵全胜（2016）以日本自20世纪90年代起围绕"脱亚入欧与亚洲一体化""和平与重整军备""经济优先与政治大国""领导者、跟随者与伙伴关系""传统政治外交与现代式的透明的政治外交"展开的政策大辩论为主要研究对象，对安倍内阁今后的外交战略进行了分析，同时主张中国应认真研究日本社会内部各种政治力量和思潮的发展与互动，从亚太地区大国博弈的战略高度出发，充分利用并发挥中日关系中的正面因素，在发展中美关系的同时，积极推动对日外交，从而逐渐改变中美日三边关系的不对等状态。

通过以上梳理可以看出，日本的"正常国家化"战略是21世纪以来国内日本外交研究最为关注的重点问题。近年来，学者们一直试图从历史、文化、政治、思想文化等多个角度，从更深的层面，对这一日本的基本国家战略的形成、特征、发展趋势、影响进行解读。相关研究成果在数量和水平上不断提高，也涌现出大量具有创新性的成果。

（2）日本外交决策模式、过程、思维、理念相关研究

日本外交决策模式、过程（包括其影响因素等）、思维、理念也是国内日本外交研究者关注的重要领域。外交决策模式、过程方面，除前述韦民（2004）外，吴胜（2001）以1995年日本朝野围绕对中国核试验是否进行制裁以及进行何种程度的制裁问题展开的争论和讨价还价过程为案例进行分析，就日本外交决策的国际及国内背景、决策的争论焦点及具体决策流程以及决策的特点（公众舆论对日本外交决策过程的影响增强、外交政策内向化倾向加深、外交决策的分散化及不稳定性、外交决策过程中官僚与政党仍相互牵制）进行了详细分析，并借此对冷战后日本外交决策过程中的变化进行了论述。郭定平（2003）以冷战结束后日本政党特别是执政党在外交决策过程中的作用为对象，对战后日本外交的特点与政党作用的局限性、政官关系与外交政策、

---

① 吕耀东：《战后日本外交战略理念及对外关系轨迹》，《日本学刊》2015年第5期。

政党外交决策的结构与功能、政党参与外交决策的模式等问题进行了深入论述，并指出在减少官僚的影响、提高政党在外交决策中的地位和作用的同时，如何有效规范政官关系，使政党与官僚在现代民主体制下形成合理的职能分工关系是今后需要研究的重点。臧秀玲、宋小霞（2006）从日本政治文化对外交政策的影响入手，就日本政治文化的多元性与日本外交政策的两面性和暧昧性、对外寻求在国际体系中"各得其所，各安其分"的等级观与极力向外扩张并寻求扩大自身的国际影响力的特点、神道教对外交决策制定人员及外交政策的牵制作用、"耻感文化"与日本外交的敏感性、"集团主义"与日本在国际外交上的谨慎和追求与强国结盟的倾向之间的关系进行了论述。翟新（2014）以日本对华政策制定为主要对象，就内阁、执政党、在野党、智库、民意、媒体、美国要素等对华政策制定诸主体角色所发挥的作用进行了分析。外交思维、理念方面，也出现了很多具有代表性的成果。除前述吕耀东（2015）外，高兰（2008）对战后日本战略思想的两种主义，即强调文化及影响力等"软实力"的自由主义和强调经济及军事实力的保守主义的历史发展进行梳理，并通过对自由主义战略思想的概念及影响的分析，提出在日本，保守主义与自由主义的论争仍将继续下去，主流战略思想的核心依然是保守主义，但是，自由主义思想也正在对日本的对外战略产生越来越深刻的影响。赵全胜（2009）认为，日本外交在明治维新和二战后美军占领期这两大历史关口做出了不同选择。冷战后日本外交面临第三次历史选择，经过政策争论达成了共识，选择了一条"中间路线"，即在带有一定偏向性的前提下兼顾"脱亚入欧"与"亚洲一体"、坚持和平路线与发展军备、经济优先与"政治大国"、领导者·被领导者·伙伴关系这三个角色、传统政治与民意外交。并由此对日本外交今后的发展方向进行了展望，指出日本一方面将继承战后把对美外交放在第一位的传统路线，同时将谨慎处理对华关系，并改善与亚洲其他国家之间的关系。王箫轲（2016）认为，安倍政府ODA政策在"积极和平主义"理念的指导下正在从"经济开发型"向"战略支持型"转变，这种更具针对性的ODA增加了周边外交的复杂性和"一带一路"建设中的竞争压力，并主张中方需通过树立亲疏远近的外交意识，打造"援助—投资"范例和适度扩大军事援助来进行积极应对。

（3）日本对华关系相关研究

出于自身立场及研究领域的特性，关于日本对华关系的讨论，自然也成了国内日本外交研究所关注的另一个重要问题。

关于 21 世纪的中日关系，黄大慧（2000）在分析了日本今后对华政策后指出：在日本正逐渐走向政治大国、中国即将成为经济大国的情况下，我国在开展对日外交时应注意明确中日经济关系是中日友好关系的重点和基础，在警惕和预防日本重走军国主义道路的前提下，承认并支持日本在维护地区和世界和平中起积极作用，注意保持中国与美欧日俄等大国间关系的平衡，加强中日民间交流，增信释疑，避免受媒体误导。小泉纯一郎上台后，中日关系随之出现了历史教科书、李登辉访日、首相参拜靖国神社、贸易摩擦等一系列问题，局面变得更加严峻。冯昭奎（2001）在分析影响中日关系的主要因素，即政治因素、经济因素、美国因素后，指出了日本外交政策中存在的矛盾及外交战略的贫困。庞中英（2002）集中以中日关系中的美国因素为研究对象，指出日美同盟关系是美国单极世界的最关键支柱，中国对外关系中的主要矛盾是中美矛盾，日本的对华政策将越来越受到美国的影响，日美在对待中国问题上具有越来越多的共同利益与价值。同时就如何避免中日对抗、美国从中渔利及如何建立相对良性互动的亚太地区中美日三边关系问题，提出应当在如何认识日本的"正常国家化"、如何让中日成为东亚经济合作的共同推动力量、如何加强与日本社会之间的关系、如何推动中美日三角关系的相对良性互动这四个问题上进行深度思考。时殷弘（2003）主要强调"中日接近"的必要性，并就中方在对日关系上所应采取的具体态度提出了自己的见解：第一，在一段较长时期内，大致满足于日本政府就日本历史上对华侵略罪行目前已达到的公开反省和致歉程度；第二，通过增加日本对华进口和对华投资，使日本政府、财界和公众深切感到中日关系的重要性；第三，对日本的军事力量扩充及其使命的某些修改采取内心适当警惕、外表足够大度的政策，不要动辄就强调日本走"军事大国道路"的可能性；第四，在联合国安理会体制改革问题上，从政策声明和实际态度两方面"一视同仁"地看待日本成为安理会常任理事国的愿望，即不对日本成为常任理事国提出中国未对其他同类要求者提出的特殊条件。或者更进一步，择时积极支持日本成为安理会常任理事国。众所周知，中日关系在进入 21 世纪以后出现了诸多不和谐，受其影响，双方国民对对方的好感度也有所降低。张海声（2005）指出公共外交在改善日本国民对华印象这一问题上的必要性，并就我国开展对日公共外交的具体做法提出建议，如组建专门机构，整合各政府部门和社会力量，通过广播、电视、网络、报纸和出版物等载体向日本民众开展单向宣传活动，尊重日本政治文化和民族传统，加强对日本民众、媒体和相关专家思想动态的跟踪研究，确保公共外交的动态性和时效性，加强对国内舆论和民众情绪的引导，勇于评估效果。朱峰（2007）指出新现实主义理论认为国际体系中的权力变更将会导致国家战略行为的变化，是国家为了安全利益而必然采取的"自助行为"。决定一个国家对权力变更采取战略选择最重要的变量是国内政治的需要。日本对华政策的强硬立场更多地来自其自身"大国化"进程中的战略选择，来自日本国内政治变迁的现实需要，因而是长期性的。期待这种强硬立场随着政权变更而出现"软化"更是不现实的。并强调，在中国作为经济大国，日本作为政治大国同时崛起的情况下，如何有效地防止不信任的深化和彼此战略冲突的扩大，避免东亚出现新的军事对抗和大国敌对，是目前摆在中日两国以及东亚所有国家面前的重大挑战。赵宏伟、叶琳（2010）主张外交研究不应该只重视分析国家利益因素，还应该关注传统的政治文明及文化的视角，文章运用现实主义和文明主义相结合的研究方法，对中日两国在东南亚地区的博弈过程进行了实证研究，在研究中分析了中日两国各自的外交行为模式，进而解析、预测了东亚区域一体化的前进方向和轨道。随着学术界对中日关系关注度的提升，近年来在外交学以外的领域也涌现出一些相关研究。例如海洋问题、领土问题历来是中日关系相关研究中的重点之一，管建强（2010）从国际法学的角度，对通过法律方法解决中日东海划界和领土争端的重要意义及前景进行了分析。文章指出，根据国际法，国际司法或仲裁的管辖权来自当事国的自愿，中国在钓鱼岛主权纷争问题上采取国际司法途径解决，绝不等于中国在解决南海领土争端的问题上也必须用同样的方式。只有在国际司法解决的压力下，才有可能迫使日方与中方进行外交谈判，进而实践"搁置争议，共同开发"的双赢目标。吴怀中（2013）通过着重分析"结构保守化"、"生态右倾化"和"政策正常化"三个核心变量，对日本政治体制及自民党政权前景、涉外政治生态及思潮的变化、战略及政策倾向性等日本政治演变的重要特征和趋向进行研判，并指出这种特征和趋向将会通过相对稳定的保守政权的主导，在涉及"价值观"、利益纷争和军事安全等的政策领域，不断给中日关系带来影响和考验。胡令远（2013）提出"价值"—"利益"范式，指出在这一范式下，即在精神领域的"价值观诉求"与形而下的"利益诉求"的关联和互动中，日本的对华外交大致可以厘为"规避"与"超越"、"固守"与"挑战"、"链接"与"融合"三种类型。它们对战后的中日关系所带来的深刻影响证明，价值理念在中日关系中发挥着特殊的功用，且这一特点越来越显化。江瑞平（2014）指出，当前东亚合作与中日关系的互动显现出恶性循环之势，其主要表现一是区域合作与双边关系的乖离，二是经济互利与政治对立的悖论。出现这一态势的原因和背景颇为复杂，一是中美日实力对比关系的急剧变化，二是中国崛起带来的利益分享与权力转移，三是日本衰落显现的长期萧条与政治右倾，四是美国重返亚太导致的经济分化与安全控制。并建议，为扭转东亚合作与中日关系互动的困局，中国应努力实现四大层面的良性互动：一是经济互利与政治互信的良性互动，二是国家权益与地区责任的良性互动，三是周边外交与对日关系的良性互动，四是地区架构与对美战略的良性互动。

以上皆为中国知网收录论文中下载量及转引率较高者，可以认为是日本对华外交研究中影响力较高的成果。从这些成果中也可以看出，学者在探讨日本对华外交时，普遍对"中日关系将受到怎样的影响""中方应该如何应对""如何维系、改善、发展中日关系"等问题最为关注。

（4）日本对美外交相关研究

"日美同盟、国际协调、重视亚洲近邻关系"是战后日本外交的三大支柱，位于三大支柱首位的"日美关系"自然成了国内日本外交研究学者高度关注的问题之一。

国内日本外交研究成果中，围绕中美日之间所谓"三角关系"展开讨论是一个重要特点。

时殷弘（2000）通过历史回顾、实例比较、概念辨析三种研究方法，对中美日之间是否存在真正意义上的"三角关系"进行了论述，并强调中美日之间，历史上从未存在过真正意义上的"三角关系"。肖刚（2008）

也认为，通常意义上的三角外交在中美日三国之间不存在。即使可以用三角关系的概念来描述中美日关系，也只能算作一种权力向美日严重倾斜，而中国处于被动地位的不对称三角关系。应对中美日三角关系的严重不对称性也不必寻求特别的手段，积极地顺应时势至为关键。鉴于中国国际地位的提高和非传统安全日益成为国际政治的核心问题等大趋势，中国完全没有必要以传统的思维把谋划中美日三角关系作为中国外交的战略性安排。徐万胜（2006）以日美同盟对中日关系发展产生的影响为对象，强调从中国的立场出发，日美同盟是发展中日关系过程中所必须应对的重大课题。在日美同盟日趋强化的背景下，短期内中美日三国间尚难以建立"均衡的三角关系"。日美两国间的政治、军事联系远远超过中美和中日。中国需要根据日美同盟的结构特征区别对待日、美两国，力争积极、有效地应对日美同盟的挑战。

除关于中美日"三角关系"的讨论外，刘娅娜（2004）认为，日美两国存在共同的社会制度和价值观，经济上相互依赖，安全上相互需要，同时两国之间又存在"盟益"与"国益"的矛盾，双方对各自"国益"的追求均表现得相当顽强。日本人固有的文化、价值观又使他们表现出独有的处世方式，他们的"随机应变"性和深植于文化中的"无常"价值观使日本能随国内、国际环境的变化及时调整对内、对外政策，对日本发展产生深刻的影响。朱凤岚（2005）以战后日美同盟发展变化的历史为主要对象，对其演变过程及背景原因进行了论述。

（5）战后日本外交的"轨迹"相关研究

在国内日本外交相关研究中，有相当一部分属于带有浓厚的为现实服务的色彩，能较快地产生社会效益的成果，其研究对象往往是当前日本外交的某些新变化。除此之外，还有一类研究，其研究方法一般为梳理归纳战后、冷战后日本外交变化的历史"轨迹"，从中发现日本外交发展的某些规律或结构上的特点，同时也起到了积累、加深、拓宽日本外交相关知识的作用。

吕耀东（2015）主要以日本战后70年的外交战略理念为研究对象，认为日本战后外交战略理念先后经历了"经济中心主义"、"正常国家论"和"大国化政治诉求"这三大阶段，并对各个历史时期日本外交战略理念的具体实践进行了梳理。同时指出，从日本的战后外交经历三个阶段并逐渐演变到现在的外交战略路径，可以预见，"正常国家论"关于大国化的政治诉求，逐渐显露出日本"传统的国家主义"面目，并将成为日本主流的对外关系理念和实践目标。金熙德（2005）以战后日本对联合国外交的定位及其演变为对象，指出日本从联合国的"原敌国"，通过致力于提高其国际地位，最终确定争当联合国安理会常任理事国的目标的过程。并通过分析指出，二战后日本的联合国外交，在理念上始终面临着协调好普遍价值、同盟利益、历史认识三者间关系的难题，在实践上则面对着处理好联合国外交、日美同盟、东亚外交三者间矛盾的困境。要当政治大国，却在重大国际问题上采取了一味追随美国的"小国外交"姿态，要成为代表亚洲的常任理事国，近来却日益强硬地对待邻国，这是日本"争常"所面临的最大难题。金熙德（2008）以战后日本对华外交的"基点"为对象，通过梳理战后影响日本对华外交变化的原因，指出日本一直是在经济利益、地缘政治、意识形态等多种因素之间徘徊。而冷战后，意识形态因素则变得越发浓厚。这种局面在安倍内阁的"价值观外交"中达到一个高潮，而在福田内阁时期重新进入低潮。丁兆中（2006）以作为战后日本外交重要组成部分的"文化外交"为主要对象，从文化外交理念、机构和内容三个方面的变化对战后日本文化外交战略进行分析。指出日本文化外交战略的理念随着时间的推移及其国内外环境的变化不断调整，日本文化外交机构也随着这种理念的更新而不断完善，这也使日本文化外交内容日益丰富和多元化。同时强调，日本经济难以实现高速增长，政治外交和军事外交仍然受到一定程度的限制，文化外交仍不失为日本政府全盘外交战略中的重要一环。日本仍将以文化外交为手段，与日本的国家总体外交战略相协调，最大限度地实现日本的国家利益。而历史问题的处理方法，是影响战后日本文化外交战略实施效果的重要因素。东南亚国家是战后日本开展外交最早、影响最大、根基最稳固的地区之一，陈志（2009）通过梳理日本对东南亚国家外交战略的发展演变，将其本质归纳为密切与东南亚国家的经济关系，为主导东亚一体化进程奠定基础；适应亚太地区外交的需要，不断加快政治大国步伐；利用中国与东南亚国家的争端，企图联合牵制中国；降低对美依赖程度，增强独立自主性，夺取地区政治经济主导权。同时就日本今后对东南亚国家外交战略的走向进行了展望，认为日本与东南亚国家之间的外交关系与走向作为日本的亚太外交战略最重要的政治难题将关系到日本能否彻底回归东亚认同，重建"思想亚洲主义"。日本要避免在东盟功能转型过程中被边缘化的"危险"，就必然会在东盟外交战略上取得突破性进展，以密切配合东盟共同体的建设，推动东盟落实"普遍价值观"。刘国华、李阵（2007）以战后日本的公共外交为主要对象，通过对日本公共外交政策的历史演变进行梳理，指出日本公共外交的积极作用，即日本由于政治及军事外交的开展受到国际社会和国际法的限制，公共外交成为其摆脱美军占领体制、发展与邻国关系以及谋求政治大国地位的重要途径。同时总结公共外交的具体手段或途径，即通过人员与文化交流加强对外宣传、推行外向型的文化教育、经济与文化援助以及动漫外交等。同时指出，日本战后以来的公共外交并未收到预期效果，并将其原因总结为日本公共外交受其自身独特政治文化及国内右倾化思潮的影响，并受日美基轴及相关政策的制约。最后对日本公共外交今后的走向进行了展望，即手段将更具多样性，政治意图将更为明显；将对经济和文化援助进行战略性的调整，突出公共外交的实用性；在巩固亚洲阵地的同时，日本公共外交将向世界范围扩展，为其开拓新的外交空间服务。武萌、张利军（2011）以战后日本对外政策的核心内容之一，即构建国家文化软实力的过程为对象，从概念入手，分析公共外交、软实力、文化软实力之间的关系，并对日本战后构建国家文化软实力的历史过程进行梳理，将其划分为3个时期，即"战略启动期（1945年至20世纪60年代末）：改变侵略形象，回归国际社会""战略发展期（20世纪70年代至80年代）：迎战贸易摩擦和经济威胁论，谋求'国际国家'地位""战略强化和调整期（20世纪90年代至今）：立足亚洲，谋求建立文化软实力强国"，并对各个时期的具体做法进行了分析。牟伦海（2016）以日本文化外交的民间化为对象，通过对战后早期日本在文化外交民间化上的尝试、国际交流基金的设立过程及该组织的局限性等进行梳理分析，指出战后日本在文化外交民间化过程中的局限性，即确保文化外交符合（至少不违背）国家基本外交方针与推动文化外交民间化并行问题上的矛盾心理。

四 总结

21 世纪以来，国内日本外交研究无论在规模上还是水平上，较 20 世纪八九十年代都有了明显提升，初步从国际关系理论的角度完善了学科研究范式及体系，形成了较为全面的研究格局。研究对象方面，涵盖外交战略、外交决策、外交思维等多个领域，除中日、美日关系外还涉及日本与俄罗斯、韩国、朝鲜、欧盟、澳大利亚、非洲、拉美等国家地区的双边关系及中美日、中日俄、中日朝等多边关系。研究方法方面，正从最初的动态描写、事态分析、政策解析向应用研究及理论探索阶段发展。研究层次方面，部分学者已经能够超越中日双边关系，将日本外交置于东亚乃至世界格局中进行分析。同时随着国际关系学、外交决策等领域理论应用的逐渐增多，涌现出一些具有思想性、理论性的成果。此外，基础性专题研究及全局性、战略性研究不断问世，部分研究实现了从"全貌"和"深层"两个维度上对日本外交战略及中日关系进行深度解读。

然而必须承认的是，国内日本外交研究在选题上受日本国内政局、美日及中日关系影响较大，目前围绕热点问题的"即事"研究以及偏重概述或评述类的成果仍然远远多于从历史、经济、文化等多角度对日本外交进行研究的综合性、深层次的成果。并且，与中日关系研究相比，以日本外交为主体的研究在数量上还相当有限。此外，运用国际关系理论解析日本外交状况的创新性研究或针对日本外交政策及国际战略的理论性探讨也仍在少数。

随着国际形势的不断变化、全球化及东亚地区经济一体化的不断加强，无论是日本与全球性问题及国际组织之间的关系，还是中日、中美关系都将日趋复杂化。相信国内学者们一定能够在日本外交研究的理论性、前瞻性上不断有所突破，在中日、日美、日俄、日朝、日韩、日本与东盟关系以及日本对外政策、环境外交、公共外交、文化外交、经济外交、联合国外交、非传统安全策略及外交等研究领域不断结出硕果。

参考文献

巴殿君：《从文化视角透析日本外交政策的战略选择》，《日本学刊》2010 年第 4 期。

陈潇、时殷弘：《安倍路线与中日关系》，《现代国际关系》2007 年第 7 期。

陈志：《日本对东南亚国家外交战略的历史演变与走向》，《日本研究》2009 年第 2 期。

丁兆中：《战后日本文化外交战略的发展趋势》，《日本学刊》2006 年第 1 期。

冯昭奎：《谈谈日本研究》，《日本学刊》1995 年第 4 期。

冯昭奎：《影响中日关系的主要因素》，《现代国际关系》2001 年第 9 期。

高兰：《21 世纪日本自由主义外交战略思想解读——以"地球贡献国家"论为中心》，《日本学刊》2008 年第 5 期。

高兰：《日本外交新构想："中道"外交》，《现代国际关系》2009 年第 11 期。

管建强：《论中日东海划界、领土争端解决的法律方法》，《学术界》2010 年第 5 期。

郭定平：《论战后日本政党在外交决策过程中的地位和作用》，《日本学刊》2003 年第 2 期。

贺平：《区域性公共产品、功能性合作与日本的东亚外交》，《外交评论》2012 年第 6 期。

胡令远：《"价值"—"利益"范式下的战后中日关系管窥》，《东北亚论坛》2013 年第 6 期。

黄大慧：《中日关系新格局与日本对华战略》，《教学与研究》2000 年第 8 期。

江瑞平：《东亚合作与中日关系的互动：困局与对策》，《外交评论（外交学院学报）》2014 年第 5 期。

金熙德：《日本联合国外交的定位与演变》，《世界经济与政治》2005 年第 5 期。

金熙德：《经济利益·地缘政治·意识形态——二战后日本对华外交基点的摇摆》，《当代亚太》2008 年第 1 期。

刘国华、李阵：《战后日本的公共外交》，《日本学刊》2007 年第 4 期。

刘江永：《论日本的"价值观外交"》，《日本学刊》2007 年第 6 期。

刘世龙：《冷战后日本的外交战略》，《日本学刊》2003 年第 5 期。

刘娅娜：《日本文化与当代日本外交——兼析战后日美关系的文化因素》，《国际论坛》2004 年第 1 期。

吕耀东：《21 世纪日本外交战略与对华政策变数》，《人民论坛·学术前沿》2012 年第 15 期。

吕耀东：《战后日本外交战略理念及对外关系轨迹》，《日本学刊》2015 年第 5 期。

牟伦海：《战后日本文化外交民间化的努力及其阻碍——国际交流基金的设立过程为

中心》，《武汉大学学报》（哲学社会科学版）2016 年第 3 期。

庞中英：《论中日关系中的美国因素》，《国际经济评论》2002 年第 Z3 期。

沈海涛、赵毅博：《日本对华环境外交：构建战略互惠关系的新支柱》，《东北亚论坛》2008 年第 5 期。

时殷弘：《中美日"三角关系"——历史回顾·实例比较·概念辨析》，《世界经济与政治》2000 年第 1 期。

时殷弘：《中日接近与"外交革命"》，《战略与管理》2003 年第 2 期。

王箫轲：《"积极和平主义"背景下日本 ODA 政策的调整与影响》，《东北亚论坛》2016 年第 4 期。

韦民：《论日本对外战略的演变进程及发展方向》，《国际政治研究》2004 年第 1 期。

吴怀中：《日本外交安全研究 30 年综述（30 年来中国的日本研究概况——中华日本学会 2011 年年会暨学科综述研讨会发言摘要）》，《日本学刊》2011 年第 3 期。

吴怀中：《日本政治变动及其对华影响——一种结构、生态与政策的演化视角》，《日本学刊》2013 年第 2 期。

吴胜：《冷战后日本外交决策过程的新变化——关于日本对华政策决定过程的案例分析》，《日本学刊》2001 年第 1 期。

武萌、张利军：《公共外交与二战后日本国家文化软实力构建——战略管理与战术选择》，《当代世界与社会主义》2011 年第 6 期。

肖刚：《中美日三角关系的不对称性与应对之策》，《现代国际关系》2008 年第 8 期。

徐万胜：《论日美同盟与中日关系》，《国际问题研究》2006 年第 4 期。

臧秀玲、宋小霞：《日本政治文化对外交政策的影响》，《东北亚论坛》2006 年第 1 期。

翟新：《战后日本对华政策制定诸主体的角色及影响》，《南开大学学报》（哲学社会科学版）2014 年第 2 期。

张海声：《公共外交与中日关系》，《当代亚太》2005 年第 4 期。

张景全：《国际体系与日本对外结盟》，《日本学刊》2005 年第 3 期。

张香山：《对"日本问题"的期望》，《日本问题》1985 年第 1 期。

赵宏伟、叶琳：《东亚区域一体化进程中的中日关系》，《世界经济与政治》2010 年第 9 期。

赵全胜：《日本外交的主流思维——带倾向性的中间路线》，《日本学刊》2009 年第 1 期。

赵全胜：《日本外交政策辩论和大国博弈中的中日关系》，《日本学刊》2016 年第 1 期。

朱峰：《权力变更、认同对立与战略选择——中日关系的战略未来》，《世界经济与政治》2007 年第 3 期。

朱凤岚：《论冷战后日美同盟关系的调整》，《国际论坛》2005 年第 5 期。

文化研究

日本历史研究

北京外国语大学　邵建国　冯晓庆

　　中日两国同属东亚，地缘相近，历史上交往频繁。近代以来的日本，不仅是对我国发动侵略战争最频繁的国家，也曾经是清末改良派、革命派学习的榜样。因此，注重研究日本、关注中日关系是我国学术界的重要特征，这一点在历史研究领域也不例外。笔者仅以2000～2016年中国知网收录的论文（含硕、博士学位论文）为对象，统计出表1。

表1　中国知网收录2000～2016年历史研究领域论文分类

区域史	欧洲史	亚洲史 （不含中国）	美洲史	非洲史	大洋洲史
2000～2016年 论文总数（篇）	12874	9022	6096	857	192

　　如表1所示，亚洲史在区域史研究中所占比重很大。进一步核对后发现，亚洲史研究领域中有超过1/4的论文是与日本史研究相关的。由此可见，在亚洲国别史研究中，日本在除中国以外的47个国家与地区中所占比重是最大的。

　　中国国内关于日本历史的研究成果数量庞大。新中国成立至今，已有多位学者对这些成果进行了不同角度的解读，笔者对新中国成立至 2016 年的有关日本历史的综述性研究成果进行了初步统计，制成图 1、图 2。①

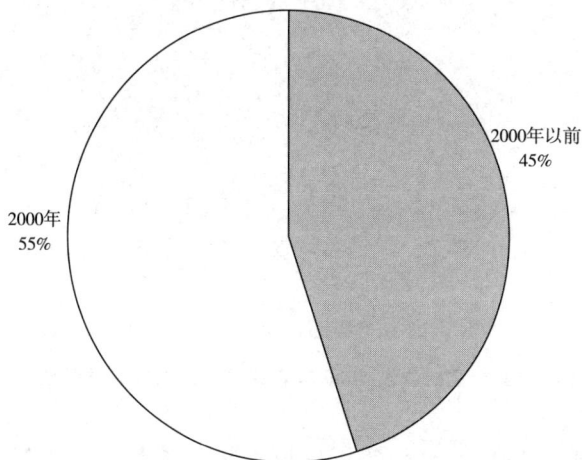

①　新中国成立至 2016 年有关日本历史的综述性成果有以下这些。著作有李玉等主编《中国的日本史研究》，世界知识出版社，2000；李玉等主编《中国的中日关系史研究》，世界知识出版社，2000；沈仁安：《日本史研究序说》，香港社会科学出版社，2001；李玉：《新中国日本史研究的回顾与展望》，天津古籍出版社，2012。论文有沈仁安《开展日本史学史研究的几点意见》，《史学史研究》1985 年第 2 期；蔡济生：《中日关系史研究的新进展》，《中国社会科学》1989 年第 2 期；周维宏：《（四）建国以来的中日文化交流史研究——统计和分析》，《中国日本学年鉴》，科学技术文献出版社，1992；刁书仁：《中国十九世纪中叶以前中日关系史研究综述》，《中国史研究动态》1994 年第 3 期；程舒伟：《现代中日关系史研究中的几个问题》，《社会科学战线》1996 年第 1 期；李玉：《中国的日本研究：回顾与展望》，《国际政治研究》2000 年第 2 期；王金林：《略论中国的日本史研究及其 21 世纪初期的发展趋势》，《日本研究》2000 年第 1 期；宋成有：《日本史研究综述》，《世界历史》2000 年第 1 期；刘兆伟：《关于日本殖民教育侵略史研究的若干问题》，《教育评论》2001 年第 4 期；韩铁英、李璇夏：《2007 年中国的日本政治、历史研究概况》，《日本学刊》2008 年第 6 期；张经纬：《日本史研究中新的理论尝试》，《中国社会科学报》2008 年 9 月 9 日第 002 版；孙新：《改革开放以来中国的日本研究》，《日本学刊》2009 年第 3 期；李璇夏：《2008 年中国的日本政治、历史研究概况》，《日本学刊》2009 年第 5 期；杨栋梁：《中国的日本研究新动态》，《南开日本研究》2010 年第 00 期；张绍铎：《当前日本的冷战史研究概观》，《中国社会科学报》2010 年 4 月 29 日第 007 版；高晓燕：《纵谈面向未来的中日关系史研究》，《繁荣学术 服务龙江——黑龙江省第二届社会科学学术年会优秀论文集》（下），2011；郭永虎：《近十年来中国学界关于中日邦交正常化研究述评》，《当代中国史研究》2012 年第 9 期；邵继勇：《新中国日本史研究述略》，《中日关系史研究》2012 年第 2 期；王宝平：《2012 年中国的日本文化研究》，《日语学习与研究》2013 年第 6 期。

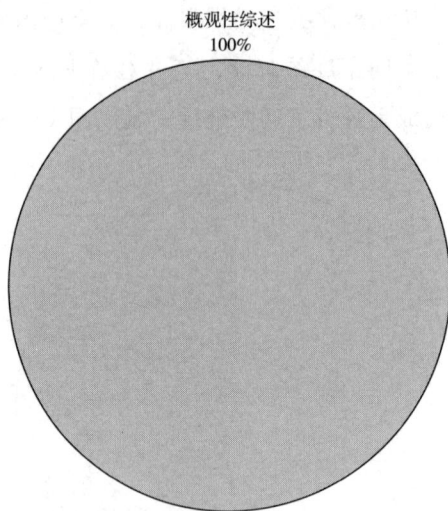

图1 新中国成立至 2000 年有关日本历史的综述性研究

如图 1 所示，2000 年这一年可以说是学术界关于日本历史综述性研究成果的集大成之年。当年的成果数量即占新中国成立至 2000 年该领域研究成果半数以上。而且该时段所有的日本历史综述研究成果都属于概观性综述。与之相对，有关专门史综述成果的出现成为 2000～2016 年学界的新动向。

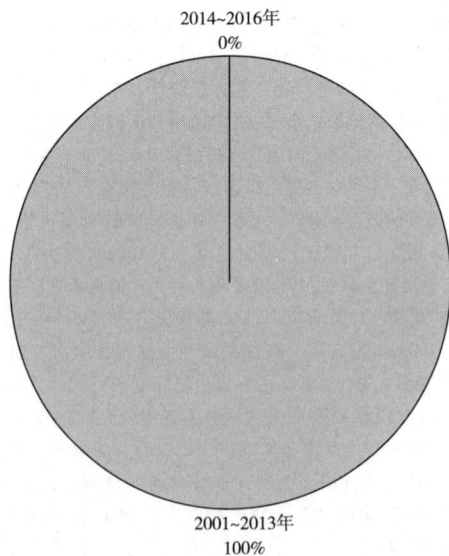

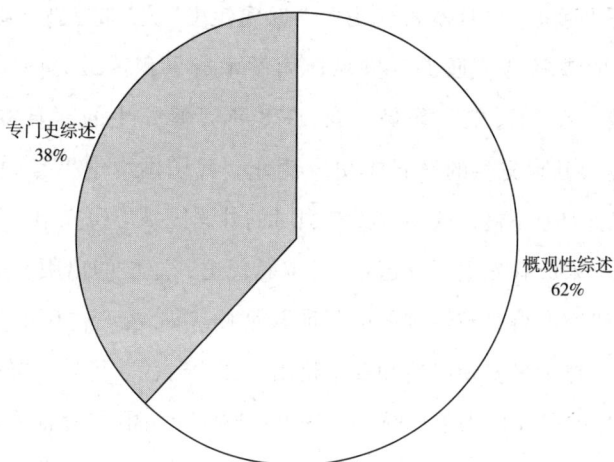

图 2　2000～2016 年有关日本历史的综述性研究

　　统计数据显示，2014～2016 年，中国大陆学界公开发表的有关日本历史的学术著作有 46 部，论文 492 篇（含硕、博士学位论文），学术成果可谓日新月异。但学界对日本历史最新研究成果的综述研究明显滞后。另外，此前的综述性成果，文字性描述居多，通过数据统计得出详细结论的研究较少。陈寅恪先生说过，"一时代之学术，必有其新材料与新问题。取用此材料，以研求问题，则为此时代学术之新潮流。治学之士，得预于此潮流者，谓之预流。其未得预者，谓之未入流"。可见，想要找到新材料、发现新问题，以"预"学术之流，则必须先对学术动态有一个较好的把握。为了给相关研究人员提供更基础的研究数据以把握研究动向，使他们的研究选题更具有针对性和客观性，本文拟采用统计学的方式对研究数据加以整理。

　　新中国成立后，因中日邦交长期断绝，加之"文革"时期很多研究日本的学者被打成"反动"学术权威，我国对日本的研究进展十分缓慢。但即使在当时的条件下，仍然有一部分学者排除万难，为我们留下了一些奠基性著作。如朱谦之先生的《日本哲学史》、周一良先生的《亚洲各国古代史》中的日本史部分等。改革开放后，学界不断解放思想，日本史研究也开始呈现出新局面。尤其是在 20 世纪八九十年代，中日关系进入"蜜月期"，双边贸易稳步增长，学界对日本的研究获得了源源不断的动力，包括日本史在内的日本研究进入了前所未有的兴盛期。宋成有先生曾将改革开放至 2000 年的日本历史研究成果分为"通史""日本古代史""近现代史"三部分进行综述。指出取得突破性进展的领域是"通史"领域，而学术成果积淀最为厚实的则是"近现代史"领域。在"通史"领域，自1978年万峰先生的《日本近代史》开始，至1994年吴廷璆先生的《日本史》为止，我国国内学界有关日本断代史、通史的著作已经十分完整，这种现象在当时的外国国别史研究中，可以说是绝无仅有的。以至于宋成有先生评价道："日本断代史、通史的出版，是改革开放以来国内日本史研究取得突破性进展的最明显征候。"① 在"古代史"领域，当时学界主要的关注点为平安朝以前和安土桃山、江户时代。另外，有关近代中日关系、思想史领域的研究成果也比较多。1949~2000年，中国大陆学界在日本近现代史研究领域取得的成果主要集中在"明治维新""日本近代化""军国主义与日本法西斯主义""战后初期的非军国主义化、民主化改革"等方面，可能由于距现在的时间较近、材料收集起来更为便利、指导实践的现实意义也更强，所以近现代史领域的研究成果最为丰富，这一点即使在2000年以后也没有变化。②

有鉴于国内学界对2000年之前的日本历史研究状况总结得比较充分，本文将重点放在对2000~2016年国内日本历史研究领域所取得成果的分析上。

本文将综述的范围限定为"政治史""外交史""对外关系史""其他专门史"四个模块。而文学史、文化史、艺术史、社会史等领域，自有该领域的专家对其进行概述分析，笔者不便越俎代庖。

克罗齐曾说过，"一切历史都是当代史"。每个时代的历史学家的问题意识和关注焦点不同，因此每个时代历史研究的侧重点和结论也不尽相同。同理，学界对日本历史的研究动向，也必然会受到当时的时代背景，尤其是中日关系走势的影响。

纵观2000~2016年，中日关系大体经历了三大时段。2000~2006年为"政冷经热"时期。其间，日本的国内政治日益"右转"，小泉纯一郎以首相身份6次参拜靖国神社，中日两国政治关系逐渐恶化。但日本对华投资和双边贸易往来仍继续保持增长，因而被冠以"政冷经热"时期。2007~2011年，中日关系有所改善，被媒体称作"融冰""暖春"时期。其中2007~2008年，中日之

---

① 宋成有：《日本史研究综述》，《世界历史》2000年第1期，第86页。
② 分类方式见宋成有《日本史研究综述》，《世界历史》2000年第1期，第88~92页。

间的坚冰开始化解，2009～2012 年日本民主党上台执政，其前两任首相，鸠山和菅直人基本维持了对华友好的姿态。中日两国领导人开始着手缓和并改善双边关系，两国重现友好氛围。但自 2011 年 9 月野田佳彦上台后，民主党内的保守派逐渐转向自民党的亲美反华路线。2012 年 9 月野田内阁所导演的"购岛事件"使中日关系急转直下，对峙氛围急升。2012 年底，自民党总裁安倍晋三第二次出任首相，公开参拜靖国神社，中日关系进一步恶化。2013 年"安麻体制"形成后，日本开始针对中国加强军事力量，增加防卫费，加紧军事部署，并在钓鱼岛等诸多问题上对中国施加压力，中日关系又降至冰点。

笔者将按以上三大时段，对日本历史的研究成果进行总结。同时在每一时段中，将划分"古代中世纪""近世""近代""现代"四个断代，对上述日本历史研究领域的四个模块的研究成果进行概观性阐述。在这里，笔者对断代的划分采用了日本的划分标准。即"近代"的起止点不是我国史学界通常采用的 1840 年（鸦片战争爆发）和 1949 年（新中国成立），而是 1868 年（明治维新开始）和 1945 年（二战结束）。同样，"现代"所指的是 1945 年至今，也就是战后时段。"近世"则特指整个江户时代，相当于我国的明末至清末。而江户时代之前的时代，本文统称为"古代中世纪"。

首先，我们整理了 2000～2016 年日本历史研究成果的著作部分，对调查整理的近 17 年的日本历史著作的数据进行统计，制成图 3。

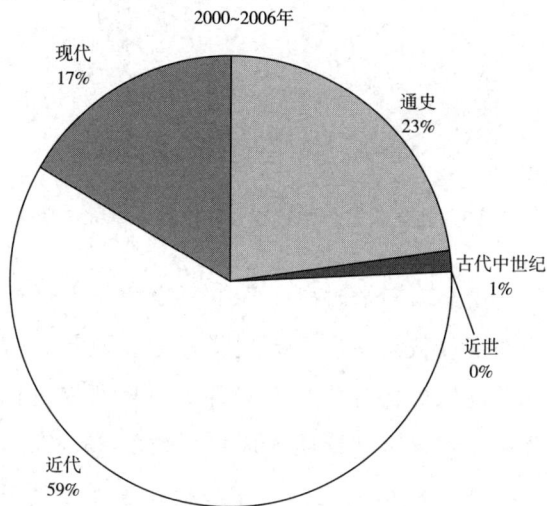

2000~2006年

现代 17%
通史 23%
古代中世纪 1%
近世 0%
近代 59%

2007~2011年

现代
20%

通史
26%

古代中世纪
4%

近世
4%

近代
46%

2012~2016年

现代
9%

通史
28%

古代中世纪
3%

近世
3%

近代
57%

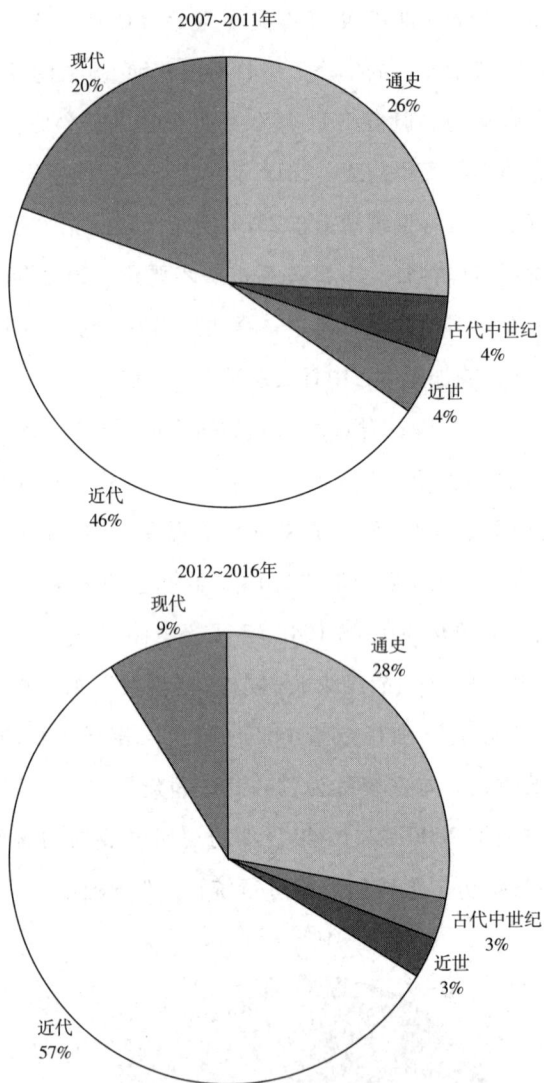

图3 各断代著作数量在各时段成果中所占比重

如图3所示，在全部三个时段，日本历史著作占比最大的是近代史部分。这部分的著作不仅数量多，而且门类较全，政治、对外关系、思想史方面均有涉及。在近代史部分当中，对外关系史研究占比最大。在第一时段中，该模块著作的数量占到该断代成果总数的53.8%。到了第二、三时段，这一数字已经升至80%左右。至于该模块著作所涉及的主题，在三个时段中，居于前两位的一直都是"对外战争"和"战争犯罪"，两者数量居于伯仲之间。近代政治史模块的大部分著作都集中在"政治近代化"中，而近代思想史模块中，与"对外认识与自我认识"相关的著作则比较密集。日本历史著作中，所占比重仅次于近代史的是通史部分。所谓的通史，既包括时间跨度较长的通史，也包括断代史。通史、断代史部分所占比重大，也是日本历史著作的一个特征。现代史部分的著作主要与战争责任问题相关，其中涉及的主题包括"天皇与战犯""教科书问题""战争史观问题"等。古代中世纪史和近世史部分的著作所占比重过小，笔者在此不做详述。

以上是近17年来，国内日本历史领域著作的基本概况。不过由于近年来国内各高校和科研机构在统计科研成果和评定职称时，有重论文、轻著作的倾向，导致著作出版相对滞后、数量较少，引用率也没有论文那么高，无法较好地反映出研究热点的变化趋势，因此本文将把数据分析的重点放在数量庞大的论文上面。

首先我们以折线图的方式，概观近17年来日本历史领域论文数量的变化趋势，见图4。

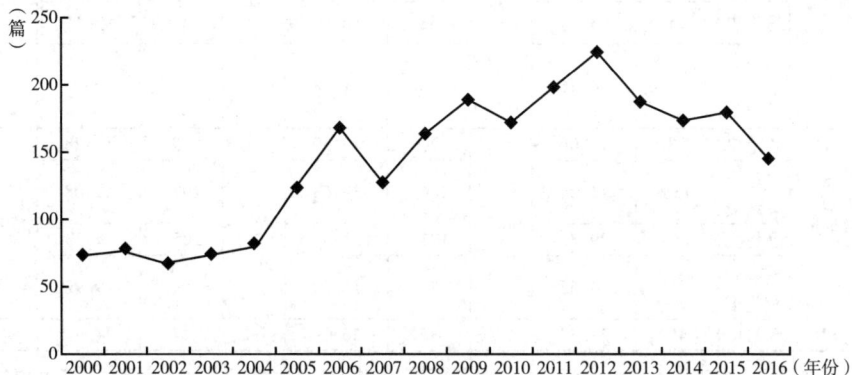

图4　2000～2016年日本历史领域论文数量

由图4可以看到，2004～2006年，论文数量激增。这可能是当时的职称评定尚不强调C刊，论文发表难度相对较低所造成的。2004～2012年，论文数量波动上升，2012年以后，则有所下降。这可能是由于职称评定更强调C

刊，一般杂志所发表的论文分值较低，科研人员更重视文章的质量，因而论文的数量有所减少。

以下，笔者将对近17年来的论文数据进行更加细化的统计分析，具体见表2、图5。

表2　2000～2016年日本历史领域论文分类统计

断代	模块	2000～2006年			2007～2011年			2012～2016年		
		数量（篇）	断代占比（%）	总数（篇）	数量（篇）	断代占比（%）	总数（篇）	数量（篇）	断代占比（%）	总数（篇）
通史	通史	6	—	6	5	—	5	11	—	11
古代中世纪	政治史	20	46.51	43	33	50.77	65	35	47.95	73
	对外关系史	18	41.86		18	27.69		28	38.36	
	思想史	5	11.63		14	21.54		10	13.70	
	其他专门史	—	—		—	—		—	—	
近世（江户）	政治史	10	21.28	47	12	12.90	93	15	17.05	88
	对外关系史	10	21.28		27	29.03		26	29.55	
	思想史	25	53.19		53	56.99		47	53.41	
	其他专门史	2	4.26		1	1.08		—	—	
近代（战前）	政治史	58	15.06	385	73	13.39	545	79	13.28	595
	对外关系史	158	41.04		216	39.63		292	49.08	
	思想史	113	29.35		171	31.38		165	27.73	
	其他专门史	56	14.55		85	15.60		59	9.92	
现代（战后）	政治史	46	27.88	165	36	26.09	138	44	31.43	140

注："现代"史部分中"对外关系史""思想史""其他专门史"模块具体数据缺失，下文中笔者将根据所了解情况进行阐述。

由表2可以看出，学界对日本古代中世纪史和近世史的关注点相对集中，这两个断代的论文几乎都可以归纳到"政治史""对外关系史""思想史"三大模块中，而"其他专门史"部分的论文则几乎没有，或者所占比重非常小。

与之相对，近代、现代史领域的论文在数量上占压倒性优势，且学界在这两个断代的关注点相对分散。我们可以看到，在近代、现代史中，"其他专门史"在每一时段都占据了一定比重。

古代中世纪史中，占比最大的模块是"政治史"，在三大时段中均为半数左右。其次是"对外关系史"。该模块占比在第一时段中与"政治史"接近，但在第二时段中，两模块差距拉大，至第三时段，差距有所减小，但依旧存在。

近世史部分的研究重点在"思想史"领域。纵观三大时段，该模块在其所在断代所有成果中占比均超过50%。

近代史部分，最受学界关注的两大模块是"对外关系史"和"思想史"。两者所占比重在各大时段均为70%以上，当然，"政治史"和"其他专门史"占比也不低。

与古代中世纪、近世、近代相比，学界在现代史领域的关注点相对分散。其中"政治史"和"其他专门史"所占比重较大，充分反映了我国学者对日本政治及战后走向的关注。详细情况将于后文利用表10及图14加以论述。

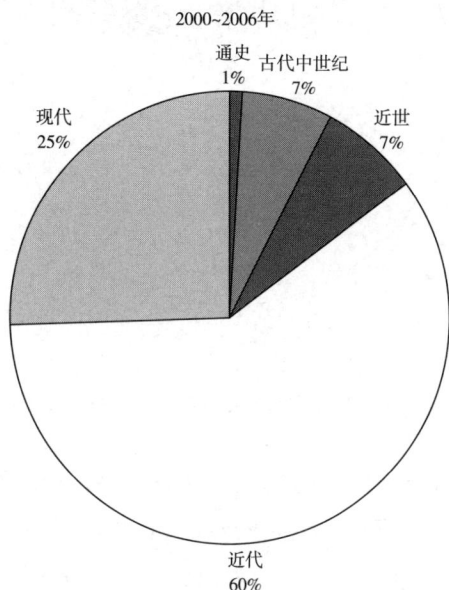

2000~2006年

- 通史 1%
- 古代中世纪 7%
- 近世 7%
- 近代 60%
- 现代 25%

2007~2011年

2012~2016年

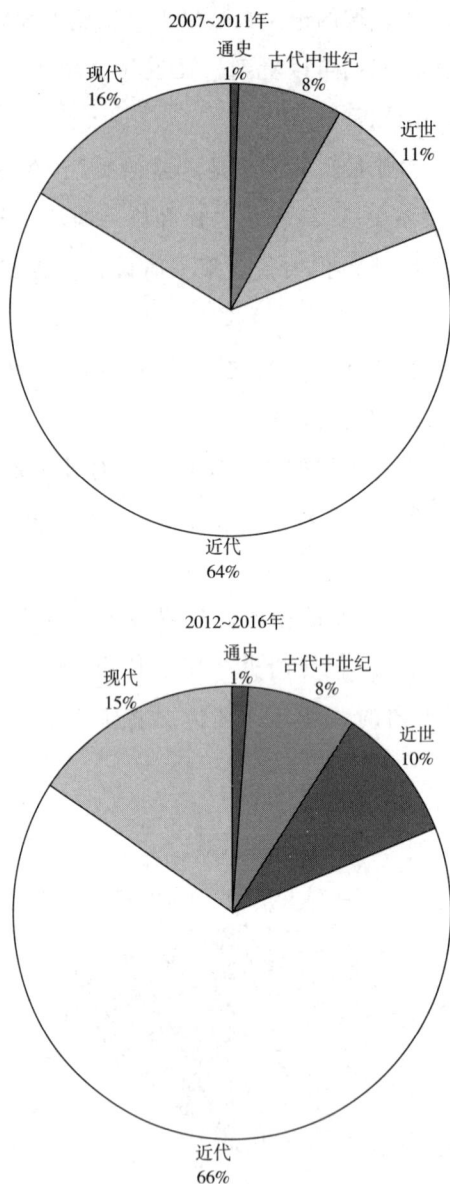

图5　各断代论文数量在各时段成果中所占比重

　　如图5所示，在各断代中近代史部分的论文所占比重最大，在三个时段中均占到60%或以上。现代史部分次之。与古代中世纪史和近世史相关的论文所占比重均较小，其具体数字在三个时段中虽有波动，但幅度较小。而通史部分的论文，历经三大时段，均只属于点缀性的存在，几乎可以忽略不计。

以上是三大时段中，各断代研究成果的总体分布状况。但是，若想把握近17年来学界在各大模块中的关注重点，以及这些关注重点在三大时段中的变化情况和变化原因，以上的分析仍然不能说明问题，进一步的统计分析十分必要。由于数据总量庞大，为了更清晰地反映学术动态的沿革脉络，笔者将在"模块"层级下设"主题"项，此下再设"分支"项。具体分层方式如表3。

表 3　统计表分层方式

时段	2000 ~ 2006 年			2007 ~ 2011 年			2012 ~ 2016 年		
断代分层	模块 >	主题 >	分支	模块 >	主题 >	分支	模块 >	主题 >	分支

因为通史类成果数量很少，没有继续细化分类的必要，笔者在接下来的分析中将忽略通史部分。除近代和现代"其他专门史"模块外，笔者并未对其他部分的"主题"进行细化命名。这是因为近代和现代"其他专门史"部分的论文数量较多，且关注点较规整，便于进一步整理归纳。而其他部分的论文关注点颇为分散，难以归类，因此便不再对其"主题"另行细化命名。针对这些部分的分析，笔者将跳过"主题"项，直接进入"分支"项。由于数据庞大难以面面俱到，因此笔者将根据必要性，将某些"分支"的部分数据制成图表，以供类比分析。

下面我们将对三大时段各断代史部分的论文数据进行具体分析。首先是古代中世纪史和近世史。由于在这两个断代中，"其他专门史"所占比重为零或较小，笔者在分析这两个断代的数据时会略过该模块。

古代中世纪史

首先我们概观一下古代中世纪断代的"政治史"中，位居前三的关注点，见图6。

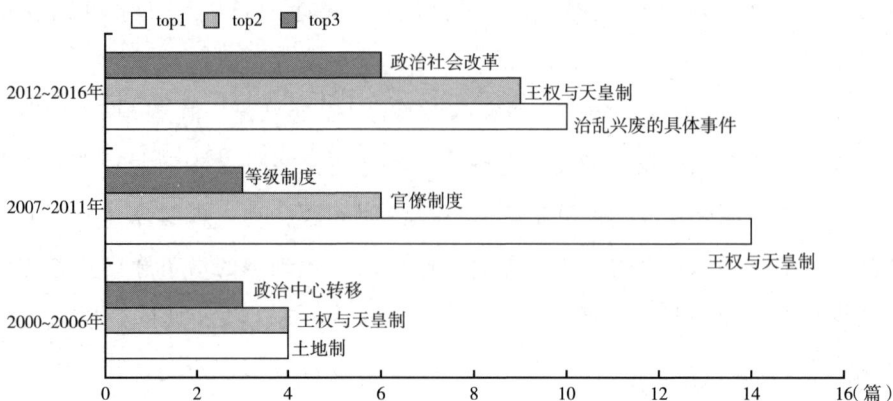

图 6 古代中世纪"政治史"模块中的前三位关注点

前文已经提到，"政治史"模块在古代中世纪史中所占比重最大。由图 6 可知，三大时段中，"王权与天皇制"部分的论文数量在"政治史"模块中始终没有跌出前三。尤其在第二时段，该话题的热度尤其高。除"王权与天皇制"外，其他话题的热度似乎不存在持续性，但是值得关注的是，近年来，对具体事件的细化研究成为学界在该领域的新潮流。在第三时段，"治乱兴废的具体事件"已经超过"王权与天皇制"，成为最受关注的话题。

我们再看一下该断代"对外关系史"中位居前三的关注点，见图 7。

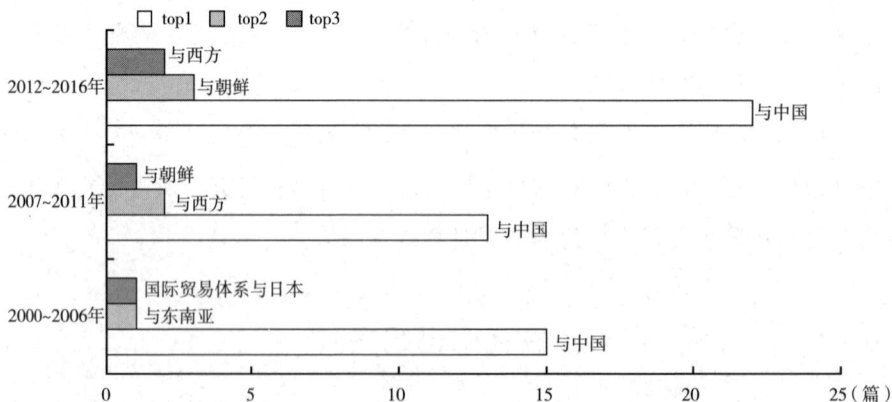

图 7 古代中世纪"对外关系史"模块中的前三位关注点

虽然比不上"政治史",但"对外关系史"所受到的关注也不可小觑。在三个时段中,"对外关系史"模块的研究重点基本都集中在古代中世纪日本与中国之间的关系上,研究成果的数量是其他领域所不能比拟的。当然,中国大陆学界对日本历史的研究出现这样的情况也在意料之中。

由于"思想史"在该断代中所占的比重较小,笔者不再使用图表,而是以文字形式直接进行描述。通过调查,在第一时段中为数不多的"思想史"模块的成果几乎都与"宗教"或"中国文化对日本的影响"相关。到了后两个时段,"对外认识与自我认识"成为最受关注的话题。类似"日本人的华夷意识""日本人的天下观"一类的题目日趋增多,这似乎已成为近年思想史领域有关日本研究的新动向。当然,"宗教"和"中国文化对日本的影响"一类的话题仍占据重要地位。这也符合当前中国文化"走出去"以及强调文化自信的时代潮流。

近世史

近世史中,"思想史"和"对外关系史"所占比重最大,笔者以图表形式展示如下。

首先是"思想史",该模块位居前三的热点话题如图8所示。

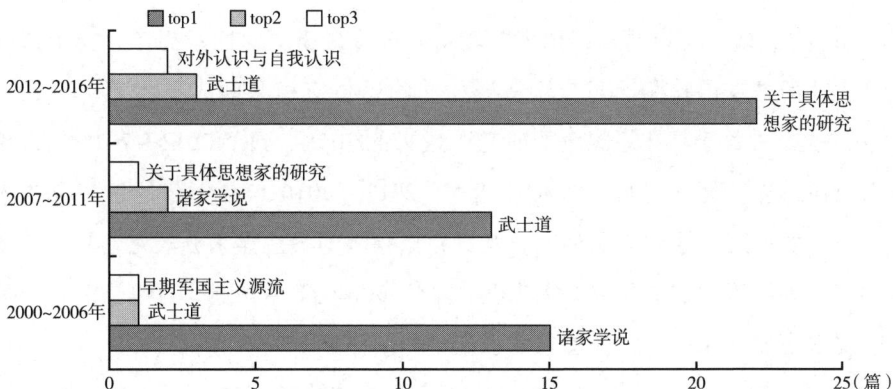

图8 近世史"思想史"模块中的前三位关注点

如前文所述，近世史的各时段都有半数以上的成果集中在"思想史"方面。如图 8 所示，该模块中具有持续热度的是与"武士道"相关的话题。尤其在第二时段，与该话题相关的成果数量在各话题中排名第一。最初，"诸家学说"最具热度。这里所说的"诸家学说"主要包括儒学、兵学、兰学等。其中与儒学相关的话题所受到的关注最多。儒学方面的研究以对儒学进行整体性的研究为主，但是其中也包含了对"朱子学""徂徕学""阳明学"等儒学分支的研究。随着时间的推移，"诸家学说"的热度在减退。到了第三个时段，与该话题相关的论文数量已经跌出前三。与此相对，"关于具体思想家的研究"突然兴盛，在第三时段，该话题的论文数量已居榜首。进一步细化，我们可以用关键词检索出学界所具体关注的思想家，具体如表 4、表 5 所示。

表 4　2007~2011 年近世史"思想史"模块中关于具体思想家的研究

思想家名字	二宫尊德	藤原惺窝	吉田松阴	渡边华山	铃木正三	平田笃胤
出现次数	3	2	2	1	1	1

表 5　2012~2016 年近世史"思想史"模块中关于具体思想家的研究

思想家名字	吉田松阴	安藤昌益	伊藤仁斋	杉田玄白	井龙雄	河井继之助	横井小楠	山鹿素行	赖山阳	本多利明
出现次数	3	3	2	1	1	1	1	1	1	1

由表 4、表 5 可以看出，两大时段均有三位最受关注的思想家，其中持续受到关注的是吉田松阴。与三位最受关注的思想家相关的成果在 2007~2011 年中，占据"关于具体思想家的研究"成果的 70%，到了 2012~2016 年，该比重有所下降。另外，与上一时段相比，2012~2016 年有更多的思想家进入了研究者的视野。这些现象说明，学界在该领域的关注点呈分散化趋势。总体来说，学界在该领域的研究方兴未艾，其广度也在不断拓展，可以预测，今后会有更多之前不太受关注的思想家引起学界关注。

其次，我们看一下近世"对外关系史"。该模块排名前三的关注点如图 9 所示。

学界在该模块的关注点比较稳定，在前两个时段中，前三位的关注点一直没有改变。"日本的锁国体制"与"江户时期日本与各国的关系"一直不分伯

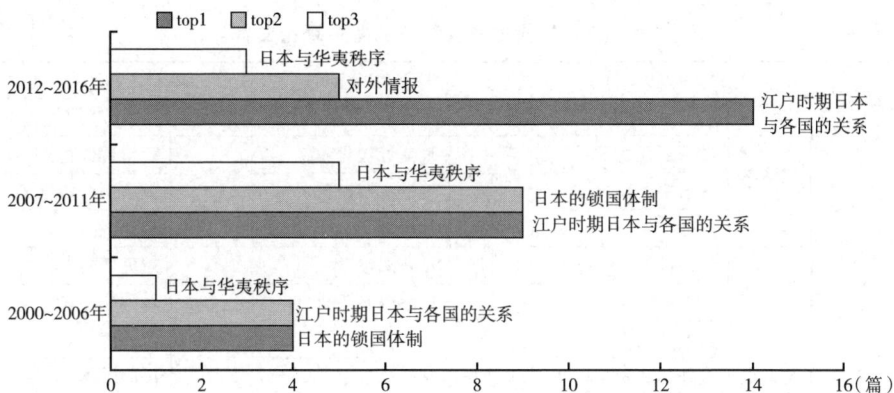

图9　近世史"对外关系史"模块中的前三位关注点

仲。第三时段，"江户时期日本与各国的关系"依旧大热，但"日本的锁国体制"却跌出前三，取而代之的是"对外情报"。当然，"江户时期日本与各国的关系"与"对外情报"中的论文大部分都是与中国相关的。

因"政治史"在该断代中所占的比重较小，笔者仅以文字进行表述。该模块中最受关注的话题一直是"幕藩体制"。纵观三大时段，该话题在"政治史"模块中所占的比重分别为50%、83.3%、93.3%。其热度有持续上升的趋势。并且，学界对该话题的研究已深入十分具体的层面，如"具体制度与机构设置"、"幕藩体制的危机"乃至"身份等级制度"等，研究视角也十分多样。

近代史

近代史研究成果在各断代中所占比重最大，这一点在三大时段中均无变化。由于近代史领域的研究论文类别十分庞杂，因此，笔者对该断代"模块"下的"主题"进行了细化命名。统计结果见表6。

如前文所述，各"主题"项下，还会设"分支"项，但由于"分支"部分种类过于庞杂，笔者不便在表格中呈现其具体内容，在后文进行更细化的数据分析时，将根据需要选择性地对这部分数据进行展示。

如表6所示，近代史各模块下的"主题"列始终无太大变化，这说明学界在该断代中的关注点颇为稳定。

表6　日本近代史各模块下的各主题论文数

断代	2000～2006年		2007～2011年		2012～2016年	
	模块＞	主题	模块＞	主题	模块＞	主题
近代（战前）	政治史 58	政治近代化 34	政治史 73	政治近代化 46	政治史 79	政治近代化 43
		政治法西斯化 13		政治法西斯化 11		政治法西斯化 22
		其他 11		其他 16		其他 14
	对外关系史 158	殖民侵略 63	对外关系史 216	对外战略 74	对外关系史 292	殖民侵略 107
		对外战略 49		殖民侵略 73		对外战略 63
		对外情报 9		对外移民 18		对外情报 28
		对外移民 8		对外情报 15		民间团体 26
		民间团体 7		民间团体 12		对外移民 15
		战争犯罪 7		战争犯罪 2		战争犯罪 14
		其他 15		其他 22		其他 39
	思想史 113	军国主义与法西斯思想 42	思想史 171	启蒙思想与大正民主思想 74	思想史 165	启蒙思想与大正民主思想 55
		启蒙思想与大正民主思想 19		军国主义与法西斯思想 19		侵略思想 24
		对外认识与自我认识 17		对外认识与自我认识 29		对外认识与自我认识 39
		侵略思想 16		侵略思想 13		军国主义与法西斯思想 15
		亚洲主义 8		国家主义 12		国家主义 7
		国家主义 3		亚洲主义 8		亚洲主义 6
		皇道思想 2		皇道思想 4		皇道思想 1
		其他 6		其他 12		其他 18
	其他专门史 56	近代化 52	其他专门史 85	近代化 66	其他专门史 59	近代化 33
		战争宣传 4		战争宣传 5		战争宣传 26
				其他 14		

注：各"模块""主题"列中的数字是给定时段内的论文篇数。

　　"对外关系史"是近代史研究领域中的重中之重，该模块论文篇数的增长趋势最为明显。根据论文的主要内容，笔者将搜集到的近代对外关系史领域的相关论文的主题整理归纳为7大项。2000年以来，这7大主题排序虽稍有差异，但变动不大。而且这些主题的名称似乎多数与近代日本的殖民与对外侵略有关。除此之外，我们还发现该模块下位居前列的主题，热度十分稳定，尤其是前两位的"殖民侵略"与"对外战略",在三大时段中,其热度一直在伯仲之间,且遥遥领先于第三位的主题。接下来,笔者将采用图表形式分别展示"殖民侵略"与"对外战略"部分的统计数据。

"殖民侵略"下的大部分成果都可以根据地域进行细化分类,图10是可以进行地域分类的成果数据(不含一部分无法按照地域分类的论文)。

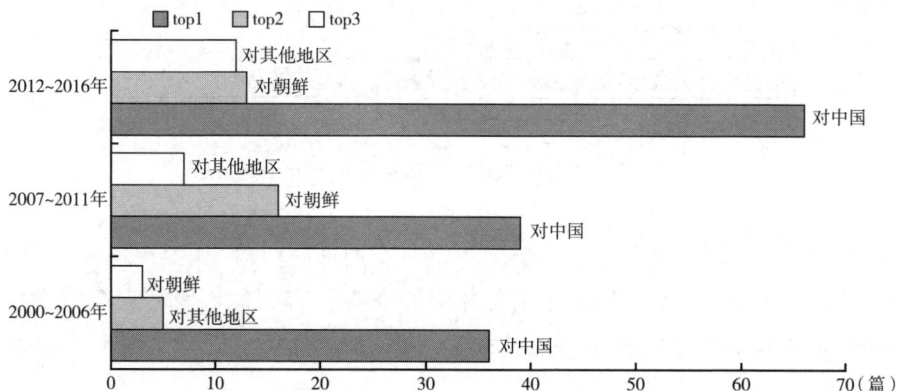

图10 "殖民侵略"下的前三位分支话题(地域别)

纵观三大时段,我们发现学界关注的焦点始终是日本对中国的侵略问题。这说明近代日本对我国造成的伤害是无法磨灭的。但在第二时段,日本对华侵略这一题目所占比重有所下降,这或许与该时段中日关系回暖有关。继对华侵略这一题目之后,日本对朝鲜的侵略问题也受到学界的关注,但其地位与日本对华侵略问题无法相提并论。此外,无法按照地域进行分类的论文在该主题下不占主体地位,其具体涉及的分支话题包括经济侵略、殖民统治、殖民权益等。

近代以来,各国势力此消彼长,为实现本国利益的最大化,日本统治阶层同样是根据国际形势不断调整本国的对外战略,这也是学界关注该主题的原因之一。云谲波诡的国际局势是由一系列具体的外交事件构成的,因此历经三大时段,"具体外交事件"这一分支话题在"对外战略"中的关注度一直居于首位,见图11。但是,由于可构成话题的具体外交事件不胜枚举,所以学界在该分支话题中的关注点分布似乎具有很强的随机性。不过,通过统计三大时段

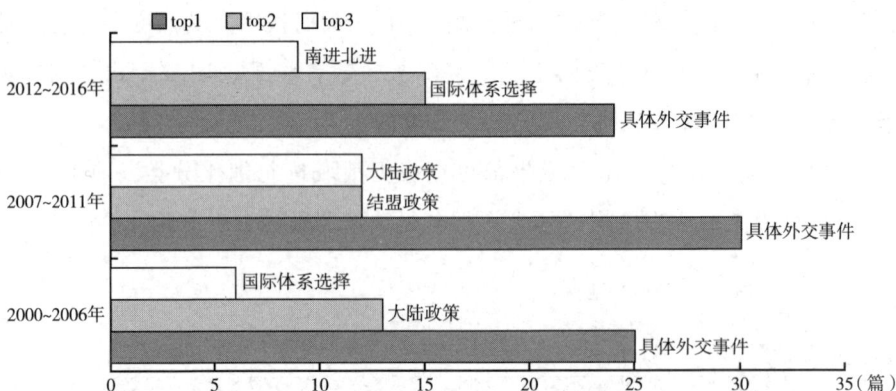

图11 "对外战略"下的前三位分支话题

的研究成果，笔者发现该分支话题下与"日本的修约问题""日本政府对中国政局变化的应对""某关键人物的具体对外战略"有关的话题一直都是热点。例如一直受到学界关注的中国政局的大事件包括"戊戌变法""辛亥革命""袁世凯称帝"等。而"关键人物"中出现的高频词语则包括"陆奥宗光""石原莞尔""币原喜重郎""田中义一"等。但在第二时段出现一大波峰后，该话题的关注度在近几年有下降趋势。"大陆政策"在前两个时段一直受到较大关注，但在第三时段中却跌出前三，取而代之的是"南进北进"。而"国际体系选择"在第二时段跌出前三，在第三时段重新回归。并且，与第一时段相比，该分支话题的热度似乎有上升趋势，这可能与中国国际地位的上升和学界日益强调大国关系有关。

此外，虽与前两项"主题"存在明显的差距，但"对外情报"和"对外移民"部分的论文数量在近几年的增势不容小觑。所谓的"对外情报"，既包括日本的驻外机构和外事人员在国外的情报收集活动，也包括"日谍"在国外的情报收集活动，但是主体部分仍是与"日谍"相关的论文。这一方面是由于无孔不入的"日谍"的确使得近代日本在对外侵略中占尽先机，另一方面可能与近几年来中国屡次抓获日本间谍人员有关。"对外移民"主题项下涵盖了日本"对中国移民""对美洲移民""对东南亚移民""对朝鲜移民"等诸多分支话题，但是主体部分仍是"对中国移民"。并且在"对中国移民"中，与中国东北地区移民问题相关的论文居多，这应该与日本曾在中国东北地区扶植伪满政权并长期进行殖民统治有关。

"民间团体"一项，最受关注的是与日本大陆浪人及其组织相关的话题。"战争犯罪"项下的论文虽然数量不多，但是却包含了"慰安妇""生化战""活体实验""劳工"等诸多话题。而且调研数据显示，该主题部分的论文数量在第二时段骤减，这或许与"殖民侵略"一样，与当时的中日关系回暖有关。

"其他"项下的论文数量历经三大时段一直呈上升趋势，占比也逐渐增大。这说明，在"对外关系史"领域，不断有新话题引起研究人员的关注，学界在该领域的关注点日益分散。但也正因为该"主题"下的分支话题过于分散，难以汇聚成主潮流，在此不做过多分析。

"思想史"模块中的前四项"主题"颇为稳定，图 12 是具体展示。

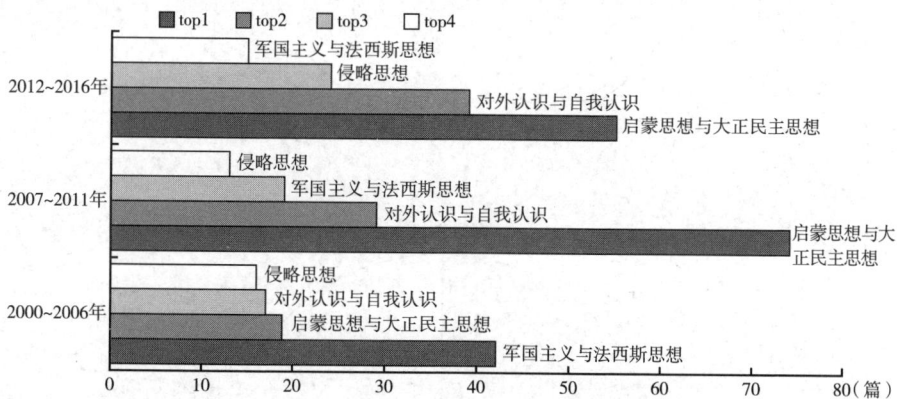

图 12　"思想史"模块下的前四项主题

如图 12 所示，"启蒙思想与大正民主思想"在第二、三两个时段中均居榜首，成为最热门的研究课题。其中，"启蒙思想"与"大正民主思想"的考察对象分别为明治初期和大正时代的思想界。"启蒙思想"的论文在该主题中所占的比例，在三大时段中依次为 89.5%、77.0%、70.9%。"大正民主思想"则分别为 10.5%、14.9%、20.0%。可以看出，"启蒙思想"为该主题中的主要热点，不过"大正民主思想"一直呈上升趋势。而且两者有一个共同点，即学界对这两个分支话题的研究倾向均是由总体性探究转为针对单个思想家的研究。

我们首先以饼状图的形式展示学界在"具体启蒙思想家"中关注点的分布状况，见图13。

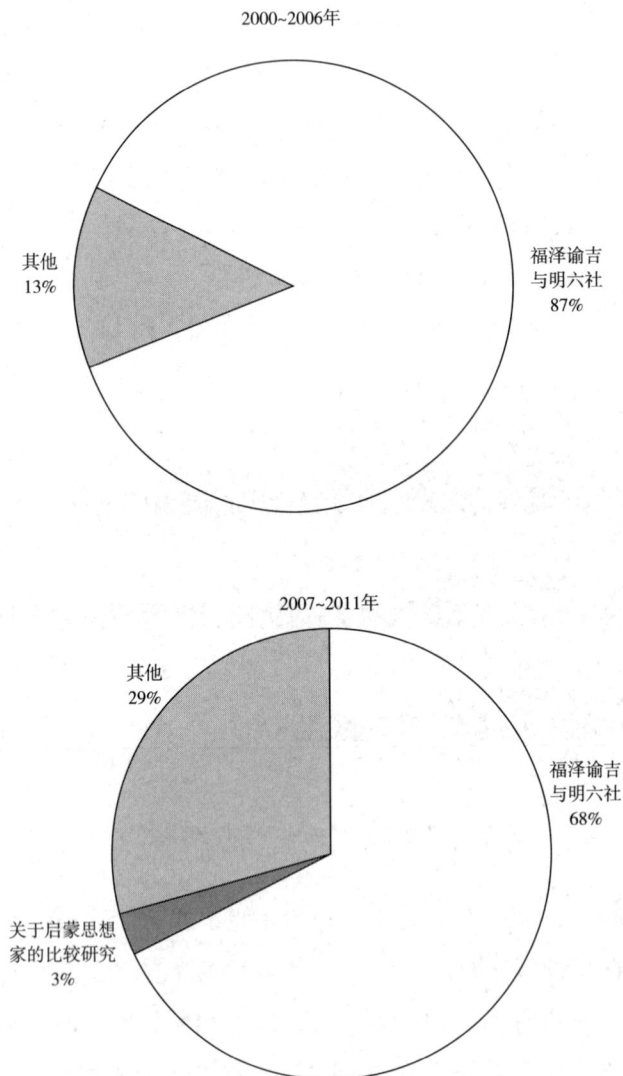

2000~2006年

其他
13%

福泽谕吉
与明六社
87%

2007~2011年

其他
29%

关于启蒙思想
家的比较研究
3%

福泽谕吉
与明六社
68%

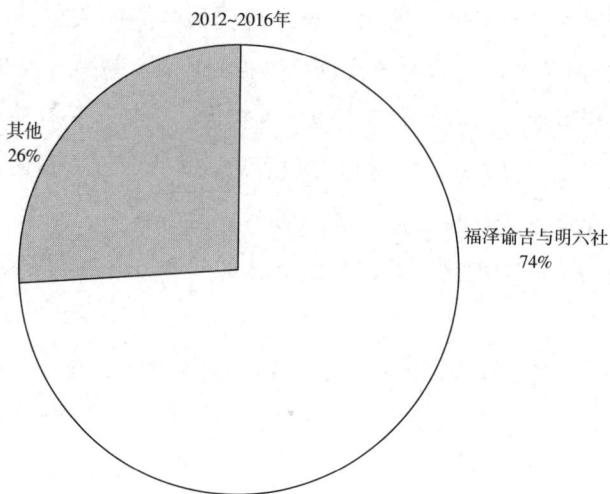

图 13 具体启蒙思想家关注点分布状况

如图 13 所示，纵观三个时段，在"具体启蒙思想家"中最受关注的一直是"福泽谕吉与明六社"。尽管近年来其他话题的占比有所增加，但"福泽谕吉与明六社"的地位仍然无法撼动。

表 7～9 是笔者用关键词的方式统计出的学界所关注的"大正民主思想家"。

表 7　2000～2006 年学界所关注的"大正民主思想家"

思想家名字	德富苏峰
出现次数	1

表 8　2007～2011 年学界所关注的"大正民主思想家"

思想家名字	德富苏峰	吉野作造	美浓部达吉
出现次数	2	1	1

表 9　2012～2016 年学界所关注的"大正民主思想家"

思想家名字	吉野作造	德富苏峰	浮田和民	有岛武郎	大山郁夫
出现次数	2	1	1	1	1

　　前文已提到，"大正民主思想"越来越受到学界的关注。这一点，仅从"具体民主思想家"的研究状况来看也可以得到印证。纵观三个时段，该领域的论文数量不断增加，所涉及的范围也不断扩大。最初，只有德富苏峰受到学界关注，但从第二时段开始，越来越多的思想家进入研究人员的视野。特别是近年来对吉野作造的关注度已超过德富苏峰。笔者认为，有关"大正民主思想"的研究有待进一步细化，其中关注具体的"大正民主思想家"似乎为我们指明了方向。

　　此外，"启蒙思想与大正民主思想"领域的研究还存在一个新特点。即从第二时段开始，对"社会主义与共产主义思想"的探讨，逐渐受到学界的关注。

　　在"思想史"模块中，近17年来论文数量增长势头最迅猛的主题是"对外认识与自我认识"。在该主题下，"日本人的自我认识""日本人的中国观""日本人的亚洲观"一类的话题最热，成为近年来学界的一个新潮流。这与古代中世纪思想史领域的研究动向十分类似。其中，"自我认识""对外认识"部分的论文数量最多。初期学界对该话题的考察比较宏观，如"近代日本启蒙思想家的中国观""近代日本知识层的对华认识"等题目较为普遍。但近年来，学界开始关注具体人物的中国观或亚洲观。调查发现，出现频率较高的人名有"内藤湖南""大隈重信""北一辉"等。

　　"军国主义与法西斯思想"与"侵略思想"研究的区别，在于前者倾向于对军国主义及法西斯主义思想流派的整体性研究，后者倾向于对某些具体人物侵略思想的研究。纵观三个时段，学界对"军国主义与法西斯思想"的关注度持续降低，而研究"侵略思想"的文章似乎有增加的趋势。

　　关于"政治史"模块，学界在近代政治史领域的关注点相对固定。纵观三个时段，该模块下三大主题的排序都没有发生变化。"政治近代化"是该模块下最受关注的话题，学界最初对该领域的关注点几乎都集中在"明治维新"上。从"明治维新发生的原因"到"明治维新成功的意义"，再到"明治维新与近代其他国家政治革新的比较研究"，各种论述不一而足。也许是因为学界对该话题的讨论过于充分，很难再有突破，从第二时段开始，越来越多的人将关注点放在近代日本在政治近代化过程中的具体制度建设方面，如"近代日本地方自治制度的形成"等。另外，有关"政治法西斯化"的论文，大多数都涉及军部及右翼势力，这一倾向纵观三个时段并无太大变化。

"其他专门史"模块下的论文大体可分为两大类，即"近代化"与"战争宣传"。其中，"近代化"具体涉及的分支话题有"产业近代化""教育近代化""军事近代化""思想意识的近代化"等。而"战争宣传"则主要可分成"军国主义教育"和"舆论宣传"两大类。在第二时段，有部分研究者尝试开辟新的研究领域，该模块出现了少量与其他"主题"相关的论文。但这种现象如昙花一现，在第三时段中就不复存在。

现代史

前文已经提到，现代史研究领域的一大特征是"其他专门史"模块所占比重较大。尤其是在第一时段，"其他专门史"模块的比重在该断代居于首位。这说明，学界在该断代的研究视点颇为分散，仅用"政治""对外关系""思想"几个常见的名词难以归类。总体上，学界在"其他专门史"模块的论文，按照其主题可总结为表 10 中所列的项目。

表10　三大时段中日本现代"其他专门史"模块下各主题论文数量

断代	2000~2006 年		2007~2011 年		2012~2016 年	
	模块 >	主题	模块 >	主题	模块 >	主题
现代（战后）	其他专门史 74	战争责任问题 61	其他专门史 40	战争责任问题 25	其他专门史 38	战争责任问题 33
		战争遗留问题 9		战争遗留问题 8		战争遗留问题 5

注：①"模块"与"主题"列中出现的数字为论文篇数；②2000~2006 年、2007~2011 年"其他专门史"模块存在"其他"项主题，未在表格中全部予以展示。

纵观三个时段，该模块中最受人瞩目的"主题"一直都是"战争责任问题"。仔细分析，该"主题"所包括的分支话题有"天皇与战犯""教科书""靖国神社""战争观"等。学界的这种问题关注倾向应该是日本政府长期以来否认战争责任、篡改历史教科书、参拜靖国神社等倒行逆施的行为造成的。

日本政府篡改历史的行为引发了中国大陆学界对"战争遗留问题"的关注。该"主题"所占比重虽不太大，却包含了"战争赔偿问题""残留孤儿问题""战俘问题"等十分引人瞩目的话题。因此，这类"主题"应该引起广大研究者的进一步关注。

下面，笔者以饼状图的形式来展示现代"政治史"模块下各"主题"的占比状况，见图14。

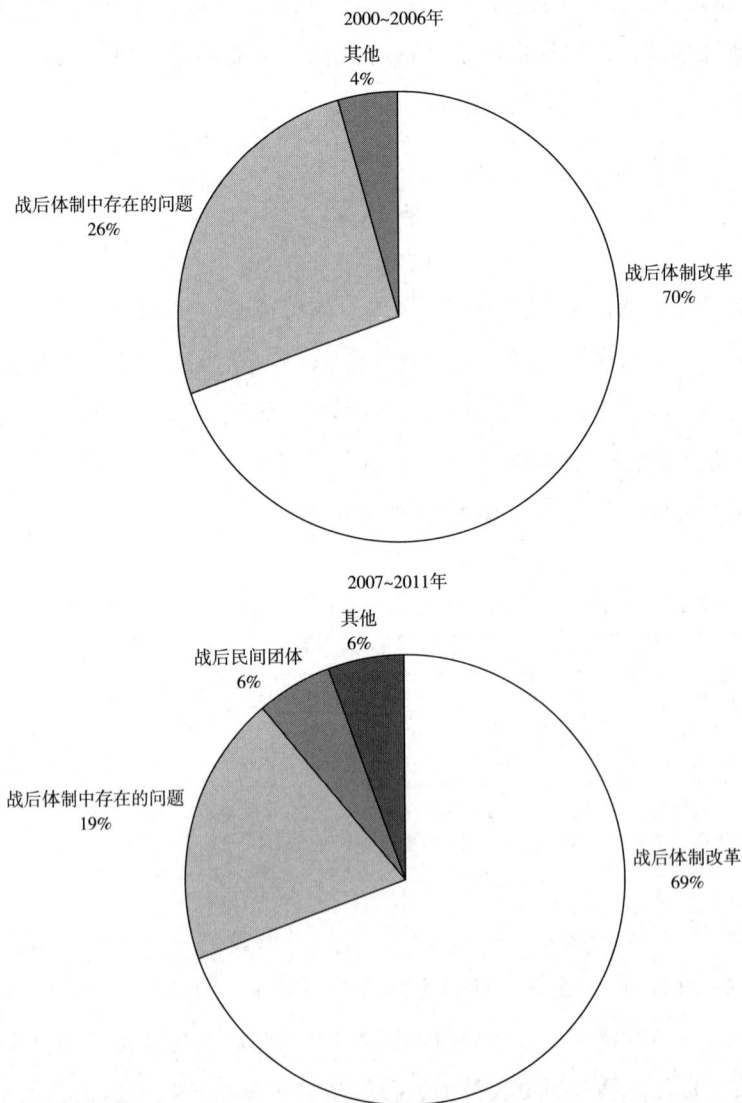

2000~2006年
其他 4%
战后体制中存在的问题 26%
战后体制改革 70%

2007~2011年
其他 6%
战后民间团体 6%
战后体制中存在的问题 19%
战后体制改革 69%

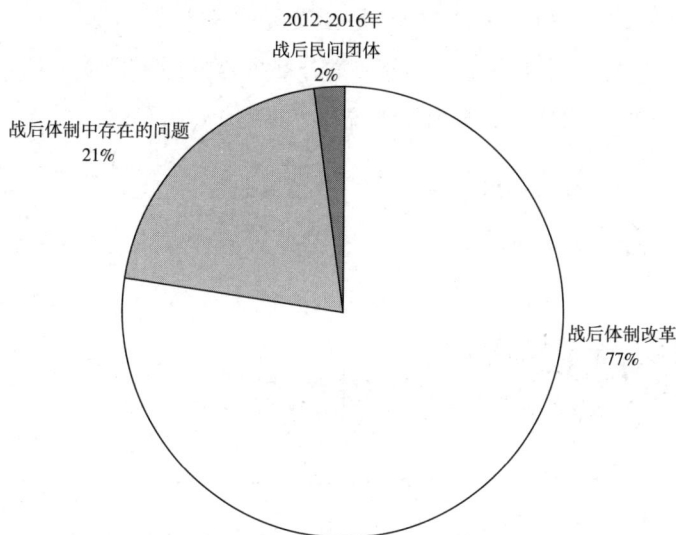

图14 现代"政治史"模块下各主题的占比状况

如图14所示,现代"政治史"模块主要由两大主题构成,即"战后体制改革"和"战后体制中存在的问题"。两者的区别在于,前者倾向于对日本战后体制改革所取得的成果进行肯定性分析,后者则倾向于对日本战后体制中的弊端进行否定式批判。两者可以统称为"对日本战后体制的探讨"。在三个时段中,"肯定性分析"一直占主流,在第一时段和第三时段中,对日本战后体制进行探讨的文章所占比重都在95%以上,而在第二时段,这一数字却跌破90%。或许是由于这一时段恰逢中日关系的回暖期,研究者开始关注该领域的其他话题。第一时段中"战后体制改革"所占比重最大,这或许与该时期小泉纯一郎高举改革大旗,提出"砸烂自民党"的口号有关。当时日本国内对战后形成的政治体制的批判性报道甚多,我国学界也出现了很多跟随性研究。另外,数据显示"战后体制中存在的问题"在第二时段中占比明显下降,这也许跟小泉纯一郎下台,改革告一段落,中日关系有所改善有关。一般来说学术动向是会受到两国关系走向的影响的。同时我们也不能忽视从第二时段开始,有一个新的话题进入了研究人员的视野,即日本的"战后民间团体"。虽然这一主题所占比重较小,尤其是在第三时段仅占2%,但战后日本民间团体在促成中日邦交恢复,以及邦交恢复后推动中日友好发展的过程中所发挥的作用还是值得肯定的，相信这类研究今后会受到更多的关注。

"对外关系史"模块中的大部分文章，都可以按照国别或地域别进行进一步分类。笔者对这部分论文数据做出统计，见图 15。

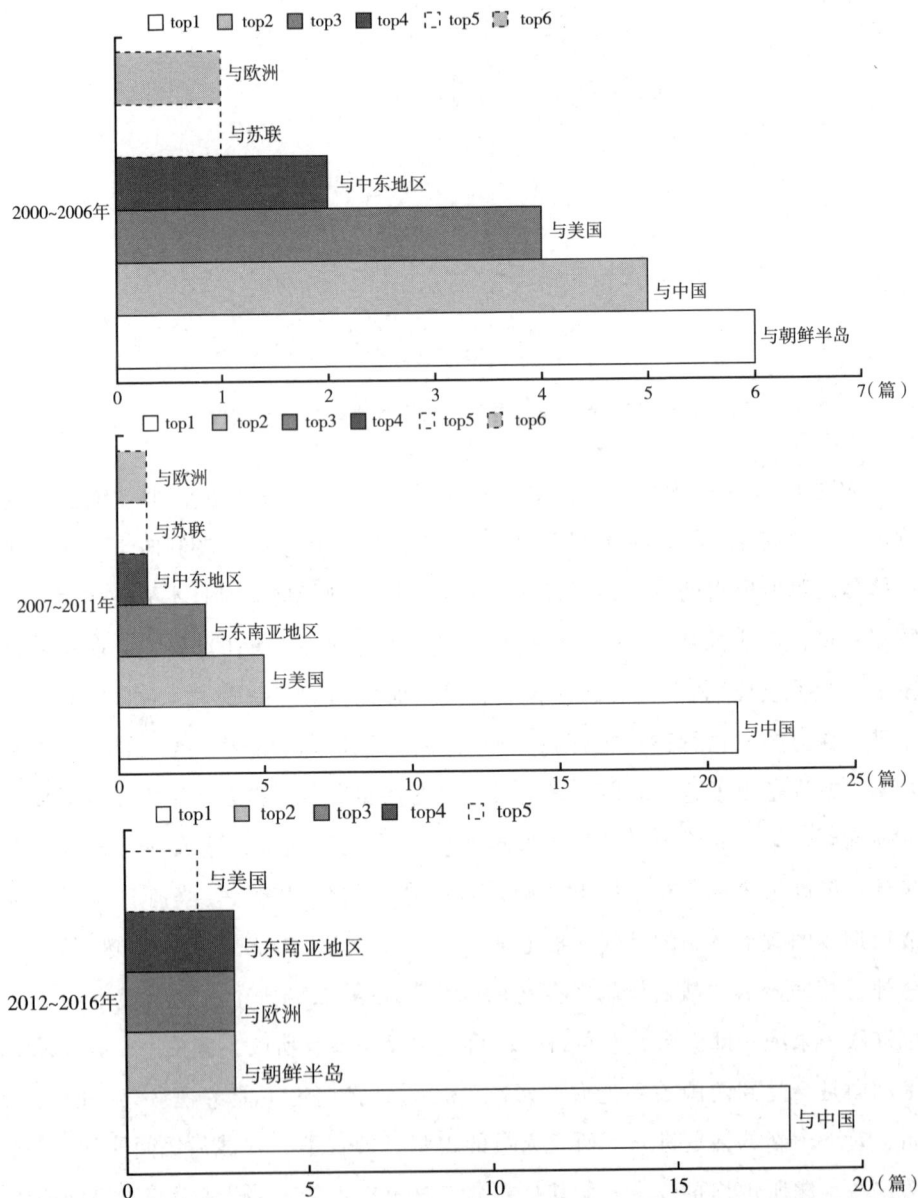

图 15　现代"对外关系史"模块中的关注点分布状况（国家/地域别）

如图 15 所示，"日本与中国的关系"一直是学界关注的焦点。虽然在第一时段，与该话题相关的论文篇数居第二位，但与第一位的差距十分微弱。到了第二、三时段，中日关系领域的论文篇数遥遥领先，持续居于首位。在第一时段，"日本与朝鲜半岛的关系"最受关注，这可能与该时段我国日本史研究学者主要集中在东北地区，他们对朝鲜半岛的关注较多有关。然而到了第二时段，该话题却销声匿迹。在第三时段该话题重新回归，其热度与"日本与欧洲的关系""日本与东南亚地区的关系"并居第二，这可能与 2013 年朴槿惠上任后中韩关系出现了一段"蜜月期"有关。但是从论文篇数来看，这三项话题的热度与中日关系相比难望其项背。日美关系在前两个时段一直比较重要，但到了第三时段其地位却大不如前。理论上讲，安倍上台后我国学界对安倍的"俯瞰地球仪外交"及"日美安保基石"论应该有很多研究，但统计发现并不如此。笔者推测可能是该时段学术期刊对学术成果进行分类时，此类话题被划入国际关系项下，所以在统计日本史研究成果时该数据不被统计。与之相对，近年学界对日本与西欧关系的关注度有所提高。而"日本与苏联的关系""日本与中东地区的关系"一直都不占据主流，最近几年似乎已被学界所遗忘。

与其他模块相比，"思想史"在日本现代史研究领域中所占比重一直很小。概而论之，最初该模块最受关注的话题为"右倾化思潮"和"新国家民族主义"，到了最近两个时段，与古代中世纪思想史和近代思想史研究领域相同，"对外认识与自我认识"热度上升，成为最受瞩目的话题。

结　语

通过以上的统计分析，笔者认为可以得出如下结论：（1）我国学界日本历史研究的关注点主要集中在近代、现代，尤其是近代史领域；（2）各领域的研究均呈现出细化、深化、具体化的趋势；（3）我国学界在很多分支领域的关注点都呈现出分散化的趋势；（4）与中国有关的话题始终是学界研究的焦点；（5）国际格局的变化和中日关系的走向给学界的关注点带来一定的影响。

通过以上分析也可以看出，中国的日本史研究经常会呈现出某种趋同性

（俗称"赶时髦"）。比如有关日本对外认识的研究，其热度持续了很多年。特别是 2011 年国家社科基金重大项目"近代日本对华认识和行动选择"立项之后，有关日本对外认识、对华观、对外观的研究就成为热点，一直持续至今。但一些基础性的研究没有受到重视，对影响日本历史发展的长时段的、基础性的、共通性特征的研究较少。比如对日本历史上中央与地方的关系、政治派系之间的合纵连横关系、统治精英与大众之间的关系的研究，需要排除断代性研究的干扰，形成通史性的研究结论。另外，国内的日本历史研究已经形成了几大区域中心，如北京、长春、天津、上海、杭州、广州、武汉等。各地的研究均有其侧重点与特色。北京以中国社会科学院日本研究所、北京大学、北京外国语大学、北京师范大学为主，分别注重当代日本研究和日本语言文学研究；上海以复旦大学为中心，侧重对日本的经济和文化的研究；长春和天津以东北师范大学和南开大学为中心，侧重对日本历史和思想史的研究；杭州以浙江工商大学为中心，侧重对近世和近代的中日文化交流的研究。笔者十分期待这些研究中心能够进行联合与合作，就日本历史和中日关系的重大问题进行跨学科、跨领域的综合研究，推出具有国际影响力的日本研究著作。

日本思想史研究

中国社会科学院　唐永亮

思想史研究是研究思想的发展史，即研究思想的内部结构、传承过程、发展规律及其与国内外诸种影响因子的关系。从研究对象看，主要有两类，即特定个人的思想和不特定的多数人的思想。后者又分为两个层面，一是具有逻辑体系性的思想，通常被称为什么主义；二是非人格性的，也没有明确的逻辑形态，通常我们称之为社会意识或时代精神的思想（丸山真男语）。日本的思想史研究亦是如此。中国的日本思想史研究是日本思想史研究的重要组成部分，2000年以前的中国日本思想史研究主要分为恢复发展和不断完善两个阶段。

一　恢复发展期（20世纪80年代）

（一）　基本情况

新中国成立以来我国的日本思想研究相比其他一些学科方向来说，起点还是比较高的，朱谦之、吴廷璆、刘及辰等老前辈留下了许多高水平的成果，为中国的日本思想研究打下了坚实的基础。

"文化大革命"结束后，日本思想研究随着改革开放和中日邦交正常化而重新活跃起来，涌现出许多优秀的研究成果。据不完全统计，这一时期共发表了有关日本思想研究的学术论文百余篇，出版专著主要有4部。这些著述既涉及一些较新的领域，如启蒙思想、自由民权思想、现代化思想等，也涉及一些具有继承性的领域，如社会主义思想研究和法西斯思想研究等。虽然是继承性的研究，但这一时期的研究，特别是有关社会主义思想研究的思路明显拓宽，研究深度也明显增强，出现了以方昌杰、宋官德著《日本社会主义思想史》

（《东方哲学研究》1979 年第 1 期）为代表的通史性著述。这一时期对片山潜、幸德秋水、堺利彦、户坂润、山川均、德田球一等一批社会主义思想家也进行了专门研究。

改革开放对中国思想界的影响绝不亚于经济界，它向思想界提出了两个棘手的问题：其一，改革要达到什么样的具体目标；其二，如何在中国的国情下进行改革。围绕这两个问题，中国的日本思想研究界也进行了深入研究，形成了三个主要的研究热点。

1. 启蒙思想研究

从"文化大革命"结束到 20 世纪 80 年代末，在中国出现了思想解放的浪潮。这一时期堪称中国知识分子的英雄时代，他们积极引介西学，变革中国文化。他们继承五四精神，宣扬自由、民主、平等的启蒙主义经典价值观。现代化、启蒙、自由可以说是这个时代的关键词。启蒙的目的是向社会普及新知，使民众接受新事物，从而摆脱愚昧。五四运动开启了中国的启蒙运动，但却没能完成这一任务，而这个任务落到了 80 年代学人的身上。如何进行启蒙，什么样的启蒙适合中国社会，中国的学者在向世界寻求着经验。日本 19 世纪中叶经历过的启蒙运动，成为中国学者关注的重点。就这一时期而言，日本启蒙思想研究是一个新领域，许多学者做出了开创性的工作。

崔世广撰写的《近代启蒙思想与现代化——中日近代启蒙思想比较》（北京航空航天大学出版社，1989）一书对明治启蒙思想进行了全面而深入的研究，堪称 20 世纪 80 年代启蒙思想研究的集大成之作。该书的主要贡献在于以下几个方面。其一，对启蒙的概念界定、类型及其与近代化的关系做了系统的梳理。他认为启蒙不仅包括早期资产阶级社会思潮、近代启蒙现象，还应包括后进国所开展的一系列思想解放运动。启蒙的划分不仅有先进和后进的区别，而且也可以把不同文化圈作为划分标准。其二，该书全面研究了日本启蒙思想的形成、内容和内在逻辑，颇有见地地指出，日本近代启蒙思想的共同逻辑是由"天赋人权"出发，在现实中把其转换为"天赋国权""国赋人权"，最后再要求"人权"服务和回归于"国权"。其三，把日本近代启蒙思想放在世界的范围内，通过与欧美、中国近代启蒙思想的对比来加以分析指出，中日启蒙思想在出发点、目的、归宿以及启蒙思想的形成过程方面具有相似性，但是在启蒙发生的直接契机、时间以及启蒙成员的成分和素质、启蒙思想的内容方面存在差异性。尽管中日之间存在这样或那样的差异性，但在启蒙以前却走着极其相似的一条思想路线，只不过日本比中国走得早，节奏快一些。因此，绝不能据此得出中国没有实现日本那样的近代化的可能性的结论。

此外，一些学者对福泽谕吉、西周、加藤弘之、森有礼等启蒙思想家也进行了深入的研究。其中福泽谕吉和西周的思想研究颇令人瞩目。卞崇道、区建英、沈才彬、赵乃章、贺新城等人对福泽谕吉的现代化思想、政治思想、文明观、哲学思想、国际政治思想做了具体而深入的研究。对西周思想的评价在这一时期还没有达成统一意见。刘及辰在《论西周对近代日本哲学的贡献及其实证主义的立场》(《东方哲学研究》1979 年第 1 期) 中主张，西周既不是唯物主义者也不是唯心主义者，而是凌驾于二者之上的实证主义者。王守华在《西周哲学的性质及在日本哲学史上的地位》[《山东大学学报》(哲学社会科学版) 1988 年第 3 期] 一文中认为，西周哲学的主要倾向是实证主义，但他认为以往学者忽视了西周哲学受到了儒学的强烈影响，这是西周哲学的第二重属性。崔新京的《辩证思考西周哲学思想的基本性质》(《日本研究》1988 年第 1 期) 一文则持完全不同的意见，认为西周哲学思想的基本性质是唯物主义的。

2. 自由民权思想研究

从日本历史上看，以"明六社"为中心开展的启蒙运动因领导者的局限性未能彻底完成对日本国民的启蒙任务，接下来发生的自由民权运动在某种意义上承续了对日本国民进行近代启蒙教育的任务。自由民权运动所宣扬的改革藩阀政治、保障言论和集会的自由等主张契合了"文化大革命"后的中国社会，获得了中国学人的共鸣。这一时期的自由民权运动研究，主要是从两方面展开的。其一，围绕自由民权运动思想家的研究；其二，对自由民权运动的研究。中江兆民和植木枝盛是自由民权运动的主要理论家，中国学者在这一时期对这两个人物已有所关注。崔新京在《刍论中江兆民的哲学思想和政治学说》[《辽宁大学学报》(哲学社会科学版) 1989 年第 6 期] 一文中对中江兆民的哲学思想和政治思想做了较为深入的剖析。贾纯的《中江兆民及其〈续一年有半〉》对中江兆民的唯物论做了研究。杨孝臣在《论植木枝盛的改革思想》

（《外国问题研究》1987 年第 2 期）一文中剖析了植木枝盛的改革思想，为中国的植木枝盛思想研究奠定了基础。沈才彬是这一时期研究自由民权运动的代表学者。他在《论自由民权运动的性质及其历史地位》（《世界历史》1982 年第 3 期）一文中指出，关于自由民权运动的性质主要有三种观点，即"革命说"、"反动说"和"前近代说"，而他认为自由民权运动在性质上是一次日本人民自下而上地争取资产阶级民主自由权利和民族独立的群众性政治运动。在《日本自由民权运动的社会背景及其思想渊源》（《历史教学》1983 年第 5 期）一文中沈才彬指出，自由民权运动的产生与明治维新有密切联系，明治政府的一系列资产阶级改革激化了社会矛盾，是自由民权运动产生的要因。

3. 现代化思想研究

新中国成立以后，如何将一个贫困落后的农业国建设成为强大的社会主义现代化国家，是中国政府面临的最大课题。中国共产党人先后提出了工业化、四个现代化的现代化发展目标。改革开放后，国人对现代化的理解更加深刻，认识到现代化不仅是工业、农业、国防和科学技术的现代化，而且还包括政治、社会、思想文化的现代化。如何实现现代化的发展目标，除了"摸着石头过河"外，还可借鉴发达国家的经验。日本是唯一实现了现代化的亚洲国家，由于中日两国在文化上存在接近性，日本的经验值得我们学习。高增杰的《日本近代成功的启示——谈传统文化与西方文化》（中国和平出版社，1987）一书是新中国成立以来第一部从思想文化角度论述日本近代化的著作，是日本文化近代化研究的集大成之作。该书从日本近代文化的起点——"文明开化"、群体与个体、协调与竞争、日本近代文化的双重结构等方面论述了文化因素在日本实现近代化过程中所起的作用。该书指出，日本近代的发展主要得益于日本传统文化与西方文化的营养，近代以来日本民族依据文化的时间相位和空间相位有选择地摄取西方文化要素并使之日本化，在传统文化的土壤里扎根生息。正是因为经历了这个过程，日本近代文化才得以迅速发展，日本资本主义近代化才得以成功。只有坚持民族文化的优秀传统，才能吸收外来文化的营养，丰富和发展原有文化。否则，"皮之不存，毛将焉附"，盲目否定一切传统文化，就失去了容纳和消化外来文化的依托，也就根本谈不上文化发展，只能带来民族的衰亡。

"文革"期间，中华传统思想文化被作为封建残余一概被否定，造成中国思想文化出现了一个断层。改革开放初期，为了防止传统思想文化中的消极因素造成对引进西方文化的抑制，传统思想文化被自觉不自觉地置于边缘地位，受到压制，外来文化被置于"上位"。然而随着社会主义现代化建设的全面展开，人们日益感到中国传统思想对社会主义现代化建设依然具有积极作用。如何重新认识传统思想与现代化的关系，在 20 世纪 80 年代的中国学术界引发了一场激烈的讨论，不仅大陆学者，海外华裔学者和西方汉学家也参与其中，形成了所谓的"思想文化热"。中国的日本思想研究学者也积极地参与到这场大讨论当中。王家骅在《儒学和日本的现代化》（《日本问题》1989 年第 4 期）中具体分析了儒学与日本现代化之间的关系。严绍璗在《儒学在日本近代文化运动中的意义（战前篇）》（《日本问题》1989 年第 2 期）中，从儒学与近代文化关系的角度，论述了儒学对于日本近代化的意义。

（二）研究范式

20 世纪 80 年代中国的日本思想研究，在研究理论上主要还是延续传统的研究范式，即用思想史和哲学的研究框架来研究日本思想，如重视对思想家、哲学家的思想及思想流派的研究。值得注意的是文化现代化理论等新的研究理论也被引入日本思想研究之中，成为日本思想研究的新范式。

文化现代化理论始于马克斯·韦伯，他从 20 世纪初就开始关注西方资本主义发展的文化精神来源，将文化与现代化联结起来，开启了文化现代化理论研究的先河。但是他认为非西方世界的文化中没能发展出经济理性资本主义。贝拉继承和发展了韦伯的理论。他承认文化与经济存在深刻联系，但他批评韦伯得出的非西方国家没有发展出像西方那样的理性资本主义的结论。贝拉认为日本是唯一一个实现现代化的非西方国家，日本德川时代的宗教是日本实现现代化的精神动力。日本的文化研究学者们进一步丰富和发展了贝拉的结论。森岛通夫通过比较研究指出，中国的儒教进入日本后发生了很大变化，它强调"忠"的意义，并且更加世俗化。它与佛教、神道教相结合成为促进日本经济发展的精神动力。1986 年森岛通夫的《日本为什么"成功"》的中译本由四川人民出版社出版。1987 年于晓、陈维纲等人将马克斯·韦伯的《新教伦理与资本主义精神》（生活·读书·新知三联书店）译介到中国。由此，文化现代化理论正式传到中国，伴随着中国国内的"文化热"，这一理论为中国学者所接受，将它运用到日本现代化研究之中。高增杰《日本近代成功的启示——谈传统文化与西方文化》（中国和平出版社，1987），叶渭渠、诸葛蔚东《日本的传统与现代化》（《日本问题》1989年第6期），王家骅《儒学和日本的现代化》（《日本问题》1989年第4期）等著述都一定程度上受到了这一理论的影响。

20世纪80年代，中国的日本思想研究方法比较传统，主要采用的是史学和哲学的研究方法。史学方法注重史料的爬梳整理、研究思想的演变过程，哲学研究方法主要关注思想的内部结构和逻辑的分析。这两种方法基本都是相互配合使用的。除这两种方法外，比较研究法在这一时期也经常被用到。欧美学者经常用比较研究法，但在中国学者看来，欧美学者通过对比研究得出的结论有时未能抓住日本思想的特殊性。中日同处于东亚文化圈，在思想上存在相似之处，同时也存在许多差异。通过中日思想的对比，更能揭示日本思想的独特之处，同时对进一步认清中国思想的本质特征也具有重要意义。

（三）研究特点

从研究内容上看，20世纪80年代的日本思想研究呈现出以下几个特征。

1. 精英思想研究多，思潮研究少

思想家成长于社会之中，同时他的思想对当时的社会也产生了重要影响，因此思想家研究是把握当时社会的一把钥匙，是思想研究不可或缺的组成部分。从在中国期刊网上查询的结果看，1919～1977年发表的有关日本思想研究的学术论文中事件研究成果居多，而个人思想研究成果数量相对较少，只有黄心川和朱谦之对安藤昌益为数不多的几篇研究论文。从这个角度上说，20世纪80年代的日本思想家研究取得了不小成绩，对社会主义思想家户坂润、片山潜、幸德秋水、河上肇、德田球一，启蒙思想家福泽谕吉、西周、加藤弘之、森有礼，自由民权运动思想家中江兆民、植木枝盛，法西斯主义者北一辉、大川周明等都做了专门研究。从切入角度上看，这一时期不仅注重对哲学思想的研究，还有学者开始从政治思想、哲学思想、文明观和历史观的角度对

思想家进行研究。这是 20 世纪 80 年代日本思想研究中值得称道的成绩。这一时期国内学人对启蒙主义、自由民权运动、社会主义和法西斯主义等思潮也进行了研究，出现了以《近代启蒙思想与近代化》为代表的一些优秀成果。除此之外，卞崇道、李甡平的《当代日本哲学新思潮》（《中州学刊》1987 年第 2 期）和钱建南的《影响日本发展的两大思潮》（《世界经济与政治》1988 年第 10 期）对现代日本思潮也做了深入研究。但是，从整体上看，与精英思想研究相比思潮研究在这一时期没有受到足够重视。

2. 精英思想研究多，国民意识研究少

20 世纪 80 年代，国内学者非常注重对精英思想家、政治家的研究，而对生发于普通民众之中的国民意识的研究重视不够。国民意识是以国民性为基础的，一国国民对特定社会存在和时代背景的反映，其主要包括生活价值观、世界观、政治意识、国家意识、国际观念等内容。这一时期也有些学者开始关注日本国民意识的研究，如武安隆在《日本人涉外文化心理的史学考察》（《世界历史》1989 年第 5 期）一文中，从历史学的角度运用心理分析的方法，考察了日本人对外心理演变的历程。周颂伦在《简论近代日本人"脱亚"意识的形成》（《外国问题研究》1987 年第 2 期）一文中，分析了日本人"脱亚"意识的形成原因和过程。王家骅在《幕末日本人西洋观的变迁》（《历史研究》1980 年第 6 期）一文中，对幕府末年日本人对西洋认识的变化过程做了深入探讨。从这些成果中我们可以看到，这一时期学者们主要关注的是日本人国际观的研究，对日本人的政治意识、国家意识和生活价值观还没有深入研究。毋庸置疑，这与改革开放后国人急于了解日本人对中国、对世界抱有的真实心态有很大关联。

3. 近代思想研究多，现代思想研究少

20 世纪 80 年代对近代、前近代思想进行研究的成果居多，主要关注的是日本近代化的经验。对当代日本思想状况进行研究的成果很少，只有几篇论文。刘世龙的《论当代日本的"现实主义"战略思想》（《日本问题》1989 年第 5 期）论述了日本现实主义战略思想的内涵和特征。张萍的《日本哲学现状》（《国外社会科学》1981 年第 1 期）对日本现代哲学的状况进行了梳理。张北在《日本"东亚经济圈构想"初析》（《日本问题》1989 年第 1 期）中对竹下登政府上台后提出的"东亚经济圈构想"的背景和内容做了深入分析。高中路在《关于日本的"环太平洋联合设想"问题》（《外国问题研究》1981年第1期）和《再论日本的"环太平洋合作构想"问题》（《外国问题研究》1983年第1期）中对大平正芳提出的"环太平洋合作构想"的提出背景和内容做了深入分析。

总之，20世纪80年代，中国的日本思想研究迎来了"春天"。这一时期学术研究氛围是活泼的，长期受到压抑的自由思想得到释放。这一时期的研究成果纷纷涌现，学术成果数量明显增加，并出现了一批较高水平的研究成果。研究领域也大为拓宽，既承续了一些传统的研究领域，又顺应时代开辟了一些新研究领域，深化了对日本思想的研究。国家在恢复原有机构的同时，还增设了许多从事日本研究的专门机构，如中国社会科学院日本研究所、中国社会科学院哲学研究所东方哲学研究室、北京日本学研究中心、天津社会科学院日本研究所、延边大学日本问题研究室等，这些机构的成立为这一时期的日本思想研究打下了坚实的基础。"中国日本史学会"在1980年成立，对于整合日本思想史研究人才，促进学术交流也起到了很大作用。

二　不断完善期（20世纪90年代）

（一）　基本情况

20世纪90年代，在中国经济取得飞速发展的同时，文化领域也百花齐放，取得了令人瞩目的成就。日本思想研究突飞猛进，成果大幅增加。据不完全统计，日本思想研究方面的学术论文有近200篇，主要专著有40余部。这些成果中有因学术研究惯性而延续下来的老课题，如启蒙思想研究、自由民权思想研究、社会主义思想研究。虽然是老课题，但是研究的视角不断扩展，研究的深度也不断加强。其中，值得一提的是启蒙思想研究在这一时期依然持续"高温"，并出现了许多新视点。高增杰的《福泽谕吉与近代日本人的中国观——思想史和国际关系的接点》（《日本学刊》1993年第1期）从国际政治思想史的角度探讨了福泽谕吉的中国观对近代日本的影响。王中江的《严复与福泽谕吉——中日启蒙思想比较》（河南大学出版社，1991）一书以严复与福泽谕吉为中心具体探讨了中日启蒙思想的异同。崔新京的《日本明治启蒙思想》（辽宁大学出版社，1995）一书则将日本启蒙思想置于世界启蒙思想体系之内，与法国18世纪启蒙思想和中国戊戌启蒙思想做了比较。此外，高增杰、王家骅、关松林、王军彦、桂勤、窦重山、丁惠章、徐剑梅、潘昌龙等人对福泽谕吉的实学思想、儒学思想、教育思想、思想转向、人才观、道德思想、国家观、政治革新观、经济思想也做了深入研究。

然而，从学术成果的数量上看，传统领域的研究整体上是呈现降温状态的。与其相对，这一时期形成了两个比较明显的研究热点。

1. 日本传统思想研究

20世纪90年代依然延续了80年代"现代化"的学术研究主题，但是基本问题和基本思路却有相当程度的改变。80年代在文化上是"反传统时期"。然而，这场文化思潮在80年代末却遭受挫折，学界围绕传统文化与现代化的关系展开了争论。进入90年代后，争论出现了一边倒的结果。在亚洲的"经济奇迹"制造的"儒学复兴"的神话中，人们的怀古情绪被激发，掀起了一股复兴国学、回归传统的热潮。中国的日本思想史研究界也积极地融入这场讨论中，开始研究日本传统文化的现代意义。王家骅的《儒家思想与日本文化》（浙江人民出版社，1990）和《儒家思想与日本的现代化》（浙江人民出版社，1995）就是其中的代表。王家骅认为日本现代化具有成功与失败、发展与牺牲、现代与传统、进步与困境并存的二重性，日本儒学也具有积极方面和消极方面并存的二重性。日本现代化的消极面与日本儒学的消极面不无关联，但是，日本儒学的积极面对形成日本现代化的积极面也有贡献。这一观点对客观分析日本儒学传统与现代化的关系具有重要意义。除此之外，武寅的《尊皇与日本传统文化》（《日本问题》1990年第5期）、汤重南等人的《日本文化与现代化》（辽海出版社，1999）、王中田的《江户时代日本儒学研究》（中国社会科学出版社，1994）、崔新京的《论儒学观念与日本的现代化》（《日本研究》1993年第4期）、徐远和的《"礼"在日本的传播和演变》（《哲学研究》1996年第7期）、李甦平等人的《中国·日本·朝鲜实学比较》（安徽人民出版社，1995）、朱七星主编的《中国·朝鲜·日本传统哲学比较研究》（延边人民出版社，1995）等著述，都对日本传统思想进行了深入的研究。

2. 日本右倾化思潮研究

20世纪90年代，日本经济陷入"失去的十年"之中，在政治层面上左右两翼严重失衡，社会上涌动着强烈的右倾化思潮。这一右倾化思潮引起了中国学术界的高度关注，成为20世纪90年代日本思想研究的一个新热点。日本右倾化思潮研究主要是从改宪思潮、新国家主义思潮两个维度展开的。

（1）改宪思潮。实际上20世纪50年代以来，日本就已出现了改宪的动向，只不过那时候还没有形成气候。直到20世纪90年代受国际形势和国内环境的影响，日本国内改宪论甚嚣尘上，各种政治力量竞相登场，形成了一股改宪浪潮。张碧清在《浅析日本的改宪风潮及政界改组》（《日本学刊》1993年第4期）一文中将改宪风潮与日本政界改组结合起来，认为20世纪90年代初改宪思潮的特点是来势凶猛，波及范围广、涉及问题多。它不仅触及宪法第九条，而且与政界改组问题纠缠在一起。刘杰在《战后日本"改宪"思潮论》（《外国问题研究》1995年第1期）中明确地将改宪思潮视为战后日本新右翼思潮的一部分。刘杰认为改宪思潮是战后初期民主化改革不够彻底的结果，是日本走向大国政策的必然反映，国家神道意识仍然在日本社会中发挥着不容忽视的作用。戚洪国在《试论战后日本改宪思潮及影响》（《日本学论坛》1999年第3期）一文中，对20世纪90年代改宪思潮的特点做了概括。

（2）新国家主义思潮。新国家主义思潮是战后右倾化思潮的重要组成部分。黄大慧在《试论战后日本的新国家主义思潮》（《外国问题研究》1990年第1期）一文中，对新国家主义思潮的产生及界定做了论述。他认为新国家主义是以日本经济高速增长并成为经济大国为基础，于20世纪70年代后期和80年代作为日本统治阶级的意识形态而出现的关于日本未来发展的一种政治思潮。它与战前日本国家主义不同，具有五个明显的特征。其一，新国家主义是主张把日本打造成西方一员、与美国平起平坐、自成一极，使日本获得政治大国地位的国家主义；其二，新国家主义主张通过操纵舆论和使用先进的技术，进行"脱政治"且具有"民主主义"外衣的高度管理国家化；其三，新国家主义是建立在强有力的统一社会基础上的一种"柔结构"的国家体制；

其四，企业、财界、资本等的主导权在国家统治中占有决定性的比重；其五，新国家主义不否认个人生活中心主义。丁惠章在《日本新国家主义与福泽谕吉国家观之比较》（《长白学刊》1998 年第 2 期）中，通过新国家主义与福泽谕吉的国家观的对比研究指出，新国家主义抛弃了福泽谕吉的民主启蒙思想，只继承了扩张国权的思想；新国家主义以输出日本经济模式、宣扬日本民族和文化优越性为手段，企图通过日本雄厚的资金购买通往世界政治大国的通行证，因而具有极大的欺骗性。刘天纯在《"前事不忘，后事之师"——略论日本军国主义复活的倾向及根源》（《中国社会科学院研究生院学报》1995 年第 4 期）中，对战后日本复活军国主义的诸种倾向做了研究，即歪曲历史，美化侵略；重新武装，增强军力；修改宪法，派兵出国。

（二）研究范式

20 世纪 90 年代，日本思想研究的主体研究范式并没有改变，依然是以史学理论和哲学理论为主。然而，值得注意的是，这一时期因为开拓出了几个新的研究领域而伴生出了新的研究范式。

1. 社会思潮的研究

关于社会思潮这个概念，20 世纪 90 年代的中国学界展开了广泛的讨论，主要形成了以下几种观点。（1）从与社会存在的关系出发，将社会思潮看作意识形态的一部分，是"某一个时期内，在一个阶层或者跨阶层的相对多数的日本国民中，反映当时的社会经济政治状况特别是时代课题，并体现他们的利益和要求，从而产生广泛深刻的社会影响及强烈持久的心理共鸣的思想倾向"。[1]（2）从文明的独特性出发，将社会思潮视为生发于社会心理之上的思想倾向，是"指社会上某种思想的流行、某种理论的传播、某种心理的共鸣。以一定范围内广泛流行的社会心理为基础，以相应的思想体系为代表的思想倾向"。[2]（3）从形式上，将社会思潮看成具有理论导向的思想体系，"是一定时期内，反映某一阶级或阶层群众利益和要求的、以某种理论学说为主导或依据

---

[1]　朱听昌、师小芹：《90 年代日美关系的调整及其影响》，《日本学刊》1999 年第 3 期。

[2]　曲洪志：《探讨社会思潮的发展规律》，《思想教育研究》1995 年第 2 期。

的思想趋势或倾向".① （4）从内涵上看，认为社会思潮既是一种思想潮流，亦包含与之相应的社会行动，是"大多数国民具有的、形成时代主流的意识和行动".②

虽然对社会思潮的认识存在差别，但其中也有共通之处。其一，社会思潮是群体意识，而非个体意识。其二，社会思潮具有明显的时代特征，是能引起某一特定时代人们心理共鸣的思想潮流。其三，社会思潮是某一阶级或阶层的利益或要求的反映。从这一点上说，社会思潮未必是主流意识形态，随着某一阶级或阶层成为统治阶级，其所主倡的思潮也可演变为主流意识形态。其四，社会思潮是动态的，具有传播性，具有一定的社会影响力。社会思潮有广义和狭义之分。广义的社会思潮是包含政治思潮、经济思潮、文化思潮和狭义社会思潮等复杂内容的社会性思想潮流和行动。狭义的社会思潮指的是对社会生活具有深刻影响的思想潮流和行动。

2. 国民思想意识研究

20世纪90年代，国民思想意识研究得以兴起，国内学者主要从生活价值观、国际观念和青年心理等方面对日本国民的思想意识进行了深入研究。其中青年思想研究表现得颇为突出。青年作为一个群体，有其独特的思想特征和发展规律。中国的日本青年思想研究是受日本学界的影响，由思想研究和青年心理学研究结合而形成的，主要应用的是心理学理论，特别是人格心理学理论、社会心理学理论、教育心理学理论、发展心理学理论和犯罪心理学理论。张日昇在《日本青年心理学的发展》[《北京师范大学学报》（社会科学版）1992年第1期]中，对日本青年心理学的发展历程和研究现状做了介绍。武勤在《日本心理学界青年价值观研究的新进展》[《山东师范大学学报》（人文社会科学版）1995年第4期]中，介绍了1992~1993年以大阪教育大学秋叶英教授为首的"90年代课题组"在制定新的青年价值观检测尺度、青年价值观与行为方式的关联研究、现代青年价值观的投影法研究方面取得的成果。

3. 跨学科思想研究

20世纪90年代，中国的日本思想研究在研究方法上，除了采用历史学和

---

① 许启贤：《社会思潮研究》，《淮南工业学院学报》（社会科学版）1999年第1期。

② 王新生：《战后日本社会思潮的演变及其对政治体制的影响》，《日本学刊》1993年第6期。

哲学的研究方法外，还出现了一些新突破。这些突破大多是因学科交叉而产生的。(1) 思想史研究与翻译史研究之结合。王克非的《中日近代对西方政治哲学思想的摄取——严复与日本启蒙学者》(中国社会科学出版社，1996) 采用的就是这个方法。翻译文化史和思想史的结合，将翻译家、翻译事件及翻译规律的研究置于当时社会思想的大背景下来探讨，有利于加深翻译史研究。而从翻译文化史的角度来研究思想史，将思想史纳入文化交流的背景下来考量，则会使思想史研究更加具体化和丰富化。(2) 思想史研究与国际关系研究之结合。高增杰的《福泽谕吉与近代日本人的中国观——思想史和国际关系的接点》(《日本学刊》1993 年第 1 期) 采用的就是这个方法。思想史偏重思想演变规律的探究，而国际关系则重视国际格局、国家间关系博弈规律的研究。从某种意义上说，思想史研究着眼于细处而后放眼于宏观。而国际关系研究似乎正相反，其着眼于大局而后求证于微观。将两者结合起来，把思想放在国际格局中来把握，无疑会增加思想史研究的理论性。(3) 思想研究与大众传播学研究之结合。郭冬梅的《大正民主与新闻舆论》(《日本学论坛》1999 年第 2 期) 就运用了这一方法。以往日本思想研究主要关注的是思想的本体论研究，而忽视了对思想的传播载体和传播途径的研究。将大众传播学研究方法引入日本思想研究领域，有利于揭示思想大众化传播的过程和规律，从而为思想研究从精英层下移到大众层提供了一个重要方法。(4) 舆论调查法与日本思想研究之结合。20 世纪 90 年代，一些中国学者将舆论调查法引入日本思想研究之中。如陈晖的《日本人的价值观管窥》(《日本问题》1990 年第 1 期)，葛延风、巩琳的《战后日本人价值观念的变化及启示》(《日本研究》1993 年第 2 期)，平凡、边疆的《当代日本青年的价值观与行为》(《外国问题研究》1991 年第 3 期)，等等。舆论调查法偏重实证，强调调查数据的客观化和科学化，这一方法的引入使日本思想研究在科学化上前进了一步。

(三) 研究特点

从研究内容上看，20 世纪 90 年代的日本思想研究呈现出以下几个特征。

1. 精英思想研究仍是日本思想史研究的主流

值得一提的是，这一时期关于思想家的研究成果非常丰富，既关注到了启蒙思想家、自由民权思想家、社会主义思想家，还出现了对佐久间象山、横井小楠、海保青陵、三浦梅园、安藤昌益、石田梅岩等近世思想家的研究成果。研究视角也更加多样化。既有对思想家的综合研究，也有从思想家的哲学思想、政治思想、外交思想、经济思想等方面展开的具体研究。相比20世纪80年代，这一时期的研究成果明显厚重起来。如王家骅的《儒家思想与日本文化》（浙江人民出版社，1990）和《儒家思想与日本的现代化》（浙江人民出版社，1995）、王守华等编的《战后的日本哲学家》（山东人民出版社，1996）、卞崇道的《战后日本哲学思想概论》（中央编译出版社，1996）、韩立红的《石田梅岩与陆象山思想比较研究》（天津人民出版社，1999）、汤重南等的《日本文化与现代化》（辽海出版社，1999）、王中江的《严复与福泽谕吉——中日启蒙思想比较》（·河南大学出版社，1991）、王中田的《江户时代日本儒学研究》（中国社会科学出版社，1994），等等。

2. 研究的时代感明显增强

日本战后以来在政治、经济和社会文化领域取得了令人瞩目的成就，20世纪90年代中国学者开始着眼日本战后思想的研究，以图揭示日本迅速崛起的思想源头，取得了令人瞩目的成绩，如卞崇道主编《战后日本哲学思想概论》（中央编译出版社，1996）、卞崇道《现代日本哲学与文化》（吉林人民出版社，1996），等等。此外，这一时期中国学者还开始关注吉田茂、岸信介、中井正一等一批在日本战后举足轻重的政治家和哲学家的思想及其对日本社会的影响。代表作是：黄大慧《岸信介的大亚洲主义思想及其实践》（《外国问题研究》1993年第3期）、徐思伟《论吉田茂战后经济外交思想的主视觉——"来栖·吉田公司"》（《日本问题研究》1995年第3期），等等。

3. 强化了对社会思潮的研究和对国民意识的研究

在思潮研究领域，这一时期的国内学者主要关注的是学术思潮和政治思潮。以卞崇道为代表的一批学人扎实地研究了日本战后的马克思主义、实存主义、实用主义、分析哲学等哲学思潮。在政治思潮研究方面，国内学人对战后新国家主义思潮、新军国主义思潮、改宪思潮的发展过程、表现及产生原因等方面做了分析。在国民意识研究领域，这一时期的研究主要是从生活价值观、国际观念和青年心理等方面展开的。主要采用的是历史学研究方法、国际政治学研究方法、文化学方法和青年心理学研究方法，拓宽了研究视野，增加了研究的深度。

4. 研究的视角多元化

这一时期的日本思想研究突破了传统的老路子，采用跨学科交叉研究的方法，扩大了研究视角。仅从对比研究来看，与20世纪80年代相比这一时期对比研究的范围明显扩大，不仅将日本与中国进行比较，而且还将中日韩三国放在一起进行比较研究。如朱七星主编《中国·朝鲜·日本传统哲学比较研究》（延边人民出版社，1995）、李宗耀著《东西方思想文化比较研究——东西方思想文化在中国、朝鲜、日本之比较》（延边大学出版社，1995）、李甦平著《中国·日本·朝鲜实学比较》（安徽人民出版社，1995）、潘畅和著《中朝日比较哲学初探》（延边大学出版社，1994），等等。这一现象的出现，一方面是学术研究不断深化的结果，另一方面是迎合现实需要的结果。20世纪90年代初，日本提出了"环日本海经济圈"构想；使东亚经济区域一体化成为当时的热门话题，而进一步探究东亚是否存在一体化的思想基础，也自然成了思想研究者考虑的问题。

总之，20世纪90年代中国的日本思想研究处于不断完善期。研究成果比80年代更加丰富，仅从数量上看，90年代出版的专著是80年代的十几倍。从研究的内容上看，这一时期的学者既继续关注启蒙思想研究、自由民权思想研究和社会主义思想研究，又开始重视战后思想研究；既注重传统思想的研究，又能将传统思想与现代化联系起来加以研究。从研究队伍上看，恢复高考后经过大学教育、研究生教育甚至博士生教育培养起来的中青年学者开始在学界崭露头角。20世纪90年代还增设了许多新的日本研究机构，成立了中华日本学会和中华日本哲学会，培养了众多人才，为中国的日本思想研究的进一步发展奠定了良好基础。

三　2000年以来的日本思想史研究

（一）　基本情况

2000年以来，中国的日本思想研究进入全面深化时期，这一时期日本思想研究的论著数量得到飞跃式提升。研究内容相比 20 世纪 90 年代更加丰富。其中，传统课题的研究不断深入，特别是福泽谕吉研究热度不减，呈现出以下几个特征。首先，主体性思维明显。学者开始对福泽谕吉与梁启超、康有为、王韬、张之洞、严复、胡适等中国思想家做对比研究。如郑浩澜的《福泽谕吉与梁启超国民思想之比较》（《江西社会科学》2000 年第 5 期）、崔新京的《中日近代文化史上的胡适与福泽谕吉》（《日本研究》2000 年第 2 期）、何云鹏的《张之洞与福泽谕吉政治法律思想管窥》（《社会科学战线》2009 年第 2 期），等等。其次，对福泽谕吉的国际政治思想，特别是脱亚论思想进行了深入研究。韩东育在《福泽谕吉与"脱亚论"的理论与实践》（《古代文明》2008 年第 4 期）中指出，福泽谕吉的脱亚论想要完成两大任务：一是使日本摆脱西方"条约体系"建立主权独立的近代国家；二是以武威建立"大东亚秩序"来取代礼教的"华夷秩序"。这两大任务显隐交替、互为前提。何为民在《〈脱亚论〉解读过程中的误区》（《日本学刊》2009 年第 4 期）中指出，以往人们对"脱亚论"的解读存在误区，"脱亚论"并非一出笼就受到日本思想界的追捧。佐藤贡悦、王根生则在《重评福泽谕吉的儒学观与"脱亚论"》[《中山大学学报》（社会科学版）2006 年第 3 期]中进一步指出，福泽谕吉将中华思想分为"周公孔子之教"与"腐败之余毒"。福泽谕吉不仅对"周公孔子之教"无非难之词，反而认为它是道德人伦之标准，应当敬重。其所谓的"脱亚"主要是指摆脱业已腐朽的、儒教式的政治体制而绝非整个东亚文化；所谓"入欧"也只是要导入西欧的科学技术而非主张包括道德人伦在内的全面欧化。

法西斯思想研究也取得了突破性进展。崔新京等著《日本法西斯思想探源》（社会科学文献出版社，2006）从历史的视角梳理了日本法西斯思想源流和形成过程，对日本法西斯思想的内容和特点以及战后日本出现的各种思想逆流做了深入剖析。渠长根的《日本侵华思想理论探源》（新华出版社，2009）一书，则从侵华思想的视角具体梳理了日本侵华思想理论的发展轨迹。从社会阶层的视角，分析了存在于日本社会各界尤其是学界、军界、政界和财界中的侵华思想理论。王向远的《日本对中国的文化侵略——学者、文化人的侵略战争》（昆仑出版社，2005），从日本对华文化侵略的视角，史论结合地剖析了日本右翼学者、文化人配合日本的侵华政策对中国实施的文化侵略方案、策略、实施途径、方式及危害，揭示出对华文化侵略是日本开辟的有别于军事和经济侵略的又一侵华行为。

此外，作为中华日本哲学会以书代刊的《日本哲学与思想研究文集》自2015年出刊以来，每年推出一期，其中汇集了国内有代表性的日本哲学、思想研究成果，展现了中国国内对日本哲学思想研究的长足进步。

这一时期主要出现了以下几个新的研究热点。

1. 日本人的中国观研究

20世纪90年代日本经济陷入低谷。进入21世纪后，日本经济虽有所恢复，但还未能完全走出萧条。与之相对，中国经济自改革开放以来长期快速发展，进入21世纪后这种快速增长的势头与庞大的国家结合起来，使中国成为21世纪最受世人瞩目的国家之一。经济上、国力上的强大必然振奋一国之民心，在学术上则表现为开始关心中国在世界中的形象。进入21世纪后日本政府开始调整对亚洲的策略，提出了"海洋经济圈""环太平洋合作构想""东亚共同体"等口号，为了摸清日本政府的真实意图，更须从历史和现实双重维度研究日本人眼中的中国形象。严绍璗在《战后60年日本人的中国观》（《日本研究》2005年第3期）中指出，战后60年间日本人主流意义上的中国观经历了"反省与原罪的中国观""文革分裂的中国观""隐匿罪恶的中国观""复活皇国史观的中国观""和平主义的中国观"等表现形态。吴光辉在《日本的中国形象》（人民出版社，2010）中将日本的中国形象分为两个时期，即文明帝国时期日本的中国形象与文明比较时期日本的中国形象。诸葛蔚东在《战后日本舆论、学界与中国》（中国社会科学出版社，2003）中指出，战后初期日本学者试图通过对新中国的分析寻找一条全新的日本社会变革之路，从而使这一时期的中国观表现为，中国走的是一条正确的近代化之路，而日本明治维新后走的道路是错误的。20世纪60年代，特别是20世纪70年代之后，由于中日间经济差距明显拉大，日本知识分子对美认同感明显增强，他们的中国观发生了方向转换：认为日本的近代化是成功的，而中国的近代化有许多不足之处。刘家鑫在《日本近代知识分子的中国观——中国通代表人物的思想轨迹》（南开大学出版社，2007）中采用了个案研究的方法，对以后藤朝太郎、长野朗为代表的"中国通"的中国认识做了深入分析。田庆立的《二战后日本政界的中国观》（《日本问题研究》2009 年第 4 期）从日本政界人士的中国观出发，将二战结束至中日复交前日本政界人士的中国观大体分为"情感型"和"意识形态型"两种类型。刘林利在《日本大众媒体中的中国形象》（中国传媒大学出版社，2007）中指出，日本报纸媒体的中国报道存在五种模式："非理性报道"模式、"虚构报道"模式、"下订单报道"模式、"冷处理报道"模式和"概念化"模式。张宁则的《日本媒体上的中国：报道框架与国家形象》（吉林人民出版社，2006）以日本三大报的涉华报道为中心，对中日间政治、经济、军事、教育等领域具有代表性的案例做了实证分析。杨栋梁主编的《近代以来日本的中国观》（江苏人民出版社，2012）丛书成为从历史维度分析日本人中国观之变迁的集大成作品。该套丛书由六卷本组成，深入分析了 1603~2010 年日本人的中国观，具有很重要的学术价值。此后，马场公彦的《战后日本人的中国观：从日本战败到中日复交》（社会科学文献出版社，2015）和田庆立的《日本政界人士中国观的演进谱系：1972~2012》（社会科学文献出版社，2015）着眼于战后日本人的中国观，进行了深入的研究。

2. 传统、现代与后现代思想的研究

如果说在中国社会，20 世纪 80 年代是西方自由民主思想激荡的年代，90 年代是反省西方思想和回眸重观中国传统思想的时代，那么 2000 年以来则是充斥着现代思想、传统思想和后现代思想的混杂年代。然而，现代思想、传统思想、后现代思想如何相互融合，成为推动现代化发展的正面力量，仍然是摆在国人面前的重大课题。这一时期中国的日本思想研究者以日本的经验为研究对象，主要从三个维度寻找着答案。（1）中日接受西方思想的对比研究。赵德宇在《西学东渐与中日两国的对应——中日西学比较研究》（世界知识出版社，2001）中，通过对林则徐与渡边华山的对比研究指出，中日两国在国门打开前后存在西学水平上的差异。于桂芬在《西风东渐——中日摄取西方文化的比较研究》（商务印书馆，2001）一书中指出，中日两国摄取西方文化的基本差异在于各自对西学的态度不同、摄取的层面不同。李少军在《甲午战争前后中日西学比较研究》（湖北人民出版社，2007）中指出，造成近代中日西学摄取状况不同的原因是两国对西学的指导思想不同，两国政权的相关作为不同，两国社会对西学传播和吸收的呼应面不同。朱忆天的《康有为的改革思想与明治日本》（上海人民出版社，2011）深入分析了明治维新对康有为改革思想的影响。（2）传统思想与现代化研究。这一时期的中国学者一方面继续深化对儒学与日本现代化关系的研究，如刘岳兵的《日本近代儒学研究》（商务印书馆，2003），另一方面以刘金才的《町人伦理思想研究：日本近代化动因新论》（北京大学出版社，2001）为代表，从社会分层的视角对町人思想与日本现代化的关系做了深入研究。吴光辉的《传统与超越——日本知识分子的精神轨迹》（中央编译出版社，2003）则对日本知识分子在处理传统文化与西方文化关系上的思想变迁轨迹做了深入研究。崔岚的《报德思想与日本的近代化：二宫尊德经济伦理思想研究》（南京大学出版社，2017）和唐利国的《兵学与儒学之间：论日本近代化先驱吉田松阴》（社会科学文献出版社，2016）分别对二宫尊德和吉田松阴对日本近代化的影响做了深入研究。（3）后现代思想研究。主要代表作是赵京华的《日本后现代与知识左翼》（生活·读书·新知三联书店，2007）。该书避开了以线性时间为主的历史叙述，而采取了"个案分析"的方法，通过解读理论批评家柄谷行人、思想史研究者子安宣邦、文学批评家小森阳一、哲学研究者高桥哲哉等几位至今依然活跃于日本文学思想界的代表性批评家和理论家的思想实践，揭示了 20 世纪 70 年代以来日本后现代主义思想在日本学界扩散和渗透的基本状况。

3. 社会思潮研究

伴随着日本经济高速增长，日本民众的生活大为改善，以至于出现了所谓"一亿总中流"的情况。日本社会的大众化和中流化现象也影响到了日本学术界，在历史研究方面表现为出现了民众思想史这样一个新领域，学者们开始研究民众的思想，关注民众对日本现代化的支撑作用。这种学术思路在中国步入大众社会的 20 世纪 90 年代逐渐受到中国学者的重视，在 2000 年以后得以兴盛，形成了社会思潮研究热。日本社会思潮研究在理论研究和方法上取得了重大突破。高增杰主编的《日本的社会思潮与国民情绪》（北京大学出版社，2001）是国内第一部研究日本社会思潮的专著。该书通过对社会思潮的三种主要载体——舆论、政党宣传、市民运动的分析来把握日本当代社会思潮，并且将社会思潮与社会背景结合起来，分析了社会思潮的社会基础以及社会思潮对日本内政和外交的影响。纪廷许在《现代日本社会与社会思潮》（中国社会科学出版社，2007）中，运用历史学、社会学、政治学相结合的方法，梳理了现代日本社会思潮的演变过程，指出日本战后社会思潮的演变分为四个阶段，即战后初期至20世纪60年代的和平民主主义阶段、20世纪70年代的现实主义阶段、20世纪80年代的大国主义思潮阶段和20世纪90年代的新民族主义与相对化意识为主流思想的阶段。这些研究为日本社会思潮的研究奠定了重要基础。此外，刁榴的《三木清的哲学研究——以昭和思潮为线索》（社会科学文献出版社，2008）、门晓红的《当代日本社会主义思潮》（中共中央党校出版社，2007）分别对昭和时代的日本哲学思潮、当代日本社会主义思潮做了深入的研究。王俊英的《日本明治中期的国粹主义思想研究》（中国社会科学出版社，2015）对日本近代国粹主义思潮做了深入分析。刘江永的《战后日本政治思潮与中日关系》（人民出版社，2013）深入探讨了日本战后政治思潮及其对中日关系的影响。王星宇的《冷战后日本政治思潮研究》（世界知识出版社，2012）则针对冷战后的日本政治思潮做了深入分析。

（二） 研究范式

2000年以来，大众传播学理论、精英及大众思想研究和跨学科研究方法在日本思想研究中受到重视。

1. 大众传播学研究范式

大众传播学是在第二次世界大战后，伴随着报刊、书籍、广播、电视等大众传播活动的兴起而诞生的一门新学科。根据大众传播学的构成要素，可以将大众传播学理论分为五类，即研究传播主体的控制分析理论、研究传播内容的内容分析理论、研究传播媒介的媒介分析理论、研究传播对象的受众分析理论、研究传播效果的效果分析理论。20世纪90年代在日本思想研究界郭冬梅、冯玮等学者已经注意到新闻舆论对研究日本思想的重要作用，但是这一发现还没有成为学术界的共识。2000年以后，大众传播学理论被张宁、刘林利等传播学专业出身的学者引入日本思想研究中，通过《日本媒体上的中国：

报道框架与国家形象》《日本大众媒体中的中国形象》 等著作使学术界充分认识到了大众传播学理论在日本思想研究中的有效性，为日本思想研究提供了一种新的研究范式。

2. 精英、大众思想研究

2000 年以来，有些中国的日本思想研究者开始自觉或不自觉地从社会分层的角度研究日本思想，特别在日本精英思想和大众思想研究方面做出了重要的成绩。刘金才的《町人伦理思想研究：日本近代化动因新论》、王炜的《日本武士名誉观》、王希亮的《战后日本政界战争观研究》、刘家鑫的《日本近代知识分子的中国观：中国通代表人物的思想轨迹》、陈秀武的《日本大正时期政治思潮与知识分子研究》 等是这方面的代表成果。

3. 跨学科研究方法的新进展

2000 年以来在研究方法上，继承和强化了 20 世纪 90 年代的跨学科交叉研究方法，同时也出现了一些新的跨学科研究方法。（1）中国思想史与日本思想史相结合的研究方法。中国思想史研究偏重于中国，而日本思想史研究偏重于日本，将两者结合起来更有利于厘清两国思想的相互影响过程。郑匡民的《梁启超启蒙思想的东学背景》（上海书店出版社，2003）就采用了这个方法。（2）科学社会主义研究与日本思想史研究相结合的研究方法。科学社会主义不仅具有普遍性，而且还有民族性。将科学社会主义研究与日本思想史研究结合起来进行研究，有利于丰富科学社会主义研究和日本思想史研究。门晓红的《当代日本社会主义思潮》和朱艳圣的《冷战后的日本社会主义运动》（中央编译出版社，2008）都采用了这种研究方法。

（三） 研究特点

2000 年以来中国的日本思想研究在内容上具有以下几个特点。

1. 对日本思想史学科范式的讨论增多

这方面的成果主要是通过一些译著来带动的，譬如苅部直、片冈龙编《日本思想史入门》（郭连友等译，外语教学与研究出版社，2013），子安宣邦《日本现代思想批判》（赵京华译，上海译文出版社，2017），今井淳、小泽富夫编《日本思想论争史》（王新生等译，北京大学出版社，2014）等。林少阳在《"文"与日本学术思想：汉字圈 1700~1990》（中央编译出版社，2012）一书中也从比较思想、比较文化的视角，论述了日本近世近代思想史、学术史的发展逻辑。

2. 前近代思想研究增多

相比 20 世纪 80 年代和 90 年代，2000 年以来的日本前近代思想研究更加深入。特别是在近世思想研究方面取得了重要的突破。王青的《日本近世思想概论》（世界知识出版社，2006）将近世儒学、神道、国学、水户学、兰学、洋学以及近世佛教等哲学思想都纳入其中，对日本近世思想本身及其源流做了较为全面的考察，填补了我国关于日本近世断代思想史研究的空白。龚颖的《"似而非"的日本朱子学：林罗山思想研究》（学苑出版社，2008）采用对比研究的方法，将林罗山的思想与朱熹、李退溪等人的思想进行比较研究，揭示了林罗山朱子学思想的特质。赵刚的《林罗山与日本的儒学》（世界知识出版社，2006）从思想史的视角讨论了林罗山的儒学思想。王青的《日本近世儒学家荻生徂徕研究》（上海古籍出版社，2005）对江户时期儒学的一个重要分支——"古文辞学派"的代表人物荻生徂徕的思想进行了较为系统的梳理和解析。在近世国学思想研究方面，蒋春红的《日本近世国学思想——以本居宣长研究为中心》（学苑出版社，2008）对日本近世国学思想做了深入探讨，具有重要的理论贡献。范业红的《关于日本近世思想家"华夷之辨"思想论争的研究》（东北师范大学出版社，2015）对日本近世思想家围绕"华夷之辨"的思想论争做了深入研究。

3. 战后思想研究比重明显增加

如果说 20 世纪 90 年代国内学界开始关注战后日本思想研究，2000 年以后日本战后思想研究的比重则明显增加。仅从专著数量上看，研究战后日本思想问题的主要专著达 20 余部，譬如陈立新的《日本战后思想潜流：以〈思想的科学〉为中心》（光明日报出版社，2014）、邱静的《战后日本的知识分子护宪运动与护宪思想》（社会科学文献出版社，2012）、程铭的《日本的地缘政治思想与地缘战略选择》（黑龙江大学出版社，2015）等。从具体研究领域上看，以研究战后思想为中心的思潮研究和国民意识研究的比重明显增加。在社会思潮领域出版主要专著 4 部，论文数十篇。对日本社会思潮研究的理论和方法、战后日本民族主义思潮、和平主义思潮、社会主义思潮和后现代思潮都做了深入的分析。在国民意识研究领域出版主要专著十余部，论文数十篇，虽然在日本国民意识研究理论和方法上没有太多成果，但对日本人的价值观、国家意识、国际观念（中国观、亚洲观、国际秩序观、对外认识）、历史认识、战争观等具体内容都展开了较为深入的分析。即使是战前思想研究，大部分成果也是基于现实问题而做的历史性追溯研究。如军国主义研究和武士道研究均带有回应日本国内复活军国主义活动日益猖獗的意味。

4. 研究态度趋于客观，研究角度日益多元

2000 年以来中国国力明显增强，中国人的自信心也随之增强。这一心态上的变化也表现在学术研究层面上，学者在看待国际问题时更加自信和客观。从某种意义上说，20 世纪 80 年代和 90 年代中国学界主要是抱着学习的态度来研究日本思想的。日本的现代化思想对于刚刚改革开放的中国有什么经验可供借鉴？这是 20 世纪八九十年代中国学者所思考的重要问题。而 2000 年之后伴随着中日两国国力的拉近，中国学者似乎更多是抱着弄清楚"何为日本"，把握未来日本走向的心态来研究日本思想的。在研究态度上更加理性和客观，使得研究角度更加多元化。学者们不仅关注日本政界、知识分子等精英的思想，而且开始重视研究日本大众的思想；不仅重视前近代、近代思想的研究，而且重视现代思想的研究；不仅重视思想理论的研究，而且重视社会与思想关系的研究。

总之，2000 年以来中国的日本思想研究取得了显著进展。研究队伍不断扩大，对日学术交流不断增多。研究成果大量增加，成果质量也明显提高。传统领域的研究不断细化，无论是思想家研究还是断代史研究都涌现出许多优秀成果。在社会思潮研究和国民意识研究领域，研究理论和方法上的创新比较明显，大众传播学理论和社会分层理论等新的研究范式和跨学科的研究方法被引入其中。

四　今后的课题及挑战

改革开放以来，中国的日本思想研究取得了巨大成绩。研究队伍不断壮大，研究成果数量可观，从整体上初步建立了日本思想研究的框架。中国的日本思想研究以历史学和哲学理论为主要研究范式，以史学和哲学方法为主要研究方法，以日本人的思想观念为研究对象，以在学理上把握日本人思想的时代特征和演变规律为主要目的。古代至当代的日本人的思想都是日本思想研究的研究对象，从时间维度上可以具体分为思想的通史研究和断代史研究。

从研究领域上看，主要有日本精英思想研究、日本社会思潮研究和日本国民意识研究三大领域。

精英是影响社会发展的重要力量，他们提出的思想理论往往会成为引导社会舆论的精神力量，所以精英思想是日本思想史研究的重要组成部分。日本精英思想研究主要包括个人思想研究和精英阶层思想研究两部分。个人思想研究以日本思想家研究为主，主要研究思想家的思想形成、理论主张和社会影响。精英阶层思想研究是以具有某些共同特征的日本精英群体为研究对象，主要讨论这些群体的思想共性和社会影响。

社会思潮是在某一时期内，以某种理论学说为依据，生发于一国国民性格和社会心理之上，反映某一阶级或阶层利益或愿望，并得到广泛传播、具有持久影响的思想潮流和行动。如果说精英思想研究偏重的是对思想本身的探讨，社会思潮重视的则是思想与社会关系的研究。日本社会思潮研究具体又包括政治思潮、经济思潮、文化思潮和学术思潮等内容。

国民意识是以一国国民的国民性为基础的，对特定社会存在和时代背景的反映，日本国民意识主要包括生活价值观、政治意识、国际观念等内容。如果说精英思想研究关注的是少数精英的思想理论，那么国民意识研究则重点关注普通民众的观念和意识；如果说社会思潮代表的是思想发展的未来可能性，国民意识则表现为国民精神的主流样态；如果说精英思想和社会思潮通常表现得比较理论化，国民意识则往往比较分散化和非理论化，具有明显的统计性特征。

然而，从总体上看我国的日本思想研究还没有完全形成自己的话语体系，没有形成在世界上具有重要影响的关于日本思想研究的中国流派。理论创新不足，角色定位还不够清楚，还没有完全将学者型研究、政研型研究和幕僚型研究区分清楚。从学科建设的角度看，未来中国的日本思想研究可以在以下几个方向上着力发展。

（1）将日本思想研究进一步向国民思想研究方向扩展。日本思想研究不仅仅是精英思想研究，一般民众的思想也是重要的研究内容。国民意识研究是研究民众思想的重要领域。改革开放以来中国的日本国民意识研究取得了重要的进展，出现了一些高质量的著述，然而毕竟是新的研究领域，缺乏系统研究，研究理论和研究方法还不成熟，许多方面都存在研究空白。今后这个领域是日本思想研究的重要生长点，可以期待出现更多更好的研究成果。

（2）将日本思想研究纳入日本社会系统中来研究。思想观念生发于社会之中，又反过来对社会产生重要影响。在研究日本思想时，思想与社会的关系是不能不关注的维度。日本社会思潮研究是着眼于思想与社会关系研究的重要领域。这个领域的研究虽然取得了重要发展，高增杰、崔世广、纪廷许等许多学者在研究理论和研究方法上都做出了一些开拓性的工作，但仍然有许多问题没有解决，需要进一步充实研究。

（3）将日本思想研究寓于文化研究之中来研究。在这一方面已经有学者率先进行了探索。如卞崇道《现代日本哲学与文化》（吉林人民出版社，1996）、卞崇道等《跳跃与沉重——二十世纪日本文化》（东方出版社，1999）、汤重南《日本文化与现代化》（辽海出版社，1999），等等。但是，这方面的研究仍然有待加强。因为思想是文化的重要组成部分，一个民族的文化结构和民族性格制约着思想的发展方向。将日本思想研究寓于文化之中来研究，可以提高日本思想研究的深度。

总之，在20世纪八九十年代蓬勃发展的日本思想研究的基础上，进入21世纪以来中国的日本思想研究取得了进一步发展，初步建立起日本思想研究的研究框架，但依然任重道远，需要我国学者勇于创新、放宽视野、强化交流，携手共同推动日本思想研究的创新发展。

日本民俗（学）研究

北京大学　王　京

一　引言

从《魏志倭人传》开始中国的正史日本传中就已有关于日本人生活及习俗的记录，尽管作为官修史书，其中有着承袭及模式化的一面，但依然保留了不少珍贵的信息。隋唐以后，随着两国交流深度及广度的增加，使节行商、僧侣文人以各种形式接触日本或日本人，留下了相关的文字，而关于日本的记录至明清时期达到一个高峰。最有代表性的是清末的黄遵宪，留下了《日本国志》《日本杂事诗》等极为翔实的记录，其中包含大量的民俗内容。

但对日本民俗的了解，对其记录甚至整理，还只是研究的序曲。民俗学成为一个正式的学术领域，在日本，也是近代以后的产物。以 19 世纪末作为人类学一部分的"土俗学"为萌芽，经过以柳田国男为中心从 20 世纪初开始 20 多年的努力，于 30 年代中期才确立了其学问架构及组织体系。而就在日本民俗学的轮廓逐步形成的时期，在日的周作人早早就显示出浓厚的兴趣，回国后不但将"民俗学"这一译词引入中国，引领了北大歌谣收集的初期活动，还在后来多次著文加以介绍，并毕生响应其重视民间、重视信仰的理念。20 世纪 30 年代初以杭州为活动中心的钟敬文、娄子匡关于中国的传说故事及中国民俗学发展的文字曾在日本发表，但与日本学界的交流因为战争中断。

二　20 世纪八九十年代的研究状况

1978 年开始倡议恢复民俗学学科，1983 年 5 月中国民俗学会正式成立，而中国学界对"日本民俗（学）"的兴趣，主要是通过新生的中国民俗学的牵引。无论就资历还是威望而言，钟敬文都是中国民俗学学科恢复后的核心，实际上直到 2002 年去世一直指导着其发展。他在 20 世纪 30 年代初就曾与日本民俗学界有过交流，其后曾赴日留学，虽然未与柳田谋面，但在柳田的《民间传承论》（1935）出版后不久就率先翻译发表了其序言，可以说对柳田指导下的民俗学有着一贯的关心。

在新生民俗学的组织工作上作为钟敬文左膀右臂的张紫晨和王汝澜，同时也是引进日本民俗学成果、与日本学界交流的中心人物。1980 年由北京建筑工程学院调任中国民间文艺研究会的王汝澜早年留学日本，20 世纪 40 年代在辅仁大学任职期间与柳田的直系弟子直江广治共事，有长期的直接接触，其语言能力与经历成为介绍及翻译日本民俗学成果、助力中日沟通的不二人选。而 1983 年由北京对外贸易学院调任北京师范大学的张紫晨则在学术及组织能力上成为年轻一代民俗学家中的代表性人物，组织出版、讲学、与日本学者及机构间的官方交流等，大都由他具体主持。

1980 年，日本口承文艺学会以伊藤清司为代表的学者访华，开启了与中国学界交流的序幕。伊藤清司是初期交流日方的中心人物，他的研究从中国古代史出发，由中国神话研究延伸到中日神话比较、《山海经》研究等，而 20 世纪 80 年代以后对中国少数民族的调查也使得他的研究领域进一步扩大到中日民间故事、民俗的比较。而中日之间研究的交流开始于新中国成立后一直在"民间文学"的名下得以继续研究的民间故事、传说等方面。

20 世纪 80 年代初国内就开始有不同版本的日本民间故事选集出版，最有代表性的是金道权等译《日本民间故事选》（中国民间文艺出版社，1982），从关敬吾编《日本昔话集成》中选出约 85% 的故事，附以编者序言中的相关理论说明（在日本也出版了伊藤清司、森雅子共译《中国的民话》，1981）。日本学界的相关成果被介绍到国内，[①] 国内学界也开始出现与日本的比较研究。比较早的有刘守华基于其比较故事学兴趣而作的《略谈中日民间故事的

---

① 如伊藤清司《中国、日本民间文学比较研究》，辽宁大学科研处，1983；《日本研究中国少数民族民间文艺的动向》，《民族文学研究》1984 年第 1 期；等等。

交流》（1981），乌丙安在《藏族故事〈斑竹姑娘〉与日本〈竹取物语〉故事的原型研究》（1983）中对日本学者的相关研究史做了全面的介绍。此外还有史军超《故事·人生·历史：中国和日本故事文学比较研究》（《云南民族学院学报》1985年第3期），孟宪仁《春秋时代〈竹取物语〉原型传入日本考》（《日本研究》1986年第3期），张紫晨《中日两国后母故事的比较研究》（《民族文学研究》1986年第2期）、《中、日开辟神话的比较》（《北京师范大学学报》1986年第4期）等。进入90年代后出现了于长敏《中日民间故事比较研究》（吉林大学出版社，1996）等专著。

1983年暑假，成立不久的中国民俗学会举办了第一届民俗学讲习班，参加这次讲习班的全国学员，成为后来中国民俗学发展的中坚力量，戏称"黄埔一期"。钟敬文、费孝通、吴文藻、白寿彝、杨成志、马学良等28人授课，其中伊藤清司作为唯一的外国学者讲授了"日本民俗学的现状"，王汝澜的授课内容是"日本民俗学发展概述"，其内容都收录在这次讲习班的演讲汇编（张紫晨编《民俗学讲演集》，书目文献出版社，1986）中。

这一年因为民俗学会的成立，先后有杨成志（《民族研究》）、钟敬文、张紫晨（《江苏社联通讯》）的三篇重要文章提及日本民俗学。杨成志只是在介绍各国民俗学时略有提及，钟敬文则将日本民俗学的情况当作一个重要参考。而与前两者都是从展望中国民俗学的发展这一角度不同，张紫晨的《柳田国男和日本民俗学》（《江苏社联通讯》1983年第S1期）是根据日本民俗学者的有关著作，对日本民俗学进行的全面介绍。其中既追溯了柳田从初期三部作《后狩词记》《远野物语》《石神问答》到《海上之路》的学术历程，也提及了柳田之外的折口信夫、喜田贞吉、中山太郎、南方熊楠、高木敏雄等学者的贡献，还介绍了学界对柳田的研究，提到了1958年的《日本民俗学大系》。文中一贯将"民俗学"与"口承文艺研究"并置，显示出当时对学问领域的理解。文章注明是"根据日本民俗学者的有关著作进行综合译述"，从署名日期1980年12月来看，这也是继周作人后，中国学界首次对柳田为中心的日本民俗学的体系化介绍。

1985年，柳田国男的《传说论》（连湘译）作为"外国民间文学理论著作翻译丛书"之一，由中国民间文艺出版社出版。卷首张紫晨的长篇导读

《关于柳田国男的〈传说论〉》，对柳田在口承文艺研究中的贡献、柳田对昔话与传说的区分、对传说与历史关系的认识、其传说理论的基本框架及传说论的意义等做了详细的讨论和说明。还提到该书是钟敬文赠送供他学习所用，由他组织翻译，花了一年多的时间才完成。该导读的署名是 1981 年 1 月，这里的说明能够很好地解释为什么在前述《柳田国男和日本民俗学》中，在柳田的所有著作中仅对《传说》（当时还是按日文的书名）做了详细阐述。而开始组织翻译，更应该上溯到 1979 年，由此也能够看出对日本民俗学的学习与整理早在学会组织成立之前就开始了。

直到 2010 年为止这本书是国内唯一的柳田译著。原书在日本的柳田研究领域并没有很重要的地位，也一般不被认为是柳田的代表作之一，但在中国，因为与所处时代及学问发展的契合性，产生了很大的影响，不但成为传说研究中的重要理论来源，[①] 甚至对中国作家的创作产生了一定的影响。[②]

王汝澜在海外民俗学，尤其是日本民俗学的译介上也着力甚勤。1982 年以中国民间文艺研究会民俗部名义发行的《民俗学译丛》第一辑中，收录了英、美、日、意、德各国作者作品，日本有直江广治的文章。之后由她翻译的后藤兴善《民俗学入门》（中国民间文艺出版社，1984）和关敬吾编著《民俗学》（与龚益善合译，中国民间文艺出版社，1986），是 20 世纪 80 年代为数不多的民俗学入门理论书籍，与中国学者的几部概论一起，成为中国民俗学起步阶段的指南。

值得一提的还有《民俗学译文集》的计划。该书由钟敬文提议，王汝澜负责具体编译工作。1985 年，钟敬文为此书作序（《〈民俗学译文集〉序》，《民俗研究》创刊号）。该书原本是作为 1982 年《民俗学译丛》的后续，丛书计划无法执行后调整为单独出版，但因出版社停业出版计划难产，直到 2005年才作为"中国民间文艺家协会学术丛书"之一改名为《域外民俗学鉴要》

---

① 张紫晨：《民间文艺学原理》，花山文艺出版社，1991；邹明华：《传说学的知识谱系：解读柳田国男的〈传说论〉》，《民族文学研究》2003 年第 4 期；万建中：《民间文学引论》，北京大学出版社，2006；等等。

② 于红珍：《传说·历史·文学：莫言与柳田国男及其〈传说论〉》，《南方文坛》2016 年第 3期。

出版（王汝澜《后记》，宁夏人民出版社）。

文集共收录 15 篇文章，日本之外的内容只有松文幸子《德国民俗学的发展和现状》（陈秋帆译）、威廉·R. 巴斯寇姆《民俗的四种作用》（吴绵译）2 篇，其中关于德国的部分也是由日本学者撰写的文章。其余 13 篇都出自日本民俗学者之手，涉及的领域，除了民间文学（伊藤清司《桃太郎的故乡》，夏宇继译；大林太良《口承文艺与民俗演艺：谈它们的一致性》，苏敏译；加藤千代《关敬吾先生与中国民俗学》）外，还包括民俗学方法论（柳田国男《民俗学研究的出发点》，王汝澜译；和歌森太郎《民俗学与历史学》，刘琦译；高桑守史《日本民俗学方法论》，陈秋帆译）、中国民俗学史（直江广治《中国民俗学的发展》）、比较民俗学（直江广治《日本儿童日与中国端午风俗》，陈秋帆译；河野通明《江南稻作文化与日本：稻的收获、干燥、保存形态的变化及背景》，王汝澜译）、物质民俗（天野武《庶民生活的见证：民具》，王汝澜译；小川博《日本浅海地区的滩板捕捞民俗》，白庚胜译）以及最新研究热点（高桑守史《人口过疏与民俗变异》，刘文译；上野和男《都市民俗学》，陈秋帆译）等。

在当时，这样的选择和编排，既是对日本民俗学成果的一次较为全面的介绍，也是对国内即将全面展开的民俗学研究的一个指南，尤其是对民具等器物及其民俗的重视、农村人口过疏带来的民俗变异的对应以及都市民俗学的提倡与尝试等内容，如果按计划出版，必将对中国民俗学的学术意识、发展方向产生不小的影响。但可惜的是，除了伊藤（《民族文学研究》1992 年第 1 期）及加藤（《北京师范大学学报》1992 年第 5 期）这两篇另有机会得以发表之外，其余的文章都埋没了整整 20 年。20 年恍若隔世，如今只能根据其内容依稀感受当年的意气风发、野心勃勃了。

1989 年开始，以日本国立历史民俗博物馆的福田亚细男为负责人的日本文部省科学研究费项目"日中农耕文化的比较研究"，与中国民俗学会合作组成中日民俗学者联合调查团，对江苏、浙江等地进行了为期 3 年的调查。之后，福田带领的中日联合考察团对中国浙江、江苏、福建为中心的地区进行了长达 20 年的民俗调查，不但产生了一大批关于该地区的研究成果，培养了一批有志于中日交流的两国学者，还通过邀请中国学者访日考察等活动，促进了中国学者对中日民俗的比较思考。①

1998 年福田受邀在北京师范大学举办讲座（钟敬文《在欢迎福田教授来华讲学开幕式上的致词》；叶涛《福田亚细男教授访谈录》，《民俗研究》1999年第 1 期），系统介绍了柳田民俗学的特点、日本民俗学的现状及动向，以及日本以农村村落、家庭为中心的民俗学研究成果。但遗憾的是，预定出版的讲座记录，因为中途稿件纷失，在 10 年后才得以出版（白庚胜译《日本民俗学讲演录》，成都时代出版社，2008）。福田还曾于 1999 年赴北京日本学研究中心在"日本社会"方向授课，同时在中国社会科学院等地举办讲座。福田在日本民俗学界是后柳田时代的领袖人物，对柳田国男及民俗学方法论都有深厚的研究，在具体研究领域长于村落调查、社会组织民俗等，他的积极活动对中国民俗学的发展有着极大的影响。日方交流的代表学者从 20 世纪 80 年代的伊藤清司到 90 年代以后的福田亚细男，不仅是出于年龄上的代际承接，而且显示着中国民俗学的转型。

从日本研究角度出发的日本民俗研究，早期的代表人物之一是辽宁大学的马兴国，当时任辽宁大学日本研究所《日本研究》杂志的主编。1980 年就编译出版了永田义直编著的《日本民间故事选》（辽宁人民出版社）。《日本研究》自 1985 年改名公开发行后，马兴国就显示出了对日本民俗的兴趣，以该杂志为阵地，除了撰文介绍《日本民俗学的开拓者柳田国男》（1985 年第 2期），还翻译了伊藤清司的《日中两国民间故事的比较研究》（1986 年第 4期），并刊登了孟宪仁《春秋时代〈竹取物语〉原型传入日本考》（1986 年第3 期）、乌丙安《日本神话学三个里程碑的主要代表人物》（1988 年第 3 期，对高木敏雄、松村武雄、大林太良的介绍）等相关研究。1988 年马兴国出版了《千里同风录：中日习俗交流》（辽宁人民出版社）一书，从产育、婚姻、丧葬、服饰、饮食、居住、交通、娱乐、岁事等 9 个方面介绍了两国的民俗情况，并试图从文化交流史的角度加以理解，这一取向从他与刘德有共编了《中日文化交流事典》（辽宁教育出版社，1992）也能窥见。可以说代表了不同于同期民俗学以民间故事研究为主的研究路径。

---

① 如陶立璠《年中行事与农耕仪礼的变迁：中日农耕民俗文化比较》，《中央民族大学学报》1994 年第 1 期；陈勤建：《日本鸟（日）文化溯源》，《民间文学论坛》1998 年第 2 期。

另一位积极活跃在中日民俗比较领域的人物，是北京大学日本研究中心的贾蕙萱。中心成立于 1988 年，于次年开始发行《日本学》。1991 年 3 月北京大学日本研究中心主办了首届"中日民俗比较学术讨论会"，为期 5 天。中方刘德有、林林、阴法鲁、钟敬文、张紫晨等，日方伊藤清司、野村纯一、神野善治、宫本袈裟雄等共 70 余人参会，参会论文 40 余篇。伊藤清司《日本的中国民俗研究现状》、野村纯一《日本民俗学的研究现状》分别介绍了日本的相关研究状况，而贾蕙萱也代表中方做了题为"中国的日本民俗研究"的发言。这篇文章是第一次，也是管见唯——次中国学界以"日本民俗研究"为题的相关整理。该文从汉书地理志说起，对正史日本传、唐宋元明清的相关文献等记述较详，近代以后较简略，只简单提到了戴季陶的《日本论》、周作人的小品文、20 世纪 80 年代以后驻外记者及外交官的随笔集以及 90 年代马兴国、严绍璗等人的研究。对 80 年代后蓬勃兴起的民俗学领域的活动和成果没有任何介绍，显示出中国日本学领域和民俗学领域之间的交流不足。而钟敬文在会上宣读了《中日民间故事比较泛说》，通过中日两国相同的 53 种故事类型，论证了中国和日本的民间故事具有"亲密关系"，尤其对灰姑娘型和老鼠嫁女型故事进行了细致的梳理，充分展示了民俗学在比较故事领域达到的较高水平。本次会议的成果，收录在贾蕙萱、沈仁安主编《中日民俗的异同和交流：中日民俗比较研究学术讨论会文集》（北京大学出版社，1993）中。

1996 年由中日学者合作编写（周一良与中西进为总主编，严绍璗与王勇为副总主编），浙江人民出版社（中文版）和大修馆书店（日文版）同时出版的《中日文化交流史大系》是一次前所未有的尝试，直到 20 年后的今天也没有同样大规模、体系化的合作成果出版。该丛书分为历史、法制、思想、宗教、文学、艺术、民俗、科技、典籍、人物等 10 卷，每卷都由双方学者共同主编，章节也是共同执笔。第五卷《民俗卷》的主编，日方是宫田登，中方是马兴国。宫田登是日本民俗学当之无愧的领军人物，但在本书中只撰写了后记，提示了两国比较民俗学的可能性，未参加实际编写。实际参与编写的日方学者只有大谷通顺、寒川恒夫两人，且只担任了第八章娱乐风俗的编写工作。而中方马兴国负责序、第一章服饰、第七章岁时，贾蕙萱负责第二章饮食，叶大兵负责第三章居住，贺嘉、陈晖负责产育、婚姻、丧葬等三章。可以看出中国学者占据绝对地位，且架构基本沿袭了前述马兴国《千里同风录》的格局（仅少交通一项），具体内容和写法也大同小异。从依靠两国学者的合力展现出开拓性的成果这一丛书的目的来看，《民俗卷》与其他卷相比较为薄弱。实际上，从文化交流史角度的日本民俗研究或中日民俗比较研究，此后一直未能有大的突破。贾蕙萱后来出版《中日饮食文化比较研究》（北京大学出版社，1999）时，也不再是交流史的路子了。

这一时期比较积极的还有大连民族学院的王秀文，从 1986 年的《谈谈日本的婚姻习俗及其沿革》（《外国问题研究》）开始，几乎以每年一篇的速度坚持发表了多篇涉及日本民俗、传统文化的文章，如《关于日本的社会方言：隐语》（《日本学论坛》1987 年第 2 期）、《日本相扑的历史沿革》（《现代日本经济》1988 年第 5 期）、《"大尝祭"的文化背景及其含义》（《日本问题》1990 年第 3 期），与徐晓光共著《日本村落社会组织及其传统特征——兼谈村落文化传统对现代日本社会的影响》（《日本学刊》1991 年第 3 期）、《日本成年礼俗及其社会文化含义》（《日本学刊》1992 年第 3 期），以及《从端午节看中日文化交流》（《辽宁师范大学学报》1992 年第 6 期）、《中日"桃"文化的性象征》（《外国问题研究》1997 年第 4 期）、《中日三月三节俗比较分析》（《日本学刊》1999 年第 3 期）、《日本"鬼门"信仰之实态及渊源》（《东北亚论坛》2000 年第 2 期）等，既包括岁时节令、人生仪礼，也包括社会组织、民间信仰。作为总结，这一批文章与同期发表的关于日语及日本文化的其他文章一并结集于 2002 年出版（《传统与现代：日本社会文化研究》，世界知识出版社）。

20 世纪 90 年代后的另一个热点是少数民族（或区域文化）与日本的比较，其中最重要的地区是云南。日本学界在 20 世纪 70 年代末 80 年代初由植物学家中尾佐助、人类学家佐佐木高明等提出稻作农耕文化的源流，从喜马拉雅山、不丹经云南、江南地区到日本的"照叶树林文化带"理论，很快便介绍到中国学界，①

---

① 江上波夫：《〈东南亚山地民族志〉序言》，金少萍译，《民族译丛》1983 年第 4 期；佐佐木高明：《寻求照叶树林文化和稻作文化之源：中国西南部少数民族文化学术调查之行》，尹绍亭译，《民族译丛》1985 年第 1 期；佐左木、高明：《中国西南少数民族文化与日本的基层文化》，《云南社会科学》1991 年第 4 期。

伊藤清司、工藤隆等也出于对少数民族神话、对歌等的兴趣，展开了对云南地区的调查，90 年代末还有冲绳的学者在文部省资助下开展了"冲绳与中国云南少数民族的基层文化的比较研究"。① 而在与他们的交流中，除了出现李子贤《探寻一个尚未崩溃的神话王国：中国西南少数民族神话研究》（云南人民出版社，1991）这样开创性的著作，也出现了张正军《日本冲绳的御岳信仰及其祭祀》（《思想战线》2000 年第 2 期）这样的对日本民俗的直接研究。其他有关荆楚地区的研究有陈建宪《荆楚巫风与日本古俗》（《江汉论坛》1991年第 9 期），而北方文化角度的比较研究有于晓飞、黄任远《赫哲族与阿伊努文化比较研究》（黑龙江人民出版社，2002）等。

民间信仰一直是日本民俗学的重要研究领域之一，但这一阶段中国学界对这方面的研究还不多。较早的研究者有色音，首先从萨满教的角度入手，② 后来更扩大到日本神道的整体。在《日本神道教与文化》（中央民族大学出版社，1999）中，他将日本神道定义为"以大陆和南方系统的稻谷农耕仪礼为核心的各种神灵与北亚和大陆的萨满教系统诸神灵的融合"。从道教角度论述日本神道的有聂长振、齐未了《道教传入日本及对神道的影响》（《世界宗教研究》1985 年第 2 期），以及何乃英《道教在日本的流传和影响》（《当代亚太》1994 年第 1 期）等。值得一提的是日本民俗宗教研究的代表性学者宫家准的《日本民俗宗教述论》（岷雪译，《民族艺术》1998 年第 2 期）也被译介到国内，但该文是作为辞典条目的说明，简明地从一般意义上阐述了民俗宗教的定义、内容、构造等，并未对日本民俗宗教的具体情况进行详细论述。

在民俗艺能方面，中央戏剧学院的麻国钧与日本学者有泽晶子合作，在《民族艺术》上用两年多时间（1997~1999）分 9 次连载了《日本祭礼行事与民俗艺能总览》，按照有艺能演出、有个性特色、与中国有渊源或类似这三个标准选取日本各地的祭礼，从一月到十二月以表格的形式逐月介绍每一个祭礼

---

① 伊藤清司：《中国古代文化与日本》，张正军译，云南大学出版社，1997；工藤隆：《稻作文化与大尝祭》，《楚雄师范学院学报》2001 年第 4 期；菅原寿清：《传统社会中的宗教结构：日本与云南哈尼族民俗宗教的比较》，《楚雄师范学院学报》2001 年第 4 期；等等。
② 色音：《日本的萨满教研究动向》，《世界民族》1995 年第 1 期；《东北亚的萨满教：韩中日俄蒙萨满教比较研究》，中国社会科学出版社，1998。

的时间、地点、名称及主要内容，同时也进行了相关的研究。① 关于民俗音乐学的研究方法也被介绍到了国内。②

对重要人物的研究有王晓秋在 1991 年首届中日民俗比较学术讨论会上的发言稿《黄遵宪对日本民俗研究的贡献》，这是他在黄遵宪研究上提出的新角度，也是具有开创性的重要论文。其他较早的还有忻平《试论黄遵宪的比较民俗文化研究——兼论黄氏对中日民俗文化的比较研究》（《东南文化》1993 年第 3 期）。今村与志雄《鲁迅、周作人与柳田国男》（赵京华译，《中国现代文学研究丛刊》1992 年第 1 期）及赵京华《周作人与柳田国男》（《鲁迅研究月刊》2002 年第 9 期）则是较早全面梳理周作人与日本民俗学关系的文章，认为周作人与柳田两人之间有着"深层思想上的共鸣"，周作人的民俗思想存在"西洋民俗学"与柳田两个渊源，体现出对传统习俗和民间信仰的重视。

20 世纪 80 年代影响较大的日本学者还有吉野裕子。日本的民间信仰的深层均有来自古代中国，特别是阴阳五行思想的影响这一立场，对于中国人来说容易接受也具有新鲜感。80 年代末，《阴阳五行思想与日本的祭祀民俗》（赵建民、吴锐编译，《东南文化》1987 年第 2 期）、《阴阳五行与日本民俗》（学林出版社，1989）、《神秘的狐狸：阴阳五行与狐崇拜》（辽宁教育出版社，1990）等相继发表与出版。但 90 年代以后，随着以福田亚细男为代表的战后日本民俗学主流与中国学界的交往加深，带有较为强烈的"在野"气息的吉野的研究，在中国的热度迅速降温了。

这一时期有几本杂志在推进中国的日本民俗（学）研究方面起到了重要作用。日本研究方面除了前面介绍过的《日本研究》外，1991 年由《日本问题》改名的《日本学刊》也刊登了数篇偏重学术史和思想研究的文章。③

民俗学方面，钟敬文从 1991 年第 2 期开始在《北京师范大学学报》开设"民俗学研究"专栏，集中刊登了一些日本民俗学的相关文章。专栏第 1 期除

① 有泽晶子：《日本的佛教地狱剧：〈鬼来迎〉》，《外国戏剧研究》1997 年第 4 期；麻国钧：《说鼓：鼓的神性及其在祭礼演艺中的体现》，《戏曲文化学研究》1999 年第 3 期。
② 小岛美子：《音乐史学与民俗音乐学：关于口传文艺研究的方法》，《中央音乐学院学报》1997 年第 3 期，俞人豪译自《口传文艺研究》1996 年第 19 号。
③ 王秀文《"大尝祭"的文化背景及其含义》（1990）、贾蕙萱《中国的日本民俗研究》（1991）、马兴国《日本民俗学研究概况》（2001）等。

了小南一郎《壶形的宇宙》（朱丹阳、尹成奎译）外，还特别委托桐本东太撰写了《福田氏〈日本民俗学方法序说〉简介》（何彬译），主要介绍了福田对柳田重出立证法、周圈论的批评和常民概念的整理。其他还有渡边欣雄《在中国民俗学会讲演》（《北京师范大学学报》1994年第6期）等。

而最重要的还是山东大学1985年创刊的《民俗研究》，该杂志是民俗学恢复后最早的民俗学研究专刊，除了少量如王际莘《中日育儿习俗比较研究》（1996年第2期）等直接论及日本民俗的文章，比较有特色的是在20世纪90年代末有意识地刊载了日本重要学者的一系列文章，尤其是关于日本民俗学史、理论方面的内容。

谷口贡《民俗学的目的和课题》（陈岗龙译、高木立子审校，《民俗研究》1997年第1期）译自佐野贤治等著《现代民俗学入门》，谷口是共著者之一，这本书是日本更为年轻一些的学者编写的民俗概论，对时代的变化更为敏锐，该书1996年2月才出版，翻译可谓及时。

竹田旦《日本民俗学的产生与发展》（色音译，《民俗研究》1998年第2期）介绍了20世纪90年代中期的情况，提到了都市民俗学、比较民俗学、文化遗产行政、与历史学的合作等。

福田亚细男《民俗学的研究方法》（高木立子、陈岗龙译，《民俗研究》1999年第1期）选自福田亚细男、宫田登编《日本民俗学概论》（1983），这本书一再重版，是日本民俗学直至今天最经典的一本概论书。

小岛璎礼《展望比较民俗学》（周星译，《民俗研究》1999年第3期）是日本民俗学的会刊《日本民俗学》200号纪念特辑（1994）中"现代社会与民俗学"系列中的一篇，其他两篇是《地域变迁与民俗学》《博物馆与民俗学》，代表了当时日本民俗学面向社会的发展方向。

宫田登《经济学与民俗学：宫田登先生访谈录》（史念译，《民俗研究》2000年第4期）是发表在《大航海》1999年第2期上的文章，宫田于2000年初病逝，文章的刊登征得了他生前的同意。

伊藤清司《〈山海经〉图像的真正研究——评〈古本山海经图说〉》（高木立子译，《民俗研究》2002年第3期）原文发表在2002年5月的《东方》上，是对马昌仪《古本山海经图说》（2001）的介绍评论。

其他重要的翻译文章，如1979年创刊的《民族译丛》（中国社会科学院民族研究所，1995 年改为《世界民族》）除了刊登少数民族相关的日本学术信息外，也曾刊登坪井洋文《关于日本民俗研究的现状》（马铁译，1988 年第 2 期）。《福建学刊》因为地缘关系，刊登了下野敏见的《中国石敢当与日本琉球石敢当比较研究》（1991 年第 1 期）。而郭崇林、傅勇翻译的野口武德的研究（《柳田国男与日本民俗学》，《黑龙江民族丛刊》1994 年第 1 期；《日本的民俗学研究》，《呼兰师专学报》1994 年第 1 期）是野口武德、宫田登、福田亚细男、福田晃、山路兴造、天野武、赤田光男等合著的入门书《日本民俗学》（1984）中野口所作总论中关于学史的部分。松村一男《日本近十年神话研究》（《思想战线》1997 年第 1 期）、稻田浩二《日本故事研究史略：兼及现状与课题》（《民族文学研究》2001 年第 4 期）、关敬吾《关敬吾论日本传统故事的类型与结构》（张士闪、清水静子译，《西北民族研究》2003 年第 3 期）展示了日本在口头传承相关领域的成果。铃木岩弓《柳田国男的学问救世思想与祖先祭祀观》（《东南大学学报》2000 年第 3 期）对柳田的祖先祭祀观做了整理。伊藤清司《关于怪奇鸟兽图卷的解说》（王汝澜译，《中国历史文物》2002 年第 2 期）是为日本江户时期怪奇鸟兽图卷出版而作的导读，将其放在《山海经》异兽图像的谱系中加以理解。

这一时期相关译著较少，除了前述吉野裕子 20 世纪 80 年代的两本之外，还有伊藤清司《〈山海经〉中的鬼神世界》（刘晔原译，中国民间文艺出版社，1989）及《中国古代文化与日本》（张正军译，云南大学出版社，1997）、佐佐木高明《照叶树林文化之路：自不丹、云南至日本》（刘愚山译，云南大学出版社，1998）等，都产生了较大的影响。

综上所述，就总体而言，从 20 世纪 80 年代到 20 世纪末的约 20 年间，中国的日本民俗（学）研究，主要通过民俗学和日本研究两个路径发展起来，从无到有，显现出了基本轮廓。两者共同之处，是对柳田国男为中心的日本民俗学的历史及现状的了解和把握。新生的中国民俗学出于发展需要向海外寻求经验和借鉴，而由于历史的渊源和现实的条件，日本民俗学成为最合适的对象，在上层的积极推动下，一方面通过译介和讲座等形式从日本民俗学中汲取养分，另一方面在具体研究上，立足于民间故事、传说、神话等熟悉的领域，在与从事中日比较研究的日本学者的交流中开展研究。而少数民族文化或是区域民俗研究，则主要在与日本学者的频繁交流和共同调查、研究中接受启发、深化思考、积累成果。国际交流和比较研究的视野，大大推动了这些领域的研究。日本社会文化领域的学者，也开始将视线投向日本民俗，除了对日本民俗学的介绍和现状把握外，对比中日各个生活领域的习俗状况，辅以相关的文献记录，试图从交流史的角度去理解，成为一种模式。但由于日本民俗学的研究重实地调查，而交流史研究则对具体影响的认定十分谨慎，对研究积累的要求较高，因此这一类的日本民俗研究，较难与日本学界或是中国的相关学界形成有效的对话，之后自身也未能取得进一步的发展。此外，从事宗教、艺术等研究的一些学者也都在各自的领域中显现出对日本民俗的兴趣，通过翻译、合作展开了介绍、整理及初步的研究工作。

三　21 世纪以后的研究状况

20 世纪八九十年代对日本民俗学以介绍为主，对日本民俗的研究也有限，整体而言记述较多，分析不足。进入 21 世纪后，总的来说日本学与民俗学继续作为中国学界对日本民俗（学）研究的牵引力量，并且从之前基本各自为政的状态，逐步走向相互融合。研究在广度和深度上都有所提高，研究领域进一步拓展，能够结合时代的要求，理论性和学术性有所加强，出现了一批较为重要的研究成果，在学科积累和人才培养方面也有了长足的进步，成为中国日本学研究及民俗学研究的重要组成部分。

1. 柳田国男研究

因为柳田国男在日本民俗学乃至日本学界及社会中具有不可动摇的地位和影响，中国学界对他的重视也可以说是伴随始终的。但初期基本是以对他学术经历的介绍为主，带有研究性质的文章很少。从民俗学角度，前述张紫晨为《传说论》译本所作的导读，是对柳田口承文艺思想及理论的初步整理。日本学研究方面，荣颂安《柳田国男史学思想初探》（《日本学刊》1992 年第 4 期）是这方面较早的成果。成田育男、藤卷启森《创造一个公民教育的空间：浅谈日本民俗学创始人柳田国男的公民教育》（《外国教育研究》2001 年第 4 期）是早期为数不多的日本学者柳田论的译文。

柳田国男的名字虽然在中国学界如雷贯耳，但其译著只有《传说论》一本。其20世纪30年代中期确立日本民俗学理论体系的两部著作《乡土生活研究法》和《民间传承论》，于2010年作为中山大学非遗中心项目"日本民俗学译丛"的第一册得以合并出版（王晓葵、王京、何彬译，学苑出版社），填补了这一空白。

之后，印祖玲编译《日本怪谈录：民俗名家笔下的妖怪秘录》（重庆大学出版社，2012）选编了柳田《远野物语》《日本的传说》《妖怪谈义》等著作内容。此外，吴菲译《远野物语/日本昔话》（上海三联书店，2012）、《妖怪谈义》（贾胜行译本，重庆大学出版社，2014；吕灵芝、张琦译本，西南师范大学出版社，2017）、潘越与吴垠译《明治维新生活史》（原名《明治大正史世相篇》，时代文艺出版社，2016）、李凤霞译《日本的传说》（"柳田国男选集"之一，西南师范大学出版社，2017）等柳田译著虽然相继出版，但在选题方面，除《明治维新生活史》之外，基本都是妖怪、怪谈及与之接近的传说、昔话类内容，这受到了中国社会在日本影响下兴起的"妖怪热"的影响，与之相关的是对日本妖怪文化的研究也成为一个热点，对此将在后文中论述。

前述"日本民俗学译丛"的第二册，是福田亚细男的《日本民俗学方法序说：柳田国男与民俗学》（於芳、王京、彭伟文译）。该书收录了福田20世纪70年代到80年代初从方法论角度对柳田民俗学进行反思的一系列文章，通过这些讨论，福田从理论上否定了柳田著名的"重出立证法""周圈论"，并在此基础上提出了地域民俗学的基本主张。虽然此书名为"序说"，但实际上通过福田的批评，"重出立证法""周圈论"等旧式的民俗学资料处理方法被学界舍弃，日本民俗学进入了地域民俗学的时代。

如果说福田的著作是民俗学内部从方法论角度对柳田的批判，那么川田稔的《柳田国男描述的日本：民俗学与社会构想》（郭连友等译，外语教学与研究出版社，2008）则是从民俗学外部，在全面整理柳田民俗学成果的基础上，从社会构想角度对柳田进行的思想史研究。其特点是将以往在柳田研究方面往往被分开讨论的柳田的民俗学观点与柳田的社会思想、意识，在共同性及社会伦理这一视角下结合起来，是柳田研究中具有代表性的一部。

《民间传承论与乡土生活研究法》后附有福田整理的《柳田国男略年谱》

（王京译），《柳田国男描述的日本》后附有柳田的著作集、到 20 世纪末著者认为重要的柳田传记与评传、柳田研究，以及 20 世纪 90 年代出现的柳田批判及其回应等文献介绍，比较遗憾的是没有列出出版时间。这些译著的出版，为国内学界了解及研究柳田国男打下了一个可靠的基础。

进入 21 世纪后至今，提及柳田的民俗学思想或成果的论文数量庞大，相比之下真正的柳田研究仍然不多，但在 2010 年前后开始较为集中地出现，比如岳蔚《柳田国男的氏神信仰论》（河南师范大学硕士学位论文，2011，吴栓友指导）、徐瑞阳《关于柳田国男的常民思想》（内蒙古师范大学硕士学位论文，2014，宝力朝鲁指导）、白璐《试析柳田国男思想中的女性形象》（东北师范大学硕士学位论文，2015，周颂伦指导）等一批硕士学位论文。无论是氏神信仰、常民思想，还是女性形象，都是在日本的柳田研究中已经有着较多研究积累和基本结论的领域，在对柳田著述的把握、对相关日本民俗事实的掌握方面并无优势的情况下，较难突破日本学者既有研究的圈子。虽然有这样的局限性，但在出现了专门的研究，以及对日本相关领域的研究成果进行了较为细致的把握上，这些论文无疑显示出了进步。

孙敏《日本人论：基于柳田国男民俗学的考察》（社会科学文献出版社，2013）是出自国内学者的第一部柳田研究专著，其基础是 2009 年提交的博士学位论文《柳田国男日本人论研究：基于柳田民俗学的考察》（北京大学，刘金才指导）。该书从传统生活、社会组织、民俗信仰等角度梳理了柳田民俗学的研究成果。从民俗学成果出发构筑柳田对日本社会的认识这一方式，类似于前述川田稔《柳田国男描绘的日本》的立场，但川田集中关注信仰层面，而孙敏则增加了衣食住、人生仪礼、岁时年节等生活民俗和家庭、村落等社会民俗，这是很有意义也很艰苦的工作。因为柳田著述浩繁，虽然针对特定领域有一些较为集中论述的单行本或主要论文，但其理解散见于各处，并且常常与其他领域互相关联，也存在观点并不明确或是并不统一的地方，细致的重构并非易事。在此基础上以柳田民俗学的研究来探讨所谓"日本人论"在方法和认识上的局限与不足，也是一个很有效的角度。但"柳田民俗学的指向很明显就是日本人论"或是"柳田民俗学就是日本人论"的提法是值得商榷的，柳田民俗学的指向是对日本人生活史的理解。所谓"日本人论"并非指所有对日本人或日本文化的论述，而特指带有较为强烈的外在视线的论述，形式基本是将其主张凝聚在一本书之内，方法则是攻一点而不及其余，其中隐含着与西方（异文化）的比较，结果是突出日本的特殊性。换句话说，柳田研究的特点在于"全体性"，而"日本人论"的锋利之处正在于其"片面性"。以柳田民俗学对日本的全体性理解作为审视"日本人论"之得失的参照，是有效的方法，但这是一种操作，不能据此直接认为两者同质，更不能等同于本人的意图。实际上，如果在总结柳田民俗学成果时排除"日本人论"这样的用词，而表述为"从民众生活角度对日本（人）的理解和把握"，在与其他"日本人论"做比较时也不使用"基于民俗学的日本人论"，而直接使用"柳田民俗学"一词，丝毫不会影响论述和研究的重要价值，专著的标题也依然有效。

2012 年孙敏在《柳田国男的日本近代法西斯国家批判》（《国际关系学院学报》第 3 期）中指出柳田战争期间的氏神研究包含对当时国家神道的批评，这是有理有据的。柳田强调乡土层面的自发性，对国家自上而下的强制政策一直持批判态度，从早年的农村经济政策、后来的移民政策就是如此，而此时的对象换成了国家神道。然而问题微妙之处在于，虽然国家神道当时是日本法西斯国家宗教政策的支柱，但对国家神道的批评，是否能等同于对法西斯国家的批判，依然需要更为细致的讨论，例如天皇制被认为是法西斯国家的罪魁祸首，但柳田对天皇制是完全缺乏批判的。实际上，日本军国主义横行的时代，柳田究竟态度如何，日本民俗学在其中到底起到了怎样的作用，是 20 世纪 90 年代起柳田及日本民俗学史研究的重大议题之一，任何结论都需要考虑与其他方面事实的整合性。

乌日古木勒《柳田国男民间文学思想研究》（中国社会科学出版社，2016）是从事民间文学研究的作者所作的一部扎实的柳田论。在日本学界，一个现象是柳田国男研究的专著大都来自民俗学之外，来自民俗学内部的只有前述福田的研究等极少几部。民俗学内部，当然也有对柳田针对某一具体领域观点、认识的整理，但由于柳田本人的研究兴趣点较早从口承文艺转向了其他行为民俗，甚至曾懊悔在口头传承上花费了太多时间，之后故事传说等一直处于民俗学主流研究之外，20 世纪 50 年代后这方面研究的领军人物关敬吾又大量借鉴了西方的研究理论及方法，因此在日本学界很少见到对柳田口承文艺领域的整体梳理和评价。乌日古木勒的研究可以说填补了这一空白。

值得一提的是此书标题是"民间文学思想研究"，但实际上专门设了两章，分别讨论日本及国内对柳田的研究与译介（第一章、第二章）。第一章中除前述福田和川田的研究外如新谷尚纪《柳田民俗学的继承与发展：其视点与方法》、伊藤干治《日本人的人类学自画像：柳田国男与日本文化论再考》、大藤时彦《柳田国男入门》、室井康成《柳田国男民俗学构想》等研究都是第一次介绍到国内。但新谷（2005）、伊藤（2006）、室井（2010）等著作都是关心柳田民俗学整体意义的较新的专著，而大藤 1973 年的著作只是一本入门书，介绍时也只是专注于其中的口承文学部分，与其他性质差别较大，似应放入具体讨论柳田民间文艺思想的章节作为研究参考。第二章对国内的柳田研究介绍比较全面，但列入"涉及"柳田民俗学思想的文章似嫌范围过大。阅读并整理、介绍这些内容，需要花费大量的时间与精力，这些章节以及附录三《日本学者研究柳田国男民间文学民俗学思想论文目录》（从后藤总一郎编《柳田国男研究资料集成》1~9 卷中节选的 167 篇论文的目录）对有志于柳田研究的后学无疑将成为十分重要的文献基础。

此外，王京的一系列研究也值得注意。《柳田国男与"一国民俗学"的成立》（《日本学刊》2013 年第 1 期）细致追溯和分析了柳田从民族主义高涨的明治末期开始民俗研究，受关东大地震的刺激着手民俗学体系的摸索，到 20 世纪 30 年代在充分消化欧美学问的基础上，立足于日本的个性，通过对民俗词汇的重视及独特的分类体系，确立将地域差转换为时代差，通过比较构建国民生活变迁史的"一国民俗学"的过程。《柳田民俗学体制的确立》（*Hiroshima Interdisciplinary Studies in the Humanities* 2011 年第 9 期）整理了 20 世纪 30 年代在柳田国男领导下日本民俗学全国体制的确立过程，分析和论述了柳田民俗学研究体制的基本特色。《柳田国男的"山人"论》（《大众文艺》2012 年第 4 期）则整理了柳田从初期三部作开始对山地、"山人"的兴趣及对"山人史"的构想，分析了其"山人论"的展开过程、理论背景、特色及与民俗学创立期的日本人研究、晚年关于日本人起源问题研究的关系。

刘晓春在《民俗与民族主义：基于民俗学的考察》（《学术研究》2014 年第 8 期）中以德国、芬兰、日本三国为例讨论民俗学在思想上与民族主义的关系。对日本的讨论援引柄谷行人、子安宣邦、岩本通弥等对柳田"一国民俗学"的批评，以前述福田《方法序说》及柳田《民间传承论与乡土生活研究法》为材料，认为柳田民俗学从地方文化、民间文化中选取一部分加以提升，在追求统一的文化与国民性的同时，生成了学问的基本范畴与理论方法，而在后柳田时代，对柳田观点的反思和打破成为主调。

2018 年 7 月，由王京主编的"柳田国男文集"第一辑①（北京师范大学出版社）问世。该文集计划出版三辑，收录理解柳田国男学问整体面貌上最具意义的著作 15 种，为中国的柳田研究、日本民俗学研究乃至日本文化研究提供了一批重要的、较为可靠的基础文献。

2. 关于日本民俗学的研究

21 世纪以后，对日本民俗学的研究也取得了一定的进展。对民俗学发展史的概述或整理方面有马兴国《日本民俗学研究概况》（《日本学刊》2001 年第 2 期），从古事记开始，介绍完柳田后，提到了坪井洋文的文化多元性研究、地域民俗学、城市民俗学、比较民俗学、主要的研究高校等，但叙述十分简略，只是一带而过。陈勤建《20 世纪中日民俗学学术倾向及前瞻》（《民俗研究》2001 年第 1 期）对大约截至 20 世纪 80 年代的日本民俗学的学术倾向做了说明，其特色是也结合讨论了中国民俗学的情况，反映出借他山之石的学术取向。此外还有柳田国男《日本民俗学发展小史》（《西北民族研究》2003 年第 2 期，莎日娜译自《民俗学辞典》）。

周星主编《民俗学的历史、理论与方法（上、下）》（商务印书馆，2006），尤其值得一提。其中收录了关于日本民俗学的三篇文章：蔡文高《日本民俗学百年要略》、何彬《日本民俗学学术史及研究法略述》、王晓葵《日本民俗学的新视野：从两部日本民俗学概论谈起》。主编周星以及三名作者，都长期在日本生活、工作，在民俗学的具体领域有专门的研究，与中日两国学界也有较多接触，其介绍充分利用了日本学者的研究，颇为扎实。更重要的是，除了蔡文高英年早逝外，周星、何彬、王晓葵都是利用自身的优势，介绍

---

① 第一辑收录的 5 种著作为《海上之路》（史歌译）、《木棉以前》（彭伟文译）、《孤猿随笔》（周先民译）、《食物与心脏》（王京译）、《独目小僧及其他》（西村真志叶译）。

日本民俗学的方法、成果，并积极参与中国民俗学界活动的学者，而这本书可以说是他们的一次集体亮相。

周星在 2007 年以后结合国内的非遗形势，集中向国内学界介绍了日本的文化遗产制度与经验：《非物质文化遗产保护的日本经验》（《民族艺术》2007年第 1 期）、《日本文化遗产的分类体系及其保护制度》（《文化遗产》2007 年第 1 期）、《日本文化遗产保护的举国体制》（《文化遗产》2008 年第 1 期）、《文化遗产与"地域社会"》（《中日韩非物质文化遗产保护比较暨第三届中国高校文化遗产学学科建设学术探讨会论文集》，2011）。另外在物质文化、近代与民俗、故乡意识方面亦关注较多。

王晓葵在专著《民俗学与现代社会（上）》（上海文艺出版社，2011）中分五章分别介绍了柳田国男的生平与学问、其"一国民俗学"的建设、"世相解说"之学与社会史，以及日本民俗学调查的历史与方法、日本民俗学的概论等内容。其中前两章汇集了日本学界的主流认识。第三章重点关注的《明治大正史世相篇》在日本是公认的柳田最重要的代表作之一，得到了很高评价，前述福田《方法序说》也在《作为社会史的民俗学》一章中给予了高度评价，但在中国学界知名度还较低。此前在日本民俗学的介绍文章中较少提到的关于调查的内容，在反思中国的调查实践方面有一定借鉴意义。而第五章对日本民俗学三本概论之间及与中国两本民俗学概论的比较属于具有开创性的研究。王晓葵在具体研究领域主要关注"记忆"问题，结合民俗学的论文有《记忆论与民俗学》（《民俗研究》2011 年第 2 期）。

何彬则从 2004 年底参加中山大学"多维视野下的民间文化研究：后钟敬文时代的中国民俗学"时开始提倡"民俗地图"的制作，之后在面向中国民俗学介绍这一方法上用力甚勤：《民俗地图小论》（《民间文化论坛》2005 年第 1 期）、《传承文化独树一帜的日本民俗地图》（《中国测绘》2005 年第 3期）、《民俗地图的学科依据："民俗地图"与"文化传承图"体系系列论文之一》《民俗地图的基本构造与制作："民俗地图"与"文化传承图"体系系列论文之二》《"文化传承图"体系初探："民俗地图"与"文化传承图"体系系列论文之三》（《民族艺术》2010 年第 1、2、3 期）。另外在节日、仪式等方面关注较多。

王晓葵与何彬也是前述"日本民俗学译丛"（2010）的主编。丛书第三册《现代日本民俗学的理论与方法》（学苑出版社，2010）是继王汝澜20世纪80年代中期汇集介绍日本民俗学者重要论文之后的又一次尝试。按80年代以后成文并反映最新动态、侧重理论及方法的探讨、比较直接地对中国民俗学有借鉴意义这三条标准，经丛书顾问福田亚细男审定而收录了共25篇论文，为中国学界全面了解日本民俗学的研究状况及动向提供了较为可靠的文字版本，出版后产生了较大影响，成为国内民俗学界了解日本民俗学较新动向和议论的窗口。另外，书后所附《日本民俗学史简表》（福田亚细男、彭伟文编）列举了从明治末年到1999年的重要活动或出版状况，也是了解日本民俗学发展的基本参考资料。①

在通过可靠的文字版本了解海外学者思考的原生状态方面，翻译具有不可取代的作用。在对日本民俗学的译介方面，除了20世纪90年代以来一直起着引领作用的《民俗研究》外，中国民间文艺家协会《民间文化论坛》（1982年创刊，90年代曾改为旅游性杂志《民间文化》）2004年恢复理论学术刊物性质以后，以及中山大学中国非物质文化遗产研究中心编辑发行的《文化遗产》自2007年创刊后都比较积极，发挥着重要作用。译介的重要学者及其研究领域、被译介的文章，按与中国学界交流的活跃程度大致可以整理如下。

（1）福田亚细男（柳田国男论、民俗学史及理论、社会民俗）

《民俗学在国际与代际之间的相互理解：对话福田亚细男》，施爱东访谈，

---

① 由于各篇文章涉及的问题过于宽广，无法一一点评，下面仅列出标题存目：铃木正崇《日本民俗学的现状与课题》（赵晖译），岩田重则《民俗学与近代》（宫岛琴美译），岩本通弥《以民俗为对象就是民俗学吗?》（宫岛琴美译），桑山敬己《柳田国男的世界民俗学再考》（西村真志叶译），仓石忠彦《都市中的传承与调查》（西村真志叶译），千叶德尔《乡土的民俗学研究》（余志清译），宫田登《历史民俗学小论》（陈志勤译），佐野贤治、福泽昭司《民俗学的研究方法》（西村真志叶译），饭岛吉晴《民俗学与文化人类学》（河合样尚译），八木康幸《民俗学与地理学》（河合样尚、陈浣娜译），古家信平、小松和彦《民俗调查论》（西村真志叶译），真野俊和《乡土与民俗学》（西村真志叶译），矢野敬一《记忆与祖先观念》（西村真志叶译），菅丰《关于自然与民俗研究的三大潮流》（陈志勤译），野本宽一《提倡生态民俗学》（陈志勤译），鸟越皓之《试论环境民俗学》（陈志勤译），才津祐美子《世界遗产"白川乡"的记忆》（徐琼译），饭岛康夫、武士田忠《博物馆的展示问题》（陈文玲译），桥本裕之《民俗艺能的现状》（侯越译），中野纪和《民俗学研究中口述史的课题与意义》（陈晓晞译），樱井龙彦《灾害民俗学的提倡》（陈爱国译），阿南透《"消费"的民俗学理解》（赵晖译）。

彭伟文译，《民俗研究》2015 年第 3 期；《日本民俗学的至今为止和从今以后》，彭伟文译，《民俗研究》2015 年第 3 期，2014 年 4 月首届"中日民俗学高层论坛"上的讲演；《日本民俗学的特色》《日本民俗学的形成》《后柳田时代的民俗学》《日本现代民俗学的潮流》，王京译，《民间文化论坛》2016 年第 4~6 期，2017 年第 1 期。

（2）岩本通弥（现代民俗学、民俗学理论）

《日本都市民俗》，《民俗研究》2000 年第 4 期，蒋鲁生译自《日本民俗学概论》；《以"民俗"为研究对象即为民俗学吗：为什么民俗学疏离了"近代"》，宫岛琴美译，王晓葵校，《文化遗产》2008 年第 2 期，收录在前述译丛三；《围绕民间信仰的文化遗产化的悖论：以日本的事例为中心》，吕珍珍译，王晓葵校，《文化遗产》2010 年第 2 期；《作为方法的记忆：民俗学研究中"记忆"概念的有效性》，王晓葵译，《文化遗产》2010 年第 4 期；《"都市民俗学"抑或"现代民俗学"：以日本民俗学的都市研究为例》，西村真志叶译，《文化遗产》2012 年第 2 期。

（3）菅丰（环境民俗学、公共民俗学）

《日本现代民俗学的"第三条路"：文化保护政策、民俗学主义及公共民俗学》，陈志勤译，《民俗研究》2011 年第 2 期。

（4）岛村恭则（比较民俗学、现代民俗学）

《民俗学是什么》，《文化遗产》2017 年第 1 期。梳理了民俗学发展的大致脉络，从民俗学以前到人类学、柳田，柳田逝世后的 20 世纪 60 年代起每 10 年一个阶段，其特征分别为 60 年代的史学方法论、70~80 年代的学术大发展、90 年代的外界严厉批评、21 世纪第一个 10 年的迷茫摸索、2010 年以后的国际化。对 21 世纪以后日本民俗学的整理还比较少见，在这一点上该文颇有价值。

（5）松尾恒一（比较民俗学）

《日本冲绳南方岛屿（八重山地区·西表岛）的种稻仪式与赛龙舟：冲绳·中国的比较民俗》，王媛译，《文化遗产》2012 年第 1 期；《日本民俗学田野调查方法及伦理思考》（访谈），《民间文化论坛》2014 年第 1 期。

（6）佐野贤治（现代民俗学、比较民俗学、民具、民间信仰）

《地域社会与民俗学："乡土研究"与综合性学习的接点》，何彬译，《民间文化论坛》2005 年第 2 期。

（7）星野纮（文化遗产政策、民间艺能）

《日本人口过稀、老龄化社会中村庄传统表演艺术的衰退与对策》，《文化遗产》2011 年第 4 期。

（8）樱井龙彦（灾害民俗学）

《灾害民俗学的提倡》，陈爱国译，《民间文化论坛》2005 年第 6 期，改名为《论灾害民俗学》收录在前述译丛三；《有关灌溉技术的水和女性的民间传承》，陈志勤译，《杭州师范学院学报》2007 年第 6 期；《关于在环东海地域使用船的"送瘟神"民俗》，金仙玉译，王晓葵校，《文化遗产》2007 年创刊号；《城市历史文化遗产的防灾民俗论：从日本古都京都出发的思考》，虞萍译，《文化遗产》2009 年第 3 期；《人口稀疏化乡村的民俗文化传承危机及其对策：以爱知县"花祭"为例》，甘靖超译，《民俗研究》2012 年第 5 期。

（9）安室知（环境民俗学）

《环境思想与民俗文化遗产》，余志清译，陈志勤审校，《民间文化论坛》2010 年第 2 期。

（10）德丸亚木（文化遗产政策、民间信仰）

《被"活用"的"民俗文化"：以日本熊本县宇土市"故乡大太鼓复兴事业"为例》，余志清译，陈志勤审校，《民间文化论坛》2009 年第 5 期。

（11）须永敬（比较民俗学）

《关于日韩边境圣母神的考察》，李杰玲译，《民间文化论坛》2014 年第 3 期。

（12）仓石忠彦（都市民俗）

《日本民俗学的城市化概念》，陈晓晞译，王晓葵校，《文化遗产》2008 年第 4 期；《从生活中感悟与捕捉民俗：以城市民俗研究为中心》，郭海红访谈，《文化遗产》2013 年第 4 期。

这些文章的来源主要是日本民俗学会的会刊《日本民俗学》，以及各位学者在中国举办讲座或参加国际会议的讲稿、论文、访谈和少量约稿，内容除了民俗学发展史及动向外，多集中于都市民俗学、比较民俗学、现代民俗学、文化遗产等。尤其是与文化遗产等相关的文章，与世界性的非遗运动及中国国内该领域的热度相关联，占有较大的比例。而在了解日本学界的非遗研究状况方面，才津裕美子《民俗"文化遗产化"的理念及其实践：2003~2005年日本民俗学界关于非物质文化遗产的综述》（《河南社会科学》2008年第2期）影响较大。译者西村真志叶以对中国民间日常叙事的体裁研究于2007年从北京师范大学获得博士学位，2008年归国。除了自身的研究，利用其语言优势及学术意识，在翻译及沟通中日学界方面做出了较大贡献。此文虽是翻译，但文章摘要中不但介绍了《日本民俗学》的动向专刊，日本学界1997年左右开始讨论等背景，还指出该文从日本民俗学的"理论—经验"立场展开讨论，提出"模型""价值""心意"等概念的重要意义，实际是一篇精要的导读。另外在译注9中提出了非遗选定的"价值序列化"及"回到生活本身"的问题，也显示了她是作为学者而不仅仅是一名普通译者参与其中。

西村真志叶最大的贡献之一是2004年与岳永逸一起在学界正式提出了"民俗学主义"（也有学者称"民俗主义"）的问题（《民俗学主义的兴起、普及以及影响》，《民间文化论坛》2004年第6期）。直接的契机和内容来源是《日本民俗学》236号"民俗学主义专号"（2003），通过自己在中国的调查经验敏锐觉察到其价值的西村与在庙会调查中同样深刻感觉到这一问题的岳永逸合作完成该文后，在学界引起了较大反响。随之出现了王霄冰对作为这一概念源头的德国民俗学相关状况的介绍整理（《民俗主义论与德国民俗学》，《民间文化论坛》2006年第3期）。而《民间文化论坛》2007年第1期特地开设"民俗主义"专栏，编者集中整理了中国民俗学界2003年以来的议论或运用，收录了杨利慧《"民俗主义"概念的涵义、应用及其对当代中国民俗学建设的意义》和西村《民俗学主义——日本民俗学的理论探索与实践：以〈日本民俗学〉"民俗学主义专号"为例》以及森田真也《民俗学主义与观光：民俗学中的观光研究》（西村译）等3篇文章。西村在自己的论文中详细介绍了"民俗学主义专号"中反映出的日本民俗学对国外理论的吸收整理及本国学者的讨论，而森田的论文也选自该专号，作为日本学者在研究中应用"民俗学主义"的具体例子。此外，西村在文中介绍了《日本民俗学》不定期出版各种专号的传统，并制作了1969~2004年所有专号（包括1977年开始的研究动向专号）的一览表，是今后学史研究重要的基础资料。而於芳《民俗主义的时代：民俗主义理论研究综述》（《河南教育学院学报》2007 年第 3 期）则在《日本民俗学》专号外，还介绍了以岩本通弥为负责人的科研项目报告书《文化政策、传统文化产业与民俗主义》（2004）的部分内容。由日本学界导入的对"民俗学主义"的理论介绍、整理工作至此告一段落，以后的具体讨论，主要在前述非遗政策及实践的研究中进行。

在日本民俗学学史研究方面，比较系统的研究有郭海红《继承下的创新轨辙：70 年代以来日本民俗学热点研究》（山东大学博士学位论文，2008，刘铁梁指导），是国内第一次对 20 世纪 70 年代以后的日本民俗学集中进行的研究。文中对所谓民俗学热点，主要通过前述 1977 年以后《日本民俗学》几乎每两年一次的研究动向专号，辅以每年日本民俗学会的年会主题加以把握。作者在之前发表的《批判、继承与反思：对 1975～2005 年日本民俗学研究动向的考察》（《民俗研究》2007 年第 3 期）中制作了 1975～2005 年各次年会的主题一览表，可与前述西村《日本民俗学》专号一览表互为补充。该博士学位论文中的部分内容后来经修改作为单篇论文发表。研究内容包括日本民俗文化从一元到多元的认识转换（《坪井洋文"民俗文化多元论"思想研究》，《云南民族大学学报》2012 年第 1 期）、环境民俗学、围绕"日常态—能量枯竭态—非日常态"三态体系的争论（《围绕"日常态—能量枯竭态—非日常态"的学术争论：三元论体系基础上的日本民俗理论的建构》，《民俗研究》2012 年第 3 期）以及城市民俗学，其中都市民俗学篇幅最多、用力最勤（《日本城市民俗学述略》，《世界民族》2009 年第 4 期；《日本现代城市民俗的发现与学理思考：城市与城市化的民俗研究》，《山东省民俗学会 2013 年年会暨中国石榴文化学术研讨会论文集》，2013）。

坪井洋文由于在 20 世纪 90 年代初即过世，与中国学界交往较少，以往不太被了解，在中国学者的学史介绍中也不常见到，但是他是在日本民俗学的发展中很重要的一个人物。尤其是在担任国立历史民俗博物馆民俗部部长期间，除了通过民俗常设展示的设计体现日本文化的多元性（分农村、山、海、都市等板块布展）外，还先后将宫田登、福田亚细男等调任该博物馆，使得该博物馆成为日本民俗学引领全局的学术中心，并依托其国库支持的优势推动了不少共同研究，其中也包括 80 年代对贵州的调查，以及前述福田领衔的第一次中日共同调查。其贡献不仅来自其学术思想，值得学史研究者注意。而正如 1977 年以来，学会会刊几乎每两年就会对这一期间研究的总体趋向和各领域的成果进行回顾，对未来发展进行展望一样，70 年代之后日本民俗学界对研究热点的总结、评述是很及时和完整的，郭海红的博士学位论文关注这些热点，将其介绍到中国学界，是一大贡献，但未能对包括热点与常规研究的总体进行更长时段的总结与把握，也算是一个遗憾。在 70 年代以来的热点中，选取论文中所处理的主题，而舍弃诸如地域民俗学、比较民俗学、文化遗产与博物馆、民俗学与近代、民俗学的政治性、方法论反思等内容的标准也欠明确。虽然如此，该博士学位论文中的很多内容都是第一次向国内介绍，在撰写过程中通过大量阅读日文资料，做了比较详细的整理，在日本民俗学成果的介绍整理上值得给予较高的评价。近年来与论文指导有关，作者对女性民俗较为关注，可以说是在博士学位论文以后新拓展的兴趣点。①

作为建设中国都市民俗学的参考，日本的都市民俗学一直是中国学界较为关注的对象，进入 21 世纪之初就有前述日本学者的译文（岩本通弥），21 世纪后除上述郭海红的研究外，比较系统的还有李扬和王新艳《中日两国都市民俗文化研究刍论》（《东方论坛》2009 年第 4 期）、王新艳《近代日本都市民俗学的发展对中国都市民俗学的借鉴意义》（中国海洋大学硕士学位论文，2010，李扬指导）等。然而都市民俗学是否能成为一个独立的学术领域，在日本一直存在争议，进入 20 世纪 90 年代之后，几乎是未能形成明确领域就消散于"现代民俗学"中了，②中国民俗学如今是到了应该超越日本的经验，摸索和建构适合本国国情的都市民俗学的阶段了。③

此外，王京在《关于日本文化遗产保护制度的几个问题：以民俗及民俗

---

① 苏娟娟：《对日本女性禁忌的考察》，山东大学硕士学位论文，2014；郭海红：《男性在场与日本女性禁忌》，《民俗研究》2014 年第 4 期；郭海红：《日本女性民俗研究述略》，《民俗研究》2015 年第 2 期。

② 岩本通弥：《"都市民俗学"抑或"现代民俗学"：以日本民俗学的都市研究为例》，西村真志叶译，《文化遗产》2012 年第 2 期。

③ 在这一点上，岳永逸关于北京天桥地区的一系列研究，颇具特色。岳永逸：《空间、自我与社会：天桥街头艺人的生成与系谱》，中央编译出版社，2007；《老北京杂吧地：天桥的记忆与诠释》，生活·读书·新知三联书店，2010；《都市中国的乡土音声：民俗、曲艺与心性》，中国人民大学出版社，2015。

学的关联为中心》（《文化遗产》2012 年第 1 期）中聚焦于日本文化遗产制度中民俗文化的地位，以日本社会的转变及民俗学的发展为背景，整理分析了相关法律规定及概念体系产生及演变的过程。在《1958 年：战后日本民俗学转折的胎动》中以《日本民俗学大系》的出版和大学民俗学专业开始招生这两个大事件为对象，通过对其内容、人物关系及背景的分析，揭示了日本民俗学开始向后柳田时代转折的具体状况。在《日本民俗学的中国研究：1939 年的转折》（《文化遗产》2017 年第 3 期）中通过对重要民俗杂志的分析，揭示出日本民俗学与中国关系的变化，并联系当时的时代背景与社会动向剖析了日本民俗学内部存在的张力。这些成果都将对日本民俗学的研究从整体性、概括性的讨论进一步推向更为细致的分析和以小见大的把握。

3. 神道

中国学界关于日本神道的研究，如果粗略来分，大体有三个方向：第一个是政治、制度研究，与天皇制、国家神道、近代国家、战争等话题相连；第二个是宗教、思想研究，与佛教、道教、儒教、国学等领域相关联；第三个是生活、民俗研究，包括日常生活、年节祭祀、人生仪礼、民间神祇等内容。作为政治的底层或是思想的表现的第三个维度，一直都是少数派。而进入 21 世纪后，研究明显出现了下行扩张的趋势，第三类的相关成果有所增加。这也与整个日本学界的研究在传统的语言文学、政治制度、哲学思想的基础上不断向社会文化扩展的趋势一致。

比如王宝平主编《神道与日本文化》（北京图书馆出版社，2003），作为"日本思想文化研究丛书"之一的这本论文集，虽然编排在最后，但也包含了葛继勇《关帝信仰的东传、演变及其对日本民间信仰的影响》、郑爱华《苗族与日本起源神话之比较》、黄宇雁《祇园祭与中国》等民俗相关论文。刘立善《没有经卷的宗教：日本神道》（宁夏人民出版社，2005）中包含了神道与艺术等内容。王金林《日本人的原始信仰》（宁夏人民出版社，2005）依靠文献考古及民俗资料，从中日比较研究的角度，对日本人原始信仰的形成及其影响做出了分析。王守华、王蓉《神道与中日文化交流》（河北人民出版社，2010）对神道祭祀、神道与美术及艺能、神道与当代民众生活、庚申信仰、祇园祭等均设置章节做了梳理和介绍。牛建科《试论民间信仰在日本宗教信仰体系中的地位和意义》（《东疆学刊》2011 年第 3 期）认为民间信仰是基层，是新兴宗教的构成要素，与民族精神、日本民俗紧密相连。

4. 道教影响

道教对日本文化的影响，一直是学者关心的话题。日本道教研究界从初期的黑板胜美、小柳司气太到窪德忠、福永光司、千田稔等在这方面做出了很大的成绩。国内除了道教界的研究者，较早的比如严绍璗就在日本神话的研究中指出其道教影响。但与日本有窪德忠这样在民俗层面进行了大量细致调查研究（《庚申信仰》，1956；《庚申信仰的研究：日中宗教文化交涉史》，1961；《庚申信仰的研究：年谱篇》，1963）的学者不同，国内在民俗层面讨论道教对日本影响的研究并不多。潘宣辰《道教在朝鲜、日本传播的原因及影响：以民俗信仰为中心》（延边大学硕士学位论文，2008，郑永振指导）是这方面的有益的尝试，但对民俗信仰层面的表现还是不得不依靠日本学者的成果。如果说任婷婷《中国道教与日本神道教"神人关系"比较》（《日本研究》2010 年第4 期）试图分析道教与神道作为各自本土宗教的不同特征，那么孙亦平《东亚道教研究》（人民出版社，2014）、《论中国道教对日本阴阳道的影响》（《湖南大学学报》2015 年第 1 期）等论著则从"东亚文化圈"角度，论述了道教与日本天皇制、律令制、神道、武士道、阴阳道等的关系。

5. 日本民俗风俗知识的普及

在跨文化交际的背景下，对日本风俗习惯以及中日差异的介绍和整理成为语言学习及人际交往中的需要，于是主要面向大众的这方面的读物应运而生。比如秦明吾主编《中日习俗文化比较》（中国建材工业出版社，2004）从汉语词汇、中日非语言行为、社会意识、"羞耻文化"、面子观念、色彩词、数字习俗、酒文化以及过年、馈赠、禁忌、饮食、婚礼等习俗方面的中日异同进行了融知识和趣味性于一体的介绍。李雪梅编著《日本·日本人·日本文化》（浙江大学出版社，2005）一书，介绍了日本礼节、忌讳、姓名、公共服务、等级观念以及书道、花道、艺伎、和服等多方面与中国的不同。马兰英、臧运发编著《日本风俗习惯》（大连理工大学出版社，2006）则集中介绍了日本人的生活习惯、礼节、岁时节令、婚丧嫁娶等方面的知识。更面向社会的还有陈风、李丽桃主编《闲读日本：文化·习俗》（天津大学出版社，2012）一书。这些书籍尽管都并非学术研究性质，但在满足社会需要的同时，对学界的相关研究兴趣也有一定刺激作用。

6. 禁忌、女性

在这一背景下关于日本禁忌文化的研究比较集中。实际上在语言领域，日语禁忌词的现象很早就受到关注，如高文汉《日语中的禁忌现象与忌讳词》（《日语学习与研究》1989 年第 5 期），但从文化和民俗角度的细致探讨，是在 2003 年以后，而且与学界对女性问题的关注相融会，如汤丽《日本山岳信仰中的女性禁制》（《北京理工大学学报》2003 年第 S1 期）、秦颖《从日本禁忌风俗看女性社会地位的演变》（《贵州民族学院学报》2004 年第 3 期）。2008 年以后，涌现出才旦曲珍《对女性禁忌的探讨：以藏族女性禁忌和日本女性禁忌为例》（西藏大学硕士学位论文，2008，赤列曲扎指导）、晓莹《关于日本和蒙古族祖先崇拜中的女性禁忌的比较考察》（内蒙古大学硕士学位论文，2010，娜仁格日勒指导）、刘婷《从"女性秽"看日本古代社会的"女人禁制"：压抑女性的意识形态》（西安外国语大学硕士学位论文，2011，张忠锋指导）、苏娟娟《对日本女性禁忌的考察》（山东大学硕士学位论文，2014，郭海红指导）等多篇硕士学位论文，将此领域的研究推进了一大步。

7. 动物民俗

从 20 世纪 80 年代中期就积极关注日本民俗、民间文化的王秀文，于 2002 年将此类研究文章与同期发表的关于日语及日本文化的其他文章一并结集出版（《传统与现代：日本社会文化研究》，世界知识出版社），算是对此前研究的一个总结。2003 年在日本出版的《桃的民俗志》（朋友书店）以中日文化民俗比较为主体，也加入了与韩国的比较。从 2006 年开始，王秀文有意识地开始进行日本动物民俗的系列研究，此类论文以"日本 X 文化的传承与文化内涵"为题，至今已经发表了 6 篇，[①] 开始发表的时机，与南方熊楠的

[①] 王秀文：《日本"犬"民俗的传承及其文化内涵》，《湖北教育学院学报》2006 年第 12 期；《日本"猪"民俗的文化内涵及其传承》，《大连民族学院学报》2007 年第 6 期；《日本"鼠"民俗的传承及其文化内涵》，《大连民族学院学报》2008 年第 6 期；《从日本"牛"信仰看中日民间文化传承》，《大连大学学报》2014 年第 2 期；《日本民俗中的"猴"信仰及其传承》，《大连大学学报》2016 年第 2 期；《日本民俗中的"鸡"信仰及其传承》，《大连大学学报》2017 年第 1 期。

名著《十二支考》的中文版《纵谈十二生肖》（中华书局，2006）的出版不无关系。另外还有谈日本的馈赠文化（《从交际功能看日本人的馈赠文化》，《贵州民族学院学报》2004 年第 3 期）及与勺子相关民俗（《勺子·女人与魂：论日本勺子的民间信仰》，《大连大学学报》2015 年第 1 期）的两篇。动物相关民俗也是 21 世纪日本民俗研究的一个新领域，除王秀文外，还有赵倩倩《野猪在日本的民俗传承》（山东大学硕士学位论文，2009，李铭敬指导）等。而最为集中的是狐狸，仅 2010 年之后的硕士学位论文就有王琦《中日狐狸信仰异同比较》（山东大学硕士学位论文，2010，宋凯指导）、林方圆《关于日本社会中狐狸形象的探讨》（外交学院硕士学位论文，2012，苑崇利指导）、张蒙春《对杂糅性日本稻荷信仰的跨学科研究：二战后日本稻荷信仰研究主要成果述评》（山东大学硕士学位论文，2013，刘德增指导）、廉洁《中日儿童文学中狐狸形象的比较研究》（辽宁师范大学硕士学位论文，2014，闫苗指导），还出现了徐丽丽《中日古典文学作品中的狐意象研究》（吉林大学博士学位论文，2015，于长敏指导）这样的博士学位论文，可谓大观。当然现代汉语中的"狐狸"相当于日语中的"狐"，关于"狸"，也有李欣欣《中日"狸"形象比较研究》（长春工业大学硕士学位论文，2014，林进指导）这样的研究。孙晓红《有关日本祭祀中动物神馔的研究》（宁波大学硕士学位论文，2010，张正军指导）则是从祭祀角度对日本动物文化的理解。

8. 妖怪研究

以电影《捉妖记》（2015）、网易手游《阴阳师》（2016）的大热为象征，如今中国社会迎来了一个"妖怪热"。中国学界对"妖怪"的注目，以前大都在《山海经》《西游记》等脉络中，而日本研究领域对《今昔物语》《日本灵异记》等古典以及江户时代为中心的日本的"怪谈"文学等的研究，较早涉及了历史上的日本"妖怪文化"。而从民俗研究角度显示出兴趣，是在 21 世纪以后。比较早的是叶春生《日本的"妖怪学"》（《民俗研究》2004 年第 1 期）。日本自 20 世纪 90 年代末，因为京极夏彦的小说《姑获鸟之夏》（1997）及宫崎骏的动画片《幽灵公主》（1999）、《千与千寻》（2001）等，兴起了新一轮的"妖怪热"，而日本以国际日本文化中心小松和彦为代表的妖怪研究也进入了一个新的阶段。① 叶春生的文章正是受这一情况的刺激而生，文中极为简单地介绍了日本妖怪研究从井上圆了开始到《妖怪学大全》的基本情况，着眼很有先见之明。但中国学界对日本妖怪的兴趣，还要再晚一些才显现出来。② 2011 年小松和彦的《日本文化中的妖怪文化》（王铁军译，《日本研究》2011 年第 4 期）被翻译到中国。同时王新禧《日本妖怪奇谭》（陕西人民出版社，2008）与《日本妖怪物语》（香港三联书店，2013）、张小琉《东瀛百鬼》（云南人民出版社，2011）、茉莉《日本最好的妖怪小说》（长江文艺出版社，2012）等日本鬼怪故事，水木茂《图解日本妖怪大全》（陕西师范大学出版社，2009）、鸟山石燕《百鬼夜行全图鉴（全四册）》（新星出版社，2014）等妖怪画册，以及苏静主编《知日·妖怪》（中信出版社，2013）、《知日·怪谈特集》（中信出版社，2015）等的相继出版也继续推动了国内的"妖怪热"。而前述柳田的妖怪、故事传说研究等从 2012 年开始集中出版甚至颇有重复，正是在这一背景下，以及柳田的版权保护期至 2011 年结束的条件中产生的。中国学界对日本妖怪文化的研究，除了传统的文学领域，还在新兴的动漫等领域展开。③

而与上述研究大都是在文学或动漫、影视作品中讨论妖怪这一要素及其形象不同，以下正面论述妖怪文化的研究值得一提。杨充《日本河童研究的学术史考察》（山东大学同等学力硕士学位论文，2015，郭海红指导）基本对日本学者的相关研究做到了没有大的遗漏，对比较重要的研究——进行了介绍和整理，是以后这方面研究的基础。

王鑫《比较视域下的中日"妖怪"与"妖怪学"研究》（北京外国语大学博士学位论文，2015，郭连友指导）上篇特别对中日两国"妖怪"概念的

① 1999 年开始"怪异妖怪传承数据库"的建设，2000 年《怪异的民俗学》附身、妖怪、河童、鬼、天狗与山姥、幽灵、异人与献祭、境界等 8 卷出版，1999～2001 年研究项目的报告书《日本的怪异、怪谈及妖怪文化的综合研究》2002 年出版，相关论文集《日本妖怪学大全》2003 年出版等。

② 如李秋波《日本动画中的妖怪文化》，《吉林艺术学院学报》2007 年第 6 期；栗文清：《都市边缘的精灵：宫崎骏的妖怪世界》，《艺术评论》2008 年第 9 期；周英：《怪谈：日本动漫中的传统妖怪》，中国传媒大学出版社，2009。

③ 如陆薇薇《〈姑获鸟之夏〉中的"凭物"研究》，《当代外国文学》2013 年第 1 期；秦琼等：《日本动漫形象的文化基础探源及启示：以妖怪形象为例》，《黄冈师范大学学报》2013 年第 2 期；等等。

发展脉络做了梳理，中篇对天狗进行了较为集中的论述，下篇分别对中日的妖怪学研究，尤其是其中的影响交流关系做了整理。论文中篇对天狗的具体论述与上下两篇对概念及学术史的整理之间存在脱节，是一个遗憾。但如果当作天狗研究和两国妖怪学研究两篇论文，则均有较高价值。前者与上述杨充的河童研究一样，是今后国内同领域研究的基础。而后者除了充分显示出作者求学期间曾赴国际日本文化研究中心，接受小松的指导并实际参与了相关研究活动的优势，对日方的整理较为翔实可靠之外，对中国相关情况的梳理也属此前未见，可以作为今后比较研究或是建立"中国妖怪学"（刘晓峰从2013年开始提倡）的一个基础。

柏冰《〈耳袋〉中的妖怪——关于江户民俗系妖怪的考察》（北京外国语大学硕士学位论文，2016，高木立子指导）从江户的随笔集中抽出所有妖怪相关记录，赵晔《妖怪画中所见日本妖怪文化的形成》（北京大学硕士学位论文，2017，金勋指导）整理了自平安时期至江户时期妖怪绘图资料的存世情况及特色，并对江户时期的《绘本百物语》进行了具体分析，都是值得鼓励的方向。

9. 人生仪礼

人生仪礼包括生育习俗、成人礼、厄年、婚礼、丧葬等内容。

生育方面，中国学界多以从少子化这一角度对社会制度、政策的社会学研究为主，如育儿压力、育儿援助体系、男性参与、不登校等问题。民俗角度的研究如周剑铭《日本育儿习俗及其文化特性研究》（广西师范大学硕士学位论文，2014，梁燕玲指导），但数量很少。

成人礼因为知名度较高，成果略多，如江新兴《从"成人式"看日本人的传统成人意识》（《日语学习与研究》2004年第2期）、徐晓光《难题考验与成人礼俗：日本与西南少数民族神话的比较》（《贵州民族学院学报》2008年第1期）、韦婧曦《中华成人礼文化在中日两国的传承与接受》（《才智》2016年第24期）。武小燕《日本"成人式"的现状及其启示》（《河南教育学院学报》2009年第1期）、潘梅《论仪式中的隐性德育：以日本现代成人礼为例》（《基础教育研究》2010年第4期）、郑琼琼与潘梅《中日比较视域下的现代"成人礼"仪式之建构》（《中国德育》2011年第2期）都是从教育角度关注现代社会的仪式。胡海燕《试析日本成长礼仪中的宗教观》（南京大学硕士学位论文，2014，赵仲明指导）主要利用了日本民俗学及人类学的成果。

关于结婚的研究，中国学界以对日本婚恋观、晚婚非婚、"婚活"等现象的社会学研究为主。民俗方面的关注在"访妻婚"上较为集中。由于日本从《万叶集》到《源氏物语》有大量关于"访妻婚"的文学作品，国内对日本"访妻婚"的讨论也大都以古代为对象，如李卓《日本古代的访妻婚及其存在的原因》（《日本学刊》1994 年第 2 期）、卢捷《日本古代"访妻婚"与中国摩梭人的"走婚"的比较研究》（广西大学硕士学位论文，2012，乔莹洁指导）等。陈建平《〈日本考〉所见的日本婚葬礼俗：明代中国人的日本观初探》（《西南师范大学学报》2000 年第 5 期）、金禹彤《朝鲜通信使眼中的日本婚俗与性观念：以〈海行总裁〉记录为中心》（《学习与探索》2016 年第 5 期）等则是依据外国人留下的文献记录来讨论日本的民俗。刁统菊、郭海红《日本民俗学姻亲关系研究述略》（《云南民族大学学报》2010 年第 4 期）则是对日本民俗学围绕结婚形成的社会关系的研究的整理。

葬礼是传统行为模式保存最为完整的一部分，也因为与生死观、祖先崇拜等相关联，是人生仪礼中研究较多的一个领域。20 世纪 90 年代，何彬在《江浙汉族丧葬文化》（中央民族大学出版社，1995）中将江浙地区丧葬文化与日本冲绳的丧葬民俗做了比较，是较早的例子。而近年涌现出孙姣《葬送的民俗学：以日本的葬法、坟墓为中心》（内蒙古大学硕士学位论文，2011，娜仁格日勒指导）、李银兰《战后日本墓制的变迁》（山东大学硕士学位论文，2014，宋凯指导）、刘尧《试论日本历史上的祖先崇拜思想和生死观：以丧葬祭祀礼俗中的体现为主》（四川师范大学硕士学位论文，2015，许晓光指导）等一批硕士学位论文。李晶、红英《仪式与"村落共同体"：以日本仙台秋保町马场村送葬仪式为例》（《西南民族大学学报》2014 年第 2 期）是极为少见的建立在对日本具体地域长期田野考察基础上的论文。

另外日本的老人隐居民俗也颇受关注。李卓与周志国《隐居制度论》（《东北亚论坛》2006 年第 5 期）、江新兴《日本隐居制度研究》（中国社会科学出版社，2014）、何彬《隐居民俗与孝道：兼谈公共民俗学》（《民俗研究》2015 年第 2 期）都是这方面的文章。

10. 岁时节令

与人生仪礼相比，岁时节令的研究数量较多，在此不一一列举，整体而言在端午、新年、七夕、盂兰盆节方面较为集中，主要原因是在谈节日的起源以及中日影响时可以利用的历史文献较多。但与人生仪礼是个人成长不同阶段的分段性仪式，本身具有分散的性质不同，岁时节令是每年周而复始，相互之间有着密切关联的一个整体。这方面的研究，如果没有体系性的把握，只就某一个节日进行文献介绍和事实列举，其研究意义有限。刘晓峰在岁时节令的研究上有长期的研究积累，2002 年基于其博士学位论文的日文专著《古代日本对中国岁时节令的接受》出版。2007 年出版的专著《东亚的时间》（中华书局）集中体现了他在深刻把握中国古代岁时节日体系结构的基础上，从比较文化的视野审视东亚范围岁时文化的立场，从汉历东传、释奠、卯杖，谈到正月、踏歌、上巳、浴佛节、端午、寒食、冬至等节日的影响关系。之后在这方面还有《中国古代人日习俗对日本的影响》（《节日研究（1）》，山东大学出版社，2010）、《重阳节在日本》（《文史知识》2010 年第 12 期）、《七夕文化在日本》（《文化月刊》2011 年第 8 期）等论文，是该领域研究的代表人物。另外值得一提的是毕雪飞《日本七夕传说研究史》（山东大学博士学位论文，2011，叶涛指导）。从具体的内容看，并不只是对日本学者研究的整理，也并不局限于传说，论文既涉及古代文学、民间传说，也涉及民俗活动，并且着重梳理了七夕文化中中国对日本的影响关系。从这一点来看，论文的题目也许并不准确，而应该是"中日学术研究成果中的两国七夕文化交流史"。也许其他节日并不具有七夕这样巨大的研究量，但该研究通过对七夕的具体研究表明，全面收集两国学者对某一节日的各方面论述，进行系统的整理，从中勾勒两国交流史以及两国学术史、学术交流史的轮廓，也许是一个可行的研究模式。

从祭礼的角度，周洁主编《日本的祭礼》（世界知识出版社，2010）面向一般读者对北海道到九州较为著名的祭礼分别加以介绍。而周星《日本的丰桥鬼祭：对一项无形民俗文化遗产的现场观察》（《文化遗产》2015 年第 6 期）、王京《日本一村落的"奇祭"与民俗传承体的个性》（《内蒙古师范大学学报》2016 年第 4 期）都是立足于日本具体地域田野调查的论文。

11. 民族（区域）文化

云南。李子贤主编《多元文化与民族文学：中国西南少数民族文学的比较研究》（云南教育出版社，2001），将与日本的比较研究作为建设体系化的少数民族文学研究的重要部分。进入 21 世纪后，张正军率先开始了学术史的整理（《二十世纪日本学者对云南少数民族历史文化的研究》，《云南社会科学》2005 年第 6 期），并在此基础上出版了《文化寻根：日本学者之云南少数民族文化研究》（上海交通大学出版社，2009）一书。在指导学生进行研究的同时（李慧《日本古代原型"歌垣"的研究：从中国云南省白族的对歌模型来看》，宁波大学硕士学位论文，2010），也在与日本学界充分交流的基础上，出版了《对歌文化论：日本与云南白族对歌的比较研究》（科学出版社，2016）等专著。

贵州。李国栋的专著《稻作背景下的贵州与日本》（贵州人民出版社，2012）为"贵州地方知识与文化记忆丛书"之一，从语言学、考古学、历史学、民俗学等方面，对贵州与日本文化的相似性进行了分析和论证。刘芝凤、王晓、谌香菊《湘黔桂边区少数民族稻俗与日本稻俗的比较研究》（《广西民族大学学报》2015 年第 1 期）主要考察了湘黔桂交界之地与日本相似的稻作生产民俗、民间信仰习俗和生活习俗。

吴越地区。例如陈勤建《民俗视野：中日文化的融合和冲突》（华东师范大学出版社，2006），虽然是就中日而谈，但具体而言，是在参加前述福田率领的江浙地区中日联合考察过程中的思想结晶。此外还有蔡芸芸《古代日本与中国吴越地区鸟信仰比较研究》（中央民族大学硕士学位论文，2013，蔡凤林指导）、张爱萍《从"禹祭"的东传及流变看吴越文化与日本民族文化的渊源关系》（《日语学习与研究》2015 年第 3 期）等。后者将吴越地区源于大禹治水神话的"禹祭"和日本利根川流域来自"土母治水"神话的"泥祭"进行比较后认为"泥祭"脱胎于"禹祭"，"土母治水"源于"大禹治水"。作者之前已经出版了神话比较的著作《中日古代文化源流：以神话比较研究为中心》（浙江大学出版社，2005），对中日神话进行了多角度的比较研究，并附有神话之外的民间目连故事、盂兰盆会、傩文化的中日比较研究。但神话的比较，或可以通过文献确认有影响关系的民俗的比较，与两国现行的具体民俗活动之间通过比较确认历史上的影响关系，在性质上有很大区别。后者不能只列举要素上的相似，还需要排除影响关系之外的可能。

北方文化，有庞景心《从比较文化角度看阿伊努民族的信仰文化》（辽宁师范大学硕士学位论文，2014，崔万有指导）等。蒙古，有娜仁格日勒《蒙古族祖先崇拜的固有特征及其文化蕴涵：兼与日本文化的比较》（内蒙古教育出版社，2005）。

蔡凤林在《中国民族文化和日本传统文化的比较研究》（《日语学习与研究》2015年第3期）中整理了日本学界在"中国古代东北文化""中国古代南方文化""丝绸之路"三大地域与日本文化关系的研究成果，强调中国民族文化和日本文化比较研究的学术意义，呼吁学界关注并深化研究，第一次将一直各自为政但都受到日本学界关注的几大地域放在统一的"民族文化"旗下进行论述，显示出较广阔的学术视野。但比如南方文化，实际包括了荆楚等非少数民族区域，笔者认为还是以"民族（区域）文化"来概括更为严密。

12. 历史民俗

以古典文学、历史研究为研究中心的一些学者，也对历史上的民俗现象产生了兴趣，如刘琳琳《日本江户时代庶民伊势信仰研究》（世界知识出版社，2009）、周以量《"元服"考——日本古代礼俗探微》（《东北亚外语研究》2013年第1期）、陈馨《古代日本人稻信仰探究——以〈风土记〉为中心》（《烟台大学学报》2013年第1期）等。其实前面也提到了一些以日本或日本之外的历史文献为材料，研究当时民俗或信仰观念的论文或专著。这些其实不妨称为"历史民俗学"，应该是中国学界今后可以取得较大成果的领域。

13. 人物研究

在人物研究方面，比较集中的还是从早期就受到关注的黄遵宪、周作人。黄遵宪研究有王晓秋《黄遵宪与近代中日文化交流》（辽宁师范大学出版社，2007）、杨华与胡楠《黄遵宪的日本民俗研究》（《民俗研究》2012年第6期）等。周作人研究有蔡长青《周作人日本民俗研究管窥》（《合肥师范学院学报》2010年第4期）、陈赛《民俗文化视野下的周作人日本译作》（华东师范大学硕士学位论文，2011，李小玲指导）、王妍妍与夏艺《周作人的日本民俗文化研究及其特色》（《西安文理学院学报》2014年第4期）等。

14. 二外团队

2006年，铁军、周洁、江新兴、侯越《中日乡土文化研究》作为"民俗·文化·传播丛书"之一由中国传媒大学出版社出版，表明一个由铁军率领的北京第二外国语学院的研究骨干负责内容，中国传媒大学出版社负责出版，在日本民俗民间文化名义下的合作团队逐步形成。周洁、江新兴、侯越都有在日本长期留学的经验，在此之前，周洁已经出版了《中日祖先崇拜研究》（世界知识出版社，2004）。周洁在日本留学期间对中国农村社会进行了人类学研究，完成了其博士学位论文，该书是在其基础上加入日本方面的内容而成。江新兴的研究领域是隐居，2015年出版了前述专著。而侯越的专长是艺术人类学，以其博士学位论文为基础的专著《文化人类学视野中的现代日本地域艺术文化研究：以蕨座剧团为个案》2013年作为"日本语言文化传播丛书"中的一册由中国传媒大学出版社出版。同一丛书中还有侯越主编《传承与跨越——中日当代社会文化研究》和铁军、侯越等著《日本龙文化研究》等，都采取了多人合作的形式，前者是各凭自己的兴趣，而后者是命题作文，都含有大量民俗相关内容。在一个单位聚集了如此多的日本民俗相关研究学者，在国内应该是不多见的。今后的活动，尤其是人才培养上的情况，值得关注。

15. 其他

其他与日本民俗相关的主要研究还有王晓东《文身习俗研究：以中国和日本文身习俗为中心》（中国社会科学出版社，2009），宋宁而、姜春洁《日本濑户内海的海民群体》（社会科学文献出版社，2014），符婷《中日火崇拜》（湖南大学硕士学位论文，2016，陈燕燕指导）等。

16. 译著

与20世纪八九十年代相比，21世纪以后中国的出版业取得了飞速发展，关于日本文学、社会、文化、思想、语言、艺术的各类丛书计划也为数众多，其中包括不少译著。尤其是日本笹川和平财团联合国内的社会科学文献出版社、生活·读书·新知三联书店、北京大学出版社、世界知识出版社、南京大学出版社、新星出版社等出版社于2010年起推出"阅读日本书系"，计划用十年左右时间引进百种日本图书。进入21世纪之后截至2016年出版的与民俗学内容相关的主要译著，在以下相关领域起到了引领和填补空白的作用。

（1）理论

鸟越皓之：《日本社会论：家与村的社会学》，社会科学文献出版社，2006。（此书也是社会民俗研究的入门书）

子安宣邦：《东亚论：日本现代思想批判》，赵京华编译，吉林人民出版社，2011。（柳田国男论为书中重要内容）

（2）文艺

河合隼雄：《日本人的传说与心灵》，范作申译，生活·读书·新知三联书店，2007。（著名心理学者的传说论）

小岛美子：《从音乐看日本人》，张萌译，南京大学出版社，2012。（民俗音乐学的代表作）

（3）民俗宗教、信仰

宫家准：《日本的民俗宗教》，赵仲明译，南京大学出版社，2008。

谷川健一：《日本的众神》，文婧、韩涛译，社会科学文献出版社，2015。

井上顺孝：《神社众神明》，吉林出版集团有限责任公司，2011。

义江昭夫：《日本的佛教与神祇信仰》，陆晚霞译，商务印书馆，2010。

山折哲雄：《民俗学中的死亡文化：日本人的生死观与丧葬礼仪》，熊淑娥译，社会科学文献出版社，2015。

（4）艺能、歧视

诹访春雄：《日本的祭祀与艺能》，凌云凤译，湖南美术出版社，2002。

冲浦和光：《"恶所"民俗志：日本社会的风月演化》，张博译，上海三联书店，2015。

冲浦和光：《日本民众文化的原乡：被歧视部落的民俗和艺能》，王禹、孙敏、郑燕燕译，社会科学文献出版社，2015。

（5）衣食住

原田信男：《日本料理的社会史：和食与日本文化论》，周颖昕译，社会科学文献出版社，2011。

稻叶和也、中山繁信：《图说日本住居生活史》，刘缵译，清华大学出版社，2010。

西和夫、穗积和夫：《日本建筑与生活简史》，李建华译，清华大学出版社，2016。

高桥健自：《图说日本服饰史》，李建华译，清华大学出版社，2016。

（6）历史、历史民俗

网野善彦：《日本社会的历史》，刘军、饶雪梅译，社会科学文献出版社，2011。

铃木理生：《江户时代的风俗与生活》，何慈毅、张俊跃、王燕译，南京大学出版社，2014。

菊地仁美：《江户时代的婚姻习俗》，何慈毅、陈唯译，南京大学出版社，2014。

苏珊·B. 韩利：《近世日本的日常生活：暗藏的物质文化宝藏》，张键译，生活·读书·新知三联书店，2010。

四　21 世纪以来研究的总结与展望

1. 成果及问题

21 世纪以来中国学界对日本民俗（学）的研究整体而言有了长足的发展。

在日本民俗学学术史、方法、理论方面，不但通过在《民俗研究》《民间文化论坛》《文化遗产》等杂志牵引下对日本学者论文的译介，以及经典著作论文的翻译出版积累了一批便于利用的基础文本，而且产生了对日本民俗学的特定阶段或具体领域的研究。而对柳田国男，也从学术经历、研究成果的概观，向在踏实理解的基础上展开具体细致的分析发展。

就具体领域而言，按照传统的分类标准，衣食住行等物质文化方面关注饮食略多，岁时节令方面的研究主要集中在与中国有渊源的节日上，人生仪礼中丧葬较为突出，娱乐游戏不再是议论的话题，口承文艺方面热度下降，对社会关系、行为活动的兴趣提升，俗信、信仰部分热度有所上升。整体而言，传统领域继续发展，老中青几代人或有新的研究，或有总结性的著作，或是能提出融会的视野。与此同时，适应社会的要求，也出现了女性、非遗、妖怪等新的热点、新的领域，有了第一批成果。

各大高校的外语系和民俗学专业的硕士点、博士点在培养人才的过程中起到了很大作用。按知网＋北京大学数据，21世纪以来培养的与日本民俗（学）相关的博士如表1所示。

表1 21世纪以来高校培养的与日本民俗（学）相关的博士

姓名	取得学位时间	培养单位	研究方向
俞成云	2004	中央民族大学	四大传说研究
郭海红	2008	山东大学	日本民俗学研究史研究
孙 敏	2009	北京大学	柳田国男研究
毕雪飞	2011	山东大学	七夕研究
李致伟	2014	艺术研究院	非物质文化遗产制度研究
李凤娟	2014	北京大学	琉球民俗与社会研究
王 鑫	2015	北京日本学研究中心	妖怪研究

其中山东大学、中央民族大学是民间文学、民俗学的老牌基地，而北京大学和北京日本学研究中心是中国日本学的重要基地，艺术研究院则是承担非遗研究的直接机关。如果扩大到硕士学位论文，那么涉及的院校就更多了。从中可以看出本领域论文的作者涉及专业之广，从外语、民俗学或民间文艺学，到文学、历史、语言、教育等，不一而足。同时也可以看到在一些比较扎实的硕士学位论文背后，有着在本领域已经有所成的学者的倾心指导，形成了一种传承。而这些学者有时也能因为指导工作反过来拓宽自己的思路，找到新的学术增长点。

翻译继续为本领域的发展发挥巨大作用。其中翻译文章，能够根据时代及社会的发展和学术的具体需求，及时引介日本学界的经验和新的思索。而译著，则重在引进基础及经典研究，以及填补目前国内研究的空白。相信今后翻译会继续扩大，在学术发展的过程中继续发挥重要作用。

虽然取得了以上成果，但本领域的研究还存在比较明显的问题。

第一，缺乏第一手资料。从日本民俗学的情况看，从事民俗学的一个基本条件，就是能够从事田野调查，从调查中获取第一手资料。中国学界从事日本民俗（学）研究，很少见到能够立足于自己的调查获得的材料（包括文献资料）展开论述的成果。这就使得在讨论日本民俗时，更多只能使用历史文献，或是借用日本学者的研究，无形之中就限制了研究的对象和范围。一部分课题过于集中，其他领域则比较薄弱。

第二，对民俗学的基本理论方法及成果了解不够，还停留在杂学或博学阶段，缺乏严谨的态度和明确的方法意识，缺少研究的紧张感，概念使用较为随意，有不少文章一般性叙述多，深入实证论证少，逻辑具有跳跃性，甚至以偏概全，以愿望代替事实。

第三，研究具有封闭性。民俗现象涉及的面很广，与文学、历史、宗教、艺术等各个领域都有接点，然而日本民俗研究与其他研究领域的日常交往不多，在内部比如民俗学路径与日本研究路径之间交流也不够充分，大家互不了解，常常处于各自为政、单打独斗的状态，难以形成合力。

2. 今后的展望

应该说，中国社会对日本民俗及日本民俗学的兴趣，处于不断增长之中。现在年轻一代通过日本的文化产品，如动漫、游戏、音乐、影视等，从小就接触了大量日本社会文化的场景或要素，成为他们兴趣的一部分。而这些文化产品中，有意借鉴或无意中反映了大量传统文化和民俗内容，随着人生阅历的增加和理论能力的增强，对这些内容进行理论化、体系化的思考，增进对日本的了解，同时促进对中国同类领域的问题意识和思考，是一个大的趋势。而中国的民俗学，也处在积极的交流过程中，在很多方面以日本、美国的民俗学作为自身发展的参考和携手共进的伙伴。因此，今后在这方面的兴趣和研究还会呈现出稳中有升的局面。如何让这方面的研究成为中国日本学当之无愧的一个部分，相对于日本的这方面研究如何确立自己的特色，是十分现实和急迫的问题。

中国的日本学，并非要建立一个日本学界研究体系的"中国缩微版"，因此不必对日本学界亦步亦趋。但一定要在把握日本学界的基本成果以及学问与社会关系上的经验与教训的基础上，考虑自身的优势与劣势，选择与调整研究的方向与内容。

目前存在的第一个问题即材料的问题，在短期内解决不太容易。获取直接有效的民俗资料，需要长期的田野调查，需要大量的时间及经济投入和语言及应对能力方面的保障。即使是现在赴日攻读民俗学的留学生，其中大多数，也是选择将国内的家乡作为调查地。这与无须以实地调查为主要方法的其他日本学研究领域的情况不太一样。从实际出发，一方面应该鼓励更多人去尝试，另一方面也应以研究内容的选择和侧重点的调整来达到扬长避短的目的。

笔者认为在"日本民俗（学）"方面，日本民俗学史、中日民俗学交流史、历史民俗学、更为精细的比较民俗学、伴随理论探索的现代民俗研究是今后具有发展潜力的领域。

在日本，民俗研究的领域，尽管也有其他学科的影响，但基本是由日本民俗学这门学问确立的。对日本民俗学的学术史研究可以作为今后的一个重点。相对于各民俗领域的研究积累而言，整体的学术史研究还较少，而且多偏向柳田研究，但对柳田之后的发展，有目的有意识的整理研究还不多。柳田之后的方法论转折、城市化及生活方式变迁下的学术危机、与文化遗产行政的关系、全球化及消费社会中的学科对应等问题，都与我们现今的情况相连，结合具体研究事例的阶段史、专门史、热点史研究大有可为。

就民俗学而言，20世纪80年代以后，中日学界开始直接交往，学者个人及组织机构间的交流、合作从无到有，从少到多，相应的访问、调查、翻译、讲学、出版等，成为中国学界乃至中国社会发展的一个重要部分，在这个过程中，有不少原来与日本没有接触的中国学者进入日本研究的行列，也有不少学者从单纯的翻译工作中产生兴趣最终也加入研究的队伍，更不用说有诸多学者因为启发与刺激或是在合作中改变研究方向或者开拓出新的研究领域了。这一交流同样对日本学界、日本社会产生着影响。对之进行整理与分析，将之作为中日文化交流的一个特殊领域，完全能够开拓出日本学界尚未涉足的学术交流史这一领域。

在研究学术史时，中国学者也好日本学者也好，都需要借助相关人物的著述及笔记书信、重要杂志刊物的文章、重要组织及其活动的记录等资料进行研究，而接触资料的广度、理解的深度，都可以通过努力来弥补，这方面我们并不存在劣势，甚至还可能因为我们"外在"的视线，发现一些在日本学界内部难以注意到的问题。学术交流史的研究，由于是发生在近30~40年，在文字材料的基础上，可以利用访谈等方式获得第一手资料，并切身感受交流的影响。从这方面来说，至少在接触中方当事人方面我们还可以说存在一些优势。

对具体民俗的研究，也需要有更清醒的认识。应该说这方面的文章不算太少，然而放在一起，感觉缺少相通之处，整体呈现出碎片化状态，无法形成有效的学术交流和较为宏观的问题意识。相比之下，日本民俗学在柳田的"一国民俗学"时期，是将民俗从其环境中提取出来，与其他地区的类似或相关民俗进行比较，从而确认分布范围、时代演变；而柳田之后的地域研究（或叫"个别研究法"），是致力于将具体民俗还原到其发生及存在的地域（或叫"传承母体"）中，结合该地域的其他民俗以及地域的历史发展，对其形态及功能加以理解。无论哪种方法，个别民俗都需要在整体性中去理解，这一点是一以贯之的，这也是民俗学研究者区别于一般民俗爱好者的重要标志之一。中国的日本民俗研究，要想成为名副其实的"研究"，也需要将各个民俗放到整体性中来认识。这个整体性可以是历史传承中的整体性，也可以是现代这一时代中的整体性。但前者需要更加精细的实证研究，后者则需要强烈的理论意识。

我们有理由相信，随着社会及学界对本领域的兴趣愈发浓厚，新一代同时具有民俗学及日本学基础的学者队伍不断扩大，中日两国学界交流更加自由与及时，研究方面的环境和条件得到进一步改善和提高，本领域能够通过反思既有研究及理论层面的突破，取得更大的发展，形成具有中国特色的日本民俗（学）研究，成为能够贡献于中国民俗学及中国日本研究的不可替代的力量。

日本宗教研究

对外经济贸易大学　史　歌

宗教是人类社会发展到一定历史阶段出现的一种文化现象，属于社会意识形态范畴。研究某个社会或群体的宗教状况，对把握该社会或群体整体以及个体的精神状况、深层文化以及社会结构有着重要的意义。长期以来，在我国日本学研究中，宗教研究是一个不可忽视的重要领域。日本宗教既具有本土特色，又具有接纳和吸收外来宗教文化的包容性，同时，与中国的宗教之间有着密不可分的关系。然而，毕竟宗教研究在日本学中属于较为边缘的、容易被人忽视的一个领域，因此，有关日本宗教的专业性著作较少，关注的范围也较窄，但是这并不影响宗教研究在日本学中的重要地位。关注中国的日本宗教研究，既能够对日本宗教本身的历史、发展和现状有一个综合、立体的把握，也能够从中窥见中国学者对日本宗教研究的侧重点的流变及趋势。本文拟从中国学者对日本的神道研究、佛教研究、基督教与伊斯兰教研究、新宗教研究以及综合及其他研究（日本宗教的法律制度、宗教与日本文化）等五个方面梳理2000～2016年中国的日本宗教研究状况，并提出存在的问题，最后对未来的研究趋势做出展望。

一　2000 年以前的日本宗教研究

中国日本学界对于日本宗教的研究起步较晚，且早期的日本宗教研究主要集中在神道、佛教方面。此外，有关日本宗教的专业性著作寥寥可数，但是也不乏一些有见地的论文公开发表。

1. 佛教研究

首先，在佛教研究方面，最具学术价值的著作应是杨曾文的《日本佛教史》（浙江人民出版社，1995）。虽然在同一时期的日本学界，有众多关于日本佛教的专著问世，但是他们的研究普遍局限于佛教研究中的一个方面，例如日本学者末木文美士的《日本佛教史：思想史的探索》（涂玉盏译，上海古籍出版社，2016）主要以日本佛教的思想作为切入点，正如该书中文版序中译者所说，本书如同副标题"思想史的探索"所呈现的，以思想为中心探讨日本佛教的展开。该书不拘泥于特定宗派，从较为宽广的角度描述了日本独自的佛教思想及发展，深入探讨了被视为日本佛教特征的本觉思想、葬式佛教、神佛关系等问题。该书语言深入浅出，对于对日本佛教毫无先入知识的普通读者来说，是一本全面了解日本佛教思想的入门书籍。该书的侧重点是佛教思想，具有较高的专业性，但并未将佛教与日本社会之间的关系纳入关注的范围。而杨曾文的《日本佛教史》则是将佛教与社会、佛教教团发展与教理哲学结合起来，使得读者能在一本著作中俯瞰日本佛教发展的全貌。该书在日本民族佛教的形成方面着墨较多，并查阅了大量史籍，而对室町以后的佛教发展则主要是在参考日本学者的论著基础上进行了概述。[①] 此外，该书在日本佛教发展的过程上还有一些独到的观点，此处不赘述。

此外，还有高洪的《日本当代佛教与政治》（东方出版社，1995），以论述现代日本佛教及由传统佛教派生出的新兴宗教为重点，考察了佛教同日本社会政治事务的种种关联形态，试图通过剖析两者间的内在联系，阐明当代日本佛教的地位、作用和影响（引自该书内容提要）。该书的亮点在于涉及了宗教与政治之间的关系这一日本学术界的敏感问题，且是中国日本学史上第一部重点关注了日本新兴宗教的著作。其中，特别以创价学会创立公明党为例，阐述了新兴宗教教团参与政治的历史过程、教义与政治主张之间的关系等，可以说填补了我国学术界日本宗教研究的一大空白。

杨曾文主编的《日本近现代佛教史》于1996年由浙江人民出版社出版。与《日本佛教史》不同，该书主要介绍了明治维新以后，即在幕末的废佛毁释运动之后日本佛教的发展情况。从神佛分离到战后日本佛教的重建和发展入手，对日本佛教系的新兴宗教如日莲宗系的创价学会、灵友会

---

① 李子捷：《三十年来中国的日本宗教研究》，《日本研究》2010年第2期，第70页。

等做了介绍。

关于日本佛教史和中日佛教交流史上的僧人个案研究，主要集中在日莲、鉴真和空海。汪向荣著有《鉴真》（吉林人民出版社，1979），何劲松著有《日莲论》（东方出版社，1995），有关空海的学术著作则在 2000 年以后问世（下文叙述）。

除了上述关于日本佛教的研究著作外，还有一些学术价值较高的论文，如李向荣的《佛教信仰与日本文化精神》［《上海大学学报》（社会科学版）1997 年第 3 期］、刘建的《隐元禅师与中日佛教文化交流》（《法音》1993 年第 8 期）、王守华与卞崇道的《佛教在日本的传播与发展》（《文史哲》1988 年第 2 期）等。

综上所述，2000 年以前中国日本学界的日本佛教研究主要以佛教史、中日佛教交流史等宏观层面为主，而对佛教教团、教义哲理以及与神道之间的关系关注不够。

2. 神道研究

2000 年以前有关日本神道研究的著作较少，其中最重要的有张大柘的《当代神道教》（东方出版社，1999）。该书从神道的初始阶段——日本人的原始信仰开始，梳理了日本神道的发展历程，其中尤其对过程中的重要环节——成立于明治初期的国家神道和教派神道做了详细的论述。这也是中国第一部详细介绍教派神道各个宗派的教理教义、教祖出身及教团发展的著作。

此外，还有色音的《日本神道教与文化》（中央民族大学出版社，1999），该书从日本神道的历史演变、仪式活动和基本思想、日本神道与政治文化、日本神道与神话传说、神道与皇室礼仪等几个方面阐述了神道与文化之间的关系。主要从文化方面入手，论述了日本神道在日本文化各个方面所扮演的重要角色。

论文方面，王守华的《神道哲学刍议》（《日本问题》1988 年第 6 期）阐述了神道各教派，如山王一实神道、两部神道、伊势神道、吉田神道、理学神道、垂加神道、复古神道以及教派神道的教理教义，并从"功能论""神人一致""明和善""肯定现实""不断顺应时势的变异性"等几个方面论述了神道哲学思想的内容和特点。赵乃章的《论日本传统的神道思想》（《外国问题研究》1987 年第 3 期）则从日本神道思想的由来——有关日本古代天皇的神话入手，论述了日本神道思想的演变与复兴、在日本近代化过程中起到的作用，并指出了神道与日本侵略战争的关系，警醒人们虽然日本战败以后在各方面进行了改革，但是由于很多法律、法令没有认真贯彻执行，日本战后天皇制依然被保留下来，随时有可能再被利用为天皇至上主义并为军国主义服务，是较早涉及宗教与战争关系的研究论文。

总体来看，2000 年以前中国日本学界对日本神道的关注也显不足。专门性的著作问世不多，总体以概述性的研究为主，而对神道发展过程中的社会背景所做的论述不够。

3. 基督教与伊斯兰教研究

2000 年以前，中国学界有关日本基督教的研究较为匮乏。基督教于 15世纪传入日本，16 世纪中叶以后，在德川幕府的残酷打压之下，基督教在日本逐渐走向终结。虽然 20 世纪 70 年代解除了禁教令，但是基督教在日本的主要传教对象以上流阶层为主，其受众面远远不如佛教和神道以及其他新宗教教团。正因如此，中国学者对日本的基督教关注也较少。李小白的《信仰·利益·权力——基督教布教与日本的选择》（东北师范大学出版社，1999）一书介绍了基督教从中世、近世到江户和近代发展过程中，从战国时代传入日本到德川幕府早期被禁止，再到对江户兰学的影响，直至近代随着宗教政策的放宽随着西学在日本重新传播的过程。赵德宇的《论16、17 世纪日本天主教的荣衰》（《南开学报》1999 年第 6 期）一文梳理了天主教在日本从繁荣到衰落的过程，并指出统治阶级的态度（指"经济头脑"与织田信长的"两害之中取其轻"）预示着天主教在日本的前景并不乐观。因为在封建社会里，对外来文化的取舍是统治者们的"专利"，他们可以随时、任意决定某种文化的命运。当日本最高统治者取得封建权威并着手整饬集权统治秩序时，天主教便在劫难逃了。这正是日本统治者严厉禁教的最根本原因。

有关日本伊斯兰教的研究十分匮乏，几乎没有一部专门的著作问世。从以关键词"日本""回教"进行检索的结果来看，主要与抗战时期中国回族（穆斯林）的活动、同一时期日本利用回教（伊斯兰教）对中国进行宗教侵略等问题相关。较为综合性的研究有胡振华的《伊斯兰教在日本》（《中国穆斯林》1985 年第 4 期），以游记的形式记述了伊斯兰教在日本的发展情况。还有林松的同名文章《伊斯兰教在日本》（《回族研究》1992 年第 1 期），从穆斯林社团在日本首都东京的分布情况、关于伊斯兰教书籍的出版状况以及学术研究的繁荣等几个方面描述了当时日本伊斯兰教的概况。

此外，伊斯兰教研究在日本宗教与社会、日本宗教的法律制度等宗教综合研究方面近乎一片空白。不仅没有专著问世，论文方面也少有关注。

4. 新宗教研究

在 21 世纪以前，中国学界没有出现新宗教研究的专门著作，但是由于日本学界对新宗教的关注以及奥姆真理教地铁沙林事件的发生，也引起了中国学者的注意，出现了数篇相关的论文。张大柘的《日本主要的新兴教团（神道教系列）》（《世界宗教资料》1994 年第 1 期）首次对日本的神道系新宗教教团做了概述，文中涉及了黑住教、金光教、大本教、本道教团等 10 个教团，分别对这些教团的成立背景、发展过程、教祖身份、教义思想做了大概的叙述，首次揭开了日本新兴宗教教团的神秘面纱，具有非常重要的意义。此外在同一本杂志同期上还发表了蓝吉富的《近代日本社会中的新（兴）宗教》，作者从新宗教的名称及种类、新宗教的社会地位、新宗教的特征、新宗教快速成长的原因等多个方面对日本的新宗教进行了考察。其中，尤其对新宗教快速成长的原因进行了详细的论述。王守华的《"新新宗教"与现代日本人的宗教意识》（《当代亚太》1995 年第 2 期）则以所谓的近代以来的第四次宗教热为背景，阐述了 20 世纪 70 年代以后产生的 "新新宗教" 热，并从中窥视了现代日本人宗教意识的特点及原因，是一篇从宗教社会学的角度论述日本新宗教的视角新颖的论文。

5. 小结

整体看来，2000 年以前我国的日本宗教研究主要呈现出以下几个特点。

第一，对传统的宗教如佛教、神道关注较多。这是因为佛教长期以来在日本占有重要地位，曾长期为统治阶级所利用，虽然后期受到了打压，但是其顽强的生存能力使得佛教并未在日本消失，甚至已经渗透到日本人的传统文化、习俗中。而神道是日本固有的宗教，其在发展过程中经历了与佛教融合、分离到重新回归"国教"地位，甚至成为被军国主义利用的工具等阶段。此外，由于日本的佛教是经由中国传入日本，因此，许多学者从中日佛教交流史的角度论述日本佛教的特点。可以说，在日本宗教史上，佛教与神道从未停止过扮演主要角色。

第二，较为重视佛教与神道的发展史，而对具体的教团、教义思想以及其形成的过程，除了少数的几篇论文之外，并未有全面详细的著作问世。与之相反的是，日本学界的宗教研究即使冠以"佛教史""神道史"这样的概述性题目，也会从其中一个方面，例如思想、教团、教祖入手，以小见大，从内部剖析宗教发展的全貌。

第三，对基督教、伊斯兰教等在日本属于"非主流"但是也产生过重要影响的其他宗教的研究非常匮乏。

第四，紧跟日本宗教发展的动向和日本学界宗教研究的步伐，对新兴宗教的研究已经开始起步，但是限于资料的匮乏，尚未出现较有深度的研究，还停留在介绍的层面。

第五，对日本宗教的综合性研究，即宗教与其他方面的关系关注很少。

上述几个特点在 2000 年以后，随着文献传播方式的发达、日本学界动向的变化以及新宗教的出现，将发生一些显著的变化。

二　2000 年至今的日本佛教研究

2000 年以来，有关日本佛教研究的成果首先在数量上有了较大幅度的增加，其次在研究内容上也较之前更加丰富。除了前述的佛教史、中日佛教交流史之外，中国学者也开始关注神佛习合时期的佛教与神道关系、佛教的传播与日本文化、佛教与政治、佛教思想、佛教教徒及人物等方面。此外，还出现了较多日本学者的译著。以下，笔者将从上述几个方面阐述 2000 年至今的日本佛教研究概况。

1. 佛教史研究

由于杨曾文的《日本佛教史》已经极其全面地、立体地把握了日本佛教发展的全貌，因此很难再有一部日本佛教史著作能够超越。2008 年，人民出版社再版了这部《日本佛教史》，2011 年昆仑出版社再版了《日本近现代佛教史》，这两部著作已经成为中国日本学界公认的在日本佛教史领域最具价值的学术成果。此外，梁明霞的《近代日本新佛教运动研究》（宗教文化出版社，2015）运用思想史、宗教社会学的研究方法，围绕日本新佛教运动发生的主要原因、基本主张、展开的特征、与宗教政策的关系、与其他宗教及其社会力量的互动以及广泛的社会影响，特别是对中国近代佛教变革所产生的影响等问题，进行了深入而系统的研究。2015 年，中国社会科学出版社出版了王颂的《世界佛教通史第九卷 日本佛教（从佛教传入至公元 20 世纪）》，该系列丛书是一部佛教的世界通史，论述佛教从起源到 20 世纪在世界范围内兴衰演变的主要过程。第 9 卷是日本佛教通史，该书阐述了佛教于公元 6 世纪传入日本以后，从飞鸟时代，经奈良时代、平安时代，以及后来的镰仓、室町、江户幕府时代，一直到 20 世纪这 1000 多年的繁盛与衰败。

此外，由韦立新、任萍等编著的《日本佛教源流》（世界图书出版公司，2013）一书着重考察了日本佛教源流，既有别于一般的日本佛教史，又不同于以往日本佛教方面的研究论著，力求尽可能全面客观地展示日本佛教在各个历史时期发展和变迁的全貌。该书第一章的日本佛教史概述以时间为顺序，记述了从佛教传入一直到近现代佛教等日本佛教跨越了十几个世纪的发展和变迁；第二章、第三章分别以宗派和重要人物为单位，对日本佛教的宗派和起到重大影响的僧人们进行了详细的考察；第四章、第五章记述的则是日本的寺院和日本人撰写的重要著作。该书的章节分配方式使得读者可以从各个角度了解日本佛教的源流及发展，是一部学术价值很高的著作。

除了我国学者用中文写就的日本佛教史著作之外，2000 年以后还出现了一些日本著名学者研究成果的中文译本。例如，前述日本佛教专家末木文美士先生的《日本佛教史：思想史的探索》（涂玉盏译，上海古籍出版社，2016）就是从佛教思想角度梳理日本佛教史的研究。

整体看来，2000 年以后中国日本学界的日本佛教史研究方面虽然没有出现如杨曾文的《日本佛教史》那样的经典学术著作，但学者们也在逐渐拓宽视野，关注日本佛教史中的一些看似边缘实则重要的问题，从新的角度审视日本佛教的发展历程。

2. 中日佛教交流史研究

由于佛教经由中国及朝鲜半岛传入日本，自古以来，中日两国在佛教交流上一直保持着密切的关系。因此，在日本佛教研究方面，中日佛教交流史一直是学者们重点关注的对象。肖平的《近代中国佛教的复兴：与日本佛教界的交往录》（广东人民出版社，2003）从中国佛教复兴的研究入手，提出该研究不仅有利于澄清历史，而且有助于为中国佛教今后的发展提供借鉴。而近代中国佛教的复兴，与当时的国际社会的动态有关，尤其是与日本佛教有关。该书以近现代中日佛教徒相互交涉的具体史实为依据，从日本佛教徒来华动机及社会背景、日本僧侣对华传教活动、佛经刻印事业的振兴与中日学人的交往、佛学研究事业的恢复与日本的佛学研究、密宗的发展与赴日求密者以及中日学者的佛教国际化努力等多个方面、多个角度入手，结合中日双方的社会背景，探讨了在近代中国佛教复兴过程中，与日本之间发生的联系以及受到的影响。李寅生的《论鉴真东渡后唐代佛教对日本佛教的影响》（《贵州文史丛刊》2002年第3期）一文论述了7世纪、8世纪时，在日本国内阶级矛盾十分激烈的社会背景下，为了维持和巩固自己的统治，统治者不得不采取一系列措施来缓和矛盾，推行佛教便是重要的手段之一。以此为契机，鉴真受邀赴日传教，由于鉴真是中国律宗方面的高僧和权威，在历经五次挫折到达日本之后，受到日本统治阶级的极大重视。文章将重点放在唐代中国佛教对日本佛教的影响上，进而窥见当时中日文化交流的盛况。韦立新的《论宋元文化的影响力与日本佛教文化》（《日语学习与研究》2007年第5期）一文指出，中国宋元文化随着中国禅"长驱直入"传入日本，并在日本得到广泛传播。宋元文化与相应时期的日本佛教文化，客观上存在许多难以切割的内在联系，不仅催生了具有典型中世风格的日本中世文化，还影响、渗透到整个日本文化的方方面面。至此，从唐代到宋元时代的中日佛教文化交流均受到了中国学者的关注，但是也可以看出，中日佛教交流方面的研究主要集中在这两个时期，而关于明、清之后的研究则较少。

3. 佛教与神道关系研究

在日本佛教史上，曾经有相当长一段时间，佛教与神道处于"神佛习合"的状态。也就是说，佛教传入日本之后，限于当时日本人的认知能力，他们并不能深入理解佛教教理中晦涩的哲学思想，而受到日本本土宗教——神道对人们观念的影响，佛，被认为是与神同质存在的"蕃神"（外来之神）。奈良时代早期，国家级的各类神社神宫寺开始建立，奈良时代后期，许多神灵表示"放弃神体以实践佛教"，神宫寺的建立也扩展到地方的神社。此外，除了建立神宫寺之外，人们也会在神前读经，并出现了"本地垂迹"说，即"佛本神迹"，日本的八百万众神乃佛祖的化身，是降临到日本国土的"权现"。到了镰仓时代中期，出现了反对"佛本神迹"说的"神本佛迹"，也就是"神主佛从"说，这是神道试图从佛教中独立出来的理论上的尝试。一直到江户时代中后期，"神佛习合"的时代才彻底结束，神道与佛教各自独立。

中国学者一直都非常关注日本佛教史上的这一特殊时期，因此出现了不少研究成果。张大柘的《论日本历史上佛教与神道教的交融》（《世界宗教研究》2002年第2期）一文，从日本人接受佛教的心态切入，着重分析了初期神佛融合的形态以及作为异域文化的佛教主动向日本原生的神道教靠拢、渗透，进而掌握对神道教主导权的递进过程，论证了神佛融合理论的形成、发展以及伴随社会变迁，两者对应关系的消长变化。方海燕的《论日本奈良时期的神佛习合》（《绥化学院学报》2011年第5期）一文，则从神佛习合的背景、表现以及内在原因综合地论述了日本的神佛习合现象，并指出神道与佛教虽然在最初的阶段发生冲突，但由于两者均为多神教，便具备了承认对方这另一个"神"的基础。此外，在思想及宗教仪式上的共通之处，也为习合的发生和进行提供了条件。内在的相通之处再加上奈良时期的社会现实等外部原因的促进，神佛两教由最初的互相排斥开始了相互习合的过程，并对神佛两教自此在日本的发展产生了深远的影响。

神佛关系不仅体现了日本佛教的特点，同时也体现了日本本土宗教——神道具有的独特包容性。神佛习合是佛教在日本长期存在的特殊形态，从侧面反映了日本人的宗教观，因此长期受到中国学者的关注。

4. 佛教的传播与日本文化研究

对于日本来说，佛教是外来宗教。佛教如何在日本本土生根发芽，并受到日本本土宗教及文化的影响，从而发展为具有日本特色的佛教信仰系统，以及佛教与日本传统文化之间有着何种联系，这不仅是日本学者一直关注的重点，也引起了众多中国学者的浓厚兴趣。邱磊的《从早期日本佛教的传播与发展看其特点》(《黑龙江教育学院学报》2008 年第 9 期)一文,着眼于佛教初传入日本时的社会背景和统治阶级采取的政策,论述了当时佛教所具备的两大特征:政治佛教和神佛习合。即作为一种政治手段被统治阶级利用,以及佛教与神道的融合。李妮娜的《论圣德太子对日本佛教文化传播与发展的贡献》[《陕西教育》(高教版)2012 年第 5 期]则分析了圣德太子通过颁布《十七条宪法》、修建寺院等措施使佛教文化逐渐被日本民众接受的过程,并指出此举不仅推动日本引进先进的大陆文化,更重要的是丰富了日本人的精神世界,为解读和吸纳外来文明打下了良好的基础。

5. 佛教与政治及战争

佛教在传入日本初期,就作为一种政治手段被统治阶级利用,来缓解日益激化的社会矛盾,以达到维持和巩固自身统治的目的。佛教不仅在政治中扮演了重要角色,甚至还沦为为日本发动侵略战争推波助澜的工具。如前所述,早在 1995 年,高洪就出版了《日本当代佛教与政治》一书,2000 年以后,虽然没有关于日本佛教与政治间关系的专著问世,但是相关论文却层出不穷。陈橹的《论佛教对日本传统政治和军事文化的影响》(《河南社会科学》2005 年第 4 期)一文,指出了佛教在日本的国家化及与政治相互扶持的长期历程,因此佛教与其政治和军事文化产生了深远的历史联系。并从日本传统佛教的高度政治化、国家化,进而引出了禅宗思想对日本武士精神的影响。作者指出,日本佛教存在某种功利化倾向,不太强调是非善恶的区别和"因果报应"以及"轮回"与"涅槃"等观念。僧侣和武士曾经相互影响,佛教禅宗在武士和政客的训练过程中发挥过重大作用,对日本民族独特的生死观念产生了深刻的影响,并成为武士道产生的重要精神根源。

除了日本佛教与其自身的政治观念之间的关系之外,中国学者尤其关注的,是佛教在日本侵华战争中所扮演的角色。第二次世界大战结束至今,日本政府从未对侵华战争中的残暴行为做出正确的认识并以政府的身份向中国道歉,对历史的歪曲、对战争侵略性的否定从未停止。中国的日本宗教研究者们试图从宗教角度来剖析日本的战争责任,这无疑是一个新的视角。忻平的《日本佛教的战争责任研究》[《华东师范大学学报》(哲学社会科学版)2001

年第 5 期]一文从近代以来以净土真宗东、西本愿寺为首的日本佛教各派追随日本政府对华侵略的事实出发，指出日本佛教自古以来的"镇护国家""王法为本"的"入世""附政"等精神传统成为其处理与国家间关系的基本准则，始终与政府的侵略国策紧紧地绑在一起，充分显示了政教一体的特征，其重大的战争责任不可推卸。何劲松的《伪满期间日本佛教在中国东北扮演的角色》（《世界宗教研究》2001 年第 3 期）一文也认为，20 世纪前半叶日本佛教的绝大部分宗派都积极追随军国主义政府，为政府推行军国主义政策、建立法西斯集权统治和对外发动侵略战争服务。他们利用"护国"思想等美化法西斯统治，美化侵略战争，随着日本对朝鲜、中国的侵略扩张，佛教各宗也加紧组织对出战人员和战死者亲属的慰问及援助，还向前线军队派遣随军僧。日本佛教在中国东北地区的所作所为，说明了佛教对日本侵华战争的无条件支持与服从，给中国人民造成了不可弥补的巨大伤害，是应该给予严厉和彻底的批判和谴责的。李庄的《满铁利用日本佛教对中国东北进行文化侵略》（《东北史地》2010 年第 5 期）一文则以满铁对日本佛教的利用为切入点，指出日俄战争以后，满铁以附属地为基地控制各种宣传媒介，并设立宗教设施、宗教团体、调查机构等，以控制东北的宗教领域，传播殖民主义思想，并鼓动附属地的日本人积极迎合政府，大力提倡所谓的"忠皇爱国""王法为本"等思想，号召日本国民支持"对华圣战"，将侵略战争定义为"以大道征服小道"，从而批判了日本佛教对日本侵华战争的拥护。

中国学者以中国人的立场，对佛教的战争责任进行了深入的剖析和严厉的批判，这在中国学界的日本佛教研究中无疑具有重要的意义。

6. 佛教思想研究

佛教思想是佛教研究中的重点。日本佛教的思想受到中国佛教以及本土宗教——神道的影响，呈现出与众不同的特点。其中，近年来日本佛学界的"批判佛教"问题也引起了中国学者的浓厚兴趣。孙晶和张文良共同发表的《日本"批判佛教"的最新进展及其理论意义》（《世界宗教研究》2007 年第 3 期）一文以末木文美士教授、花野充道教授、桂绍隆教授、织田显祐教授等的研究为中心，就近年来日本学术界对批判佛教的回应做了概观，并对其中涉及的理论问题意义做了简要的分析。杨维中的《近代中国佛教的反传统倾向与日本的"批判佛教"》[《华东师范大学学报》(哲学社会科学版) 2006 年第 2 期]则由近年来日本佛教界和中国佛教界对影响中国佛教最为深远的如来藏思想展开的反思和批判入手,指出这一思潮所指责的如来藏是"实体""基体",如来藏思想是受"神我"说影响而来等观点都是站不住的,而将如来藏思想当作印度大乘佛教中独立的"第三系"的说法也是不符合客观事实的,其观点较为独特。中国学者对"批判佛教"的关注,与日本学界的动向不无关系。1985 年,松本史郎在日本印度学佛教学会上发表"如来藏不是佛教"的论文,认为佛教的根本原理是无我说和缘起说,而如来藏等思想都是假定某种实体存在的基体说,因为它们背离了佛教的原理,所以必须加以彻底的批判。此后,浅井圆道、大久保良峻、高崎直道等学者纷纷发表了自己的观点。其中,高崎从日本传统的实证主义的学术立场又对"批判佛教"进行了批判,津田真一也从密教的立场出发对"批判佛教"进行了反驳。末木文美士教授从日本现代思想史的视角对"批判佛教"的积极作用和存在的问题做了分析。由此可以看出,日本学界对"批判佛教"的关注,也引起了中国学者的重视,影响了中国的日本佛教领域研究的侧重点。

此外,还有数篇有关日本佛教思想方面的论文,此处不赘述。

7. 佛教教团及人物研究

除了前述 2000 年以前的《鉴真》和《日莲论》两部著作外,空海研究无论在我国还是日本都是学者们热衷关注的对象,王益鸣的《空海学术体系的范畴研究》(广东人民出版社,2005)不局限于空海在语言文学方面的成就,而是从空海的整个学术体系出发,内容包括其生平、密教、语言文字、文学、声律、自然观及书法理论等,其中佛学方面主要讨论了空海的两界曼荼罗(见前述李子捷《三十年来中国的日本宗教研究》)。而有关鉴真的研究主要集中在中日佛教交流史方面。

此外,还有数篇关于日本佛教教团的研究,比较集中的是净土宗、净土真宗、天台宗、真言宗等。此外,还有一些有关佛教系新宗教教团的研究问世,笔者将在新宗教研究的板块进行综述。

8. 小结

纵览 2000 年以后中国学界的日本佛教研究,主要呈现出以下几个特点。

第一，在前人研究课题的基础上有了新的拓展。例如，在佛教史方面，除了以时代为主线之外，还出现了以佛教与政治间关系演变为主线的研究著作。在中日佛教交流史方面，除了先前以日本佛教为立脚点，探讨中国佛教对日本佛教的影响之外，还有学者以中国佛教为立脚点，探讨了中国佛教与日本佛教的交往对中国佛教复兴的影响。这说明进入21世纪以后，中国学者在继续关注前人研究课题的基础上，不断从新的角度审视相同的问题，使得某一领域的研究更加深入。

第二，出现了众多前人研究中较少涉及的课题。例如，在佛教与政治及战争方面，中国学者开始给予越来越多的关注。这是因为进入21世纪以后，虽然也有一些日本学者关注日本佛教在政治和战争中所扮演的角色，但是限于日本整体学术环境的影响，基本上游离于学术主流之外。而中国学者则从中国的立场出发，作为战争的受害者，以事实为依据，从动机、政策、实践等方面深入剖析了日本佛教在日本政府发动的侵华战争中的所作所为，并一致对其进行了批判和谴责。这不仅在学术研究上拓宽了视野，而且对日方一直歪曲历史、否定侵略战争的做法也是一种警告，不得不说，中国学界的这一变化具有极其重要的意义。

此外，中国学者还紧跟日本学界的动向，关注诸如"批判佛教"等近年来新出现的理论，并不拘泥于日本学者的观点，提出了自己独到的见解。

第三，日本佛教研究整体稍显宽泛，缺乏细节方面的研究。日本学者的佛教研究往往聚焦于一个宏大课题中的一个非常微小的问题，并以此为出发点，以小见大，进而收到弄清细节、看清整体的效果。而中国学者的佛教研究往往先关注一个宏观的问题，再以俯瞰的形式逐渐进入细节。例如中国佛教研究缺乏具体的教团、佛教相关人物的专门著作，大多以论文为主，往往点到为止，不够深入。

第四，整体看来，由于日本佛教受中国佛教影响较大，因此学者们的研究多多少少都会涉及中国佛教。这不仅是学术研究中的一个必要环节，而且与中国佛教研究之间形成了相辅相成的关系，日本佛教研究也为中国佛教研究提供了借鉴。

三 2000 年至今的日本神道研究

神道与外来宗教佛教不同，是日本土生土长的固有宗教。最初以自然崇拜为主，是一种多神信仰。然而耐人寻味的是，作为日本本土宗教的神道确立这一正式名称，却是在佛教传入日本之后。《日本书纪》记载："天皇信佛法，尊神道。"由此可以看出，神道最初是为了与"佛法"分庭抗礼才创造了"神道"一词来区别于外国传入的"佛法"。也就是说，一方面神道是本土宗教，另一方面受佛教的影响很大。此外，明治时期以后，神道与之前的佛教一样，成为被统治阶级利用的工具，在近代天皇制国家建立的过程中，发挥了极其重要的作用。神道起源于朴素的原始信仰，因此，在教理教义上相比佛教来说较弱，而在祭祀方面却保持了长期以来的习俗，具有日本自己的特点，并已经渗透到日本人的日常生活中。神道这些特点，决定了神道研究课题的多样性。2000 年以后中国学者的神道研究，主要以神道祭祀、神佛关系、神道思想、神道与政治及战争、神道与日本文化等方面为主。有关神佛关系研究的概况，笔者在前述佛教部分已经有所论述，此处不再赘述。

1. 神道祭祀研究

关于神道的祭祀研究，多包含在神道研究专著的某个章节中，而专门研究神道祭祀的学术著作则非常之少。周洁主编的《日本的祭礼》（世界知识出版社，2010）从神道与民俗的角度详细描述了日本各个地方的祭祀仪式及其特点和源流。其中包括北海道的鄂伦春族的火祭、青森县的八户三社大祭、宫城县的室根神社特别大祭、东京都的三社祭、神奈川县的鹤岗八幡宫大典等著名的祭礼。作者认为，祭礼是现代日本最具大众化的一种传统文化，源于日本的稻作、农耕文化，人们对自然的崇拜使得日本产生了诸如山神、海神、农神等各种各样的神，而祭礼则是与自然界中的诸神进行交流对话的一种形式。作者着重强调了民俗艺能在祭礼过程中的重要作用。论文方面，张大柘的《简论日本神道教祭祀的原理、构成及主要特质》（《世界宗教研究》2000 年第 2 期）一文虽然并非一部专门论述神道祭祀的著作，但是却从原理、构成及特点三个方面全方位审视了日本的神道祭祀。该文着重论述了自日本律令时代直至当代祭祀制度的确立与演进，并从祭祀的主客体、运作理路与形态上，概括了规范化神社祭祀的构成要素及主要特点。作者在文章的第三部分指出，神道祭祀的主要特色有农耕的祭祀占有相当比重、具有突出的集体性、具有鲜明的现实性、兼具庄严与观赏的双重性等。祭祀不仅在神社举行，家庭、公司等也有相关的祭祀活动。因而有的日本学者做出论断："只要神社存在，祭祀就不会中断"，"生命不止，祭祀不绝"。从中可以看出，神道祭祀已经深入日本人的日常生活。

在王宝平主编的论文集《神道与日本文化》（北京图书馆出版社，2003）中，共收录了 15 篇有关神道的论文，分别从神道思想、神佛关系、神道与基督教的关系以及神道祭祀等多个方面对日本的神道进行了全方位的把握。其中，黄宇雁《祇园祭与中国》是有关神道祭祀的文章。王金林的《日本神道研究》（上海辞书出版社，2008）是目前国内神道研究中比较全面的综合研究成果。其中在有关皇室神道的部分，作者论述了皇室神道的三种祭祀，即镇魂祭、新尝祭和大尝祭。镇魂祭是于每年新尝祭（11 月 23 日）前日举办的为天皇镇魂的祭祀；新尝祭则是天皇庆贺新稻收获、预祝来年丰收的祭祀仪式；大尝祭由新尝祭发展而来，是日本天皇即位仪式的重要组成部分。皇室神道的这三个祭祀体现了天皇至高无上的地位，以及日本与水稻种植之间的渊源。

2. 神道思想研究

在神道思想研究方面，我国学者的成果颇多，也有学术价值很高的专著问世。其中，刘岳兵的《日本的宗教与历史思想：以神道为中心》（天津人民出版社，2015）一书涉及神道与日本的宗教思想与文化、神道的原典与概念、神道思想文化史论以及作者的神道研究心得，并附有中国近现代神道相关论著选集，其中收录了中国学者关于神道研究，尤其是神道思想研究的最新成果，将批判的主要矛头指向所谓"皇权神授"思想的本质。其中，神道思想文化史论部分中收录了有关神道与"王权"的关系、中世神道思想的形成以及神道叙事中的朱子学、水户学等内容的论文，全面涵盖了神道思想的形成、发展和特质。2005 年，齐鲁书社出版了牛建科的《复古神道哲学思想研究》，可以说，这是日本神道研究历史上的划时代成果。复古神道在神道发展的几个阶段——原始神道、神社神道（包含复古神道）、国家神道以及教派神道与神社神道并存——中，是使得神道具备从佛教中独立出来的条件中最为重要的一个。在牛建科的这本专著问世以前，神道哲学（主要是复古神道哲学）在中国的日本学研究中还是一片空白。书中作者对国学和复古神道的概念做了界定，并分析了二者的关系；对本居宣长神灵观进行了分析并对古道思想进行了概括；对平田笃胤"主宰神"观念的成因提出了自己的看法，即认为平田笃胤"主宰神"的观点在受基督教绝对唯一神思想影响的同时，也没有摆脱中国传统思想的影响；论述了"彻底的反本地垂迹说"的思想。① 作者认为，复古神道是排斥外来思想文化的狭隘民族主义，并强调神道的宗教实践性。该书关注的复古神道，是容易被中国学者忽视且文献晦涩、资料缺乏的领域，可以说，《复古神道哲学思想研究》一书在中国学界日本神道研究中具有极其重要的意义。

王维先的《日本垂加神道哲学思想研究》（山东人民出版社，2004）是一部研究垂加神道思想的专著。垂加神道是日本近世神道史上的一大流派，其教义思想受到我国宋朝哲学家朱熹思想的影响。作者查阅了大量一手资料，将垂加神道的教义与朱子学的主张进行了比较研究，并据此阐释了神道作为日本的固有宗教对外来文化的吸收过程。除此之外我国尚未出现一部研究某个神道教派的专著，此研究填补了我国日本神道研究甚至是日本思想史研究的一项空白。

此外，牛建科还发表了《反思与批判：日本神道教伦理思想审视》（《日本问题研究》2012 年第 1 期）一文，认为神道是在日本固有的民族信仰基础上发展起来的精神行为，神道生活中求诸神意并使之成为自己生活规范的虔敬态度，即日本人所谓的"真心"，使神道具有了伦理特征；而神道伦理反映了日本民族意识的重要侧面，是日本伦理思想的核心和基础，代表了日本人基本的价值取向和精神追求。作者在文末提出了一个新的问题，即经济全

---

① 潘畅和：《评牛建科的〈复古神道哲学思想研究〉》，《东疆学刊》2007 年第 4 期，第 94 ~ 96 页。

球化导致普遍的伦理价值观出现，反映日本民族意识、具有独特性的日本神道伦理是否具有超越性？除此之外，还有数篇有关神道思想的论文，其中一部分论述神道与军国主义思想的关系，笔者将在神道与政治及战争部分中展开论述。

3. 神道与政治及战争研究

在日本宗教史上，宗教与政治以及战争之间的关系一直都是学者们热衷于讨论的课题。佛教传入初期就被统治阶级作为工具利用，在日本侵华战争时期，佛教及其教团更是积极协助日本政府的侵略行为，在中国东北等地犯下了滔天罪行。神道作为日本的本土宗教，长期以来与佛教融合，且很长一段时间都处于"佛主神从"的附属地位。到了江户时代后期，在荷田春满的倡导下，贺茂真渊、本居宣长、平田笃胤等依据《古事记》《日本书纪》等古代典籍重新阐释神道教义，反对将儒佛引入神道，却利用部分儒佛学说来解释神道，促使了复古神道形成。这一思想鼓吹以日本为中心、以神道教为统治思想的世界秩序。后经废佛毁释运动后，神道成为国教，明治新政府为了巩固统治，建立近代天皇制国家体系，提出了"国家神道"和"教派神道"两个概念。即"国家神道"是国家的最高祭祀，并非宗教；而"教派神道"则是作为宗教的神道。由此，国家神道成为超越宗教的非宗教国家祭祀而处于日本的意识形态顶峰，天皇颁布的《教育敕语》则是国家神道的"教义"。与之相对的教派神道则成了国家神道体制的产物，被作为宗教的神道，置于非宗教的国家神道之下。

国家神道的形成与日本走上军国主义道路、发动侵略战争、鼓动国内士兵参战并在战争中绝对效忠天皇等所作所为有着密切的联系，中国学者对神道与政治及战争关系的研究中，国家神道是一个重要课题。牛建科的《试论国家神道之思想理论渊源》[《山东大学学报》（哲学社会科学版）2002年第6期]一文较为全面地概括了国家神道的理论主张，并从神道思想理论发展的历史过程入手，系统地阐述了在历史上出现的神道思想理论形态与国家神道理论主张的渊源关系。作者认为，以《古事记》《日本书纪》为代表的古典文献，是国家神道思想理论的"原典"，复古神道则是国家神道的"近源"或"直接根源"；反本地垂迹说和据此而形成的伊势神道、吉田神道、垂加神道、水户学思想都为国家神道的形成做了理论上的准备。作者充分发挥自身在神道理论研究方面的优势，从理论角度剖析了国家神道的形成和结构，角度新颖，立论严谨。作者尤其在文末指出，国家神道的形成除了其社会的、政治的、经济的原因以外，也有其思想理论的渊源——而这正是其不易被察觉的深层原因之所在。陈言的《靖国神社与国家神道》（《北京社会科学》2013 年第 2 期）则聚焦于靖国神社的起源与神道之间的关系，认为由于天皇制的不断强化，国家神道形成，强制要求国民无条件忠诚于国家的意识形态，而靖国神社作为国家神道的重要载体，在战争期间发挥了重要的精神功效。

与国家神道受到学者关注不同，与之并存的教派神道的研究容易受到学者的忽视。教派神道也称"神道十三派"，是在幕末明治初期先后独立的十三个神道系的宗教团体，它们的教理教义均以传统的神社神道思想为基础，教祖的身份从普通的农民到神职人员各不相同，其创教动机、教团发展机制、教义思想以及对近代天皇制国家意识形态的态度也是千差万别。教派神道被认为是国家神道体制的"产物"，其存在本身就是为了支撑国家神道的非宗教性这一强词夺理的说法的，所以处在一个较为被动的地位，学者的关注也不多。史歌《幕末民众思想到教派神道——以教派神道的形成为中心》（《日本学（17）》，世界知识出版社，2012）论述了在幕末社会矛盾日益尖锐，人民精神毫无寄托的情况下产生的民众思想逐渐发展为宗教教团——教派神道的过程。史歌的《近代日本的教派神道研究》（北京大学博士学位论文，2013）则从传统神道的发展，社会背景的影响，教派神道的萌芽与成立过程，教派神道与国家神道、佛教、基督教等其他宗教间的关系以及战后向新宗教教团的演变等多个方面，全面阐述了日本教派神道这一特殊时期的特殊宗教体系的历史沿革、发展特点和在日本宗教史上的地位和作用。一方面，教派神道各教团有其自身的教义理念，另一方面，由于神道十三派是国家神道的附庸，也注定难以逃脱为政治服务的命运。该论文对战争期间天理教教团在伪满洲国的传教活动进行了详细的论述，并指出其追随军国主义、支持侵华战争行为背后的原因。天理教在战争期间的所作所为，已经完全违背了其教祖中山美伎在创教时的初衷，后来为了获得政府的承认，天理教在教理教义上对天皇制国家意识形态做出了大量的妥协，进而沦为日本军国主义的走狗。这表明，教派神道中的某些教团为了得到政府的支持，会不惜违背教团宗旨，改变教义理念，并无条件服从、支持政府的侵略行为，这必须引起我们的警惕。

此外，还有刘战与赵朗的《神道与日本军国主义思想的形成》（《理论学刊》2006年第12期）、岳峰的《试析日本军国主义思想中的神道因素》[《内蒙古师范大学学报》（哲学社会科学版）2014年第6期]、王海燕的《日本侵华战争中的国家神道》（《抗日战争研究》2009年第1期）、帅慧敏的《论近代日本神道的政治化改造》（《湖南科技学院学报》2010年第8期）等数篇关于神道与军国主义思想关系、神道与政治、神道与战争方面的论文。此处不赘述。

4. 神道与日本文化研究

起源于自然崇拜的日本固有宗教神道必然与日本传统文化、日本庶民信仰等方面有着密切联系。刘琳琳的《日本江户时代庶民伊势信仰研究》（世界知识出版社，2009）从信仰组织、信仰行为和信仰思想等三个方面考察了庶民的伊势信仰。伊势信仰与天皇制有着内在的紧密联系，而庶民伊势信仰组织的特点在于庶民以家庭为单位与仪式神宫的御师结成"师檀"关系；其行为分为直接参拜伊势神宫和不参拜神宫、以地方社会为平台两种类型；其思想特点是重视天照大神而轻视丰受大神。王守华、王蓉的《神道与日本文化交流》（河北出版传媒集团，2010）一书大致分为两大部分，其中，前十章包含了神道的历史足迹、神话故事里的神祇世界、神道神祇的剖析、对神社的介绍、神道祭祀、神道哲学思想、神道与日本文化、神道与环境保护以及神道与当代日本生活。其中，神道与日本文化的内容包括神道古典与中世文学、神道美术、神道和古代艺能等方面。该书第十一章到第十三章是神道与中日文化交流部分，作者从佛教、儒学、阴阳五行思想对神道思想产生的影响开始，进而扩展到日本祇园祭与中日文化交流的关系。是一本立足于神道本身，着眼于神道与日本文化，聚焦于神道与中日文化交流的综合的、全面的著作。

此外，刘金才的《论日本神道信仰的性质和特征——兼谈日本"历史认识"误区的文化原因》（《日语学习与研究》2004年第4期）一文以造成日本"历史认识"问题长期得不到解决的深层文化原因为着眼点，考察了日本神道的"多神信仰""氏神信仰""活神信仰"以及重祭祀行为和现世主义五大特征。认为它与日本人的思维模式、价值观模式、行为模式以及伦理取向的关系，是上述"历史认识"问题背后的重要原因。

5. 小结

综上所述，中国学者 2000 年以后的日本神道研究主要有以下几个特点。

第一，由于神道作为宗教具有自己的特点，中国学者的研究侧重点也较为明显。例如重视神道祭祀研究、神道与政治及战争之关系研究、神道与日本文化研究等。可喜的是，2000 年以来中国学界在神道思想研究上取得了显著的成就。2000 年以前，几乎没有专门研究神道哲学思想的成果，进入 21 世纪后，出现了三部针对神道思想的专著，说明随着文献资料的丰富与学者自身研究思路的拓展，神道思想研究进入了研究者们的视野，这对日本神道研究来说无疑是一种完善和丰富。

第二，神道综合类研究成果较多，如《神道与日本文化》《日本神道研究》《神道与日本文化交流》等，都从神道的起源到发展，从祭祀到思想，从战争期间和战后的演变等多个方面勾勒了神道的全貌，但是尚未出现一部像《日本佛教史》那样的全面综合的神道史研究著作。神道起源于自然崇拜，在神道发展的早期，少有文字记录留存下来，甚至直到佛教传入日本之后，才出现了与外来宗教佛教相区分的"神道"一词，由于文字资料的缺乏，神道史的研究存在较大的困难，这也是中国尚未出现神道史专门著作的一个重要原因。

第三，与佛教研究相同，中国学界的神道研究也较为注重其在政治和战争中发挥的作用，尤其是国家神道与日本军国主义思想的关系，以及教派神道在战争中起到的推波助澜的作用。有不少学者提出，虽然国家神道体制已经在战后瓦解，但是由于神社神道依然存在，军国主义随时有可能死灰复燃，这也是我们作为日本学研究者所必须给予重视的问题。

四 2000 年至今的日本基督教、伊斯兰教研究

1. 基督教研究

如前所述，基督教在日本的受众面远远不如佛教、神道及佛教和神道系的

其他宗教教团，因此，在中国有关日本基督教的研究也较上述两种宗教略少，学者们主要的关注对象集中在基督教与日本文学、基督教的传播与冲突以及基督教与日本社会等方面。在基督教与日本文学方面，有肖霞的《日本近代浪漫主义文学与基督教》（山东大学出版社，2007），是一部对日本近代浪漫主义文学与基督教的比较研究，首先从文学与宗教之关系入手，进而扩展到宗教文学的表现形式和类型、基督教与文学的关系等。作者分析了基督教在日本的传播及影响，并详细考察了基督教文学社的成立情况以及日本近代文学创作中的基督教文化意识，进而以德富苏峰、幸田露伴、北村透谷、岛崎藤村等人的作品为例，深入剖析了日本浪漫主义文学与基督教间的关系。此外，还有刘金举的《基督教忏悔制度及忏悔体文学对日本私小说的影响》（《解放军外国语学院学报》2007年第1期）、史军的《远藤周作对基督教的日本式解读——以〈海与毒药〉和〈沉默〉为例》（《解放军外国语学院学报》2007年第4期）、王鹏的《日本文学与基督教》（《汉语言文学研究》2004年第3期）、陈华的《〈沉默〉在近代日本基督教文学中的地位》[《长江大学学报》（社会科学版）2008年第5期]、杜倩的《远藤周作的文学与基督教》（河南大学硕士学位论文，2013）等有关基督教与日本文学的研究论文。

在基督教的历史与传播方面，李小白的《基督教日本布教引发的思想冲突》（《日本研究》2002年第4期）一文认为，在基督教传入日本与既有宗教遭遇的三大原因——不同类型宗教之间的接触、不同类型文化之间的接触、不同类型民族种群之间的接触——中，就斗争的形式而言，是简单直率地通过宗教思想的冲突而展开的。因此，作者在文中运用翔实的文字资料剖析了"切支丹"与神道教、儒教和佛教之间的思想冲突，神道方面集中体现在《妙贞问答》中对神国观念的批判以及被刺激起来的日本人的"耻辱心的扭曲与扩张"；儒教方面主要集中在基督教以有神论对儒家的泛神论或无神论的进攻，而基督徒与儒教的争论，胜负并不在于争论本身，而在于视儒教为正统的统治者们的喜好或憎恶；佛教方面，巴比庵在《妙贞问答》中从宇宙观、轮回转世说以及佛教中"空"的特性等方面对佛教进行了攻击，而佛教则揭露耶稣会传教士在布教手法上的伪善性，痛斥基督教不过是佛门异端而居心叵测，告知信众听信耶稣会布教之危险性等。最后作者指出，思想领域的斗争，往往是国家政权实行某种决策的先行。从丰臣秀吉的禁教到德川家康的锁国，神、儒、佛与基督教的斗争，对国家政策的形成发挥了牵引与促进的作用。全文将论述的重点聚焦于宗教思想冲突，依据资料向读者展示了基督教与日本既有宗教在思想上的矛盾。阎钢的《日本基督教概述及其状况分析》[《西南民族学院学报》（哲学社会科学版）2001 年第 1 期] 一文，从日本基督教的历史渊源和现状、日本基督教的区域分布及流派和日本基督教的状况三个方面进行了阐述，使我们对日本基督教有了一个较为全面的认识和把握。作者认为基督教的兴衰、发展，紧紧伴随着近现代日本的发展史，一方面反映出近代日本的封闭性、固守性，另一方面也反映了现代日本的开放性、包容性。此外，还出现了一些有关基督教传播的学位论文。林超的《基督教在日本的早期传播》（西北大学硕士学位论文，2008）论述了从新航路开辟后欧洲基督教会的发展到基督教在日本的传播，并指出了基督教在日本传播过程中遇到的阻碍及其原因，以及基督教早期在日本传播所带来的影响。正面影响主要包括：为日本带去了西方先进的科学技术；对日本的文学、绘画、工艺、建筑、音乐等方面都产生了巨大的影响；在各地积极兴办教会学校，对日本文化教育产生了深远的影响等。负面影响主要体现为直接导致日本的"锁国"政策。虽然论文资料略显不足，论述过程也缺乏必要的理论支撑，但是作者对早期基督教日本传播问题的关注十分值得肯定。此外，还有曹凤娇、姚传德的《基督教在日本初期传播缓慢的原因》[《河北理工学院学报》（社会科学版）2005 年第 4 期]等有关基督教传播及冲突的论文。

基督教与日本社会方面的研究主要包括基督教教育、基督教战争责任等方面。张永广的《近代日本基督教学校与政府关系述略》[《暨南学报》（哲学社会科学版）2015 年第 10 期] 一文认为，基督教学校在近代日本始终处于政府的管控之下，这同日本民族国家建构方式密切相关。在日本集权式、宗教式的天皇制民族国家之下，基督教教育的发展必然面临很大的限制。基督教学校在与政府的长期交往中始终处于下风，其所本应具有的"基督化"特色也在战时体制下丧失殆尽，从基督教教育方面论述了日本民族国家的建构方式以及对基督教在日本传播与发展的限制和阻力。张永广还发表了《"同志社风波"与近代日本基督教学校的本土化》（《世界宗教研究》2013 年第 2 期），并在其博士学位论文《近代中日基督教教育比较研究（1860~1950）》（华中师范大学，2008）中对中国和日本的基督教教育进行了比较，在中国的日本基督教研究中尚属首例。在基督教战争责任方面，有徐炳三的《日本基督教会战争责任初探》（《抗日战争研究》2009 年第 1 期）、《卢沟桥事变前日本基督教界的反战言行及其本质》（《民国档案》2016 年第 3 期）。

整体来看，中国的日本基督教研究主要有以下两个特点。

第一，研究所涉及的领域较为集中，在基督教与文学、基督教的传播与冲突和基督教与日本社会方面的成果较多，但在日本基督教的发展脉络，教理思想的本土化过程，基督教与佛教、神道和儒教的关系，基督教在日本宗教史上的地位以及日本基督教的现状等方面还未有丰富的研究成果问世。

第二，现有的研究成果多为对已有研究的扩展或重新解读，而缺乏对一手资料的原创性分析。

2. 伊斯兰教研究

古代日本几乎没有伊斯兰教，虽然据考证，曾有少数外国穆斯林商人在日经商，宣传伊斯兰教，但是当时日本人还处在以自然崇拜为主的原始神道的信仰之下，因此并未产生大的影响。到了明治时期，随着锁国时代的结束，日本与西方接触日益频繁，同时，也与阿拉伯和伊斯兰国家开始往来。有许多前往伊斯兰国家经商和旅居的日本青年知识分子信奉伊斯兰教，回国后介绍伊斯兰教教义等知识，二战结束后，也有许多来自中东、东南亚的穆斯林在日本活动。由此，日本的伊斯兰教开始进入发展期。

我国在日本伊斯兰教领域的研究十分匮乏，几乎没有专著问世。除了早期的一些介绍日本伊斯兰教的论文之外，有柴亚林的《近代早期的日本穆斯林的产生及其活动》（《世界民族》2013 年第 2 期）一文，通过个案研究，分析了早期的日本穆斯林如何开始信奉伊斯兰教、为何成为穆斯林以及他们的活动等问题。研究对象包括日本最早的穆斯林——野田正太郎和山田寅次郎、"日本大亚洲主义者"——贺文八郎、"具有军方背景的首位穆斯林朝觐者"——山冈光太郎、"活跃于中国的日本穆斯林"——福田规矩男、川村狂堂、佐久间贞次郎、田中逸平等。作者对这些所谓的日本穆斯林在日本对外侵略扩张过程中的卑劣行径进行了批判，并认为信仰独一无二的真主且禁止一切偶像崇拜的伊斯兰教未能在以万物有灵和偶像崇拜等多神信仰为特征的日本找到适宜生存的土壤。明治维新以后，日本主动加强了与伊斯兰世界的沟通与联系，而这背后或许有日本精心设计的国家策略。这篇文章可以说是中国学界的日本伊斯兰教研究中从人物研究角度出发的最为全面且资料最为翔实的研究成果。此外针对日本伊斯兰教的研究还有马强、马福生的《日本的伊斯兰教》（《中国穆斯林》2011 年第 2 期）一文，以其发展的时间为顺序，对从日本与伊斯兰国家的早期接触到伊斯兰教传入日本后的发展进行了论述。作者认为伊斯兰教传入日本之后的发展共分为三个阶段，即 1890 年至二战结束、二战结束到 20 世纪 80 年代早期、20 世纪 80 年代早期至今。但是关于三个阶段划分的理由文章中的说明并不清晰。作者总结出伊斯兰教在日本传播的五大原因，包括民众层面、教典层面、教育层面、传教层面、学术研究层面等。作者还概述了日本《古兰经》的翻译事业以及日本清真寺和伊斯兰组织的现状，最后认为，由于文化差异，日本民众对伊斯兰教的认识仍然有限，甚至存在误解。只有日本穆斯林牢固树立社会责任意识，日本社会对伊斯兰教才会有全新的认识。该文与前述人物研究不同，每一部分以介绍为主，未有依据翔实资料的深入分析，既介绍了日本伊斯兰教的历史沿革，也涉及一些重要人物所起的作用，并从语言文字的翻译、清真寺和伊斯兰组织等方面全面描述了日本伊斯兰教的现状。马利章的《日本的伊斯兰教与清真寺》（《中国穆斯林》2009 年第 1 期）介绍了日本的伊斯兰教的现状与清真寺，认为伊斯兰教在日本的发展主要由于经济上的原因，即 1973 年的石油危机使日本经济受到沉重打击后，日本政界和财界认识到加强与中东伊斯兰国家交往的重要性。

值得一提的是，虽然有关日本伊斯兰教的研究甚少，却出现了不少有关日本对中国伊斯兰教研究的成果，例如鲁忠慧的《日本对中国伊斯兰教研究概述》（《回族研究》2000 年第 3 期），阿里木·托和提的《日本侵华时期对中国伊斯兰教的研究——以机构设置和创办期刊为中心》（《北方民族大学学报》2014 年第 6 期）、《1945 年以前日本的中国伊斯兰教研究》（《北方民族大学学报》2012 年第 6 期）等。这一现象出现的原因，有待我们思考。

综上所述，在我国，对日本伊斯兰教的研究还未引起学界的足够重视，这是因为伊斯兰教传入日本较晚，受众面也较小，在神道、佛教的印记过于深刻的日本人眼中，信奉独一无二真主的伊斯兰教并不容易被接受。然而，从近几年的国际局势来看，研究伊斯兰教对解决民族问题、维护世界和平具有重要的意义，作为日本学研究者，更应该去关注日本伊斯兰教这个尚未有太多人涉足的领域。

五　2000 年至今的日本新宗教研究

依据《新宗教事典》，新宗教这一概念最初产生于 1950 年前后。如今作为新宗教的最大联盟组织而积极开展各种宗教活动的"新日本宗教团体联合会"也就是"新宗联"成立于 1951 年，由当时尚处于成立准备期的"新宗教团体联合会"和"日本新宗教联盟"这两个组织合并而成。这两个组织的名称均使用了"新宗教"这一说法，符合当时所处的社会、文化和宗教环境。但是两者合并后的"新日本宗教团体联合会"却并未沿用"新宗教"这一说法。[1] 另外，"新兴宗教"一词的使用却更为广泛。它除了用来区别于既有宗教之外，与教派神道在社会背景变迁的影响下向新宗教这一属性转变也不无关系。此时的"新兴宗教"这一概念具有符合时代背景、贴近民众生活等积极的意义。但是，到了 20 世纪五六十年代，随着战后日本民众精神世界的混沌与迷乱，能敏感地反映这一现象的宗教领域中"新兴宗教"这一概念也出现了微妙的变化。到了 1963 年，新日本宗教团体联合会刊行《战后宗教回想录》，书中明确了使用"新宗教"一词的意图，即为对抗"新兴宗教"中含有的贬义。[2] 而宗教研究学界广泛使用"新宗教"一词则是在 70 年代以后。

中国学者对日本新宗教的关注与日本新宗教研究的发展密切相关。进入 20 世纪 80 年代以后，战前的教派神道和佛教在家讲社基本完成了转型，一些

---

① 井上順孝ら編『新宗教事典』弘文堂、1994、2 頁。
② 金勋：《现代日本的新宗教》，宗教文化出版社，2003，第 34 页。

基督教系的新教团也逐渐壮大，新宗教成为一股不可忽视的社会力量。尤其是到了 90 年代以后，由于奥姆真理教地铁沙林事件的发生，新宗教带来的社会问题成了研究者们关注的重点。新宗教研究按照类别，大致可分为教团个案研究、教义思想特点研究、新宗教的社会功能研究和新宗教综合研究四个方面。在这个部分，笔者将结合日本学者的研究对中国学者的日本新宗教研究做一综述。但是需要说明的是，2000 年以后，中国学界的日本新宗教研究并没有大的进展，这或许与中日关系不稳定、获取一手资料困难以及新宗教这个话题具有政治敏感性等原因有关。

1. 教团个案研究

在日本学者的个案研究方面，最具代表性的是岛田裕巳的《天理教：从神灵附体到新宗教》（八幡书店，2009），论述了天理教教祖中山美伎的创教契机——神灵附体所表达的民众心理和社会背景与战后成为新宗教之后的教义思想之间的区别，提出新宗教在适应新的社会环境的过程中遇到的困境。此外，各个教团的机关出版社出版了大量有关教团的形成、发展和教义思想的著作，但是，这些著作多站在自身教团的立场上，着重宣扬本教的优点，排斥他教，在客观性上有所欠缺。

2000 年以后，中国几乎没有关于日本新宗教教团个案的研究，这是因为教团个案研究需要深入教团内部，获得大量的一手资料，而对于相互较为闭塞的新宗教教团来说，这一点较难做到。这也是我国新宗教研究中的一大空白。

2. 教义思想特点研究

在教义思想研究上，村上重良的《新宗教——行动和思想》（岩波书店，2007）是一部较为特殊的新宗教著作。他把幕末明治初期产生的教派神道、佛教在家讲社都归为新宗教，是因为有关新宗教产生的时间的说法不一，其中有一种说法，是产生于幕末明治初期。作者认为，新宗教这个概念并不是作为一个整体出现的，而是其中的"新"代表着与传统宗教的"旧"相区别的概念，而区别于传统宗教的其他所有宗教均为"新宗教"。这里的"新"仅仅是宗教形态上的"新"，而不包括时代背景上的"新"。村上重良对新宗教的这种定义，一方面表明学界对新宗教的概念的认识仍未统一，另一方面也体现了其他新宗教研究所忽略的内容——即新宗教并不是战后才开始出现的，而是早在明治时期就已经萌芽。该著作以教团为单位、以时代为顺序，论述了天理教、黑住教等神道系新宗教和本门佛立宗、立正佼成会、灵友会、创价学会等佛教系新宗教教团产生的过程和时代背景。可以说，既是一部关于教义思想的新宗教研究著作，也通过每个教团形成的过程这一多线条的方法，梳理了近代以后日本新宗教整体的形成过程。但是，村上的研究割裂了每个教团之间的关系，也忽略了新宗教概念中时代背景的"新"，没有将新宗教置于当时的社会环境中分析它们与各种社会力量的关系。

中国学者方面，没有关于新宗教教义思想的专门著作。张大柘的《日本新兴宗教教理的现世性》（《世界宗教研究》2004 年第 2 期）一文，通过对十余个新兴宗教教团的剖析，从宗教的理想观、救济观和道德观三个方面阐述了新兴宗教教理现世中心的特质。认为其现世性主要体现在追求现世人生的改变、提高现世生活质量、求索现世人生意义等方面，肯定人在尘世中享受物质福利与自由发展的权利。并指出究其实质是新兴宗教对急剧变化的日本社会环境做出的一种积极回应。该文既是一篇探讨日本新宗教教理特点的文章，同时也采用了宗教社会学的视角，考察了该教理与日本社会背景变化之间的关系。

3. 新宗教的社会功能研究

新宗教作为在新的时代背景下产生的新的宗教形态，许多研究者将目光聚集到它们的社会功能上。但是中国学者在此领域的研究同样十分匮乏。苏梦的《日本新宗教社会功能研究——以新宗教教团兴办教育为中心》（北京大学硕士学位论文，2008）旨在集中考察和深入探讨日本新宗教教团的社会功能，特别关注在与社会互动过程中兴办教育这一侧面。该文概括了新宗教的产生及其时代特征；系统介绍和分析了日本宗教办学的基本情况和特征；为进一步深入分析和凸显日本新宗教教团办学特点，将日本的传统宗教所办的大学和日本新宗教教团所办大学进行了比较；最后，结合宗教社会学中的宗教功能理论，分析和概括了日本新宗教办学的深层动因。该文填补了中国日本学界新宗教社会功能研究的空白，问题意识非常明确，论据充分，立论的过程也十分严谨。期刊论文方面，邵宏伟的《战后日本新宗教参与政党政治的方式、动因及其认识》（《佛学研究》2008 年第 00 期）从教团参政的角度论述了新宗教在日本政界发挥的功能。文章以日本日莲系新宗教教团创价学会为例，指出其为了获取更大的政治利益，成立公明党。其他新宗教教团也相继成立政治联盟，以支持赞成本教团教义或与本教团的政治理念一致的政党候选人。作者认为，新宗教团体已经成为日本社会一支不可忽视的政治力量，对日本政党政治既有积极的影响，也有消极的影响。邵宏伟还发表了《浅析日本新宗教中的民族主义倾向》（《日本学刊》2008 年第 6 期）一文，通过对日本新宗教中民族主义倾向的研究与剖析，探讨了新宗教在日本社会中的作用以及可能给日本和世界政治带来的影响。由此可以看出，中国学者对新宗教社会功能的研究主要集中在其政治功能上。

4. 新宗教综合研究

中国学者的研究主要集中在新宗教综合研究上，这里首先需要特别提出的是，中国学者张大柘撰写的《新兴宗教与日本近现代社会》（天津人民出版社，2003）是迄今为止研究日本新宗教最为全面的一本著作。该著作论述了幕末维新时期教派神道和其他民众宗教产生的时代背景、新宗教的教义思想特点、组织结构特点、社会活动特点和以教团为单位的各自的发展路程，全面、立体地把握了新宗教的整体特征、发展历程和社会功能。此外，对新宗教做出较为全面研究的还有金勋的《现代日本的新宗教》（宗教文化出版社，2003），该著作从日本传统宗教的源流及现状、新宗教与社会变革、后现代与新新宗教、日本民众的宗教意识、日本的宗教制度和新宗教的社会功能等方面论述了现代日本新宗教的特点和发展过程，并介绍了目前存在的新宗教教团各自的创教过程和思想理念。两部著作填补了中国日本新宗教研究的空白，具有划时代的意义。

此外，还有对新宗教在信息社会中利用高科技手段——互联网进行传教的研究，例如，邢艳艳的《互联网与日本"新新宗教"——以宗教团体アーレフ为中心》（《科技信息（技术研究）》2008 年第 29 期）等。

5. 小结

综上所述，在奥姆真理教事件出现前后，无论是中国学界还是日本学界的新宗教研究都盛极一时，学者们对这一社会现象背后存在的原因进行剖析，对新宗教问题的关注范围也较为广泛，然而此后，中国学界对新宗教研究的热情似乎有所下降，除了 21 世纪初的几部专著以外，几乎没有新的研究问世。如前所述，新宗教研究存在获取一手资料困难、话题较为敏感等因素，因此中国学者难以在此领域的研究上有较大的突破，研究侧重点基本徘徊在社会功能、综合介绍等外围部分，而对教义思想、教团个体发展的详细进程关注很少。

新宗教是日本战后出现的新的宗教现象，也是不容忽视的社会现象。从前文的综述中可以看出，日本宗教在参与政治活动甚至支持政府侵略战争上态度积极，因此，作为战争受害国，我们必须予以警惕，而作为日本学研究者，则更应该关注这一领域。

六　日本宗教研究的其他领域

除了按照宗教派别展开的日本宗教研究外，中国学者还关注了日本宗教的法律制度、宗教与日本文化等其他领域。

在日本宗教的法律制度方面，张大柘的《宗教体制与日本的近现代化》（宗教文化出版社，2006）是一部史论结合的专著。从国家神道体制的形成入手，进而分析了建立国家神道体制的宗教基础，即神道的民众性、民族性和与皇室关系的紧密性。通过对国家神道思想体系的解构，分析了战后信仰自由、政教分离、现代宗教体制的确立以及所带来的崭新气象，尤其用大量篇幅论述了日本新兴宗教的运动。虽然不是一部专门研究宗教法律制度的著作，但是对法律制定的基础——日本宗教体制和特点进行了详尽的考察，用翔实和准确的资料对不同政治背景和不同宗教体制下的日本宗教进行了全面的把握。论文形式的研究成果也颇为丰富。冯玉军的《日本宗教法治体系研究》[《北京联合大学学报》（人文社会科学版）2015 年第 2 期] 从日本二战之后建立的涵盖了宪法及基本法律、特别法律、内阁政令、国际公约等多个层面的宗教法律体系以及法律实施等特点出发，论述了其在建立和维护良好宗教社会秩序中发挥的积极作用，并指出对日本的宗教法治体系进行研究将为中国宗教法治发展提供有益的借鉴。该文先分析了日本宗教的特点以及建立健全法治体系的必要性，进而具体剖析日本宪法和基本法律中关于宗教事务的规定，介绍了《宗教法人法》《奥姆法案》的相关规定，最后总结了日本宗教法治体系的特色与启示以及存在的问题。文章对日本宗教法治体系的历史沿革、建立过程和法律条文的内容进行了详细的梳理，为我们展示了日本宗教法治体系的全貌，更为中国宗教法治发展提供了重要的启示。张文良的《日本的宗教法与宗教管理》（《世界宗教文化》2011年第5期）前半部分叙述了战后日本宗教法的历史沿革，尤其是在1995年的奥姆真理教事件之后，日本政府对宗教法做出了重大修改，在尊重教团的自律性前提下强化了政府对宗教教团的管理，宗教团体的活动空间受到一定的限制。文章的后半部分从役员制度、教团与单独宗教法人的关系、宗教法人的公益事业和其他事业等三个方面对具体的管理措施进行了叙述，是对现存的日本宗教法律的具体措施方面考察较为详细的一篇论文。仲崇玉的《日本的宗教法人认证制度》（《华东政法大学学报》2017年第2期）是一篇有关日本宗教法律制度的文章，主要分析了日本宗教法人认证的类型和内容、程序问题、实际运行及严格化以及日本宗教法人认证制度的启示，该文详细考察了日本宗教法人认证中的设立认证、变更认证和自行解散认证。指出其认证制度的宗旨在于实现宗教自由和社会秩序的平衡，贯彻登记自由原则和法治原则等。该文在深入了解日本宗教法人认证制度的同时，以为中国宗教法律提供借鉴为基本目的，对我国的宗教法治建设来说也具有非常重要的意义。梁明霞的《从"三教会同"看近代日本政府宗教管理政策》（《日本研究》2016年第1期）则将目光聚焦于近代日本的宗教政策，指出日本政府经历了一系列试错后提出的"三教会同"体现出日本政府自明治维新以来由对宗教的强力打压到积极利用的转变，也标志着大正时期以后日本政教关系进入了新的发展阶段。此外，该领域的研究成果还有朱琳的硕士学位论文《日本宗教法人认证制度及其启示》（西南政法大学，2014）、顾帆扬的硕士学位论文《日本现代宗教管理体系下的政教关系》（上海国际问题研究院，2016）等。

由此可以看出，中国学者，尤其是宗教法律制度研究者对日本的宗教法律制度抱有较大的热情，从中发现了不少可以借鉴的经验并付诸学术研究，这不仅对中国的日本学研究大有裨益，对中国的宗教法治研究来说也是不可或缺的成果。

在宗教与日本文化等其他领域中，2006年四川人民出版社出版了由卞立强、李力翻译的日本著名学者梅原猛的著作《世界中的日本宗教》。全书共分为三大部分，第一部分为"日本的宗教——为了理解日本的文化"，论述了日本的信仰，包括作为习俗的宗教和明治以来日本的神道、佛教，以及各地的信仰、宗教与日本人世界观的关系；第二部分为"世界中的日本宗教——日本人的'彼世'观"，论述了日本人的"彼世"观的各个发展阶段；第三部分为"日本人的灵魂"，深入挖掘了日本人的生死观和灵魂观。作者从不同的角度，探讨了日本人的原始信仰和世界观对日本文化、思想、宗教以及习俗的影响，对了解日本文化、思想和宗教有着重要的意义。

2005年，宁夏人民出版社出版了王金林的《日本人的原始信仰》，本书作者翻阅了大量的文献、考古和民俗资料，并从中日比较文化研究的角度，从日本的性神、鸟神、鹿神崇拜到太阳神和灵山、河海的信仰，从日本人原始的宇宙观、创生观到各种巫术，从丧葬礼仪到原始信仰到早期神道的嬗变，对日本人原始信仰的形成及影响做出了严谨、详细的考察。为研究日本宗教，尤其是神道提供了极其重要的参考资料。

王晓峰的《伪满时期日本对东北的宗教侵略研究》（社会科学文献出版社，2015）从近代以来日本对东北地区的宗教调查、伪满时期日系宗教在东北的活动以及伪满时期的基督教、天主教、东正教、佛教、伊斯兰教政策等方面，不仅描述了当时中国东北的宗教状况，而且对日本对中国东北的宗教侵略进行了详细的研究和控诉，是一部涵盖了所有宗教的有关日本战争期间在华宗教政策的专著，对我们了解日本宗教与战争的关系、日本宗教对中国的侵略政策的全貌有重要的意义。

周洁的《中日祖先崇拜研究》（世界知识出版社，2004）是一部中日祖先崇拜的比较研究。全书分为上篇与下篇。上篇论述了中国的祖先崇拜，围绕虚村的家庭和民族，以虚村的情况为例，引出了中国宗教层面的祖先崇拜——社会统合机能的实现以及中国祖先崇拜的两重性——宗教性和社会性；下篇论述了日本的祖先崇拜，对传统"家"意识和祖先崇拜、宗教性的祖先崇拜和日本祖先崇拜的变迁做了分析，认为从自然风土上讲，中国是在幅员辽阔的土地上通过人力建造城池结成血缘集团，而日本则是以山河环境自然形成的集团为社会基础。日本的氏族通常也是同血缘组成的同族部落，与中国的宗教在政治、裁决、军事、祭祀等方面的作用均有相通的地方。该书是首部涉及中日祖先崇拜比较的研究著作。

此外，还有大量有关宗教与日本文化、宗教与日本人的信仰、宗教与日本社会的论文，不再赘述。

综上所述，中国学者对日本宗教法律制度的关注较多，其中许多研究者是法学研究的专家而非日本学研究的专家。从中可以看出，作为日本学研究者，也应该寻求与其他领域的研究者进行跨学科的合作研究，从而从更加立体和广阔的角度审视日本的思想、文化、宗教和社会等领域，以相互拓展研究思路。

七　结语

纵观 2000 年以后中国日本学界的日本宗教领域研究，与 2000 年之前相比，在研究领域的广泛性、研究视角的多样性、研究资料的丰富性以及方法理论的全面性上都有了较为显著的发展，但是还存在一些不足。这些发展与不足主要可以归结为以下几点。

1. 研究领域更加广泛，研究方法更加全面

2000 年以前，研究者的目光主要聚焦在佛教与神道研究上，神道是日本的固有宗教，而外来宗教佛教在日本长期占有重要地位，资料较为丰富，可供研究的重点也较多。进入 21 世纪以后，随着资料获取越来越容易以及日本学界研究成果的传播，中国学者开始关注诸如基督教、伊斯兰教、新宗教等日本其他宗教的问题，还有更多学者涉足日本宗教的法律制度领域，均取得了较为丰硕的研究成果。其运用的研究方法也涵盖了思想史、宗教哲学、宗教社会学等。

2. 研究视角更加多样

21 世纪以前的日本宗教研究以综合性研究为主，对宗教研究中的教团、教义思想、宗教与战争的关系、宗教与日本人的信仰等细节关注不够。进入 21 世纪以后，学者们开始从更多的角度入手，以小见大地考察日本宗教。例如神道研究领域的神道哲学思想研究就是进入 21 世纪之后开始兴盛的，对复古神道、神社神道中的某个教派以及神道整体的教义思想都进行了深入的剖析，取得了较大的发展。

3. 新宗教研究有所发展，但重视程度不足

顾名思义，新宗教是新出现的事物，作为日本学研究者，应该紧跟宗教发展的步伐，参考和借鉴日本宗教学界的研究成果，对新生事物进行跟踪观察，并结合我国现状，在厘清日本新宗教现状的同时，为我国的宗教研究、宗教良性健康发展提供启示。中国的日本新宗教研究大致起步于20世纪90年代中期，在出现了一系列有关新宗教综合研究的论文之后，于21世纪初出版了两部该领域的专门著作。但是在此之后，新宗教研究显得后劲不足，这与更深层面的资料获取困难、宗教话题较为敏感等因素有关。但是，日本许多新宗教教团教义思想和传教活动中都含有否定战争的侵略性、支持军国主义思想的内容，我们必须对日本的新宗教给予足够的重视，而作为日本宗教的研究者，更是责无旁贷。

4. 跨学科跨领域研究开始出现

除了佛教、神道、基督教、伊斯兰教、新宗教等宗教教派的专门研究外，进入21世纪以后发展令人瞩目的还有日本宗教相关的跨学科研究。例如宗教与文学、宗教与法律等。宗教与文学的研究主要体现在基督教研究上，出现了大量有关基督教对日本近代文学，尤其是浪漫主义文学思潮的影响的研究成果；宗教与法律方面则主要聚焦于日本的宗教法人法，从日本宗教制度的雏形到现行法律的结构，都有学者进行了详细的考察，并为中国宗教法律制度提供了重要的借鉴。

总之，中国日本学界的宗教研究领域发展显著，但是还存在一些问题和不足，在取得第一手资料、紧跟时代发展变化以及进一步实现跨学科、跨领域研究方面，还需要今后的研究者做出巨大的努力。

图书在版编目（CIP）数据

中国当代日本研究：2000~2016/王志松编著. --
北京：社会科学文献出版社，2019.3
ISBN 978-7-5201-3679-2

Ⅰ.①中⋯ Ⅱ.①王⋯ Ⅲ.①日本-研究 Ⅳ.
①K313.07

中国版本图书馆 CIP 数据核字（2018）第 240179 号

中国当代日本研究（2000~2016）

编　　著／王志松

出 版 人／谢寿光
项目统筹／祝得彬
责任编辑／仇　扬　郭　欣

出　　　版／社会科学文献出版社·当代世界出版分社（010）59367004
　　　　　　地址：北京市北三环中路甲 29 号院华龙大厦　邮编：100029
　　　　　　网址：www.ssap.com.cn
发　　　行／市场营销中心（010）59367081　59367083
印　　　装／三河市龙林印务有限公司

规　　　格／开　本：787mm×1092mm　1/16
　　　　　　印　张：33　字　数：537 千字
版　　　次／2019 年 3 月第 1 版　2019 年 3 月第 1 次印刷
书　　　号／ISBN 978-7-5201-3679-2
定　　　价／168.00 元

本书如有印装质量问题，请与读者服务中心（010-59367028）联系